निराला संचयिता

निराला संचयिता

सम्पादक
डॉ. रमेशचन्द्र शाह

वाणी प्रकाशन

वाणी प्रकाशन

4695, 21-ए, दरियागंज, नयी दिल्ली 110 002

शाखा

अशोक राजपथ, पटना 800 004

फ़ोन : +91 11 23273167 फ़ैक्स : +91 11 23275710

www.vaniprakashan.in
vaniprakashan@gmail.com
sales@vaniprakashan.in

NIRALA SANCHAYITA
Edited by Dr. Ramesh Chandra Shah

ISBN : 978-93-87889-76-7
Anthology

प्रथम संस्करण : 2001
द्वितीय संस्करण : 2018

मूल्य : ₹ 695

एम.एस. प्रिंटर्स, दिल्ली-110 093 में मुद्रित

वाणी प्रकाशन का लोगो मक़बूल फ़िदा हुसेन की कूची से

विश्वविद्यालय का वक्तव्य

आम तौर पर यह धारणा है कि विश्वविद्यालय स्तर पर हिंदी साहित्य, भाषा और संस्कृति का जो अध्ययन-अध्यापन होता है वह अधिकतर रूढ़िग्रस्त और उबाऊ हो गया है। महात्मा गांधी अन्तरराष्ट्रीय हिन्दी विश्वविद्यालय के प्राथमिक सरोकारों में से एक यह है कि पाठ्यक्रम, पाठ्यचर्या और पाठ्यसामग्री को एक नई शताब्दी की नई चुनौतियों और प्रश्नाकुलता के अनुरूप ताजातरीन करते हुए इस क्षेत्र में नए विकल्पों को खोजा, विकसित और विन्यस्त किया जाए। तभी यह विश्वविद्यालय हिंदी अध्ययन-अध्यापन और अनुसंधान के क्षेत्रों में कुछ ठोस, प्रासंगिक और कारगर विकल्प प्रस्तुत कर सकता है।

हमारे विश्वविद्यालय ने देश और विदेश के श्रेष्ठ विशेषज्ञों से विचार-विनियम कर इस दिशा में कुछ प्रयत्न करना शुरू किया है। हमारा लक्ष्य हिंदी साहित्य, भाषा और संस्कृति को उसकी समग्रता, जटिलता और बहुलता में आलोकित करते हुए उनके नए प्रश्नों, चिंताओं और उत्सुकताओं से दो-चार होने की अपार क्षमता और उसकी वर्तमान अनेक दिशाओं का इंगित करना भी है।

चूँकि नए किस्म का पाठ्यक्रम और पाठ्यचर्या के लिए नए किस्म की पाठ्यसामग्री अनिवार्य है, इस विश्वविद्यालय ने एक अपेक्षाकृत महात्त्वाकांक्षी प्रकाशन-योजना हाथ में ली है। यह पुस्तक उसी योजना का एक हिस्सा है।

इस प्रकाशन योजना में हिंदी के प्रमुख लेखकों के प्रतिनिधि संचयनों, विविध विषयों पर आधारित संकलनों, यथा प्रेम, प्रकृति, अध्यात्म, मृत्यु और अनुपस्थिति, समाज, नदी, ऋतु विषयक कविताओं के संकलनों के साथ-साथ ऐसे लेखकों के चयन भी प्रकाशित करने की योजना है जो साहित्य की तथाकथित मुख्यधारा में कतिपय कारणों से विशेष उल्लेख न पा सके किन्तु जिनकी रचनात्मकता से परिचित होने पर हिंदी साहित्य की समझ समृद्ध ही होगी।

इनके साथ ही अनेक विशिष्ट प्रकाशनों की योजना है। बीसवीं सदी के उत्तरार्ध की हिंदी-कुल की भाषाओं (भोजपुरी, अवधी, बुंदेलखंडी, मालवी, आदि) की कविताओं का संचयन, हिंदी के आरंभिक गद्य का संचयन, मध्यकालीन काव्य का संचयन,

सूफी-काव्य का संचयन, बीसवीं सदी के उत्तरार्ध की हिंदी कथा, कविता, आलोचना आदि के चयन, महत्वपूर्ण लेखकों और कृतियों के द्विभाषी संस्करण (हिंदी-उर्दू, हिंदी-अंग्रेजी, हिंदी-पोलिश, आदि) तैयार किए जा रहे हैं।

इस प्रकाशन योजना की एक विशेषता यह है कि इसके निर्माण में लोकतांत्रिक और पारदर्शी प्रक्रिया अपनाई गई है। अपने अपने क्षेत्र के विशेषज्ञों की समितियों ने प्रकाशनयोग्य सामग्री के साथ-साथ संपादकों का चुनाव भी किया है। निश्चय ही पुस्तकों में उनकी अपनी दृष्टि तो झलकती है, उसके साथ ही वे एक सामूहिक विवेकसम्मत प्रक्रिया का परिणाम भी हैं। इन्हें तैयार करते समय इस बात का ध्यान तो रखा ही गया है कि इस सामग्री का उपयोग भारत के बाहर उन केंदों में भी किया जाना है जहाँ हिंदी पढ़ाई जा रही है। यदि ये पुस्तकें सामान्य पाठकों के अतिरिक्त हिंदी के छात्रों और शिक्षकों के लिए उपयोगी सिद्ध हुईं तो हमें संतोष होगा।

—अशोक वाजपेयी
कुलपति

भूमिका

निराला का कृतित्व इतना विपुल, वैविध्यपूर्ण और साथ ही इतना युगातिक्रामी-निरंतर प्रासंगिक सिद्ध हुआ है कि श्रेष्ठता या प्रातिनिधिकता किसी भी दृष्टि से किया गया कैसा भी संकलन न तो विज्ञ पाठकों को, न स्वयं संपादक को ही संतुष्टि दे सकता है। बड़े कवित्व की एक कसौटी टी.एस. इलियट ने सुझाई थी : विपुलता, वैविध्य और पक्का-पूरा कर्मकौशल—जिस पर खरा उतरने वाले टेनीसन को उसने 'ग्रेट पोएट' ठहराया था। निराला का कृतित्व न केवल इस कसौटी पर ही खरा उतरता है, बल्कि उसे पीछे छोड़ते हुए अपने सम्यक् मूल्यांकन हेतु इससे कहीं उच्चतर कसौटी की माँग करता है। कुछ वैसी ही जैसी कॉलरिज ने अपने समानधर्मा कवि वर्ड्स्वर्थ के मूल्यांकन के सिलसिले में अपने सामने रक्खी थी : 'रिकॉन्सिलियेशन ऑव अपोज़िट्स'—अर्थात् विरुद्धों का सामंजस्य। हमारे आचार्य रामचंद्र शुक्ल ने भी यही कसौटी प्रस्तावित की थी; किंतु, कोई भी देख सकता है कि उनके लिए इस कसौटी का स्रोत और संदर्भ कॉलरिज नहीं, बल्कि स्वयं भारतीय संस्कृति के ही चरित्र और ऐतिहासिक प्रक्रिया की उनकी पक्की-पूरी समझ ही थी। भारतीय संस्कृति वस्तुतः सृजन-प्रक्रिया (और, सृष्टि-प्रक्रिया) में अंतर्निहित विरुद्धों के सामंजस्य के तर्क से ही संचालित रही है और निराला का कृतित्व इसका पर्याप्त साक्ष्य प्रस्तुत करता है कि किस तरह संस्कृति की इसी लय के साथ उनके हृदय के तार मिले हुए थे और किस तरह इतिहास-क्रम में इसी सृजनात्मक स्वरूप के ह्रास की—अर्थात् सांस्कृतिक लयभंग की—वेदना उनके कृतित्व का एक प्रमुख प्रेरक सूत्र बनी—उसके वादी-संवादी स्वरों को निर्धारित करती हुई।

हो गए आज जो खिन्न-खिन्न
छुट-छुट कर दल से भिन्न-भिन्न
वह अकल कला गह सकल छिन्न जोड़ेगी

('तुलसीदास')

x x x

राजे ने अपनी रखवाली की
किला बनाकर रहा
बड़ी-बड़ी फौजें रक्खीं
चापलूस कितने सामंत आए
कितने ब्राह्मण आए
पोथियों में जनता को बाँधे हुए

X X X (**'नए पत्ते'**)

'राग-विराग' की भूमिका में डॉ. रामविलास शर्मा ने निराला की काव्य-साधना के तीन चरणों का उल्लेख किया है। उनके अनुसार, "**'राम की शक्ति-पूजा'** से सन् 36 में इस काव्य-साधना का पहला चरण समाप्त होता है; **'नए पत्ते'** में संगृहीत कविताओं से, सन् 46 में दूसरा चरण; और उसके बाद सन् 61 तक लिखी गई कविताएँ तीसरे चरण की हैं।" बड़ी प्रतिभा की एक विशेषता सर्व-स्वीकृत है कि उसके समग्र कृतित्त्व में एक सुस्पष्ट विकास-क्रम के साथ-साथ प्रारंभ से अंत तक एक अंतर्निष्ठ एकता, भी परिलक्षित की जा सकती है। संभवतः इसी प्रतीति के चलते डॉ. शर्मा ने उक्त तीन चरणों पर टिप्पणी करते हुए कहा कि..."इन तीन चरणों में निराला की विचारधारा अथवा भावबोध में कोई मौलिक अंतर नहीं हुआ ; राग **प्रथम** चरण में है तो अंतिम चरण में भी। निराला के समकालीन और उत्तरकालीन कवियों में विचारधारा की जैसी अस्थिरता, भावबोध की जैसी चंचलता दिखाई देती है, वैसे निराला में नहीं है। वह यदि सन् 40 में शोषण के विरुद्ध कविताएँ लिख रहे थे तो बहुत पहले सन् 24 में क्रांति का आह्वान कर चुके थे; यदि सन् 50 में और 60 में उन्होंने मृत्यु पर कविताएँ लिखीं तो सन् 25 और 35 में भी वे उस पर कविताएँ लिख चुके थे। और वर्षा और वसंत पर तो जीवन के हर चरण में वे कविताएँ लिखते रहे...।" अब, जहाँ तक समकालीनों के तुलना-प्रसंग में विचारधारा अथवा भावबोध की स्थिरता-अस्थिरता का प्रश्न है, वह एक अलग बहसतलब मुद्दा है : आंतरिक साक्ष्यों के आधार पर ही दिखाया जा सकता है—दिखाया जा चुका है—कि हिंदी के पहले **'प्रगतिशील'** कवि का विरुद कायदे से सुमित्रानंदन पंत को ही जाता है; उसी तरह, जिस तरह निराला को, **'नए पत्ते'** के निराला को प्रथम प्रयोगवादी कहला सकने का श्रेय। इतना अवश्य कहा जा सकता है कि जिस तरह का विकास ('यूनिटी'—आंतरिक संगति से जुड़ा 'विकास') और जिस तरह दृष्टि से निरंतर यथार्थदर्शी बनते जाने की बात आगे इसी सिलसिले में डॉ. शर्मा ने निराला के बारे में कही है, वह संभवतः पंत जी पर उस तरह लागू नहीं होती। पंत जी के कवित्व की टेक स्वप्नदर्शिता की टेक है और वे अधिकाधिक स्वप्नदर्शी होते गए हैं। किंतु इससे यह कहाँ साबित होता है कि प्रगतिशीलता और स्वप्नदर्शिता साथ-साथ नहीं जा सकते?

यह अकारण नहीं कि निराला की प्रतिनिधि कविताओं के उक्त संचयन का नाम **'राग-विराग'** है। पाठक देखेंगे कि ये दोनों ही वृत्तियाँ अपने सभी रूपों में और अपनी-अपनी पराकाष्ठा पर निराला-काव्य में चरितार्थ हुई हैं। आत्म-विश्वास और आत्म-करुणा, उत्साह और अवसाद, गांभीर्य और शरारतपूर्ण सह-संयोजन, सात्त्विक कठोरता और राजसिक आभिजात्य, उत्कट आसक्ति और उतनी ही उत्कट अनासक्ति, भक्त-चित्त का विह्वल समर्पण-भाव और विद्रोही चेतना का आक्रोश, सूक्ष्म सांकेतिक व्यंजना-शक्ति और प्रखर वाग्मिता के साथ-साथ मानव-भावनाओं का, जीवनानुभूतियों का ऐसा विस्तृत वर्णपट कम ही कवियों के यहाँ मिलेगा। परस्परविरोधी संवेदनों का भी जैसा घात-प्रतिघात और प्रत्यक्ष-सजीव ड्रामा उनके यहाँ दीखता है, वैसा उनके समकालीनों में नहीं। उनके जीवन में ही—अस्तित्वगत परिस्थिति में ही—मानो विरुद्धों की टकराहट का योग निहित था : जीवन में घुली मृत्यु, आत्मीय संबंधों में ही पैठी हुई क्रूरता और भोंथरापन, अनिंद्य सौंदर्य को घेरे कुरूपता और कड़वाहट...जन्मजात रागात्मक ऐश्वर्य को चाँपे हुए अभाव और दारिद्र्य...। प्रतिकूलवेदनीय का ऐसा त्रास—कवि येट्स ने जिसे 'दि रौंङ् ऑव थिंग्ज़ अनलव्ली' कहा है अपनी एक कविता में--कम ही कवियों के हिस्से आता होगा। अलावा इसके, यदि निराला हिंदी-प्रदेश में ही पले-पुसे होते, एक नितांत भिन्न भाषिक-सांस्कृतिक परिवेश में उनके आँख-कान न खुले होते, तो उनका व्यक्तित्व और कृतित्व इतने गहरे रचनात्मक अर्थ में अंतर्विरोध-संपन्न न हुआ होता। निराला की कविता 'जिस एक और मन' ('वह एक और मन रहा राम का, जो न थका'—**राम की शक्ति-पूजा**) और 'प्रतिमन' ('अपने ही मन को ज्यों प्रतिमन है छलता'—**तुलसीदास**) की गवाही देती है, वह यूँ ही नहीं है। ऐसा नहीं लगता कि **'राम की शक्ति-पूजा'** से पूर्व निराला ने अपने इस दूसरे मन—अथक, अपराजेय मन—को न पहचाना था, जैसा कि 'राग-विराग' की भूमिका में कहा गया है। यदि वह एक और मन 'साक्षी रूप द्रष्टा के समान' है, डॉ. शर्मा के कथनानुसार, तो यह द्रष्टा अचानक शून्य से आविर्भूत नहीं हो सकता : भोक्ता और द्रष्टा के बीच दौड़ती विद्युत् तरंग तो निराला की कल्पना-शक्ति की खास अपनी पहचान है; दोनों के बीच का सृजनात्मक संबंध अपने कच्चे-पक्के रूपों में, अनिवार्य गुणात्मक विकास-क्रम से गुजरते हुए निराला के यहाँ पहले भी, शुरुआत से ही, सक्रिय देखा जा सकता है। उदाहरण के लिए उनकी एक आरंभिक कविता 'अध्यात्म-फल' को ही पढ़ें, जो उनके पहले ही कविता-संग्रह में शामिल थी :

जब कड़ी मारें पड़ीं, दिल हिल गया
पर न कर चूँ भी कहीं पाया यहाँ
मुक्ति की तब युक्ति से मिल खिल गया
भाव, जिसका चाव है छाया यहाँ

कहाँ दिल हिला देने वाली कड़ी मारें! और कहाँ 'मुक्ति की युक्ति' से मिलकर खिलने वाला भाव, जिसका 'चाव' ही यहाँ 'छाया' हुआ है! निश्चय ही, कवि के लिए मुक्ति का अर्थ वही नहीं होता जो एक स्तर पर योगी-यती के लिए, और दूसरे स्तर पर सामान्य संसारीजनों के लिए होता होगा। कवि की अवस्थिति कहीं भोगी और योगी के बीच होती है; भोक्ता और द्रष्टा के बीच दौड़ने वाली विद्युत् तरंग ही उसकी कल्पनाशक्ति बनकर उसे कवि-कर्म में प्रवृत्त करती है; अनर्थ से जूझते हुए अर्थ कमाने की सामर्थ्य देती है : काफी बाद की लिखी वह प्रसिद्ध और अक्सर उद्धृत की जाने वाली निराला की कविता यहाँ अनायास याद आ जाती है :

> बाहर मैं कर दिया गया हूँ। भीतर, पर भर दिया गया हूँ
> ऊपर यह बर्फ गली है, नीचे यह नदी चली है
> सख़्त तने के ऊपर नर्म कली है;
> इसी तरह हर दिया गया हूँ। बाहर मैं कर दिया गया हूँ
>
> ....
>
> भीतर, बाहर; बाहर, भीतर; देखा जब से हुआ अनश्वर;
> माया का साधन यह सस्वर;
> ऐसे ही पर दिया गया हूँ। बाहर मैं कर दिया गया हूँ

जीवनानुभूति के जितने ही बड़े फलक में से कवि अपने कवित्व को, अपने रागदीप्त सच को उत्तीर्ण करा पाता है, उतनी ही कृतार्थता उसे सिद्ध होती है और उतना ही महत्त्व उसका अपने समाज और उसे धारण करने वाली मूल्य-परंपरा के लिए बनता है। उस प्रारंभिक कविता में ही क्या भोक्ता और द्रष्टा के बीच का वह अर्धोन्मेष्टा संबंध नहीं झलक जाता जो 'मरण-दृश्य' या 'स्नेह-निर्झर बह गया है' सरीखी विषण्ण गीतियों में—अपेक्षाकृत प्रौढ़वय में रची कविताओं में—कौंधता है? ''मैं अलक्षित हूँ, यही कवि कह गया है'' में 'अलक्षित' का अर्थगौरव आखिर कहाँ से आता है? इसी तरह बाहर कर दिए जाने और भीतर भर दिए जाने का अभिप्राय किस तरह हमारे सिर पर चढ़के बोलता है कि हमारे भीतर तुरंत निराला की ही वे पंक्तियाँ बज उठती हैं : ''मरण को जिसने वरा है/उसी ने जीवन भरा है/परा भी उसकी, उसीके/अंक सत्य यशोधरा है।'' कितनी अपूर्वानुमेय सांकेतिक व्यंजना है यहाँ! डॉ. शर्मा ने उचित ही लक्ष्य किया है कि ''परवर्ती रचनाओं में अलंकरण की वृत्ति कम होती गई है। व्यंजना ऐसी सरल मालूम होती है कि पाठक शब्दों के नीचे की अगाध भावराशि देख न पाए, उसके धोखा खाने की पूरी संभावना है।'' फिलहाल यदि हम, उस एकदम प्रारंभिक 'अध्यात्म-फल' शीर्षक कविता पर ही ध्यान केंद्रित करें तो यह निरलंकृत व्यंजनात्मकता और धोखादेह सरलता वहाँ भी मिल जाएगी। कितनी रूपकात्मक और साथ ही विडंबनात्मक संरचना है इस कविता की। कैसा खेत है यह, जिसमें पड़कर भाव की जड़ गड़ जाती है! कैसी है यह आशामयी

लता, जिसमें भावी संपदा फूल बनके झूल रही है। सफलता की यह आशामयी लता 'विरुद्धों के सामंजस्य' को कवि-कर्म का प्रतिमान बनाने वाले रोमैंटिक कवि कॉलरिज की एक प्रसिद्ध कविता में भी मौजूद है। किंतु वहाँ वह व्यतीत के विषाद और छलना को ही मूर्त करने वाली आशालता है : कवि का आशय उस कविता की ही शब्दावली में यो है : ''जिन दिनों मैं जवान था, आशा मुझ पर चारों ओर से लता की तरह लिपटी रहती थी और उस लता पर लगे फूल और फल मुझे लता के नहीं, खुद अपने लगते थे।'' इसके विपरीत निराला के यहाँ वह 'स-फलता की आशालता' है, परजीवी भ्रांति नहीं, अपितु टिकाऊ और मौलिक उपलब्धि है। भले वह 'एक ही फल' की हो; भले उस तक पहुँचाने वाले फूल 'वक्त की चाल से मुरझा' जाने वाले और 'दुख-मूल में ही शूल हूलने' वाले हों। समझ में आने लगता है कि क्यों इस कविता का नाम 'अध्यात्म-फल' पड़ा।

एक ही फल, किंतु हम बल पा गए
प्राण है वह, त्राण सिंधु अकूल में

यह **अध्यात्म-फल** महज भव-भीति की कातर गुहार या रटा-रटाया अध्यात्मवादी नुस्खा नहीं, जीवन की जटिल समस्या से जूझने वाला, वास्तविक 'होने के सागर' से उबरने की सामर्थ्य जुटाने वाला **बल** है। वह 'प्राण' है, महज रूपाकार या महज फलसफाई 'सार' नहीं। वह अकूल सिंधु यानी—दुस्तर भवसागर से 'त्राण' है—महज़कोई दूर का ढोल या मसीहाई आश्वासन नहीं। छायावादी काव्य के प्रेमियों को स्मरण होगा कि इसी 'आशालता' के साथ एक काव्य-क्रीड़ा निराला के अग्रज प्रसाद ने भी की है—अपनी एक प्रारंभिक कविता में :

तुम्हारी आशालता सिंचाव
बहुत लेती, पर देती दाँव
सींचकर भी क्या पाया
फूल भी हाथ न आया
न हो मुझको ही जब संतोष
तुम्हारा क्या है इसमें दोष?

यह भी महज रोमैंटिक विषाद की, या 'रहस्यवादी' रचना न होकर वास्तविक जीवनानुभव से उबर कर पाई गई और वयस्क भाव-बोध को अर्जित करने की ओर बढ़ने वाली कविता है। किंतु निराला की 'अध्यात्म-फल', इससे कहीं अधिक संश्लिष्ट, कहीं अधिक तीखी तात्कालिकता का आस्वाद कराने वाली, कहीं अधिक अर्थ-सघन कविता है। यह अकारण नहीं कि उसमें अप्रत्याशित मोड़ आते हैं और सूक्ति जैसा समापन भी सूक्ति के धरातल से कहीं गहरे उतरने की चुनौती देता लगता है। निराला-काव्य से परिचित पाठकों के मन में यहाँ अनायास ही 'हिंदी के सुमनों के प्रति' कविता प्रतिध्वनित होगी। उसमें भी तो यही 'फल' अंत में प्रकट होता है।

वहाँ भी 'सुदल सुरंग सुवास सुमन' की जगह 'अध्यात्म-फल' कविता में उल्लिखित **भेद** और छेद का स्मरण जगाने वाला **जीर्णसाज बहुछिद्र** 'मैं' है। संदर्भ और परिस्थिति भले भिन्न हो, परंतु वैसी ही 'कड़ी मार' की विचलित कर देने वाली तीखी तात्कालिक चुनौती वहाँ भी प्रत्यक्ष है। कवि की अब तक बहुपरिचित आत्मकरुणा वाली मुद्रा और उसके बावजूद, उसी के आर-पार गूँजने वाला कड़क आत्मविश्वास भी...

देखो, पर क्या पाते तुम फल
देगा जो भिन्न स्वाद रस भर
कर पार तुम्हारा भी अंतर
निकलेगा जो तरु का संबल

क्या यह फल भी उस 'अध्यात्म-फल' से ही जुड़ा हुआ नहीं है?

मिष्ट है, पर इष्ट उनका है नहीं
शिष्ट, पर न अभीष्ट जिनका नेक है
स्वाद का अपवाद कर भरते मही
पद सरस वह नीति-रस का एक है

'सरस वह नीति-रस का एक'...निराला का अद्वैत के साथ जो संबंध है, वह सुनी-सुनाई बात नहीं, बल्कि अनुभवार्जित और तत्कालसंवेद्य संबंध है। कम कवियों के यहाँ सौंदर्य-बोध और शिवत्व-बोध का ऐसा ऐक्य अनुभव होता है। चार्ल्स लैम्ब के निबंधों के बारे में किसी ने लिखा था कि वे लेखक का अपने भोगे हुए जीवन से लिया गया 'मौलिक प्रतिशोध' है। निराला की कविता यह मौलिक प्रतिशोध और जीवन का ऋण-शोध एक साथ है। जिन अस्तित्वसिद्ध विरुद्धों की संगति में वह पली-पुसी और बड़ी हुई, जिनकी टकराहट ही नहीं, सामंजस्य भी उसका अभीष्ट है, उनमें पहला ही नंबर आदर्श-बोध और यथार्थ-बोध का है। एक का सीधा प्रामाणिक प्रतिफलन उनका कथा-साहित्य है, तो दूसरे का सचेत और प्रांजल-परिष्कृत रूप उनके निबंधों और टिप्पणियों में मुखर हुआ है। किंतु सर्वाधिक सांद्र और अपरोक्ष अभिव्यक्ति तो उनका काव्य ही है : 'स्वप्न-स्मृति' की 'आँखें' ही देखिए :

भीतर नग्न रूप था घोर दमन का
बाहर अचल-धैर्य था उनके उस दुखमय जीवन का
भीतर ज्वाला धधक रही थी सिंधु अनल की
बाहर थीं दो बूँदें—पर थीं शांत भाव में निश्चल
विकल जलधि के जर्जर मर्मस्थल की।

विरुद्धों का सामंजस्य तो प्रौढ़ता, अनुभव-परिपक्वता की माँग करता है। पर उसका पूर्वरंग, पूर्वाभास इस कवि के यहाँ उनकी टकराहट के भीतर से शुरू से ही दिखाई देता है :

अविराम घात-प्रतिघात
आह! उत्पात!
यही जग-जीवन के दिन-रात
यही मेरा, इनका, उनका सबका स्पन्दन,
हास्य से मिला हुआ क्रन्दन
यही मेरा, इनका, उनका सबका जीवन
दिवस का किरणोज्ज्वल उत्थान
रात्रि की सुप्ति, पतन;
दिवस की कर्म-कुटिल तम-मुक्ति
रात्रि का मोह, स्वप्न की भ्रांति
सदा अशांति!

निराला के यहाँ अनुभव और जीवन-दर्शन एक-दूसरे में घुले हुए, एक-दूसरे में खुलते-खिलते हुए साथ-साथ चलते हैं। अद्वैत के प्रत्यक्ष पाठ की तरह। रंगारंग प्रकृति का उत्सव मनाती कविता उस 'गहन अंध कारा' का भी अनुभव हम तक संप्रेषित करती है जहाँ 'स्वार्थ के अवगुंठनों' से हमारा 'लुंठन' हुआ है। 'शून्य सृष्टि में मेरे प्राण, प्राप्त करें शून्यता सृष्टि की/मेरा जग हो अंतर्धान'...जैसी 'हताशा' (यही तो शीर्षक है उस कविता का) के चरम बिंदु पर प्रश्न उठता है—"क्या होगी ऐसी उज्ज्वलता/ऐसा वंदन-अभिनंदन?" ...और, "फिर भी क्या ऐसे ही तम में अटकेगा जर्जर स्पंदन?"...हताशा के चरम पर कौंधती आशा...यह विन्यास निराला के समूचे विकास-क्रम में रचा हुआ है और, अकारण नहीं, कि वही उनकी अंतिम कविता का भी स्वरूप निर्धारित करता है।

पत्रोत्कंठित जीवन का विष बुझा हुआ है
आशा का प्रदीप जलता है हृदय-कुंज में

जीवन का विष! किस कदर अंतर्विरोधी शब्द-योजना! किंतु 'सकल साभिप्राय' की जो टेक निराला के काव्य में अंतःसलिला की तरह निरंतर बहती रही है, वही यहाँ भी गूँज रही है। जीवन का विष वही तृष्णाशा-विषानल तो है, जिसे बुझाने की कामना पहले भी कवि करता रहा है। वही तो उसकी, उसकी कविता की भी असली अभीप्सा है :

बुझे तृष्णाशा-विषानल, झरे, भाषा अमृत-निर्झर
उमड़ प्राणों से गहनतर छा गगन लें अवनि के स्वर।

धरती के सौंदर्य का, आनंद का अप्रतिम गायक ही उस 'लुंठन' और 'पतन' के प्रति भी निरंतर संवेदनशील और सावधान रह और कर सकता है जो इस कर्षण में अंतर्निहित है। मोह-माया के दुर्निवार आवरणों के, यानी स्वार्थ के अवगुंठनों के चलते। 'प्रिय मुझे वह चेतना दो देह की/याद जिससे रहे वंचित गेह की'...ऐसी चेतना

सामान्यतः हम सामान्य जनों के भीतर कहाँ जाग्रत रह पाती है? देहात्मबुद्धि ही हम पर हावी रहती है सर्वदा—जो हमें स्वतंत्र नहीं होने देती; गहन अंध कारा में ही बंद रहने को अभिशप्त किए रहती है। इसीलिए तो कवि की—और, उसकी कविता की—अभीप्सा है :

मिटे कर्षण से धरा के पतन जो होता भयंकर,
उमड़ प्राणों से निरंतर छा गगन लें अवनि के स्वर।
बढ़े वह परिचय बिंधा जो क्षुद्र भावों से हमारा
क्षिति-सलिल से उठ अनिल बन देख लें, हम गगन-कारा,
दूर हो तम-भेद यह जो वेद बनकर वर्ण-संकर
पार प्राणों के करें उठ गगन को भी अवनि के स्वर

ऐसे 'अवनि के स्वर' की अभीप्सा ही कवि को अपने उस कवि-जीवन के अंतिम विदा-गीत का समापन भी 'पुनः सबेरा, एक और फेरा हो जी का' पर करने की प्रेरणा देती है। यह सबेरा मात्र एक काव्य-रूढ़ि का सबेरा नहीं; न पुनर्जन्म की यह आकांक्षा 'आशापाशशतैर्बद्धा' जीवनासक्ति ही है। यह वह सबेरा है जो 'नैश अंध पथ' पार करके ही दीखता है; यह वह सबेरा है, जो तुलसीदास को, निराला के काव्यादर्श तुलसीदास को दीखा था : 'प्राची दिगंत उर में पुष्कल रवि-रेखा।' यह उस सबेरे की अभीप्सा है जहाँ क्षुद्र भावों से बिंधे परिचय से उबरी हुई चेतना क्षिति-सलिल से उठ अनिल बनकर गगन-कारा तक को देख लेती है; उस वर्णसंकर तम-भेद को भी दूर कर सकती है जो वेद बन बैठा है। प्राणों के पार उठकर गगन को भी भेद सकने वाले अवनि के स्वर की अभीप्सा ही ऐसे कवि की—सर्वथा कविजनोचित अभीप्सा हो सकती थी, और है। निराला का काव्य ही क्यों, कथा-साहित्य, चिंतन भी इसी अभीप्सा से परिचालित-प्रेरित है। यहाँ तक कि पत्रकारिता भी। प्रस्तुत पाठमाला की सीमाओं के भीतर हमने निराला-साहित्य के इन चारों आयामों का सानुपातिक संयोजन करने की चेष्टा की है : काव्य जिसमें स्वभावतः सर्वाधिक महत्त्व पा गया है, किंतु गद्य को भी उसकी अपनी जगह देता हुआ।

निराला की संवदेना जितनी विस्तृत और समावेशी है, उनकी भाषिक चेतना भी उतनी ही व्यापक है। वे अपने कवित्व को, कथाकारत्व को भी हिंदी के समूचे फैलाव में धड़कते महसूस करना चाहते हैं। लगता है, जैसे वे एक ओर तुलसीदास की अवधी से और दूसरी ओर रवीन्द्रनाथ की बंगला से टक्कर ले रहे हों। वे संस्कृत के नाद-सौंदर्य से अभिभूत हैं और उसकी सफल अवतारणा उन्होंने 'तुलसीदास' तथा 'राम की शक्ति-पूजा' में की ही है। मगर, जहाँ वे पंत से भी एक कदम आगे बढ़ के अपनी कविता में तत्सम शब्दों की भरती करेंगे, वहाँ भी वे उन्हें चलना हिंदी के ही मोहल्ले में, हिंदी की ही चाल से सिखाएँगे। एक ही छूट थी जो नहीं ली गई थी शायद, तब तक : ह्रस्व को दीर्घ और दीर्घ को ह्रस्व करने की। निराला ने **'कुकुरमुत्ता'**

में और कई बातों के साथ वह छूट भी ले ही डाली और हिंदी पद्य में कुछ-कुछ उस क़िस्म की चीज़ पैदा कर डाली जिसे अंग्रेजी में 'स्प्रंग रिद्म' कहा जाता है। निराला स्वभावतः यहाँ भी किसी आविष्कार का, 'इनोवेशन' का दावा नहीं करते। कहते हैं—"...लिखने वालों के लिए भाषा और भावों के संस्कार से सुविधा कर दी गई है। वे कविता के एक आधुनिक अंग की भाषा की लीक पकड़ सकेंगे। कविता पढ़कर ज्ञान प्राप्त करना विज्ञप्ति पढ़ने से अच्छा है। अस्तु।"

यह आकस्मिक नहीं है कि अज्ञेय, शमशेर और मुक्तिबोध जैसे काफी एक-दूसरे से भिन्न स्वभाव के कवियों ने भी निराला के कविकर्म से प्रेरणा ग्रहण की। अज्ञेय ने एक जगह सही शब्द की खोज के लिए अनिवार्य साधना पर बल देते हुए बड़ी मार्के की बात कही है, जो निराला के कवि-कर्म से सर्वाधिक पुष्ट होती है। और वह यह कि..."प्रत्येक अधीर संघर्ष भाषा की निधि में से कवि के लिए नया कुछ आविष्कृत करता है। नया कुछ, समर्थ कुछ, सुंदर कुछ, ऐसा कुछ, जो उसके विकास और स्वास्थ्य के लिए गहरा अभिप्राय रखता है। उसका जो सर्वोत्तम बन सकता है, उसकी भाषा उसे वही बना दे, इसके लिए आवश्यक है कि उसकी भाषा जो हो सकती है, उसे निरंतर वह बनाता रहे। इसी से कवि की अस्मिता को एक निरंतरता, एक सातत्य मिलता है।" यह बात निराला पर पूरी तरह लागू होती है और यही उनके कवि-कर्म की निरंतरता, और शक्ति का स्रोत है। हमारे यहाँ वाणी का अंतर्गत स्वरूप वैदिक परंपरा के स्रोत पर ही वाग्देवी के इस सूक्त में प्रकट हुआ है : "मेरे ही द्वारा मनुष्य भोक्ता बनता है। वह जो देखता है, जो भी हरकत करता है, जिस भी कहे को सुनता है, मेरे ही कारण।" देखा जाए तो कविता वाणी के इस बहिर्गत रूप को उसके अंतर्गत स्वरूप से जोड़ने का काम करती है। "जिस कलिका में कवि रहा बंद, वह आज उसी में खुली मंद"...निराला की लंबी कविता **'तुलसीदास'** की पंक्ति यहाँ अनायास याद आ जाती है। इसीलिए, कि इसमें मानो तुलसीदास को ही नहीं, तुलसी को अपने आराध्य कवि या कहें 'रोल मॉडल' की तरह देखने वाले निराला की—बल्कि, कहना चाहिए कवि-मात्र की मुक्ति का अनुभव रचा हुआ है। ध्यान देने की बात है कि इस सुदीर्घ काव्य में अपने पूर्वसूरि के साथ निराला के कवि का तादात्म्य कितने स्तरों पर एक साथ घटित हुआ है। यह दो कवि-व्यक्तियों का ही नहीं, उन्हें गढ़ने वाले देश-काल और युग-परिवेशों का भी तादात्म्य है। और, उससे भी आगे बढ़कर स्वयं सृजन की प्रेरणा का भी तादात्म्य है :

देशकाल के शर से बिंधकर
यह जागा कवि अशेष छविधर
इसका स्वर भर भारती मुखर होएगी।

कहना न होगा कि देशकाल के शर से बिंधकर समूची जातीय-सांस्कृतिक चेतना को झंकृत कर देने वाले कवित्व का यह जागरण तुलसीदास का ही नहीं, निराला

का भी है। यह मात्र एक भावुक स्मरण ही नहीं अपने अग्रज कवि का; बल्कि उसका सचेत पुनर्मूल्यांकन और नवीकरण भी है—अपने युग-संदर्भ और कवि-कर्म की शब्दावली में। इस बीच रचना की भाषा बदल चुकी है; किंतु पूर्वकवि का योगदान, परवर्ती कवि को अब जिस भाषा से जूझना है, उसमें कहीं गहरे में अंतःसलिल हो चुका है। और, यहाँ उस अपने आदर्श कवि और 'कल्चर-हीरो' का आह्वान है ही इसलिए, कि उस अंतःसलिल तक उसकी सीधी पहुँच हो सके।

'छायावाद की प्रासंगिकता' (1973) में मैंने जहाँ एक ओर निराला को **पहला प्रयोगवादी** निरूपित किया था, वहीं, दूसरी ओर, **'तुलसीदास'** को निराला के सुदीर्घ कविकर्म की शिखर-उपलब्धि के रूप में विवेचित किया था। कहा जाता है कि कविता से मिलने वाली विशिष्ट मुक्ति और आत्मविश्वास का रहस्य ही इस तथ्य में निहित है कि वह अधिकतम बंधनों और अवरोधों के भीतर से अधिकतम स्वतंत्रता, अधिकतम लोच और प्रवाह अर्जित कर दिखाती है। इसी में उसका विशेष महत्त्व है क्योंकि यही मनुष्य के अंतरतम की अभीप्सा है, माँग है। स्टीफेन स्पेण्डर ने कहीं इलियट के 'दि वेस्टलैण्ड' के अपने प्रथम पाठ के अनुभव को दर्ज करते हुए लिखा है कि वैसी अद्भुत लयात्मक उत्तेजना उन्होंने कभी किसी कविता का पाठ करते हुए नहीं जानी थी। मेरा अपना अनुभव भी निराला के 'तुलसीदास' को पहली बार पढ़ने का लगभग वैसा ही था। महान् कविता की विशेषता, जिस पहचान का उल्लेख हमने अभी-अभी किया, उसमें वह दूसरी विशेषता भी स्वतः सम्मिलित है जिसे कॉलरिज ने 'रिकॉन्सिलियेशन ऑव अपोजिट्स' कहा था—अर्थात् दूर और असमान वस्तुओं को आपस में जोड़ने की शक्ति; इसी को संभवतः आचार्य शुक्ल ने 'विरुद्धों का सामंजस्य' कहा था। कहना न होगा कि छायावादी कवियों के बीच यह सामर्थ्य सबसे अधिक निराला के कविकर्म में प्रकट हुई है और उनकी लंबी कविता 'तुलसीदास' में विशेष रूप से। प्रसंगवश यहाँ यह संकेत कर देना प्रासंगिक होगा कि भारतीय संस्कृति का विकास—बल्कि आरंभ ही इस विरुद्धों का सामंजस्य करने वाली कवित्व-शक्ति के आविष्कार और स्वीकार से हुआ। तभी तो उसके विकास-क्रम में 'वेद', 'महाभारत', 'श्रीमद्भागवत' और 'रामचरितमानस' सरीखी एक साथ महाकाव्यात्मक और धर्म-संस्थापक घटनाएँ निरंतर घटती रहीं। स्पष्ट ही, भारतीय संस्कृति की विलक्षणता को, उसके अनूठे चरित्र को परिभाषित और निर्धारित करने वाली यह सबसे महत्त्व की बात है जिस पर समुचित ध्यान अभी तक नहीं दिया जा सका है। निराला सरीखे महाप्राण कवि अपने कवि-कर्म से हमें इस सत्य की प्रतीति कराते हैं, यह भी उनके बड़प्पन का ही एक पक्ष है। प्रसंगवश यहाँ पर यह उल्लेख समीचीन लगता है कि निराला की 'तुलसीदास' कविता ने परवर्ती युग के अग्रणी कवि अज्ञेय को उनकी अपनी

ही स्वीकारोक्ति के मुताबिक इतना गहरे में प्रभावित किया कि उससे निराला के कवित्व के बारे में उनकी धारणा ही आमूलचूल बदल गई। 'वसंत का अग्रदूत' नामक अपने मार्मिक संस्मरण-लेख में जहाँ अज्ञेय ने यह स्वीकार किया है कि कभी उन्होंने निराला पर लिखे एक लंबे लेख में निराला के साथ 'घोर अन्याय' किया था, वहीं इसका भी खुलासा किया है कि क्यों और किस प्रकार उनके मत-परिवर्तन, बल्कि हृदय-परिवर्तन के मूल में 'तुलसीदास' का ही आविष्कार सरीखा अध्ययनानुभव रहा। जरूरी जान पड़ता है कि वह पूरा अनुच्छेद ही यहाँ उद्धृत किया जाए।

> "इसके बाद की जिस भेंट का उल्लेख करना चाहता हूँ, उससे पहले निरालाजी के काव्य के विषय में मेरा मन पूरी तरह बदल चुका था। वह परिवर्तन कुछ नाटकीय ढंग से ही हुआ। शायद कुछ पाठकों के लिए यह भी आश्चर्य की बात होगी कि वह उनकी **जुही की कली** अथवा **राम की शक्ति-पूजा** पढ़कर नहीं हुआ, उनका **तुलसीदास** पढ़कर हुआ। अब भी उस अनुभव को याद करता हूँ तो मानो एक गहराई में खो जाता हूँ। अब भी **'राम की शक्ति-पूजा'** अथवा निराला के अनेक गीत बार-बार पढ़ता हूँ, लेकिन **तुलसीदास** जब-जब पढ़ने बैठता हूँ तो इतना ही नहीं कि एक नया संसार मेरे सामने खुलता है, उससे विलक्षण बात यह है कि वह संसार मानो एक ऐतिहासिक अनुक्रम में घटित होता हुआ दीखता है। मैं मानो संसार का एक स्थिर चित्र नहीं, बल्कि एक जीवंत चलचित्र देख रहा होता हूँ। ऐसी रचनाएँ तो कई होती हैं जिनमें एक रसिक हृदय बोलता है। बिरली ही रचना ऐसी होती है जिसमें एक सांस्कृतिक चेतना सर्जनात्मक रूप में अवतरित हुई हो। तुलसीदास मेरी समझ में ऐसी ही एक रचना है। उसे पहली ही बार पढ़ा तो कई बार पढ़ा। मेरी बात में जो विरोधाभास है, वह बात को स्पष्ट ही करता है। **तुलसीदास** के इस आविष्कार के बाद संभव नहीं था कि मैं निराला की अन्य सभी रचनाएँ फिर से न पढ़ूँ, **तुलसीदास** के बारे में अपनी धारणा को अन्य रचनाओं की कसौटी पर कस कर न देखूँ।
>
> (**स्मृति-लेखा,** प्र. सं. 1982; पृष्ठ 64-65)

'सांस्कृतिक चेतना का सर्जनात्मक रूप में अवतरित होना'...'संसार का स्थिर चित्र नहीं, जीवंत चलचित्र'...। **'तुलसीदास'** कविता को लेकर अज्ञेय की इस अनुभूति में काव्य का कोई भी मर्मी पाठक साझा कर सकता है। देख सकता है कि "इस कविता के रचना-विधान में एक वृत्त की-सी संपूर्णता है। वह भी एक नहीं, अनेक समकेंद्रिक वृत्तों की। व्यक्तिगत जीवनी में देशकाल का जीवंत संदर्भ गुँथा हुआ है, और वह देशकाल भी एक व्यापकतर देशकाल में, एक समूची संस्कृति के इतिहास में संदर्भित हो गया है। फिर, वह संस्कृति भी मानो, एक विराट् सर्जनात्मकता के अधीन विन्यस्त है। इस प्रकार केंद्र में कवि का सर्जनात्मक व्यक्तित्व है जो चारों

ओर से तुलसीदास को सर्जनात्मक-सांस्कृतिक विभूति से समालिंगित है। एक तो निराला के जीवन-परिवेश का वृत्त है और दूसरे, उससे समकेंद्रिक, उसके दर्पण सरीखा तुलसी के देशकाल का वृत्त है, और इन दोनों को अपने भीतर समोए हुए भारतीय संस्कृति का ऐतिहासिक वृत्त...। इन सबको झंकृत करती हुई कवि की सर्जनात्मक कल्पनाशक्ति है जो इन सब परिधियों तक धड़कती रहती है : इस कविता में कार्यरत अद्‌भुत नृत्यशील छंद की तरह...'' (**छायावाद की प्रासंगिकता**; 1973, पृ. 126)। छंद-लयगति पर निराला का जैसा अद्‌भुत और अतुलनीय अधिकार था, वह अपने सर्वोत्कृष्ट और शक्तिशाली रूप में **'तुलसीदास'** और **'राम की शक्ति-पूजा'** में चरितार्थ हुआ है जिसे लक्ष्य करते हुए डॉ. रामविलास शर्मा ने 'राग-विराग' की भूमिका में कहा है कि ''निराला के छंद की गति उनके सूक्ष्म मनोभावों की श्रेष्ठ अभिव्यंजना है।'' यहाँ 'राम की शक्ति-पूजा' 'सरोज-स्मृति' और 'वन-बेला' जैसी निराला की दूसरी महत्त्वपूर्ण लंबी कविताओं की विस्तृत विवेचना के लिए अवकाश नहीं है। पहली बार डॉ. शर्मा की और दूसरी पर मलयज की पुनर्मूल्यांकनात्मक विवेचना की विशेष पठनीयता-मननीयता का उल्लेख भर किया जा सकता है। पर, पहले हम **'तुलसीदास'** पर अपनी बात पूरी कर लें।

चित्रकूट में तुलसीदास को जो चित्र, जो 'विजन' दिखाई देता है, वह मानो हमारी ही सांस्कृतिक दुरवस्था का, हमारे अपने भीतर के मरुप्रदेश का ही विजन हो!...

> कहता प्रतिजड़, जंगम जीवन
> भूले थे अब तक बन्धु प्रमन
> यह हताश्वास मन भार श्वासभर बहता।
> तुम रहे छोड़ गृह मेरे कवि
> देखो यह धूलि-धूसरित छवि
> छाया, इस पर केवल जड़ रवि खर दहता।

यह 'धूलि-धूसरित छवि' और क्या है? इस कविता की ही शब्दावली में—उसी भारत के नभ के 'प्रभापूर्ण' और 'शीतलच्छाय सांस्कृतिक सूर्य' की ही जीती-जागती विडंबना ही न, जिस पर अब केवल 'जड़ रवि' खर दहता है, जहाँ 'उदरंभरि जन' केवल दुःख देकर जाते हैं और, जहाँ 'स्मृति की पृथ्वी' क्षण-क्षण 'असुरों से पददलित' होते रहने को ही अभिशप्त है? तुलसीदास मानो इसी मरुप्रदेश को, 'सम्यक् स्मृति' से पुनर्जीवित करने अवतरित हुए हों, इस तरह वह धूलि-धूसरित छवि उनका आह्वान करती है।

> लो चढ़ा तार—लो चढ़ा तार
> पाषाण खंड ये, करो हार
> दे स्पर्श अहल्योद्धार-सार उस जग का।

किंतु जिस स्रोत से यह अहल्योद्धार-सार खींचा जा सकता है, वहाँ भी कवि

को रवि की आभा राहु-ग्रस्त ही दिखाई पड़ती है। कैसी छाया है यह, जो भारत के 'सम्यक् देशकाल' को 'तम-शेष जाल' की तरह खींच रही है : बृहद् और उसके बीच एक 'अंतराल' की तरह ('बिटवीन दि आइडिया ऐंड दि ऐक्ट, फॉल्स दि शॅडो'—टी. एस. इलियट का 'हॉलो मैन')। कैसी फाँक है यह, जिसमें निराला के परवर्ती कवि मुक्तिबोध के शब्दों में 'उदरंभरि' (इस शब्द का प्रथम प्रयोग हमें निराला के 'तुलसीदास' में ही मिलता है; और बाद में मुक्तिबोध के यहाँ) बनने की परिणति अपनी आत्मा खोकर अनात्म बन जाने में होती है। निराला इस त्रासदी को किस तरह देख रहे थे **'तुलसीदास'** में?

बँध भिन्न-भिन्न भावों के दल
क्षुद्र से क्षुद्रतर हुए विकल
पूजा में भी प्रतिरोध अनल है जलता।
हो रहा भस्म अपना जीवन
चेतना-हीन फिर भी चेतन
अपने ही मन को यों प्रतिमन है छलता।

आगे, यह भी, कि प्रतिमन, यह 'अनात्म' ही 'अनात्मनस्तु शत्रुत्वे वर्तेतात्मैव शत्रुवत्' के तर्क से अपना निमित्त खोज लेता है।

इसने ही जैसे बार-बार
दूसरी शक्ति की की पुकार
साकार हुआ ज्यों निराकार जीवन में।

यही अनात्म, निराला, देखते हैं कि, हमारी चेतना पर कुंडली मारकर बैठ गया है : 'यह उसी शक्ति से है वलयित'। इसी ने भारत को, उसके सम्यक् देशकाल की चेतना को मर्माहत किया है। इसी के प्रवाह में देश मूल खोकर बह रहा है : चाहे उसका व्यक्त रूप मुगल राज हो, चाहे अंग्रेज-राज।

निराला इस 'विजन' को आगे और अधिक स्पष्ट-मूर्त्त कर देते हैं। मुक्तिबोध को जो 'उदासी से पुती गायें' दीखी थीं, क्या उनका सीधा संबंध इस कविता के 'मूक-भाष पशु' सदृश दीन-क्षीण कंकालों से ही नहीं है? देश तो पहले ही हत-बल हो चुका था, जहाँ नाममात्र के क्षत्रिय और द्विज जाने कब के स्वधर्मच्युत हो चुके हैं...और,

वे शेष श्वास, पर मूक-भाष
पाते प्रहार अब हताश्वास :
सोचते कभी, आजन्म ग्रास द्विजगण के
होना ही उनका धर्म परम
वे वर्णाधम, वे द्विज उत्तम
ये चरण-वरण, बस वर्णाश्रम-रक्षण के

इसी अंधेपन का परिणाम है कि,
रक्खा उन पर गुरु-भार विषम
जो पहला पद, अब मद-विष-सम
द्विज लोगों पर इस्लाम-क्षम वह छाया
जो देशकाल को आवृतकर
फैली है सूक्ष्म मनोनभ पर
देखा कवि ने, समझा अब-वर, क्या माया।

यही 'तम का आसव' पी-पीकर सब आत्मविस्मृत हो चुके हैं। तब क्या उपाय है आत्मविस्मृति के इस अंधकूप से उबरने का? अपने नष्ट सांस्कृतिक आत्मविश्वास को पुनः उपलब्ध करने का? निराला का उत्तर है : 'जीवन के प्रखर ज्वार' में बहते हुए 'सत्य-मार्ग पर स्थित' रहकर 'विरोध से द्वंद्व समर' की चुनौती स्वीकार करना। तुलसीदास अर्थात् निराला के आदर्श कवि—'कल्चरल हीरो'—यह चुनौती स्वीकार करते हैं :

कल्मषोत्सार कवि के दुर्दम
चेतनोर्मियों के प्राण प्रथम
वह रुद्ध द्वार का छाया-तम हरने को
करने को ज्ञानोद्धत प्रहार—
तोड़ने को विषम वज्र-द्वार;
उमड़े भारत का भ्रम अपार हरने को।

कविता का निष्कर्ष यही है कि जड़ और चैतन्य के इसी दुर्द्धर्ष समर से **वह** 'अकल-कला' प्रकट हो सकती है जो 'सकल छिन्न' को गहकर जोड़ेगी। क्या ही **विचित्र विरोधाभास** है कि विद्रोही कवि निराला अपनी रचना के केंद्र में जिस पूर्वसूरि **का** आह्वान करने को प्रेरित होते हैं, वह कबीर नहीं, तुलसीदास हैं। किंतु यही तो निराला का निरालापन है जिसने उनसे एक ओर **'तुलसीदास'** और **'राम की शक्ति-पूजा'** की, और दूसरी ओर **कुकुरमुत्ता** की रचना करवाई। अपने आराध्य आदर्श कवि और 'कल्चरल हीरो' की तरह निराला भी हमारे आज के मुहावरे के 'सेकुलर' अभिधान में अँटने वाले कवि नहीं हैं। किंतु देखने की बात यह है कि वे कवि-कर्म को किस तरह देखते हैं, उनके लिए उसकी महत्ता और प्रासंगिकता का निकष क्या है?

देशकाल के शर से बिंधकर
वह जागा कवि अशेष छविधर
इसका स्वर भर भारती मुखर होएगी।

डॉ. रामविलास शर्मा के अनुसार 'तुलसीदास' और 'सरोज-स्मृति' का सारतत्त्व **'राम**

की शक्ति-पूजा' में है। **सरोज-स्मृति** में निराला का विक्षुब्ध स्वर उन्हें शेक्सपीयर के 'किंग लियर' की याद दिलाता है। एक ओर उनकी यह प्रतीति है कि "निराला के राम तुलसीदास के राम से भिन्न और भवभूति के राम के निकट हैं"; दूसरी ओर यह, कि "निराला ने रामचरितमानस को जिस ढंग से पढ़ा-समझा और आत्मसात् किया था, उस बोध के प्रतीक महावीर यानी हनुमान हैं।" रामविलास जी की 'शक्ति-पूजा' की व्याख्या 'त्रासदीय' व्याख्या है; तीनों बड़ी कविताओं को उन्होंने जिस आधार पर एक-दूसरे से अलग किया है, वह ध्यानाकर्षक है : इन कविताओं में प्रयुक्त बिंबों के तुलनात्मक अध्ययन पर से उनका मानना है कि "**तुलसीदास** की शुरुआत होती है सूर्यास्त से, किंतु आगे चलकर कविता में चाँदनी है, या सूर्य-प्रकाश; घना अँधेरा कहीं नहीं है। **सरोज-स्मृति** में प्रकाश का आश्वासन है, हल्की-फुल्की धूप है, निविड़ अंधकार जहाँ-तहाँ है; किंतु **राम की शक्ति-पूजा** में अंधकार की सत्ता अत्यंत प्रबल है। अंधकार उगलते हुए आकाश की तुलना में राम को जो शक्ति प्राप्त होती है, वह प्रकाश की क्षीण रेखा के समान है।" यानी कि **तुलसीदास** के समापन की तरह 'प्राची दिगंत उर में पुष्कल रवि-रेखा' के समान नहीं है। रामविलासजी की व्याख्या के मुताबिक, **'शक्ति-पूजा'** में निराला ने फैंटेसी के सहारे अपने विजयी होने की आकांक्षा पूरी की। 'फैंटेसी' का खुलासा उन्हीं के शब्दों में यह, कि "यह अंधकार साधारण प्रतीक-व्यंजना नहीं है; अंधकार अर्थात् दुःख, प्रकाश अर्थात् सुख, जैसा समीकरण यहाँ नहीं है। निराला अब उस मनःस्थिति में हैं, जब तीव्र आवेग उत्तेजक पदार्थों, आवेग उत्पन्न करने वाली परिस्थितियों से अलग होकर—नए बिंबरूपों में परिवर्तित हो जाते हैं।" रामविलासजी को यहाँ एक बड़ी रोचक और विचारोत्तेजक तुलना सूझती है : "जैसे सविकल्प समाधि में योगी को तरह-तरह के मधुर स्वर सुनाई पड़ते हैं, तरह-तरह के फूलों की खुशबू उसके मन पर छा जाती है, वैसे ही निराला का मन वेदना के तीव्र आघात सहता हुआ तरह-तरह के स्वर सुनता है, तरह-तरह के दृश्य देखता है।" ...आगे इसी सिलसिले में वे **शक्ति-पूजा** के छंद को इस सूझ से जोड़ते हुए कहते हैं—"वह स्वर है, राम की शक्ति-पूजा के छंद का स्वर, जो "जल राशि-राशि जल पर चढ़ता खाता पछाड़" की तरह पंक्ति के अंत में पछाड़ खाकर गिरता ही नहीं है, वरन् अनेक पंक्तियों के विराम-स्थलों को पार करता हुआ विशद जलप्रपात की तरह पाठक को अभिभूत कर देता है। **तुलसीदास** और **सरोज-स्मृति** का छंद मूलतः एक है। पर **राम की शक्ति-पूजा** में निराला जो स्वर सुनाते हैं, वह इस लघु संयत छंद की सीमाएँ तोड़ रहा है। उसी के अनुरूप ज्योति के पत्र पर लिखे हुए चित्र हैं। इन चित्रों की पृष्ठभूमि में इतना गहन अंधकार है कि फलक की ज्योति सब ढक गई है। राम-रावण का अपराजेय समर लिखा तो गया है, ज्योति के पत्र पर, किंतु अक्षर सब अमावस के अँधेरे के हैं। अंधकार उगलता हुआ आकाश, सिंह के समान गरजता सागर, रावण का अदृश्य खलखल अट्टहास—ये

बिंब हैं जिनमें **सरोज-स्मृति** की वेदना परिवर्तित और घनीभूत हो गई है। **राम की शक्ति-पूजा** में निराला की आँखें भीतर एक नए लोक में खुल गई हैं जहाँ संसार के छायाचित्र ही दिखाई देते हैं; वह अपनी फैंटेसी की दुनिया में पहुँच गए हैं जहाँ संसार का दुख-दर्द निचुड़कर सूक्ष्म सघन बिंबों के रूप में दिखाई देता है।"

यह फैंटेसी वाला तत्त्व—रामविलासजी ने ठीक ही लक्ष्य किया है, निराला की आगे की रचनाओं में—कम होता जाता है। 'वनबेला' उनकी एक और महत्त्वपूर्ण लंबी कविता है—उनके प्रबंध काव्य-रचना-कौशल का एक और उदाहरण—जिस कौशल को हम निराला की लंबी कथा-रचनाओं यथा 'कुल्लीभाट' इत्यादि में भी देख सकते हैं। आत्मकथा और जीवन की आलोचना का अद्‌भुत अविच्छेद्य सह-संयोजन भी। यह वैशिष्ट्य निराला को उनके सहवर्तियों से ही नहीं, हिंदी के दूसरे कवियों-कथाकारों से भी अलग पहचनवाता है। जीवनी की और व्यक्तित्व की ऐसी सीधी घुसपैठ अन्यत्र कहीं नहीं दीखती। और, कमाल यह, कि वह कहीं अखरती नहीं : उल्टे, काव्य या कथा-रचना से उपलभ्य 'जीवन की आलोचना' और 'जीवन के मर्मोद्‌घाटन' में इससे मदद ही मिलती है; बल्कि, कहें कि इससे वह 'आलोचना' और 'उद्‌घाटन' कहीं अधिक तीक्ष्णता, सांद्रता और सिर पर चढ़कर बोलने वाली तत्काल संवेद्यता के साथ उजागर होते हैं। ऐसी पारदर्शिता अभिव्यक्त व्यक्तित्व की—जो कवित्व और सामाजिक-सांस्कृतिक परिवेश के चित्रण को प्रामाणिकता प्रदान करे, शायद ही कहीं अन्यत्र दिखाई दे। जोखम-भरा रास्ता है यह; किंतु निराला के लिए यही सहज और स्वभावसिद्ध था। उनकी कविता और कथा-रचनाएँ अक्षरशः जोखम से निखरी हुई रचनाएँ हैं। बहुत कम ऐसे लेखक होंगे जिनकी सारभूत आत्मकथा या अंतर्जीवनी स्वयं उनकी रचनाओं के आधार पर लिख ली जा सके। निराला ऐसे ही विरल लेखकों में हैं। **वनबेला** को **सरोज-स्मृति** और **राम की शक्ति-पूजा** के साथ-साथ इस दृष्टि से भी पढ़ा जा सकता है। वैसे ही जैसे **कुल्लीभाट, चतुरी चमार, कला की रूपरेखा** इत्यादि कथा-कृतियों को।

निराला में हास्य-व्यंग्य की वृत्ति भी वैसी ही उत्कट और सत्यान्वेषी है, जैसी उनकी फैंटेसी और दार्शनिकता। ऐसा संयोग, कहना न होगा, बिरले ही रचनाकारों में पाया जाता है। 'बहुवस्तुस्पर्शिनी' संवेदना और कल्पना है निराला की; और फिर भी एकाग्र, केन्द्रोन्मुखी, और यथातथ्य। 'वनबेला' के निमित्त से जो 'विज़्डम' निष्पन्न होती है कविता की परिणति पर, वह इसीलिए अंतःप्रमाणित और धारदार लगती है : जीवन और परिवेश की विविध और व्यापक छवियों से, नाटकीय उतार-चढ़ावों से गुजर चुकने के बाद ही हम वहाँ पहुँचते हैं। तभी लगता है कि हम सचमुच यहाँ पहुँचे हैं क्योंकि कवि स्वयं वहाँ पहुँचा है। उसी ने कमाया है यह कथ्य, जिसे 'वनबेला' मुखर कर रही है :

"...यह जीवन का मेला

चमकता सुघर बाहरी वस्तुओं को लेकर,
त्यों-त्यों आत्मा की निधि पावन बनती पत्थर''

निराला का जीवन और कृतित्व इसी 'आत्मा की पावन निधि' का जतन करने–उसे शिलीभूत होने से बचाने–के अविराम-अथक अध्यवसाय का प्रमाण है। रामविलास जी ने फैंटेसी और वास्तविक संसार के बीच जो सहज आवाजाही **'वनबेला'** में लक्षित की है, वह प्रकारांतर से उनके समस्त प्रौढ़ कृतित्व में लक्षित की जा सकती है। ऐसी महाप्राण–'साधे लंबी साँस सहज ही'–प्रतिभाओं के साथ सत्य घटनाएँ भी 'फैंटेसी' की तरह पेश आती हैं : 'ट्रूथ इज़ स्ट्रेंजर दैन फैंटेसी' वाली लोकोक्ति को चरितार्थ करती हुई।

निराला ने गद्य को 'जीवन-संग्राम की भाषा' कहा है; किंतु यह भाषा उनके पद्यात्मक कृतित्व यानी काव्य का भी अविच्छेद्य अंग है; और, दूसरी ओर उनके निपट गद्य में भी जिस तरह जगह-जगह सूक्तियाँ कौंध जाती हैं, जिस तरह कभी भी कहीं भी अचानक सतह से उठकर बहुत दूर-दूर की चीजें एक विद्युन्मय तीव्रता और त्वरा के साथ संयुक्त और प्रकाशित हो उठती हैं, वह निखालिस कवित्व का कमाल ही लगता है। इसलिए बात दरअसल वही विरुद्धों की टकराहट और सामंजस्य वाली ही है जो, जिस तरह उनकी कविता के भीतर से बोलती है, उसी तरह उनके भाव-प्रवण अथवा विचारप्रवण गद्य के भीतर से भी। जीवन-संग्राम, जीवनालोचन के दबाव से ही वे पलभर में कहाँ-कहाँ की उड़ान भर ले सकते हैं और इस अतिक्रमण को बखूबी औचित्य प्रदान करते हुए फिर उसी सपाट जगह लौट आ सकते हैं–पहले से भी ज्यादा स्वतःस्फूर्त और जिंदादिल–चौकन्ने होकर। कविता की तुलना में गद्य-रचना से उद्धरण देके बात को पुष्ट करना कठिन होता है; तो भी कुछ नमूने टाँक देने में हर्ज नहीं। 'कुल्लीभाट' का आरंभ ही देख लीजिए–निराला की चेतावनी ध्यान में रखते हुए–कि ''पुस्तिका में हास्य-रस की प्रधानता है; कोई नाराज होकर अपनी कमजोरी न साबित करे''। निराला के वाक्यविन्यास की विलक्षणता उनके अर्थ की एकाग्र-संश्लिष्ट अभिव्यक्ति के लिए किस कदर अनिवार्य है, देखिए :

> ''...बहुत दिनों की समझ–सत्य कमजोरी है, शहजोरी उसकी प्रतिक्रिया; अगर चरित्र में, अँधेरा छिपा, प्रकाश आँखों में चकाचौंध पैदा करता है, जो किसी तरह भी देखना नहीं–जड़ पकड़ गई...''

X X X

> ''...कुछ भी हो, मैं ऐतिहासिक नहीं, समझा कि तुलसीदास पुरुष थे, महापुरुष नहीं; महापुरुष अकबर था–दीन-ए-इलाही चलाया, हर कौम की बेटी ब्याही, चेले बनाए। ...अपने राम के लकड़दादा के लकड़दादा के लकड़दादा राजा बीरबल त्रिपाठी अकबर के चेले थे। अपनी बेटी खाले के वाजपेयियों के घर ब्याही; तबसे वाजपेयी-वंश में भी महापुरुषत्व का असर है; यों ट्रिपल

> लकड़दादा का प्रभाव कुल कनवजिया कुलीनों पर पड़ा। खैर, महापुरुष **'पुरुष'** का बढ़ा हुआ रंगा हिस्सा लेकर है, उसी तरह उसके चरित में एक 'सत्' और जुड़ गया है। साहित्यिक की निगाह में यह साबुन का उपयोगितावाद है, अर्थात् सिर्फ साफ होता है, वह भी कपड़ा; रास्ता, घर या दिमाग नहीं। अगर वाद लें, जैसे समाजवाद पैर बढ़ाए है, तो वह भी अकेला साहित्य सिद्ध नहीं ठहरता। साहित्य-पुरुष का एक रोयाँ सिद्ध होता है।''

x x x

जीवन और चरित के, कमजोरी और शहजोरी के, ऐतिहासिक और साहित्यिक के, प्रकाश और अँधेरे के अंतर्विरोध और अंतःसंबंध को—ध्यान देने की बात है—इस कथा का नैरेटर पात्र कैसे उजागर कर रहा है! और यह वह व्यक्ति है, जिसकी कविता उसकी प्रकाशोन्मुखता की सर्वत्र गवाही देती है : 'मैं कवि हूँ, पाया है प्रकाश', ...इसे गर्वोक्ति नहीं, स्वभावोक्ति की तरह चरितार्थ करती हुई। जटिलता और अंतर्विरोध जिस तरह जीवन में और मानव-चरित्र में ही अंतर्निहित हैं उसी तरह, साहित्य जिस 'सत्य' के साक्षात्कार की क्षमता के कारण साहित्य कहलाने का अधिकारी बनता है, वह सत्य भी इकहरा नहीं हो सकता। जो 'विज़्डम' एक महान् कवि या उपन्यासकार से मिलती है वह इसी कारण महज नीति या सदाचार का उपदेश न होकर विरोधाभासों को पचाकर—विरुद्धों का सामंजस्य घटित करने वाला नीति-रस या अध्यात्म-फल (यानी 'विज़्डम') हुआ करता है। गोर्की अपनी जगह विलक्षण हो सकते हैं; निराला सचमुच कायल हैं गोर्की की संस्मरण और चरित्र-चित्रण वाली प्रतिभा के; और 'रॉ लाइफ' की उनकी अकूत अनुभव-संपदा और सिद्धि के। पर वे यह भी जानते हैं अचूक, कि गोर्की फिर भी गोर्की ही हैं; टॉलस्टॉय नहीं। **'कुल्लीभाट'** की शुरुआत में ही किस खूबी के साथ निराला ने सत्य—और, 'मानुष-सत्य'—के ही साक्षात्कार की इस विकट चुनौती को अपने और अपने पाठक के सामने उजागर करके रख दिया है :

> ''जीवन-चरित जैसे आदमियों के बने और बिगड़े, कुल्लीभाट ऐसे आदमी न थे। उनके जीवन का महत्त्व समझे, ऐसा अब तक एक ही पुरुष संसार में आया है, पर दुर्भाग्य से अब वह इस संसार में रहे नहीं—गोर्की। पर गोर्की में भी एक कमजोरी थी; वह जीवन की मुद्रा को जितना देखता था, खास जीवन को नहीं। वादी-विवादी था। हिंदी में कोई है हिंदी-भाषी? किसी महापुरुष की जबान से कहा जा सकता है—'नहीं'।''

कितनी गहरी अंतर्दृष्टि में से निकली है यह बात! सच्ची सृजनशक्ति के असली भेद को उजागर करने वाली। व्यंग्य दरअसल, इसी को कहते हैं : इस स्तर की शब्दशक्ति और शब्द-वेध को वाद-विवाद से निराला को भी कब कोई परहेज था! किंतु उनका कथा-साहित्य और उसमें बोलता व्यक्तित्व 'जीवन की मुद्रा' को जितना

देखता है, उतना ही, बल्कि उससे कई गुना 'खास जीवन' को। 'कुल्लीभाट' में जीवन की मुद्राएँ इस कदर सरस, नाटकीय और जिंदादिली से भरपूर हैं कि सचमुच ही कहानी, रेखाचित्र, संस्मरण, पर्सनल एस्से, आत्मचरित, यात्रावृत्त सबका मजा इकट्ठे ही मिल जाता है। किंतु पढ़ लेने के बाद जो मन पर छाप पड़ी रह जाती है, वह इन मुद्राओं की नहीं, उस 'खास जीवन' की है जिसकी संभावनाएँ कुल्लीभाट के जीवन को और निराला के जीवन को भी समाविष्ट करते हुए दोनों का अतिक्रमण कर जाती हैं :

> एक साधारण आदमी देखते-देखते इतना असाधारण हो गया। कुल्ली मुझे क्या समझने लगे थे, यह लिखकर कलम को कलंकित नहीं करूँगा। कुल्ली साधारण आदमी थे; हिंदी के सुप्रसिद्ध व्यक्ति प्रेमचंद जी और प्रसाद जी अंतिम समय में अपना एक-एक सत्य मुझे दे गए थे; वह मेरे ही पास रहेगा, इसलिए कि उसकी बाहर शोभा नहीं होगी, कदर्थ होगा; उनकी महान् आत्माएँ कुंठित होंगी। ऐसा ही एक सत्य कुल्ली के पास भी था। मनुष्य अपने समझे हुए जीवन की समझ ऐसे ही परिवर्तन के समय पाता है, और देता है। कुल्ली कुछ पहले दे चुके थे, इन लोगों ने बाद को दी, इसलिए कि इनमें स्पर्द्धा थी, इनसे स्पर्द्धा करने वाला हिंदी में न था।

यह कुल्लीभाट की कहानी का नेपथ्य-संगीत है, कथा के घटना-चक्र से अलग और उबरा हुआ सा, किंतु उससे गहरे में जुड़ा हुआ। उस साक्षी-द्रष्टा की भाषा और भाव का संगीत, जो साक्षी होने के साथ सहभोक्ता और सूत-शौनक भी है इस घटित का। 'तुलसीदास' काव्य में जिस 'मूक-भाष', 'द्विजगण के आजन्म ग्रास', 'वर्णाश्रम के चरण-वरण' वाले जीवन की विडंबना का विक्षोभ व्यक्त हुआ था, कुल्लीभाट की कथा उसी से लिया गया एक मौलिक प्रतिशोध है : कथात्मक, बल्कि औपन्यासिक विस्तार और गहराई में। जीवंत और प्रामाणिक स्थानिक विवरणों द्वारा मूर्त। कहानी के उपसंहार पर एक नज़र डालिए, जो प्रत्यक्ष और परोक्ष, अभिधा और व्यंजना, वर्णन और टीका, मंच और नेपथ्य एक साथ है : उस 'खास जीवन' और साहित्य के पाताली रिश्ते की द्वंद्वात्मक और फिर भी अद्वैत रिश्ते की समझ का चरम विस्फोट...

> "मंत्र पढ़ते वक्त बार-बार अटकता था, क्योंकि पंडिताऊ स्वर नहीं निकल रहा था। कुछ देर सोचता रहा, ब्रजभाषा काल में हूँ, सूरदास का 'सूरसागर' और तुलसीदास की 'रामायण' पढ़ रहा हूँ। अपने आप वैसा ही मनोमंडल बन गया। फिर क्या; अपनी संस्कृत शुरू की। लोग प्रभावित हो गए। खड़े जो जैसे रहे, रह गए, जैसे कवि सम्मेलन में कविता पढ़ते वक्त होता है।...
>
> दूसरे दिन सबेरे, जैसी आदत थी, चिकेव के यहाँ से गोश्त ले आया। देखकर सासुजी ने कहा, "भैया, तुम तो आज पूड़ी खाने के लिए कहते थे।
>
> मैंने कहा–कुल्ली की स्त्री मुसलमानिन थी; इसलिए प्रकृति ने उनके

संस्कारों के अनुसार मुझे गोश्त खाने के लिए प्रेरित किया है। इसमें दोष नहीं है।"

अब 'देवी' कहानी की शुरुआत देखिए। यहाँ भी आत्मकथा का वैसा ही हस्तक्षेप। कोई कल्पना भी कर सकता था कि उस वक्त सन् 1934 में ऐसी कहानी हिंदी में लिखी जाएगी। यहाँ निराला तटस्थ रहकर समाज के निम्न जनों का चित्रण नहीं करते, वे उनसे तादात्म्य स्थापित करते हैं। यह तादात्म्य वाली बात निराला के संदर्भ में अत्यंत महत्त्वपूर्ण है। कहानी का चरितनायक—निराला स्वयं—कहता है :

> "पगली का ध्यान ही मेरा ज्ञान हो गया। उसे देखकर मुझे बार-बार महाशक्ति की याद आने लगी। महाशक्ति का प्रत्यक्ष रूप संसार को इससे बढ़कर ज्ञान देने वाला और कौन-सा होगा? राम-श्याम और संसार के बड़े-बड़े लोगों का स्वप्न सब इस प्रभात की किरणों में दूर हो गया। बड़ी-बड़ी सभ्यता, बड़े-बड़े शिक्षालय चूर्ण हो गए। मस्तिष्क को घेरकर केवल यही महाशक्ति अपनी महत्ता में स्थित हो गई। उसके बच्चे में भारत का सच्चा रूप देखा और उसमें—क्या कहूँ, क्या देखा?"

इस पर डॉ. रामविलास शर्मा की टिप्पणी है : "जो महाशक्ति **'राम की शक्ति-पूजा'** में है, वही **'देवी'** में है। निराला अपने वेदांत को सामान्य जीवन की भूमि पर विकसित करते हुए उसे उसकी तर्कसंगत परिणति तक पहुँचा रहे थे। जो सभ्यता व्यक्तिगत संपत्ति पर टिकी हुई है, उसमें हिंदू और मुसलमान, दोनों का दृष्टिकोण गरीबों के प्रति एक-सा है। गरीबों के लिए हिंदू-मुसलमान का भेद व्यर्थ है।"

निराला का विचार-प्रवण, आलोचनाप्रवण गद्य भी उनके उस कवित्व का ही एक अविच्छेद्य पक्ष है जो समग्र भारतीय अस्मिता की संवाहिका हिंदी का—स्वयं निराला और उनके पट्टशिष्य डॉ. रामविलास शर्मा के मुहावरे में कहें, तो जातीय चेतना का—कवित्व था अपने भरे-पूरे अर्थ में। जातीयता को डॉ. शर्मा ने हिंदी महाजाति की अवधारणा से जोड़कर निराला के साहित्य में सर्वत्र विद्यमान और दरअसल समूचे हिन्दी साहित्य में परिव्याप्त प्राणधारा को ही रेखांकित किया है। निराला की हिंदी-भक्ति, निराला का समाज-दर्शन, निराला की सांस्कृतिक सहज बुद्धि और साहित्यिक विवेक परस्पराश्रित और परस्पर सुसंबद्ध हैं। मात्र सुधारकों, नीरंध्र परंपरावादियों या निरे साहित्यिकों से उनका भाव-बोध, उनका ज्ञानात्मक संवेदन किस कदर अलग, तीक्ष्ण और गहरा है, यह उनके लेखों-टिप्पणियों का मनन करके ही जाना जा सकता है। टी.एस. इलियट ने जहाँ एक ओर लिखा है कि कवि अनिवार्यतया विचारक नहीं होता, वह उसका आपद्धर्म भले बन जाए, वहीं दूसरी ओर उसने एक मार्के की बात (और उसके खुद के आचरण से प्रमाणित बात) यह भी कही है कि सच्चा कवि जब विचार में प्रवृत्त होता है, तब वह उबरा हुआ—यानी अपने ही भावावेशों से उबरा

हुआ, निथरा हुआ, सचमुच अनासक्त और अनाविल गद्य होता है क्योंकि कवि के रूप में कविता करके वह अपनी भाविक उलझनों-अतियों से उबर चुका होता है : उसे अब गद्य से अपने 'राग' को ढुलवाने की कोई जरूरत नहीं होती। यह बहुत ही सही बात है और निराला के गद्य पर—वैचारिक-आलोचनाप्रवण गद्य पर तो विशेष रूप से—काफी हद तक—लागू होती है। व्यंग्य के आवरण से मर्मभेदी बातें कह जाने का कौशल उन्हें सिद्ध है। निराला के काव्य से घनिष्ठ परिचय प्राप्त कर चुका पाठक जब उनके विचार-प्रवण गद्य पर आता है तो विस्मित हो जाता है। शायद, एक तो इसलिए, कि गद्य की परंपरा हमारे लिए अपेक्षाकृत बहुत नई है; हम पद्य से ही गद्य के काम भी लेते रहे हैं सदियों तक; और दूसरे इसलिए, कि पहले के कवियों ने ऐसी सामर्थ्य का परिचय नहीं दिया था। दिया भी था (जैसे भारतेंदु ने) तो उस पर हमारा ध्यान इस तरह नहीं गया था जैसा निराला द्वारा और रामविलास जी सरीखे व्यापक सामाजिक-सांस्कृतिक सरोकारों के आलोचक द्वारा ध्यान दिलाए जाने पर गया। अपने समकालीनों की तुलना में निराला गद्य की संभावनाओं के प्रति, उसे विकसित करने की जरूरत के प्रति भी सर्वाधिक सजग दिखाई देते हैं। इस सजगता का प्रमाण उनका खुद का विपुल और विविध गद्यलेखन है जिसमें प्रयोग और परंपरा का ऐसा अद्‌भुत सर्जनात्मक रिश्ता (टकराव और मेल, दोनों तरह) प्रकट हुआ है, जैसा तत्कालीन किसी साहित्यकार में नहीं दीखेगा।

अज्ञेय ने **त्रिशंकु** (1946) में 'आलोचक राष्ट्र के निर्माण' की जो आवश्यकता प्रतिपादित की थी उसका खासा पूर्वाभास निराला के इन लेखों से गुजरते हुए पाठक को होगा। निराला ने एक जगह लिखा है कि "आलोचना साहित्य का मस्तक है", किंतु यहाँ उनका आशय संभवतः विशुद्ध साहित्यिक आलोचना से था, उस तरह की सभ्यता-समीक्षा याकि सामाजिक समस्याओं के चिंतन से नहीं—जिसमें खुद उनकी गहरी पैठ दिखाई देती है। साहित्यिक आलोचना की ओर निराला का वैसा रुझान नहीं है। रवीन्द्रनाथ और पंतजी को छोड़ अपने समकालीन अथवा पूर्ववर्तियों के साहित्यिक योगदान का कोई विशेष मूल्यांकन या आस्वादन उनके यहाँ नहीं मिलता। यूँ, कृतज्ञता की, गुणग्राहकता की कोई कमी नहीं है, जैसाकि 'प्रसाद के प्रति' जैसी कविता से जाहिर है। उनकी वैचारिक-आलोचकीय तीक्ष्णता का परिचय उनके जिस लेखन से मिलता है, वह व्यापक सामाजिक-सांस्कृतिक विषयों से संबद्ध है और उसी के कुछ उदाहरण प्रस्तुत संकलन में शामिल किए गए हैं। साथ ही अपनी कविता के विवेचन के निमित्त से उन्होंने जो विचारोत्तेजक स्थापनाएँ की हैं, 'भूमिकाओं' के अंतर्गत, उन्हें भी अलग से रेखांकित करना हमने जरूरी समझा।

अपने **'भारतीय संस्कृति और हिंदी प्रदेश'** नामक ग्रंथ के दूसरे भाग में डॉ. रामविलास शर्मा ने एक पूरा अध्याय निराला पर केंद्रित किया है : 'निराला के साहित्य में जातीय चेतना' शीर्षक से। इसमें उनकी मूल स्थापना यह है कि "जातीयता का

समर्थन और जातीय संकीर्णता का विरोध, राष्ट्रीयता का समर्थन और उससे ऊपर उठकर विश्व-मानवता का समर्थन, ये दोनों बातें रवींद्रनाथ ठाकुर में हैं और निराला में भी हैं। जिस तरह जातीय जागरण का नेतृत्व रवींद्रनाथ ठाकुर ने किया था, वह आदर्श निराला के सामने भी था और यह आदर्श उनके साहित्यिक जीवन के प्रारंभिक दौर में सुनिश्चित हो गया था" (पृष्ठ 552)। यह भी, कि "...बंगाल में जन्म लेने और वहाँ रहने से निराला में हिंदी जातीय चेतना का उदय हुआ। ...बंगाल के नवजागरण से निराला ने बहुत कुछ सीखा। जातीय चेतना जहाँ संकीर्ण हो जाती थी, उससे भी उन्होंने सीखा।" यह बात इस संचयन में शामिल किए गए लेखों से स्वतः प्रमाणित होती है।

निराला जैसी महाप्राण प्रतिभा विरोध से, टकराहट से ही तीक्ष्ण और पुष्ट होती है। अस्मिता का बोध उसमें इसी तरह जागता है। निराला में यह बोध एक समग्र भारतीय अस्मिता के बोध में उत्कर्ष पाता देखा जा सकता है। यही उनकी जातीय चेतना है। **ऐसा प्रतीत होता है कि कहीं न कहीं इसी अर्थ में जातीय चेतना का जो लयभंग हो गया था, उसी को ठीक करने की चिंता निराला की जीवनव्यापी चिंता थी।** 'हिंदी के हित का अभिमान' इसी चिंता का अंग था। कितना पीड़ादायी अनुभव है सन् 35 में छपा उनका 'इंदौर का हिंदी विश्वविद्यालय' शीर्षक संपादकीय लेख पढ़ना! ऐसा कोई प्रस्ताव कभी आया था, इसका पता ही पाठकों को इस लेख से लगता है : किंतु निराला का स्वप्नदर्शी मन उसे लेकर किस कदर उत्साहित हुआ था! प्रस्ताव की सबसे महत्त्वपूर्ण बात निराला को यह लगी थी कि, "यहाँ केवल साहित्य की ही नहीं, किंतु व्यावसायिक, यांत्रिक तथा कलात्मिका शिक्षा भी हिंदी द्वारा दी जाएगी।" पैंसठ बरस पहले व्यक्त किया गया विश्वास आज भी हमारे मन में प्रतिध्वनित होता है, हालाँकि वस्तुस्थिति देखते हुए उसकी विडंबना ही हमारे सामने उजागर है। निराला लिखते हैं :

> "...इस तरह राष्ट्रभाषा को बहुत बड़ा महत्त्व प्राप्त होगा, अपितु भाषा प्राणों के साथ मिलकर सृजन के नए क्षेत्रों में जिस वेग से प्रभावित होगी, उसका अभी हम अनुमान नहीं कर सकते। जो हिंदी अपने प्राचीन गौरव में प्रांतीय भाषाओं की बड़ी बहन है और आधुनिक प्रगति में दूसरी भाषाओं की गति से अधिक वेगवती, वह अपर प्रांतों के अहम्मन्य विद्वानों को इस प्रकार पूरा उतरता हुआ उत्तर देगी। राष्ट्र की जो गुत्थियाँ अभी तक नहीं सुलझीं, जो प्रश्न उठ-उठ कर रह गए हैं, इस विश्वविद्यालय के कार्य से वे अड़चनें दूर हो जाएँगी, उनका उचित उत्तर प्राप्त होगा। आज भिन्न-भिन्न विषयों के सच्चे साहित्यिकों तथा विद्वानों की जो अवहेलना अल्पज्ञों की अनधिकार चेष्टा

से हो रही है, वह न होगी। मातृभाषा की शिक्षा से मातृभाषा-शक्ति का ठीक-ठीक विकास होगा, जिससे उत्तम और अधम के निर्णय में देर न होगी। ...हिंदी-भाषी जिस विशाल भू-भाग के लोग एक दिन भारत के प्रति विषय के सूत्रधार रह चुके हैं, विरोधी शक्ति से लड़ते-लड़ते क्षीण होते हुए आज भिन्न-भाषा-भाषी विद्वानों की दृष्टि में मनुष्य भी न रह जाएँ, यह सहन करने की बात नहीं, इसका बहुत शीघ्र हिंदी-भाषियों को उचित उत्तर देना होगा।''

ध्यान देने की बात यहाँ यह है कि हिंदी निराला के मन में भारत की समग्र सांस्कृतिक अस्मिता की सहज संवाहिका होने के कारण प्रतिष्ठित है। सबको जोड़ने वाला, सारे बिखराव को अंतःसंगठित करने वाला निराला का कवि-मस्तिष्क इसी तर्क से उसे महत्त्व देता है और इसी कारण उसके साथ तादात्म्य भी स्थापित करता है। इसके पीछे कोई प्रतिक्रिया का भाव नहीं है, बंगला या मराठी या तमिल जातीयता के विरुद्ध एक और जातीयता—हिंदी जातीयता—को आगे करने का भाव कदापि नहीं है। हिंदी निराला के लिए भारत के हृदय की कुंजी है; देश की प्रतिभा और संवेदना के व्यापक वैविध्य को धारण करने वाली, समग्र राष्ट्र को एक करने वाली शक्ति। वे इस शक्ति की साधना की शब्दावली में ही हिंदी की बात करते हैं। यह अकारण नहीं, कि वे स्वयं हिंदी-प्रदेश में व्याप्त सांस्कृतिक गिरावट, अंतःकलह, गुटबंदी, एवं जातिगत संकीर्णताओं के सर्वाधिक कटु आलोचक हैं। अपने साहित्य की कमियों के लिए, भी वे सर्वप्रथम हिंदी के लोगों को ही जिम्मेदार ठहराते हैं। बल्कि कई बार, ऐसा भी लग सकता है कि वे हिंदी की तब तक की साहित्यिक उपलब्धियों को ठीक से आँक भी नहीं पा रहे; आलोचना के आवेश में कुछ अनदेखा भी कर रहे हैं। पर नीयत उनकी साफ है, दर्द उनका इतना सच्चा और इतना बड़ा है कि उन्हें गलत समझने की गुंजाइश ही नहीं रहती। यह भी ध्यातव्य है कि जिस जातीय (सारतः सार्वदेशिक) अस्मिता से वे अपना और अपने आदर्श पूर्वसूरि तुलसीदास का तादात्म्य स्थापित करते हैं, उन्हें वे एक विराट् परंपरा के अंग के रूप में ही देखते हैं। 'सम्मेलन और महात्मा जी' शीर्षक टिप्पणी में वे जो कहते हैं, क्या तात्कालिक प्रतिक्रिया के संदर्भ में, और उससे हटकर भी, उस कहे की गूँज और धार यथावत् आज भी कायम नहीं?

''महात्मा जी ने हिंदी साहित्य सम्मेलन के सभापति के आसन से भाषण करते हुए हिंदी को तीसरा, या इससे भी घटकर स्थान दिया है। यह असत्य होने के कारण श्रेष्ठ का अपमान है। प्राचीन ब्रजभाषा हिंदी को मिलाने पर प्रांतीय कोई भाषा उसका मुकाबला नहीं कर सकती। फिर नवीन हिंदी, खड़ी बोली के रूप में थोड़े दिनों से प्रचलित हुई है। इतने कम समय में इसने जितनी तरक्की की है, उतनी बंगला-मराठी किसी ने नहीं की। ...आज भी हिंदी की अनेक रचनाएँ स्पर्द्धा में बंगला की रचनाओं से घटकर न होंगी। **यदि प्राचीन**

> **हिंदी को लें तो तुलसी, सूर, बिहारी, कबीर आदि हिंदी की तरफ हैं, जिनका काव्य सत्य-दर्शन पर प्रतिष्ठित है।** तुलसी के सामने हिंदीवाले किसी कवि को मान जाएँगे, यह आशा दुराशा मात्र है।..."

किसी ने कहा है कि सच्चा कवि भाषा का स्वामी नहीं, सेवक होता है। इस मामले में निराला की विनम्रता देखने लायक है। कई जगह वे हिंदी प्रयत्नपूर्वक सीखे होने की बात करते हैं और विनीत शिष्यभाव की सुदीर्घ साधना की परिणति पर पहुँचकर अपने पाठक को हिंदी सिखाने की बात करते हैं। **'बेला'** की भूमिका ही देख लीजिए। निराला हिंदी भाषा की व्यंजना-शक्ति से इस कदर अभिभूत दिखाई पड़ते हैं मानो कह रहे हों—"देखो, यह है हिंदी की महिमा! मैं कौन हूँ कविता करने वाला! कवि तो असली यह भाषा खुद है।" इसके साथ ही वे लगातार एक चुनौती-सी महसूस करते रहते हैं, जो नहीं हैं, उसकी पूर्ति भी कर डालने की। ऐसे कवि की असफलताएँ भी उतनी ही रोचक और शिक्षाप्रद होंगी जितनी उसकी सफलताएँ—उसके विशिष्ट वेदन-तंत्र की उपलब्धियाँ। 'अर्चना' की भूमिका में वे कहते हैं—"खड़ी बोली की गाड़ी के और चलते रहने की आवश्यकता है; ये गीत जैसे उसी की पूर्ति करते हैं।" 'गीतिका' की भूमिका में कहते हैं—"मुझे ऐसा मालूम देने लगा कि खड़ी बोली की संस्कृति जब तक संसार की ऊँची से ऊँची सौंदर्य-भावनाओं से युक्त न होगी, वह समर्थ न होगी। उसकी संपूर्ण प्राचीनता जीर्ण है। मैंने पद्य के अपर अंगों में जो थोड़ा-सा काम किया है, वह खड़ी बोली के अनुरूप-प्रतिरूप जैसा भी हो, उसके अलावा कुछ गीत भी मैंने लिखे हैं।" 'खड़ी बोली के अनुरूप-प्रतिरूप' में विवेक के साथ व्यंग्य की घुलावट देखने लायक है। निराला जानते हैं, वे ऐसी छूटें भी ले चुके हैं जो और किसी ने न ली होंगी। पर उन्हें भरोसा है कि उन्होंने वैसी छूटें लेने का अधिकार भी अर्जित किया है।

आहत अभिमान और एक बुनियादी नम्रता का अद्भुत संयोग हमें निराला में मिलता है। "ईर्ष्या कुछ नहीं, मुझे यद्यपि/मैं ही वसंत का अग्रदूत"...। 'इनोवेटर' कोटि के कवि होते हुए भी आविष्कार का दावा वे कहीं नहीं करते; **'कुकुरमुत्ता'** की भूमिका में भी नहीं, जोकि स्वयं उनके यहाँ, और समूचे छायावादी काव्य को देखते हुए, सर्वथा नई चीज थी। इतना भर कहते हैं : "लिखने वालों के लिए भाषा और भावों के संस्कार से सुविधा कर दी गई है। वे कविता के एक आधुनिक अंग की भाषा की लीक पकड़ सकेंगे। किताब पढ़ के ज्ञान प्राप्त करना विज्ञप्ति पढ़ने से अच्छा है। अस्तु।" ...यह इशारा किस चीज की तरफ है? 'क़ल्म मेरा नहीं लगता/मेरा जीवन आप जगता'—इसका क्या मतलब है ? **'कुकुरमुत्ता'** में निराला की भाषिक संवेदना ने एक नई छलाँग लगाई। दूसरे खंड का आरंभ ही देखें : क्या इन्हें पढ़ते

हुए 'प्रयोगवाद' और 'प्रगतिवाद' के बिल्ले बेमानी नहीं लगने लगते? यह भी कि दोनों के बीज निराला के कवि-कर्म में मौजूद हैं?... "बाग के बाहर पड़े थे झोंपड़े/दूर से जो दिख रहे थे अधगड़े/जगह गंदी, रुका सड़ता हुआ पानी/मोरियों में, ज़िंदगी की लत्तरानी/बिलबिलाते कीड़े, बिखरी हड्डियाँ...।" कितनी सजीवता, कितना लोच है इस 'स्प्रंग रिद्म' में!

नाई, धोबी, तेली, तंबोली, कुम्हार
फ़ीलवान, ऊँटवान, गाड़ीवान

पहली पंक्ति को पढ़ने के लिए नाई और तेली को ह्रस्व करके पढ़ना पड़ता है, तो दूसरी में दो जगह रुकते हुए पढ़ना होगा। मगर इसके तुरंत बाद इस अटकाव को राहत देती हुई पंक्ति आती है जो 'मुस्लिम' के साथ हिंदू को भी ह्रस्व कर देती है :

एक ख़ासा हिंदु-मुसलिम ख़ानदान
एक ही रस्सी से क़िस्मत की बँधा
काटता था ज़िंदग़ी गिरता-सधा

अपनी पूरी स्थानिक विवरणात्मकता में मूर्त झोंपड़ों की जिंदगी की 'इमेज़' यहाँ तक आते-आते किस खूबी के साथ, अनायास पूरे देश की ज़िंदगी से एकाकार हो जाती है! 'कुकुरमुत्ता' के पद्य में कहीं भी एकरसता नहीं। कोई पंक्ति ज्यादा छूट लेती है विराम की और घट-बढ़ की; कोई कम। प्रवाह बना रहता है और बीच में आने वाले अवरोध उसकी रफ्तार घटाते-बढ़ाते रहते हैं।

यह स्वतंत्रता निराला ने यों ही नहीं प्राप्त कर ली थी। इसके पीछे मुक्तछंद की उस स्वतंत्रता के प्रथम अनुभव का आत्मविश्वास काम कर रहा था जहाँ पंक्तियों को आवश्यकतानुसार घटाया-बढ़ाया जा सकता है, स्वराघात आगे-पीछे किया जा सकता है और तुकों को भी पास या दूर विन्यस्त किया जा सकता है। मुक्तछंद से पारंपरिक छंद में और पारंपरिक छंद से मुक्तछंद में बराबर इस कवि का संक्रमण होता रहा। पारंपरिक छंद में भी उन्होंने नई सूझों का समावेश किया। जैसे, 'शेष' शीर्षक कविता में एकाधिक लयगतियों का समावेश। नई कविता में हमें अज्ञेय के यहाँ इस 'काउंटर प्वाइंट' शिल्प-विधि का उपयोग मिलता है और शमशेर के यहाँ भी। काव्य-शिल्प और भाषिक संवेदना के इस अनवरत अभ्यास और प्रयोगशील उत्साह की ही बदौलत निराला के विकास-क्रम में बड़ी विस्फोटक उपलब्धियाँ बीच-बीच में मील के पत्थरों की तरह जड़ी दिखलाई देती हैं। क्या भाषिक चेतना, क्या लयात्मक संवेदन सभी दृष्टियों से यह विकास-क्रम नए कवियों के लिए अत्यंत प्रेरणाप्रद है।

इस प्रकार हम देख सकते हैं कि आधुनिक हिंदी में काव्यभाषा के निर्माण-विकास की प्रक्रिया में निराला का योगदान अप्रतिम है। इसी का लाभ उनके गद्य को भी मिला है। डॉ. रामस्वरूप चतुर्वेदी ने समकालीन कविता में बोलचाल और संप्रेषण की स्थिति की चर्चा करते हुए लिखा है कि "नई कविता की कुछ महत्त्वपूर्ण प्रवृत्तियों

का बीजरूप निराला में मिलता है। क्लासिक, रोमैंटिक, नई कविता, आधुनिक कविता की धारा जैसे भाषा और संवेदन दोनों स्तरों पर संपूर्णतया उनके व्यक्तित्व में से प्रबद्धमान हुई हो।" यह बात काव्यप्रेमी पाठक के अपने अध्ययनानुभव से पुष्ट होती है। और, यह भी कि **तुलसीदास** और **राम की शक्ति-पूजा** जैसी कविताओं में खड़ी बोली हिंदी ने अपने उस अंतर्निहित द्वैत के बावजूद, जिसे स्वयं रामस्वरूपजी ने 'हिंदी क्षेत्र की एक बहुत बड़ी शक्ति' के रूप में स्वीकार किया है—अपनी एक विलक्षण क्षमता को चरितार्थ होते देखा था : संस्कृत के संगीत को खड़ी बोली हिंदी की सात्त्विक कठोरता में घुलाने-पचाने की क्षमता को। 'भाषा की काव्य-मुक्ति' जैसे मुहावरे का यदि कोई अर्थ और औचित्य है, तो निराला का कवि-कर्म उसे बखूबी उदाहृत करता है। दो-एक उदाहरण निराला के उत्तर-काव्य यानी, तीसरे चरण के काव्य के भी देख लेना यहाँ काफी होगा :

वर्जन के जो वज्रद्वार हैं
क्या खुलने के भी किंवार हैं?
प्राण पवन के आर-पार हैं
जैसे दिनकर निष्कर; निश्शर
x x x
तपन से धन, मन शयन से
प्रात-जीवन निशि नयन से
प्रमद आलस से मिला है
किरण से जलरुह किला है
रूपशंका से सुघरतर
अदर्शित होकर खिला है।

निराला की कविता का आकर्षण यही है। रूप-शिल्प उनके यहाँ कोई प्रदर्शनी नहीं है जो पुकारकर कहे—'आओ, मुझे सराहो'। वह 'अदर्शित' होकर खिला है। यह वह इकहरी रूपासक्ति नहीं है जो हर प्रतिकूलवेदनीय से सुरक्षित हो। यह ऐसा 'रूप' है जो शंका से 'सुघरतर' होता है। यहाँ विरोधी प्रतीतियों की टकराहट से काव्यार्थ का नवोन्मेष होता है। निराला खुद ही एक जगह कहते हैं : 'स्वर विवादी ही लगा'। और वे लगाते भी हैं। 'संवाद' उत्पन्न करने के लिए।

मानव जहाँ बैल-घोड़ा है
कैसा तन-मन का जोड़ा है
देख रहा है विज्ञ आधुनिक
वन्य भाव का यह कोड़ा है

निराला की अनेक कविताएँ एक विशेष और विलक्षण अर्थ में मानो स्वयं भाषानुभूति की, और छंदानुभूति की कविताएँ भी लग उठती हैं। मानो, कवि अपनी

स्फूर्ति, उद्वेग, विद्रोह, क्षोभ—सब कुछ शब्दों की यति-गति में संक्रांत कर देने की छटपटाहट से प्रेरित हो।

छलके छल के पैमाने क्या!
आए बेमाने माने क्या!
हलके हलके हल के न हुए
दलके दलके दल के न हुए
उफले उफले फल के न हुए
बेदाने थे तो ...दाने क्या?

यह है उत्तर-निराला काव्य का शिल्प। ऊपर से ऊटपटाँग, शिल्पहीन और शिल्प-विरोधी सा लगता शिल्प, जिसमें छायावाद, बल्कि नई कविता से भी आगे की कविता करवट लेती दिखाई पड़ती है। निराला की लयात्मक संवेदना, एक ओर सूक्ष्म सांगीतिक विन्यासों को निखारने की ओर सक्रिय रहती है, तो दूसरी ओर जीवन के ठेठ गद्य से, जड़ीभूत सौंदर्याभिरुचि के ठीक विपरीत दिशा में। 'शब्द के कलिदल' दोनों जगह खुलेंगे। निराला से बड़ा गीति-काव्य का मर्मज्ञ सर्जक कौन होगा। परंतु, उनके अधिकांश गीत भी तथाकथित गीत के तर्क से नहीं, आधुनिक कविता के तर्क से—व्यंग्य-विपर्यय, विरोधाभास और विद्रूप के तर्क से—घनीभूत रचनाएँ हैं। गीतकार—इकहरी काट के सरल गीतकार—वे नहीं हैं। उन्होंने भाषा की सतह पर भी प्रयोग किये हैं और गहराइयों में भी। स्वयं भाषा के प्रति वह पर्युत्सुकता और जिज्ञासा, जो कवि के कवि होने की पहली पहचान है, निराला में जितने स्तरों पर और जितनी निरंतरता के साथ सक्रिय दीखती है, उतनी कदाचित् और किसी कवि में नहीं। यों जहाँ तक कविकर्म की सघनता और एकाग्रता का प्रश्न है, वह जयशंकर प्रसाद में निराला से कम नहीं; किंतु कम कवि ऐसे होंगे जो प्रसाद से रचनात्मक स्तर पर जुड़ सकें और सबक ले सकें। जबकि निराला कई तरह के कवियों के काम के हैं। उनकी श्रेष्ठतम कविताओं की तो बात ही क्या, जहाँ वे काव्याभ्यास करते प्रतीत होते हैं, वहाँ भी वे अपने 'रचना-रहित वचन-चयनों' से 'सकल श्रुतिधरों' को 'चकित' कर सकते हैं। भाषा को इस तरह मुक्त करने का सामर्थ्य बिरले ही कवियों में प्रकट होता है। वे भाषा के बहुत बड़े और बहुत विविध क्षेत्र के कृषक हैं। उनके लिए कोई धरती परती नहीं। हर 'खेत' में उनके 'भाव की जड़' 'गड़' जाती है। कोई आश्चर्य नहीं कि निराला की कविता के बारे में बात करते हुए अक्सर हम उन्हीं की शब्दावली का उपयोग करने को अंतर्विवश हो जाते हैं :

स्पर्श तुम्हारा मिलने पर क्या
महाभार यह झिल न सकेगा?

—रमेशचंद्र शाह

नवम्बर, 2000
निराला सृजनपीठ, भोपाल

रचना-क्रम

काव्य

'अनामिका' से

(1939-1949)

कथा-साहित्य

लेखक का परिवेश : निराला का पत्रकार-रूप

काव्य-चिंतन : भूमिकाएँ

काव्य

'परिमल' से

अध्यात्म-फल

जब कड़ी मारें पड़ीं, दिल हिल गया,
पर न कर चूँ भी कभी पाया यहाँ,
मुक्ति की तब युक्ति से मिल खिल गया
भाव, जिसका चाव है छाया यहाँ।

खेत में पड़ भाव की जड़ गड़ गई,
धीर ने दुख-नीर से सींचा सदा,
सफलता की थी लता आशामयी,
झूलते थे फूल, —भावी सम्पदा!

दीन का तो हीन ही यह वक्त है,
रंग करता भंग जो सुख-संग का
भेद से कर छेद पीता रक्त है
राज के सुख-साज-सौरभ-अंग का।

काल की ही चाल से मुरझा गए
फूल, हूलें शूल जो दुख मूल में
एक ही फल, किन्तु हम बल पा गए,
प्राण है वह, त्राण सिन्धु अकूल में।

मिष्ट है, पर इष्ट उनका है नहीं
शिष्ट पर न अभीष्ट जिनका नेक है,
स्वाद का अपवाद कर भरते मही,
पर सरस वह नीति-रस का एक है।

जुही की कली

विजन-वन वल्लरी पर
सोती थी सुहाग-भरी—स्नेह-स्वप्न-भग्न—
अमल-कोमल-तनु तरुणी—जुही की कली,
दृग बन्द किए, शिथिल—पत्रांक में,
वासन्ती निशा थी;
विरह-विधुर-प्रिया-संग छोड़
किसी दूर देश में था पवन
जिसे कहते हैं मलयानिल।
आई याद बिछुड़न से मिलन की वह मधुर बात,
आई याद चाँदनी की धुली हुई आधी रात,
आई याद कान्ता की कम्पित कमनीय गात,
फिर क्या ? पवन
उपवन-सर-सरित गहन-गिरि-कानन
कुंज-लता-पुंजों को पार कर
पहुँचा जहाँ उसने की केलि
कली-खिली-साथ।
सोती थी,
जाने कहो कैसे प्रिय-आगमन वह?
नायक के चूमे कपोल,
डोल उठी वल्लरी की लड़ी जैसे हिण्डोल।
इस पर भी जागी नहीं,
चूक-क्षमा माँगी नहीं,
निद्रालस वंकिम विशाल नेत्र मूँदे रही—
किंवा मतवाली थी यौवन की मदिरा पिए,
कौन कहे?
निर्दय उस नायक ने
निपट निठुराई की
कि झोंकों की झड़ियों से
सुन्दर सुकुमार देह सारी झकझोर डाली,
मसल दिए गोरे कपोल गोल;
चौंक पड़ी युवती—
चकित चितवन निज चारों ओर फेर,

हेर प्यारे को सेज-पास,
नम्रमुख हँसी—खिली,
खेल रंग, प्यारे संग।

सन्ध्या-सुन्दरी

दिवसावसान का समय
मेघमय आसमान से उतर रही है
वह सन्ध्या-सुन्दरी परी-सी
धीरे धीरे धीरे,
तिमिरांचल में चंचलता का नहीं कहीं आभास,
मधुर-मधुर हैं दोनों उसके अधर,—
किन्तु गम्भीर,—नहीं है उनमें हास-विलास।

हँसता है तो केवल तारा एक
गुँथा हुआ उन घुँघराले काले बालों से,
हृदय-राज्य की रानी का वह करता है अभिषेक।

अलसता की-सी लता
किन्तु कोमलता की वह कली,
सखी नीरवता के कन्धे पर डाले बाँह,
छाँह-सी अम्बर-पथ से चली।

नहीं बजती उसके हाथों में कोई वीणा,
नहीं होता कोई अनुराग-राग-आलाप,
नूपुरों में भी रुन-झुन रुन-झुन रुन-झुन नहीं,
सिर्फ एक अव्यक्त शब्द-सा "चुप चुप चुप"
है गूँज रहा सब कहीं,—
व्योममण्डल में—जगती-तल में—
सोती शान्त सरोवर पर उस अमर कमलिनी-दल में—
सौन्दर्य-गर्विता-सरिता के अति विस्तृत वक्षःस्थल में—
धीर वीर गम्भीर शिखर पर हिमगिरि-अटल-अचल में—
उत्ताल-तरंगाघात-प्रलय-घन-गर्जन-जलधि-प्रबल में—
क्षिति में—जल में—नभ में—अनिल-अनल में—

सिर्फ एक अव्यक्त शब्द-सा "चुप चुप चुप"
है गूँज रहा सब कहीं,—
और क्या है ? कुछ नहीं।

मदिरा की वह नदी बहाती आती,
थके हुए जीवों को वह सस्नेह
प्याला वह एक पिलाती,
सुलाती उन्हें अंक पर अपने,
दिखलाती फिर विस्मृति के वह कितने मीठे सपने।

अर्द्धरात्रि की निश्चलता में हो जाती वह लीन,
कवि का बढ़ जाता अनुराग,
विरहाकुल कमनीय कण्ठ से
आप निकल पड़ता तब एक विहाग।

स्वप्न-स्मृति

आँख लगी थी पल-भर,
देखा, नेत्र छलछलाए दो
आए आगे किसी अजाने दूर देश से चलकर।
मौन भाषा थी उनकी, किन्तु व्यक्त था भाव,
एक अव्यक्त प्रभाव
छोड़ते थे करुणा का अन्तस्थल में क्षीण,
सुकुमार लता के वाताहत मृदु छिन्न पुष्प-से दीन।

भीतर नग्न रूप था घोर दमन का,
बाहर अचल धैर्य था उनके उस दुखमय जीवन का;
भीतर ज्वाला धधक रही थी सिन्धु अनल की,
बाहर थीं दो बूँदें—पर थीं शान्त भाव में निश्चल—
विकल जलधि के जर्जर मर्मस्थल की।

भाव में कहते थे वे नेत्र निमेष-विहीन—
अन्तिम श्वास छोड़ते जैसे थोड़े जल में मीन,—
"हम अब न रहेंगे यहाँ, आह संसार!

मृगतृष्णा से व्यर्थ भटकना, केवल हाहाकार
तुम्हारा एकमात्र आधार;
हमें दुःख से मुक्ति मिलेगी—हम इतने दुर्बल हैं—
तुम कर दो एक प्रहार!"

ध्वनि

अभी न होगा मेरा अन्त।
अभी-अभी ही तो आया है
मेरे वन में मृदुल वसन्त—
अभी न होगा मेरा अन्त।

हरे-हरे ये पात,
डालियाँ, कलियाँ कोमल गात।
मैं ही अपना स्वप्न-मृदुल-कर
फेरूँगा निद्रित कलियों पर
जगा एक प्रत्यूष मनोहर।

पुष्प-पुष्प से तन्द्रालस लालसा खींच लूँगा मैं,
अपने नव-जीवन का अमृत सहर्ष सींच दूँगा मैं,

द्वार दिखा दूँगा फिर उनको
हैं मेरे वे जहाँ अनन्त—
अभी न होगा मेरा अन्त।

मेरे जीवन का यह है जब प्रथम चरण,
इसमें कहाँ मृत्यु
है जीवन ही जीवन।
अभी पड़ा है आगे सारा यौवन;
स्वर्ण-किरण-कल्लोलों पर बहता रे यह बालक-मन;
मेरे ही अविकसित राग से
विकसित होगा बन्धु दिगन्त—
अभी न होगा मेरा अन्त।

बादल-राग

(1)

झूम-झूम मृदु गरज-गरज घन घोर!
राग-अमर! अम्बर में भर निज रोर!

झर झर झर निर्झर-गिरि-सर में,
घर, मरु, तरु-मर्मर, सागर में,
सरित–तड़ित-गति–चकित पवन में
मन में, विजय-गहन-कानन में,
आनन-आनन में, रव-घोर-कठोर–
राग-अमर! अम्बर में भर निज रोर!

अरे वर्ष के हर्ष!
बरस तू, बरस-बरस रसधार!
पार ले चल तू मुझको,
बहा, दिखा मुझको भी निज
गर्जन-भैरव-संसार!
उथल-पुथल कर हृदय
मचा हलचल–
चल रे चल,–
मेरे पागल बादल!
धँसता दलदल,
हँसता है नद खल्-खल्
बहता, कहता कुलकुल कलकल कलकल।
देख-देख नाचता हृदय
बहने को महाविकल–बेकल,
इस मरोर से–इसी शोर से–
सघन घोर गुरु गहन रोर से
मुझे–गगन का दिखा सघन वह छोर!
राग-अमर! अम्बर में भर निज रोर!

(2)

ऐ निर्बन्ध!
अन्ध-तम-अगम-अनर्गल—बादल!
ऐ स्वच्छन्द!
मन्द-चंचल-समीर-रथ पर उच्छृंखल!
ऐ उद्दाम!
अपार कामनाओं के प्राण!
बाधारहित विराट!
ऐ विप्लव के प्लावन!
सावन-घोर गगन के
ऐ सम्राट!
ऐ अटूट पर छूट टूट पड़नेवाले—उन्माद!
विश्व-विभव को लूट-लूट लड़नेवाले—अपवाद!
श्री बिखेर, मुख-फेर कली के निष्ठुर पीड़न!
छिन्न-भिन्न कर पत्र-पुष्प-पादप-वन-उपवन,
वज्र-घोष से ऐ प्रचण्ड!
आतंक जमानेवाले!
कम्पित जंगम,—नीड़-विहंगम,
ऐ न व्यथा पानेवाले!
भय के मायामय आँगन पर
गरजो विप्लव के नव जलधर!

(3)

सिन्धु के अश्रु!
धरा के खिन्न दिवस के दाह!
विदाई के अनिमेष नयन!
मौन उर में चिह्नित कर चाह
छोड़ अपना परिचित संसार—
सुरभि का कारागार,
चले जाते हो सेवा-पथ पर,
तरु के सुमन!
सफल करके
मरीचिमाली का चारु चयन।
स्वर्ग के अभिलाषी हे वीर,

सव्यसाची-से तुम अध्ययन-अधीर
अपना मुक्त विहार,
छाया में दुख के अन्तःपुर का उद्घाटित द्वार
छोड़ बन्धुओं के उत्सुक नयनों का सच्चा प्यार,
जाते हो तुम अपने पथ पर,
स्मृति के गृह में रखकर
अपनी सुधि के सज्जित तार।
पूर्ण-मनोरथ! आए—
तुम आए;
रथ का घर्घर-नाद
तुम्हारे आने का संवाद।
ऐ त्रिलोक-जित्! इन्द्र-धनुर्धर!
सुरबालाओं के सुख-स्वागत!
विजय! विश्व में नवजीवन भर,
उतरो अपने रथ से भारत!
उस अरण्य में बैठी प्रिया अधीर,
कितने पूजित दिन अब तक हैं व्यर्थ,
मौन कुटीर।
आज भेंट होगी—
हाँ, होगी निस्सन्देह,
आज सदा-सुख-छाया होगा कानन-गेह
आज अनिश्चित पूरा होगा श्रमित प्रवास,
आज मिटेगी व्याकुल श्यामा के अधरों की प्यास।

(4)

उमड़ सृष्टि के अन्तहीन अम्बर से,
घर से क्रीड़ारत बालक-से,
ऐ अनन्त के चंचल शिशु सुकुमार!
स्तब्ध गगन को करते हो तुम पार।
अन्धकार—घन अन्धकार ही
क्रीड़ा का आगार।
चौंक चमक छिप जाती विद्युत
तडिद्दाम अभिराम,
तुम्हारे कुंजित केशों में
अधीर विक्षुब्ध ताल पर

एक इमन का-सा अति मुग्ध विराम।
वर्ण रश्मियों-से कितने ही
छा जाते हैं मुख पर—
जग के अन्तस्थल से उमड़
नयन-पलकों पर छाए सुख पर;
रंग अपार
किरण-तूलिकाओं से अंकित
इन्द्रधनुष के सप्तक, तार;—
व्योम और जगती के राग उदार
मध्यदेश में, गुडाकेश!
गाते हो वारम्वार।
मुक्त! तुम्हारे मुक्त कण्ठ में
स्वरारोह, अवरोह, विघात,
मधुर मन्द्र, उठ पुनः पुनः ध्वनि
छा लेती है गगन, श्याम कानन,
सुरभित उद्यान,
झर-झर-रव भूधर का मधुर प्रपात।
वधिर विश्व के कानों में
भरते हो अपना राग,
मुक्त शिशु! पुनः पुनः एक ही राग-अनुराग।

(5)

निरंजन बने नयन-अंजन!
कभी चपल गति, अस्थिर मति,
जल-कलकल तरल प्रवाह,
वह उत्थान-पतन-हत अविरत
संसृति-गत उत्साह,
कभी दुख-दाह
कभी जलनिधि-जल विपुल अथाह,—
कभी क्रीड़ारत सात प्रभंजन—
बने नयन-अंजन!
कभी किरण-कर पकड़-पकड़कर
चढ़ते हो तुम मुक्त गगन पर,
झलमल ज्योति अयुत-कर-किंकर,
सीस झुकाते तुम्हें तिमिरहर—

अहे कार्य से गत कारण पर!
निराकार, हैं तीनों मिले भुवन—
बने नयन-अंजन!
आज श्याम-घन श्याम, श्याम छवि,
मुक्त-कण्ठ है तुम्हें देख कवि,
अहो कुसुम-कोमल कठोर-पवि!
शत-सहस्र-नक्षत्र-चन्द्र रवि संस्तुत
नयन-मनोरंजन!
बने नयन-अंजन!

(6)

तिरती है समीर-सागर पर
अस्थिर सुख पर दुख की छाया—
जग के दग्ध हृदय पर
निर्दय विप्लव की प्लावित माया—
यह तेरी रण-तरी
भरी आकांक्षाओं से,
घन, भेरी-गर्जन से सजग सुप्त अंकुर
उर में पृथ्वी के, आशाओं से
नवजीवन की, ऊँचा कर सिर,
ताक रहे हैं, ऐ विप्लव के बादल!
फिर-फिर
बार-बार गर्जन
वर्षण है मूसलधार,
हृदय थाम लेता संसार,
सुन-सुन घोर वज्र-हुंकार।
अशनि-पात से शायित उन्नत शत-शत वीर,
क्षत-विक्षत हत अचल-शरीर,
गगन-स्पर्शी स्पर्द्धा-धीर।
हँसते हैं छोटे पौधे लघुभार—
शस्य अपार,
हिल-हिल,
खिल-खिल
हाथ हिलाते,
तुझे बुलाते,

विप्लव-रव से छोटे ही हैं शोभा पाते।
अट्टालिका नहीं है रे
आतंक-भवन,
सदा पंक पर ही होता
जल-विप्लव-प्लावन,
क्षुद्र प्रफुल्ल जलज से
सदा छलकता नीर,
रोग-शोक में भी हँसता है
शैशव का सुकुमार शरीर।
रुद्ध कोष, है क्षुब्ध तोष
अंगना-अंग से लिपटे भी
आतंक-अंक पर काँप रहे हैं
धनी, वज्र-गर्जन से बादल!
त्रस्त नयन-मुख ढाँप रहे हैं।
जीर्ण बाहु, है शीर्ण शरीर,
तुझे बुलाता कृषक अधीर,
ऐ विप्लव के वीर!
चूस लिया है उसका सार,
हाड़-मात्र ही है आधार,
ऐ जीवन के पारावार!

दीन

सह जाते हो
उत्पीड़न की क्रीड़ा सदा निरंकुश नग्न,
हृदय तुम्हारा दुर्बल होता भग्न,
अन्तिम आशा के कानों में
स्पन्दित हम-सबके प्राणों में
अपने उर की तप्त व्यथाएँ,
क्षीण कण्ठ की करुण कथाएँ
कह जाते हो
और जगत् की ओर ताककर
दुःख, हृदय का क्षोभ त्यागकर,

सह जाते हो।
कह जाते हो—
"यहाँ कभी मत आना,
उत्पीड़न का राज्य, दुःख ही दुःख
यहाँ है सदा उठाना,
क्रूर यहाँ पर कहलाता है शूर,
और हृदय का शूर सदा ही दुर्बल क्रूर;
स्वार्थ सदा ही रहता है परार्थ से दूर,
यहाँ परार्थ वही, जो रहे
स्वार्थ से ही भरपूर;
जगत् की निद्रा, है जागरण,
और ज़ागरण, जगत् का—इस संसृति का
अन्त—विराम—मरण।
अविराम घात—आघात,
आह! उत्पात!
यही जग-जीवन के दिन-रात।
यही मेरा, इनका, उनका, सबका स्पन्दन,
हास्य से मिला हुआ क्रन्दन।
यही मेरा, इनका, उनका, सबका जीवन,
दिवस का किरणोज्ज्वल उत्थान,
रात्रि की सुप्ति, पतन;
दिवस की कर्म-कुटिल तम-भ्रान्ति,
रात्रि का मोह, स्वप्न भी भ्रान्ति,
सदा अशान्ति!"

शेष

सुमन भर न लिये,
सखि, वसन्त गया।
हर्ष - हरण - हृदय
नहीं निर्दय क्या?

विवश नयनोन्मादवश हँसकर तकी,

देखती-ही-देखती री मैं थकी,
अलस पग, मग में ठगी-सी रह गई,
मुकुल-व्याकुल श्रीसुरभि बह कह गई—

"सुमन भर न लिए,
सखि, वसन्त गया।
हर्ष - हरण - हृदय
नहीं निर्दय क्या?"

याद थी आई,
एक दिन जब शान्त
वायु थी, आकाश
हो रहा था क्लान्त

ढल रहे थे मलिन-मुख रवि, दुख-किरण
पद्म-मन पर थी, रहा अवसन्न वन,
देखती यह छवि खड़ी मैं, साथ वे
कह रहे थे हाथ में यह हाथ ले,

"एक दिन होगा
जब न मैं हूँगा,
हर्ष - हरण - हृदय
नहीं निर्दय क्या?"

मौन

बैठ लें कुछ देर,
आओ, एक पथ के पथिक-से
प्रिय, अन्त और अनन्त के,
तम-गहन-जीवन घेर।
मौन मधु हो जाए
भाषा मूकता की आड़ में,
मन सरलता की बाढ़ में,

जल-बिन्दु-सा बह जाए।
सरल अति स्वच्छन्द
जीवन, प्रात के लघुपात से,
उत्थान-पतनाघात से
रह जाए चुप, निर्द्वन्द।

हताश

जीवन चिरकालिक क्रन्दन।
मेरा अन्तर वज्रकठोर,
देना जी भरसक झकझोर,
मेरे दुख की गहन अन्ध-
तम-निशि न कभी हो भोर,
क्या होगी इतनी उज्ज्वलता—
इतना वन्दन—अभिनन्दन?
हो मेरी प्रार्थना विफल,
हृदय कमल के जितने दल
मुरझाएँ, जीवन हो म्लान,
शून्य सृष्टि में मेरे प्राण
प्राप्त करें शून्यता सृष्टि की,
मेरा जग हो अन्तर्धान,
तब भी क्या ऐसे ही तम में
अटकेगा जर्जर स्यन्दन?

'गीतिका' से

सोचती अपलक आप खड़ी

सोचती अपलक आप खड़ी,
खिली हुई वह विरह-वृन्त की
कोमल कुन्द-कली!
नयन नगन, नवनील गगन में

लीन हो रहे थे निज धन में,
यह केवल जीवन के वन में
छाया एक पड़ी।

आप बह गई मृदुल समीरण
हिला वसन, कुछ गिरा स्वेद-कण
यह जैसी वैसी ही निर्जन
नभ में गहन गड़ी।

चमका हीरक-हार हृदय का,
पाया अमर प्रसाद प्रणय का,
मिला तत्त्व निर्मल परिणय का,
लौटी स्नेह-भरी।

छोड़ दो, जीवन यों न मलो

छोड़ दो, जीवन यों न मलो।
ऐंठ अकड़ उसके पथ से तुम
रथ पर यों न चलो।

वह भी तुम-ऐसा ही सुन्दर,
अपने दुख-पथ का प्रवाह खर,
तुम भी अपनी ही डालों पर
फूलो और फलो।

मिला तुम्हें, सच है अपार धन,
पाया कृश उसने कैसा तन!
क्या तुम निर्मल, वही अपावन?—
सोचो भी, सँभलो।

जग के गौरव के सहस्र-दल
दुर्बल नालों ही पर प्रतिपल
खिलते किरणोज्ज्वल चल-अचपल,
सकल-अमंगल खो—

वहीं विकट शत-वर्ष-पुरातन
पीन प्रशाखाएँ फैला घन
अन्धकार ही भरता क्षण-क्षण
जन-भय-भावन हो।

मुझे स्नेह क्या मिल न सकेगा?

मुझे स्नेह क्या मिल न सकेगा?
स्तब्ध, दग्ध मेरे मरु का तरु
क्या करुणाकर खिल न सकेगा?

जग के दूषित बीज नष्ट कर,
पुलक-स्पन्द भर, खिला स्पष्टतर,
कृपा-समीरण बहने पर, क्या
कठिन हृदय यह हिल न सकेगा?

मेरे दुख का भार, झुक रहा,
इसीलिए प्रति चरण रुक रहा,
स्पर्श तुम्हारा मिलने पर, क्या
महाभार यह झिल न सकेगा?

नर-जीवन के स्वार्थ सकल

नर-जीवन के स्वार्थ सकल
बलि हों तेरे चरणों पर, माँ,
मेरे श्रम-संचित सब फल।

जीवन के रथ पर चढ़कर,
सदा मृत्यु-पथ पर बढ़कर,
महाकाल के खरतर शर सह
सकूँ, मुझे तू कर दृढ़तर;
जागे मेरे उर में तेरी

मूर्ति अश्रुजल-धौत विमल,
दृग-जल से पा बल, बलि कर दूँ
जननि, जन्म-श्रम-संचित फल।

बाधाएँ आएँ तन पर,
देखूँ, तुझे नयन-मन भर,
मुझे देख तू सजल दृगों से
अपलक, उर के शतदल पर;
क्लेदयुक्त अपना तन दूँगा,
मुक्त करूँगा तुझे अटल,
तेरे चरणों पर देकर बलि
सकल श्रेय—श्रम-सञ्चित फल।

वर दे, वीणावादिनि वरदे!

वर दे, वीणावादिनि वरदे!
प्रिय स्वतन्त्र-रव अमृत-मन्त्र नव
भारत में भर दे!

काट अन्ध-उर के बन्धन-स्तर
बहा जननि, ज्योतिर्मय निर्झर;
कलुष-भेद-तम हर प्रकाश भर
जगमग जग कर दे!

नव गति, नव लय, ताल-छन्द नव,
नवल कण्ठ, नव जलद-मन्द्ररव;
नव नभ के नव विहग-वृन्द को
नव पर, नव स्वर दे!

नयनों के डोरे लाल गुलाल-भरे...

नयनों के डोरे लाल गुलाल-भरे, खेली होली!
जागी रात सेज प्रिय पति-संग रति सनेह-रंग घोली,
दीपित दीप-प्रकाश, कंज-छवि मंजु-मंजु हँस खोली—
मली मुख-चुम्बन-रोली।

प्रिय-कर-कठिन-उरोज-परस, कस कसक मसक गई चोली,
एक-वसन रह गई मन्द हँस, अधर-दशन, अनबोली—
कली-सी काँटे की तोली।

मधु-ऋतु-रात, मधुर अधरों की पी मधु सुध-बुध खो ली,
खुले अलक, मुँद गए पलक-दल; श्रम-सुख की हद हो ली—
बनी रति की छबि भोली।

बीती रात सुखद बातों में प्रात पवन प्रिय डोली,
उठी सँभाल बाल; मुख-लट, पट, दीप बुझा, हँस बोली—
रही यह एक ठठोली।

रूखी री यह डाल

रूखी री यह डाल, वसन वासन्ती लेगी।
देख खड़ी करती तप अपलक,
हीर-कसी समीर-माला जप,
शैल-सुता अपर्ण-अशना,
पल्लव-वसना बनेगी—
वसन वासन्ती लेगी।

हार गले पहना फूलों का,
ऋतुपति सकल सुकृत-कूलों का
स्नेह सरस भर देगा उर-सर,
स्मरहर को वरेगी।
वसन वासन्ती लेगी।

मधु-व्रत में रत वधू मधुर फल,
देगी जग को स्वाद-तोष-दल,
गरलामृत शिव आशुतोष-बल
विश्व सकल नेगी,
वसन वासन्ती लेगी।

भारति, जय, विजयकरे!

भारति, जय, विजयकरे!
कनक-शस्य-कमलधरे!

लंका पदतल शतदल
गर्जितोर्मि सागर-जल,
धोता शुचि चरण युगल
स्तव कर बहु-अर्थ-भरे।

तरु-तृण-वन-लता वसन,
अंचल में खचित सुमन,
गंगा ज्योतिर्जल-कण
धवल-धार हार गले।

मुकुट शुभ्र हिम-तुषार,
प्राण प्रणव ओंकार,
ध्वनित दिशाएँ उदार,
शतमुख-शतरव-मुखरे!

(प्रिय) यामिनी जागी

(प्रिय) यामिनी जागी।
अलस पंकज-दृग अरुण-मुख-
तरुण-अनुरागी।

खुले केश अशेष शोभा भर रहे,
पृष्ठ-ग्रीवा-बाहु-उर पर तर रहे;
बादलों में घिर अपर दिनकर रहे,
ज्योति की तन्वी, तड़ित-
द्युति ने क्षमा माँगी।

हेर उर-पट फेर मुख के बाल,
लख चतुर्दिक चली मन्द मराल,
गेह में प्रिय-स्नेह की जय-माल,
वासना की मुक्ति, मुक्ता
त्याग में तागी।

सखि, वसन्त आया

सखि, वसन्त आया।
भरा हर्ष वन के मन,
नवोत्कर्ष छाया।

किसलय-वसना नव-वय-लतिका
मिली मधुर प्रिय-उर तरु-पतिका,
मधुप-वृन्द बन्दी—
पिक-स्वर नभ सरसाया।

लता-मुकुल-हार-गन्ध-भार भर
बही पवन बन्द मन्द मन्दतर,
जागी नयनों में वन-
यौवन की माया।

आवृत सरसी-उर-सरसिज उठे,
केशर के केश कली के छुटे,
स्वर्ण - शस्य - अंचल
पृथ्वी का लहराया।

कौन तम के पार?

कौन तम के पार?—(रे, कह)
अखिल-पल के स्रोत, जल-जग,
गगन घन-घन-धार—(रे, कह)

गन्ध-व्याकुल-कूल-उर-सर,
लहर-कच कर कमल-मुख-पर
हर्ष-अलि हर स्पर्श-शर, सर,
गूँज बारम्बार!—(रे, कह)

उदय में तम-भेद सुनयन,
अस्त-दल ढक पलक-कल तन,
निशा-प्रिय-उर-शयन सुख-धन
सार या कि असार?—(रे, कह)

बरसता आतप यथा जल
कलुष से कृत सुहृत कोमल,
अशिव उपलाकार मंगल,
द्रवित जल नीहार!—(रे, कह)

वर्ण-चमत्कार

वर्ण-चमत्कार;
एक-एक शब्द बँधा ध्वनिमय साकार।

पद-पद चल बही भाव-धारा,
निर्मल कल-कल में बँध गया विश्व सारा,
खुली मुक्ति बन्धन से बँधी फिर अपार—
वर्ण-चमत्कार!

शत-शत रंग खिला, मिला प्राण,
गूँजे गगनांगण में वे अगण्य गान
दिखी रूप की छबि झंकृत-कर-स्वर-तार
वर्ण-चमत्कार

प्रात तव द्वार पर

प्रात तव द्वार पर,
आया, जननि, नैश अन्ध पथ पार कर।

लगे जो उपल पद, हुए उत्पल ज्ञात,
कण्टक चुभे जागरण बने अवदात,
स्मृति में रहा पार करता हुआ रात,
अवसन्न भी हूँ प्रसन्न मैं प्राप्तवर—
प्रात तव द्वार पर।

समझ क्या वे सकेंगे, भीरु मलिन-मन,
निशाचर तेजहत रहे जो वन्य जन,
धन्य जीवन कहाँ, ...मातः, प्रभात-धन,
प्राप्ति को बढ़ें जो गहें तव पद अमर—
प्रात तव द्वार पर।

'अनामिका' से

तुलसीदास

(1)

भारत के नभ का प्रभापूर्य
शीतलच्छाय सांस्कृतिक सूर्य
अस्तमित आज रे—तमस्तूर्य दिङ्मण्डल;
उर के आसन पर शिरस्त्राण
शासन करते हैं मुसलमान;
है ऊर्मिल जल, निश्चलत्प्राण पर शतदल।

(2)

शत-शत अब्दों का सान्ध्य काल
यह आकुंचित भ्रू कुटिल-भाल

छाया अम्बर पर जलद-जाल ज्यों दुस्तर;
आया पहले पंजाब प्रान्त,
कोशल-बिहार तदनन्त क्रान्त,
क्रमशः प्रदेश सब हुए भ्रान्त, घिर-घिरकर।

(3)

मोगल-दल बल के जलद-यान,
दर्पित-पद उन्मद-नद पठान
है बहा रहे दिग्देशज्ञान, शर-खरतर,
छाया ऊपर घन-अन्धकार—
टूटता वज्र दह दुर्निवार,
नीचे प्लावन की प्रलय-धार, ध्वनि हर-हर।

(4)

रिपु के समक्ष जो था प्रचण्ड
आतप ज्यों तम पर करोद्दण्ड;
निश्चल अब वही बुन्देलखण्ड, आभा गत,
निःशेष सुरभि, कुरबक-समान
संलग्न वृन्त पर, चिन्त्य प्राण,
बीता उत्सव ज्यों, चिह्न म्लान; छाया श्लथ।

(5)

वीरों का गढ़, वह कालिंजर,
सिंहों के लिए आज पिंजर;
नर हैं भीतर, बाहर किन्नर-गण गाते;
पीकर ज्यों प्राणों का आसव
देखा असुरों ने दैहिक दव,
बन्धन में फँस आत्मा-बांधव दुख पाते।

(6)

लड़-लड़ जो रण बाँकुरे समर
हो शयित देश की पृथ्वी पर,
अक्षर, निर्जर, दुर्धर्ष, अमर, जगतारण
भारत के उर के राजपूत,

उड़ गए आज वे देवदूत,
जो रहे शेष, नृपवेश सूत–बन्दीगण।

(7)

यों, मोगल-पद-तल प्रथम तूर्ण
सम्बद्ध देश-बल चूर्ण-चूर्ण;
इसलाम-कलाओं से प्रपूर्ण जन--जनपद;
संचित जीवन की क्षिप्रधार,
इसलाम - सागराभिमुखऽपार,
बहतीं नदियाँ, नद; जन-जन हार वशवद।

(8)

अब, धौत धरा, खिल गया गगन,
उर-उर को मधुर, तापप्रशमन
बहती समीर, चिर-आलिंगन ज्यों उन्मन।
झरते हैं शशधर से क्षण-क्षण
पृथ्वी के अधरों पर निःस्वन
ज्योतिर्मय प्राणों के चुम्बन, संजीवन!

(9)

भूला दुख, अब सुख-स्वरित जाल
फैला–यह केवल-कल्प काल–
कामिनी-कुमुद-कर-कलित ताल पर चलता;
प्राणों की छवि मृदु-मन्द-स्पन्द,
लघु-गति, नियमित-पद, ललित-छन्द;
होगा कोई, जो निरानन्द, कर मलता।

(10)

सोचता कहाँ रे, किधर कूल
बहता तरंग का प्रमुद फूल?
यों इस प्रवाह में देश मूल खो बहता;
'छल-छल-छल' कहता यद्यपि जल,
वह मन्त्र मुग्ध सुनता 'कल-कल';
निष्क्रिय; शोभा-प्रिय कूलोपल ज्यों रहता।

(11)

पड़ते हैं जो दिल्ली-पथ पर
यमुना के तट के श्रेष्ठ नगर,
वे हैं समृद्धि की दूर-प्रसर माया में;
यह एक उन्हीं में राजापुर,
है पूर्ण, कुशल, व्यवसाय-प्रचुर,
ज्योतिश्चुम्बिनी कलश-मधु-उर छाया में।

(12)

युवकों में प्रमुख रत्न-चेतन
समधीत-शास्त्र-काव्यालोचन
जो, तुलसीदास, वही ब्राह्मण-कुल-दीपक;
आयत-दृग, पुष्ट-देह, गत-भय,
अपने प्रकाश में निःसंशय
प्रतिभा का मन्द-स्मित परिचय, संस्मारक।

(13)

नीली उस यमुना के तट पर
राजापुर का नागरिक मुखर
क्रीड़ितवय-विद्याध्ययनान्तर है संस्थित;
प्रियजन को जीवन चारु, चपल
जल की शोभा का-सा उत्पल,
सौरभोत्कलित अम्बर-तल, स्थल-स्थल, दिक-दिक।

(14)

एक दिन, सखागण संग, पास,
चल चित्रकूटगिरि, सहोच्छ्वास,
देखा पावन वन, नव प्रकाश मन आया;
वह भाषा-छिपती छवि सुन्दर
कुछ खुलती आभा में रंगकर,
वह भाव कुरल-कुहरे-सा भरकर भाया।

(15)

केवल विस्मित मन, चिन्त्य नयन;
परिचित कुछ, भूला ज्यों प्रियजन—
ज्यों दूर दृष्टि की धूमिल-तन तट-रेखा,
हो मध्य तरंगाकुल सागर,
निःशब्द स्वप्नसंस्कारागर;
जल में अस्फुट छवि छायाधर, यों देखा।

(16)

तरु-तरु वीरुध्-वीरुध् तृण-तृण
जाने क्या हँसते मसृण-मसृण,
जैसे प्राणों से हुए उऋण, कुछ लखकर;
भर लेने को उर में, अथाह,
बाहों में फैलाया उछाह;
गिनते थे दिन, अब सफल-चाह पल रखकर।

(17)

कहता प्रति जड़, "जंगम-जीवन!
भूले थे अब तक बन्धु, प्रमन?
यह हताश्वास मन भार श्वास भर बहता;
तुम रहे छोड़ गृह मेरे कवि,
देखो यह धूलि-धूसरित छवि,
छाया इस पर केवल जड़ रवि खर दहता।

(18)

"हनती आँखों की ज्वाला चल,
पाषाण-खण्ड रहता जल-जल,
ऋतु सभी प्रबलतर बदल-बदलकर आते;
वर्षा में पंक-प्रवाहित सरि,
है शीर्ण-काय-कारण हिम अरि;
केवल दुख देकर उदरम्भरि जन जाते।

(19)

“फिर असुरों से होती क्षण-क्षण
स्मृति की पृथ्वी यह, दलित-चरण;
वे सुप्त भाव, गुप्ताभूषण अब हैं सब;
इस जग के मग के मुक्त-प्राण!
गाओ—विहंग! —सद्ध्वनित गान,
त्यागोज्जीवित, वह ऊर्ध्व ध्यान, धारा-स्तव।

(20)

“लो चढ़ा तार—लो चढ़ा तार,
पाषाण-खण्ड ये, करो हार,
दे स्पर्श अहल्योद्धार-सार उस जग का;
अन्यथा यहाँ क्या? अन्धकार,
बन्धुर पथ, पंकिल सरि, कगार,
झरने, झाड़ी, कंटक; विहार पशु-खग का!

(21)

“अब स्मर के शर-केशर से झर
रंगती रज-रज पृथ्वी, अम्बर;
छाया उससे प्रतिमानस-सर शोभाकर;
छिप रहे उसी से वे प्रियतम
छवि के निश्छल देवता परम;
जागरणोपम यह सुप्ति-विरम भ्रम, भ्रम भर।

(22)

बहकर समीर ज्यों पुष्पाकुल
वन को कर जाती है व्याकुल,
हो गया चित्त कवि का त्यों तुलकर उन्मन;
वह उस शाखा का वन-विहंग
उड़ गया मुक्त नभ निस्तरंग
छोड़ता रंग पर रंग—रंग पर जीवन।

(23)

दूर, दूरतर, दूरतम, शेष
कर रहा पार मन नभोदेश,
सजता सुवेश, फिर-फिर सुवेश जीवन पर,
छोड़ता रंग, फिर-फिर सँवार
उड़ती तरंग ऊपर अपार
सन्ध्या ज्योतिः ज्यों सुविस्तार अम्बर तर।

(24)

उस मानस ऊर्ध्व देश में भी
ज्यों राहु-ग्रस्त आभा रवि की
देखी कवि ने छवि छाया-सी, भरती-सी—
भारत का सम्यक् देशकाल;
खिंचता जैसे तम-शेष जाल,
खींचती, वृहत् से अन्तराल करती-सी।

(25)

बँध भिन्न-भिन्न भावों के दल
क्षुद्र से क्षुद्रतर, हुए विकल;
पूजा में भी प्रतिरोध-अनल है जलता;
हो रहा भस्म अपना जीवन,
चेतना-हीन फिर भी चेतन;
अपने ही मन को यों प्रति मन है छलता।

(26)

इसने ही जैसे बार-बार
दूसरी शक्ति की की पुकार—
साकार हुआ ज्यों निराकार, जीवन में;
यह उसी शक्ति से है वलियत
चित देश-काल का सम्यक् जित,
ऋतु का प्रभाव जैसे संचित तरु-तन में!

(27)

विधि की इच्छा सर्वत्र अटल;
यह देश प्रथम ही था हत-बल;
वे टूट चुके थे ठाट सकल वर्णों के;
तृष्णोद्धत, स्पर्धागत, सगर्व
क्षत्रिय रक्षा से रहित सर्व;
द्विज चाटुकार; हत इतर वर्ग पर्णों के।

(28)

चलते-फिरते पर निस्सहाय,
वे दीन, क्षीण कंकालकाय;
आशा-केवल जीवनोपाय उर-उर में;
रण के अश्वों से शस्य सकल
दलमल जाते ज्यों, दल से दल
शूद्रगण क्षुद्र-जीवन-सम्बल, पुर-पुर में।

(29)

वे शेष-श्वास, पशु, मूक-भाष,
पाते प्रहार अब हताश्वास;
सोचते कभी, आजन्म ग्रास द्विजगण के
होना ही उनका धर्म परम,
वे वर्णाधम, रे द्विज उत्तम,
वे चरण–चरण बस, वर्णाश्रम–रक्षण के।

(30)

रक्खा उन पर गुरु-भार, विषम
जो पहला पद, अब मद-विष-सम,
द्विज लोगों पर इस्लाम-क्षम वह छाया,
जो देश-काल को आवृत कर
फैली है सूक्ष्म मनोनभ पर,
देखी कवि ने समझा अब–वर, क्या माया।

(31)

इस छाया के भीतर हैं सब,
है बँधा हुआ सारा कलरव,
भूले सब इस तम का आसव पी-पीकर।
इसके भीतर रह देश-काल
हो सकेगा न रे मुक्त-भाल,
पहले का-सा उन्नत विशाल ज्योतिःसर।

(32)

दीनों की भी दुर्बल पुकार
कर सकती नहीं कदापि पार
पार्थिवैश्वर्य का अन्धकार पीड़ाकर,
जब तक कांक्षाओं के प्रहार
अपने साधन को बार-बार
होंगे भारत पर इस प्रकार तृष्णापर।

(33)

सोचा कवि ने, मानस-तरंग,
यह भारत-संस्कृति पर सभंग
फैली जो, लेती संग-संग, जन-गण को;
इस अनिल-वाह के पार प्रखर
किरणों का वह ज्योतिर्मय घर,
रविकुल-जीवन-चुम्बनकर मानस-धन जो।

(34)

है वही मुक्ति का सत्य रूप,
यह कूप-कूप भव—अन्ध कूप;
वह रंक, यहाँ जो हुआ भूप, निश्चय रे।
चाहिए उसे और भी और,
फिर साधारण को कहाँ ठौर?
जीवन के, जग के, यही तौर हैं जय के।

(35)

करना होगा यह तिमिर पार–
देखना सत्य का मिहिर-द्वार–
बहना जीवन के प्रखर ज्वार में निश्चय–
लड़ना विरोध से द्वन्द्व-समर,
रह सत्य-मार्ग पर स्थिर निर्भर–
जाना, भिन्न भी देह, निज घर निःसंशय।

(36)

कल्मषोत्सार कवि के दुर्दम
चेतनोर्मियों के प्राण प्रथम
वह रुद्ध द्वार का छाया-तम तरने को–
करने को ज्ञानोद्धत प्रहार–
तोड़ने को विषम वज्र-द्वार;
उमड़े, भारत का भ्रम अपार हरने को।

(37)

उस क्षण, उस छाया के ऊपर,
नभ-तम की-सी तारिका सुघर;
आ पड़ी, दृष्टि में, जीवन पर, सुन्दरतम
प्रेयसी, प्राणसंगिनी, नाम
शुभ रत्नावली–सरोज-दाम
वामा, इस पथ पर हुई वाम सरितोपम।

(38)

'जाते हो कहाँ?' तुले तिर्यक्
दृग, पहनाकर ज्योतिर्मय स्रक्
प्रियतम को ज्यों, बोले सम्यक् शासन से;
फिर लिए मूँद वे पल पक्ष्मल–
इन्दीवर के-से कोश विमल;
फिर हुई अदृश्य शक्ति पुष्कल उस तन से।

(39)

उस ऊँचे नभ का, गुंजनपर,
मंजुल जीवन का मन-मधुकर,
खुलती उस दृग-छवि में बँधकर, सौरभ को
बैठा ही था सुख से क्षण-भर,
मुँद गए पलों के दल मृदुतर,
रह गया उसी उर के भीतर, अक्षम हो।

(40)

उसके अदृश्य होते ही रे,
उतरा वह मन धीरे-धीरे,
केशर-रज-कण अब हैं हीरे—पर्वतचय;
यह वही प्रकृति पर रूप अन्य;
जगमग-जगमग सब वेश वन्य;
सुरभित दिशि-दिशि, कवि हुआ धन्य, मायाशय।

(41)

यह श्री पावन, गृहिणी उदार;
गिरि-वर उरोज, सरि पयोधार
कर वन-तरु, फैला फल निहारती देती,
सब जीवों पर है एक दृष्टि,
तृण-तृण पर उसकी सुधा-वृष्टि;
प्रेयसी, बदलती वसन सृष्टि नव लेती।

(42)

ये जिस करके रे झंकृत स्वर
गूँजते हुए इतने सुखकर,
खुलते, खोलते प्राण के स्तर भर जाते;
व्याकुल आलिंगन को, दुस्तर,
रागिनी की लहर, गिरि-वन-सर
तरती; जो ध्वनित, भाव सुन्दर कहलाते!

(43)

यों धीरे-धीरे उतर-उतर;
आया मन निज पहली स्थिति पर;
खोले दृग, वैसी ही प्रान्तर की रेखा;
विश्राम के लिए मित्र-प्रवर
बैठे थे ज्यों, बैठे पथ पर;
वह खड़ा हुआ, त्यों ही रहकर यह देखा।

(44)

फिर पंचतीर्थ को चढ़े सकल
गिरिमाला पर, हैं प्राण चपल
सन्दर्शन को, आतुर-पद चलकर पहुँचे।
फिर कोटितीर्थ देवांगनादि
लख सार्थक-श्रम हो विगत-व्याधि
नग्न-पद चले, कंटक उपाधि भी, न कुँचे।

(45)

आए हनुमद्धारा द्रुततर,
झरता झरना वीर पर प्रखर,
लखकर कवि रहा भाव में भरकर क्षण-भर;
फिर उतरे गिरि, चल किया पार
पथ—पयस्विनी सरि मृदुल धार;
स्नानान्त, भजन, भोजन, विहार, गिरि-पद पर।

(46)

कामदगिरि का कर परिक्रमण
आए जानकी-कुण्ड सब जन;
फिर स्फटिकशिला, अनसूया-वन सरि-उद्गम;
फिर भरतकूप, रह इस प्रकार,
कुछ दिन सब जन कर वन-विहार
लौटे निज-निज गृह हृदय धार छवि निरुपम।

(47)

प्रेयसी के अलक नील, व्योम;
दृग-पल कलंक; —मुख मंजु, सोम;
निःसृत प्रकाश जो, तरुण क्षोम प्रिय तन पर;
पुलकित प्रतिपल मानस-चकोर
देखता भूल दिक् उसी ओर;
कुल इच्छाओं का वही छोर जीवन-भर।

(48)

जिस शुचि प्रकाश का सौर-जगत्
रुचि-रुचि में खुला, असत् भी, सत्,
वह बँधा हुआ है एक महत् परिचय से;
अविनश्वर वही ज्ञान भीतर,
बाहर भ्रम, भ्रमरों को, भास्वर;
वह रत्नावली-सूत्रधर पर आशय से।

(49)

देखता, नवल चल दीप युगल
नयनों के, आभा के कोमल;
प्रेयसी के, प्रणय के, निस्तल विभ्रम के,
गृह की सीमा के स्वच्छभास—
भीतर के, बाहर के प्रकाश,
जीवन के, भावों के विलास, शम-दम के।

(50)

पर वही द्वन्द्व के भी कारण,
बन्ध की श्रृंखला के धारण,
निर्वाण के पथिक के वारण, करुणामय;
वे पलकों के उस पार, अर्थ
हो सका न, वे ऐसे समर्थ;
सारा विवाद हो गया व्यर्थ, जीवन-क्षय।

(51)

उस प्रियावरण प्रकाश में बँध,
सोचता, "सहज पड़ते पग सध;
शोभा को लिए ऊर्ध्व औ' अध घर बाहर,
यह विश्व, सूर्य, तारक-मण्डल,
दिन, पक्ष, मास, ऋतु, वर्ष चपल;
बँध गति-प्रकाश में बुद्ध सकल पूर्वापर।

(52)

"बन्ध के बिना, कह, कहाँ प्रगति?
गति-हीन जीव को कहाँ सुरति?
रतिरहित कहाँ सुख? केवल क्षति—केवल क्षति;
यह क्रम-विनाश; इससे चलकर
आता सत्वर मन निम्न उतर;
छूटता अन्त में चेतन स्तर, जाती मति।

(53)

"देखो प्रसून को वह उन्मुख!
रंग-रेणु-गन्ध भर व्याकुल-सुख,
देखता ज्योतिमुख; आया दुख-पीड़ा सह।
चटका कलि का अवरोध सदल,
वह शोधशक्ति, जो गन्धोच्छल,
खुल पड़ती पल-प्रकाश को, चल परिचय वह।

(54)

"जिस तरह गन्ध से बँधा फूल,
फैलता दूर तक भी, समूल;
अप्रतिम प्रिया से, त्यों दुकूल-प्रतिमा में
मैं बँधा एक शुचि आलिंगन,
आकृति में निराकार, चुम्बन;
युक्त भी मुक्त यों आजीवन, लघिमा में।

(55)

सोचता कौन प्रतिहत-चेतन—
वे नहीं प्रिया के नयन, नयन;
वह केवल वहाँ मीन-केतन, युवती में;
अपने वश में कर पुरुष-देश
है उड़ा रहा ध्वज-मुक्तकेश;
तरुणी-तनु आलम्बन-विशेष, पृथ्वी में?

(56)

वह ऐसी जो अनुकूल युक्ति,
जीव के भाव की नहीं मुक्ति,
वह एक भुक्ति, ज्यों मिली शुक्ति से मुक्ता;
जो ज्ञानदीप्ति, वह दूर, अजर,
विश्व के प्राण के भी ऊपर;
माया वह, जो जीव से सुघर संयुक्ता।

(57)

मृत्तिका एक कर सार-ग्रहण
खुलते रहते बहुवर्ण सुमन,
त्यों रत्नावली-हार में बँध मन चमका,
पाकर नयनों की ज्योति प्रखर,
ज्यों रविकर से श्यामल जलधर,
बहु वर्णों के भावों से भरकर दमका।

(58)

वह रत्नावली, नाम-शोभन
पति-रति में प्रतनु, अतः लोभन
अपरिचित-पुण्य अक्षय क्षोभन धन कोई;
प्रियकरालम्ब को सत्य-यष्टि;
प्रतिमा में श्रद्धा की समष्टि;
मायायन में प्रिय-शयन व्यष्टि भर सोई;—

(59)

लखती ऊषारुण, मौन, राग,
सोते पति से वह रही जाग;
प्रेम के फाग में आग त्याग की तरुणा;
प्रिय के जड़ युग कूलों को भर
बहती ज्यों स्वर्गंगा सस्वर;
नश्वरता पर अलोक-सुघर दृक्-करुणा।

(60)

धीरे-धीरे वह हुआ पार
तारा-द्युति से बँध अन्धकार;
एक दिन बिदा को बन्धु द्वार पर आया;
लख रत्नावली खुली सहास;
अवरोध-रहित बढ़ गई पास;
बोला भाई; "हँसती उदास तू छाया—

(61)

"हो गई रतन, कितनी दुर्बल;
चिन्ता में बहन, गई तू गल?
माँ, बापूजी, भाभियाँ सकल पड़ोस की
हैं विकल देखने को सत्वर;
सहेलियाँ सब, ताने देकर;
कहती हैं, बेचा वर के कर, आ न सकी!

(62)

"तुझसे पीछे भेजी जाकर
आईं वे कई बार नैहर;
पर तुझे भेजते क्यों श्रीवरजी डरते?
हम कई बार आ-आकर घर
लौटे पाकर झूठे उत्तर;
क्यों बहन, नहीं तू सम, उन पर बल करते?

(63)

"आँसुओं भरी माँ दुख के स्वर
बोलीं, रतन से कहो जाकर,
क्या नहीं मोह कुछ माता पर अब तुमको?
जामाताजी वाली ममता
माँ से तो पाती उत्तमता।
बोले बापू, योगी रमता मैं अब तो—

(64)

"कुछ ही दिन को हूँ कूल-द्रुम;
छू लूँ पद फिर, कह देना तुम।
बोली भाभी, लाना कुंकुम-शोभा को।
फिर किया अनावश्यक प्रलाप,
जिसमें जैसी स्नेह की छाप!
पर अकथनीय करुणा-विलाप जो माँ को।

(65)

"हम बिना तुम्हारे आए घर;
गाँव की दृष्टि से गए उतर;
क्यों बहन, ब्याह हो जाने पर, घर पहला
केवल कहने को है नैहर?—
दे सकता नहीं स्नेह-आदर?—
पूजे पद, हम इसलिए अपर?" उर दहला

(66)

उस प्रतिमा का, आया तब खुल
मर्यादागर्भित धर्म विपुल,
धुल अश्रु-धार से हुई अतुल छवि पावन,
वह घेर-घेर निस्सीम गगन
उमड़े भावों के घन पर घन,
फैला, ढक सघन स्नेह-उपवन, यह सावन।

(67)

बोली वह, मृदु-गम्भीर-घोष,
"मैं साथ तुम्हारे, करो तोष।"
जिस पृथ्वी से निकली सदोष वह सीता,
अंक में उसी के आज लीन—
निज मर्यादा पर समासीन;
दे गई सुहृद् को स्नेह-क्षीण गत गीता।

(68)

बोला भाई, "तो चलो अभी,
अन्यथा, न होंगे सफल कभी
हम, उनके आ जाने पर, जी यह कहता।
जब लौटें वह, हम करें पार
राजापुर के ये मार्ग, द्वार।"
चल दी प्रतिमा। घर अन्धकार अब बहता।

(69)

लेते सौदा जब खड़े हाट,
तुलसी के मन आया उचाट;
सोचा, अबके किस घाट उतारें इनको;
जब देखो, तब द्वार पर खड़े,
उधार लाए हम, चल बड़े!
दे दिया दान तो अड़े पड़े अब किनको?

(70)

सामग्री ले लौटे जब घर,
देखा नीलम-सोपानों पर
नभ के, चढ़ती आभा सुन्दर पग धर-धर;
श्वेत, श्याम, रक्त, पराग-पीत,
अपने सुख से ज्यों सुमन भीत;
गाती यमुना नृत्यपर, गीत कल-कल स्वर।

(71)

देखा, वह नहीं प्रिया, जीवन;
नत-नयन भवन, विषण्ण आँगन;
आवरण शून्य वे बिना वरण-मधुरा के
अपहृत-श्री, सुख-स्नेह का सद्म;
निःसुरभि, हंत, हेमन्त-पद्म!
नैतिक-नीरस, निष्प्रीति, छद्म ज्यों, पाते।

(72)

यह नहीं आज गृह, छाया-उर,
गीति से प्रिया की मुखर, मधुर;
गति-नृत्य, तालशिंजित-नूपुर, चरणारुण;
व्यंजित नयनों का भाव सघन
भर रंजित जो करता क्षण-क्षण;
कहता कोई मन से, उन्मन, सुन रे, सुन।

(73)

वह आज हो गई दूर तान,
इसलिए मधुर वह और गान,
सुनने को व्याकुल हुए प्राण प्रियतम के;
छूटा जग का व्यवहार-ज्ञान,
पग उठे उसी मग को अजान,
कुल-मान-ध्यान श्लथ स्नेह-दान-सक्षम से।

(74)

मग में पिक-कुहरित डाल-डाल,
हैं हरित विटप सब सुमन-माल,
हिलतीं लतिकाएँ ताल-ताल पर सस्मित।
पड़ता उन पर ज्योतिः प्रपात,
हैं चमक रहे सब कनक-गात,
बहती मधु-धीर समीर ज्ञात, आलिंगित।

(75)

धूसरित बाल-दल, पुण्य-रेणु,
लख चारण-वारण-चपल धेनु,
आ गई याद उस मधुर-वेणु-वादन की;
वह यमुना-तट, वह वृन्दावन,
चपलानन्दित यह सघन गगन;
गोपी-जन-यौवन-मोहन-तन वह वन-श्री।

(76)

सुनते सुख की वंशी के सुर,
पहुँचे रत्नधर रमा के पुर;
लख सादर, उठी समाज श्वसुर-परिजन की;
बैठाला देकर मान-पान;
कुछ जन बतलाए कान-कान;
सुन बोली भाभी, यह पहचान रतन की।

(77)

जल गए व्यंग्य से सकल अंग,
चमकी चल-दृग ज्वाला-तरंग,
पर रही मौन धर अप्रसंग वह बाला;
पति की इस मति-गति से मरकर,
उर की उर में ज्यों, ताप-क्षर,
रह गई सुरभि की म्लान-अधर वर-माला।

(78)

बोली मन में होकर अक्षम,
रक्खो, मर्यादा पुरुषोत्तम!
लाज का आज भूषण, अक्लम, नारी का;
खींचता छोर, यह कौन और
पैठा उनमें जो अधर चौर?
खुलता अब अंचल, नाथ, पौर साड़ी का!

(79)

कुछ काल रहा यों स्तब्ध भवन,
ज्यों आँधी के उठने का क्षण;
प्रिय श्रीवरजी को जिवाँ शयन करने को
ले चली साथ भावज हरती
निज प्रियालाप से वश करती,
वह मधु-शीकर निर्झर झरती झरने को।

(80)

जेंए फिर चल गृह के सब जन,
फिर लौटे निज-निज कक्ष शयन;
प्रिय-नयनों में बँध प्रिया-नयन चयनोत्कल
पलकों से स्फारित, स्फुरित-राग
सुनहला भरे पहला सुहाग,
रग-रग से रंग रे रहे जाग स्वप्नोत्पल।

(81)

कवि-रुचि में घिर छलकता रुचिर,
जो, न था भाव वह छवि का स्थिर—
बहती उलटी ही आज रुधिर-धारा वह,
लख-लख प्रियतम-मुख पूर्ण-इन्दु
लहराया जो उर मधुर सिन्धु,
विपरीत, ज्वार, जल-बिन्दु-बिन्दु द्वारा वह।

(82)

अस्तु रे, विवश, मारुत-प्रेरित,
पर्वत-समीप आकर ज्यों स्थित
घन-नीलालका दामिनी जित ललना वह;
उन्मुक्त-गुच्छ चक्रांक-पुच्छ,
लख नर्तित कवि-शिखि-मन समुच्च
वह जीवन की समझा न तुच्छ छलना वह!

(83)

बिखरी छूटीं शफरी-अलकें,
निष्पात नयन-नीरज पलकें,
भावातुर पृथु उर की छलकें उपशमिता,
निःसम्बल केवल ध्यान-मग्न,
जागी योगिनी अरूप-लग्न,
वह खड़ी शीर्ण प्रिय-भाव-मग्न निरुपमिता।

(84)

कुछ समय अनन्तर, स्थित रहकर,
स्वर्गीयाभा वह स्वरित प्रखर
स्वर में झर-झर जीवन भरकर ज्यों बोली;
अचपल ध्वनि की चमकी चपला,
बल की महिमा बोली अबला,
जागी जल पर कमला, अमला मति डोली—

(85)

"धिक! धाये तुम यों अनाहूत,
धो दिया श्रेष्ठ कुल-धर्म धूत,
राम के नहीं, काम के सूत कहलाए!
हो बिके जहाँ तुम बिना दाम,
वह नहीं और कुछ—हाड़, चाम!
कैसी शिक्षा, कैसे विराम पर आए!"

(86)

जागा, जागा संस्कार प्रबल,
रे गया काम तत्क्षण वह जल,
देखा, वामा, वह न थी, अनल-प्रतिमा वह;
इस ओर ज्ञान, उस ओर ज्ञान,
हो गया भस्म वह प्रथम भान,
छूटा जग का जो रहा ध्यान, जड़िमा वह।

(87)

देखा शारदा नील-वसना
हैं सम्मुख स्वयं सृष्टि-रशना,
जीवन-समीर-शुचि-निःश्वसना, वरदात्री,
वाणी वह स्वयं सुवादित स्वर
फूटी तर अमृताक्षर-निर्झर,
यह विश्व हंस, है चरण सुघर जिस पर श्री।

(88)

दृष्टि से भारती से बँधकर
कवि उठता हुआ चला ऊपर;
केवल अम्बर—केवल अम्बर फिर देखा;
धूमायमान वह घूर्ण्य प्रसर
धूसर समुद्र शशि-ताराहर,
सूझता नहीं क्या ऊर्ध्व, अधर, क्षर रेखा।

(89)

चमकी तब तक तारा नवीन,
द्युति-नील-नील, जिसमें विलीन
सो गई भारती, रूप-क्षीण महिमा अब;
आभा भी क्रमशः हुई मन्द,
निस्तब्ध व्योम—गति-रहित छन्द;
आनन्द रहा, मिट गए द्वन्द्व, बन्धन सब।

(90)

थे मुँदे नयन, ज्ञानोन्मीलित,
कलि में सौरभज्यों, चित में स्थित;
अपनी असीमता में अवसित प्राणाशय;
जिस कलिका में कवि रहा बन्द,
वह आज उसी में खुली मन्द,
भारती रूप में सुरभि-छन्द निष्प्रश्रय।

(91)

जब आया फिर देहात्मबोध,
बाहर चलने का हुआ शोध,
रह निर्विरोध, गति हुई रोध-प्रतिकूला,
खोलती मृदुल दल बन्द सकल
गुदगुदा विपुल धारा अविचल
बह चली सुरभि की ज्यों उत्कल, निःशूला—

(92)

बाजीं बहती लहरें कलकल,
जागे भावाकुल शब्दोच्छल,
गूँजा जग का कानन-मण्डल, पर्वत-तल;
सूना उर ऋषियों का ऊना
सुनता स्वर, हो हर्षित, दूना,
आसुर भावों से जो भूना, था निश्चल।

(93)

"जागो जागो आया प्रभात,
बीती वह, बीती अन्ध रात,
झरता भर ज्योतिर्मय प्रपात पूर्वांचल;
बाँधो, बाँधो किरणें चेतन,
तेजस्वी, हे तमजिज्जीवन;
आती भारत की ज्योतिर्धन महिमाबल।

(94)

"होगा फिर से दुर्धर्ष समर
जड़ से चेतन का निशिवासर,
कवि का प्रति छवि से जीवनहर, जीवन-भर;
भारती इधर, हैं उधर सकल
जड़ जीवन के संचित कौशल;
जय, इधर ईश, हैं उधर सबल माया-कर।

(95)

"हो रहे आज जो खिन्न-खिन्न
छुट-छुटकर दल से भिन्न-भिन्न
यह अकल-कला, गह सकल छिन्न, जोड़ेगी,
रवि-कर ज्यों बिन्दु-बिन्दु जीवन
संचित कर करता है वर्षण,
लहरा भव-पादप, मर्षण-मन मोड़ेगी।

(96)

"देश-काल के शर से बिंधकर
यह जागा कवि अशेष, छविधर
इनका स्वर भर भारती मुखर होएँगी;
निश्चेतन, निज तन मिला विकल,
छलका शत-शत कल्मष के छल
बहतीं जो, वे रागिनी सकल सोएँगी।

(97)

"तम के अमार्ज्य रे तार-तार
जो, उन पर पड़ी प्रकाश-धार;
जग-वीणा के स्वर के बहार रे, जागो;
इस कर अपने कारुणिक प्राण
कर लो समक्ष देदीप्यमान—
दे गीत विश्व को रुको दान फिर माँगो।"

(98)

कुछ हुआ कहाँ, कुछ नहीं सुना,
कवि ने निज मन भाव में गुना,
साधना जगी केवल अधुना प्राणों की,
देखा सामने, मूर्ति छल-छल
नयनों में छलक रही अचपल
उपमिता न हुई समुच्च सकल तानों की।

(99)

जगमग जीवन का अन्त्य भाष—
"जो दिया मुझे तुमने प्रकाश,
अब रहा नहीं लेशावकाश रहने का
मेरा उससे गृह के भीतर;
देखूँगा नहीं कभी फिरकर,
लेता मैं, जो वर जीवन-भर बहने का।"

(100)

चल मन्दचरण आए बाहर,
उर में परिचित वह मूर्ति सुघर
जागी विश्वाश्रय महिमाधर, फिर देखा—
संकुचित, खोलती श्वेत पटल
बदली, कमला तिरती सुख-जल,
प्राची-दिगन्त-उर में पुष्कल रवि-रेखा।

(रचनाकाल : 1934 ई.। 'सुधा', मासिक, लखनऊ, के फरवरी, मार्च, अप्रैल, मई और जुलाई, 1935 के अंकों में पाँच किस्तों में प्रकाशित)

सच है

यह सच है :—
तुमने जो दिया दान दान वह,
हिन्दी के हित का अभिमान वह,
जनता का जन-ताका ज्ञान वह,
सच्चा कल्याण वह अथच है—
यह सच है!

बार बार हार हार मैं गया,
खोजा जो हार क्षार में नया,—
उड़ी धूल, तन सारा भर गया,
नहीं फूल, जीवन अविकच है—
यह सच है!

सरोज-स्मृति

ऊनविंश पर जो प्रथम चरण
तेरा वह जीवन-सिन्धु-तरण;
तनये, ली कर दृक्पात तरुण
जनक से जन्म की विदा अरुण!
गीते मेरी, तज रूप-नाम
वर लिया अमर शाश्वत विराम
पूरे कर शुचितर सपर्याय
जीवन के अष्टादशाध्याय,
चढ़ मृत्यु-तरणि पर तूर्ण-चरण
कह—"पितः, पूर्ण आलोक वरण
करती हूँ मैं, यह नहीं मरण,
'सरोज' का ज्योतिःशरण—तरण"—
अशब्द अधरों का, सुना, भाष,
मैं कवि हूँ, पाया है प्रकाश
मैंने कुछ अहरह रह निर्भर
ज्योतिस्तरणा के चरणों पर।
जीवित-कविते, शत-शर-जर्जर
छोड़कर पिता को पृथ्वी पर
तू गई स्वर्ग, क्या यह विचार—
"जब पिता करेंगे मार्ग पार
यह, अक्षम अति, तब मैं सक्षम,
तारूँगी कर गह दुस्तर तम?"
कहता तेरा प्रयाण सविनय,—
कोई न अन्य था भावोदय।
श्रावण-नभ का स्तब्धान्धकार
शुक्ला प्रथमा, कर गई पार!

धन्ये, मैं पिता निरर्थक था,
कुछ भी तेरे हित न कर सका!
जाना तो अर्थागमोपाय
पर रहा सदा संकुचित-काय
लखकर अनर्थ आर्थिक पथ पर

हारता रहा मैं स्वार्थ-समर।
शुचिते, पहनाकर चीनांशुक
रख सका न तुझे अतः दधिमुख।
क्षीण का न छीना कभी अन्न,
मैं लख न सका वे दृग विपन्न;
अपने आँसुओं अतः बिम्बित
देखे हैं अपने ही मुख-चित।
सोचा है नत हो बार-बार–
"यह हिन्दी का स्नेहोपहार,
यह नहीं हार मेरी, भास्वर
वह रत्नहार–लोकोत्तर वर।"
अन्यथा, जहाँ है भाव शुद्ध
साहित्य-कला-कौशल-प्रबुद्ध,
हैं दिए हुए मेरे प्रमाण
कुछ वहाँ, प्राप्ति को समाधान,–
पार्श्व में अन्य रख कुशल हस्त
गद्य में पद्य में समाभ्यस्त।
देखें वे; हँसते हुए प्रवर
जो रहे देखते सदा समर,
एक साथ जब शत घात घूर्ण
आते थे मुझ पर तुले तूर्ण।
देखता रहा मैं खड़ा अपल
वह शर क्षेप, वह रण-कौशल।
व्यक्त हो चुका चीत्कारोत्कल
क्रुद्ध युद्ध का रुद्ध-कण्ठ फल।
और भी फलित होगी वह छवि,
जागे जीवन जीवन का रवि,
लेकर, कर कल तूलिका कला,
देखो क्या रंग भरती विमला,
वांछित उस किस लांछित छवि पर
फेरती स्नेह की कूची भर।
अस्तु मैं उपार्जन को अक्षम
कर नहीं सका पोषण उत्तम
कुछ दिन को, जब तू रही साथ,

अपने गौरव से झुका माथ।
पुत्री भी, पिता-गेह में स्थिर,
छोड़ने के प्रथम जीर्ण अजिर।
आँसुओं सजल दृष्टि की छलक,
पूरी न हुई जो रही कलक
प्राणों की प्राणों में दबकर
कहती लघु-लघु उसाँस में भर;
समझता हुआ मैं रहा देख
हटती भी पथ पर दृष्टि टेक।

तू सवा साल की जब कोमल;
पहचान रही ज्ञान में चपल,
माँ का मुख, हो चुम्बित क्षण-क्षण,
भरती जीवन में नव जीवन,
वह चरित पूर्ण कर गई चली,
तू नानी की गोद जा पली।
सब किए वहीं कौतुक-विनोद
उस घर निशि-वासर भरे मोद;
खाई भाई की मार, विकल
रोई, उत्पल-दल-दृग-छलछल;
चुमकारा सिर उसने निहार,
फिर गंगा-तट-सैकत विहार
करने को लेकर साथ चला,
तू गहकर चली हाथ चपला;
आँसुओं धुला मुख हासोच्छल,
लखती प्रसार वह ऊर्मि-धवल।
तब भी मैं इसी तरह समस्त,
कवि जीवन में व्यर्थ भी व्यस्त;
लिखता अबाध गति मुक्त छन्द,
पर सम्पादकगण निरानन्द
वापस कर देते पढ़ सत्वर
रो एक-पंक्ति-दो में उत्तर।
लौटी रचना लेकर उदास
ताकता हुआ मैं दिशाकाश

बैठा प्रान्तर में दीर्घ प्रहर
व्यतीत करता था गुन-गुन कर
सम्पादक के गुण; यथाभ्यास
पास की नोचता हुआ घास
अज्ञात फेंकता इधर-उधर
भाव की चढ़ी पूजा उन पर।

याद है दिवस की प्रथम धूप
थी पड़ी हुई तुझ पर सुरूप,
खेलती हुई तू परी चपल,
मैं दूरस्थित प्रवास से चल
दो वर्ष बाद, होकर उत्सुक
देखने के लिए अपने मुख
था गया हुआ, बैठा बाहर
आँगन में फाटक के भीतर
मोढ़े पर, ले कुण्डली हाथ
अपने जीवन की दीर्घ गाथ।
पढ़, लिखे हुए शुभ दो विवाह
हँसता था, मन में बढ़ी चाह
खण्डित करने को भाग्य-अंक,
देखा भविष्य के प्रति अशंक।
इससे पहले आत्मीय स्वजन
सस्नेह कह चुके थे, जीवन
सुखमय होगा, विवाह कर लो
जो पढ़ी-लिखी हो—सुन्दर हो।
आए ऐसे अनेक परिणय,
पर विदा किया मैंने सविनय
सबको, जो अड़े प्रार्थना भर
नयनों में, पाने को उत्तर
अनुकूल, उन्हें जब कहा निडर—
"मैं हूँ मंगली", मुड़े सुनकर।
इस बार एक आया विवाह
जो किसी तरह भी हतोत्साह
होने को न था, पड़ी अड़चन,

आया मन में भर आकर्षण
उन नयनों का; सासु ने कहा–
"वे बड़े भले जन हैं, भय्या,
एन्ट्रेन्स पास है लड़की वह,
बोले मुझ से, छब्बिस ही तो
वर की है उम्र, ठीक ही है,
लड़की भी अट्ठारह की है।"
फिर हाथ जोड़ने लगे, कहा–
"वे नहीं कर रहे ब्याह, अहा!
हैं सुधरे हुए बड़े सज्जन!
अच्छे कवि, अच्छे विद्वज्जन!
हैं बड़े नाम उनके! शिक्षित
लड़की भी रूपवती, समुचित
आपको यही होगा कि कहें
'हर तरह उन्हें, वर सुखी रहें।'
आएँगे कल।" दृष्टि थी शिथिल,
आई पुतली तू खिल-खिल-खिल
हँसती, मैं हुआ पुनः चेतन,
सोचता हुआ विवाह-बन्धन।
कुण्डली दिखा बोला–"ए–लो"
आई तू, दिया, कहा "खेलो!"
कर स्नान-शेष, उन्मुक्त-केश
सासुजी रहस्य-स्मित सुवेश
आईं करने को बातचीत
जो कल होनेवाली, अजीत;
संकेत किया मैंने अखिन्न
जिस ओर कुण्डली छिन्न-भिन्न,
देखने लगीं वे विस्मय भर
तू बैठी संचित टुकड़ों पर!
धीरे-धीरे फिर बढ़ा चरण,
बाल्य की केलियों का प्रांगण
कर पार, कुंज-तारुण्य सुघर
आई, लावण्य-भार थर-थर
काँपा कोमलता पर सस्वर

ज्यों मालकौश नव वीणा पर;
नैश स्वप्न ज्यों तू मन्द-मन्द
फूटी ऊषा – जागरण-छन्द;
काँपी भर निज आलोक-भार,
काँपा वन, काँपा दिक् प्रसार।
परिचय-परिचय पर खिला सकल–
नभ, पृथ्वी, द्रुम, कलि, किसलय-दल।
क्या दृष्टि! अतल की सिक्त-धार
ज्यों भोगावती उठी अपार,
उमड़ता ऊर्ध्व को कल सलील
जल टलमल करता नील-नील,
पर बँधा देह के दिव्य बाँध,
छलकता दृगों से साध-साध।
फूटा कैसा प्रिय कण्ठ-स्वर
माँ की मधुरिमा व्यंजना भर।
हर पिता–कण्ठ की दृप्त-धार
उत्कलित रागिनी की बहार!
बन जन्मसिद्ध गायिका, तन्वि,
मेरे स्वर की रागिनी वह्नि
साकार हुई दृष्टि में सुघर,
समझा मैं क्या संस्कार प्रखर।
शिक्षा के बिना बना वह स्वर
है, सुना न अब तक पृथ्वी पर!
जाना बस, पिक-बालिका प्रथम
पल अन्य नीड़ में जब सक्षम
होती उड़ने को, अपना स्वर
भर करती ध्वनित मौन प्रान्तर।
तू खिंची दृष्टि में मेरी छवि,
जागा उर में तेरा प्रिय कवि,
उन्मनन-गुंज सज हिला कुंज
तरु-पल्लव कलि-दल पुंज-पुंज,
बह चली एक अज्ञात बात
चूमती केश–मृदु नवल गात,
देखती सकल निष्पलक-नयन

तू, समझा मैं तेरा जीवन।

सासु ने कहा लख एक दिवस—
"भैया अब नहीं हमारा बस,
पालना-पोसना रहा काम,
देना 'सरोज' को धन्य-धाम,
शुचि वर के कर, कुलीन लखकर,
है काम तुम्हारा धर्मोत्तर;
अब कुछ दिन इसे साथ लेकर
अपने घर रहो, ढूँढ़कर वर
जो योग्य तुम्हारे, करो ब्याह
होंगे सहाय हम सहोत्साह।"
सुनकर, गुनकर चुपचाप रहा,
कुछ भी न कहा,—न अहो, न अहा,—
ले चला साथ मैं तुझे, कनक
ज्यों भिक्षुक लेकर; स्वर्ण-झनक
अपने जीवन की, प्रभा विमल
ले आया निज गृह-छाया-तल।
सोचा मन में हत बार-बार—
'ये कान्यकुब्ज-कुल-कुलांगार
खाकर पत्तल में करें छेद,
इनके कर कन्या, अर्थ खेद;
इस विषय-बेलि में विष ही फल,
यह दग्ध मरुस्थल, —नहीं सुजल।'
फिर सोचा—'मेरे पूर्वजगण
गुजरे जिस राह, वही शोभन
होगा मुझको, यह लोक-रीति
कर दूँ पूरी, गो नहीं भीति
कुछ मुझे तोड़ते गत विचार;
पर पूर्ण रूप प्राचीन भार
ढोने में हूँ अक्षम; निश्चय
आएगी मुझमें नहीं विनय
उतनी जो रेखा करे पार
सौहार्द-बन्ध की, निराधार।

वे जो जमुना के-से कछार
पद, फटे बिवाई के, उधार
खाए के मुख ज्यों, पिए तेल
चमरौधे जूते से सकेल
निकले, जी लेते, घोर-गन्ध,
उन चरणों को मैं यथा अन्ध,
कल घ्राण-प्राण से रहित व्यक्ति
हो पूजूँ, ऐसी नहीं शक्ति।
ऐसे शिव से गिरिजा-विवाह
करने की मुझको नहीं चाह।'

फिर आई याद—मुझे सज्जन
है मिला प्रथम ही विद्वज्जन
नवयुवक एक, सत्साहित्यिक,
कुल कान्यकुब्ज, यह नैमित्तिक
होगा कोई इंगित अदृश्य,
मेरे हित है हित यही स्पृश्य
अभिनन्दनीय। बँध गया भाव,
खुल गया हृदय का स्नेह-स्राव;
खत लिखा, बुला भेजा तत्क्षण,
युवक भी मिला प्रफुल्ल, चेतन।
बोला मैं—"मैं हूँ रिक्त हस्त
इस समय, विवेचन में समस्त—
जो कुछ है मेरा अपना धन
पूर्वज से मिला, करूँ अर्पण
यदि महाजनों को, तो विवाह
कर सकता हूँ; पर नहीं चाह
मेरी ऐसी, दहेज देकर
मैं मूर्ख बनूँ, यह नहीं सुघर,
बारात बुलाकर मिथ्या व्यय
मैं करूँ, नहीं ऐसा सुसमय।
तुम करो ब्याह, तोड़ता नियम
मैं सामाजिक योग के प्रथम,
लग्न के, पढ़ूँगा स्वयं मन्त्र

यदि पण्डितजी होंगे स्वतन्त्र।
जो कुछ मेरे, वह कन्या का,
निश्चय समझो, कुल धन्या का।''
आए पण्डितजी, प्रजावर्ग
आमन्त्रित साहित्यिक, ससर्ग
देखा विवाह आमूल नवल;
तुझ पर शुभ पड़ा कलश का जल।
देखती मुझे तू, हँसी मन्द,
होठों में बिजली फँसी, स्पन्द
उर में भर झूली छबि सुन्दर,
प्रिय की अशब्द शृंगार-मुखर
तू खुली एक उच्छ्वास-संग,
विश्वास-स्तब्ध बँध अंग-अंग,
नत नयनों से आलोक उतर
काँपा अधरों पर थर-थर-थर।
देखा मैंने, वह मूर्ति-धीति
मेरे वसन्त की प्रथम गीति—
शृंगार, रहा जो निराकार
रस कविता में उच्छ्वसित-धार
गाया स्वर्गीया-प्रिया-संग
भरता प्राणों में राग-रंग
रति-रूप प्राप्त कर रहा वही,
आकाश बदलकर बना मही।

हो गया ब्याह, आत्मीय स्वजन
कोई थे नहीं, न आमन्त्रण
था भेजा गया, विवाह-राग
भर रहा न घर निशि-दिवस-जाग;
प्रिय मौन एक संगीत भरा
नव जीवन के स्वर पर उतरा।
माँ की कुल शिक्षा मैंने दी,
पुष्प-सेज तेरी स्वयं रची,
सोचा मन में—'वह शकुन्तला,
पर पाठ अन्य यह, अन्य कला।'

कुछ दिन रह गृह, तू फिर समोद,
बैठी नानी की स्नेह-गोद।
मामा-मामी का रहा प्यार,
भर जलद धरा को ज्यों अपार;
वे ही सुख-दुख में रहे न्यस्त,
तेरे हित सदा समस्त, व्यस्त;
वह लता वहीं की, जहाँ कली
तू खिली, स्नेह से हिली, पली;
अन्त भी उसी गोद में शरण
ली, मूँदे दृग वर महामरण!

मुझ भाग्यहीन की तू सम्बल
युग वर्ष बाद जब हुई विकल,
दुख ही जीवन की कथा रही,
क्या कहूँ आज, जो नहीं कही!
हो इसी कर्म पर वज्रपात
यदि धर्म, रहे नत सदा माथ
इस पथ पर, मेरे कार्य सकल
हों भ्रष्ट शीत के-से शतदल!
कन्ये, गत कर्मों का अर्पण
कर, करता मैं तेरा तर्पण!

(रचनाकाल : 9 अक्तूबर, 1935। 'सुधा', मासिक, लखनऊ, जनवरी, 1936, में प्रकाशित। द्वितीय **अनामिका** में संकलित)

राम की शक्ति-पूजा

रवि हुआ अस्त : ज्योति के पत्र पर लिखा अमर
रह गया राम-रावण का अपराजेय समर
आज का, तीक्ष्ण-शर-विधृत-क्षिप्र-कर वेग-प्रखर,
शतशेलसम्वरणशील, नीलनभ-गर्ज्जित-स्वर,
प्रतिपल-परिवर्तित-व्यूह—भेद-कौशल-समूह,—
राक्षस-विरुद्ध प्रत्यूह,—क्रुद्ध-कपि-विषम-हूह,

विच्छुरितवह्नि-राजीवनयन-हत-लक्ष्य-बाण,
लोहितलोचन-रावण-मदमोचन-महीयान,
राघव-लाघव—रावण-वारण—गत-युग्म-प्रहर,
उद्धत-लंकापति-मर्द्दित-कपि-दल-बल-विस्तर,
अनिमेष-राम—विश्वजिद्दिव्य-शर-भंग-भाव,—
विद्धांग-बद्ध-कोदण्ड-मुष्टि—खर-रुधिर-स्राव,
रावण-प्रहार-दुर्वार-विकल-वानर दल-बल,—
मूर्च्छित-सुग्रीवांगद-भीषण-गवाक्ष-गय-नल,
वारित-सौमित्र-भल्लपति—अगणित-मल्ल-रोध,
गर्जित-प्रलयाब्धि-क्षुब्ध-हनुमत्-केवल-प्रबोध,
उद्गीरित-वह्नि-भीम-पर्वत-कपि-चतुः प्रहर,
जानकी-भीरु-उर—आशाभर—रावण-सम्वर।
लौटे युग-दल। राक्षस-पदतल पृथ्वी टलमल,
बिंध महोल्लास से बार-बार आकाश विकल।
वानर-वाहिनी खिन्न, लख निज-पति-चरण-चिह्न
चल रही शिविर की ओर स्थविर-दल ज्यों विभिन्न;
प्रशमित है वातावरण; नमित-मुख सान्ध्य कमल
लक्ष्मण चिन्ता-पल, पीछे वानर-वीर सकल;
रघुनायक आगे अवनी पर नवनीत-चरण,
श्लथ धनु-गुण है कटिबन्ध स्रस्त—तूणीर-धरण,
दृढ़ जटा-मुकुट हो विपर्यस्त प्रतिलट से खुल
फला पृष्ठ पर, बाहुओं पर, वक्ष पर, विपुल
उतरा ज्यों दुर्गम पर्वत पर नैशान्धकार,
चमकतीं दूर ताराएँ ज्यों हों कहीं पार।

आए सब शिविर, सानु पर पर्वत के, मन्थर,
सुग्रीव, विभीषण, जाम्बवान आदिक वानर,
सेनापति दल-विशेष के, अंगद, हनुमान
नल, नील, गवाक्ष, प्रात के रण का समाधान
करने के लिए, फेर वानर-दल आश्रय-स्थल।
बैठे रघु-कुल-मणि श्वेत शिला पर; निर्मल जल
ले आए कर-पद-क्षालनार्थ पटु हनुमान;
अन्य वीर सर के गए तीर सन्ध्या-विधान—
वन्दना ईश की करने को, लौटे सत्वर,

सब घेर राम को बैठे आज्ञा को तत्पर।
पीछे लक्ष्मण, सामने विभीषण, भल्लधीर,
सुग्रीव, प्रान्त पर पाद-पद्म के महावीर;
यूथपति अन्य जो, यथास्थान, हो निर्निमेष
देखते राम का जित-सरोज-मुख-श्याम-देश।

है अमानिशा; उगलता गगन घन अन्धकार;
खो रहा दिशा का ज्ञान; स्तब्ध है पवन-चार;
अप्रतिहत गरज रहा पीछे अम्बुधि विशाल;
भूधर ज्यों ध्यान-मग्न; केवल जलती मशाल।
स्थिर राघवेन्द्र को हिला रहा फिर-फिर संशय,
रह-रह उठता जग जीवन में रावण-जय-भय;
जो नहीं हुआ आज तक हृदय रिपु-दम्य—श्रान्त,—
एक भी, अयुत-लक्ष में रहा जो दुराक्रान्त,
कल लड़ने को हो रहा विकल वह बार-बार,
असमर्थ मानता मन उद्यत हो हार-हार।
ऐसे क्षण अन्धकार घन में जैसे विद्युत
जागी पृथ्वी-तनया-कुमारिका-छवि, अच्युत
देखते हुए निष्पलक, याद आया उपवन
विदेह का, —प्रथम स्नेह का लतान्तराल मिलन
नयनों का—नयनों से गोपन—प्रिय सम्भाषण,
पलकों का नव पलकों पर प्रथमोत्थान-पतन,
काँपते हुए किसलय, —झरते पराग—समुदय,
गाते खग-नव-जीवन-परिचय, —तरु मलय-वलय,
ज्योति प्रपात स्वर्गीय, —ज्ञात छवि प्रथम स्वीय,
जानकी-नयन-कमनीय प्रथम कम्पन तुरीय।
सिहरा तन, क्षण-भर भूला मन, लहरा समस्त,
हर धनुर्भंग को पुनर्वार ज्यों उठा हस्त,
फूटी स्मिति सीता-ध्यान-लीन राम के अधर,
फिर विश्व-विजय-भावना हृदय में आई भर,
वे आए याद दिव्य शर अगणित मन्त्रपूत,—
फड़का पर नभ को उड़े सकल ज्यों देवदूत,
देखते राम, जल रहे शलभ ज्यों रजनीचर,
ताड़का, सुबाहु, विराध, शिरस्त्रय, दूषण, खर;

फिर देखी भीमा मूर्ति आज रण देखी जो
आच्छादित किए हुए सम्मुख समग्र नभ को,
ज्योतिर्मय अस्त्र सकल बुझ-बुझकर हुए क्षीण,
पा महानिलय उस तन में क्षण में हुए लीन,
लख शंकाकुल हो गए अतुल-बल शेष-शयन,–
खिंच गए दृगों में सीता के राममय नयन;
फिर सुना–हँस रहा अट्टहास रावण खलखल,
भावित नयनों से सजल गिरे दो मुक्ता-दल।

बैठे मारुति देखते राम-चरणारविन्द
युग 'अस्ति-नास्ति' के एक-रूप, गुण-गण-अनिन्द्य;
साधना-मध्य भी साम्य–वाम-कर दक्षिण-पद,
दक्षिण-कर-तल पर वाम चरण, कपिवर गद्गद
पा सत्य, सच्चिदानन्दरूप, विश्राम-धाम,
जपते सभक्ति अजपा विभक्त हो राम-नाम।
युग चरणों पर आ पड़े अस्तु वे अश्रु युगल,
देखा कपि ने, चमके नभ में ज्यों तारादल;
ये नहीं चरण राम के, बने श्यामा के शुभ,–
सोहते मध्य में हीरक युग या दो कौस्तुभ;
टूटा वह तार ध्यान का, स्थिर मन हुआ विकल,
सन्दिग्ध भाव की उठी दृष्टि, देखा अविकल
बैठे वे वही कमल-लोचन, पर सजल नयन,
व्याकुल-व्याकुल कुछ चिर-प्रफुल्ल मुख, निश्चेतन।
"ये अश्रु राम के" आते ही मन में विचार,
उद्वेल हो उठा शक्ति-खेल-सागर अपार,
हो श्वसित पवन-उनचास, पिता-पक्ष से तुमुल,
एकत्र वक्ष पर बहा वाष्प को उड़ा अतुल,
शत घूर्णावर्त, तरंग-भंग उठते पहाड़,
जल राशि-राशि जल पर चढ़ता खाता पछाड़
तोड़ता बन्ध–प्रतिसन्ध धरा, हो स्फीत-वक्ष
दिग्विजय-अर्थ प्रतिपल समर्थ बढ़ता समक्ष।
शत-वायु-वेग-बल, डुबा अतल में देश-भाव,
जलराशि विपुल मथ मिला अनिल में महाराव
वज्रांग तेजघन बना पवन को, महाकाश

पहुँचा, एकादशरुद्र क्षुब्ध कर अट्टहास।
रावण-महिमा श्यामा विभावरी-अन्धकार,
यह रुद्र राम-पूजन-प्रताप तेजःप्रसार;
उस ओर शक्ति शिव की जो दशस्कन्ध-पूजित,
इस ओर रुद्र-वन्दन जो रघुनन्दन-कूजित;
करने को ग्रस्त समस्त व्योम कपि बढ़ा अटल,
लख महानाश शिव अचल हुए क्षण-भर चंचल,
श्यामा के पदतल भारधरण हर मन्द्रस्वर
बोले—"सम्बरो देवि, निज तेज, नहीं वानर
यह,—नहीं हुआ शृंगार-युग्म-गत, महावीर,
अर्चना राम की मूर्तिमान अक्षय-शरीर,
चिर-ब्रह्मचर्य-रत, ये एकादश रुद्र धन्य,
मर्यादा-पुरुषोत्तम के सर्वोत्तम, अनन्य
लीलासहचर, दिव्यभावधर, इन पर प्रहार
करने पर होगी देवि, तुम्हारी विषम हार;
विद्या का ले आश्रय इस मन को दो प्रबोध,
झुक जाएगा कपि, निश्चय होगा दूर रोध।"
कह हुए मौन शिव; पवन-तनय में भर विस्मय
सहसा नभ में अंजना-रूप का हुआ उदय;
बोली माता—"तुमने रवि को जब लिया निगल
तब नहीं बोध था तुम्हें, रहे बालक केवल;
यह वही भाव कर रहा तुम्हें व्याकुल रह-रह,
यह लज्जा की है बात कि माँ रहती सह-सह;
यह महाकाश, है जहाँ वास शिव का निर्मल—
पूजते जिन्हें श्रीराम, उसे ग्रसने को चल
क्या नहीं कर रहे तुम अनर्थ? —सोचो मन में;
क्या दी आज्ञा ऐसी कुछ श्रीरघुनन्दन ने?
तुम सेवक हो, छोड़कर धर्म कर रहे कार्य—
क्या असम्भाव्य हो यह राघव के लिए धार्य?"
कपि हुए नम्र, क्षण में माताछवि हुई लीन,
उतरे धीरे-धीरे, गह प्रभु-पद हुए दीन।

राम का विषण्णानन देखते हुए कुछ क्षण,
"हे सखा", विभीषण बोले, "आज प्रसन्न वदन

वह नहीं, देखकर जिसे समग्र वीर वानर—
भल्लूक विगत-श्रम हो पाते जीवन-निर्जर;
रघुवीर, तीर सब वही तूण में हैं रक्षित,
है वही वक्ष, रण-कुशल हस्त, बल वही अमित,
हैं वही सुमित्रानन्दन मेघनाद-जित-रण,
हैं वही भल्लपति, वानरेन्द्र सुग्रीव प्रमन,
तारा-कुमार भी वही महाबल श्वेत धीर,
अप्रतिभट वही एक—अर्बुद-सम, महावीर,
है वही दक्ष सेना-नायक, है वही समर,
फिर कैसे असमय हुआ उदय यह भाव-प्रहर?
रघुकुल गौरव, लघु हुए जा रहे तुम इस क्षण,
तुम फेर रहे हो पीठ हो रहा जब जय रण!
कितना श्रम हुआ व्यर्थ! आया जब मिलन-समय,
तुम खींच रहे हो हस्त जानकी से निर्दय!
रावण, रावण, लम्पट, खल, कल्मष-गताचार,
जिसने हित कहते किया मुझे पाद-प्रहार,
बैठा उपवन में देगा दुख सीता को फिर,—
कहता रण की जय-कथा पारिषद-दल से घिर;—
सुनता वसन्त में उपवन में कल-कूजित पिक
मैं बना किन्तु लंकापति, धिक्, राघव, धिक् धिक्!"

सब सभा रही निस्तब्ध : राम के स्तिमित नयन
छोड़ते हुए, शीतल प्रकाश देखते विमन,
जैसे ओजस्वी शब्दों का जो था प्रभाव
उससे न इन्हें कुछ चाव, न हो कोई दुराव;
ज्यों हों वे शब्द मात्र, —मैत्री की समनुरक्ति,
पर जहाँ गहन भाव के ग्रहण की नहीं शक्ति।
कुछ क्षण तक रहकर मौन सहज निज कोमल स्वर
बोले रघुमणि—"मित्रवर, विजय होगी न समर;
यह नहीं रहा नर-वानर का राक्षस से रण,
उतरीं पा महाशक्ति रावण से आमन्त्रण;
अन्याय जिधर, हैं उधर शक्ति!" कहते छल-छल
हो गए नयन, कुछ बूँद पुनः ढलके दृगजल,
रुक गया कण्ठ, चमका लक्ष्मण-तेजः प्रचण्ड,

धँस गया धरा में कपि गह युग पद मसक दण्ड,
स्थिर जाम्बवान,–समझते हुए ज्यों सकल भाव,
व्याकुल सुग्रीव,–हुआ उर में ज्यों विषम घाव,
निश्चित-सा करते हुए विभीषण कार्य-क्रम,
मौन में रहा यों स्पन्दित वातावरण विषम।

निज सहज रूप में संयत हो जानकी-प्राण
बोले–"आया न समझ में यह दैवी विधान;
रावण, अधर्मरत भी, अपना, मैं हुआ अपर–
यह रहा शक्ति का खेल समर, शंकर, शंकर!
करता मैं योजित बार-बार शर-निकर निशित
हो सकती जिनसे यह संसृति सम्पूर्ण विजित,
जो तेजःपुंज, सृष्टि की रक्षा का विचार
है जिनमें निहित पतनघातक संस्कृति अपार–
शत-शुद्धि-बोध–सूक्ष्मातिसूक्ष्म मन का विवेक,
जिनमें है क्षात्रधर्म का धृत पूर्णाभिषेक,
जो हुए प्रजापतियों से संयम से रक्षित,
वे शर हो गए आज रण में श्रीहत, खण्डित!
देखा, हैं महाशक्ति रावण को लिए अंक,
लांछन को ले जैसे शशांक नभ में अशंक;
हत मन्त्रपूत शर संवृत करतीं बार-बार,
निष्फल होते लक्ष्य पर क्षिप्र वार पर वार!
विचलित लख कपिदल, क्रुद्ध युद्ध को मैं ज्यों-ज्यों,
झक-झक झलकती वह्नि वामा के दृग त्यों-त्यों,
पश्चात्, देखने लगीं मुझे, बँध गए हस्त,
फिर खिंचा न धनु, मुक्त ज्यों बँधा मैं हुआ त्रस्त!"
कह हुए भानुकुलभूषण वहाँ मौन क्षण-भर,
बोले विश्वस्त कण्ठ से जाम्बवान–"रघुवर,
विचलित होने का नहीं देखता मैं कारण,
हे पुरुष-सिंह, तुम भी यह शक्ति करो धारण,
आराधन का दृढ़ आराधन से दो उत्तर,
तुम वरो विजय संयत प्राणों से प्राणों पर;
रावण अशुद्ध होकर भी यदि कर सका त्रस्त
तो निश्चय तुम हो सिद्ध करोगे उसे ध्वस्त,

शक्ति की करो मौलिक कल्पना, करो पूजन,
छोड़ दो समर जब तक न सिद्धि हो, रघुनन्दन!
तब तक लक्ष्मण हैं महावाहिनी के नायक
मध्य भाग में, अंगद दक्षिण-श्वेत सहायक,
मैं भल्ल-सैन्य; हैं वाम पार्श्व में हनूमान,
नल, नील और छोटे कपिगण–उनके प्रधान;
सुग्रीव, विभीषण, अन्य यूथपति यथासमय
आएँगे रक्षाहेतु जहाँ भी होगा भय।''

खिल गई सभा। ''उत्तम निश्चय यह, भल्लनाथ!''
कह दिया वृद्ध को मान राम ने झुका माथ।
हो गए ध्यान में लीन पुनः करते विचार,
देखते सकल–तन पुलकित होता बार-बार।
कुछ समय अनन्तर इन्दीवर निन्दित लोचन
खुल गए, रहा निष्पलक भाव में मज्जित मन।
बोले आवेग-रहित स्वर से विश्वास-स्थित–
''मातः, दशभुजा, विश्व-ज्योतिः, मैं हूँ आश्रित;
हो विद्ध शक्ति से है खल महिषासुर मर्दित,
जनरंजन-चरण-कमल-तल, धन्य सिंह गर्जित!
यह, यह मेरा प्रतीक, मातः, समझा इंगित;
मैं सिंह, इसी भाव से करूँगा अभिनन्दित।''
कुछ समय स्तब्ध हो रहे राम छवि में निमग्न,
फिर खोले पलक कमल-ज्योतिर्दल ध्यान-लग्न;
हैं देख रहे मन्त्री, सेनापति, वीरासन
बैठे उमड़ते हुए, राघव का स्मित आनन।
बोले भावस्थ चन्द्र-मुख-निन्दित रामचन्द्र,
प्राणों में पावन कम्पन भर, स्वर मेघमन्द्र–
''देखो, बन्धुवर सामने स्थित जो यह भूधर
शोभित शत-हरित-गुल्म-तृण से श्यामल सुन्दर,
पार्वती कल्पना हैं इसकी, मकरन्द-बिन्दु;
गरजता चरण-प्रान्त पर सिंह वह, नहीं सिन्धु;
दशदिक-समस्त हैं हस्त, और देखो ऊपर,
अम्बर में हुए दिगम्बर अर्चित शशि-शेखर;
लख महाभाव-मंगल पदतल धँस रहा गर्व–

मानव के मन का असुर मन्द, हो रहा खर्व''
फिर मधुर दृष्टि से प्रिय कपि को खींचते हुए–
बोले प्रियतर स्वर से अन्तर सींचते हुए
''चाहिए हमें एक सौ आठ, कपि, इन्दीवर,
कम-से-कम अधिक और हों, अधिक और सुन्दर,
जाओ देवीदह, उषःकाल होते सत्वर,
तोड़ो, लाओ वे कमल, लौटकर लड़ो समर।''
अवगत हो जाम्बवान से पथ, दूरत्व, स्थान,
प्रभु-पद-रज सिर धर चले हर्ष भर हनूमान।
राघव ने विदा किया सबको जानकर समय,
सब चले सदय राम की सोचते हुए विजय।

निशि हुई विगतः नभ के ललाट पर प्रथम किरण
फूटी, रघुनन्दन के दृग महिमा-ज्योति-हिरण;
है नहीं शरासन आज हस्त–तूणीर स्कन्ध,
वह नहीं सोहता निविड़-जटा दृढ़ मुकुट-बन्ध;
सुन पड़ता सिंहनाद,–रण-कोलाहल अपार,
उमड़ता नहीं मन, स्तब्ध सुधी हैं ध्यान धार;
पूजोपरान्त जपते दुर्गा, दशभुजा नाम,
मन करते हुए मनन नामों के गुणग्राम;
बीता वह दिवस, हुआ मन स्थिर इष्ट के चरण,
गहन-से-गहनतर होने लगा समाराधन।
क्रम-क्रम से हुए पार राघव के पंच दिवस,
चक्र से चक्र मन चढ़ता गया ऊर्ध्व निरलस;
कर-जप पूरा कर एक चढ़ाते इन्दीवर,
निज पुरश्चरण इस भाँति रहे हैं पूरा कर।
चढ़ षष्ठ दिवस आज्ञा पर हुआ समाहित मन,
प्रति जप से खिंच-खिंच होने लगा महाकर्षण;
संचित त्रिकुटी पर ध्यान द्विदल देवी-पद पर,
जप के स्वर लगा काँपने थर-थर-थर अम्बर;
दो दिन-निष्पन्द एक आसन पर रहे राम,
अर्पित करते इन्दीवर, जपते हुए नाम;
आठवाँ दिवस, मन ध्यान-युक्त चढ़ता ऊपर
कर गया अतिक्रम ब्रह्मा-हरि-शंकर का स्तर,

हो गया विजित ब्रह्माण्ड पूर्ण, देवता स्तब्ध,
हो गए दग्ध जीवन के तप के समारब्ध,
रह गया एक इन्दीवर, मन देखता-पार
प्रायः करने को हुआ दुर्ग जो सहस्रार,
द्विप्रहर रात्रि, साकार हुईं दुर्गा छिपकर,
हँस उठा ले गईं पूजा का प्रिय इन्दीवर।
यह अन्तिम जप, ध्यान में देखते चरण युगल
राम ने बढ़ाया कर लेने को नील कमल;
कुछ लगा न हाथ, हुआ सहसा स्थिर मन चंचल
ध्यान की भूमि से उतरे, खोले पलक विमल,
देखा, वह रिक्त स्थान, यह जप का पूर्ण समय
आसन छोड़ना असिद्धि, भर गए नयनद्वय:–
"धिक् जीवन को जो पाता ही आया विरोध,
धिक् साधन, जिसके लिए सदा ही किया शोध!
जानकी! हाय, उद्धार प्रिया का न हो सका।"
वह एक और मन रहा राम का जो न थका;
जो नहीं जानता दैन्य, नहीं जानता विनय
कर गया भेद वह मायावरण प्राप्त कर जय,
बुद्धि के दुर्ग पहुँचा, विद्युत्-गति हतचेतन
राम में जगी स्मृति, हुए सजग पा भाव प्रमन।
"यह है उपाय" कह उठे राम ज्यों मन्द्रित घन–
"कहती थीं माता मुझे सदा राजीवनयन!
दो नील कमल हैं शेष अभी, यह पुरश्चरण
पूरा करता हूँ देकर मातः एक नयन।"
कहकर देखा तूणीर ब्रह्मशर रहा झलक,
ले लिया हस्त, लक-लक करता वह महाफलक;
ले अस्त्र वाम कर, दक्षिण कर दक्षिण लोचन
ले अर्पित करने को उद्यत हो गए सुमन।
जिस क्षण बँध गया बेधने को दृग दृढ़ निश्चय,
काँपा ब्रह्माण्ड, हुआ देवी का त्वरित उदय :–

"साधु, साधु, साधक धीर, धर्म-धन धन्य राम!"
कह लिया भगवती ने राघव का हस्त थाम।
देखा राम ने–सामने श्री दुर्गा, भास्वर

वाम पद असुर-स्कन्ध पर, रहा दक्षिण हरि पर;
ज्योतिर्मय रूप, हस्त दश विविध अस्त्र-सज्जित,
मन्द स्मित मुख, लख हुई विश्व की श्री लज्जित,
हैं दक्षिण में लक्ष्मी, सरस्वती वाम भाग,
दक्षिण गणेश, कार्तिक बायें रण-रंग राग,
मस्तक पर शंकर। पदपद्मों पर श्रद्धाभर
श्री राघव हुए प्रणत मन्दस्वर वन्दन कर।
''होगी जय, होगी जय, हे पुरुषोत्तम नवीन!''
कह महाशक्ति राम के वदन में हुईं लीन।

(रचनाकाल : 23 अक्तूबर, 1936। 'भारत', दैनिक, इलाहाबाद, 26 अक्तूबर, 1936, में प्रकाशित। द्वितीय **अनामिका** में संकलित)

तोड़ती पत्थर

वह तोड़ती पत्थर;
देखा उसे मैंने इलाहाबाद के पथ पर—
वह तोड़ती पत्थर।

कोई न छायादार
पेड़ वह जिसके तले बैठी हुई स्वीकार;
श्याम तन, भर बँधा यौवन,
नत नयन प्रिय, कर्म-रत मन,
गुरु हथौड़ा हाथ,
करती बार-बार प्रहार :—
सामने तरु-मालिका अट्टालिका, प्राकार।

चढ़ रही थी धूप;
गर्मियों के दिन
दिवा का तमतमाता रूप;
उठी झुलसाती हुई लू,
रुई ज्यों जलती हुई भू,
गर्द चिनगीं छा गईं,

प्रायः हुई दुपहर :–
वह तोड़ती पत्थर।

देखते देखा मुझे तो एक बार
उस भवन की ओर देखा, छिन्नतार;
देखकर कोई नहीं,
देखा मुझे उस दृष्टि से
जो मार खा रोई नहीं,
सजा सहज सितार,
सुनी मैंने वह नहीं जो थी सुनी झंकार
एक क्षण के बाद वह काँपी सुघर,
ढुलक माथे से गिरे सीकर,
लीन होते कर्म में फिर ज्यों कहा–
'मैं तोड़ती पत्थर।'

(रचनाकाल : 4 अप्रैल, 1937)

आवेदन

फिर सँवार सितार लो!
बाँधकर फिर ठाट, अपने
अंक पर झंकार दो!

शब्द के कलि-दल खुलें,
गति-पवन भर काँप थर-थर
मींड़-भ्रमरावलि ढुलें,
गीत परिमल बहे निर्मल,
फिर बहार, बहार हो!

स्वप्न ज्यों सज जाय
यह तरी, यह सरित, यह तट
यह गगन, समुदाय
कमल वलयित-सरल-दृग-जल
हार का उपहार हो!

विनय

पथ पर मेरा जीवन भर दो,
बादल हे, अनन्त अम्बर के!
बरस सलिल, गति ऊर्मिल कर दो!
तट हों विटप छाँह के, निर्जन,
सस्मित-कलिदल-चुम्बित-जलकण,
शीतल शीतल बहे समीरण,
कूजें द्रुम-विहंगगण, वर दो!
दूर ग्राम की कोई वामा
आए मन्द चरण अभिरामा,
उतरे जल में अवसन श्यामा,
अंकित उर छबि सुन्दरतर हो!

उत्साह

बादल, गरजो!
घेर घेर घोर गगन, धाराधर ओ!
ललित ललित, काले घुँघराले,
बाल कल्पना के-से पाले,
विद्युत-छबि उर में, कवि, नवजीवन वाले!
वज्र छिपा, नूतन कविता
फिर भर दो।
बादल, गरजो!
विकल विकल, उन्मन थे उन्मन
विश्व के निदाघ के सकल जन,
आए अज्ञात दिशा से अनन्त के घन!
तप्त धरा, जल से फिर
शीतल कर दो :–
बादल, गरजो!

(रचनाकाल : 6 जुलाई, 1937। 'माधुरी', मासिक, लखनऊ, अगस्त, 1937, में प्रकाशित ('गीत' शीर्षक से)। द्वितीय अनामिका में संकलित)

वन-बेला

वर्ष का प्रथम
पृथ्वी के उठे उरोज मंजु पर्वत निरुपम
किसलयों बँधे,
पिक-भ्रमर-गुंज भर मुखर प्राण रच रहे सधे
प्रणय के गान,
सुनकर रहसा,
प्रखर से प्रखरतर हुआ तपन-यौवन सहसा;
ऊर्जित, भास्वर
पुलकित शत शत व्याकुल कर भर
चूमता रसा को बार-बार चुम्बित दिनकर
क्षोभ से, लोभ से, ममता से,
उत्कण्ठा से, प्रणय के नयन की समता से,
सर्वस्व दान
देकर, लेकर सर्वस्व प्रिया का सुकृत मान।
दाब में ग्रीष्म,

भीष्म से भीष्म बढ़ रहा ताप,
प्रस्वेद कम्प
ज्यों ज्यों युग उर पर और चाप—
और सुख-झम्प;
निश्वास सघन
पृथ्वी की—बहती लू : निर्जीवन
जड़ - चेतन।

यह सान्ध्य समय,
प्रलय का दृश्य भरता अम्बर,
पीताभ, अग्निमय, ज्यों दुर्जय,
निर्धूम, निरभ्र, दिगन्त-प्रसर,
कर भस्मीभूत समस्त विश्व को एक शेष,
उड़ रही धूल, नीचे अदृश्य हो रहा देश।
मैं मन्द-गमन,
घर्माक्त, विरक्त, पार्श्व-दर्शन से खींच नयन,

चल रहा नदी तट को करता मन में विचार–
'हो गया व्यर्थ जीवन,
मैं रण में गया हार!

सोचा न कभी–
अपने भविष्य की रचना पर चल रहे सभी!'
–इस तरह बहुत कुछ।
आया निज़ इच्छित स्थल पर
बैठा एकान्त देखकर
मर्माहत स्वर भर!
फिर लगा सोचने यथासूत्र–'मैं भी होता
यदि राजपुत्र'–मैं क्यों न सदा कलंक ढोता,
ये होते–जितने विद्याधर–मेरे अनुचर,
मेरे प्रसाद के लिए विनत-सिर उद्यत-कर;
मैं देता कुछ, रख अधिक, किन्तु जितने पेपर,
सम्मिलित कण्ठ से गाते मेरी कीर्ति अमर,
जीवन-चरित्र
लिख अग्रलेख अथवा, छापते विशाल चित्र।
इतना भी नहीं, लक्षपति का भी यदि कुमार
होता मैं, शिक्षा पाता अरब-समुद्र-पार,
देश की नीति के मेरे पिता परम पण्डित
एकाधिकार रखते भी धन पर, अविचल-चित
होते उग्रतर साम्यवादी, करते प्रचार,
चुनती जनता राष्ट्रपति उन्हें ही सुनिर्धार,
पैसे में दस राष्ट्रीय गीत रचकर उन पर
कुछ लोग बेचते गा-गा गर्दभ-मर्दन-स्वर,
हिन्दी-सम्मेलन भी न कभी पीछे को पग
रखता कि अटल साहित्य कहीं यह हो डगमग,
मैं पाता खबर तार से त्वरित समुद्र-पार
लार्ड के लाड़लों को देता दावत–विहार;
इस तरह खर्च केवल सहस्र षट मास मास
पूरा कर आता लौट योग्य निज पिता पास
वायुयान से, भारत पर रखता चरण-कमल,
पत्रों के प्रतिनिधि-दल में मच जाती हलचल,

दौड़ते सभी, कैमरा हाथ कहते सत्वर
निज अभिप्राय, मैं सभ्य मान जाता झुककर,
होता फिर खड़ा इधर को मुखकर कभी उधर,
बीसियों भाव की दृष्टि सतत नीचे ऊपर;
फिर देता दृढ़ सन्देश देश को मर्मान्तिक,
भाषा के बिना न रहती अन्य गन्ध प्रान्तिक,
जितने रूस के भाव, मैं कह जाता अस्थिर,
समझते विचक्षण ही जब वे छपते फिर-फिर,
फिर पिता संग
जनता की सेवा का व्रत मैं लेता अभंग,
करता प्रचार
मंच पर खड़ा हो, साम्यवाद इतना उदार!

तप तप मस्तक
हो गया, सान्ध्य नभ का रक्ताभ दिगन्त-फलक;
खोलीं आँखें आतुरता से, देखा, अमन्द
प्रेयसी के अलक से आती ज्यों स्निग्ध गन्ध,
'आया हूँ मैं तो यहाँ अकेला, रहा बैठ',
सोचा सत्वर,
देखा फिरकर, घिरकर हँसती उपवन-बेला
जीवन में भर :—
यह ताप, त्रास
मस्तक पर लेकर उठी अतल की अतुल साँस,
ज्यों सिद्धि परम
भेदकर कर्म-जीवन के दुस्तर क्लेश, सुषम
आई ऊपर,
जैसे पारकर क्षार सागर
अप्सरा सुघर
सिक्त-तन-केश शत लहरों पर
काँपती विश्व के चकित दृश्य के दर्शन-शर।

बोला मैं—'बेला, नहीं ध्यान
लोगों का जहाँ, खिली हो बनकर वन्य गान!
जब ताप प्रखर,

लघु प्याले में अतल की सुशीतलता ज्यों भर
तुम करा रही हो यह सुगन्ध की सुरा पान!'

लाज से नम्र हो, उठा, चला मैं और पास
सहसा बह चली सान्ध्य बेला की सुबातास,
झुक-झुक, तन-तन, फिर झूम-झूम, हँस-हँस, झकोर,
चिरपरिचित चितवन डाल, सहज मुखड़ा मरोर,
भर मुहुर्मुहुर् तन-गन्ध निकल बोली बेला—
'मैं देती हूँ सर्वस्व, छुओ मत, अवहेला
की अपनी स्थिति की जो तुमने, अपवित्र स्पर्श
हो गया तुम्हारा, रुको, दूर से करो दर्श।'

मैं रुका वहीं;
वह शिखा नवल
आलोक स्निग्ध भर दिखा गई पथ जो उज्ज्वल।
मैंने स्तुति की—'हे वन्य वह्नि की तन्वि नवल!
कविता में कहाँ खुले ऐसे दल दुग्ध धवल? —
यह अपल स्नेह,—
विश्व के प्रणयि-प्रणयिनियों-कर
हार-उर गेह? —
गति सहज मन्द
यह कहाँ—कहाँ वामालक चुम्बित पुलक-गन्ध?'

'केवल आपा खोया, खेला
इस जीवन में',
कह सिहरी तन में वन-बेला।
'कू—ऊ कू—ऊ' बोली कोयल अन्तिम सुख-स्वर,
'पी कहाँ' पपीहा-प्रिया मधुर विष गई छहर
उर, बढ़ा आयु
पल्लव-पल्लव को हिला हरित बह गई वायु,
लहरों में कम्प और लेकर उत्सुक सरिता
तैरी, देखतीं तमश्चरिता
छबि बेला की नभ की ताराएँ निरुपमिता,
शत - नयन - दृष्टि

विस्मय में भरकर रही विविध-आलोक-सृष्टि।
भाव में हरा मैं, देख मन्द हँस दी बेला,
बोली अस्फुट स्वर से, —"यह जीवन का मेला।
चमकता सुघर बाहरी वस्तुओं को लेकर,
त्यों-त्यों आत्मा की निधि पावन बनती पत्थर।
बिकती जो कौड़ी मोल
यहाँ होगी कोई इस निर्जन में,
खोजो, यदि हो समतोल
वहाँ कोई, विश्व के नगर-धन में।
है वहाँ मान,
इसलिए बड़ा है एक, शेष छोटे अजान;
पर ज्ञान जहाँ,
देखना—बड़े छोटे; असमान, समान वहाँ :—
सब सुहृद्वर्ग
उनकी आँखों की आभा से दिग्देश स्वर्ग।"

बोला मैं—'यही सत्य, सुन्दर!
नाचतीं वृन्त पर तुम, ऊपर
होता जब उपल-प्रहार प्रखर!
अपनी कविता
तुम रहो एक मेरे उर में
अपनी छबि में शुचि संचरिता।'

फिर उषःकाल
मैं गया टहलता हुआ, बेल की झुका डाल
तोड़ता फूल कोई ब्राह्मण;
"जाती हूँ मैं", बोली बेला,
"जीवन प्रिय के चरणों पर करने को अर्पण":—
देखती रही;
निस्वन, प्रभात की वायु बही।

(रचनाकाल : 11 जुलाई, 1937। 'सुधा', मासिक, लखनऊ, अगस्त, 1937, में प्रकाशित। द्वितीय **अनामिका** में संकलित)

हिन्दी के सुमनों के प्रति पत्र

मैं जीर्ण-साज बहु छिद्र आज,
तुम सुदल सुरंग सुवास सुमन
मैं हूँ केवल पदतल-आसन,
तुम सहज विराजे महाराज।

ईर्ष्या कुछ नहीं मुझे, यद्यपि
मैं ही वसन्त का अग्रदूत,
ब्राह्मण-समाज में ज्यों अछूत
मैं रहा आज यदि पार्श्वच्छवि।

तुम मध्य भाग के, महाभाग! –
तरु के उर के गौरव प्रशस्त।
मैं पढ़ा जा चुका पत्र, न्यस्त
तुम अलि के नव रस-रंगराग।

देखो, पर, क्या पाते तुम "फल"
देगा जो भिन्न स्वाद रस भर,
कर पार तुम्हारा भी अन्तर
निकलेगा जो तरु का सम्बल।

फल सर्वश्रेष्ठ नायाब चीज
या तुम बाँधकर रंगा धागा,
फल के भी उर का कटु त्यागा;
मेरा आलोचक एक बीज।

उक्ति

कुछ न हुआ, न हो।
मुझे विश्व का सुख, श्री, यदि केवल
पास तुम रहो!

मेरे नभ के बादल यदि न कटे—
चन्द्र रह गया ढका,
तिमिर रात को तिरकर यदि न अटे
लेश गगन-भास का,
रहेंगे अधर हँसते, पथ पर, तुम
हाथ यदि गहो।

बहु-रस साहित्य विपुल यदि न पढ़ा—
मन्द सबों ने कहा,
मेरा काव्यानुमान यदि न बढ़ा—
ज्ञान, जहाँ का रहा,
रहे, समझ है मुझमें पूरी, तुम
कथा यदि कहो।

मरण-दृश्य

कहा जो न, कहो!
नित्य-नूतन, प्राण, अपने
गान रच-रच दो!

विश्व सीमाहीन;
बाँधती जातीं मुझे कर-कर
व्यथा से दीन!
कह रही हो—"दुःख की विधि—
यह तुम्हें ला दी नई निधि,
विहग के वे पंख बदले,—
किया जल का मीन;
मुक्त अम्बर गया अब हो
जलधि जीवन को!"

सकल साभिप्राय;
समझ पाया था नहीं मैं,
थी तभी यह हाय!

दिए थे जो स्नेह-चुम्बन,
आज प्याले गरल के घन;
कह रही हो हँस—"पियो, प्रिय,
पियो, प्रिय, निरुपाय!
मुक्ति हूँ मैं, मृत्यु में
आई हुई, न डरो!"

मुक्ति

तोड़ो तोड़ो, तोड़ो कारा
पत्थर की, निकलो फिर,
गंगा-जल-धारा!
गृह-गृह की पार्वती!
पुनः सत्य-सुन्दर-शिव को सँवारती
उर-उर की बनो आरती!—
भ्रान्तों की निश्चल ध्रुवतारा।
तोड़ो, तोड़ो, तोड़ो कारा!

खुला आसमान

बहुत दिनों बाद खुला आसमान।
निकली है धूप, हुआ खुश जहान।

दिखीं दिशाएँ, झलके पेड़,
चरने को चले ढोर—गाय-भैंस-भेड़,
खेलने लगे लड़के छेड़-छेड़—
लड़कियाँ घरों को कर भासमान।

लोग गाँव-गाँव को चले,
कोई बाजार, कोई बरगद के पेड़ के तले
जाँघिया-लँगोटा ले सँभले,
तगड़े-तगड़े सीधे नौजवान।

पनघट में बड़ी भीड़ हो रही,
नहीं ख्याल आज कि भीगेगी चूनरी,
बातें करती हैं वे सब खड़ी,
चलते हैं नयनों के सधे बान।

(रचनाकाल : 6 जनवरी, 1938। द्वितीय **अनामिका** में संकलित)

वे किसान की नई बहू की आँखें

नहीं जानतीं जो अपने को खिली हुई
विश्व-विभव से मिली हुई,
नहीं जानतीं सम्राज्ञी अपने को,
नहीं कर सकीं सत्य कभी सपने को,
वे किसान की नई बहू की आँखें
ज्यों हरीतिमा में बैठे दो विहग बन्द कर पाँखें।

वे केवल निर्जन के दिशाकाश की,
प्रियतम के प्राणों के पास-हास की,
भीरु पकड़ जाने को हैं दुनिया के कर से
बढ़े क्यों न वह पुलकित हो कैसे भी वर से।

सहज

सहज-सहज पग धर आओ उतर;
देखें वे सभी तुम्हें पथ पर।

वह जो सिर बोझ लिए आ रहा,
वह जो बछड़े को नहला रहा,
वह जो इस-उससे बतला रहा,
देखूँ, वे तुम्हें देख जाते भी हैं ठहर?

उनके दिल की धड़कन से मिली
होगी तस्वीर जो कहीं खिली,
देखूँ मैं भी, वह कुछ भी हिली
तुम्हें देखने पर, भीतर-भीतर?

कालेज का बचुआ

जब से एफ.ए. फेल हुआ,
हमारा कालेज का बचुआ।

नाक दाबकर सम्पुट साधै,
महादेवजी को आराधै,
भंग छानकर रोज़ रात को
खाना मालपुआ।

वाल्मीकि को बाबा मानै,
नाना व्यासदेव को जानै,
चाचा महिषासुर को, दुर्गा
जी को सगी बुआ।

हिन्दी का लिक्खाड़ बड़ा वह,
जब देखो तब अड़ा पड़ा वह,
छायावाद रहस्यवाद के
भावों का बटुआ।

धीरे-धीरे रगड़-रगड़ कर
श्रीगणेश से झगड़-झगड़ कर,
नत्थाराम बन गया है अब
पहले का नथुआ।

हमारे कालेज का बचुआ।

(सम्भावित रचनाकाल : 1928-29 ई.। **असंकलित कविताएँ** में संकलित)

निरालाजी का एक बांग्ला पद्य-पत्र

लखनऊ
6 जनवरी, 1931

बन्धु हे–

भालोबासी, भालो बासियाछो,
नूतन किछुइ करो नाई;
आमि मने मने जपियाछी,
द्वारे तुमी आसियाछो ताई।
सहियाछी आमी जतो व्यथा
तोमाय बासिते गिया भालो,
तोमार हृदये उठियाछे
तेतोई होइया ताहा कालो।
आमी करि नाई कृपणता
तोमाय करिते सब दान
जानियाछी यदि ओ जीवने
मोर चेये तुमीइ महान।
तोमार नयने राखी आँखी
जीवनेर सुधा करि पान,

(1939-1949)

प्रेम-संगीत

बम्हन का लड़का
मैं उसको प्यार करता हूँ।
जात की कहारिन वह,
मेरे घर की है पनहारिन वह,
आती है होते तड़का,
उसके पीछे मैं मरता हूँ।
कोयल-सी काली, अरे,
चाल नहीं उसकी मतवाली,

ब्याह नहीं हुआ, तभी भड़का,
दिल मेरा, मैं आहें भरता हूँ।
रोज़ आकर जगाती है सबको,
मैं ही समझता हूँ इस ढब को,
ले जाती है मटका बड़का,
मैं देख-देखकर धीरज धरता हूँ।

(रचनाकाल : 22 फरवरी, 1939। पहले **कुकुरमुत्ता** में, फिर **नए पत्ते** में संकलित)

रानी और कानी

माँ उसको कहती है रानी
आदर से, जैसा है नाम;
लेकिन उसका उल्टा रूप,
चेचक के दाग़, काली, नक-चिप्टी,
गंजा-सर, एक आँख कानी।
रानी अब हो गई सयानी,
बीनती है, काँड़ती है, कूटती है, पीसती है,
डलियों के सीले अपने रूखे हाथों मीसती है,
घर बुहारती है, करकट फेंकती है,
और घड़ों भरती है पानी;
फिर भी माँ का दिल बैठा रहा,
एक चोर घर में पैठा रहा,
सोचती रहती है दिन-रात
कानी की शादी की बात,
मन मसोसकर वह रहती है
जब पड़ोस की कोई कहती है—
"औरत की ज़ात रानी,
ब्याह भला कैसे हो
कानी जो है वह!"
सुनकर कानी का दिल हिल गया,
काँपे कुल अंग,
दाईं आँख से
आँसू भी बह चले माँ के दुख से,

लेकिन वह बाईं आँख कानी
ज्यों-की-त्यों रह गई रखती निगरानी।

(रचनाकाल : 1939 ई.)

उन चरणों में मुझे दो शरण

उन चरणों में मुझे दो शरण।
इस जीवन को करो हे मरण।

बोलूँ अल्प, न करूँ जल्पना,
सत्य रहे, मिट जाए कल्पना,
मोह-निशा की स्नेह-गोद पर
सोए मेरा भरा जागरण।

आगे-पीछे दाएँ-बाएँ
जो आए थे वे हट जाएँ,
उठे सृष्टि से दृष्टि, सहज मैं
करूँ लोक-आलोक-सन्तरण।

बापू के प्रति

बापू, तुम मुर्गी खाते यदि,
तो क्या भजते होते तुमको
ऐरे-ग़ैरे नत्थू-ख़ैरे—?—
सर के बल खड़े हुए होते
हिन्दी के इतने लेखक-कवि,
बापू, तुम मुर्ग़ी खाते यदि?

बापू, तुम मुर्ग़ी खाते यदि,
तो लोकमान्य से क्या तुमने
लोहा भी कभी लिया होता?—
दक्खिन में हिन्दी चलवाकर

लखते हिन्दुस्तानी की छवि,
बापू, तुम मुर्ग़ी खाते यदि?

बापू, तुम मुर्ग़ी खाते यदि
तो क्या अवतार हुए होते
कुल-के-कुल कायथ-बनियों के?
दुनिया के सबसे बड़े पुरुष
आदम-भेड़ों के होते भी!
बापू, तुम मुर्ग़ी खाते यदि?

बापू, तुम मुर्ग़ी खाते यदि
तो क्या पटेल, राजन, टण्डन,
गोपालाचारी भी भजते? –
भजता होता तुमको मैं औ'
मेरी प्यारी अल्लारक्खी,
बापू, तुम मुर्ग़ी खाते यदि!

('विचार', साप्ताहिक, कलकत्ता, 14 जुलाई, 1940। **असंकलित कविताएँ** में संकलित)

मास्को डायेलाग्स

मेरे नए मित्र हैं श्रीयुत गिडवानीजी,
बहुत बड़े सोश्यलिस्ट,
''मास्को डायेलाग्स'' लेकर आए हैं मिलने।
मुस्कराकर कहा, ''यह मास्को डायेलाग्स है,
सुभाष बाबू ने इसे जेल में मँगाया था।
भेंट किया था मुझको जब थे पहाड़ पर।
'35 तक, मुश्किल से पिछड़े इस मुल्क में
दो प्रतियाँ आई थीं।''
फिर कहा, ''वक्त नहीं मिलता है,
बड़े भाई साहब का बँगला बन रहा है,
देखभाल करता हूँ।''
फिर कहा, ''मेरे समाज में बड़े-बड़े आदमी हैं,

एक-से हैं एक मूर्ख;
उनको फँसाना है,
ऐसे कोई साला एक धेला नहीं देने का।
उपन्यास लिखा है,
ज़रा देख दीजिए।
अगर कहीं छप जाए
तो प्रभाव पड़ जाए उल्लू के पट्ठों पर;
मनमाना रुपया फिर ले लूँ इन लोगों से;
नए किसी बँगले में एक प्रेस खोल दूँ;
आप भी वहाँ चलें,
चैन की बंसी बजे।''
देखा उपन्यास मैंने,
श्रीगणेश में मिला—
''पृय असनेहमयी स्यामा मुझे प्रैम है।''
इसको फिर रख दिया, देखा ''मास्को डायेलाग्स'';
देखा गिडवानी को।

(रचनाकाल : 1940 ई.। 'सुधा', मासिक, लखनऊ, अगस्त, 1940 में प्रकाशित ('मास्को-डायेलाग्स', शीर्षक से)। पहले **कुकुरमुत्ता** में, फिर **नए पत्ते** में संकलित)

आदरणीय प्रसादजी के प्रति

हिन्दी के जीवन हे, दूर गगन के द्रुततर
ज्योतिर्मय तारा-से उतरे तुम पृथ्वी पर;
अन्धकार कारा यह, बन्दी हुए मुक्तिधन,
भरने को प्रकाश करने को जनमन चेतन;
जीना सिखलाने को कर्मनिरत जीवन से,
मरना निर्भय मन्दहासमय महामरण से;
लोकसिद्ध व्यवहार ऋद्धि से दिखा गए तुम,
छोड़ा है छिड़ने पर सुघर कलामय कुंकुम;
उठा प्रसंग-प्रसंगान्तर रंग-रंग से रंगकर
तुम ने बना दिया है वानर को भी सुन्दर;
किया मूक को मुखर, लिया कुछ, दिया अधिकतर,

पिया गरल, पर किया जाति-साहित्य को अमर।
तुम बसन्त-से मृदु, सरसी के सुप्त सलिल पर
मन्द अनिल से उठा गए हो कम्प मनोहर,
कलियों में नर्तन, भौंरों में उन्मद गुंजन,
तरुण-तरुणियों में शतविध जीवन-व्रत-भुंजन,
स्वप्न एक आँखों में, मन में लक्ष्य एक स्थिर,
पार उतरने की संसृति में एक टेक चिर;
अपनी ही आँखों का तुम ने खींचा प्रभात,
अपनी ही नई उतारी सन्ध्या अलस-गात,
तारक-नयनों की अन्धकार-कुन्तला रात
आई, सुरसरि-जल-सिक्त मन्द-मृदु बही वात,
कितनी प्रिय बातों से वे रजनी-दिवस गए कट,
अन्तराल जीवन के कितने रहे, गए हट,
सहज सृजन से भरे लता-द्रुम किसलय-कलि-दल,
जगे जगत् के जड़ जल से वासन्तिक उत्पल,
पके खेत लहरे, सोना-ही-सोना चमका,
सुखी हुए सब लोग, देश में जीवन दमका,
हुआ प्रवर्तन, खुली तुम्हारी ही आँखों से
उड़ने लगे विहग ज्यों युवक मुक्त पाँखों से;
खोए हुए राह के, भूले हुए कभी के
बढ़े मुक्ति की ओर भाव पा अपने जी के।
फूटा ग्रीष्म तुम्हारे जीवन का, दिङ्मण्डल
तपा, चली लू, लपटें उठने लगीं, अमंगल
फैला, आहों से लोगों की पृथ्वी छाई,
बढ़ा त्रास, फिर अपलापों की बारी आई,
रहित बुद्धि से लोग असंयत हुए अनर्गल,
किन्तु नहीं तुम हिले, तुम्हारे उमड़े बादल,
गरजे सारा गगन घेर बिजली कड़काकर,
काँपे वे कापुरुष सभी अपने-अपने घर,
धारा झरझर झरी, घटा फिर-फिर घिर आई,
सौ-सौ छन्दों में फूटी रागिनी सुहायी
सावन की, निर्बल दबके दल-के-दल वे जन,
अपने घर में करते भला-बुरा आलोचन;
भरी तुम्हारी धरा हरित साड़ी पहने ज्यों

युवती देख रही हो नभ को नहीं जहाँ क्यों।

आई शरत तुम्हारी, आयत-पंकज-नयना,
हरसिंगार के पहन हार ज्योतिर्मय-अयना;
एक बार फिर से लोगों को सिन्धुस्नान कर
निकला हुआ दिखा काशी में इन्दु मनोहर—
विजय तुम्हारी, लिए हृदय में लांछन सुन्दर
अस्त हो गया कीर्ति तुम्हारी गा अविनश्वर।

हे चतुरंग, तुम्हारी विजयध्वजा धारण कर
खड़े सुमित्रानन्दन, देवी, मोहन, दिनकर,
माखनलाल, नवीन, भगवती, चन्द्र, आरसी,
कमल, प्रभात, सुभद्रा, अंचल, अज्ञेयशशी
कितने रवि, केसरी, कुमार, नरेन्द्र, रमा, ये
रामविलास, प्रदीप, जानकीवल्लभ जागे,
भिन्न रूप-रंग के, पर एक लक्ष्य के सक्षम
कितने और तुम्हारी करते पूर्ति मनोरम
गद्य-पद्य की, प्रतिभा की, साहित्य-समर की,
सुमन, विनोद, उग्र, पाठक, बेढब बनारसी,
नन्ददुलारे, चन्द्र प्रकाश कुँवर, शिवमंगल,
इलाचन्द्र, बच्चन, हृदयेश, सुमित्रा, निर्मल,
कोकिल, विनयकुमार, श्याम, शाखाल, मंजु, छवि
नीलकण्ठ, सर्वदानन्द, गिरिजा, गुलाब कवि,
शिवपूजन, गंगाप्रसाद, बलभद्र, अश्क, श्री
लली, उदयशंकर, द्विज, मुकुल, अरुण, सावित्री।
यौवन का हेमन्त तुम्हारा भर लहराया
एक छोर से अन्य छोर तक जीवन छाया,
गेहूँ की, अरहर की, जौ की, चने-मटर की
हरियाली-ही-हरियाली फैली, घर-घर की
खेती ज्वार-बाजरे की आई कट-कटकर,
सुखी हुए सब जन अपने-अपने सुन्दर घर
खुशियाँ लगे मनाने, हुआ हृदय में निश्चय—
बदले दिन जो रहे हमारे, अब हम निर्भय,—
बढ़े हुए जो, उनकी आँखों पर आँखें रख

बातचीत कर सकते हैं हम, अब कोई पख
लगा नहीं सकता, दीनता हमारी पहली
नहीं रही वह; पुरांगनाओं ने हँस कह ली
श्री की कथा, दीप से ज्योतित कर अन्तःपुर,
नम्र देखती मधुर, प्रकाशित करती-सी उर
अन्य जनों का, तरुणी पुस्तक पाठ में लगी
आदर करती-सी अतीत का, प्राण में जगी
वर्तमान की ओर बढ़ी।
अपने में निश्चल
युगप्रवर्तक, हुए शीत में व्याधि से विकल,
रहा साथ मैं नतमस्तक, सेवा को; अग्रज,
चले गए तुम धरा छोड़ गौरव-विजय ध्वज!

(रचनाकाल : 1940 ई.)

गर्म पकौड़ी

गर्म पकौड़ी—
ऐ गर्म पकौड़ी!
तेल की भुनी,
नमक-मिर्च की मिली,
ऐ गर्म पकौड़ी!
मेरी जीभ जल गई,
सिसकियाँ निकल रहीं,
लार की बूँदें कितनी टपकीं,
पर दाढ़ तले तुझे दबा ही रक्खा मैंने
कंजूस ने ज्यों कौड़ी।
पहले तूने मुझको खींचा,
दिल लेकर फिर कपड़े-सा फींचा,
अरी, तेरे लिए छोड़ी
बम्हन की पकाई
मैंने घी की कचौड़ी।

(रचनाकाल : 1940 ई.। पहले **कुकुरमुत्ता** में, फिर **नए पत्ते** मे संकलित)

मैं अकेला

मैं अकेला;
देखता हूँ, आ रही
मेरे दिवस की सान्ध्य वेला।

पके आधे बाल मेरे,
हुए निष्प्रभ गाल मेरे,
चाल मेरी मन्द होती आ रही,
हट रहा मेला।
जानता हूँ, नदी-झरने,
जो मुझे थे पार करने,
कर चुका हूँ, हँस रहा यह देख,
कोई नहीं भेला*।

* भेला—पुराने ढंग की नाव।

(रचनाकाल : 1940 ई.। **अणिमा** में संकलित)

कुकुरमुत्ता

(1)

एक थे नव्वाब,
फ़ारस के मँगाए थे गुलाब।
बड़ी बाड़ी में लगाए
देशी पौधे भी उगाए
रखे मा़ली कई नौकर
ग़ज़नवी का बाग़ मनहर
लग रहा था।
एक सपना जग रहा था
साँस पर तहजीब की,
गोद पर तरतीब की।
क्यारियाँ सुन्दर बनी
चमन में फैली घनी।

फूलों के पौधे वहाँ
लग रहे थे खुशनुमा।
बेला, गुलशब्बो, चमेली, कामिनी,
जुही, नरगिस, रातरानी, कमलिनी,
चम्पा, गुलमेहन्दी, गुलखैरू, गुलअब्बास,
गेंदा, गुलदाऊदी, निवाड़ी, गन्धराज,
और कितने फूल, फ़व्वारे कई,
रंग अनेकों—सुर्ख़, धानी, चम्पई,
आसमानी, सब्ज़, फ़ीरोज़ी, सफेद,
ज़र्द, बादामी, बसन्ती, सभी भेद।
फलों के भी पेड़ थे,
आम, लीची, सन्तरे और फालसे।
चटकती कलियाँ, निकलती मृदुल गन्ध,
गले लगकर हवा चलती मन्द-मन्द,
चहकते बुलबुल, मचलती टहनियाँ,
बाग़ चिड़ियों का बना था आशियाँ।
साफ़ राहें, सरो दोनों ओर,
दूर तक फैले हुए कुल छोर,
बीच में आरामगाह
दे रही थी बड़प्पन की थाह।
कहीं झरने, कहीं छोटी-सी पहाड़ी,
कहीं सुथरा चमन, नक़ली कहीं झाड़ी।

आया मौसिम, खिला फ़ारस का गुलाब,
बाग़ पर उसका पड़ा था रोबोदाब;
वहीं गन्दे में उगा देता हुआ बुत्ता
पहाड़ी से उठे-सर ऐंठकर बोला कुकुरमुत्ता—
"अबे, सुन बे, गुलाब,
भूल मत जो पाई खुशबू, रंगोआब,
ख़ून चूसा खाद का तूने अशिष्ट,
डाल पर इतराता है केपीटलिस्ट!
कितनों को तूने बनाया है गुलाम,
माली कर रक्खा, सहाया जाड़ा-घाम,
हाथ जिसके तू लगा,

पैर सर रखकर व' पीछे को भगा
औरत की जानिब मैदान यह छोड़कर,
तबेले को टट्टू जैसे तोड़कर,
शाहों, राजों, अमीरों का रहा प्यारा
तभी साधारणों से तू रहा न्यारा।
वरना क्या तेरी हस्ती है, पोच तू
काँटों ही से भरा है यह सोच तू
कली जो चटकी अभी
सूखकर काँटा हुई होती कभी।
रोज़ पड़ता रहा पानी,
तू हरामी ख़ानदानी।
चाहिए तुझको सदा मेहरुन्निसा
जो निकाले इत्र, रू, ऐसी दिशा
बहाकर ले चले लोगों को, नहीं कोई किनारा
जहाँ अपना नहीं कोई भी सहारा
ख़्वाब में डूबा चमकता हो सितारा
पेट में डण्ड पेले हों चूहे, ज़बाँ पर लफ्ज़ प्यारा।

देख मुझको, मैं बढ़ा
डेढ़ बालिश्त और ऊँचे पर चढ़ा
और अपने से उगा मैं
बिना दाने का चुगा मैं
क़लम मेरा नहीं लगता
मेरा जीवन आप जगता
तू है नक़ली, मैं हूँ मौलिक
तू है बकरा, मैं हूँ कौलिक
तू रंगा और मैं धुला
पानी मैं, तू बुल्बुला
तूने दुनिया को बिगाड़ा
मैंने गिरते से उभाड़ा
तूने रोटी छीन ली ज़नखा बनाकर
एक की दीं तीन मैंने गुन सुनाकर।

काम मुझ ही से सधा है

शेर भी मुझसे गधा है।
चीन में मेरी नक़ल, छाता बना
छत्र भारत का वही, कैसा तना
सब जगह तू देख ले
आज का फिर रूप पैराशूट ले।
विष्णु का मैं ही सुदर्शनचक्र हूँ।
काम दुनिया में पड़ा ज्यों, वक्र हूँ।
उलट दे, मैं ही जसोदा की मथानी
और भी लम्बी कहानी–
सामने ला, कर मुझे बेंड़ा
देख कैंड़ा
तीर से खींचा धनुष मैं राम का।
काम का–
पड़ा कन्धे पर हूँ हल बलराम का।
सुबह का सूरज हूँ मैं ही
चाँद मैं ही शाम का।
कलजुगी मैं ढाल
नाव का मैं तला नीचे और ऊपर पाल।
मैं ही डाँड़ी से लगा पल्ला
सारी दुनिया तोलती ग़ल्ला
मुझसे मूँछें, मुझसे क़ल्ला
मेरे लल्लू, मेरे लल्ला
कहे रुपया या अधन्ना
हो बनारस या न्यवन्ना
रूप मेरा, मैं चमकता
गोला मेरा ही बमकता।
लगाता हूँ पार मैं ही
डुबाता मझदार मैं ही।
डब्बे का मैं ही नमूना
पान मैं ही, मैं ही चूना।
मैं कुकुरमुत्ता हूँ,
पर बेन्ज़ाइन (Bengoin) वैसे
बने दर्शनशास्त्र जैसे।
ओमूफलस (Omphalos) और ब्रह्मावर्त

वैसे ही दुनिया के गोले और पर्त
जैसे सिकुड़न और साड़ी,
ज्यों सफाई और माड़ी।
कास्मोपालीटन् और मेट्रोपालीटन्
जैसे फ्रायड् और लीटन्।
फ़ेलसी और फ़लसफा
ज़रूरत और हो रफ़ा।
सरसता में फ़्राड्
केपीटल् में जैसे लेनिनग्राड।
सच समझ जैसे रक़ीब
लेखकों में लण्ठ जैसे .खुशनसीब।

मैं डबल जब, बना डमरू
इकबग़ल, तब बना वीणा।
मन्द्र होकर कभी निकला
कभी बनकर ध्वनि क्षीणा।
मैं पुरुष और मैं ही अबला।
मैं मृदंग और मैं ही तबला।
चुन्ने ख़ाँ के हाथ का मैं ही सितार
दिगम्बर का तानपूरा, हसीना का सुरबहार।
मैं ही लायर, लीरिक मुझसे ही बने
संस्कृत, फ़ारसी, अरबी, ग्रीक, लैटिन के जने
मन्त्र, ग़ज़लें, गीत मुझसे ही हुए शैदा
जीते हैं, फिर मरते हैं, फिर होते हैं पैदा।
वायलिन मुझसे बजा
बेन्जो मुझसे सज़ा।
घण्टा, घण्टी, ढोल, डफ, घड़ियाल,
शंख, तुरही, मजीरे, करताल,
कारनेट्, क्लेरीअनेट्, ड्रम, फ़्लूट, गीटर,
बजानेवाले हसन ख़ाँ, बुद्धू, पीटर,
मानते हैं सब मुझे ये बाँए से,
जानते हैं दाँए से।

ताताधिन्ना चलती है जितनी तरह

देख, सब में लगी है मेरी गिरह।
नाच में यह मेरा ही जीवन खुला
पैरों से मैं ही तुला।
कत्थक हो या कथकली या बालडान्स,
क्लियोपेट्रा, कमल-भौंरा, कोई रोमांस
बहेलिया हो, मोर हो, मणिपुरी, गरबा,
पैर, माझा, हाथ, गरदन, भौंहें मटका
नाच अफ़्रीकन हो या यूरोपीयन,
सब में मेरी ही गढ़न।
किसी भी तरह का हावभाव,
मेरा ही रहता है, सबमें ताव।
मैंने बदले पैंतरे,
जहाँ भी शासक लड़े।
पर हैं प्रोलेटेरियन झगड़े जहाँ,
मियाँ-बीवी के, क्या कहना है वहाँ।
नाचता है सूदख़ोर जहाँ कहीं ब्याज डुचता,
नाच मेरा क्लाईमेक्स को पहुँचता।
नहीं मेरे हाड़; काँटे, काठ या,
नहीं मेरा बदन आठोगाँठ का।
रस-ही-रस मैं हो रहा
सफ़ेदी को जहन्नम रोकर रहा।
दुनिया में सबने मुझी से रस चुराया,
रस में मैं डूबा-उतराया।
मुझी में ग़ोते लगाए वाल्मीकि-व्यास ने
मुझी से पोथे निकाले भास-कालिदास ने।
टुकुर-टुकुर देखा किए मेरे ही किनारे खड़े
हाफ़िज़-रवीन्द्र जैसे विश्वकवि बड़े-बड़े।
कहीं का रोड़ा, कहीं का पत्थर
टी.एस. एलीयट ने जैसे दे मारा
पढ़नेवालों ने भी जिगर पर रखकर
हाथ, कहा, 'लिख दिया जहाँ सारा'।
ज़्यादा देखने को आँख दबाकर
शाम को किसी ने जैसे देखा तारा।
जैसे प्रोग्रेसीव का क़लम लेते ही

रोका नहीं रुकता जोश का पारा।
यहीं से यह कुल हुआ
जैसे अम्मा से बुआ।
मेरी सूरत के नमूने पीरामीड्
मेरा चेला था यूक्लीड्।
रामेश्वर, मीनाक्षी, भुवनेश्वर,
जगन्नाथ, जितने मन्दिर सुन्दर
मैं ही सबका जनक
जेवर जैसे कनक।
हो क़ुतुबमीनार,
ताज, आगरा या फ़ोर्ट चुनार,
विक्टोरिया मेमोरियल, कलकत्ता,
मस्जिद, बगदाद, जुम्मा, अलबत्ता
सेण्ट पीटर्स गिरजा हो या घण्टाघर,
गुम्बदों में, गढ़न में मेरी मुहर।
एरियन हो, पर्शियन या गाथिक आर्च
पड़ती है मेरी ही टार्च।
पहले के हों, बीच के या आज के
चेहरे से पिद्दी के हों या बाज़ के।
चीन के फ़ारस के या जापान के
अमरिका के, रूस के, इटली के, इंगलिस्तान के।
ईंट के, पत्थर के हों या लकड़ी के
कहीं की भी मकड़ी के।
बुने जाले जैसे मकाँ कुल मेरे
छत्ते के हैं घेरे।

सर सभी का फाँसनेवाला हूँ ट्रेप
टर्की टोपी, दुपलिया या किश्ती-केप।
और जितने, लगा जिनमें स्ट्रा या मेट,
देख, मेरी नक़्ल है अंगरेज़ी हेट।
घूमता हूँ सर चढ़ा,
तू नहीं, मैं ही बड़ा।"

(2)

बाग़ के बाहर पड़े थे झोंपड़े
दूर से जो दिख रहे थे अधगड़े।
जगह गन्दी, रुका, सड़ता हुआ पानी
मोरियों में; ज़िन्दगी की लन्तरानी—
बिलबिलाते कीड़े, बिखरी हड्डियाँ
सेलरों की, परों की थीं गड्डियाँ
कहीं मुर्ग़ी, कहीं अण्डे,
धूप खाते हुए कण्डे।
हवा बदबू से मिली
हर तरह की बासीली पड़ गयी।
रहते थे नव्वाब के ख़ादिम
अफ्रीका के आदमी आदिम—
खानसामाँ, बावर्ची और चोबदार;
सिपाही, साईस, भिश्ती, घुड़सवार,
तामजानवाले कुछ देशी कहार,
नाई, धोबी, तेली, तम्बोली, कुम्हार,
फ़ीलवान, ऊँटवान, गाड़ीवान
एक खासा हिन्दु-मुस्लिम ख़ानदान।
एक ही रस्सी से क़िस्मत की बँधा
काटता था ज़िन्दगी गिरता-सधा।
बच्चे, बुड्ढे, औरतें और नौजवान
रहते थे उस बस्ती में, कुछ बाग़बान
पेट के मारे वहाँ पर आ बसे,
साथ उनके रहे, रोए और हँसे।

एक मालिन
बीबी मोना माली की थी बंगालिन;
लड़की उसकी, नाम गोली
वह नव्वाबज़ादी की थी हमजोली।
नाम था नव्वाबज़ादी का बहार
नज़रों में सारा जहाँ फ़र्माबरदार।
सारंगी जैसी चढ़ी
पोएट्री में बोलती थी

प्रोज़' में बिल्कुल अड़ी।
गोली की माँ बंगालिन, बहुत शिष्ट
पोयट्री की स्पेशलिस्ट।
बातों जैसे मजती थी
सारंगी वह बजती थी।
सुनकर राग, सरगम, तान
खिलती थी बहार की जान।
गोली की माँ सोचती थी–
　　　　गुरु मिला,
बिना पकड़े खींचे कान
देखादेखी बोली में
माँ की अदा सीखी नन्ही गोली ने।
इसलिए बहार वहाँ बारहोमास
डटी रही गोली की माँ के
　　　　कभी गोली के पास।
सुब्हो-शाम दोनों वक़्त जाती थी
खुशामद से तनतनाई आती थी।
गोली डाँडी पर पासंगवाली कौड़ी
स्टीमबोट की डोंगी, फिरती दौड़ी।
पर कहेंगे–
'साथ-ही-साथ वहाँ दोनों रहती थीं
अपनी-अपनी कहती थीं।
दोनों के दिल मिले थे
तारे खुले-खिले थे।
हाथ पकड़े घूमती थीं
खिलखिलाती झूमती थीं।
इक पर इक करती थीं चोट
हँसकर होतीं लोटपोट।
सात का दोनों का सिन
खुशी से कटते थे दिन।'
महल में भी गोली जाया करती थी
जैसे यहाँ बहार आया करती थी।

एक दिन हँसकर बहार यह बोली–

''चलो, बाग़ घूम आएँ हम, गोली।''
दोनों चलीं, जैसे धूप, और छाँह
गोली के गले पड़ी बहार की बाँह।
साथ टेरियर और एक नौकरानी।
सामने कुछ औरतें भरती थीं पानी
सिटपिटायी जैसे अड़गड़े में देखा मर्द को
बाबू ने देखा हो उठती गर्द को।
निकल जाने पर बहार के, बोली
पहली दूसरी से, ''देखो, वह गोली
मोना बंगाली की लड़की।
भैंस भड़की,
ऐसी उसकी माँ की सूरत
मगर है नव्वाब की आँखों में मूरत।
रोज़ जाती है महल को, जगे भाग
आँख का जब उतरा पानी, लगे आग,
रोज ढोया आ रहा है माल-असबाब
बन रहे हैं गहने-ज़ेवर
पकता है क़लिया-कबाब।''
झटके से सिर-काँख पर फिर लिए घड़े
चली ठनकाती कड़े।
बाग़ में आई बहार
चम्पे की लम्बी क़तार
देखती बढ़ती गई
फूल पर अड़ती गई।
मौलसिरी की छाँह में
कुछ देर बैठी बेंच पर
फिर निगाह डाली एक रेंज पर
देखा फिर कुछ उड़ रही थीं तितलियाँ
डालों पर, कितनी चहकती थीं चिड़ियाँ।
भौंरे गूँजते, हुए मतवाले-से
उड़ गया इक मकड़ी के फँसकर बड़े-से जाले से।
फिर निगाह उठायी आसमान की ओर
देखती रही कि कितनी दूर तक छोर।
देखा, उठ रही थी धूप—

पड़ती फुनगियों पर, चमचमाया रूप।
पेड़ जैसे शाह इक-से-इक बड़े
ताज पहने, हैं खड़े।
आया माली, हाथ गुलदस्ते लिए
गुलबहार को दिए।
गोली को इक गुलदस्ता
सूँघकर हँसकर बहार ने दिया।
ज़रा बैठकर उठी, तिरछी गली
होती कुंज को चली!
देखी फ़ारांसीसी लिली
और गुलबकावली।
फिर गुलाबजामुन का बाग़ छोड़ा
तूतों के पेड़ों से बाएँ मुँह मोड़ा।
एक बगल की झाड़ी
बढ़ी जिधर थी बड़ी गुलाबबाड़ी।
देखा, खिल रहे थे बड़े-बड़े फूल
लहराया जी का सागर अकूल।
दुम हिलाता भागा टेरियर कुत्ता।
जैसे दौड़ी गोली चिल्लाती हुई 'कुकुरमुत्ता'।

सकपकाई, बहार देखने लगी
जैसे कुकुरमुत्ते के प्रेम से भरी गोली दगी।
भूल गई, उसका था गुलाब पर जो कुछ भी प्यार
सिर्फ़ वह गोली को देखती रही निगाह की धार।
टूटी गोली जैसे बिल्ली देखकर अपना शिकार
तोड़कर कुकुरमुत्तों को होती थी उनपे निसार।
बहुत उगे थे तब तक
उसने कुल अपने आँचल में
        तोड़कर रखे अब तक।
घूमी प्यार से
मुसकराती देखकर बोली बहार से—
''देखो जी भरकर गुलाब
हम खाएँगे कुकुरमुत्ते का कबाब।''
कुकुरमुत्ते की कहानी

सुनी उससे, जीभ में बहार की आया पानी।
पूछा "क्या इसका कबाब
होगा ऐसा भी लज़ीज़?
जितनी भाजियाँ दुनिया में
इसके सामने नाचीज़?"
गोली बोली—"जैसी ख़ुशबू
इसका वैसा ही सवाद,
खाते-खाते हर एक को
आ जाती है बिहिश्त की याद
सच समझ लो, इसका क़लिया
तेल का भूना कबाब,
भाजियों में वैसा
जैसा आदमियों में नव्वाब।"

"नहीं ऐसा कहते री मालिन की
छोकड़ी बंगालिन की!"
डाँटा नौकरानी ने—
चढ़ी-आँख कानी ने।
लेकिन यह, कुछ एक घूँट लार के
जा चुके थे पेट में तब तक बहार के।
"नहीं-नहीं, अगर इसको कुछ कहा"
पलटकर बहार ने उसे डाँटा—
"कुकुरमुत्ते का कबाब खाना है,
इसके साथ यहाँ जाना है।"
"बता, गोली" पूछा उसने,
"कुकुरमुत्ते का कबाब
वैसी ख़ुशबू देता है
जैसी कि देता है गुलाब!"
गोली ने बनाया मुँह
बाएँ घूमकर फिर एक छोटी-सी निकाली "ऊँह!"
कहा, "बकरा हो या दुम्बा
मुर्ग़ या कोई परिन्दा
इसके सामने सब छूः
सबसे बढ़कर इसकी ख़ुशबू।

भरता है गुलाब पानी
इसके आगे मरती है इन सबकी नानी।''
चाव से गोली चली
बहार उसके पीछे हो ली,
उसके पीछे टेरियर, फिर नौकरानी
पोंछती जो आँख कानी।

चली गोली आगे जैसे डिक्टेटर
बहार उसके पीछे जैसे भुक्खड़ फ़ालोवर।
उसके पीछे दुम हिलाता टेरियर–
आधुनिक पोयेट (Poet)
पीछे बाँदी बचत की सोचती
केपीटलिस्ट क्वेट।
झोंपड़ी में जल्द चलकर गोली आई
ज़ोर से 'माँ' चिल्लाई।
माँ ने दरवाज़ा खोला,
आँखों से सबको तोला।
भीतर आ डलिए में रक्खे
गोली ने वे कुकुरमुत्ते।
देखकर माँ खिल गई,
निधि जैसे मिल गई।
कहा गोली ने ''अम्मा,
क़लिया-कबाब जल्द बना।
पकाना मसालेदार
अच्छा, खाएँगी बहार।
पतली-पतली चपातियाँ
उनके लिए सेंक लेना।''
जला ज्यों ही उधर चूल्हा,
खेलने लगीं दोनों दूल्हन-दूल्हा।
कोठरी में अलग चलकर
बाँदी की कानी को छलकर।
टेरियर था बराती
आज का गोली का साथी।
हो गई शादी की फिर दूल्हन-बहार से।

दूल्हा-गोली बातें करने लगी प्यार से।
इस तरह कुछ वक़्त बीता, खाना तैयार
हो गया, खाने चलीं गोली और बहार।
कैसे कहें भाव जो माँ की आँखों से बरसे
थाली लगाई बड़े समादर से।
खाते ही बहार ने यह फ़रमाया,
''ऐसा खाना आज तक नहीं खाया।''
शौक़ से लेकर सवाद
खाती रहीं दोनों
कुकुरमुत्ते का क़लिया-कबाब।
बाँदी को भी थोड़ा-सा
गोली की माँ ने कबाब परोसा।
अच्छा लगा, थोड़ा-सा क़लिया भी
बाद को ला दिया,
हाथ धुलाकर देकर पान उसको बिदा किया।

कुकुरमुत्ते की कहानी
सुनी जब बहार से
नव्वाब के मुँह आया पानी।
बाँदी से की पूछताछ,
उनको हो गया विश्वास।
माली को बुला भेजा,
कहा, ''कुकुरमुत्ता चलकर ले आ तू ताज़ा-ताज़ा।''
माली ने कहा, ''हुज़ूर,
कुकुरमुत्ता अब नहीं रहा है, अर्ज़ हो मंजूर,
रहे हैं अब सिर्फ गुलाब।''
गुस्सा आया, काँपने लगे नव्वाब।
बोले, ''चल, गुलाब जहाँ थे, उगा,
सबके साथ हम भी चाहते हैं अब कुकुरमुत्ता।''
बोला माली, ''फ़रमाएँ मआफ़ ख़ता,
कुकुरमुत्ता अब उगाया नहीं उगता।''

(रचनाकाल : 3 अप्रैल, 1941। 'हंस', मासिक, बनारस, मई, 1941, और 'तरुण', मासिक, इलाहाबाद, जुलाई, 1941, में आरम्भिक अंश प्रकाशित। पहले **कुकुरमुत्ता** में संकलित, फिर 1948 ई. में संशोधन के साथ स्वतन्त्र रूप में प्रकाशित)

स्नेह-निर्झर बह गया है

स्नेह-निर्झर बह गया है।
रेत ज्यों तन रह गया है।

आम की यह डाल जो सूखी दिखी,
कह रही है–"अब यहाँ पिक या शिखी
नहीं आते, पंक्ति मैं वह हूँ लिखी
नहीं जिसका अर्थ–
जीवन दह गया है।"

"दिए हैं मैंने जगत् को फूल-फल,
किया है अपनी प्रभा से चकित-चल;
पर अनश्वर था सकल पल्लवित पल–
ठाट जीवन का वही
जो ढह गया है।"

अब नहीं आती पुलिन पर प्रियतमा,
श्याम तृण पर बैठने को, निरुपमा।
बह रही है हृदय पर केवल अमा;
मैं अलक्षित हूँ, यही
कवि कह गया है।

(रचनाकाल : 1942 ई.। **अणिमा** में संकलित)

पाँचक

दीठ बँधी, अँधेरा उजाला हुआ,
सेंधों का ढेला, शकरपाला हुआ ॥ 1 ॥
अपनी राह लगे, नेता काम आया,
हाथ मुहर है, मगर छदाम आया ॥ 2 ॥
आदमी हमारा तभी हारा है,
दूसरे के हाथ जब उतारा है ॥ 3 ॥

राह का लगान ग़ैर ने दिया,
यानी रास्ता हमारा बन्द किया ॥ 4 ॥
माल हाट में है और भाव नहीं,
जैसे लड़ने को खड़े, दाव नहीं ॥ 5 ॥

('हंस', मासिक, बनारस, जनवरी-फरवरी (संयुक्तांक) 1944। **नए पत्ते** में संकलित)

लू के झोंकों...

लू के झोंकों झुलसे हुए थे जो,
भरा दौंगरा उन्हीं पर गिरा।
उन्हीं बीजों के नए पर लगे,
उन्हीं पौधों से नया रस झिरा।

उन्हीं खेतों पर नए इल चले,
उन्हीं माथों पर नए बल पड़े,
उन्हीं पेड़ों पर नए फल फले,
जवानी फिरी जो पानी फिरा।

पुरवा हवा कीं नमी बढ़ी,
जुही के जहाँ की लड़ी कढ़ी,
सविता ने क्या कविता पढ़ी,
बदला है बादल से सिरा।

जग के अपावन धुल गए,
ढेले गड़नेवाले थे घुल गए,
समता के दृग दोनों तुल गए,
तपता गगन घन से घिरा।

(**बेला** में संकलित)

बदलीं जो उनकी आँखें...

बदलीं जो उनकी आँखें, इरादा बदल गया।
गुल जैसे चमचमाया कि बुलबुल मसल गया।

यह टहनी से हवा की छेड़छाड़ थी, मगर
खिलकर सुगन्ध से किसी का दिल बहल गया।

ख़ामोश फ़तह पाने को रोका नहीं रुका,
मुश्किल मुकाम, ज़िन्दगी का जब सहल गया।

मैंने कला की पाटी ली है शेर के लिए,
दुनिया के गोलन्दाजों को देखा, दहल गया।

(बेला में संकलित)

काले-काले बादल छाए...

काले-काले बादल छाए, न आए वीर जवाहरलाल।
कैसे-कैसे नाग मँडलाए, न आए वीर जवाहरलाल,

बिजली फन के मन की कौंधी, कर दी सीधी खोपड़ी औंधी,
सर पर सरसर करते धाए, न आए वीर जवाहरलाल।

पुरवाई की हैं फुफकारें, छम-छम ये विष की बौछारें,
हम हैं जैसे गुफा में समाये, न आये वीर जवाहरलाल।

महँगाई की बाढ़ बढ़ आई, गाँठ की छूटी गाढ़ी कमाई,
भूखे-नंगे खड़े शरमाए, न आए वीर जवाहरलाल।

कैसे हम बच पाएँ निहत्थे, बहते गए हमारे जत्थे,
राह देखते हैं भरमाए, न आए वीर जवाहरलाल।

(सम्भावित रचनाकाल : 18 जून, 1945। बेला में संकलित)

बाहर मैं कर दिया गया हूँ।...

बाहर मैं कर दिया गया हूँ। भीतर, पर, भर दिया गया हूँ।

ऊपर वह बर्फ गली है, नीचे यह नदी चली है;
सख्त तने के ऊपर नर्म कली है;
इसी तरह हर दिया गया हूँ। बाहर मैं कर दिया गया हूँ।

आँखों पर पानी है लाज का, राग बजा अलग-अलग साज़ का;
भेद खुला सविता के किरण-ब्याज का;
तभी सहज वर दिया गया हूँ। बाहर मैं कर दिया गया हूँ।

भीतर, बाहर; बाहर भीतर; देखा जब से, हुआ अनश्वर;
माया का साधन यह सस्वर;
ऐसे ही घर दिया गया हूँ। बाहर मैं कर दिया गया हूँ।

(बेला में संकलित)

तू कभी न ले दूसरी आड़

तू कभी न ले दूसरी आड़,
शत्रु को समर जीते पछाड़।

सैकड़ों फलेंगे फूलेंगे,
जीवन ही जीवन भर देंगे,
झरने फूटेंगे उबलेंगे,
नर अगर कहीं तू बन पहाड़।

तेरी ही चोटी पर चढ़कर
देखेंगे लोग दृश्य सुन्दर,
उतरेंगे रवि-शशि के शुचि कर,
नीचे से ऊँचा सर उभाड़।

हिम का किरीट होगा उज्ज्वल,
बदलेंगे रंग-पीठ प्रतिफल,
जल होगा जीवन का सम्बल,
पदतल शत सिंहों की दहाड़।

(बेला में संकलित)

जल्द-जल्द पैर बढ़ाओ...

जल्द-जल्द पैर बढ़ाओ, आओ, आओ।

आज अमीरों की हवेली
किसानों की होगी पाठशाला,
धोबी, पासी, चमार, तेली
खोलेंगे अँधेरे का ताला,
एक पाठ पढ़ेंगे, टाट बिछाओ।

यहाँ जहाँ सेठ जी बैठे थे
बनिये की आँख दिखाते हुए,
उनके ऐंठाये ऐंठे थे
धोखे पर धोखा खाते हुए,
बैंक किसानों का खुलाओ।
सारी सम्पत्ति देश की हो,
सारी आपत्ति देश की बने,
जनता जातीय वेश की हो,
वाद से विवाद यह ठने,
काँटा काँटे से कढ़ाओ।

(बेला में संकलित)

थोड़ों के पेटे में बहुतों को आना पड़ा

धूहों और गुफाओं और पत्थरों के घरों से
आजकल के शहरों तक, दुनिया ने चोली बदली।
बिजली और तार और भाप और वायुयान
उसके वाहन हुए।
जान खींची खानों से
कल और कारख़ानों से।
रामराज के पहले के दिन आए।
बानिज के राज ने लक्ष्मी को हर लिया।
टापू में ले चलकर रखा और क़ैद किया।
एक का डंका बजा,
बहुतों की आँख झपी।
लहलही धरती पर रेगिस्तान जैसा तपा।
जोत में जल छिपा,
धोखा छिपा, छल छिपा।
बदले दिमाग़ बढ़े,
ग़ोल बाँधे, घेरे डाले,
अपना मतलब गाँठा,
फिर आँखें फेर लीं।
जाल भी ऐसा चला।
कि थोड़ों के पेटे में बहुतों को आना पड़ा।

(नए पत्ते में संकलित)

राजे ने अपनी रखवाली की

राजे ने अपनी रखवाली की;
किला बनाकर रहा;
बड़ी-बड़ी फ़ौजें रखीं।
चापलूस कितने सामन्त आए।
मतलब की लकड़ी पकड़े हुए।
कितने ब्राह्मण आए

पोथियों में जनता को बाँधे हुए।
कवियों ने उसकी बहादुरी के गीत गाए,
लेखकों ने लेख लिखे,
ऐतिहासिकों ने इतिहासों के पन्ने भरे,
नाट्यकलाकारों ने कितने नाटक रचे,
रंगमंच पर खेले।
जनता पर जादू चला राजे के समाज का।
लोक-नारियों के लिए रानियाँ आदर्श हुईं।
धर्म का बढ़ावा रहा धोखे से भरा हुआ।
लोहा बजा धर्म पर, सभ्यता के नाम पर।
खून की नदी बही।
आँख-कान मूँदकर जनता ने डुबकियाँ लीं।
आँख खुली—राजे ने अपनी रखवाली की।

(नए पत्ते में संकलित)

दग़ा की

चेहरा पीला पड़ा।
रीढ़ झुकी। हाथ जोड़े।
आँख का अँधेरा बढ़ा।
सैकड़ों सदियाँ गुज़रीं।
बड़े-बड़े ऋषि आए, मुनि आए, कवि आए,
तरह-तरह की वाणी जनता को दे गए।
किसी ने कहा कि एक तीन हैं,
किसी ने कहा कि तीन-तीन हैं।
किसी ने नसें टोईं, किसी ने कमल देखे।
किसी ने विहार किया, किसी ने अँगूठे चूमे।
लोगों ने कहा कि धन्य हो गए।
मगर खँजड़ी न गई।
मृदंग तबला हुआ,
वीणा सुर-बहार हुई।
आज पियानो के गीत सुनते हैं।
पौ फटी।

किरनों का जाल फैला।
दिशाओं के होंठ रंगे
दिन में, वेश्याएँ जैसे रात में।
दग़ा की इस सभ्यता ने दग़ा की।

(नए पत्ते में संकलित)

चर्ख़ा चला

वेदों का चर्ख़ा चला,
सदियाँ गुज़रीं।
लोग-बाग बसने लगे,
फिर भी चलते रहे।
गुफ़ाओं से घर उठाए।
ऊँचे से नीचे उतरे।
भेड़ों से गायें रखीं।
जंगल से बाग़ और उपवन तैयार किए।
खुली जबाँ बँधने लगी।
वैदिक से सँवर-दी भाषा संस्कृत हुई।
नियम बने, शुद्ध रूप लाए गए,
अथवा जंगली सभ्य हुए वेशवास से।
कड़े कोस ऐसे कटे।
खोज हुई, सुख के साधन बढ़े—
जैसे उबटन से साबुन।

वेदों के बाद जाति चार भागों में बँटी,
यही रामराज है।
वाल्मीकि ने पहले वेदों की लीक छोड़ी,
छन्दों में गीत रचे, मन्त्रों को छोड़कर,
मानव को मान दिया,
धरती की प्यारी लड़की सीता के गाने गाए।
कली ज्योति में खिली
मिट्टी से चढ़ती हुई।

"वर्जिन स्वैल", "गूड अर्थ", अब के परिणाम हैं।
कृष्ण ने भी ज़मीं पकड़ी,
इन्द्र की पूजा की जगह
गोवर्धन को पुजाया;
मानवों को, गायों और बैलों को मान दिया।

हल को बलदेव ने हथियार बनाया,
कन्धे पर डाले फिरे।
खेती हरी-भरी हुई।
यहाँ तक पहुँचते अभी दुनिया को देर है।

(नए पत्ते में संकलित)

महगू महगा रहा

आजकल पण्डितजी देश में बिराजते हैं।
माताजी को स्वीज़रलैण्ड के अस्पताल,
तपेदिक़ के इलाज के लिए छोड़ा है।
बड़े भारी नेता हैं।
कुइरीपुर गाँव में व्याख्यान देने को
आए हैं मोटर पर
लण्डन के ग्रैज्युएट,
एम.ए. और बैरिस्टर,
बड़े बाप के बेटे,
बीसियों भी पर्तों के अन्दर, खुले हुए।
एक-एक पर्त बड़े-बड़े विलायती लोग।
देश की भी बड़ी-बड़ी थातियाँ लिए हुए।
राजों के बाजू पकड़, बाप की वकालत से;
कुर्सी रखनेवाले अनुल्लंघ्य विद्या से
देशी जनों के बीच;
लेंड़ी ज़मींदारों को आँखों तले रक्खे हुए;
मिलों के मुनाफ़े खानेवालों के अभिन्न मित्र;
देश के किसानों, मज़दूरों के भी अपने सगे

विलायती राष्ट्र से समझौते के लिए।
गले का चढ़ाव बोर्झुआज़ी का नहीं गया।
धाक, रूस के बल से ढीली भी, जमी हुई;
आँख पर वही पानी;
स्वर पर वही सँबार।
गाँव के अधिक जन कुली या किसान हैं;
कुछ पुराने परजे जैसे धोबी, तेली, बढ़ई,
नाई, लोहार, बारी, तरकिहार, चुड़िहार,
बेहना, कुम्हार, डोम, कुइरी, पासी, चमार,
गंगापुत्र, पुरोहित, महाब्राह्मण, चौकीदार;
कामकाज, दीवाली-जैसे परबों के दिन
मनों ले जानेवाले पिछली परिपाटी से;
हुए, मरे, ब्याह में दीवाला लाते हुए
ज़मींदार के वाहन।
बाक़ी परदेश में कौड़ियों के नौकर हैं
महाजनों के दबैल,
स्वत्व बेचकर विदेशी माल बेचनेवाले;
शहरों के सभासद।
ऐसे ही प्रकार के प्राकार से घिरे
लोगों में भाषण है।
जब भी अफ़ीम, भाँग, गाँजा, चरस, चण्डू, चाय,
देशी और विलायती तरह-तरह की शराब
चलती है मुल्क में,
फिर भी आज़ादी की हाँक का नशा बड़ा;
लोगों पर चढ़ता है।
विपत्तियाँ कई हैं घूस और डण्डे की;
उनसे बचने के लिए
रास्ता निकाला है, सभाओं में आते हैं
गाँवों के लोग कुल।
एक-एक आ गए।
पण्डितजी कांग्रेस के चुनाव पर बोले :
आज़ादी लेते हैं, एक साल और है;
आततायियों से देश पिस-पिसकर मिट गया;
हमको बढ़ जाना है;

चैन नहीं लेना है जब तक विजयी न हों।
जनता मन्त्रमुग्ध हुई।
ज़मींदार भी बोले जेल हो-आनेवाले,
कांग्रेस-उम्मीदवार। सभा विसर्जित हुई।
महगू सुनता रहा।
कम्पू को लादता है लकड़ी, कोयला, चपड़ा।
लुकुआ ने महगू से पूछा, "क्यों हो महगू, कुछ
अपनी तो राय दो?
आजकल, कहते हैं, ये भी अपने नहीं?"
"महगू ने कहा, हाँ, कम्पू में किरिया के गोली जो लगी थी,
उसका कारण पण्डितजी का शागिर्द है;
रामदास को कांग्रेसमैन बनानेवाला,
जो मिल का मालिक है।
यहाँ भी वह ज़मींदार, बाजू से लगा ही है।
कहते हैं, इनके रुपये से ये चलते हैं,
कभी-कभी लाखों पर हाथ साफ़ करते हैं।"
लुकुआ घबरा गया। "भला फिर हम कहाँ जाएँ?"
महगू से प्रश्न किया।
महगू ने कहा, "एक उड़ी खबर सुनी है,
हमारे अपने हैं यहाँ बहुत छिपे हुए लोग,
मगर चूँकि अभी ढीला-पोली है देश में,
अख़बार व्यापारियों ही की सम्पत्ति हैं,
राजनीति कड़ी से भी कड़ी चल रही है,
वे सब जन मौन हैं इन्हें देखते हुए;
जब ये कुछ उठेंगे,
और बड़े त्याग के निमित्त कमर बाँधेंगे,
आएँगे वे जन भी देश के धरातल पर,
अभी अख़बार उनके नाम नहीं छापते।
ऐसा ही पहरा है।"
"तो फिर कैसा होगा?" लुकुआ ने प्रश्न किया।
"जैसा तू लुकुआ है, वैसा ही होना है,
बड़े-बड़े आदमी धन मान छोड़ेंगे,
तभी देश मुक्त है,
कवि जी ने पढ़ा था, जब तुम बदले नहीं;

अपने मन में कहा मैंने, मैं महगू हूँ,
पैरों की धरती आकाश को भी चली जाए,
मैं कभी न बदलूँगा, इतना महगा हूँगा।''

(नए पत्ते में संकलित)

(1950-1961)

(4)

समझा जीवन की विजया हो।
रथी दोषरत को दलने को,
विरथ व्रती पर सती दया हो।

पता न फिर भी मिला तुम्हारा,
खोज-खोजकर मानव हारा;
फिर भी तुम्हीं एक ध्रुवतारा,
नैश पथिक की पिक अभया हो।

ऋतुओं के आवर्त-विवर्तों,
लिए चलीं जो समतल-गर्तों,
खुलती हुई मर्त्य के पर्तों,
कला सफल तुम विमलतया हो।

(रचनाकाल : 12 जनवरी, 1950। 'संगम', साप्ताहिक, इलाहाबाद, 26 मार्च, 1950, में प्रकाशित, **अर्चना** में संकलित)

(34)

फूटे हैं आमों में बौर,
भौंर वन-वन टूटे हैं।
होली मची ठौर-ठौर,
सभी बन्धन छूटे हैं

फागुन के रंग राग,
बाग-वन फाग मचा है,
भर गए मोती के झाग,
जनों के मन लूटे हैं।

माथे अबीर से लाल,
गाल सेंदुर के देखे,
आँखें हुई हैं गुलाल,
गेरू के ढेले कूटे हैं।

(अर्चना में संकलित)

(38)

बाँधो न नाव इस ठाँव, बन्धु!
पूछेगा सारा गाँव, बन्धु!

यह घाट वही जिस पर हँसकर,
वह कभी नहाती थी धँसकर,
आँखें रह जाती थीं फँसकर,
कँपते थे दोनों पाँव, बन्धु!

वह हँसी बहुत कुछ कहती थी,
फिर भी अपने में रहती थी,
सबकी सुनती थी, सहती थी,
देती थी सबके दाँव, बन्धु!

(अर्चना, 1950)

(40)

धीरे-धीरे हँसकर आईं,
प्राणों की जर्जर परछाईं।

छाया-पथ घनतर से घनतम,
होता जो गया पंक-कर्दम,

ढकता रवि आँखों से सत्तम,
मृत्यु की प्रथम आभा भायीं।

क्या गले लगाना है बढ़कर,
क्या अलख जगाना अड़-अड़कर,
क्या लहराना है झड़-झड़कर,
जैसे तुम कहकर मुसकाईं।

पिछले कुल खेल समाप्त हुए,
जो नहीं मिले वर प्राप्त हुए,
बीसों विष जैसे व्याप्त हुए,
फिर भी न कहीं तुम घबराईं।

(रचनाकाल : 23 जनवरी, 1950। **अर्चना** में संकलित)

(60)

लिया-दिया तुमसे मेरा था,
दुनिया सपने का डेरा था।

अपने चक्कर से कुल कट गए,
काम की कला से हट हट गए,
छापे से तुम्हीं निपट पट गए,
उलटा जो सीधा ढेरा था।

सही आँख तुम्हीं दिखे पहले,
नहले पर तुम्हीं रहे दहले,
बहते थे जितने थे बहले,
किसी जीभ तुमको टेरा था।

तभी किनारे लगा दिया है,
जहाँ करारा गिरा दिया है,
कैसा तुमने तरा दिया है,
गहरा भँवरों का फेरा था।

(**अर्चना** में संकलित)

(61)

गीत गाने दो मुझे तो,
वेदना को रोकने को।

चोट खाकर राह चलते
होश के भी होश छूटे,
हाथ जो पाथेय थे, ठग–
ठाकुरों ने रात लूटे,
कण्ठ रुकता जा रहा है,
आ रहा है काल देखो।

भर गया है जहर से
संसार जैसे हार खाकर,
देखते हैं लोग लोगों को
सही परिचय न पाकर,
बुझ गई है लौ पृथा की,
जल उठी फिर सींचने को।

(**अर्चना** में संकलित)

(80)

भजन कर हरि के चरण, मन!
पार कर मायावरण, मन!

कलुष के कर से गिरे हैं
देह-क्रम तेरे फिरे हैं,
विपथ के रथ से उतरकर
बन शरण का उपकरण, मन!

अन्यथा है वन्य कारा
प्रबल पावस, मध्य धारा,
टूटते तन से पछड़कर
उखड़ जाएगा तरण, मन!

(**अर्चना** में संकलित)

(81)

अनमिल-अनमिल मिलते
प्राण, गीत तो खिलते।

उड़ती हैं छुट-छुटकर
आँखें मन के नभ पर
और किसी मणि के घर
झिलमिल सुख से हिलते।

किससे मैं कहूँ व्यथा–
अपनी जित-विजित कथा?
होगी भी अनन्यथा
छन की लौ के झिलते?

(अर्चना में संकलित)

(99)

चरण गहे थे, मौन रहे थे,
विनय वचन बहु-रचन कहे थे।

भक्ति-आँसुओं पद पखारकर,
नयन-ज्योति आरति उतारकर,
तन-मन-धन सर्वस्व वारकर,
अमर-विचाराधार बहे थे।

आस लगी है जी की जैसी
खण्डित हुई तपस्या वैसी,
विरति सुरति में आई कैसी,
कौन मान-उपमान लहे थे।

ठोकर गली-गली की खाई
जगती से न कभी बन आई
रहे तुम्हारी एक सगाई,
इसीलिए कुल ताप सहे थे।

(अर्चना में संकलित)

(113)

तपन से घन, मन शयन से,
प्रात-जीवन निशि-नयन से।

प्रमद आलस से मिला है,
किरण से जलरुह किला है,
रूप शंका से सुधरतर
अदर्शित होकर खिला है,
गन्ध जैसे पवन से, शशि
रविकरों से, जन अयन से।

(रचनाकाल : 15 अगस्त, 1950। अर्चना में संकलित)

(126)

मरा हूँ हजार मरण
पाई तब चरण-शरण।

फैला जो तिमिर-जाल
कट-कटकर रहा काल,
अँसुओं के अंशुमाल,
पड़े अमित सिताभरण।

जल-कलकल-नाद बढ़ा,
अन्तर्हित हर्ष कढ़ा,
विश्व उसी को उमड़ा,
हुए चारु-करण सरण,

(आराधना में संकलित)

(127)

अरघान की फैल,
मैली हुई मालिनी की मृदुल शैल।

लाले पड़े हैं,

हजारों जवानों कि जानों लड़े हैं;
कहीं चोट खाई कि कोसों बढ़े हैं,
उड़ी आसमाँ को खुरीधूल की गैल—
अरघान की फैल।

काटे कटी काटते ही रहे तो,
पड़े उम्रभर पाटते ही रहे तो,
अधूरी कथाओं,
करारी व्यथाओं,
फिरा दीं जबानें कि ज्यों बाल में बैल।

(रचनाकाल : 26 अगस्त, 1952। **आराधना** में संकलित)

(142)

दुखता रहता है अब जीवन;
पतझड़ का जैसा वन-उपवन।
झर-झरकर जितने पत्र नवल
कर गए रिक्त तनु का तरुदल,
हैं चिह्न शेष केवल सम्बल,
जिनसे लहराया था कानन।

डालियाँ बहुत-सी सूख गईं,
उनकी न पत्रता हुई नई,
आधे से ज्यादा घटा विटप
बीज को चला है ज्यों क्षण-क्षण।
यह वायु बसन्ती आई है
कोयल कुछ क्षण कुछ गाई है,
स्वर में क्या भरी बुढ़ाई है,
दोनों ढलते जाते उनमन।

(रचनाकाल : 19 सितम्बर, 1952। 'राका-4', मुजफ्फरपुर, 1953, में प्रकाशित। **आराधना** में संकलित)

(149)

सुख का दिन डूबे डूब जाए।
तुमसे न सहज मन ऊब जाए।

खुल जाए न मिली गाँठ मन की,
लुट जाए न उठी राशि धन की,
धुल जाए न आन शुभानन की,
सारा जग रूठे रूठ जाए।

उलटी गति सीधी हो न भले,
प्रति जन की दाल गले न गले,
टाले न बान यह कभी टले,
यह जान जाए तो खूब जाए।

(आराधना में संकलित)

(150)

छलके छल के पैमाने क्या!
आए बेमाने माने क्या!

हलके-हलके हल के न हुए,
दलके-दलके दल के न हुए,
उफले-उफले फल के न हुए,
बेदाने थे तो दाने क्या?

कट रहा जमाना कहाँ पटा?
हट रहा पैर जो कहाँ सटा?
पूरा कब है जब लगा बटा
रुपया न रहा तो आने क्या?

(आराधना में संकलित)

(153)

हे मानस के सकाल!
छाया के अन्तराल!

रवि के, शशि के प्रकाश,
अम्बर के नील भास,
शारद-घन गहन-हास,
जगती के अंशुमाल।

मानव के रूप सुघर,
मन के अतिरेक अमर,
निःस्व विश्व के सुन्दर,
माया के तमोजाल।

(रचनाकाल : 15 नवम्बर, 1952। **आराधना** में संकलित)

(159)

तप के बन्धन बाँधो, बाँधो!
मन के साधन साधो, साधो!

वस्तु तुम्हारी ध्यान रहे यह,
विषय विष बना ज्ञान रहे यह,
गेह देह है मान रहे यह,
ऐसे तन आराधो, साधो!

कठिन रज्जु, जड़ की चेतन की,
वसुधा बँधी विजय-केतन की,
काम करी, न बात वेतन की,
ऐसे जुए न नाधो, साधो!

(रचनाकाल : 16 नवम्बर, 1952। **आराधना** में संकलित)

(160)

जावक-जय चरणौ पर छाई।
पलक-पलास डाल कलियायी।

थोक अशोक–कोकनद फूले,
मधु के मद भौरे दिक् भूले,
मानव के मन जीवन तूले,
ऋत की ऋतु अवनी भर आई।

पावक-पाश दिगन्त बँधा है,
अग-जग जैसे अडग सधा है,
सुषमा में सुख-रूप धँधा है,
नभ में नयन-मुक्ति मडलाई।

(रचनाकाल : 16 नवम्बर, 1952। 'सा. हिन्दुस्तान', नई दिल्ली, 10 फरवरी, 1957, में प्रकाशित। **आराधना** में संकलित)

(172)

दुख भी सुख का बन्धु बना–
पहले की बदली रचना–।

परम प्रेयसी आज श्रेयसी,
भीति अचानक गीति गेय की,
हेय हुई जो उपादेय थी,
कठिन, कमल-कोमल वचना–।

ऊँचा स्तर नीचे आया है,
तरु के तल फैली छाया है,
ऊपर उपवन फल लाया है,
छल से छुटकर मन अपना–।

(रचनाकाल : 7 दिसम्बर, 1952। **आराधना** में संकलित)

(177)

सीधी राह मुझे चलने दो।
अपने ही जीवन फलने दो।

जो उत्पात, घात आए हैं,
और निम्न मुझको लाए हैं,
अपने ही उत्ताप बुरे फल,
उठे फफोलों से-गलने दो।

जहाँ चिन्त्य हैं जीवन के क्षण,
कहाँ निरामयता, संचेतन?
अपने रोग, भोग से रहकर,
निर्यातन के कर मलने दो।

(रचनाकाल : 7 दिसम्बर, 1952। **आराधना** में संकलित)

(193)

ऊँट-बैल का साथ हुआ है;
कुत्ता पकड़े हुए जुआ है।

यह संसार सभी बदला है;
फिर भी नीर वही गदला है,
जिससे सिंचकर ठण्डा हो तन,
उस चित-जले का नहीं सुआ है।

रूखा होकर ठिठुर गया है।
जीवन लकड़ी का लड़का है।
खोले कोंपल, फले फूलकर
तरु-तल वैसा नहीं कुआँ है।

(रचनाकाल : 15 दिसम्बर, 1952। **आराधना** में संकलित)

(201)

खिरनी के पेड़ के तले,
बैठी थीं तुम भले-भले।

आँखों से चिड़ियाँ उड़ती थीं,
उससे कुल पिड़ियाँ जुड़ती थीं,

पहने साड़ी सफेद,
भावों से गया भेद;
लोगों ने रूप पी लिया गले-गले।

धूप उठ रही थी, नभ सोना
झरता था सर पर, सुख बोना,

धीरे-धीरे चल दीं,
सारी दुनिया छल दीं,

पीछे भाई के, हरहों के डगले।

(आराधना में संकलित)

(249)

जय तुम्हारी देख भी ली
रूप की गुण की, रसीली।

वृद्ध हूँ मैं, ऋद्धि की क्या,
साधना की, सिद्धि की क्या,

खिल चुका है फूल मेरा,
पखड़ियाँ हो चलीं ढीली।

चढ़ी थी जो आँख भेरी,
बज रही थी जहाँ मेरी,

वहाँ सिकुड़न पड़ चुकी है।
जीर्ण है वह आज तीली।

आग सारी फुक चुकी है,
रागिनी वह रुक चुकी है,

स्मरण में है आज जीवन,
मृत्यु की है रेख नीली।

(रचनाकाल : 24 अगस्त, 1958। 'सरस्वती', मासिक, प्रयाग, अक्तूबर, 1958, में प्रकाशित। **सान्ध्य-काकली** में संकलित)

(273)

कैसे आँखों को परिसर दे?
कैसे ज्योतिष्कों को भर दे?

जब इसी देश में पड़ा बहुत,
जो और-न-जाना, बड़ा बहुत,
जो भगा हुआ वह खड़ा बहुत,
तब उस तर के कैसे कर ले?

यह हवा पछाँह पूरबी क्यों?
बहती होती यह ज्यों की त्यों;
अवनी भी होती अपनी ज्यों;
क्यों किसी अधूरे को वर ले?

जिससे ज्यादा न दिखा तुमको,
क्या समझे कभी बुद्धि कम हो?
उसके कारण में दिए न रो?
तब क्या कोई टेढ़े हर ले?

(सम्भावित रचनाकाल : अप्रैल-जुलाई, 1961। **सान्ध्य-काकली** में संकलित)

(280)

पत्रोत्कण्ठित, जीवन का विष बुझा हुआ है
आशा का प्रदीप जलता है हृदय-कुंज में,
अन्धकार पथ एक रश्मि से सुझा हुआ है
दिङ्निर्णय ध्रुव से जैसे नक्षत्र-पुंज में।
लीला का सम्वरण-समय फूलों का जैसे
फलों फले या झरे अफल, पातों के ऊपर
सिद्ध योगियों जैसे या साधारण मानव,
ताक रहा है भीष्म शरों की कठिन सेज पर।
स्निग्ध हो चुका है निदाघ, वर्षा भी कर्षित,
कल शारद कल्य की, हैम लोमों आच्छादित,
शिशिर भिद्य, बौरा वसन्त आमों आमोदित,
बीत चुका है दिक्चुम्बित चतुरंग, काव्य, गति,
यतिवाला, ध्वनि, अलंकार, रस, राग बन्ध के
वाद्य-छन्द के रणित गणित छुट चुके हाथ से—
क्रीड़ाएँ व्रीणा में परिणत। मल्ल-भल्ल की
मारें मूर्छित हुईं। निशाने चूक गए हैं।
झूल चुकी है खाल—ढाल की तरह तनी थी।
पुनः सवेरा एक और फेरा है जी का।

(सम्भावित रचनाकाल : अगस्त-अक्तूबर, 1961। **सान्ध्य-काकली** में संकलित)

कथा-साहित्य

कुल्ली भाट

इस पुस्तिका के समर्पण के योग्य कोई व्यक्ति हिंदी साहित्य में नहीं मिला, यद्यपि कुल्ली के गुण बहुतों में हैं, पर गुण के प्रकाश से सब घबराए। इसलिए समर्पण स्थगित रखता हूँ।

–'निराला'

पं. पथवारीदीनजी भट्ट (कुल्ली भाट) मेरे मित्र थे। उनका परिचय इस पुस्तिका में है। उनके परिचय के साथ मेरा अपना चरित भी आया है, और कदाचित् अधिक विस्तार पा गया है। रूढ़िवादियों के लिए यह दोष है, पर साहित्यिकों के लिए, विशेषता मिलने पर, गुण होगा। मैं केवल गुण-ग्राहकों का भक्त हूँ।

कुल्ली सबसे पहले मनुष्य थे, ऐसे मनुष्य, जिनका मनुष्य की दृष्टि में बराबर आदर रहेगा। सरस्वती-संपादक पं. देवीदत्तजी शुक्ल ने, पूछने पर, कहा, कुल्ली मेरे बड़े भाई के मित्र थे। अस्तु, जहाँ शुक्लजी की मित्रता का उल्लेख है, वहाँ पाठक समझने की कृपा करें कि कुल्ली शुक्लजी के मित्र नहीं, बड़े भाई-जैसे थे।

पुस्तिका में हास्य-रस की प्रधानता है, इसलिए कोई नाराज होकर अपनी कमजोरी न साबित करें, उनसे प्रार्थना है।

लखनऊ
10-5-39

–**'निराला'**

एक

बहुत दिनों की इच्छा—एक जीवन-चरित लिखूँ, अभी तक पूरी नहीं हुई; चरितनायक नहीं मिल रहा था, ठीक जिसके चरित में नायकत्व प्रधान हो। बहुत आगे-पीछे, दाएँ-बाएँ देखा। कितने जीवन-चरित पढ़े, सबमें जीवन से चरित ज्यादा; भारत के कई महापुरुषों के पढ़े—स्वहस्त-लिखित; भारत पराधीन है, चरित बोलते हैं। बहुत दिनों की समझ—सत्य कमजोरी है, शहजोरी उसकी प्रतिक्रिया; अगर चरित्र में अँधेरा छिपा, प्रकाश आँखों में चकाचौंध पैदा करता है, जो किसी तरह भी देखना नहीं—जड़ पकड़ गई।

याद आया, कहीं पढ़ा था—बंबई के सिनेमा-स्टारों की सर्र से दीवार चढ़ने की करामात देखकर—रंगे कृत्य में आए—सत्य से अज्ञ—बाहर के किसी प्रेमी कार्यकर्ता ने कमर तोड़ ली है। बड़ी खुशी हुई। साफ देखा—कलम हाथ लेते ही कितने कवियों की आँख की परी विश्व-साहित्य के सातवें आसमान पर पर मारती है, कितने कर्मवीर दलिया खाते हुए, कमर कमान किए, जान पर खेल रहे हैं, कितने आधुनिक बेधड़क समाजवाद के नाम से पूरे उत्तानपाद।

इसी समय तुलसीदास की याद आई, जिन्होंने लिखा है—

"जो अपने अवगुन सब कहऊँ, बाढ़ै कथा, पार ना लहऊँ;
ताते मैं अति अलप बखाने, थोरे महँ जानि हैं सयाने।"

सोचा, तुलसीदास ने सिर्फ सयानों की आँख फैलाई है, यानी महापुरुषों की नहीं। वह स्वयं भी महापुरुष नहीं थे, आधुनिक विद्वानों का मत है। कहते हैं, जवानी के श्रीगणेश से, यानी अच्छी तरह होश आने से, उम्र के सौ साल बाद—अच्छी तरह होश जाने तक उनमें पुरुषत्व ही प्रधान रहा।

मुझसे कवि भगवतीचरण कहते थे—कविवर रामनरेश त्रिपाठी जानते हैं, बहुत आधुनिक रिसर्च है—तुलसीदासजी गर्मी से मरे थे; यह पता नहीं चला—गर्मी रत्नावली से मिली—कहाँ से; बाहुक की रचना के वक्त बाँह का दर्द गर्मी के कारण हुआ। कुछ हो, मैं ऐतिहासिक नहीं, समझा कि तुलसीदासजी पुरुष थे, महापुरुष नहीं; महापुरुष अकबर था—दीन-ए-इलाही चलाया, हर कौम की बेटी ब्याही, चेले बनाए।

अपने राम के लकड़दादा के लकड़दादा के लकड़दादा राजा वीरबल त्रिपाठी अकबर के चेले थे; अपनी बेटी खाले के वाजपेयियों के घर ब्याही; तब से वाजपेयी-वंश में भी महापुरुषत्व का असर है, यों ट्रिपल लकड़दादा का प्रभाव कुल कनवजिया कुलीनों पर पड़ा। खैर, 'महापुरुष' 'पुरुष' का बढ़ा हुआ रंगा हिस्सा लेकर है, उसी तरह उसके 'चरित' में एक 'सत्' और जुड़ गया है। साहित्यिक की निगाह में यह साबुन का उपयोगितावाद है, अर्थात् सिर्फ साफ होता है, वह भी कपड़ा; रास्ता, घर या दिमाग नहीं। अगर 'वाद' लें, जैसे समाजवाद पैर बढ़ाए है, तो वह भी अकेला साहित्य नहीं ठहरता। साहित्य-पुरुष का एक रोयाँ सिद्ध होता है।

मैं तलाश में था कि ऐसा जीवन मिले, जिससे पाठक चरितार्थ हों, इसी समय कुल्ली भाट मरे।

दो

जीवन-चरित जैसे आदमियों के बने और बिगड़े, कुल्ली भाट ऐसे आदमी न थे। उनके जीवन का महत्त्व समझे, ऐसा अब तक एक ही पुरुष संसार में आया है, पर दुर्भाग्य से अब वह संसार में रहा नहीं—गोर्की। पर गोर्की में भी एक कमजोरी थी; वह जीवन की मुद्रा को जितना देखता था, खास जीवन को नहीं। वादी-विवादी था। हिंदी में कोई है हिंदी-भाषी? किसी महापुरुष की जबान से कहा जा सकता है—'नहीं'।

मैं हिंदी के पाठकों को भरसक चरितार्थ करूँगा, पर कुल्ली भाट के भूगोल में केवल जिला रायबरेली था स्थल, बाकी जल। एक बार लाचारी उम्र अयोध्या तक गए, जैसे किसी टापू में यान, रेल। यों जिंदगी-भर अपने वतन डलमऊ में रहे। लेकिन, जिंदगी के बाद—जितने जानता हूँ, नाम-मात्र से लेकर पूरे परिचय तक—उनसे नहीं छूटे। गड़ही के किनारे कबीर को महासागर कैसे दिखा, मैं समझा।

बड़ा आदमी कुल्ली को कोई नहीं मिला, जिसे मित्र समझकर गर्दन उठाते, एक 'सरस्वती'-संपादक पं. देवीदत्त शुक्ल को छोड़कर; लेकिन शुक्लजी का बड़प्पन जब उन्हें मालूम हुआ, तब मरने के छः महीने रह गए थे, मुझी से सुना था।

सुनकर गर्दन उठाई थी, साँस भरी थी, और कहा था, "वह मेरे लँगोटिया यार हैं। हम मदरसे में साथ पढ़े हैं।"

मुझे हँसता देख फिर छोटे पड़े, पूछा, "देवीदत्त बड़े आदमी हैं?"

मैंने कहा, "आपको मदरसे की याद आ रही है। जिस पत्रिका के आचार्य पं. महावीरप्रसाद जी द्विवेदी संपादक थे, उसके अब शुक्लजी हैं।"

न-जाने क्यों, कुल्ली को फिर भी विश्वास न हुआ। मैं सोच रहा था, या तो कुल्ली मदरसे में शुक्लजी से तगड़े पड़ते थे; या—याद आया, शुक्लजी को बैसवाड़े

के कवि कण्ठाग्र हैं कुल्ली की दोस्ती के कारण। कुल्ली गुरु-स्थान पर हैं। मुझे भी उन्होंने कुली (एक दाँव) पर चढ़ाया था, नरहरि, हरिनाथ, ठाकुर, भुवन आदि—मालूम नहीं—कितने कवि गिनाए थे अपने वंश के। मुमकिन है, इसलिए भी कि धाक जमाने में मुझे कामयाबी न होगी, यह मैं बीस साल से जानता हूँ। अलावा मेरी दृष्टि का अप्रतिष्ठा-दोष कर दें। पर कुल्ली को मालूम न था कि मैं कविता तो लिखता हूँ, पर कवि दूसरे को मानता हूँ। कुल्ली की शुक्लजी के प्रति हुई मनोदशा देखकर मैंने कहा, "जब आप मुझे इतना...तब शुक्लजी तो...मैं तो उनके चरणों तक ही पहुँचता हूँ।"

सुनकर कुल्ली बहुत खुश हुए, जैसे स्वयं शुक्लजी हों, बड़प्पन आ गया, स्नेह की दृष्टि से देखते हुए बोले, "हाँ, करते की विद्या है, जब आप गौने के साल आए थे, क्या थे?" कहकर कुछ झेंपे। झेंपने के साथ उनके मनोभाव कुल हाल बेतार के तार से मुझे समझा गए। पच्चीस साल पहले की घटना, जो उस समय समझ में न आई थी, पल-मात्र में आ गई। सारे चित्र घूम गए, और उनका रहस्य समझा। वही कुल्ली से पहली मुलाकात है, वहीं से श्रीगणेश करता हूँ।

तीन

मैंने सोलहवाँ साल पार किया, पूरा जीवन जी.पी. श्रीवास्तव के कथनानुसार। जी. पी. श्रीवास्तव ही नहीं, जितने गाँव-घर-टोला-पड़ोस के थे, यही कहते थे।

याद है, एक दिन पं. रामगुलाम ने पिताजी से कहा था, "लड़के का कंठ फूट आया, बगलें निकल आईं, मसें भीगने लगीं, अब बबुआ नहीं है, गौना कर दो; हो भी तो हाथी गया है, लड़ता है, सुनते हैं।"

"हाँ।" कहकर पिताजी चिंता-मग्न हो गए थे।

इसी तरह, जब गौना लेने गए, श्रीमतीजी तेरहवाँ पार कर चुकी थीं—कुछ दिन हुए थे, उनकी किसी नानी ने कहा था उनकी अम्मा से—मैं वहीं था—हम दोनों की गाँठ जोड़कर कौन एक पूजा की जा रही थी—मदनदेव की अवश्य नहीं थी। उन्होंने कहा था, "दामाद जवान, बिटिया जवान; परदेश ले जाते हैं, तो ले जाने दो।"

गौना हुआ। बड़ी बिपत। गाँव में प्लेग। लोग बागों में पड़े। हमारा एक बाग गाँव के करीब है। प्लेग का अड्डा होता है—लोग वहाँ झोंपड़े डालते हैं। हम लोग बंगाल से आए, उसी दिन लोग निकलने लगे। आखिर एक महुए के नीचे दो झोंपड़े डलवाकर पिताजी मुझे और कुछ भैयाचार-नातेदारों को लेकर गौना लेने चले।

जेठ के दिन। इससे पहले यू.पी. की लू नहीं खाई थी। खैर, गौना हुआ, और

एक झोंपड़े में एक रात हम लोग कैद किए गए। जो बातें नहीं सोची थीं, श्रीमतीजी के स्पर्श-मात्र से वे मस्तिष्क में आने लगीं। प्रौढ़ता के अन्त तक उनसे अधिक प्रौढ़ बातें नहीं आतीं, मैं नवयुवकों को विश्वास दिलाता हूँ। खैर, हम पूरे जवान हैं, हम दोनों समझे।

पाँचवें दिन ससुरजी विदा कराने आए। ससुरजी इसलिए भी आए कि गाँव का पानी नहीं पिएँगे, शाम तक विदा करा ले जाएँगे। पिताजी को बहुत बुरा लगा। वह बंगाल से उतना रुपया खर्च करके आए थे। पाँच दिन के लिए नहीं। ससुरजी सुबह की गाड़ी से आए थे। मैं रात को जगा, सो रहा था। बातचीत नहीं सुनी; बाद को गाँव के एक भैया से सुनी। मेरी जब आँख खुली, तब ससुरजी अपनी लड़की को बिदा कराके ले गए थे। सुना, प्लेग के भय से वह लड़की को विदा कराने आए थे।

पिताजी ने इस पर बहुत फटकारा, कहा, "यह भय हमारे लड़के के लिए आपको नहीं हुआ? अगर ऐसे आपके मनोभाव हैं, तो हम दूसरा विवाह कर लेंगे।"

पिताजी के तर्क-पूर्ण कथन का, मुमकिन ससुरजी पर प्रभाव पड़ता, लेकिन ससुरजी थे बहरे। वह अपनी कहते थे, और देख रहे थे कि विदाई की तैयारी हो रही है या नहीं। उधर ससुरजी की पुत्री अपने पिता और ससुर के कथोपकथन को एकनिष्ठ होकर सुन रही थीं। पिताजी पुत्र की दूसरी शादी कर लेंगे, प्रभाव अनुमेय है। झल्लाहट में पिताजी ने विदा कर दिया, और स्टेशन पहुँचा देने को बहल बुला दी।

दूसरे दिन नाई आया सासुजी की लंबी चिट्ठी लेकर। 'क्षमा' शब्द का अतिशय प्रयोग। ससुरजी कम सुनते हैं, आज्ञा-पालन में त्रुटि हुई। बुलाया। 'गवहीं' पहले नहीं ली, अब ले लें। बड़ी दीनता! यह भी लिखा था, "मेरी दो दाँत की लड़की, उसके सामने दूसरे विवाह की बात!"

पिताजी पिघले, मुझसे बोले, "ससुरार जाव लेकिन यहाँ से तिगुना खाना।"

मैंने कहा, "घी और बादाम तिगुने करा लूँगा। बेदाना तो वहाँ मिलते नहीं, अन्यथा शरबत में तीन रुपये लग जाते रोज।"

पिताजी ने कहा, "रूह, रूह की मालिश करना रोज, होश दुरुस्त हो जाएँगे।"

शाम चार बजेवाली गाड़ी से चलने की तैयारी हो गई। दुपहर ढलते नौकर बिस्तर-बॉक्स लेकर भेज दिया गया। मैं पिताजी के उपदेश धारण कर ढाई बजे के करीब रवाना हुआ। ठाट बंगाली; धोती, शर्ट, जूता, छाता। आँख में भी बंगाल का पानी, बाकी देश जंगल या रेगिस्तान दिखते थे।

बंगालियों की तरह मैं भी मानता था, आर्य बंगाल पहुँचकर सही मानी में सभ्य हुए, विशेषतः अंगरेजों के आने के बाद से। महुए की छाँह और तर किए झोंपड़े के अंदर यू.पी. की गर्मी का हिसाब न लगता था। बाहर खाई पार करते ही लू का

ऐसा झोंका आया कि एक साथ कुंडलिनी जैसे जग गई, जैसे वर पुत्र पर पड़ी सरस्वती की कृपा-दृष्टि की तारीफ में रवि बाबू ने लिखा है–

"एके बारे सकल पर्दे घुचिए दाओ तारे।"
(एक साथ ही उसके कुल पर्दे हटा देती हो।)

वह प्रकाश दिखा कि मोह दूर हो गया। लेकिन व्यक्ति-भेद है; रवि बाबू को आराम-कुर्सी पर दिखा, हजरत मूसा को पहाड़ पर, मुझे गलियारे में। लू विरोध करती हुई कह रही थी, 'अब ज्ञान हो गया है, घर लौट जाओ।'

फिर भी पैर पीछे नहीं पड़े; बंगाल की वीरता और प्रेमासक्ति बैक कर रही थी। पैर उठाकर सामने रखते ही, लीक के खड्ढ में डेढ़ हाथ खाले गया, और मैं 'गुड़ीगुड़न्ता' के डंडे की तरह गुडा; लेकिन स्पोर्ट्स मैन था, झड़बेर की झाड़ी तक पहुँचते-पहुँचते अड़ गया। देह गर्दबर्द हो गई। मुँह में क्रीम लग गया था, घाव पर जैसे आयडोफार्म पड़ा।

लेकिन धन्यवाद है सूरदास को, मुझे लज्जित होने से बचा लिया : कलकत्ते से 'बिल्वमंगल' नाटक देखकर आया था–दूसरी जीवनियाँ भी पढ़ी थीं, लाश पकड़कर नदी पार करने और साँप की पूँछ पकड़कर मंजिल चढ़ने के मुकाबले यह अति तुच्छ था, फिर वहाँ वेश्या, यहाँ धर्मपत्नी। आगे बढ़ा। एक झोंका और आया, मालूम हुआ, इस देश में धूप से हवा में गर्मी ज्यादा है। फिर भी हवा के प्रतिकूल चलना ही होगा। कालिदास को पढ़ रहा था, याद आया–"अजयदेकरथेन स मोदिनीम"; कड़ाई से पैर आगे बढ़ाया, ठकाका जूते ने काँकर से धोके से ठोकर ली, और मुँह फैला दिया। सोचा, बॉक्स में एक जोड़ा और है नया। तसल्ली हुई, फिर आगे बढ़ा। एक झोंका और आया। अबके छाता उलटकर दूसरी तरफ तना। हवा के रुख पर करके, सुधारकर तोड़ लिया।

आगे लोन-नदी आई, जो आठ महीने सूखी रहती है, और जिसके किनारे संसार के आधे बेर-बबूल हैं; शायद इसी कारण इस प्रांत का नाम कभी बनौधा था–"बारह कुँवर बनौधे केर।" स्वतंत्रता-प्रेम भी अधिक था; क्योंकि छोटी-सी जगह में बारह कुँवर थे। धोती कोंछेदार बंगाली पहनी थी। एक जगह उड़ी, और, बेर की बाँहों से आलिंगन किया, न अब छोड़े, न तब–'गुलों से खार बेहतर हैं, जो दामन थाम लेते हैं' याद तो आया, पर बड़ा गुस्सा लगा। सैकड़ों काँटे चुभे हुए। धोती छप्पनछुरी हो रही थी। छुड़ाते नहीं बनता था। देर हो रही थी। आखिर मुट्ठी से कोछे को पकड़कर खींचा। धोती में सहस्र-धार गंगा ~~बन~~ गई, उधर बेर सहस्र विजय-ध्वज।

धोती कीमती थी; –शांतिपुरी, खास ससुराल के लिए ली गई थी, जैसे प्रसिद्ध लेखक खास पत्र के लिए लेख लिखते हैं। सांत्वना हुई कि कई और हैं। नदी-गर्भ से ऊपर आया। कुछ दूर पर बेहटा-श्मशान मिला। दो ही मील पर देखा दुर्दशा हो गई है, जैसे धूल का समंदर नहाकर निकला हूँ। स्टेशन मील-भर रह गया था, गाड़ी

का अर्राटा सुन पड़ा। अपने-आप पैर दौड़ने लगे। मन ने बहुत कहा, बड़ी अभद्रता है। लेकिन जैसे पैर के भी जबान लग गई हो, बोले—"अभी भद्रता कुछ बाकी भी रह गई है? घर लौटकर जाओगे, जिंदगी-भर गाँववाले हँसेंगे—बाबू बनकर ससुराल चले थे। हजार-हजार सपाटे का उठान तो देखो।" कहते पैर बेतहाशा उठ रहे थे। छाता बगल में। हाथ में जूते। सामने मील-भर का ऊसर। चार बजे की चटकती धूप। स्टेशन देख पड़ने लगा। गाड़ी प्लेटफार्म पर आ गई। दौड़ तेज हुई। लंबा मैदान। गाड़ी पानी ले रही है। अभी छः फर्लांग और है। भूभुल में पैर जले जा रहे हैं, लेकिन रफ्तार धीमी नहीं, बढ़ाई भी नहीं जा सकती, कलेजा मुँह को आता हुआ। एंजिन पानी ले चुका, लौट रहा है, अभी चार फर्लांग है, और तेज हो नहीं सकते। बदन लत्ता। जान पड़ता है, गिर जाऊँगा।

इसी समय नौकर चन्द्रिकाप्रसाद ठोढ़ी उठाकर रास्ते की तरफ देखता हुआ देख पड़ा। चन्द्रिका के दूध के दाँत उखड़ने के बाद सामने के अन्नवाले नहीं जमे, इसलिए लोग 'सिपुला' कहते हैं। हैरान होकर असंबद्ध होंठों से—ठोढ़ी उठाए, एकदष्टि—प्रतीक्षा करते देखकर मुझे नई जान मिली, देखकर चन्द्रिका भी सजीव हुआ। टिकट कटा लिए थे, गनीमत हुई। मैं पहुँचा। चन्द्रिका हँसा, फिर सामान चढ़ाने लगा। स्टेशन में एक प्लेटफार्म है, उस तरफ उससे गाड़ी लगी हुई, मुझे न आता देख चन्द्रिका उतरकर इधर चला आया था। इधर से ही चढ़े। भीतर जाने के साथ इतनी गर्मी मालूम दी कि जान पर आ बनी। चन्द्रिका न होता तो न जाने क्या होता। वह अँगोछे से हवा करने लगा। कुछ देर में होश दुरुस्त हुए। गाड़ी चली। ठंडे होकर कपड़े बदले।

पाँचवाँ स्टेशन डलमऊ है। उतरा, तब सूरज छिप चुका था। लेकिन इतना उजाला कि अच्छी तरह मुँह दिखे। चन्द्रिका ने सामान उठाया। चले। गेट पर टिकट-कलेक्टर के पास एक आदमी खड़ा था बना-चुना, बिलकुल लखनऊ-ठाट, जिसे बंगाली देखते ही गुंडा कहेगा। तेल से जुल्फें तर, जैसे 'अमीनाबाद' से सिर पर मालिश कराकर आया है। लखनऊ की दुपलिया टोपी, गोट तेल से गीली, सिर के दाहिने किनारे रक्खी। ऐंठी मूँछें। दाढ़ी चिकनी। चिकन का कुर्ता। ऊपर बास्कट। हाथ में बेंत। काली मखमली किनारी की कलकतिया धोती, देहाती पहलवानी फैशन से पहनी हुई। पैरों में मेरठी जूते। उम्र पच्चीस के साल-दो-साल इधर-उधर। देखने पर अंदाजा लगाना मुश्किल है—हिंदू है या मुसलमान। साँवला रंग। मजे का डीलडौल। साधारण निगाह में तगड़ा और लंबा भी।

टिकट देकर निकलते ही मुझसे पूछा, "कहाँ जाइएगा?"

मैंने कहा, "शेरअंदाजपुर।"

"आइए, हमारा एक्का है", कहकर उसने एक्केवान को पुकारा, और गौर से घूरते हुए पूछा, "किनके यहाँ?"

मैंने अपने ससुरजी का नाम लिया। उसे एक बार देखकर दोबारा नहीं देखा,

कारण वह मेरा आदर्श नहीं था, मुझसे दो इंच छोटा था और बदन में भी हल्का।

मैं एक्केवाले के साथ एक्के पर बैठा। चन्द्रिका भी था। वह जवान कुछ देर तक पैसंजर देखता रहा, फिर उसी एक्के पर आकर बैठा। चुपचाप बैठा देखता रहा। तब मैं नहीं समझ सका, अब जानता हूँ—वैसी शुभ दृष्टि सुंदरी-से-सुंदरी पर पड़ती है, जिसकी बाढ़ का पानी रत्ती-भर नहीं घटा।

चन्द्रिका बेवकूफ की तरह उसे, विश्वास की दृष्टि से मुझे रह-रहकर देख लेता था। उस मनुष्य ने मुझसे कोई प्रश्न नहीं किया, केवल अपने भाव में था। मुझे बोलने की कोई आवश्यकता न थी। एक्का चला, कस्बे में आकर मेरे ससुरजी के दरवाजे खड़ा हुआ। वह आदमी चौराहे पर उतर गया था। उतरते एक्केवाले से कुछ कहा था, मैंने सुना नहीं।

जब मैं किराया देने लगा, एक्केवाले ने कहा, "नंबरदार ने मना किया है।"

"हम किसी नंबरदार को नहीं जानते, किराया लेना होगा, पहले कह दिया होता।"

एक्केवाले ने हाथ तो बढ़ाया, लेकिन कहा, "भैया, उन्हें मालूम होगा, तो मेरी नौकरी न रहेगी।"

मैं समझ गया, पैसे जेब में रक्खेगा। अब ससुराल के लोग आ गए। मैं प्रणाम-नमस्कारादि के लिए तैयार हुआ।

चार

पैर छूकर मैं एक गलीचा-बिछे पलंग पर बैठा, देखा, सासुजी की पलकों पर चिंता की छाया है। मन-ही-मन कारण की तलाश करने लगा। इसी समय हृदय के भाव को शब्दों में प्रकट कर उन्होंने पूछा, "क्यों भैया, तुम कुल्ली के एक्के पर आए हो?"

मैंने सोचा, कुल्ली अछूत है। कहा, "आजकल यह सब चला गया है।"

मैंने अपनी समझ से पूरी तरह उनकी शंका मिटा दी, पर सासुजी की निगाह में त्रिशंकु स्वर्ग से गिरे; मेरे लहराते हुए बंगाली बालों को बड़े संशय से देखने लगीं—लहरियों से पुलकित होने की जगह सिहर-सिहर उठने लगीं, जैसे उनकी कन्या के भाग्य और सुहाग के लिए धोखे की टट्टी हो। एकाएक मेरी कोंछीदार धोती पर उनकी निगाह गई, तो जैसे शंका को सुगठित प्रमाण मिला। एक ही भाव में कुछ देर स्थिर रहकर उन्होंने लंबी साँस छोड़ी—निष्कर्ष तक पहुँचने की सूचना। फिर धीरे-धीरे भीतर गईं।

मैं बैठा हुआ, फाटक के भीतर, घर के बाहरवाले आँगन में लगा चिलवल

का पेड़ देखता रहा। एकाएक खयाल गया, इसकी डाल पर सावन में झूला पड़ता होगा, उस पर बैठी हुई भरे आकाश के सजल बादलों को देख-देखकर जो सावन, मल्लार, कजली और बारहमासियाँ गाती हुई पैंगों में झूलती है, उसे मैं पहचानता हूँ, उसके कुल गीतों का इधर मैं ही लक्ष्य रहा हूँगा।

इसी समय भीतर से एक नवीना कंठ की खिलखिलाहट सुन पड़ी; यद्यपि मैंने यह पहले-ही-पहल सुनी थी, फिर भी पहचानते देर नहीं हुई—वह किसकी है। उसकी ध्वनि में बड़े गहरे-गहरे अर्थ थे—'तुम मेरे हो, तुम पर मेरा पूरा विश्वास है, तुम्हें पाकर मैं और कुछ भी नहीं चाहती, दूसरे तुम्हें नहीं समझते, तो न समझें, मैं किसी को समझाना नहीं चाहती।'

चन्द्रिका खुले असबाब पर बैठा आकाश की शोभा देख रहा था। तारे निकल आए थे। भावावेश में उसने मुझसे पूछा, "अच्छा, बाबा, आसमान में तारे ज्यादा हैं या दुनिया में आदमी?"

मैंने कहा, "तुझे क्या जान पड़ता है?"

चन्द्रिका कुछ सोच-विचारकर हँसा। कहा, "दुनिया आसमान से छोटी थोड़े ही है? कहाँ से कहाँ तक है! आदमी ज्यादा होंगे।"

इसी समय सासुजी शरबत लेकर आईं। उनका नौकर बाहर गया था। आया। सासुजी ने उससे पानी ले आने के लिए कहा। मैंने देखा, सासुजी का चेहरा प्रकाश को भी प्रसन्न कर रहा है। उनकी आत्मजा जैसे उनकी आत्मा में प्रविष्ट हो क्षण-मात्र में उनकी शंका निवृत्त कर चुकी है, परिष्कृत स्नेह के स्वर से कहा, "बच्चा, शरबत पी लो।"

मैंने शरबत पिया। सासुजी ने इस बार भी एक साँस छोड़ी, जो मुझे स्निग्ध करनेवाली थी। चन्द्रिका ने भी शरबत पिया।

सासुजी प्रसन्न चित्त से पलंग के नीचे एक कंबल बिछाकर बैठीं, और मेरे पिताजी की बर्बरता की खुली भाषा में आलोचना करने लगीं। मेरी कई बार इच्छा हुई कि उत्तर में सासुजी को बर्बर कहूँ, लेकिन शृंगार की जगह, ससुराल में वीर-रस की अवतारणा अच्छी न होगी, सोचकर रह गया। सासुजी अंत तक यह कहती बाज न आईं कि उनकी पुत्री की तरह सुंदरी, पढ़ी-लिखी, सुशील और बुद्धिमती लड़की संसार में दुर्लभ है; अगर पिताजी ने मेरा विवाह कर दिया, तो दैव-दुर्योग के अवश्यंभावी थपेड़े खाते-खाते मेरे पाँचों भूत संसार के इसी पार रह जाएँगे।

मैंने इसका भी जवाब नहीं दिया। फलतः सासुजी मुझे अत्यंत समझदार समझीं। कहा, "मैंने तुम्हारा ही मुँह देखकर विवाह किया है, तुम्हारे पिता की तोंद देखकर नहीं।"

मुझे इसका मतलब लगाते देर नहीं लगी कि पिताजी अगर मेरा दूसरा विवाह करने लगें, तो मैं दूसरी ससुराल में अपना मुँह न दिखाऊँ। मेरे ऐसे ही स्वभाव से

शायद प्रसन्न होकर सासुजी ने पूछा, "अच्छा, भैया, मेरी लड़की तुम्हें कैसी सुंदरी लगती है?"

मौखिक इम्तहान में मैं बराबर पहला स्थान पाता रहा हूँ। कहा, "मैंने आपकी लड़की को छुआ तो है, बातचीत भी की है, लेकिन अभी तक अच्छी तरह देखा नहीं; क्योंकि जब मेरे देखने का समय होता था, तब दिया गुल कर दिया जाता था। दूसरे दिन दियासलाई ले तो गया, जलाकर देखा भी, लेकिन सलाई के जलते ही आपकी लड़की ने मुँह फेर लिया, और झोंपड़े के अगल-बगलवाले लोग खाँसने लगे। फिर जलाकर देखने की हिम्मत न हुई।"

सासुजी मुस्कराईं, और उठकर भीतर चली गईं।

भोजन के पश्चात् मैंने देखा, जैसे कवि श्री सुमित्रानंदनजी पंत को रायबहादुर पं. शुकदेव बिहारीजी मिश्र ने, वैसे मेरी सासुजी ने मुझे भी सौ में एक सौ एक नंबर दिए हैं, यानी मेरे शयन-कक्ष में बड़ी मोटी बत्ती लगाकर दिया रख दिया है, ताकि उनकी पुत्री के अनन्य लावण्य को पूरी सार्थकता के साथ देख सकूँ।

मैं हर्षित हो आँखें बंद किए आगमन की प्रतीक्षा करने लगा। सबका भोजन-पान समाप्त हो जाने पर मंद गति से संसार के समस्त छंदों को परास्त करती हुई उनकी पुत्री भीतर आईं, और मुझे पान देती हुई बोलीं, "तुम कुल्ली के एक्के पर आए हो?"

यह 'कुल्ली का एक्का' कौन-सी बला है? मैं हैरान होकर सोचने लगा। श्रीमतीजी आनतवदना खड़ी मुस्कराती रहीं।

पाँच

प्रातःकाल जब आँख खुली, काफी देर हो गई थी। सासुजी प्रातःकृत्य के लिए पूछने आईं। निवृत्त होकर जल-पान कर, एक किताब लेकर बैठा कि सासुजी ने कहा, "सुबह सूरज की किरन फूटने के साथ कुल्ली आए थे। हमने कहा, अभी सो रहे हैं। उन्होंने फिर आने के लिए कहा है। लेकिन, भैया, कुल्ली से मिलना-जुलना अच्छा नहीं।"

मैंने कहा, "जब वह खुद मिलने के लिए आवेंगे, तब मिलना ही होगा।"

"लेकिन वह आदमी अच्छे नहीं।" सासुजी ने गंभीर भाव से कहा।

"तो भी आदमी हैं, इसलिए..."

"हमारा यह मतलब नहीं कि वह सींगवाले हैं। आदमियों में ही आदमी की पहचान होती है।"

"जब आपको यह पहचान थी, तब आपने उनसे कह दिया होता कि मुलाकात न हो सकेगी।"

"पर गाँव के आदमी से एकाएक ऐसा नहीं कहा जाता, फिर तुम नातेदार हो, तुमसे गाँव-भर के आदमी मिल सकते हैं, स्नेह-व्यवहार मानकर, हमारा रोकना अच्छा नहीं।"

"तो क्या आपका कहना है, जब कोई स्नेह-व्यवहार मानकर आवे, तो मैं ही उसे रोक दिया करूँ?"

सासुजी अप्रतिभ होकर बोलीं, "नहीं, हमारा यह मतलब नहीं; उसके साथ रहने पर तुम्हारी बदनामी हो सकती है।"

"पर", मैंने कहा, "मेरे साथ रहने पर उसकी नेकनामी भी हो सकती है।"

सासुजी मुझे देखती हुई शायद मुझमें स्पष्ट नेकनामी के चिह्न देखने लगीं।

इसी समय कुल्ली आए, और अवरुद्ध कंठ से आवाज दी, "जगे?"

सासुजी की त्योरियों में बल पड़ गए। श्रीमतीजी एक दफा इस तरफ से उस तरफ निकल गईं। मैं शुरू से विरोध के सीधे रास्ते चलता रहा हूँ। कुल्ली इतना खतरनाक आदमी क्यों है, जानने की उत्सुकता लिए हुए बाहर निकला। मधुर मुस्कराहट से आत्मीयता जतलाते हुए कुल्ली ने सिर झुकाकर नमस्कार किया। उसे अत्यंत सभ्य मनुष्य के रूप में देखकर मैंने भी प्रतिनमस्कार किया।

दिन के समय बाहर की बैठक में मेरे रहने का प्रबंध था। पलंग बिछाया जा चुका था। मैं बैठक की तरफ चला। पलंग के पास एक खाली चारपाई पड़ी थी। कुल्ली अपनी तरफ से उस पर बैठ गए। बराबरी की होड़ नहीं की, यह मुझे बहुत अच्छा लगा। पलंग पर बैठकर मैंने अपनी सासुजी को उनके घनिष्ठ संबंध से याद कर लिया।

इसी समय पान आए। कुल्ली ने तश्तरी लेकर आदर की दृष्टि से देखते हुए मेरी तरफ बढ़ाई। मैंने गौरवपूर्ण गंभीरता से दो बीड़े लिए। आशीर्वाद के स्वर से कुल्ली को भी खाने के लिए कहा। मुस्कराते हुए कुल्ली ने दो बीड़े ले लिए, और तश्तरी चारपाई पर रख दी।

फिर बड़ी सभ्य भाषा में बातचीत छेड़ी। बात उसी शहर के इतिहास पर थी। मैं देखता था, कुल्ली मुझे, खासतौर से मेरी आँखों को इस तरह देखते हैं, जैसे उनके बहुत बड़े कोई प्रियजन हैं। यह दृष्टि इससे पहले मैंने नहीं देखी थी। मुझे कौतूहल तो था, पर भीतर से अच्छा लगता था। कुल्ली ने कहा, "यह दलमऊ 'दल बाबा' का था। उसका किला अब भी है।"

मुझे उत्सुकता हुई। मैंने पूछा, "क्या किला अब भी है?"

"हाँ", गंभीर स्वर से कुल्ली ने उत्तर दिया, "लेकिन अब टूटकर ढह गया है। यहाँ के पुराने अपढ़ लोग तो कहते हैं, किला दल बाबा के शाप से उलट गया है। जौनपुर के शाह से लड़ाई हुई थी। बरेली के बल और दलमऊ के दल मिलकर शाह से लड़े थे। यहाँ से कुछ दूर पर वह जगह है, जहाँ अब भी मेला लगता है।

यहाँ की जगह और किले पर फिर मुसलमानों का अधिकार हुआ। शाह की कब्र यहाँ है, एक बारहदरी भी है, मकनपुर में। बहुत पहले यह जगह कन्नौज के अधीन थी। जयचन्द का झोंपड़ा यहाँ है, चौरासी के उस तरफ।''

यह इतनी ऐतिहासिक जगह है, सुनकर मैं पुलकित हो गया। ऐसी जगह ससुराल देने के कारण परम पिता को धन्यवाद दिया। मन में इतनी महत्ता आ गई, जैसे मेरी श्रीमतीजी दल की ही दुहिता रही हों। मैं विच्छुरित आनंद की दृष्टि से कुल्ली को देखने लगा।

कुल्ली ने कहा, ''यहाँ घाट भी कई देखने लायक हैं। राजा टिकइतराय का घाट तो बड़ा ही सुंदर है।''

मेरी ससुराल के संबंध में एक साथ इतने नाम आएँगे, मैंने स्वप्न में भी जाना न था। मैं एक विशिष्ट व्यक्ति की तरह गंभीर होकर बैठा।

मुस्कराकर कुल्ली ने कहा, ''यहाँ और भी घाट हैं, मठ और मंदिर। बहुत पुरानी जगह है। उजड़ी बस्ती। देखने लायक है।''

''मैं देखूँगा।'' मन-ही-मन ससुरालवालों को इतर विशेष कहते हुए मैंने कहा।

कुल्ली ने कहा, ''जब चलिए, आपको ले चलूँ। इस वक्त तो धूप हो गई है। शाम को चलें, तो चलकर किला देख आइए।''

मैंने सम्मति दी। कुल्ली ने कहा, ''मैं चार बजे आऊँगा। यहाँ आदमी भी बहुत बड़े-बड़े हो गए हैं, जैसे मेरे वंश के...''

कुल्ली ने कुछ कवियों के नाम गिनाये। मैंने उन्हें भी बड़ी इज्जत से मन में जगह दी। कुछ देर बाद कुल्ली उसी तरह आँखें देखते हुए नम्रतापूर्वक नमस्कार कर विदा हुए।

मैं बैठा सोचता रहा—दुनिया कैसी दुरंगी है। इस आदमी के लिए उसकी कितनी मंद धारणा है!

बैठका निराला देखकर सासुजी भीतर आईं। पहले कई बार शंकित दृष्टि से झाँक-झाँककर चली गई थीं। आते ही हृष्ट चित्त से पूछा, ''कुल्ली चले गए?''

गंभीर होकर मैंने कहा, ''हाँ, आज की बातचीत से मुझे तो वह बड़े अच्छे आदमी मालूम दिए।''

एक क्षण के लिए सासुजी फिर शंकित हो गईं। फिर मुझसे कहा, ''तुमने रामायण तो पढ़ी होगी?''

''यद्यपि मैं लड़की नहीं कि पतिदेव की आँखों में पढ़ी-लिखी उतर जाने की गरज से रामायण-भर पढ़ी है, फिर भी रामायण की बातें मुझे मालूम हैं, और आपके सामने परीक्षा ही देनी है, तो कहता हूँ, कुल्ली रावण या कुंभकर्ण नहीं है, यह मैं समझ गया हूँ।''

सासुजी मुस्कराईं, बोलीं, ''परीक्षा में पास होने की शेखी लिए हुए भी तुम

मेरी राय में रामायण में फेल हुए। मैंने रामायण का जिक्र इसलिए नहीं किया था कि तुम कुल्ली को रावण या कुंभकर्ण बनाओ, मेरी बात के सिलसिले में कुंभकर्ण तो बिलकुल ही नहीं आता, रावण के योगी बनकर भीख माँगने के प्रसंग पर कुछ आता है, पर दरअसल ये दोनों मिसालें गलत आईं, मतलब कालनेमि से था।''

मैंने उसी वक्त कहा, ''हाँ, 'कालनेमि जिमि रावण-राहू' लिखा है?''

सासुजी मधुर मुस्कराईं। कहा, ''तुमने रामायण पढ़ी है, यह सही है। लेकिन यहाँ...''

''हनुमानवाला प्रसंग है कि मैं पकड़कर पैर पटक देता?'' मैंने बात छीन ली जैसे, गर्व से सासुजी को देखा।

सासुजी हँस दीं। बोलीं, ''इसमें शक नहीं कि तुमने बड़ा ही सुंदर अर्थ लगाया है, पर मुझे कह लेने दो। कालनेमि की मिसाल इसलिए है कि महावीरजी कितने साधु सज्जन थे, वह भी उसकी बातों में आ गए थे, पहले नहीं समझ सके कि उसमें छल है।''

''हूँ'', मैंने कहा, ''यह तो नहीं समझ सके, पर आपने अपनी पुत्री को समझा दिया होता कि वह मकरी-अप्सरा बनकर मुझे भेद बतला देतीं।''

''पर वह मकरी नहीं, न मकरी की तरह उसने तुम्हें पकड़ा है, और जबकि उस तरह नहीं पकड़ा, तब मरकर, अप्सरा बनकर भेद बतलाने की उसे आवश्यकता नहीं हुई। परंतु तुम अगर उसे मारकर यह भेद जानना चाहोगे, तो हत्या ही तुम्हारे हाथ लगेगी।''

सासुजी के ज्ञान पर मुझे आश्चर्य हुआ, खासतौर से इसलिए कि उनकी बात का कोई तात्पर्य मेरी समझ में नहीं आया।

कुल्लीवाली चारपाई पर बैठी हुई सासुजी ने स्नेह के कंठ से मुझसे पूछा, ''तुम्हारी और कुल्ली की क्या बातचीत हुई?''

उच्छ्वसित होकर मैं कुल्ली की आकर्षक बातचीत कहने लगा। मुस्कराकर सासुजी बोलीं, ''कालनेमिवाला प्रसंग पूरा उतर रहा है। वह तुम्हें यहाँ से ले जाना चाहता है।''

मुझे बहुत बुरा लगा। मैंने पूछा, ''तो क्या यहाँ किला नहीं है?''

''किला है'', सासुजी ने कहा, लेकिन उसका मतलब तुम्हें किला दिखाना नहीं मालूम देता।''

''यह आपको कैसे मालूम हुआ?'' मैंने रुखाई से पूछा।

''इस तरह की कुल्ली के हथकंडे हमें मालूम हैं।''

बात फिर भी मेरी समझ में न आई। सासुजी गंभीर होकर बोलीं, ''जब जाना, तब चन्द्रिका को साथ ले जाना। अकेले उसके साथ हरगिज जाना नहीं हो सकता?''

''क्यों?'' मैंने कहा, ''क्या कुल्ली मुझसे ज्यादा शहजोर है, जो चन्द्रिका बल

पहुँचाएगा?"

सासुजी हँसीं। कहा, "यह तो जानती हूँ, लेकिन फिर भी तुम लड़के हो, माँ-बाप की बात का कारण नहीं पूछा जाता।"

कहकर उठीं और कहा, "चलो, नहा लो, भोजन तैयार है।"

छह

मैं बचपन से आजादी-पसंद था। दबाव नहीं सह सकता था। खासतौर से वह दबाव, जिसकी वजह न मिलती हो। एक घटना, अप्रासंगिक न होगी, कहूँ। मैं आठ साल का था। पिताजी जनेऊ करने गाँव आए थे। गाँव के ताल्लुकेदार पं. भगवानदीनजी दुबे थे। उन्होंने एक पतुरिया बैठाई थी। उससे एक लड़की और तीन लड़के हुए थे। जब की बात है, तब पं. भगवानदीनजी गुजर चुके थे। ताल्लुका उनकी धर्म-पत्नी से पैदा हुए पुत्र के नाम था। एकाएक मर गए थे, इसलिए पतुरिया को और उससे पैदा हुए लड़कों को अचल संपत्ति कुछ नहीं दे जा सके थे।

बाद को वसूली में पतुरिया के लड़के अड़चन डालते थे। इसलिए उनके अधिकारी भाई ने खाने के लिए उन्हें कुछ बागात और मातहत खेत दिए थे। मजे में गुजर होता था। पतुरिया थी। उसके लड़कों के नाम हैं—शमशेरबहादुर, जंगबहादुर, फतहबहादुर और लड़की का नाम परागा।

सबसे छोटे फतहबहादुर मुझसे आठ साल बड़े थे। चौधरी पं. भगवानदीनजी ने सबसे बड़े, शमशेरबहादुर को बड़े प्रयत्न से शिक्षा दिलाई थी। मैंने उनका सितार बाद के जीवन में सुना है। वह वाक्य प्रशंसा के साथ मुझे अब तक याद है। शमशेर का उन्होंने जनेऊ भी किया था, और कहते हैं, जनेऊ-भोर के ब्रह्मभोज में अपनी ताल्लुकेदारी के और प्रभाव में आए और-और ब्राह्मणों को आमंत्रित करके खिलाया भी था। इसके बाद शमशेर का एक विवाह भी किया था। लड़की खालिस ब्राह्मण-घर की नहीं, बाला ब्राह्मण-विधवा मिली, उससे किया। तब से यह परिवार अपने को ब्राह्मण समझता है। जरूरत पड़ने पर ये लोग शमशेरबहादुर दुबे, जंगबहादुर दुबे लिखकर सही करते हैं। अपनी माँ, पतुरिया को उसी तरह भोजन देते थे, जैसे एक हिंदू यवनी को देता।

इतने पर भी ताल्लुकेदार साहब की आँखें मुँदने के साथ-साथ गाँव के लोगों ने इनकी तरफ से मुँह फेर लिया। इनके यहाँ का पान-पानी गाँव तथा ग्वैंड़ के चारों ओर बात-की-बात में बंद हो गया।

जब मैं गया, तब ये इसी अचल अवस्था में थे। प्रतिशोध की ताड़ना से इन्होंने गाँव तथा ग्वैंड़ के हर घर का इतिहास कंठाग्र कर रक्खा था। और, अधिकारी-अनधिकारी

जो भी इनसे भली तरह बातें करता था, उसे घेरकर घंटों सुनाते रहते थे, "रामचरण की बेवा लड़की के लक्खू पासी का हमल रह गया था; शिवप्रसाद मिसिर की बीस साल की ब्याही न होने की वजह से लछमन लोध के साथ भग गई; रामदुलारे तिवारी अपने छोटे भाई की बेवा स्त्री को बैठाले हैं; सुन्दरसिंह का लड़का पल्टन में था, ससुर ने पुतोहू के हमल कर दिया, बात फैल गई, थानेदार आए, फिर रुपया देकर दबाया, और पुतोहू को बेटे के पास लेकर चले कहकर कलकत्ता, जाने कहाँ पहुँचे, वहाँ लड़का होने पर उसे मारकर पुतोहू को बेटे के पास ले गए; कहा—संग्रहणी हो गई थी, कलकत्ता इलाज कराने गए थे।"

गाँव आने पर इसी खानदान का मुझ पर सबसे ज्यादा प्रभाव पड़ा। यही मुझे आदर्श आदमी नजर आए—चेहरे-मोहरे के, बातचीत के, उठक-बैठक के। तब मेरा जनेऊ नहीं हुआ था, इसलिए खान-पान की रोकथाम न थी। पतुरिया मुझसे स्नेह करती थी, खिलाती थी और लतीफे सुनाती थी। नए ढंग के कुछ दादरे और गजलें सिखाई थीं।

एक दिन उनके छोटे लड़के ने, जिनका मुझ पर ज्यादा प्रभाव था, कहा, "तुम्हारे बड़े चाचा हमारे यहाँ नौकर थे, हमारे घोड़े ने उनका हाथ काटकर बेकाम कर दिया था, तब हमने माफी दी थी, वह जमीन आज भी तुम्हारी चाची जुताया करती हैं।"

यह बात सच है। लेकिन ताल्लुकेदार भगवानदीन ने जब माफी दी थी, तब उनके यह पुत्र-रत्न भूमिष्ठ नहीं हुए थे। मैं तब यह इतिहास नहीं जानता था। मुझे मालूम पड़ा, यह सब इन्होंने किया है।

इसके बाद कहा, "अभी तुम हमारे यहाँ का खाते हो, जब जनेऊ हो जाएगा, न खाओगे।"

मैंने खुदबखुद सोचा, 'यह अन्याय है। अगर आज खाते हैं, तो कल क्यों न खाएँगे?'

परागा बहन ने कहा, "बदलू सुकुल के यहाँ महुए की लप्सी खाओगे, हमारे यहाँ हलुआ नहीं।"

मुझे झेंप मालूम दी। मैं हलुआ छोड़कर लप्सी नहीं खाता, मन में कहा। कुछ दिन बाद जनेऊ हुआ। अब तक इस घर के आदमी-आदमी ने बगावत के लिए मुझे तैयार कर लिया था। मैं प्रतिज्ञा कर चुका था कि जनेऊ चाहे तीन बार हो, लेकिन मैं यहाँ भोजन न छोड़ूँगा। इनकी बातें मुझे संगत मालूम देती थीं। अगर गाँववाले कभी इनके यहाँ खाते थे, तो अब क्यों नहीं खाते?

जनेऊ हो जाने के दूसरे रोज पिताजी ने एकांत में बुलाकर मुझसे कहा, "अब आज से, खबरदार, पतुरिया के घर का कुछ खाना-पीना मत।"

मैंने कहा, "पतुरिया का छुआ तो उनके लड़के भी नहीं खाते-पीते।" पिताजी ने कुछ समझाकर कहा होता, तो मेरी समझ में बात आई होती। उन्होंने डाँटकर

कहा, "उसके हाथ का भी मत खाना।"

मैंने पूछा, "जब ताल्लुकेदार थे, तब आप लोग उनका छुआ खाते थे?"

पिताजी ने होंठ चबाकर कहा, "हम जैसा कहते हैं, कर।"

यहीं मैं कमजोर था। दिल से बात न मानी। जनेऊ के बाद दो-तीन दिन कहीं न गया, जनेऊ चढ़ाता-उतारता रहा। दिन भर में कितने जनेऊ बदलने पड़ते थे। जनेऊ के बाद दो दिन पतुरिया के घर न गया; लोगों की धारणा बँध गई, मैं रोक दिया गया, और बात मैंने मान ली।

तीसरे या चौथे दिन पं. फतहबहादुर दुबे कुएँ पर नहाने का डौल कर रहे थे, एकाएक मैं पहुँचा। मुझे देखकर वह मुस्कराए। मेरे दिल में जैसे तेज तीर चुभा। बड़ा अपमान मालूम दिया। मैंने उनके पास पहुँचकर कहा, "भैया, पानी पिला दीजिए।"

भैया प्रसन्न हो गए। डोल से लोटे में पानी लेकर मुझे पिलाने लगे। पिलाते वक्त उन्हें गर्व का अनुभव हो रहा था। मुझे भी खुशी थी, जैसे कोई किला तोड़ा हो। उन्होंने गाँव के लोगों को देखकर अपने ब्राह्मणत्व का गर्व किया था, मैंने अपनी प्रतिज्ञा-रक्षा का।

जिन पर भैया फतहबहादुर ने फतह पाई थी, उनमें भी सिर उठाने का हौसला कम न था। वे पिताजी के पास गए, और सिर उठाकर कहा, "आपका लड़का सबके सामने पतुरिया के छोटे लड़के का भरा पानी उन्हीं के लोटे से पी रहा था। अभी नादान है, इसलिए इस दफा माफ किए देते हैं; फिर अगर ऐसी हरकत करते देखा गया, तो हमें लाचार होकर आपसे व्यवहार तोड़ना होगा।"

पिताजी पहले आज्ञा दे चुके थे, फिर ब्राह्मणों ने बात सभ्य ढंग से कही थी, पिताजी का क्रोध सप्तम सोपान पर पहुँचा। एक तो सिपाही आदमी, फिर हृष्ट-पुष्ट, इस पर व्यक्तिगत और जातिगत अपमान! कहा है—'सब ते अधिक जाति-अपमाना।' जाते ही मुझे पकड़कर फौजी प्रहार जारी कर दिया। मारते वक्त पिताजी इतने तन्मय हो जाते थे कि उन्हें भूल जाता था कि दो विवाह के बाद पाए हुए इकलौते पुत्र को मार रहे हैं। मैं भी, स्वभाव न बदल पाने के कारण मार खाने का आदी हो गया था। चार-पाँच साल की उम्र से अब तक एक ही प्रकार का प्रहार पाते-पाते सहनशील भी हो गया था, और प्रहार की हद भी मालूम हो गई थी।

जब पिताजी के बिजली के हाथ छुट रहे थे, मैं चिल्लाता हुआ उनकी पहले की मारें याद कर रहा था—एक दफा जाड़े के दिनों में रात आठ बजे मैंने बगल की बाड़ी में पाखाने की हाजत रफा की, और यूरोपियनों के क़ागज का काम बैंगन के पत्तों से लिया, फिर भोजन के लिए रसोई जाना ही चाहता था कि भाभी ने रोक दिया, उन्होंने झरोखे से मुझे देख लिया था। पिताजी से यथातथ्य कह दिया। पिताजी पहले गरजे, फिर एक हाथ से मेरी बाँह पकड़कर टाँग लिया, और ताल की ओर ले चले उसी तरह टाँगे हुए। वहाँ उसी तरह पकड़े हुए डुबा-डुबाकर नहलाने लगे,

'सौंचता जा, सौंचता जा' कहते हुए। जब अपनी इच्छा-भर नहला चुके, तब प्रहार के ताप से जाड़ा छुटाने लगे।

याद आया—एक बार एकांत में मैंने पिताजी को सलाह दी थी, "तुम्हारे मातहत इतने सिपाही हैं, तुम इस राजा को लूट क्यों नहीं लेते?" पिताजी ने सोचा, यह किसी दुश्मन की सिखाई बात है, जो उनकी नौकरी लेना चाहता है। मुझे मार-मारकर अपने दुश्मन का भूत उतारते हुए पूछने लगे कि किसने सिखलाया है। मैं किसका नाम बतलाता? वह उद्भावना मेरी ही थी। मैं जितना ही कहता था, यह बात मेरी ही सोची हुई थी, पिताजी उतना ही संदेह करते और मार-मारकर पूछते जाते थे। मैं कुछ देर बाद बेहोश हो गया था। (तब से आज तक मैं नौकर और नौकरी को पहचानता हूँ। इस बयालीस साल की उम्र में, पहले, बड़ी मजबूरी में नौकरी की थी, सिर्फ दो-ढाई साल चली। अस्तु।)

चाँटे की ताल-ताल पर पिताजी कबूल करा रहे थे, फिर तो मैं पतुरिया के यहाँ का पानी न पियूँगा, मैं स्वीकार कर रहा था। किसी तरह छुट्टी मिली।

दो-तीन दिन का समय दर्द अच्छा होने में लगा। एक दिन मैं बाहर निकला कि दुर्भाग्य से फिर वैसा ही प्रकरण आ पड़ा। गाँव के मुखिया क्रोध से भरे हुए, गाँव के लोगों की रक्षा के विचार से गए, और गंभीर होकर नाम लेते हुए कहा, "क्या तुम दूसरों का धर्म लेना चाहते हो? आज तुम्हारा लड़का पतुरिया के लड़के से ले-लेकर भूने चने चबा रहा था। आज से गाँव के ब्राह्मणों में तुम्हारा व्यवहार बंद है।"

ओज की मात्रा पिताजी में उनसे अधिक थी। फिर मुखिया ने ये बातें डाँट के साथ कही थीं। व्यक्तिगत बात को व्यक्तिगत रूप देते हुए उन्होंने कहा, "तू हमारा पानी बंद करेगा? तू पासी का है, गाँव में जा और पूछ, तेरी लड़की पटने में एक-दो-तीन-चार, एक-दो-तीन-चार कर रही है—हम अपनी आँखों देख आए हैं। माना कि चौधरी भगवानदीन का काम बेजा था, लेकिन उनके सामने कहते! नहीं, जब तक वह जिए, इन्हीं लड़कों की (अंग-विशेष का उल्लेख कर कहा) धो-धोकर पीते रहे, अब सब छंगे के बने फिरते हो? शहर में होते तो देखते हम, कितने आदमियों का बंबे का पानी और डॉक्टर की दवा छुड़ाते हो। यहाँ क्या, नाम के करने को कौन-सा काम और गाने को छीता-हरन!"

मुखिया का थूक सूख गया। विशेष अस्वस्थ हों जैसे, धीरे-धीरे लौटे।

पिताजी ने गंभीर स्नेह-स्वर से पुकारा, "अरे ए मुखिया तमाकू खाए जाओ!"

मैं अब विकास पर हूँ। इन मेरी आँखों में धूल झोंकी जा रही है। मैं जरूर कुल्ली का साफ आसमान देखूँगा। चन्द्रिका मेरे साथ कर दिया जाएगा, तो उस बेवकूफ को एक काम देकर अलग कर देना कौन बड़ी बात है? कहूँगा, अत्तार के यहाँ से रूह ले आ मालिश के लिए। रूह लेकर बड़े रास्ते पर खड़े रहना, हम वहीं मिलेंगे।

देखा जाए, ये लोग कुल्ली के नाम से क्यों कान खड़े करते हैं! इसी प्रकार अपना आगे का कार्यक्रम तैयार कर रहा था कि बैठक का दरवाजा खुला।

"भीतर आऊँ?" विनीत सभ्य कंठ की आवाज आई। मैं समझ गया, कुल्ली हैं।

"आइए।" मैंने उसी सभ्यता से कहा। कुल्ली एक घंटा पहले आए थे। बहुत बने-ठने। बालों से तेल जैसे टपकने पर हो। चिकन का धुला कुरता। ऊपर वास्कट। हाथ में बेंत। गर्मी के दिनों में भी पैरों में मोजे। विनीत, अप्रतिभ दृष्टि और श्री-हीन मुख। बात-बात में कालिदास के 'शिप्रावातः प्रियतम इव प्रार्थना-चाटुकारः'। तब चाटूक्ति अच्छी लगती थी, क्योंकि उसका दर्शन न समझता था, कालिदास का यौन विज्ञान भी नहीं; समझता तो उस दृष्टि, चेहरे और बातचीत से ही खात्मा कर दिया होता।

कुल्ली ने बड़े अदब से इलायची दी। मैंने ले ली। कहा, "आप घंटे-भर पहले आए।"

कुल्ली ने उत्तर दिया, "पांडे जी का मंदिर भी रास्ते में देख लेंगे।"

सासुजी पहले से सतर्क थीं। फाटक बंद कर उसी दालान में अपना पलंग डलवाया था, और दुपहर-भर कुल्ली का रास्ता देखती रहीं। चन्द्रिका को अपनी ही दालान में सुलाया था। दुपहर-भर उससे हम लोगों की बातें पूछती रहीं, 'कैसे रहते हैं क्या खाते हैं, कौन कैसे हैं, घर में किसका स्वभाव अच्छा है।' आदि-आदि।

चन्द्रिका बहुत अर्थों में बेवकूफ था। उससे घर की कोई भी बात मालूम की जा सकती थी। थोड़ी देर में देखता हूँ, अपने डंडे पर अच्छी तरह तेल चुपड़े हुए चन्द्रिका बैठक के भीतर आया, साथ चलने के लिए कपड़े पहनकर, बिलकुल तैयार होकर।

चन्द्रिका को देखकर कुल्ली कुछ सहमे-से। फिर उससे कहा, "एक लोटा पानी हमारे लिए ले आओ।" चन्द्रिका पानी लेने गया, तो मुझसे बोले, "क्या यह भी साथ जाएगा? इसका कौन-सा काम है?"

कुल्ली के कहने से मेरा कौतूहल बढ़ा। मैंने कहा, "साथ जाना उसका फर्ज है। लेकिन मैं उसे सौदा लेने के लिए दूसरी जगह भेज दूँगा।"

कुल्ली ने अपने ढंग से समझा। कुल्ली ने सोचा, मैं उनका इरादा समझ गया हूँ, और उनकी अनुकूलता कर रहा हूँ; मैं वैसा ही आदमी हूँ, जैसा उन्होंने सोचा था।

चन्द्रिका पानी ले आया। दो-एक छींटे मुँह पर मारकर कुल्ली ने कहा, "बड़ी गर्मी है। इतना ही आया, ब्रह्मांड फट रहा है।" चन्द्रिका कुल्ली को देख-देखकर आजमा रहा था कि एक झपट होने पर आसमान दिखा सकेगा या नहीं। मुँह पर छींटे मारकर, दो-एक घूँट पानी पीकर कुल्ली ने कहा, "अब देर न कीजिए।"

मैं घर के भीतर चला। फाटक के पास जाते ही मालूम हुआ, सारा घर साँस साधे हुए है। फाटक खोलने पर सासुजी मिलीं, स्तब्ध भाव से मुझे देखती हुईं। उनकी बेटी उनकी आड़ में। मैं सीधे अपने कमरे में गया। बाल कंघी किए, कपड़े बदले, जूते पहने; फिर छाता लेकर बाहर निकला। सासुजी रास्ता रोककर खड़ी हो गईं। अपने यहाँ का एक डंडा देती हुई बोलीं, ''इसे भी ले लो। जंगल का रास्ता ठहरा।''

मैंने कहा, ''जरूरत पर मैं छाते से काम ले लूँगा।''

सासुजी की बेटी हँसीं। मैं बाहर निकला।

मैं फिर बैठक में न घुसूँ, इस विचार से कुल्ली दरवाजे के पास आ गए थे, मेरे निकलते ही निकल पड़े। कुल्ली के पीछे चन्द्रिका भी निकला। कुल्ली ने उसे घृणा से घूरा, पर कुछ कहा नहीं। रास्ते पर जाकर खड़े हो गए। मैं भी बढ़ा। मेरे पीछे चन्द्रिका । चन्द्रिका का रहना कुल्ली को अखर रहा था। मुझे सासुजी की बात याद आ रही थी कि कुल्ली मुझे यहाँ से ले जाना चाहता है। उसका उद्देश्य किला दिखाना नहीं। पर उसका उद्देश्य क्या है, जानने की बड़ी उत्सुकता हुई। इसी समय हम लोग बड़े रास्ते पर आए। कुल्ली ने एक दफा मेरी तरफ देखकर इशारा किया कि अब इसे विदा कर दो। वह इशारा, मुँह और आँख का बनना, मुझे बड़ा अच्छा मालूम दिया। दो-एक दफा ऐसे इशारे और हों, देखूँ, इस अभिप्राय से चन्द्रिका को लिए रहा। कुल्ली का उत्साह टूट गया; चाल धीमी पड़ गई। पर आशा से हृदय बाँधकर पांडेजी के शिवाले की तरफ चले।

कुछ दूर पर शिवाला मिला। चारों ओर घूमकर हम लोगों ने मंदिर देखा, देवता के दर्शन किए, फिर मंदिर की चित्र-कला देखते रहे। फिर बैठकर कुछ देर विश्राम करने और पुजारीजी की बातचीत सुनने लगे। ज्यों-ज्यों देर हो रही थी, कुल्ली का पेट ऐंठ रहा था। पुजारीजी की बातचीत चल रही थी कि उस साल भगवान् का जन्म-दिन मुहर्रम के दिन पड़ा; जब ताजिए उठ रहे थे, पुजारी भगवान् की आरती कर रहे थे; आरती में खूब बाजे बज रहे थे, इंसपेक्टर साहब के पूछने पर पुजारीजी ने कहा कि जिनके यहाँ आदमी मरा, और कहीं लाश का पता नहीं, उनके यहाँ तो ये सब, और पुजारीजी के यहाँ आज भगवान् पैदा हुए (कहते हैं, उसी दिन पुजारीजी की स्त्री के लड़का हुआ था), तो यहाँ कितना उछाह होना चाहिए।

कुल्ली ने बीच में टोककर कहा, ''महाराज, अभी और जगहें देखनी हैं।'' कहकर उठकर खड़े हो गए।

मैं पुजारीजी की बात खत्म होने पर उठा। तब तक कुल्ली सैकड़ों मर्तबे निगाह से मुझे उठाते रहे। मैं देखता और सुनता रहा। शिवाले के बाहर निकलकर कुल्ली ने फिर इशारा किया। इस बार कुल्ली का इशारा चन्द्रिका ने देख लिया। लेकिन बात उसकी समझ में न आई। उसने सोचा था, आगे चलकर कुल्ली को मारने की नौबत आएगी; पर इस इशारे में उसे काफी स्नेह दिखाई दिया।

इसी समय अत्तार के यहाँ से मैंने रूह खरीद लेने की आज्ञा दी। चन्द्रिका असमंजस में पड़ गया—उसे सासुजी की आज्ञा साथ न छोड़ने के लिए थी, सासुजी की बात याद आई—साथ न छोड़ना, दोस्त-दुश्मन कौन कैसा साथ रहता है; लेकिन कुल्ली को दुश्मन में शुमार न कर सकने के कारण उतरे गले से कहा, ''मैं भी किला देख लेता।''

कुल्ली ने कहा, ''क्या आज से किले का आना बंद हुआ जाता है? कल देख लेना; कहीं मालिक की हुक्म-अदूली की जाती है? जाओ, रूह खरीद लो। वह आगे दुकान है।''

चन्द्रिका मेरी तरफ देखने लगा। मुझे भी उत्साह था। कहा, ''खरीदकर यहीं या बड़े रास्ते पर रहना। हम घंटे-भर में आ जाते हैं।''

चन्द्रिका मुड़ा। कुल्ली ने उत्साह से सीना तानकर गर्दन उठा दी। मुझे भी यह मुद्रा अच्छी लगी। बंगाल में ऐसी अंग-भंगी देखने को न मिली थी।

हम ढाल से नीचे उतरे। किला देख पड़ने लगा। मिट्टी के दो काफी ऊँचे टीले हैं, एक-दूसरे से जुड़े हुए। इन्हीं पर इमारत थी। इस समय केवल एक बारहदरी दूर से देख पड़ती है। किले के चारों तरफ ईंटों की चहारदीवारी थी, जगह-जगह मालूम देता है। ईंट कहीं-कहीं बहुत बड़ी हैं। बाकी इमारत की ईंट लखनऊ की जैसी कागजी थीं, लेकिन बहुत पकी हुई मजबूत। घुसते एक फाटक मिला, मजे का, इन्हीं ईंटों का बना। फाटक का रास्ता कागजी ईंटें गाड़कर बनाया हुआ, नीचे से ऊपर को चढ़ता हुआ, गऊघाट की तरह का। दूर से दृश्य अच्छा मालूम देता है, ऊपर से और अच्छा। हम लोग फाटक से होकर चढ़ते हुए किले के भीतर गए। जाने पर प्राचीनता का नशा जकड़ लेता है, जिसकी स्तब्धता दूर इतिहास-काल में ले जाकर एक प्रकार का प्रगाढ़ आनंद देती है। कुल्ली ने दूसरे टीले की तरफ हाथ उठाकर कहा, ''वह रनवास है। बैठ गया है, दो-एक जगह से मालूम देता है। नीचे की दालानें देख पड़ती हैं। एक तहखाना भी है! लोग कहते हैं, यहाँ बड़ी दौलत है।''

फिर आगे बढ़े। एक जगह, एक मस्जिद थी, टूटी हुई। कुल्ली ने कहा, ''यह मस्जिद है। शाह का कब्जा होने के बाद बनी थी। इसीलिए दूसरी इमारतों के मुकाबले नई मालूम देती है। सामने यह सिपाहियों के रहने की जगह थी, अब कुछ कब्रें हैं। देखिए, उस फाटक से उस बारहदरी तक कई फाटक थे। ड्योढ़ियाँ थीं। सिपाही पहरे पर थे। जगह देखते जाइए, धीरे-धीरे कैसी ऊँची होती गई है। बारहदरी के पास किला काफी ऊँचा है।''

वैसे ही बढ़ते हुए कुल्ली ने दाईं तरफ एक कुआँ दिखलाया। उस समय वह सूख गया था। कुएँ के आगे ढाल में नीचे, किले का नाबदान है। मुसलमानों का अधिकार होने पर किले की पत्थर की मूर्तियाँ वहाँ फेंक दी गई थीं, अब भी काफी

संख्या में पड़ी हैं। इसी जगह से बाहर निकलने को, कहते हैं, एक सुरंग थी। हम लोग बारहदरी की तरफ चले। कुल्ली ने कहा, "पहले यहाँ बहुत अच्छी इमारत थी। कुछ टूट गई थी। अंगरेजों ने मरम्मत कराई, और अपनी कचहरी लग़ाते थे।"

मैंने देखा, जैसे एक छोटे पहाड़ की चोटी पर पहुँचा हूँ। बारहदरी के ठीक नीचे गंगा बह रही थीं। कुछ सीढ़ियाँ बनी थीं, जिनसे मालूम होता था, ऊपर से नीचे गंगा तक उतरने का ज़ीना बना था। किला ऐसे मौके पर कि एक तरफ से गंगा का प्रवाह जैसे रोके हुए है। बरसात में किले की बगल से सटकर गंगा बहती हैं। एक तो वहाँ गंगा का पाट भी चौड़ा है, दूसरे बहुत बड़ा कछार भी है, ऊँची जगह, निगाह दूर-दूर तक जाती है, जिससे जी को वैसा ही प्रसाद मिलता है। देखकर मुझे बड़ा आनंद आया। मेरी खुशी से कुल्ली भी खुश हुए। बारहदरी पर जानेवाली सीढ़ी के सिरे पर बैठ गए। मैं भी थका था, बैठ गया।

कुल्ली ने कहा, "दोस्त, क्या हवा चल रही है!"

कुल्ली का दोस्त कहना मुझे बड़ा अच्छा लगा। मित्रता की तरफ और गुरुडम के खिलाफ मैं पहले से था। मैंने कुल्ली का समर्थन किया। कुल्ली मुस्कराये मेरी मैत्री की आवाज पर, फिर इस स्वर को और उदात्त कर बोले, "दोस्त, तुम्हारा चेहरा बतलाता है कि तुम गाते हो, कुछ सुनाओ वक्त की चीज़।"

मैं गद्गद हो गया यह सोचकर कि वक्त की चीज़ सुननेवाला संगीत-मर्मज्ञ है। तारीफ से मैं अभी कल तक उमड़ आता था; उमड़ जाने पर आदमी हल्का हो जाता है, न जाना था। गाने लगा। कुल्ली सिर हिलाने लगे। मैं देखता था, ताल के साथ कुल्ली के सिर हिलाने का संबंध न था। आश्चर्य हुआ कि ऐसा समझदार यह क्या कर रहा है। इसके बाद कुल्ली ने सम की जगह समझकर "हुँः" किया; वहाँ सम न थी। एक कड़ी गाकर मैंने गाना बंद कर दिया।

कुल्ली ने कहा, "यार, तुम तो बहुत ऊँचे दर्जे के गवैये हो, हमारा इतना जाना न था।"

मैं फिर फूल गया। कुछ उस्तादों के नाम गिनाए, जिनमें कुछ से कुछ सीखा था, अधिकांश के नाम सुने थे। कहा, "इन सबसे मैंने यह विद्या ली है।"

मेरे गुरुत्व पर गंभीर होकर कुल्ली बोले, "हाँ, ये सब लोग राना साहब के यहाँ आते हैं। पर तुम्हारी और बात है। तुम्हारा गला क्या है! तुम्हारा गला है, जादू है?"

मैं संयत होने लगा, कुल्ली जो कुछ कह रहे हैं, ठीक है, समझकर।

शाम हो रही थी। घर की याद आई। मैंने कहा, "अब चलना चाहिए।"

कुल्ली भावस्थ हो गए, फिर एक गर्म साँस छोड़ी। कहा, "अच्छा, चलो। हम लोग चलें।"

कुल्ली जिस रास्ते से ले चले, यह नया था। मेरे पूछने पर कहा, "जरा ही

दूर मेरा मकान है। अपनी चरण-रज से पवित्र तो कर दो।''

तब मैं ब्राह्मण था, इसलिए चरण-रज से पवित्र करने की ताकत है, समझता था। कुल्ली के मकान के साथ कुल्ली का देह भी संलग्न है भाव-रूप से, इसलिए उसके पवित्र करने की बात भी मेरे मन में आई, क्योंकि मैं देख चुका था, कुल्ली की भली बात का व्यंग्य रूप से लोग बुरा अर्थ लगाते हैं, फलतः कुल्ली के पवित्र होने की जरूरत है। कुल्ली अब तक के आचरण से किसी तरह भी अनाचरणीय मनुष्य नहीं। उसका यह भाव लोगों में व्यक्त हो जाना चाहिए। चुपचाप कुल्ली के साथ चला जा रहा था। पुराने बाजार से कुछ आगे चौरासी पर कुल्ली का मकान था। कुल्ली ने घर का ताला खोला। गृह की यह दशा देखकर मैंने सोचा—कुल्ली त्यागी मनुष्य है। जंबुकों के वन में अकेला सिद्ध वेदांत-केसरी की तरह रहता है। कुल्ली ने लालटेन जलाई। फिर कहा, ''यही झोंपड़ी है। घर में मैं अकेला रह गया हूँ। कुछ जमींदारी है। लड़के-बच्चे, जोरू-जाते कोई नहीं, दो एक्के चलवाता हूँ। शौक से रहता हूँ, यह आदमियों को अच्छा नहीं लगता। मान लो, कोई बुरी लत हो, तो दूसरों को इससे क्या? अपना पैसा बरबाद करता हूँ!''

बात मुझे संगत मालूम दी। मैंने कहा, ''दूसरों की ओर उँगली उठाये बिना जैसे दुनिया चल ही नहीं पाती।''

कुल्ली खुश होकर बोले, ''हाँ, लेकिन दुनिया में हमारे-तुम्हारे-जैसे आदमी भी हैं, जो लोगों के उँगली उठाने से घबराते नहीं।''

कुल्ली ने बड़े स्नेह के साथ मुझे पान दिया, और मेरे पान लेते वक्त जरा मेरी उँगली दबा दी। मैं बहुत खुश हुआ यह सोचकर कि ससुराल के संबंध से कुल्ली मेरे साले होते हैं, मुझसे दिल्लगी की है। मुझे खुश देखकर कुल्ली विचित्र तरह से तने। कुछ देर तक इस उत्तेजना का आनंद लेकर बोले, ''कल तुम्हारा न्योता है मिठाई का। लेकिन किसी से कहना मत, क्योंकि यहाँ लोग सीधी बात का टेढ़ा अर्थ लगाते हैं। कल नौ बजे तक आ जाओ।'' फिर बहुत दीन होकर बोले, ''गरीबों पर भी कृपा की जाती है।''

आजकल जिस तरह लोग मेरा व्यंग्य नहीं समझते, उसी तरह पहले लोगों का व्यंग्य मेरी समझ में न आता था। मैंने कुल्ली का आमंत्रण स्वीकार कर लिया, और चलने को तैयार हुआ।

मेरे मुँह की ओर देखते हुए कुल्ली ने कहा, ''पान भी क्या खूबसूरत बनाता है तुम्हें! तुम्हारे होंठ भी गजब के हैं। पान की बारीक लकीर रचकर, क्या कहूँ, शमशीर बन जाती है।''

कुल्ली हृदय की भाषा में कह रहे थे, मैं कुल अर्थ ससुराल के संबंध से लगाता हुआ बहुत ही प्रसन्न हो रहा था।

मैं बढ़ा। कुल्ली बड़े रास्ते तक आए, और नमस्कार करके कहा, ''कल सबेरे

नौ बजे इंतजार करूँगा।''

मैंने भी प्रतिनमस्कार किया। ढाल के पास चन्द्रिका खड़ा था। देखकर कहा, ''बहुत देर कर दी बाबा, तुमने। मुझे शंका हो रही थी कि कहीं धोखा न हुआ हो।''

मैंने कहा, ''चन्द्रिका, धोखा तो खैर नहीं हुआ, लेकिन धोखा देना है। तुम्हारी नानी पूछें, तो कहना, हम साथ थे।''

चन्द्रिका ने स्वीकार कर लिया। मैं कुल्ली की बातों के विचार में था, चन्द्रिका के स्वभाव के अनुकूल समझाना याद न था।

सासुजी सर्वांतःकरण से हमारा रास्ता देख रही थीं। मैं कपड़े छोड़ने भीतर गया, सासुजी चन्द्रिका से पूछने लगीं, ''कहाँ-कहाँ गए चन्द्रिका?''

चन्द्रिका ने उतरे गले से कहा, ''कहीं नहीं, बाबा के लिए रूह लेने गया था।'' इतना कह जाने पर चन्द्रिका को होश हुआ।

सासुजी को इतनी पकड़ काफी थी। पूछा, ''भैया ने भेजा था?''

''हाँ।'' चन्द्रिका ने रुखाई से कहा, गलती कर जाने के कारण।

सासुजी ने पूछा, ''फिर?''

चन्द्रिका रुका, और फिर सँभलकर कहा, ''फिर किले गए।''

सासुजी ने पूछा, ''वहाँ सतमंजिला मकान देखा था?''

चन्द्रिका ने कहा, ''हाँ।''

सासुजी ने पूछा, ''वहाँ एक बहुत बड़ा ताल है, वहाँ गए थे?''

चन्द्रिका ने कहा, ''हाँ।''

सासुजी ने पूछा, ''किले पर लखपेड़ा बाग है, देखा था?''

चन्द्रिका ने कहा, ''हाँ, बहुत देर तक सब लोग देखते रहे।''

सासुजी समझ गईं, भीतर से एक डंडा लाकर दिखाती हुई बोलीं, ''देख, दहिजार लोध। भले आदमी की तरह ठीक-ठीक बता, नहीं तो वह डंडा दिया कि मुँह टेढ़ा हो गया। तू कहाँ था?''

चन्द्रिका ने कहा, ''देखो नानी, मुझे मारो मत, न मैं किले का नौकर हूँ, न किसी दूसरे का। जिनका नौकर हूँ, उनसे पूछ लो।''

बात पानी की तरह साफ हो गई। सासुजी को पूछने की जरूरत नहीं हुई। मैं निकला, तो मुँह पर ऐसी दृष्टि उन्होंने डाली, जैसे मुँह सड़ गया हो। चन्द्रिका को पास खड़ा देखकर मैं समझ गया।

कुछ देर बाद सासुजी भीतर गईं। मैं निश्चय कर लेने के विचार से बाहर निकला। पीछे-पीछे चन्द्रिका भी आया। फाटक के बाहर आकर मुझे पकड़कर रोने लगा। कहा, ''बाबा, मैं न रहूँगा।''

मैंने कहा, ''अरे, चन्द्रिका, इतनी जल्दी ऊब गए? अभी कुछ दिन रूह की मालिश तो करो।''

चन्द्रिका ने रोनी आवाज में सासुजी की प्रश्नावली और अपने उत्तर सुनाए। मेरे होश उड़ गए। बड़ी लज्जा लगी। लेकिन उपाय न था।

हार खाने पर चिढ़ हुई। मन ने कहा, 'क्या बिगाड़ लेंगे? वे सभ्य आदमी ही नहीं हैं। होते, तो नौकर से भेद न लेते फिरते। इसी वक्त पूरी लापरवाही से रूह की मालिश कराओ। इन्हें समझा दो कि तुम देहात के रहनेवाले ऐरे-गैरे नहीं हो। तुम्हारी दूसरी ही बातें हैं।'

मन में आते ही मैं फाटक के भीतरवाले आँगन में गया, और चारपाई पर चन्द्रिका को दरी बिछाने के लिए कहा। सासुजी मेरी बिगड़ी मुद्राएँ कुछ देर तक देखती रहीं, फिर चुपचाप भीतर चली गईं। चन्द्रिका ने दरी बिछाई, रूह की शीशी ले आया। मैं चित्त लेट गया, और छाती दिखाकर कहा, "यहाँ लगाओ।"

चन्द्रिका ने रूह और तेल में भेद नहीं किया। 20) की रूह एक साथ गदोरी में लेकर छाती में थपथपाया। फिर कहा, "लेकिन बाबा, इतना ही है, इससे क्या होगा?"

एक दफा मेरा जी छन्न से हुआ कि इसने बीस की मत्थे दी; पर साँस साधे पड़ा रहा कि कुछ कहूँगा, तो अशिष्टता होगी। रूह की खुशबू चारों तरफ उड़ चली। ससुरजी सूँघते-सूँघते बाहर निकल आए, और सूँघते और आँखें तिलमिलाते हुए बोले, "अरघानें उठ रही हैं, बच्चा!"

मैंने आवाज दी। उन्होंने खुश होकर कहा, "इतना अतर-फुलेल न लगाया करो, हूरें पकड़ती हैं।" कहकर प्रसन्न होकर चले गए।

सुगंध भीतर तक आफत कर रही थी। सासुजी बाहर निकलीं। चन्द्रिका तल्लीन होकर तेल की-जैसी मालिश कर रहा था। सासुजी कुछ देर तक देखती रहीं। फिर पूछा, "इत्र है?"

मैंने गंभीर होकर कहा, "रूह!"

सासुजी चौंकीं। पूछा, "कितने की है?"

मैंने गंभीर शालीनता से कहा, "बीस रुपये की।"

सासुजी देर तक विस्मय की दृष्टि से देखती रहीं। फिर पूछा, "ऐसी मालिश कितने-कितने दिन बाद करते हो?"

मैंने वैसे ही उदात्त स्वर से उत्तर दिया, "एक-एक दिन का अँतरा देकर।"

सासुजी फिर थोड़ी देर तक देखती रहीं, और एक लड़की की तरह पूछा, "इससे क्या होता है?"

मैंने कहा, "सीना तगड़ा होता है।"

मेरा सीना बचपन से चौड़ा था। सासुजी ने विश्वास कर लिया। कुछ देर तक स्तब्ध भाव से खड़ी रहकर अत्यंत स्वाभाविक स्वर से पूछा, "तुम्हारे पिताजी तनख्वाह कितनी पाते हैं?"

इसका उत्तर बड़ा अपमानजनक था, पिताजी की तनख्वाह बहुत थोड़ी थी, किसी भली जगह किसी तरह कहने लायक नहीं। पर जहाँ विश्व का ऐश्वर्य झूठ है, वहाँ झूठ का हिसाब लगाना भी किसी सत्य की शक्ति की बात नहीं। सही बात को दबाकर गले में खूब जोर देकर कहा, "पिताजी की आमदनी की कितनी सूरतें हैं, क्या कहूँ? उनकी आमदनी कब कितनी हो जाएगी, कहाँ से, कैसे, किससे, यह वही नहीं बता सकते।"

उत्तर सुनकर सासुजी एकाएक रोने लगीं, कुछ देर रोकर स्वयं ही भाव स्पष्ट किया, "जो बाप अपने बेटे के लिए रोज मालिश में बीस रुपये की रूह खर्च करता है, वह अपनी बहू के लिए बीस सौ का चढ़ावा भी नहीं लाता? अरे राम रे! मुझे क्या हो गया, जो मैंने शादी कर दी।"

मुझे एक आश्वासन मिला कि पहली बात दब गई। रूह सूख चुकी थी, चन्द्रिका रगड़-रगड़कर आग निकाल रहा था। मैंने मालिश बंद करा दी।

घर में सन्नाटा था, जिसे 'मसा नहीं भन्नाय' कहा है। देर तक भोजन के लिए बुलावा न आया। बैठा 'चर्पट-पंजरिका' के घोखे श्लोक याद करता रहा। बिलकुल विरोधाभास—एक दिन में यह हाल, तो पूरी गवहीं कैसे पार होगी? साले साहब, जो इस समय कई बच्चों के बाप हैं, तब मुश्किल से चार साल के थे। एकाएक चिल्लाकर रो उठे। चन्द्रिका झपकियाँ ले रहा था, सोचा—खाने का बुलावा है, सजग होकर सुनने लगा, फिर वीतश्रद्ध होकर हाथों से घुटने बाँधे।

मैंने पूछा, "चन्द्रिका, कैसा लग रहा है?"

चन्द्रिका ने कहा, "बाबा, घर में भोजन कर अब तक एक नींद सो चुकता था।"

मैंने कहा, "यहाँ भोजन भी तो अनेक प्रकार के मिलते हैं।"

चन्द्रिका ने ऊँघते हुए कहा, "तेल और नमक-मिली जव-चनी की रोटी का स्वाद यहाँ नहीं मिलता।"

इसी समय सासुजी का नौकर आया, और बड़े गंभीर स्वर से आवाज दी, "भोजन तैयार है।"

भोजन के समय बिलकुल सन्नाटा। एक-एक साँस गिनी जा सकती थी। कोई किसी से बोलता न था। मैं निरपेक्ष भाव से भोजन कर हाथ-मुँह धोकर, अपने शयन-कक्ष में जाकर लेटा।

घर-भर का भोजन हो जाने पर कल की तरह आज भी श्रीमतीजी आईं। लेकिन गति में छंद नहीं बजे। पान दिया, पर दृष्टि में वह अपनापन न था। मैं एक तरफ हट गया। उनकी आधी जगह खाली कर दी। बेमन पैर दबाकर वह लेटीं। उनका मनोभाव आज क्यों ऐंठ गया, कुछ-कुछ मेरी समझ में आया। पर चुपचाप पड़ा रहा। सोचा, कमजोर दिल अपने-आप बोलना शुरू करता है। अंदाजा ठीक पड़ा। कुछ देर

तक चुपचाप पड़ी रहकर उन्होंने कहा, "इत्र की इतनी तेज खुशबू है कि शायद आज आँख नहीं लगेगी।"

मैंने कहा, "अनभ्यास के कारण। एक कहानी है, तुमने न सुनी होगी। एक मछुआइन थी। एक दिन नदी-किनारे से घर आते रात हो गई। रास्ते में राजा की फुलवाड़ी मिली, उसमें एक झोंपड़ी थी वहीं सो रही। फूलों की महक से बाग गमक रहा था। मछुआइन रह-रहकर करवट बदल रही थी। आँख नहीं लग रही थी। फूलों की खुशबू में उसे तीखापन मालूम दे रहा था। उसे याद आई, उसकी टोकरी है। वह मछलीवाली टोकरी सिरहाने रखकर सोई, तब नींद आई।"

श्रीमतीजी गर्म होकर बोलीं, "तो मैं मछुआइन हूँ?"

"यह मैं कब कहता हूँ", मैंने विनयपूर्वक कहा, "कि तुम पंडिताइन नहीं मछुआइन हो; मैंने तो एक बात कही, जो लोगों में कही जाती है।"

श्रीमतीजी ने बड़ी समझदार की तरह पूछा, "तो मैं भी मछलियाँ खाती हूँ?"

मैंने बहुत ठंडे दिल से कहा, "इसमें खाने की कौन-सी बात है? बात तो सूँघने की है। अपने बाल सूँघो, तेल की ऐसी चीकट और बदबू है कि कभी-कभी मुझे मालूम देता है कि तुम्हारे मुँह पर कै कर दूँ।"

श्रीमतीजी बिगड़कर बोलीं, "तो क्या मैं रंडी हूँ, जो हर वक्त बनाव-सिंगार के पीछे पड़ी रहूँ?"

"लो", मैंने बड़े आश्चर्य से कहा, "ऐसा कौन कहता है, लेकिन तुम बकरी भी तो नहीं हो कि हर वक्त गँधाती रहो, न मुझे राजयक्ष्मा का रोग है, जो सूँघने को मजबूर होऊँ।"

श्रीमतीजी जैसे बिजली के जोर से उठकर बैठ गईं। बोलीं, "तुम्हारी ऐसी ही इच्छा है, तो लो, मैं जाती हूँ।"

सिर्फ मेरे जवाब के लिए जैसे रुकी रहीं।

मैंने बड़े स्नेह के स्वर से कहा, "मेरी अकेली इच्छा से तो तुम यहाँ सोतीं नहीं, तुम अपनी इच्छा की भी सोच लो।"

श्रीमतीजी ने जवाब न दिया, जैसे मैंने बहुत बड़ा अपमान किया हो, इस तरह उठीं, और दरवाजा खुले छोड़कर चली गईं।

मैंने मन में कहा, 'आज दूसरा दिन है।'

सात

सबेरे जब जगा, तब घर में बड़ी चहल-पहल थी। साले साहब रो रहे थे। सासुजी ने मारा था। ससुरजी खुड्ढी में गिर गए थे, नौकर नहला रहा था। घर में तीन जोड़े

बैल घुस आए थे। श्रीमतीजी लाठी लेकर हाँकने गई थीं, एक के ऐसी जमाई कि उसकी एक सींग टूट गई। ज्योतिषीजी बुलाए गए कि बतलाएँ, कि इसका क्या प्रायश्चित्त है। महरी पानी भरने गई थी, रस्सी टूट जाने के कारण पीतल का घड़ा कुएँ में चला गया था। घर का पानी खत्म हो आया था। दूसरी रस्सी न होने के कारण पानी भरना बंद था। पड़ोस में सबेरे रस्सी मिली नहीं। लोगों ने कहा, ''हमारा पानी भर जाए, तब ले जाओ।'' चन्द्रिका सबेरे से लापता था। जब मेरी आँख खुली, तब सुना, सासुजी कह रही हैं, ''जब बिपत आती है, तब एक साथ आती है।''

मुझे इसकी अंगरेजी उक्ति मालूम थी। समझा, उठने के साथ सासुजी श्रीमतीजीवाली घटना पर मुझी को सुनाकर कह रही हैं। जमकर धीरे-धीरे उठा। घर में जितने थे, सब व्यस्त थे। क्रमशः एक-एक दुर्घटना मालूम होती गई। चन्द्रिका का पता न था। ससुरजी को साफ कर जब उनका नौकर आया, उसने कहा, ''चन्द्रिका ने कहा है, मैं गाँव जा रहा हूँ, पैसे पास नहीं हैं, रेल की पटरी-पटरी चला जाऊँगा, रास्ता नहीं जाना, बाबा चिंता न करें, कहकर नहीं जा रहा, क्योंकि बाबा नहीं छोड़ेंगे।'' फिर उसने अपनी तरफ से कहा कि मुझसे कह गया है कि मैं किसान आदमी हूँ, मेरी नौकरी न रहेगी, तो मुझे इसकी चिंता नहीं, किसानी और मजदूरी कर खाऊँगा।

मैं समझ गया, रात से ही वायुमंडल बिगड़ा है, सबेरे किसी ने उससे कुछ कहा होगा। ज्यादा शंका मुझे श्रीमतीजी पर हुई। मैंने पूछा, ''जब बैल की सींग तोड़ी गई थी, तब चन्द्रिका था या नहीं?''

नौकर ने इशारे से सिर हिलाकर कहा, ''हाँ।''

श्रृंग-भंग-शांति की बातचीत हो रही थी कि आठ का वक्त हो गया। मुझे मित्रवर कुल्ली की याद आई। तैयार होकर बाहर निकला। कुएँ के पास भरा घड़ा लिए एक युवती मिली। सगुन देखकर मन प्रसन्न हो गया। कुछ आगे बढ़ने पर दुहकर छोड़ी हुई एक गाय बछड़े को पिलाती हुई मिली। मेरी चाल और तेज हुई। कुछ लोग बड़े रास्ते पर मिले; मुझे देखकर तारीफ करने लगे—डील-डौल, चाल-चलन की। मैं संयत मुद्रा से पैर बढ़ाए कुल्ली के घर की तरफ वाले रास्ते को बढ़ा। देखा, कुल्ली रास्ते पर खड़े थे। देखने के साथ पूरी स्वतंत्रता से कदम उठाते हुए मथुरा में नादिरशाह की सेना की तरह, मेरी तरफ बढ़े, जैसे मित्र के भी देश पर पूरी विजय पा ली है। मुझे भरा घड़ा मिला ही था, भरे हृदय से मैं कुल्ली को देख रहा था।

कुल्ली हृदय से लिपट गए, ''आओ, आओ।'' मुझे मालूम हुआ, गंगा और यमुना का संगम है।

कुल्ली बड़े आदर से मुझे अपने घर ले गए। एक बड़ा आईना चारों ओर तीन-लड़ माला से सजा था। मेरे जाने के साथ-ही-साथ पकड़कर सामने जाकर खड़े हुए। मैंने देखा, बिना माला पहने हम दोनों माला पहने हुए हैं। कुल्ली की कला पर जी मुग्ध हो गया। कुल्ली आईने में ही मुझे देखकर हँसे। देखकर मैं भी मुस्कराया। कुल्ली

बहुत प्रसन्न होकर बोले, "अच्छा।"

फिर जल्दी-जल्दी भीतर एक कमरे में गए, और मिठाई की तश्तरी उठा लाए। पलंग के सामने एक ऊँची चौकी रखी थी, उस पर रख दी। फिर जल-भरा लोटा और गिलास वहीं रख दिया, और मुझसे बड़े विनय के स्वरों से खाने के लिए कहा।

मैं खाने लगा। कुल्ली विनीत चितवन से मेरा खाना देखते रहे। भोजन समाप्त होने पर उन्होंने हाथ धुलाया-पोंछाया। फिर पान दिया।

पान खाकर मैं पलंग पर बैठा। बड़ा सुंदर पलंग। सुंदर गलीचा बिछा। कुल्ली ने इत्र की एक शीशी दिखाई। कहा, "मैंने मँगा लिया है। रूह नहीं, क्योंकि मालिश तो करनी नहीं।"

मैं अज्ञातयौवन युवक की तरह कुल्ली को देखने लगा। कुछ देर तक कुल्ली स्तब्ध रहे। मैंने देखा, कुल्ली का चेहरा बहुत विकृत हो गया है। मतलब कुछ मेरी समझ में न आया। कुल्ली अधीरता से एक दफा उचके, लेकिन उचककर वहीं रह गए। मैं सोच रहा था, इसे कोई रोग है। कुल्ली ने एक दफा भरसक प्रेम की दृष्टि से मुझे देखते हुए कहा, "तो मैं दरवाजा बंद करता हूँ।"

लेकिन आवाज के साथ जैसे लरबराकर रह गए। कुल्ली से मुझे भय हुआ, इसलिए नहीं कि कुल्ली मेरा कुछ कर सकता है, बल्कि इसलिए कि कुल्ली के लिए जल्द डॉक्टर दरकार है। घबराकर मैंने कहा, "क्या डॉक्टर बुला लाऊँ?"

"ओह! तुम बड़े निठुर हो।" कुल्ली ने कहा।

मैं बैठा सोच रहा था कि कुल्ली की इस ऐंठन से मेरी निठुरता का क्या संबंध है। सोचकर भी कुछ समझ न पाया।

कुल्ली एकाएक उचके, अबके भरसक जोर लगाकर, यह कहते हुए, "मैं जबरदस्ती..."

मुझे हँसी आ गई, खिलखिलाकर हँसने लगा। कुल्ली जहाँ थे, वहीं फिर रह गए। और, वैसे ही कुएँ में डूबे हुए-जैसे कहा, "मैं तुम्हें प्यार करता हूँ।"

मैंने कहा, "प्यार मैं भी तुम्हें करता हूँ।"

कुल्ली सजग होकर तन गए। कहा, "तो फिर आओ।"

मेरी समझ में न आया कि कुल्ली मुझे बुलाता क्यों है। मैंने कहा, "आया तो हूँ।"

कुल्ली ने मुझसे पूछा, "तो क्या और कहीं भी नहीं...?"

बात एक भी मेरी समझ में ज्यों-ज्यों नहीं आ रही थी, त्यों-त्यों गुस्सा बढ़ रहा था। बोला, "साफ-साफ कहो, क्या कहते हो?"

कुल्ली पस्त, जैसे लत्ता हो गए।

"अच्छा नमस्कार।" कहकर मैं बाहर निकला। वह रूप मुझे बिल्कुल पसंद नहीं, इतना ही समझा।

कुल्ली की पहली मुलाकात का अंत हुआ। मैं घर आया। मेरी तरफ से चारों ओर सन्नाटा, जैसे होकर भी न होऊँ। सबको सविनय अवज्ञा करते देखकर मुझे पिताजी की याद आई। मालूम हुआ, पिताजी बहुत अभिज्ञ मनुष्य हैं। उन्होंने ससुरजी की चाल का एक वाक्य में जवाब दिया, और यहाँ का सारा वायुमंडल घहरा उठा; मैं ऐसा हूँ कि वाक्य पर वाक्य चढ़ते हैं, मैं जवाब नहीं दे पाता।

बिलकुल व्यवहार की वाणी में सासुजी ने पूछा, ''भैया, कहाँ गए थे?''

मैंने उस समय झूठ बोलना पाप समझा। कहा, ''कुल्ली के यहाँ।'' अधिक बढ़ाकर कहना भी उचित नहीं मालूम दिया।

सासुजी मुँह की ओर देखकर रह गईं। शाम से ही वह निःशंक थीं। श्रीमतीजी के उठ जाने के बाद से तो शंका का लेश न रह गया था। सबेरे से निःशंकता के निर्भय आचरण भी शुरू हो गए थे। मेरे जाने तक गति में चारुता आने लगी थी।

मैंने सोचा, हौसला तोड़ दिया जाए। चन्द्रिका के चले जाने से मैं लँगड़ा हो गया हूँ। कहा, ''बैल की सींग ही नहीं तोड़ी गई, मेरा पैर भी तोड़ा गया है। बैल की सींग के लिए तो आपने प्रायश्चित्त किया-कराया, मेरे पैर के लिए क्या इलाज सोचा है?''

सासुजी पैर पकड़कर बैठ गईं, ''कहाँ, देखूँ?''

मैंने कहा, ''अपनी बेटी को बुलाइए।''

सासुजी ने कहा, ''बिटिया, रात को पैर दबाने के वक्त तुमने भैया की नस तिड़का दी है? यहाँ आओ। हमसे यह क्यों नहीं कहा?''

''कहाँ?'' शंकित दृष्टि से देखती हुई श्रीमतीजी आईं।

फुटबाल खेलते-खेलते मेरे दाहने अँगूठे में गुम्मड़ पड़ गया था, बाएँ हाथ से दाहना अँगूठा मोटा मालूम देता है। सासुजी को कुछ नजर न आया, मोटा अँगूठा देख पड़ा, तो पकड़कर कहा, ''यह है?'' फिर स्वगत कहा, 'यही होगा।' फिर अपनी बेटी से बोलीं, ''देखो बिटिया, उससे मोटा जान पड़ता है न?''

उनकी लड़की चिंतित भाव से बोलीं, ''हाँ।'' फिर माँ की अनुवर्तिता की। वह भी पकड़कर देखने लगीं।

सासुजी ने कहा, ''क्यों भैया, हल्दी-चूना गर्म कर दें?''

मैंने सोचा, जिसने पैर पकड़ा है, उसे माफ करना चाहिए। इस समय चन्द्रिका की बात रहने दी जाए। वैराग्य से कहा, ''रहने दीजिए।''

बड़े स्नेह से सासुजी ने कहा, ''नहीं, रहने क्या दिया जाए? जाओ तो बिटिया, हल्दी-चूना गर्म करो।''

मैं, जो सुलह हो जाए जंग होकर, सोच रहा था। इसलिए रहस्य को बाद में ही रहने दिया। श्रीमतीजी हल्दी-चूना गर्म करने लगीं।

आठ

दूसरे दिन रूह की मालिश के लिए कहने पर सासुजी ने कहा, "हमारे यहाँ रूह की मालिश नहीं चल सकती। हम इतने बड़े आदमी नहीं। कड़ुआ तेल लगाओ। खाया तो घी जाए, जो रुपये में सेर-भर मिलता है, और लगाई रूह, जो अस्सी रुपये तोले आती है?"

मैंने सोचा, अब गवहीं खत्म है। लेकिन श्रीमतीजी का आकर्षण जबरदस्त था। यद्यपि 'चर्पट-पंजरिका' स्तोत्र कई बार उन्हें सुना-सुनाकर पाठ किया, फिर भी वैराग्य की मात्रा श्रीमतीजी ने मुझमें कभी नहीं देखी। वह भी मेरे चारों ओर धोखा-ही-धोखा देखने लगीं। ललित-कला-विधि में मैं कालिदास नहीं था, उन्होंने मेरा शिष्यत्व स्वीकार नहीं किया।

रुपये खत्म हो चुके थे। रूह अपनी गाँठ से नहीं मँगा सकता था। सासुजी इस ताक में थीं, मैं कितने दफे मँगाकर मालिश कराता हूँ, देखें; मेरे पिताजी ने खर्च के रुपये दिए ही होंगे। हृदय में निश्चय था, सब झोल है। रूह की मालिश कराते उन्होंने किसी बड़े रईस को भी नहीं देखा-सुना।

मेरा दम घुट रहा था। रह-रहकर मन में उठता था, पिताजी की तरह दूसरी शादी की बात कहूँ। लेकिन कुल्ली की तरह दिल से बैठ जाता था। यद्यपि वैराग्योद्दीपक 'का ते कान्ता कास्ते पुत्र' गाया करता था, फिर भी श्रीमतीजी दिल से अच्छी तरह जानती थीं, बिना कान्ता के एक रात इनकी पार नहीं हो सकती, और आधुनिक प्रेमियों की तरह जिस शब्द-न्यास से यह मुझसे पेश आते हैं, यह दूसरा विवाह हरगिज न करेंगे। यानी मैं उन्हें छोड़ नहीं सकता। बात सही थी। दिन-भर विराग रहता था, रात को श्रीमतीजी को देखने के साथ अनुराग में परिणत हो जाता। श्रीमतीजी मौन साधे हुए अपने मनोभावों की मारें सहती थीं।

एक दिन मुझसे न रहा गया, हालाँकि इसलिए नहीं कि मैं श्रीमतीजी के मनोभाव समझता था, बल्कि इसलिए कि श्रीमतीजी मेरे अधिकार में पूरी तरह नहीं आ रही थीं, अर्थात् शिष्यत्व स्वीकार नहीं कर रही थीं। वह समझती थीं, मैं और जो कुछ भी जानता होऊँ, हिंदी का पूरा गँवार हूँ, हिंदी का वैसा गँवार नहीं, जैसा पढ़े-लिखे सैकड़ा पीछे निन्यान्नबे होते हैं—बिल्कुल ठोस मूर्ख। मुझे श्रीमतीजी की विद्या की थाह नहीं थी।

एक दिन बात लड़ गई। मैंने कहा, "तुम हिंदी-हिंदी करती हो, हिंदी में क्या है?"

उन्होंने कहा, "जब तुम्हें आती ही नहीं, तब कुछ नहीं है।"

मैंने कहा, "हिंदी मुझे नहीं आती?"

उन्होंने कहा, "यह तो तुम्हारी जबान बतलाती है। बैसवाड़ी बोल लेते हो,

तुलसीकृत रामायण पढ़ी है, बस। तुम खड़ी बोली का क्या जानते हो?"

तब मैंने खड़ी बोली का नाम भी नहीं सुना था। पं. महावीरप्रसादजी द्विवेदी, पं. अयोध्यासिंहजी उपाध्याय, बाबू मैथिलीशरणजी गुप्त आदि तब मेरे लिए स्वप्न में भी नहीं थे, जैसे आज हैं। श्रीमतीजी पूरे उच्छ्वास से खड़ी बोली के ऐसे धुरंधर साहित्यिकों के बीसियों नाम गिनाती गईं; जैसे लेख में उद्धरण पर उद्धरण देखकर पाठक लेखक की विद्वत्ता और विचारों की उच्चता पर दंग हो जाता है, वैसे ही मैं भी खड़ी बोली के साहित्यिकों के नाम-मात्र से श्रीमतीजी की खड़ी बोली के ज्ञान पर जहाँ का वहीं रह गया। अब समझता हूँ, 'सहस्रनाम' का प्रभाव इतना क्यों है।

मैंने निश्चय किया कि अब यहाँ मेरी दाल न गलेगी। पाँच-छः रोज हो गए। रूह की मालिश नहीं कराई। सासुजी जैसे दिन गिन रही थीं, इधर श्रीमतीजी की खड़ी बोली का ज्ञान दिन-पर-दिन गालिब हो रहा था। सोचा, घर चला जाऊँगा। लेकिन मारे प्रेम के स्टेशन की तरफ देखने की इच्छा नहीं होती थी। इसी समय किसी एक उपलक्ष में गाने का आयोजन हुआ। सासुजी ने एक दिन अपनी पुत्री के संगीत की तारीफ की थी। कहा था, "शहर में कोई लड़की और औरत मुकाबला नहीं कर सकती।" मैंने सोचा, आज सुन लूँगा, चलते-चलते श्रवण-रन्ध्र सार्थक हो जाएँगे। मजलिस लगी। ढोलक बजने लगी, लेकिन औरतों की जैसी 'उदुम-घुसुक, उदुम-घुसुक' नहीं। मैंने सोचा, कुछ आनंद आएगा—'टिकारा वदन्ति?' पुरुष भी जमने लगे। मनचले, कुछ नहीं, तो दूसरे की औरत का हाथ-पैर ही देख लेनेवाले। भीतर से पान आने लगे। पान-तम्बाकू खाकर एक-एक पीक थूकते हुए घर भ्रष्ट करनेवाले औरतों की आलोचना करने लगे। गाना शुरू हुआ। श्रीगणेश ग़ज़लों से। जो औरत ग़ज़ल गाना नहीं जानती, उसकी आफत। ग़ज़ल गानेवालियों से प्रभावित अक्सर ग़ज़ल न जाननेवाली पुरानी वृद्धाएँ थीं, भजन गानेवाली; उन पर नवीनाओं का वैसा ही रोब था, जैसा आजकल साहित्य और समाज में देखा जाता है।

मुझे ताज्जुब यह था कि अंगरेजों के वक्त ही अंगरेजी इतना अपना ली गई कि चाल-ढाल, बात-चीत, अदब-कायदा, खान-पान, उठक-बैठक, हेत-व्यवहार, यहाँ तक कि राजनीतिक विचारों तक में अपना ली गई, और इतनी जल्दी; पर मुसलमानों के वक्त फारसी और हाफिज की ग़ज़लों के लिए हमारी देवियों ने इतनी देर क्यों की, जिस तरह आज की बी.ए. पास देवी धड़ल्ले से घूमती है, अंगरेजी बोलती है, यूरोप में कोर्टशिप करती है, पियानो बजाती है, और पिछड़ी हुई देश की स्त्रियों को शिक्षा देती है, उसी तरह हमारी प्राचीनाओं ने ग़ज़लों को क्यों नहीं अपनाया? चाहिए तो यह था कि अपनी सांस्कृतिक विभूति अपनी बेटियों को देतीं। मालूम हुआ कि वे विचारों में मार्जित और उदार नहीं थीं, इसलिए उनका सांस्कृतिक हाजमा बिगड़ा था। यह बात राजा राममोहन राय को सबसे पहले मालूम हुई। खैर, अंगरेजी अज्ञेयों का उद्धार करे; मैं तन्मय होकर ग़ज़लें सुनने लगा।

गाने के साथ-साथ बाहर आलोचना भी चलने लगी—कौन गा रही है, यानी गाना उठाया हुआ किसका है, यों साथ-साथ कितने ही मँजे और नौसिखिए गले चलते थे। लोग ग़ज़लों और ग़ज़ल गानेवालियों को चाहते थे। उनके नमक के कारण, पर उनके चरित्र से उन्हें घृणा थी। अब तक श्रीमतीजी कवि-सम्मेलन के बड़े कवि की तरह बैठी थीं। मुझे नहीं मालूम था कि लोग एक के बाद दूसरे उन्हीं के लिए टूट रहे हैं। खैर, उन्होंने गाया। गनीमत यह कि पहले भजन गाया, वह भी साहित्यिक गीतों का शिरोभूषण—'श्रीरामचन्द्र कृपालु भजु मन हरण भवभय दारुणम्।' लोग साँस रोककर सुनने लगे। 'कंदर्प अगणित-अमित-छवि-नवनील-नीरज-सुंदरम्' की जगह जान पड़ने लगा, गले में मृदंग बज रहा है। मेरा दम उखड़ गया। यह इतनी हैं, बंगाल से पाए संस्कार के प्रकाश में मैं न देख पाया।

इसके बाद एक ग़ज़ल हुई—'अगर है चाह मिलने की, तो हरदम लौ लगाता जा।' यह त्याग की बारूद भड़की, तो लोगों में प्रेम पैदा हो गया, बिना जनेऊ तोड़े, न-जाने क्यों? एक-दूसरे से कनखियों से बातें करने लगे। मैंने सोचा, यह मेरे प्रेम पर है पर फिर शंका हुई, क्योंकि मैं मिल चुका था। लोग मुस्कराते हुए अपने-अपने प्रेम की थाह ले रहे थे।

इसके बाद दादरा शुरू हुआ—

'सासुजी का छोकड़ा, मेरी ठाढ़ी पे रख दिया हाथ।
बहुत गम खा गई, नहीं चाँटे लगाती दो-चार।'

एक श्रोता बहुत बिगड़े। बोले, "अपने मर्द को चाँटे लगातीं? वैसा ही मर्द होगा।"

उन्हें यह ख्याल नहीं था कि उनका मर्द सामने बैठा है। दूसरे ने मेरी तरफ देखकर मुस्कराकर कहा, "यह मर्द के लिए नहीं, देवर के लिए है। सासुजी का छोकड़ा देवर भी हो सकता है।"

तीसरे ने कहा, "देवर तो है ही।" मेरी जान में जान आई।

कुछ देर और होकर गाना बंद हुआ। लोग जम्हाई ले-लेकर उठे। स्त्रियाँ भी एक-एक कर निकलने लगीं। थोड़ी देर में घर अपने ही लोगों का रह गया। श्रीमतीजी का गाना अच्छा, हिंदी अच्छी। मेरी इन दोनों विषयों की ताली तब तक नहीं खुली। संसार में हारने की-सी लाज नहीं, स्त्री सृष्टि की सबसे बड़ी हार है, पुरुष की जीत की सबसे बड़ी प्रमाण-प्रतिमा, इससे मैं हारा। एकांत में पिताजी को एक चिट्ठी लिखी, "मैं कलकत्ते जा रहा हूँ, लिखने-पढ़ने का नुकसान हो रहा है। आप जब चाहें पानी बदलकर आएँ; मैं प्रसन्न हूँ, यहाँ कुशल है।" चिट्ठी डाकखाने छोड़ी और बिस्तरा बाँधकर तैयार होने लगा।

सासुजी ने पूछा, "भैया, बिस्तरा क्यों बाँध रहे हो?"

मैंने कहा, "कलकत्ता जा रहा हूँ।"

सासुजी का रंग उड़ गया। गाने के बाद अपनी लड़की की गलेबाजी पर मुझसे राय लेनेवाली थीं, एकाएक हौसला जाता रहा। कहा, "बाँधना-खोलना हमारा काम है, नौकर है, कलकत्ता अभी कैसे जा सकते हो? तुम्हारे पिताजी भी क्या कहेंगे? यहाँ के लोग समझेंगे—दामाद गवहीं आया था, हफ्ते से ज्यादा न रख सकीं, हमारी बेइज्जती होगी।"

मैंने कहा, "बेइज्जती एक ही ओर की रहने दी जाए।"

सासुजी ने कहा, "तुम्हारी कैसी बेइज्जती?"

"अपनी बेइज्जती की बात कोई अपनी जबान से नहीं कहता।" मैंने कहा।

सासुजी सोचकर जैसे समझ गईं, यानी कुल्लीवाली बात के लिए उन्होंने सोचा कि वे लोग समझ गए, यह मुझे मालूम हो गया है। बोलीं, "मैंने तो बहुत पहले तुम्हें मना किया था कि कुल्ली का साथ अच्छा नहीं।"

मैंने कहा, "कुल्ली का साथ अच्छा नहीं या आपकी बेटी का, यह सब रहने दीजिए।"

मैंने तो सीधे ढंग से कहा था, लेकिन सासुजी एकाएक उच्च स्वर से रोने लगीं। उनके साथ उनकी बेटी भी, छोटी होने के कारण मंद स्वर से। भगवान् जाने इस बीच पिताजी के लिए क्या सोचा हो! घबराकर बोलीं, "मेरी बेटी तो भैया, तुम्हें भगवान् मानती है। रात का वक्त है, झूठ नहीं कहूँगी, सामने आग जल रही है, मेरे मुँह में आग लगे, तुम कहो, तो मेरी लड़की तुम्हारी बात पर अंगार खा सकती है। और, आज ही गाँव-भर की औरतें आई थीं, उसी की वाहवाही रही, हर बात पर, यों चाहे, जो कहो।"

"इसी के लिए तो जा रहा हूँ।" मैंने कहा।

सासुजी चौंकी हुई देखने लगीं। मैं फिर बिस्तरा बाँधने लगा।

ससुराल में बिस्तरा बाँधना नाराजगी का कारण है। सासुजी के मन में आया—रूह नहीं मँगाई गई, इसलिए जा रहे हैं। बोलीं, "दाम नहीं थे, इसलिए रूह नहीं मँगाई, कल वह भी आ जाती है।"

मैंने कहा, "वह तो बाहरी रूह है, यहाँ भीतरी फना है।"

सासुजी प्रश्न-भरी चिंतित दृष्टि से देखती रहीं।

मैंने कहा, "पढ़ाई पड़ी है। फिर तैयारी न कर पाऊँगा।"

आश्वस्त होकर सासुजी ने नौकर को बुलाया। उसे बिस्तरा बाँधने के लिए कहा। मुझसे सस्नेह बोलीं, "कलकत्ता जा रहे हो, ऐ, मैंने सोचा था, कलकत्ते का बहाना है, घूमकर फिर गाँव जाओगे, और गाँव में जबकि प्लेग है, और...कलकत्ता पढ़ाई के लिए जा रहे हो, हाँ, आगे की फिकिर तो करनी ही है।"

बिस्तरा बँध गया। ताँगा आया। रायबरेलीवाली गाड़ी के समय पर सासु और ससुरजी के पैर छूकर मैं बिदा हुआ।

नौ

पाँच साल बीत गए। कुल्ली मुझसे नहीं मिले, कई बार ससुराल गया-आया। मैं भी नहीं मिला। एक आग दिल में लगी थी—मैंने हिंदी नहीं पढ़ी। बंगाल में हिंदी का जानकार नहीं था, जहाँ मैं था—देहात में। राजा के सिपाही जो हिंदी जानते थे, वह मुझे मालूम थी—ब्रजभाषा। खड़ी बोली के लिए अड़चन पड़ी। तब हिंदी की दो पत्रिकाएँ थीं—'सरस्वती' और 'मर्यादा'। दोनों मँगाने लगा। 'सरस्वती' चेहरे की भी सरस्वती थी, 'मर्यादा' अमर्यादा। पढ़कर भाव अनायास समझने लगा। पर लिखने में अड़चन पड़ती थी। ब्रजभाषा या अवधी, जो घर की जबान थी, खड़ी बोली के व्याकरण से भिन्न है। 'उइ कहेन' और 'उन्होंने कहा' एक नहीं। यह 'ने' खटकता था। जो केवल भारतीय संस्कृति के शिक्षित हैं, उनके लिए 'ने' शूल है। 'ने' के प्रयोग भी मालूम न थे। लेकिन मिहनत सबकुछ कर सकती है। मैं रात दो-दो, तीन-तीन बजे तक 'सरस्वती' लेकर एक-एक वाक्य संस्कृत, अंगरेजी और बंगला-व्याकरण के अनुसार सिद्ध करने लगा। जहाँ 'कहा', 'कहे', 'कही' क्रिया के प्रयोग आते हैं, वहाँ गौर से कारण की तलाश करने लगा। यह संस्कृत, अंगरेजी और बंगला-व्याकरण में नहीं। मुझे कारण भी मिला। वह आनंद कारण की प्राप्ति के बाद जो हुआ, ब्रह्मानंद से कम नहीं कहा जा सकता।

ऐसी अनेक और अड़चनें पार कीं। आचार्य द्विवेदीजी को गुरु माना; लेकिन शिक्षा अर्जुन की तरह नहीं—एकलव्य की तरह पाई। व्याकरण की शिक्षा पूरी करने से पहले 'जुही की कली' लिखी थी, जो व्याकरण की दृष्टि से बाद को पूरी उतरी। जिस तरह संसार के बड़े-बड़े कवियों के लिए कहा जाता है कि सात-आठ साल की उम्र से कविता लिखने लगे थे, उसी तरह अल्पबुद्धि मैं भी लिखने लगा था। लेकिन तब, बंगला में लिखता था। 'दरिद्राणां मनोरथः' जैसे वे भी उठकर, कागज की पंक्तियों में खिलकर, अज्ञात के हृदय में मिल गईं। उनका कोई चिह्न शेष नहीं। सोलह-सत्रह साल की उम्र से भाग्य में जो विपर्यय शुरू हुआ, वह आज तक रहा। लेकिन मुझे इतना ही हर्ष है कि जीवन के उसी समय से मैं जीवन के पीछे दौड़ा था, जीव के पीछे नहीं। इसीलिए शायद बच जाऊँगा। जीव के पीछे पड़नेवाला बड़े-बड़े मकान, राष्ट्र चमत्कार और जादू से प्रवाहित होकर जीवन से हाथ धोता है, जीवन के पीछे चलनेवाला जीवन के रहस्य से अनभिज्ञ नहीं होता, अस्तु।

मकतब की शिक्षा अर्थकरी समझकर मैंने छोड़ दी थी; तब 'अर्थ' का व्यापक अर्थ मुझे मालूम नहीं था। इसीलिए जडार्थ से मेरा हमेशा छत्तीस का संबंध रहा। लेकिन विशाल 'अर्थ' जिसके लिए, जिसे न जानकर भी, मैंने अर्थकरत्व छोड़ा था, मेरे विशाल-हृदय मित्रों से मुझे प्राप्त होता रहा। पर जब की बात लिख रहा हूँ, तब मैं उसी एस्टेट में एक मामूली नौकर हुआ। चिट्ठी-पत्री, हिसाब-किताब अच्छा नहीं

लगता था। पर लाचारी थी, इसी समय राजा साहब को अपना थिएटर खोलने का शौक हुआ। बड़े आदमी की इच्छा अपूर्ण नहीं रहती। कचहरी के बाबू नायक-नट बनने के लिए बुलाए गए। सबके साथ मैं भी गया। मुझे एक बहुत मामूली संस्कृत का गाना दिया गया, इसलिए कि बंगालियों में अधिकांश संस्कृत का शुद्ध उच्चारण नहीं कर सकते।

मैंने श्लोक याद कर रिहर्सल के दिन गाया। राजा साहब पर उसका बहुत प्रभाव पड़ा। उन्होंने मेरे लिए गाना सीखने का प्रबंध कर दिया। धीरे-धीरे कला की कृपा से मेरी लोकप्रियता बढ़ चली, साथ दूसरों की ईर्ष्या भी।

इसी समय इनफ्लुएंजा का प्रकोप हुआ। पिताजी एक साल पहले गुजर चुके थे। इसीलिए नौकरी की थी। नहीं तो हर लड़के की तरह दुनिया को सुखमय देखते रहने के स्वप्न लिए रहता; कम-से-कम लिए रहूँगा, यही सोचता था।

तार आया—'तुम्हारी स्त्री सख्त बीमार है, अंतिम मुलाकात के लिए आओ।' मेरी उम्र तब बाईस साल थी। स्त्री का प्यार उसी समय मालूम दिया, जब वह स्त्रीत्व छोड़ने को थी। अखबारों से मृत्यु की भयंकरता मालूम हो चुकी थी। गंगा के किनारे आकर प्रत्यक्ष की। गंगा में लाशों का ही जैसे प्रवाह हो। ससुराल जाने पर मालूम हुआ, स्त्री गुजर चुकी है; दादाजाद बड़े भाई देखने के लिए आकर बीमार होकर घर गए हैं। मैं दूसरे ही दिन घर के लिए रवाना हुआ। जाते हुए रास्ते में देखा, मेरे दादाजाद बड़े भाई साहब की लाश जा रही है। रास्ते में चक्कर आ गया। सिर पकड़कर बैठ गया।

घर जाने पर भाभी बीमार पड़ी दिखीं। पूछा, "तुम्हारे दादा को कितनी दूर ले गए होंगे?" मैं चुप हो गया। उनके चार लड़के और एक दूध-पीती लड़की थी। उस समय बड़ा लड़का मेरे साथ रहता था, बंगाल में पढ़ता था। घर में चाचाजी अभिभावक थे। भाई साहब की लाश निकलने के साथ चाचाजी भी बीमार पड़े। मुझे देखकर कहा, "तू यहाँ क्यों आया?"

पारिवारिक स्नेह का वह दृश्य कितना करुण और हृदयद्रावक था, क्या कहूँ? स्त्री और दादा के वियोग के बाद हृदय पत्थर हो गया। रस का लेश न था। मैंने कहा, "आप अच्छे हो जाएँ, तो सबको लेकर बंगाल चलूँ।"

उतनी उम्र के बाद यह मेरा सेवा का पहला वक्त था। तब से अब तक किसी-न-किसी रूप से फुर्सत नहीं मिली। दादा के गुजरने के तीसरे दिन भाभी गुजरीं। उनकी दूध-पीती लड़की बीमार थी। रात को उसे साथ लेकर सोया। बिल्ली रात-भर आफत किए रही। सुबह उसके प्राण निकल गए। नदी के किनारे उसे ले जाकर गाड़ा। फिर चाचाजी ने प्रयाण किया। गाड़ी गंगा तक जैसे लाश ही ढोती रही। भाभी के तीन लड़के बीमार पड़े। किसी तरह सेवा-शुश्रूषा से अच्छे हुए। इस समय का अनुभव जीवन का विचित्र अनुभव है। देखते-देखते घर साफ हो गया। जितने उपार्जन

और काम करनेवाले आदमी थे, साफ हो गए। चार बड़के दादा के, दो मेरे। दादा के सबसे बड़े लड़के की उम्र 15 साल, मेरी सबसे छोटी लड़की साल-भर की। चारों ओर अँधेरा नजर आता था।

घर से फुर्सत पाने पर मैं ससुराल गया। इतने दुःख और वेदना के भीतर भी मन की विजय रही। रोज गंगा देखने जाया करता था। एक ऊँचे टीले पर बैठकर लाशों का दृश्य देखता था। मन की अवस्था बयान से बाहर। डलमऊ का अवधूत-टीला काफी ऊँचा, मशहूर जगह है। वहाँ गंगाजी ने एक मोड़ ली है। लाशें इकट्ठी थीं। उसी पर बैठकर घंटों वह दृश्य देखा करता था। कभी अवधूत की याद आती थी, कभी संसार की नश्वरता की।

एक दिन पूछ-पूछकर कुल्ली वहाँ पहुँचे। पहले दुखी थे, मेरे लिए समवेदना लिए हुए थे, देखकर मुस्करा दिए—बड़ी निर्मल मुस्कान। मैंने देखा—यह सच्चा मित्र है।

कुल्ली ने कहा, "मैं जानता हूँ, आप मनोहर को बहुत चाहते थे। ईश्वर चाह की ही जगह मार देता है, होश कराने के लिए। आप मुझसे ज्यादा समझदार हैं, और मैं आपको क्या समझाऊँ? पर यह निश्चित रूप से समझिएगा, भोग होता है, अच्छा वह है, जिसका अंत अच्छा हो।"

मैं अवधूत की कुटी की गड़ी ईंटें देख रहा था। कुल्ली ने कहा, "यहाँ आप क्यों आए हैं? क्योंकि मृत्यु का दृश्य आपने देखा है। मृत्यु के बाद मन शांति चाहता है। जो मर गए हैं, वे भी शांति प्राप्त कर चुके हैं। यह अवधूत-टीला है। बहुत पहले यहाँ एक अवधूत रहते थे। बस्ती से यह जगह कितनी दूर है! मरघट से भी दूर है, यानी अवधूत मृत्यु के बाद जैसे पहुँचे हों। यहाँ जैसे शांति-ही-शांति हो।"

कुल्ली की बात बड़ी भली मालूम दी। बड़ा सुंदर तत्त्व जैसे निहित था। मुझे बड़ा आश्वासन मिला। ऐसी बात इधर मैंने किसी से नहीं सुनी थी।

कुल्ली ने कहा, "चलिए, रामगिरि महाराज के मठ में दर्शन कीजिए। आप वहाँ हो तो आए होंगे?"

मैंने कहा, "नहीं।"

कुल्ली उठे। उनके साथ मैं भी चला गया।

दस

इसके बाद मैं अपनी नौकरी पर चला गया। कुछ दिन नौकरी करने के बाद एक दुर्घटना हुई। एक साधु आए। एक पेड़ के नीचे बैठे रहते थे, धूनी रमाये, चिमटा गाड़े। मेरी निगाह नए ढंग की थी। साधु के संबंध में भी निगाह नई हो गई थी,

स्वामी विवेकानंदजी और स्वामी रामतीर्थजी की बातें सुनकर, किताबें पढ़कर। साधु का संबंध पारलौकिक साधना से होता है, साधना प्राचीन ढंग की तरह-तरह की है। मैं बिलकुल आधुनिक था। आदमी सत्य की प्राप्ति के बाद समझने की अपेक्षा नहीं रखता, क्योंकि सत्य स्वयं तब समझ के तौर पर मिल जाता है। उस पर आधुनिकता और प्राचीनता के नाम का केवल प्रभाव पड़ता है। मैंने जिन साधुओं को पढ़ा था, उन्होंने नशे के खिलाफ, बहुत-कुछ लिखा था। पर जो साधु नशा करते हैं, वे रास्तों पर मारे-मारे फिरते हैं। स्वामी विवेकानंदजी या स्वामी रामतीर्थजी की तरह अंगरेज़ीदाँ नहीं, न अंगरेज़ीदाँ उनके शिष्य हैं, जो गाँजे की चिलम से भड़क जाएँगे। ऊँचे सत्य में विद्या की भी गुंजाइश नहीं रहती, शब्द खत्म हो जाता है, लिहाजा रास्तों पर घूमनेवाले थकान की प्रतिक्रिया मिटाने के लिए नशा करते हैं। जिस तरह रोग में जहर का प्रयोग चलता है, उसी तरह जीवन के नाश में, प्रतिक्रिया में वे नशा करते हैं। उनके पास चरित्र का मूल्य है, पर उस चरित्र का अर्थ ऐसा नहीं कि आदमी सात रोज पाखाना न जाए, या पाँच रोज पेशाब न करे, तो सिद्ध है।

अंगरेज़ीदाँ गृहस्थ अंगरेज़ीदाँ साधु ही खोजता है, क्योंकि यूरोप की, अमेरिका की बातें होनी चाहिए, इस पर उनकी क्या राय है। सत्य के पास यूरोप, अमेरिका नहीं। रास्तेवाले साधु यहाँ अंगरेज़ीदाँ साधुओं को ही धोखा देता हुआ समझते हैं। मैंने कइयों को कहते सुना है, अपना-अपना गढ़ बनाए हुए हैं। खैर, यह साधु अनेक अर्थों में साधु थे। इनकी इच्छा थी, जगन्नाथजी जाएँगे, किराया मिल जाए। राजा साहब के हाउसहोल्ड सुपरिंटेंडेंट साहब इन पर प्रसन्न थे। उन्होंने राजा साहब से इनकी साधुता की तारीफ करते हुए इनके किराए की प्रार्थना की। राजा साहब ने सुन लिया।

कचहरी हो जाने पर शाम से दस बजे तक मैं राजा साहब के पास रहता था। उन्हें गाने-बजाने का शौक था। अच्छा मृदंग बजाते थे। जाने पर उन्होंने कहा, "एक साधु आए हैं; देख आओ।"

राजा लोग एक विषय को अनेक मुखों से सुनते हैं, तब राय कायम करते हैं, इसलिए कि उनके कान-ही-कान हैं, आँखें सब जगह नहीं पहुँचतीं। मैंने राजभक्ति की पराकाष्ठा दिखलाते हुए उसी वक्त कहा, "हुजूर, राजकोष का रुपया इस तरह नहीं खर्च होना चाहिए।"

तब मेरे मस्तिष्क में अनेक तरहें थीं, जैसी उपयोगितावादी में होती हैं। राजा साहब मुस्कराए। मैं कुछ नहीं समझा। लेकिन उनकी आज्ञा की उपयोगिता समझता था, क्योंकि नौकर था। प्रणाम करके साधु के पास चला। मन में यह निश्चय लिए हुए कि कोष की एक कौड़ी नहीं जानी चाहिए। मन में यह भाव होने के कारण साधु के प्रति रूप कैसा था, कहने की आवश्यकता नहीं।

मुझे देखते ही साधु ने कहा, "आइए।"

मैंने मन में कहा, 'यही तो ठग विद्या है।' खुलकर कहा, "तुम काम क्यों नहीं करते?"

साधु ने मुझे 'आप' कहा था, मैंने 'तुम' कहा, तब मुझे यह नहीं मालूम था—ईश्वर की प्राप्ति के लिए निकला हुआ मनुष्य ईश्वर-प्राप्ति के बाद दग्ध-कर्म हो जाता है। उसके मन में केवल ईश्वर रहता है।

साधु ने कहा, "मैं 'आप' कहता हूँ, आप 'तुम' कहते हैं। मैं क्या काम करूँ?"

मेरी 'आप' कहने की प्रवृत्ति नहीं हुई। मैंने कहा, "तुम्हें संसार में कोई काम ही नहीं मिलता?"

साधु ने कहा, "आप फिर 'तुम' कहते हैं। यह सब काम कौन करता है?"

मुझे मालूम हुआ, यह पूरा ठग है। क्योंकि लिखी किताबों में साधुओं के हथकंडे और तरह-तरह की शिकायतें पढ़ी थीं। कहा, "तुम्हें रुपया नहीं मिलेगा।"

साधु ने कहा, "होश में आ।" और चिमटा जोर से जमीन में गाड़ दिया।

मुझे मालूम हुआ, वह चिमटा मेरे सिर में समा गया। गर्दन झुक गई। लेकिन मुझमें मामूली आग नहीं थी। मेरा अभिप्राय असत्य था। फिर भी साधु के प्रति श्रद्धा न निकली।

साधु ने जैसे सिर पर सवार होकर पूछा, "तू राजा है?"

जो अपराध मैं कर रहा था, वही साधु करने लगे, क्योंकि मैंने साधु को 'तू' नहीं कहा था, 'तुम' कहा था। पर अभी मैं अपने को सँभाल रहा था, जैसे लड़नेवाला नीचे चला गया हो, हार न खाई हो। सँभलकर कहा, "नहीं, मैं राजा नहीं हूँ।"

साधु व्यंग्य कर रहा था, उसका राजा का अर्थ राम था; मेरा केवल सीधा, वही राजा, जहाँ से मैं आया था।

साधु ने कहा, "तू नौकर है, तो नौकर की तरह बातें क्यों नहीं करता?"

साधु फिर भूला। नौकर भी राम है। खासतौर से मैं महावीर को अधिक प्यार करता था, राम को कम।

साधु चाहता था, मैं अपनी पकड़ छोड़ दूँ, तो वह होश दे दे, लेकिन मेरी पकड़ में नौकर नहीं था, साक्षात् महावीर थे। पकड़ छुड़ाने के लिए साधु ने कहा, "तेरी नौकरी नहीं रहेगी।"

अगर मैं यहाँ करुण हुआ होता, तो साधु ने बाजी मारी होती। मैंने कहा, "महाराज, तब तो मैं बच जाऊँ।" यह महावीर की ही वाणी थी, राम के प्रति। तब मैं यह कुछ नहीं जानता था।

साधु के होश उड़ गए। यह नौकरी के लिए आग्रह नहीं था, फिर मेरे सिर उतने बच्चों का बोझ था।

साधु रोने लगे। कहा, "अरे, तेरे लिए मैंने घर-बार छोड़ दिया, और तू मुझे सताता फिरता है?"

अब मैं भी समझा। मुझे ज्योति भी दिखी। पहले 'जुही की कली' लिखते वक्त दिखी थी, तब नहीं समझा था। अबके एक साधु ने पहचान करा दी।

मैं चलने लगा, तो साधु ने कहा, "तो चलो, चलें।"

लेकिन मैंने संसार की तरफ खींचा, क्योंकि ज्ञान के साथ कर्म-कांड जो बाकी था, उसकी ओर आकर्षण हुआ। इस समय साधु को वैसा ही कष्ट हुआ, जैसा मुझे हुआ था। बड़ी ही करुण ध्वनि की, जैसे बदन टूट रहा हो।

राजा साहब के पास गया, तब सब भूल गया, जड़ राजा का भूत सवार हो गया। राजा साहब ने पूछा, "कैसे साधु हैं?" मैंने कहा, "ऐसे आदमी को रुपये नहीं देने चाहिए।" राजा साहब चुप हो गए।

सुबह सुपरिंटेंडेंट साहब फिर आए, और बीस रुपये की मंजूरी करा ली। रुपये लेकर सुपरिंटेंडेंट साहब गए। पर हाथ जो बढ़े, वे दंभ के हाथ थे। साधु ने कहा, "मैं रुपये नहीं लूँगा। कल राजा आए थे। मैंने उन्हें नाराज कर दिया है। मैं जाता हूँ।" कहकर अपना चिमटा वहीं फेंक दिया, और चले गए।

सुपरिंटेंडेंट साहब ने रास्ता रोककर कहा, "महाराज, वह राजा नहीं था, वह तो एक मामूली नौकर है।"

साधु ने कहा, "तू नहीं समझता, वह राजा था।"

सुपरिंटेंडेंट साहब मुँह फैलाकर देखने लगे। साधु चले गए।

कुछ देर बाद मैं भी उस रास्ते से गुजरा। सुपरिंटेंडेंट साहब ने कहा, "तुमने कल साधु से क्या कहा था—मैं राजा हूँ?"

"नहीं दादा", मैंने कहा, "मैंने ऐसा तो नहीं कहा।"

सुपरिंटेंडेंट मुझसे भी बड़े राजभक्त थे। कहा, "तुमने कहा है। साधु ने रुपये नहीं लिए, अपना चिमटा फेंककर चला गया। मैं महाराज से अभी रिपोर्ट करता हूँ।"

कौन समझता है, वह निश्छल नत जन विश्व के सामने नत है—वह दादा कहनेवाला और है। यह सलाम करनेवाला नहीं।

दादा ने राजा साहब से रिपोर्ट की, बड़े उदात्त शब्दों में। सुनी बात पर जैसी अतिशयोक्ति होती है।

मेरे जाने पर सस्नेह राजा साहब ने कहा, "तुमने साधु से कहा था—मैं राजा हूँ?"

उत्तर उस तरह मुझसे न देते बना, जिस तरह देना चाहिए था, क्योंकि मैं भी राजा को साक्षात् पुरुषोत्तम नहीं देख रहा था। कहा, "हाँ, मैंने कहा, राजा का नौकर राजा नहीं तो क्या है?"

यह अद्वैतवाद राजा समझते थे। भारत की नौकरशाही का यही अर्थ है।

उस समय के लिए निष्कृति मिली। कठिन संसार की उलझन साथ ही थी। एक दिन मैं राजा साहब के यहाँ से अपने डेरे जा रहा था, रात के ग्यारह बजे होंगे।

सुपरिंटेंडेंट साहब कचहरी नहीं गए थे। लेकिन हाथीखाने के पास, जो जगह उनके मकान से मील-भर है, मुझे मिले। यह शराब पीते हैं, यह मशहूर बात थी, शराब पीनेवाला और भी बहुत-कुछ करता है। संसार का अपना एक चरित्र है—दिखाऊ। उसके प्रतिकूल कुछ होने पर घबराहट होती है। सुपरिंटेंडेंट साहब को रात ग्यारह बजे देखने के साथ मैं चौंका, वह भी चौंके। वह मेरी शिकायत कर चुके थे, इसलिए भी। मैं चौंका, वह यहाँ इतनी रात को क्या कर रहे हैं। चौंका-चौंकी के साथ मुझे शराब की बू मालूम दी। पर मैं चुपचाप चला गया।

दूसरे दिन कथा-प्रसंग पर मैंने राजा साहब से कह दिया, पर शिकायत के तौर पर नहीं, मजाक के तौर पर। सुपरिंटेंडेंट साहब पीते हैं, यह सब लोग जानते थे, राजा साहब और बहुत जानते थे। हँसने लगे।

पर बड़े आदमी कहलानेवाले लोग अपने मातहत रहनेवालों या नौकरों से तरह-तरह से पेश आते हैं। एक दिन एकाएक मुझे हुक्म हुआ, "गोपालजी के मंदिर में जाकर कसम खाकर कहो, तुमने सुपरिंटेंडेंट साहब को शराब की हालत में देखा है।"

सुपरिंटेंडेंट साहब को हुक्म हुआ, "तुम कहो, मैंने नहीं पी?"

सुपरिंटेंडेंट साहब संसारी आदमी थे। एक गवाह ठीक कर लिया था—फीलवान, यह कहने के लिए कि सुपरिंटेंडेंट साहब के लड़के को भूत लगा था, वह फूँक डालने गया था। उसे हुक्म हुआ, वह कुरान लेकर कहे।

कसम के दिन फीलवान नहीं गया। हम दोनों गए। मैंने जैसी सुगंध पाई थी, उसके लिए कसम खाई। सुपरिंटेंडेंट साहब बिलकुल डकार गए।

कसमी-कसमा हो जाने के बाद मैंने इस्तीफा दाखिल किया। राजा साहब को एक निजी पत्र लिखा, "मेरे धर्म-स्थल पर हस्तक्षेप करने का आपको कोई अधिकार न था। फिर मैंने सुपरिंटेंडेंट साहब की नौकरी लेने के लिए नहीं कहा था।"

सुपरिंटेंडेंट साहब ने उन्हें यही समझाया था कि उस साधु के संबंध में चूँकि उन्होंने सही-सही बातें कही हैं, इसलिए उनकी नौकरी लेने के अभिप्राय से मैंने यह जाल रचा है। अब जब से हुजूर ने वह सब काम छोड़ दिया है, तब से हुजूर की बराबर अनुवर्तिता वह कर रहे हैं, इसीलिए हुजूर ने गुरुमंत्र लेने की बात भी कही थी। गुरुमंत्र का प्रभाव होता ही है।

मेरा इस्तीफा मंजूर न किया गया। राजा साहब की चिट्ठी आई, "यो ध्रुवाणि परित्यज्य अध्रुवाणि निषेवते।"

मैंने कहा, "अध्रुव की ही सेवा सही, मेरी तनख्वाह दे दी जाए, मेरा काम समझ लिया जाए।"

नौकरी छोड़ दी। कई लोग, यहाँ तक कि असिस्टेंट मैनेजर साहब, जिन पर रोज रिश्वत का इलजाम लगता था, मिलने पर कह गए, "यहाँ तुम्हीं एक आदमी

हो। बहुतों ने झुकी कमर सीधी कर-करके देखा।'' मैंने अपनी चीजें नीलाम करके, एक भतीजे को साथ लेकर गाँव का रास्ता लिया।

गाँव पहुँचकर ससुराल गया। देश में पहला असहयोग-आंदोलन जोरों पर था। खलिहानों में बैठे हुए किसान जमींदारों से बचने के लिए रह-रहकर 'महात्मा गांधीजी की जय' चिल्ला उठते थे। कुछ अति आधुनिक सरकारी नौकर, जमींदार और पुलिस के आदमी मजाक करते थे—तरह-तरह के अपशब्द। कुछ अकर्मण्य मालदार राजनीतिक विद्वान् अखबारों का उलथा कर-कर टीका-टिप्पणी के साथ समाज में चर्चा करते हुए पाचन-शक्ति बढ़ा रहे थे। ऐसे ही एक ने मुझसे कहा, ''महात्माजी ने सिद्ध कर दिया है, चर्खा चलाने से कम-से-कम रोटियाँ चल सकती हैं।''

मैं बेकार था। 'सरस्वती' से कविता-लेख वापस आते थे। एक-आध चीज छपी थी। 'प्रभा' में, मालूम हुआ, बड़े-बड़े आदमियों के लेख-कविताएँ छपती हैं। एक दफा ऑफिस जाकर बातचीत की, उत्तर मिला, इसमें 'भारतीय आत्मा', 'राष्ट्रीय पथिक', मैथिलीशरण गुप्त-जैसे कवियों की कविताएँ छपती हैं। ऐसे ही कुछ लेखकों के नाम सुने। मुँह लटकाकर लौट आया। जीविका का कोई उपाय न था। चार भतीजों की परवरिश सिर पर। जिन सज्जन ने चर्खे की उपयोगिता समझाई थी, उन्हें एक तकुआ खरीद लाने के लिए पैसे दिए थे, वह कानपुर गए थे। यहाँ मेरे गाँव के पड़ोस में कोरी बुनाई का काम करते हैं, मैं सीखने के लिए रोज जाने लगा। कोरियों ने कहा, ''तुम महाराज होकर क्या यह काम करोगे? अरे, कहीं भागवत बाँचो।''

वह सज्जन कानपुर से लौटे, बोले, ''जल्दी में था, खरीदने की याद नहीं थी।''

मन में अत्यधिक उथल-पुथल थी। इसी समय कन्यादायग्रस्त भी आ-आकर घेरते थे। वर्णनों में किसी की कन्या इंदिरा से कम न थी। बड़ा गुस्सा आया। ससुराल चला गया। कन्यादायग्रस्तों की संख्या वहाँ और अधिक दिखी। एक दिन गंगा के किनारे बैठा था। टहलते हुए कुल्ली आए। समय का प्रभाव कुल्ली पर बहुत पड़ा था। चेहरे से सभ्य राजनीतिक हो गए थे। मुझे देखकर उसी ढंग से नमस्कार किया। पहले की अदालतवाली सभ्यता अब राजनीतिक सभ्यता में बदली है, मैंने देखा। मैं बैठा था। कुल्ली ने सोचा, मैं कोई महान् राजनीतिक कर्मी हूँ। इधर कुल्ली अखबार पढ़ने लगे थे। त्याग भी किया था, अदालत के स्टाम्प बेचते थे, बेचना छोड़ दिया था। महात्माजी की बातें करने लगे। मैं सुनता रहा। जब कुछ पूछते थे, तब जितना जानता था, कहता था।

एकाएक भाव में उमड़कर कुल्ली ने कहा, ''मुझे कुछ उपदेश दीजिए।''

मैं जला हुआ था ही। कहा, ''गंगा में डूब जाइए।''

''यह आप क्या कह रहे हैं?'' पूरे राजनीतिक आश्चर्य में आकर पूछा।

''आप डूब सकते हैं या नहीं?''

''डूब कैसे जाऊँ? कोई मतलब की बात भी हो?''

"मतलब की बात मुझे नहीं आती।"

"तो आप बे-मतलब यहाँ बैठे हुए हैं?"

"हाँ, इतना ही मतलब था। आपसे मिलने के मतलब से तो नहीं आया था?"

कुल्ली मेरी ओर देखते रहे। उन्हें नहीं मालूम था, इनके चारों ओर आग लगी है। चुपचाप उठकर चले गए।

ग्यारह

अनेक आवर्तन-निवर्तन के बाद मैं पूर्ण रूप से साहित्यिक हुआ। कुछ ही दिनों में कविता-क्षेत्र में जैसे चूहे लग जाएँ, इस तरह कवि-किसानों और जनता-जमींदारों में मेरा नाम फैला। साल ही भर में इलाहाबाद के श्रीहर्ष और कलकत्ते के कालिदास हिंदी के काव्य का उद्धार करने के लिए आ गए, एक ही समय में। पुराने स्कूलवालों ने अपनी मोर्चाबंदी की, और लड़ाई छेड़ दी। पर हार-पर-हार खाते गए; कारण, बुद्धि की बारूद नहीं थी। एयरगन की फुट्टफैर होकर रह गई। इस तरह अब तक अनेक लड़ाइयाँ हुईं। पर नए लड़नेवालों से लड़ने पर पुराने बराबर हारे हैं।

अस्तु, हिंदी के काव्य-साहित्य का उद्धार और साहित्यिकों के आश्चर्य का पुरस्कार लेकर मैं गाँव आया। गाँव से ससुराल गया। कुल्ली मिले। अखबार पढ़ते थे। अखबारों में मेरा नाम, आलोचना आदि में पढ़ चुके थे, जाने पर बड़ी आवभगत उन्होंने की। एकटक देखते रहे। अब उनका वह प्रियजन विकास पर है। इस बार अपने घर के जितने कवियों की चर्चा की, सबको उतारकर, क्योंकि अखबारों में उनकी वैसी आलोचना नहीं छपती थी, फिर वे राजा के आश्रित थे।

कुल्ली ने मुझे देखते हुए आवेग से पूछा, "आपने दूसरी शादी नहीं की?"

मैंने कहा, "करने की आवश्यकता नहीं मालूम दी।"

पूछा, "रहते किस तरह हैं?"

उत्तर दिया, "एक विधवा जिस तरह रहती है।"

कुल्ली, "विधवाएँ तो तरह-तरह के व्यभिचार करती हैं।"

मैं—"तो मैं भी करता हूँगा।"

कुल्ली बहुत खुश हुए। कहा, "लेकिन पाप होता है।"

मैं—"पुण्य के साथ-साथ पाप हो, तो डर नहीं। कहा है—एक अंगारा पहाड़-भर भूसा जला सकता है।"

कुल्ली जमे। पूछा, "समाज के लिए आपके क्या विचार हैं?"

"जो कुछ मैं कह गया", मैंने कहा, "इसी का नाम समाज है। जो कुछ बहता है, उसमें हमेशा एक-सा जलत्व नहीं रहता।"

"आप हिंदू-मुसलमान के संबंध में क्या कहते हैं?"

मैं—"हिंदू मुसलमान बन सकता है, मुसलमान हिंदू नहीं।"

कुल्ली बहुत खुश हुए। उनके दिल की बात थी। उनका इतिहास मुझे मालूम न था, लेकिन वह अपने जीवन के अनुभव और सत्य को मुझसे मिला रहे थे। पूरा उतरता देखकर कहा, "एक मुसलमानिन है। मैं उससे प्रेम करता हूँ। वह भी मेरे लिए जान देती है। ले चलने को कहती है, पर यहाँ के चमारों से डरता हूँ।"

मैंने कहा, "चमारों से सभी डरते हैं, लेकिन जूते गाँठने के लिए देते रहने पर दबे रहते हैं चमार।"

"तो आपकी राय है, ले आऊँ?"

मैं कलकत्ते का हिंदू-मुस्लिम दंगा देख चुका था। उन दिनों अखबारों में यही चर्चा थी। बाजे के प्रश्नोत्तर चल रहे थे। इसी पर मुंशी नवजादिकलाल साहब महादेव बाबू को चार महीने की सख्त सजा दिला चुके थे। छूटने पर मैं स्वागत करा चुका था। समय का रंग सब पर रहता है, लड़कपन हो, जवानी। मैंने पूरी उत्तेजना से कहा, "अवश्य ले आओ।"

कुल्ली में जैसे स्वर्गीय स्पिरिट आ गई। उदात्त स्वर से बोले, "ये हिंदू नामर्द हो गए हैं। दूसरे को भी नामर्द करना चाहते हैं।"

"आप इनके सामने आदर्श रखिए।" मैंने कहा।

कुल्ली झटके से उठे, उसी वक्त आदर्श रखने के विचार से, और सीधे उसी प्रिया के घर गए, उसे ले आने के लिए।

बारह

इन दिनों मैं लखनऊ रहने लगा था। सविनय-अवज्ञा-आंदोलन समाप्त हो चुका था। अछूतोद्धार की समस्या थी। इसी समय दलमऊ गया। कुल्ली की पूर्ण परिणति थी। राजनीति और सुधार दोनों के पूर्ण रूप थे। आंदोलन का केंद्र रायबरेली था, तब कुल्ली काफी भाग ले चुके थे। पहले नमक-कानून दलमऊ में तोड़ा जानेवाला था, तब कुल्ली ने ही खबर दी थी कि पुलिस गोली चलाने की तैयारी में है। तब कार्यकर्ता दलमऊ से हटकर रायबरेली चले गए थे, ताकि पुलिस को तकलीफ न हो। अदालत जानेवाले वकीलों, पुलिस के नौकरों, सरकारी अफसरों, पंडों, पुरोहितों, जमींदारों और ताल्लुकेदारों से घृणा करने लगे थे। प्रसंगवश ब्राह्मणों से भी घृणा करने लगे थे।

कुल्ली एक अच्छे-खासे नेता की तरह मिले। मिलते ही पूछा, "आपके उधर कैसा कार्य है?"

मैंने ताज्जुब से पूछा, "कौन-सा कार्य?"

"यही, जो चल रहा है।" कुल्ली ने भी आश्चर्य से मुझे देखते हुए कहा।

"राजनीतिक?" मैंने सीधे-सीधे पूछा।

"हाँ, यही आंदोलनवाला।" कुल्ली कुछ कटे हुए बोले।

"अब तो समाप्त है।"

"इससे कुछ होगा?"

"किससे क्या होता है, क्या मिलता है, क्या जाता है, यह मैं नहीं जानता, इसलिए मानता भी नहीं; कुछ मेरी भी सुनी-सुनाई, पढ़ी-पढ़ाई बातें हैं, उन्हीं में कुछ नमक-मिर्च अपनी समझ से मिलाकर।"

कुल्ली खुश हो गए। एक भेड़ बनता है, तो दूसरा भेड़िया बनने का हौसला दबा नहीं सकता। इसीलिए अब तक दीनता और दीन की ही संसार के लोगों ने ऊँचे स्वर से तारीफ की है। मैं साधारण आदमी हूँ, इसने कुल्ली को असाधारणता का बोध तत्काल करा दिया। मुझसे कहा, "मैं उसे ले आया।"

"किसे?"

"उसी मुसलमानिन को।"

"तब तो मेरी पहली बात तुमने मान ली। मैंने कहा था, तुम गंगा में कूद पड़ो, तुम मुझे लाँग समेटे हुए ही उस वक्त देख पड़े थे।"

कुल्ली ने आश्चर्य से कहा, "गंगा में कैसे कूदा?"

"किताब में स्त्री को नदी कहा है। नदियों में गंगा श्रेष्ठ है। तुम श्रेष्ठ स्त्री ले आए हो।"

कुल्ली प्रसन्न हो गए। बोले, "लेकिन एक बात है, यहाँ वाले मानते नहीं।"

"जब जानेंगे, तब मानेंगे।" मैंने कुल्ली की छड़ी देखते हुए कहा, "किसी को यह संशय नहीं कि यह छड़ी नहीं।"

कुल्ली ने भी अपनी छड़ी देखी, और मुस्कराकर कहा, "लोग सताते हैं। पथवारी देवी के दर्शनों के लिए भेजा था, लोगों ने मंदिर के दरवाजे पर भी नहीं जाने दिया।"

"तुम्हें समझना था, देवीजी ने कृपा की, ज्ञान दिया, क्योंकि वह मंदिरवाली नहीं थीं, पथवाली थीं।"

"अच्छा!" कुल्ली बहुत खुश हुए। कहा, "इसलिए पथवारी कहते हैं!" नम्र होकर बोले, "मेरा नाम भी पथवारीदीन है।"

"तब?" मैंने कहा, "और पथवारी देवी उसे क्या देतीं?"

"आप बहुत-बहुत बड़े ज्ञानी हैं", कुल्ली ने हाथ जोड़कर मुँह के सामने हाथी की सूँड उठाई। मैंने मन में कहा, 'देखो, अब कौन ज्ञानी है।'

"देखो कुल्ली", मैंने कहा, "गणेशजी जितने ज्ञानी हैं, मैंने सुना है, उतने ही मूर्ख हैं। बंगाल में हस्तिमूर्ख कहते हैं, यानी हाथी की तरह का मूर्ख, इससे बड़ा मूर्ख दूसरा नहीं। एक दफा मेरे एक दोस्त जंगल में शिकार खेलने गए थे। एक

शेर मारा। मारकर पत्तों से ढककर उसे नीचे डालकर फिर मचान पर जा बैठे कि एक-आध हिरन आ जाए, तो मारकर खाने का भी इंतजाम कर लें। इत्तिफाक, आया हाथियों का झुंड। जंगली हाथी सबसे खतरनाक है। क्योंकि वह हिलाकर पेड़ से भी आदमी को कैथे की तरह गिरा लेता है, या डाल तोड़कर नीचे लाता है। मेरे मित्र पक्के शिकारी थे। उन्हें यह सब मालूम था। मचान कुछ ऊँचा था। हाथियों के नायक के सूँड़ बढ़ाते ही उन्होंने अपनी बंदूक नीचे डाल दी, ठीक उसी जगह, जहाँ शेर मारा ढका था। हाथी बंदूक लेकर तोड़ने लगा। तब तक मेरे मित्र और ऊँची डाल पर चले गए। बंदूक तोड़कर पत्तों से ढकी चीज को देखने की उत्सुकता से हाथी ने सूँड़ बढ़ाई। पत्ते खोलते ही शेर दिखा। हाथी बेतहाशा भागा, उसके साथी भी भगे। मित्र बच गए, यद्यपि यह एक संयोग की बात थी, पर इसमें शिक्षा की कमी नहीं। जहाँ हाथी सताते हों, वहाँ शेर की खाल काम देती है। बुद्धि इसीलिए सबसे ऊपर है।''

कुल्ली समझ गए कि कहनेवाला और जो कुछ हो, बेवकूफ नहीं। बोले, ''अछूत-पाठशाला खोली है। तीस-चालीस लड़के आते हैं, धोबी, भंगी, चमार, डोम और पासियों के। पढ़ाता हूँ। लेकिन यहाँ के बड़े आदमी कहे जानेवाले लोग मदद नहीं करते। यहाँ के चेयरमैन साहब के पास गया, वह जबान से नहीं बोले, हालाँकि शहर के आदमी हैं। टाउन एरिया में सिर्फ कुछ घर हैं। बाकी गंगापुत्रों की बस्ती है। ये लोग उदासीन हैं। कुछ सरकारी अफसर हैं, वे भड़काया करते हैं। कैसे काम चले? मदद कहीं से नहीं मिलती। जो काम करता था, आंदोलन में छोड़ दिया। अब देखता हूँ, उसी गधे पर फिर चढ़ना होगा।''

मैंने सोचा, 'यह कार्य की बात है, रस की नहीं। जिन्हें कार्य करना है, वे अपना रास्ता खोज लेंगे। जरा कुल्ली से एक चोट कसकर मजाक क्यों न किया जाए। जहाँ तक रस मिले, पान करना चाहिए, आर्यों की संतान हूँ, सोमरस के अभाव में ताड़ी का प्रयोग प्रशस्त है। काका कालेलकर साहब ने समझा दिया है। प्रकृति को पर्दे में रखना दुनिया के आदमियों का काम है। जिन्हें कहीं खुला नजर आएगा, आप रुकेंगे।'

खुलकर पूरे एमोशन के साथ कहा, ''महात्माजी को लिखिए।''

कुल्ली में इतना उच्छ्वास आया, जैसे उनकी अर्जी मंजूर हो। पूछा, ''महात्माजी का पता क्या है?'' मैंने पता बतला दिया।

नोटबुक निकालकर कुल्ली नोट करते रहे। फिर सिर उठाकर मुझसे पूछा, ''महात्माजी के अलावा और भी किसी को लिखना चाहिए?'' जैसे न्यौता भेज रहे हों।

''हाँ'', मैंने कहा, ''पं. जवाहरलाल नेहरू को।''

फिर सिर झुकाकर लिखते हुए पूछा, ''आनंद-भवन, इलाहाबाद?''

"या स्वराज्य-भवन, इलाहाबाद।" मैंने कहा।

कुल्ली ने लिख लिया। फिर निश्चिंत होकर मुझसे कहा, "एक रोज हमारे यहाँ चलिए, आपको सबकुछ दिखाऊँ; अपनी भौजी को भी देखिए।"

"साँवली हैं–गोरी?" मैंने जल्द उत्तर पाने की गरज से पूछा।

कुल्ली मुस्कराए। कहा, "अपनी आँखों देखिए।"

"कुछ योग्यता?" मैंने बिलकुल आधुनिक फैशन के आदमी की तरह पूछा।

कुल्ली गंभीर होकर बोले, "बहुत अच्छी रामायण पढ़ती हैं। अभी गई थीं..." राजा साहब या रानी साहब, शिवगढ़ या किसे, कहा, पढ़कर सुनाई; उन्हें बहुत खुशी हुई।

पूछना चाहता था, सिर्फ खुशी रही या बख्शिश भी मिली; लेकिन स्त्री और सभ्यता का विचार कर रह गया।

कुल्ली ने पूछा, "तो पाठशाला देखने कब आइएगा?"

अछूतों का मामला, यहाँ चालाकी नहीं चलेगी, सोचकर मैंने कहा, "जब आप कहें, आऊँ। मैं समझता हूँ, परसों ठीक होगा, क्योंकि आप लड़कों को खबर भेज दे सकेंगे; उस रोज अधिक-से-अधिक लड़के हाजिर हो सकेंगे।"

नमस्कार कर कुल्ली विदा हुए।

मैं श्रीमती मुखोपाध्याय के यहाँ गया। ये स्त्रियों की चिकित्सा, प्रसव आदि के लिए खासतौर से नियुक्त सरकारी डॉक्टर थीं। इनके पति मुखोपाध्याय महाशय उस समय बंगाल से आकर वहीं रहते थे। श्रीमती मुखोपाध्याय उनकी दूसरी या तीसरी पत्नी थीं। ईश्वर की कृपा से उनके एक पुत्र और सात-आठ कन्याएँ थीं। जब कन्याओं को लेकर गंगा नहाने जाती थीं, तब देखनेवाले को 'व्वायज़ टु लिलिपुट' याद आ जाता था। मुखोपाध्याय महाशय संदिग्ध-स्वभाव के आदमी थे। कोई भी सरकारी अफसर लेडी डॉक्टर से मिलने जाता था, तब वह संदेह करने लगते थे, पति-पत्नी में अक्सर तकरार चलती थी, पर वृद्ध मुखोपाध्याय मुश्किल से एक रात पूरी उतार सकते थे। मनचले आदमी समझ गए थे, इसलिए सबेरे ही कोई-न-कोई पहुँचते थे।

मेरी-उनकी इस तरह जान-पहचान हुई कि मेरे एक सम्मान्य मित्र के यहाँ वह जाया करते थे। मित्र कान्यकुब्ज हैं, साथ सुप्रसिद्ध। वह मुखोपाध्याय महाशय को उतना ही बड़ा मानते थे, जितना बड़ा कलकत्ता-बम्बईवाले हिंदोस्तानियों को मानते हैं। मुखोपाध्याय महाशय दुखी होते थे। एक दिन मैंने यह दृश्य देखा, तो आमंत्रित करके इन्हें खिलाया। तब से इनके यहाँ कभी-कभी जाया करता था। मवेशी डॉक्टर भी बंगाली थे। वहाँ प्रायः रोज जाते थे। मुसलमान सब-तहसीलदार साहब भी जाते थे। मैंने कुल्ली के संबंध में पूछा, तो सबको नाखुश पाया। कहा, "यह इतना अच्छा काम कर रहे हैं, आप इनसे सहानुभूति क्यों नहीं रखते?"

लोगों ने कहा, "अछूत-लड़कों को पढ़ाता है, इसलिए कि उसका एक दल हो; लोगों से सहानुभूति इसलिए नहीं पाता; हेकड़ी है; फिर मूर्ख है, वह क्या पढ़ाएगा? ...तीन किताब भले पढ़ा दे। ये जितने कांग्रेसवाले हैं, अधिकांश में मूर्ख और गँवार। फिर कुल्ली सबसे आगे है। खुल्लमखुल्ला मुसलमानिन बैठाए है। उसे शुद्ध किया है, कहता है, अयोध्याजी जाने कहाँ ले जाकर गुरु-मंत्र भी दिला आया है। पर आदमी आदमी हैं, जनाब, जानवर थोड़े ही हैं? कान फुँकाने से विद्वान्, शिक्षक और सुधारक होता है? देखो तो, बीवी तुलसी की माला डाले है। दुनिया को ढोंग।"

तीसरे दिन कुल्ली आए। बड़े आदर से ले गए। देखा, गड़हे के किनारे, ऊँची जगह पर, मकान के सामने एक चौकोर जगह है। कुछ पेड़ हैं। गड़हे के चारों ओर के पेड़ लहरा रहे हैं। कुल्ली के कुटीनुमा बंगले के सामने टाट बिछा है। उस पर अछूत-लड़के श्रद्धा की मूर्ति बने बैठे हैं। आँखों से निर्मल रश्मि निकल रही है। कुल्ली आनंद की मूर्ति, साक्षात् आचार्य। काफी लड़के। मुझे देखकर सम्मान-प्रदर्शन करते हुए नतशिर अपने-अपने पाठ में रत हैं। बिलकुल प्राचीन तपोवन का दृश्य। इनके कुछ अभिभावक भी आए हैं। दोनों में फूल लिए हुए, मुझे भेंट करने के लिए। इनकी ओर कभी किसी ने नहीं देखा। ये पुश्त-दर-पुश्त से सम्मान देकर नत-मस्तक ही संसार से चले गए हैं। संसार की सभ्यता के इतिहास में इनका स्थान नहीं। ये नहीं कह सकते, हमारे पूर्वज कश्यप, भारद्वाज, कपिल, कणाद थे; रामायण, महाभारत इनकी कृतियाँ हैं; अर्थशास्त्र, कामसूत्र इन्होंने लिखे हैं; अशोक, विक्रमादित्य, हर्षवर्द्धन, पृथ्वीराज इनके वंश के हैं। फिर भी ये थे, और हैं।

अधिक न सोच सका। मालूम दिया, जो कुछ पढ़ा है, कुछ नहीं; जो कुछ किया है, व्यर्थ है; जो कुछ सोचा है, स्वप्न। कुल्ली धन्य है। वह मनुष्य है, इतने जंबुकों में वह सिंह है। वह अधिक पढ़ा-लिखा नहीं; लेकिन अधिक पढ़ा-लिखा कोई उससे बड़ा नहीं। उसने जो कुछ किया है, सत्य समझकर। मुख-मुख पर इसकी छाप लगी हुई है। ये इतने दीन दूसरे के द्वार पर क्यों नहीं देख पड़ते? मैं बार-बार आँसू रोक रहा था।

इसी समय बिना स्तव के, बिना मंत्र के, बिना वाद्य, बिना गीत के, बिना बनाव, बिना सिंगारवाले वे चमार, पासी, धोबी और कोरी दोने में फूल लिए हुए मेरे सामने आ-आकर रखने लगे। मारे डर के हाथ पर नहीं दे रहे थे कि कहीं छू जाने पर मुझे नहाना होगा। इतने नत। इतना अधम बनाया है मेरे समाज ने उन्हें।

कुल्ली ने उन्हें समझाया है, मैं उनका आदमी हूँ, उनकी भलाई चाहता हूँ, उन्हें उसी निगाह से देखता हूँ, जिससे दूसरे को। उन्हें इतना ही आनंदविह्वल किए हुए है। बिना वाणी की वह वाणी, बिना शिक्षा की वह संस्कृति, प्राण का पर्दा-पर्दा पार कर गई। लज्जा से मैं वहीं गड़ गया। वह दृष्टि इतनी साफ है कि सबकुछ देखती-समझती है। वहाँ चालाकी नहीं चलती। ओफ्! कितना मोह है! मैं ईश्वर,

सौंदर्य, वैभव और विलास का कवि हूँ! —फिर क्रांतिकारी!!

संयत होकर मैंने कहा, "आप लोग अपना-अपना दोना मेरे हाथ में दीजिए, और मुझे उसी तरह भेंटिए, जैसे मेरे भाई भेंटते हैं।" बुलाने के साथ मुस्कराकर वे बढ़े। वे हर बात में मेरे समकक्ष हैं, जानते हैं। घृणा से दूर हैं। वह भेद मिटते ही आदमी-आदमी मन और आत्मा से मिले, शरीर की बाधा न रही।

इस रोज मैं और कुछ नहीं कर सका, देखकर चला आया, कुछ लड़कों से कुछ पूछकर।

तेरह

दूसरे रोज कुल्ली आए। नमस्कार-प्रणाम आदि के बाद बैठे। कहने लगे, "अछूत-पाठशाला खोलने के बाद से लोगों की रही सहानुभूति भी जाती रही। क्या कहूँ, आदमी आदमी के लिए जरा भी सहनशील नहीं। वह अपने लिए सबकुछ चाहता है, पर दूसरे को जरा भी स्वतंत्रता नहीं देना चाहता। इसीलिए हिंदोस्तान की यह दशा है, मैं समझ गया हूँ।"

मैंने कहा, "कुछ सरकारी अफसरों से मेरी मुलाकात हुई थी। वे आपसे नाराज हैं, इसलिए कि आप यह सब करते हैं। शायद आपसे उन्हें इज्जत नहीं मिलती। वे नौकर होकर सरकार हैं, यह सोचते हैं; आप उन्हें याद दिला देते हैं, वे नौकर हैं; उन्हें रोटियाँ आपसे मिलती हैं।"

कुल्ली हँसे। कहा, "और भी बातें हैं। भीतरी रहस्य का मैं जानकार हूँ, क्योंकि यहीं का रहनेवाला हूँ। भंडा फोड़ देता हूँ। इसलिए सब चौंके रहते हैं। वह मेम है, सरकार की तरफ से नौकर है, लेकिन बच्चा होआने जाती है, तो रुपया लेती है, और एक की जगह दस-दस; मैंने एक धोबिन को कहा, बुलाए और रुपया न दे, ज्यादा बातचीत करे, तो देखा जाएगा। धोबिन ने ऐसा ही किया। मेमसाहब नाराज हो गई। यही हाल मवेशी-डॉक्टर का है। मुसलमान इसलिए नाराज हैं कि मुसलमानिन ले आया हूँ। अरे भई, तुम्हीं गाते हो—दिल ही तो है, न संगोखिश्त दर्द से भर न आए क्यों? फिर नाराज क्यों होते हो? क्या यह भी कहीं लिखा है कि दिल सिर्फ मुसलमान के होता है? और हिंदू, हिंदू है बुजदिल, खासतौर से ब्राह्मण, ठाकुर, बनिया बेचारा क्या करे—इस कोठे का धान उस कोठे करे, उसे फुर्सत नहीं, उसके लिए ये सब समझ से बाहर की बातें हैं क्योंकि रुपये-पैसे की नहीं। आखिर क्या करूँ? आदमी हूँ, आदमियों में ही रहना चाहता हूँ।"

मैंने कहा, "आपकी गंगा जिस तरह पवित्र करती हुई बह रही हैं, लोगों की समझ में वह तरह नहीं आती, इसलिए कि वे जड़वादी हैं। वे जड़ गंगा का महत्त्व

मानते हैं। अछूत ही इसमें ठीक-ठीक पवित्र होंगे। पर कुछ दान लिया कीजिए। नहीं तो गुजर कैसे होगी?"

कुल्ली हँसे। बोले, "बहुत गरीब हैं; फिर मैं पहले जमींदार था, लोग अब भी नंबरदार कहकर पुकारते हैं; आप जानते ही हैं, उनसे कुछ ले नहीं सकता। सिर्फ बत्ती का तेल लेता हूँ। रात को ही लड़कों की पढ़ाई अच्छी होती है, क्योंकि बड़े लड़के रात को ही अपने काम-काज से फुर्सत पाकर आते हैं।"

मैंने कहा, "भाभी साहबा को सुना, आपने पूर्ण रूप से शुद्ध किया है।"

"हाँ", कुल्ली ने मुस्कराकर कहा, "अयोध्याजी ले गया था। वहाँ गुरुमंत्र दिलाया। लेकिन हिंदू बड़े नालायक हैं। इस हद तक मुझे उम्मीद न थी। कहते हैं, बिल्ली को तुलसी की माला पहनाकर लाया है।" कहकर कुल्ली खुद हँसे।

फिर कहा, "यहाँ महेश-गिरि के मठ से कुछ रुपये माहवार मिलने की उम्मीद है। कुँवर साहब, सेमरी, चेयरमैन हैं यहाँ के ट्रस्ट के; मैंने उनसे निवेदन किया था, उन्होंने देने का वचन दिया है। लेकिन यहाँ के जो लोग हैं, वे विरोधी हैं।"

मैंने कहा, "यहाँ कौन-कौन हैं, आप कहिए, मैं मिलकर उनसे कहूँ।"

उदास होकर कुल्ली ने कहा, "वे लोग न करेंगे।"

मैंने नाम पूछा। कुल्ली ने नाम बतलाए।

मैंने कहा, "अच्छा, नंबरदार, ये लोग आपसे नाराज क्यों हैं?"

कुल्ली ने कहा, "सच बात कह दूँ; जब मैं मंत्र लेवाकर आया, तब एक ने बड़े भले आदमी की तरह मुझसे आकर पूछा, 'कहो, नंबरदार, कहाँ से मंत्र लिवाया?' मैंने बतलाया। यहाँ से एक आदमी अयोध्याजी गया, और वहाँ जाकर पूछा कि राय पथवारीदीन की स्त्री को मंत्र दिया गया है, तो क्या यह मालूम कर लिया गया है कि वह किस जाति की है? गुरुजी के चेले ने पूछकर कहा कि राय पथवारीदीन की स्त्री है, बस। उस आदमी ने कहा, 'आपको धोखा दिया गया है, वह मुसलमानिन है।' गुरुजी के मठ में खलबली मच गई। उनके चेले बिगड़ जाएँगे, तो आमदनी का क्या नतीजा होगा, और फिर अयोध्याजी है, जहाँ रामजी की जन्मभूमि पर बाबर की बनाई मसजिद है,—हिंदू-मुसलमान वाला भाव सदा जाग्रत रहता है, सोचकर, समझकर चेले ने कहा, 'आप जाइए, हम उसे छल करने की शिक्षा देंगे।' वह आदमी चला आया। मेरे पास चिट्ठी आई, 'तुमने हमसे छल किया, इसलिए कंठी-माला-मंत्र वापस कर दो; नहीं तो हम उलटी कंठी बाँधकर, उलटे मंत्र से उलटी माला जपकर अपना दिया मंत्र वापस ले लेंगे।' "

कौतूहलवर्धक बात थी। मैंने पूछा, "तब तो तुम्हें कोई अधिकार नहीं।"

कुल्ली बोले, "जब तक दम नहीं निकलता। जब तक है, तब तक सबके जो अधिकार हैं, मुझे भी हैं; हालाँकि यंत्र-मंत्र पर मुझे यों भी विश्वास नहीं। लेकिन जिन्हें है, उन पर है। लिहाजा यह सब करना पड़ा।"

"फिर तुमने भी कौई जवाब दिया?" मैंने पूछा।

"हाँ; कसकर। गुरुजी की बोलती बंद हो गई। मैंने लिखा, जब आप शुद्ध की हुई मुसलमानिन को नहीं ग्रहण कर सकते, तब आप गुरु नहीं, ढोंगी हैं, आपने व्यापार खोल रक्खा है, आपमें हृदय का बल नहीं, आप एक नहीं, सौ उलटी माला जपिए। हिंदुओं ने बराबर समाज को धोखा दिया है। लेकिन यह कबीर की बहन है। इसे कोई धोखा नहीं दे सकता। इसमें श्रद्धा है। श्रद्धा न होती, तो मेरे पास न आती। कबीर को भी रामानंद ने ऐसी ही बात कही थी। लेकिन कबीर समझदार था। इसीलिए आप-जैसे सैकड़ों गुरु उनके चेले हुए। हिंदुओं को चराया, मुसलमानों को भी, और था महामूर्ख।" कुल्ली ओज में आ गए थे। कहकर हाँफने लगे।

मैंने सोचा, कुछ सुस्ता लें। कुछ देर बाद मैंने पूछा, "आपने महात्माजी को लिखा?"

कुल्ली ने कहा, "जान पड़ता है, वह भी ऐसे ही होंगे।"

मैंने कहा, "नहीं, साल-भर अछूतोद्धार करने का उन्होंने कार्य ग्रहण किया है। देश के इस कोने से उस कोने तक दौरा करेंगे।"

कुल्ली ने कहा, "बस, दौरा-ही-दौरा है। काम क्या होता है? पहले अछूतों की बात नहीं सोची? जब सरकार ने पेंच लगाया, तब खोलने के लिए दौड़े-दौड़े फिर रहे हैं।"

मैंने कहा, "अच्छा, यह बताओ दोस्त, तुमने भी पेंच में पड़कर अछूतोद्धार सोचा है या नहीं?"

कुल्ली नाराज हो गए। कहा, "मेरे साथ भी कोई जमात है? और अगर यही है, तो बैठा लें महात्माजी मुसलमानिन।"

"तुम कैसे हो?" मैंने डाँटा, "वह बुड्ढे हो गए हैं, अब मुसलमानिन बैठाएँगे!"

कुल्ली शांत हो गए। कहा, "एक बात कही।" फिर शायद खत लिखने की सोचने लगे। सोचकर कहा, "कोई चारा नहीं देख पड़ता। हाथ भी बँधे हैं। लेकिन काम करना ही है। क्या किया जाए?"

मैंने कहा, "नंबरदार, 'महाजनो येन गतः स पन्थाः' इसीलिए कहा है। जिधर चलना चाहते हों आप, उधर चले हुए बहुत आदमी नजर आएँगे आपको—आपसे बड़े-बड़े, उसी तरफ चले जाइए। आज तक ऐसा ही हुआ है। कोई कुछ काम करता है, तो दुनिया से ही वस्तु-विषय ग्रहण करता है, और उस विषय के काम करनेवालों को देखता है, पढ़ता है, सीखता है, समझता है, तब अपनी तरह से एक चीज देता है। आप अछूतोद्धार कर रहे हैं, कीजिए, करनेवालों से मिलिए, उनकी आज्ञा लीजिए; जिन्हें अधिकांश जन मानते हैं, मेरे-आपके न मानने से उनकी मान-हानि नहीं होती, यही समझिए, मैं-आप उनके मुकाबले कितने क्षुद्र हैं। अगर यह धोखा है, तो इस धोखे को आप तो नहीं मिटा सकते? आप अपना रास्ता भी नहीं निकाल सकते,

क्योंकि अभी आपने ही कहा—चारा नहीं, हाथ भी बँधे हैं। महात्माजी को संसार की बड़ी-बड़ी विभूतियाँ मानती हैं। वह मामूली आदमी नहीं।"

कुल्ली कुछ देर स्तब्ध रहे। फिर साँस भरकर बोले, "यहाँ कांग्रेस भी नहीं है। इतनी बड़ी बस्ती, देश के नाम से हँसती है, यहाँ कांग्रेस का भी काम होना चाहिए।"

कुल्ली की आग जल उठी। सच्चा मनुष्य निकल आया, जिससे बड़ा मनुष्य नहीं होता। प्रसिद्धि मनुष्य नहीं। यही मनुष्य बड़े-बड़े प्रसिद्ध मनुष्य को भी नहीं मानता, सर्वशक्तिमान् ईश्वर की भी मुख़ालिफ़त के लिए सिर उठाता है, उठाया है। इसी ने अपने हिसाब से सबकी अच्छाई और बुराई को तोला है, और संसार में उसका प्रचार किया है। संसार में कब उतरा?

मैं कुल्ली को देख रहा था। एक साँस छोड़कर कुल्ली ने कहा, "मधुआ चमार की औरत को कल तेज बुखार था, देखने जाना है, अस्पताल अगर न ले जा सका, तो डॉक्टर साहब के पैरों पड़ूँगा—देख लें, फीस के रुपये उसके पास कहाँ, मधुआ काम पर गया होगा, उसका लड़का ढोर चराने।" कहकर, नमस्कार कर कुल्ली उठे। मैं देखता रहा, तेज-कदम वह चले गए।

मैं उठकर महेश-गिरि-मठ के मेम्बरों से मिलने गया। मेम्बर वे ही होते हैं, जो प्रतिष्ठित हैं; जो प्रतिष्ठित हैं, उन्हें अप्रतिष्ठा की बातें सब समय घेरे रहती हैं। पहले लालाजी मिले। बड़े सज्जन हैं। दर्जी की दूकान पर खड़े थे। कोई कोट सिलने को दिया था। कपड़े के शौकीन हैं। घर के साधारण जमींदार। मेरे घनिष्ठ मित्र। दर्जी कई बार उनके मुँह पर कह चुका है कि रायबरेली छोड़कर दलमऊ में वह इसलिए है कि लाला साहब ने उसे पहचाना है, और उसने लाला साहब को; अगर मन का काम न मिला, तो कारीगर का जी नहीं भरता; लाला साहब एक-एक अंग नपाते हैं, और देखते हैं, ठीक बैठा या नहीं।

मुझे देखकर प्राचीन पद्धति के अनुसार लाला साहब ने प्रणाम किया, दर्जी ने भी हाथ जोड़े। आशीर्वाद मैं देता नहीं, नमस्कार करता हूँ या खींस निपोरता हूँ। एक दिन मेरे पुत्र ने लड़कपन में पूछा था, "बप्पा, कोई पैर लगता है, तो आप आसीस क्यों नहीं देते?" मैंने कहा, "मामा के यहाँ रहते-रहते तुम्हारी जैसी आदत हो गई, मेरी वैसी नहीं हो पाई।"

मित्र ने डाँट के साथ पूछा, "क्या है?"

मैंने कहा, "सुना, तुम महेश-गिरि-मठ के मेम्बर हो। तुम्हें लोग मानते भी बहुत हैं। मेरे मित्र हो, इसलिए समझदार हो, मैं भी मानता हूँ। एकांत की एक बात है।"

मित्र गर्दन बढ़ाकर एकांत की ओर चले। दर्जी समालोचक की दृष्टि से देखने लगा।

एकांत में मैंने पूरे कविकंठ से गद्य में कहा, "यार, कुछ अछूतों के लिए भी

करो।''

''अहद''—मित्र ने ध्वनि की, ''मैं समझ गया, कुल्ली ने पकड़ा होगा आपको। अरे, आप भले आदमी, इन बातों में न पड़िए। आपने तो जैसा सुना, वैसा ही समझा।''

''नहीं'', मैंने कहा, ''मैं व्यंग्य बहुत लिख चुका हूँ, जैसे का वैसा ही नहीं समझता।''

''व्यंग्य क्या?'' मित्र ने पूछा।

मैंने कहा, ''जैसे तुम्हारा सर है। सर होकर न हो, या इस पर चार सींगें हों।''

''यानी?'' मित्र कुछ बिगड़े।

''अब यानी और क्या?'' मैंने सीधे देखते हुए कहा।

''आप सही-सही बात कहिए।'' मित्र कुछ दोरुखे होकर बोले।

'अब आए' सोचकर व्यंग्य में मैंने कहा, ''रास्ते पर, कल आठ-दस आदमी तुम्हारा नाम लेकर कह रहे थे, लाला की एक टाँग तोड़ दी जाए; जब देखो, दर्जी की दूकान पर खड़े रहते हैं।''

''ऐं!'' लाला घबराए। पूछा, ''कोई वजह भी मालूम हुई?''

''कुछ नहीं'', मैंने कहा, ''काले-काले आदमी थे। यही पासी-चमार होंगे।''

लाला सोचकर निश्चय पर पहुँचने लगे। कहा, ''हाँ, मैं समझ गया।''

''कुल्ली मिले थे?'' लाला ने पूछा।

''वह तो बहुत दिन से नहीं मिले। वे लोग क्यों बिगड़े हैं, मुझे अंदाज लड़ानी पड़ी।''

सोचते हुए लाला दर्जी की ओर बढ़े। मैं पंडितजी की ओर चला। दिन के ग्यारह का समय होगा। पंडितजी के यहाँ पहुँचा, तो देखा, पंडितजी कनकैया उड़ा रहे हैं। मंझा लखनऊ से मँगवाया है, इसलिए कि उनकी कनकैया कोई काट न पाए।

मैंने कहा, ''एक जरूरी काम से आया था।''

बोले, ''देख ही रहे हैं, अभी फुर्सत नहीं है।''

मैं समझ गया, यह और कड़ा मुकाम है। कहा, ''रायबरेली से डिप्टी साहब आए हैं। गंगा नहाने आए थे। मैं यहाँ हूँ, जानते थे। क्योंकि उनसे मिलकर आया था, और उन्हें बुला भी आया।''

पंडितजी को जैसे जूड़ी आ गई। पूछा, ''कहाँ हैं?''

मैंने कहा, ''मेरे यहाँ ही हैं; आपको बुलाया है। साथ ही आते थे। मैंने कहा, 'नहा चुके हो, गरमा जाओगे, फिर पैदल चलना है, और चढ़ाई भी है, मैं जाता हूँ, वह भी मेरे मित्र हैं, बुला लाता हूँ'।''

पंडितजी ने नौकर को बुलाकर कहा, ''अरे डोर लपेट। हमें डिप्टी साहब ने बुलाया है।''

नौकर ने पतंग ले ली। आप तुर्त-फुर्त नीचे उतरे, कपड़े पहनने लगे। तैयार

होकर छड़ी लेकर चले। बड़ी जल्दी-जल्दी पैर उठ रहे थे। मैं उनकी चाल देखता, साथ चलता जा रहा था। आधे रास्ते पर आकर पूछा, "अपने हल्के के महादेवप्रसादजी हैं?"

मैंने कहा, "हाँ।"

न-जाने क्या सोचते रहे। घर आकर मैंने बैठका खोला। बैठका खोलते ही उन्होंने पूछा, "डिप्टी साहब?"

मैंने कहा, "अपनी ऐसी-की-तैसी में चले गए।"

"आपने मुझे धोखा दिया।" पंडितजी ने कहा।

"आपने मुझे कौन ज्ञान दिया था?" मैंने कहा।

"बस, अब क्या कहूँ आपको! पंडितजी गरमाए हुए लौटे।

मैं तभी समझ गया था, इस मूर्ख की बुद्धि का कोठा बिलकुल खाली है। कहा, "जैसा मेरा आना-जाना व्यर्थ रहा, वैसा ही आपका; दुःख न कीजिएगा। जाइए, कनकैया उड़ाइए।"

चौदह

मैं लखनऊ आकर कुछ दिनों बाद लौटा। कुल्ली ने अपने काम के संबंध में क्या किया, क्या कर रहे हैं, जानने की इच्छा थी, आग्रह था। जाने पर ससुराल में ही कुल्ली की तारीफ सुनी। श्रीमतीजी की जगह सलहज साहबा थीं; अब तक दो-तीन बच्चे की माँ हो चुकी थीं, इसलिए इच्छा होने पर बातचीत छेड़ देता था, घूँघट के भीतर से श्रृंगार-साहित्य के उत्तर बड़े भले मालूम पड़ते थे।

एक दिन कहा भी कि महात्माजी पर्दे के खिलाफ प्रचार कर रहे हैं, तुम उनकी भक्त भी हो, फिर मेरे सामने क्यों घूँघट काढ़ती हो? उन्होंने कहा, "यों मेरी इच्छा नहीं, लेकिन यहाँ के आदमी ऐसे हैं कि कुछ-का-कुछ सोच लेते हैं।" मैंने कहा, "तो अपनी आँखें ढँककर दूसरों की आँखों पर पर्दा डालना चाहती हो!...रहस्यवाद अच्छा है।" ऐसी मेरी छोटी सलहज साहबा और सासुजी मेरे जाते ही उच्छ्वसित होकर भिन्न-भिन्न वाक्यों से एक ही बात कर गईं, "कुल्ली बड़ा अच्छा आदमी है, खूब काम कर रहा है; यहाँ एक-दूसरे को देखकर जलते थे, अब सब एक-दूसरे की भलाई की ओर बढ़ने लगे हैं; कितने स्वयंसेवक इस बस्ती में हो गए हैं। कांग्रेस कायम हो गई है। सब अकेले कुल्ली का किया हुआ है।"

सासुजी के सुपुत्र ने गले में और जोर देकर कहा, "अम्मा, कुल्ली अठारह घंटा काम करते हैं। छः-छः कोस पैदल जाते हैं कांग्रेस के नियम्बर (मेम्बर) बनाने के लिए। बस्ती में और बाहर सब जगह इतनी इज्जत है कि लोग देखकर खड़े हो

जाते हैं।''

सासुजी ने कहा, ''भैया, आदमी नहीं, देवता है कुल्ली!''

सलहज साहबा ने कहा, ''मैं तो उन्हें अवतार मानती हूँ। बिन्दा खटिक की दुलहिन मर रही थी; गाँव में इतने आदमी थे, कोई नहीं खड़ा हुआ, नंबरदार ने अपने हाथों उसकी सेवा की।''

मैंने कहा, ''जरा उनसे मिलना था।'' मन में ऊधम मचा हुआ था कि महात्माजी को कुल्ली ने लिखा होगा, देखूँ, क्या जवाब आया।

साले साहब ने कहा, ''मैं चला जाऊँगा।'' कहकर बड़ी तेजी से अपना डंडा उठाकर, एक दफा अपनी बीवी को, फिर मुझे, फिर विश्वास की दृष्टि से अपनी अम्मा को देखकर चले।

मैंने बाहर के बैठके का रास्ता लिया। इस समय कुछ प्रसिद्ध हो जाने के कारण, बस्ती के स्कूल-कॉलेज के पढ़नेवाले लड़के भी आते थे, उन्हें भी समय देना पड़ता था। प्रायः सबका पहला प्रश्न 'छायावाद क्या है' रहा। मैं उत्तर देता-देता अभ्यस्त हो गया था। समझाने में देर न होती थी, यद्यपि लड़कों की समझ में कुछ न आता था। बाद को आश्वासन देता था कि बाद को समझिएगा।

इन्हीं दिनों श्रीमान् बाबू इकबाल वर्मा साहब 'सेहर' से वहाँ मुलाकात हुई। अपनी सज्जनता और शुद्ध साहित्यिकता के कारण वह स्वयं पहले मुझसे मिलने आए थे—यह मालूम कर कि मैं वहाँ हूँ। मुझे यह जानकर बड़ी खुशी हुई कि 'सेहर' साहब की और मेरी एक ही बस्ती में ससुराल है। उनके साथ गोस्वामी तुलसीदासजी के सुप्रसिद्ध समालोचक-विद्वान् बाबू राजबहादुर लमगोड़ा एम.ए., एल.एल.बी. साहब के भाई साहब भी थे। लमगोड़ा साहब से मिलने की मेरी बहुत दिनों से इच्छा थी। क्योंकि उनकी आलोचना मुझे बहुत पसंद आई थी, पर दुर्भाग्यवश मिल नहीं सका था, उनके भाई साहब से मैंने जिक्र किया, उन्हीं के मकान में; उन्होंने मुझे फतेहपुर बुलाया; फिर 'सेहर' साहब ने कविता सुनाने की आज्ञा की; मैंने सुनाई। ऐसी अनेक घटनाएँ हुईं; पर अप्रसिद्ध जनों की होने के कारण रहने दी गईं। सब जगह एक बात मैंने देखी, मेरी कविता पढ़कर लोग नहीं समझे, सुनकर समझे, और इतना समझे कि मुझे 'श्रुति' पर ही कविता को छोड़ना पड़ा।

बैठके में बैठा नए भाव रूपमयी की तलाश में था कि साले साहब आए, और बड़ी इज्जत से कुल्ली को दिखाकर—'वह हैं'—भीतर चले गए। उठकर मैंने कुल्ली का स्वागत किया। वह बैठे। देखा, चेहरा एक दिव्य आभा से पूर्ण है, लेकिन देह पहले से दुबली, जैसे कुल्ली समझ गए हैं, जीवन की संध्या हो गई है, अब घर लौटना है। कविता का दिव्य रूप और भाव सामने जड़ शरीर में देखकर पुलकित हो उठा।

कुल्ली स्थिर भाव से बैठे रहे। इतनी शांति कुल्ली में मैंने नहीं देखी थी, जैसे संसार को संसार का रास्ता बताकर अपने रास्ते की अड़चनें दूर कर रहे हों। मैं

कुछ देर और चुपचाप बैठा रहा।

कुल्ली ने एक साँस छोड़ी, जैसे कह रहे हों, 'संसार में साँस लेने का भी सुबीता नहीं, यहाँ बड़ी निष्ठुरता है; यहाँ निश्छल प्राणों पर ही लोग प्रहार करते हैं; केवल स्वार्थ है यहाँ, वह चाहे जन-सेवा हो, चाहे देश-सेवा; इस सेवा से लोग अपनी सेवा करना चाहते हैं; किसान इसलिए कांग्रेस में आते हैं कि जमींदार की मारों से, सरकार के अन्याय से बचें, और जमीन उनकी हो जाए, गरीब इसलिए तारीफ करते हैं कि उन्हें कुछ मिलता है। पर इतना ही क्या सबकुछ है? क्या इससे जीवन को शांति मिलती है? शायद साँस के रहते नहीं।'

इतना स्तब्ध भाव था कि बात करने की हिम्मत नहीं होती थी। इसी समय साले साहब भीतर से जल-पान ले आए, और कुल्ली के सामने आदरपूर्वक रखते हुए बोले, "रात-भर दुखिया चमार की सेवा करते हैं, उसकी स्त्री का देहांत हो गया है, दुखिया बीमार है। आज लालगंज जाएँगे, वहाँ कांग्रेस का काम है। कल दुपहर को जल-पान किया था तब से ऐसे ही हैं।"

चुपचाप तश्तरी उठाकर कुल्ली नाश्ता करने लगे। चेहरा सुर्ख। मनुष्यत्व रह-रहकर विकास पा रहा है। देखकर मैंने सिर झुका दिया।

कुल्ली नाश्ता करके हाथ-मुँह धोकर बैठे, पान खाया। एक तृप्ति की साँस ली। उन्हें कुछ देर तक एकटक देखकर मेरे साले साहब ने प्रस्थान किया।

बड़ी हिम्मत करके मैंने पूछा, "नंबरदार, फिर महात्माजी को लिखा था?"

कुल्ली मुस्कराए। कहा, "अब क्या कहूँ?"

मेरे लिए इतना बहुत था। एक दफा बैठके के इस तरफ से उस तरफ तक टहल आया। नाटक के पार्ट काफी कर चुका था। प्रभावित होकर कहा, "बड़ा गुस्सा लगता है। कितना बड़ा नेता क्यों न हो, आदमी की पहचान नहीं कर पाता। करें भी कहाँ से? दस-पाँच जगह कार्यकर्ताओं ने धोखा दिया कि समझ बैठे सब धोखेबाज हैं।" कहकर कुल्ली को देखा, प्रभाव पड़ रहा था। कहा, "मैं तो इसीलिए राजनीति में भाग नहीं लेता। मैं जानता हूँ, मुझे प्राविंशल कांग्रेस-कमेटी का भी प्रेसीडेंट न बनाएँगे, और कहने से भी बाज न आएँगे कि सिपाही का धर्म सरदार बनना नहीं है। लेकिन सरदार सरदार ही रहेंगे—सैकड़ों पेंच कसते हुए, ऊपर न चढ़ने देंगे।" कुल्ली जगे। "ध्वनि में प्रतिध्वनि होती ही है।" कहकर मैं बैठ गया। पूछा, "क्या जवाब दिया महात्माजी ने?"

"कुछ नहीं", कुल्ली ने शुरू किया, "मैंने सत्रह चिट्ठियाँ (सत्रह या सत्ताईस कहा, याद नहीं) महात्माजी को लिखीं, लेकिन उनका मौन भंग न हुआ। किसी एक चिट्ठी का जवाब महादेव देसाई ने दिया था। बस, एक सतर—इलाहाबाद में प्रधान ऑफिस है, प्रांतीय, लिखिए।"

"आपने फटकारा नहीं?" मैंने उग्र सहानुभूति से कहा।

कुल्ली खाँसकर बोले, "आप क्या समझते हैं? मैंने लिखा—महात्माजी, आप मुझसे हजार गुना ज्यादा पढ़े हो सकते हैं। तमाम दुनिया में आपका डंका पिटता है, लेकिन हरएक की परिस्थिति को आप हरगिज नहीं समझ सकते। अगर समझते, तो मौन न रहते। जब मौन हैं, तब आप भगवान् हरगिज नहीं हो सकते। भगवान् अंतर्यामी होते हैं, आप अंतर्यामी नहीं हैं। यह मुझे पूरा-पूरा विश्वास हो गया है। आपको बनियों ने भगवान् बनाया है, क्योंकि ब्राह्मणों और ठाकुरों में भगवान् हुए हैं, बनियों में नहीं। जिस तरह बनियों ने आपको भगवान् बनाया है, उसी तरह आप बनिया-भगवान् हैं।"

मैंने कहा, "अरे, कुछ काम की बात भी लिखी?"

"काम की बात तो सत्रह बार लिख चुका था।"

"तो यह अट्ठारहवाँ पत्र है, या अट्ठाईसवाँ?"

"यह मुझे याद नहीं। आप आइएगा, तो आपको नकल दिखाऊँगा।"

मैंने कहा, "बीच-बीच में दोहा-चौपाई-शे'र भी लिखे थे? इसमें प्रभाव पड़ता है।"

"उस वक्त कुछ याद ही नहीं आया। जो समझ में आया, लिखा। यह तो जानता ही हूँ कि मूर्ख हूँ, बड़ी बड़ाई मूर्ख कह लेंगे। लेकिन भगवान् तो मूर्ख और पंडित नहीं मानते, उनकी दृष्टि में सब बराबर हैं।"

"लेकिन गांधीजी ऐसे भगवान् नहीं। वह तो सबको भगवान् बनाना चाहते हैं, इसलिए लोग उन्हें अवतार कहते हैं।"

"झूठ है।" कुल्ली ने कहा।

मैंने पूछा, "अच्छा, फिर आपने क्या किया?"

"फिर इलाहाबाद को लिखा (अछूतों के जिस ऑफिस का नाम कुल्ली ने लिया, वह मुझे याद नहीं), लेकिन पहले वहाँ से भी जवाब न आया, तब मैंने पं. जवाहरलालजी को लिखा।"

"कैसे लिखा, यह कहिए।"

गंभीर होकर कुल्ली बोले, "पहले तो सीधे-सीधे लिखा, जैसा सबको लिखा जाता है। बड़े आदमी हैं, इसलिए कुछ इज्जत के साथ लिखा, लेकिन उसका उत्तर जब न आया—तब डाँटकर लिखा। अरे, अपने राम को क्या, रानी रिसाएँगी, अपना रनवास लेंगी!"

मैं ताड़ गया, राजा इस समय कुल्ली खुद हैं; इसलिए राजा नहीं कहना चाहते। कहा, "इस साल जवाहरलालजी राष्ट्रपति हैं, राजा कहना चाहिए था।"

"वह राजा-रानी एक हैं।" कुल्ली ने कहा, "दूसरे पत्र का जवाब तो उन्होंने नहीं दिया, लेकिन पत्र को अछूतों के कार्यालय में भिजवा दिया। वहाँ से जवाब आया कि मदद की जाएगी। रायबरेली में जिलावाली ऑफिस से रुपये लीजिएगा,

यहाँ से भेज दिए जाएँगे।''

मैंने पूछा, ''फिर आपको रुपये मिले?''

''हाँ, एक बार, बस।'' कहकर कुल्ली ने बाहर की तरफ देखा। कहा, ''बड़ों की बात बड़े पहचानें। ज्यादा कहना उचित नहीं। अपने सिर दोष लेना सीख रहा हूँ। इतना है कि तबियत नहीं भरी, जिस तरह चार पैसे के भोजन से सीधे व्यवहार से भरती है। मुझे लालगंज जाना है। वहाँ से उधर देहात घूमूँगा। कांग्रेस के मेम्बर बना रहा हूँ। फुर्सत कम रहती है। पाठशाला आपकी भाभी चलाती हैं। एक दिन जाइएगा। मैं कई रोज के लिए जा रहा हूँ। बहुत दुर्बल भी हूँ। भगवान् के भरोसे अब नाव छोड़ दी है। कोई खेनेवाला नहीं देख पड़ा। अच्छा, कुछ खयाल न कीजिएगा। नमस्कार।''

कुल्ली चले गए। अब यह वह कुल्ली नहीं हैं। प्रायः पचपन-छप्पन की उम्र। लेकिन कितनी तेजी! कोई उपाय नहीं मिला, किसी ने हाथ नहीं पकड़ा, कुछ भी सहारा नहीं रहा, तब दूसरी दुनिया की तरफ मुँह फेरा है। कितना सुंदर है, इस समय सबकुछ कुल्ली का! मैं देखता और सोचता रहा।

पंद्रह

दो-तीन दिन रहकर कुल्ली की पाठशाला और पत्नी को देखकर मैं लखनऊ चला आया। लेकिन जी नहीं लगा। कोई शक्ति मुझे दलमऊ की तरफ खींच रही थी, वहाँ की श्यामल-सजल प्रकृति, निर्मल गंगा, सुंदर घाट, दिगंत-विस्तार रह-रहकर याद आने लगा। सबसे अधिक आकर्षण कुल्ली का। एक जैसे पारलौकिक स्नेह मौन आमंत्रण दे रहा था—तुम आओ, तुम आओ। इसी समय याद आया, बहुत दिनों से दलमऊ की कतकी नहीं नहाई। इस बार चलकर नहाएँ।

इस तरह तीन-ही-चार महीने के अंदर फिर दलमऊ गया। गंगा-तट की शारद प्रकृति बड़ी सुहावनी मालूम दी। सघन वृक्षावली में एक पुरानी स्मृति जैसे लिपटी हो। प्रकृति जैसे वर्षा से नहाकर निखर गई है। चारों ओर उज्ज्वलता। कुल्ली के लिए ऐसा ही उज्ज्वल समय आ गया है, सोचकर मन हर्ष से भर गया। मैं इक्के पर चला जा रहा था, पहले दिन की याद आई, जब कुल्ली मिले थे। वह अदालती फैशन का बिगड़ा कुल्ली आदर्श आदमी बन गया है।

इक्का ससुराल के सामने रास्ते पर रुका। आदमी आया। सामान उतार ले गया। सासुजी फाटक के सामने खड़ी हुईं। इक्केवाले को पैसे दिला दिए। उतरकर मैंने उनके चरण छुए। भीतर गया। सलहज साहबा तिदरे के सामने आकर खड़ी हुईं। यह स्वागत था—कलश उनके प्राकृतिक थे, साक्षात् प्रकृति को मन में नमस्कार

किया। त्रुटियाँ बहुत होती हैं, लेकिन इनकी कृपा के बिना पर्दा पार करना दुःसाध्य है, बहुत पहले से जानता था। भविष्य की भगवान् जाने। साले साहब भीतर थे। बाहर निकले! कहा, "जीजा, कुल्ली सख्त बीमार हैं, आप बड़े मौके से आए। मुलाकात हो जाएगी। डॉक्टर साहब कहते थे, अब नहीं बचेंगे—कम-से-कम हमारे मान की बात नहीं रही, क्योंकि यहाँ वैसे अस्त्र नहीं हैं, न वैसी दवा हैं; रायबरेली ले जाएँ, वहाँ बचना हुआ, बच जाएँगे। कल जाइए, देख आइए।"

मैंने पूछा, "हुआ क्या है?"

उन्होंने मुँह बिगाड़कर कहा, "गर्मी। पहले थी, इधर दौड़े बहुत, क्वार की धूप सिर से उतरी, फाके किए, बीमार हो गए। लेकिन जीजा, यहाँ कोई गाँव नहीं, जहाँ कुल्ली ने कांग्रेस के नियम्बर (मेम्बर) नहीं बनाए। नीचे का पेट तक सड़ गया है—सेरों पस निकलता है, इतनी बदबू आती है कि कोई छन-भर नहीं ठहर सकता। और..."

मैंने कहा, "और क्या?"

साले साहब मुस्कराकर रह गए।

मैंने कहा, "हँसने की कौन-सी बात है?"

अपनी अम्मा और पत्नी की तरफ देखकर साले साहब ने मुझे एकांत में चलकर बुलाया, और मेरे जाने पर कान के पास मुँह ले जाकर कहा, "लिंग लापता है।"

"लापता?" मैंने संदेह के प्रकाश्य स्वर से पूछा।

"हाँ।" उन्होंने कहा, "लोग कहते हैं, अब नहीं रहा। कहते हैं—अब अगर कुल्ली जी भी गए, तो कुल्लियायन क्या करेंगी?" मैं गंभीर होकर चारपाई पर आकर बैठा।

सलहज साहबा गंभीर होकर बोलीं, "हाँ, कुल्ली की बहुत खराब हालत है।"

सासुजी मेरे जल-पान की व्यवस्था के लिए भीतर चली गई थीं। अपनी बहू की बात सुनकर उसे भीतर बुलाया। मैं दम साधे बैठा रहा। जल-पान के बाद घर की और-और बातें होती रहीं।

दूसरे दिन सवेरे धूप निकलने पर मैं कुल्ली के यहाँ गया। रास्ते में कई स्वयं-सेवक उधर जाते हुए मिले, दरवाजे पर कई अछूत लड़के, उनके तीन-चार अभिभावक। सबके चेहरे कह रहे थे, कुल्ली नहीं बचेंगे। मैं भीतर गया।

ठीक उसी जगह, जहाँ पहले दिन कुल्ली बैठे थे, आज पड़े दीखे। आज वे भाव यथास्थान अपनी कुरूपता को प्राप्त हैं, लेकिन मुख पर नहीं। मुख पर दिव्य कांति क्रीड़ा कर रही है। प्रवेश करते ही ऐसी बदबू आई कि जान पड़ा, एक क्षण नहीं ठहर सकूँगा। हिम्मत करके खड़ा रहा। विद्या और अविद्या का आधा-आधा भाग कुल्ली की देह में पूर्ण रूप से प्रकाशित था। कुल्ली कुछ ध्यान में थे। आँखें खोलकर देखा—सामने देखकर, "आह! आप हैं? बड़े सौभाग्य, बड़े सौभाग्य, अब मैं कुछ नहीं

चाहता।" कहकर विह्वल हो गए। एक अछूत से सिरहाने की तरफ बिस्तर बिछा देने के लिए कहा, मुझसे कहा, "यह हाल है। बड़ी बदबू मिलती होगी। लेकिन इधर न मिलेगी। दिल के ऊपर मैं नहीं चढ़ने दे रहा। मुझे इसका रूप देख पड़ता है। हृदय से ऊपर मैं बहुत अच्छा हूँ। सिरहाने बैठकर बताइए, बदबू मिलती है?"

बैठकर मैंने मालूम किया, वास्तव में उधर बदबू नहीं थी। क्या कहूँ, क्या करूँ, कुछ समझ में नहीं आ रहा था। पाँच रुपये निकाले, और कुल्ली की स्त्री को देते हुए कहा, "आप दूध पीजिएगा।"

कुल्ली कुछ न बोले। केवल ऊपर की तरफ देखा। कुछ देर फिर मौन रहा।

मैंने पूछा, "डॉक्टर साहब क्या कहते हैं?"

"डॉक्टर क्या कहेंगे? अब कहने की बात नहीं रही। ईश्वर की इच्छा।" कुल्ली ने आँखें मूँद लीं।

कुछ देर तक मैं बैठा रहा। फिर बाहर निकला। कुल्ली की स्त्री रोने लगी। कहा, "रायबरेली ले जाने के लिए कहते हैं। खर्चा यही पाँच रुपया है। डोली में आएँगे नहीं। लारी कोई आएगी, यहाँ खाली होगी, तो उसमें ले जाऊँगी, लेकिन फिर वहाँ क्या होगा? वहाँ भी खर्चा है।" कहकर रोने लगीं।

मैंने कहा, "आप इन्हें ले जाइए। मैं कुछ रुपये चंदा करके रायबरेली आता हूँ। आगे ईश्वर मालिक है।"

आश्वस्त होकर कुल्ली की स्त्री देखती रहीं, मैं धीरे-धीरे बाहर चला।

घर में दूसरे दिन मालूम किया, कुल्ली की स्त्री एक लारी पर कुल्ली को लेकर रायबरेली गई हैं। उत्तरदायित्व बढ़ गया। दलमऊ के स्वयंसेवकों को लेकर कांग्रेस-कमेटी के दफ्तर गया। वहाँ प्रेसीडेंट साहब अपना पक्का मकान बनवा रहे थे। उन्हीं के अधबने मकान के एक कमरे में कांग्रेस-कमेटी का दफ्तर है। स्वयंसेवकों ने मेरा परिचय दिया। कुल्ली का काम वह देख चुके थे। रुपये की बात मैंने कही, तो बोले, "कांग्रेस का यह नियम नहीं, वह आपसे रुपये ले सकती है, पर दे नहीं सकती।"

"यह मैं जानता हूँ, पर जिसे योग्य समझती है, उसे इतना देती है कि दूसरों को पता नहीं चलता।"

बोले, "आपका मतलब?"

मैंने कहा, "यह तो पहले अर्ज कर चुका।"

एक प्रेसीडेंट की हैसियत से बोले, "रुपये नहीं दिए जाएँगे।"

मैंने कहा, "पहले मैं पाँच रुपये दे चुका हूँ, अब और दो रुपये दे रहा हूँ। रायबरेली का खर्च बरदाश्त करूँगा। इससे अधिक इस समय मेरी शक्ति नहीं। तीन रुपये और तीन सज्जन मित्रों से एक-एक रुपया चंदा करके लिया है। कुछ आप दे दें, तो काम चल जाएगा।"

उन्होंने कहा, "सात रुपये विजयलक्ष्मी के स्वागत के खर्च से बचे हैं, आठ

हो चुके हैं, हालाँकि वह आईं नहीं, लेकिन वे रुपये जमा कर दिए गए हैं।''

मैंने कहा, ''विजयलक्ष्मीजी के स्वागत से कुल्ली नंबरदार की जान ज्यादा कीमती है, यह तो आप मानते हैं?''

उन्होंने कहा, ''मैं सबकुछ जानता हूँ। लेकिन यही शहरवाले जब घर बन गया, तब कहते हैं, दो हाथ म्युनिसिपैलिटी की जगह बढ़ा ली है?''

'इसीलिए आप विजयलक्ष्मीजी का ध्यान कर रहे हैं?' मैंने मन में कहा। खुलकर कहा, ''कोई विजयलक्ष्मीजी का स्वागत करता है, तो पहले पता लगाती हैं—क्यों स्वागत किया गया। अगर कारण कोई उन्हें पाएदार मालूम हुआ, तो उसके पाए उखाड़कर तब दम लेती हैं। मैं तो लखनऊ में रहता हूँ, रोज देखता-सुनता हूँ। साक्षात् विजयलक्ष्मी हैं।'' हाथ जोड़कर मैंने प्रणाम किया, ''कभी किसी से नहीं मिलतीं, इसीलिए देश में क्या, संसार में उनकी जोड़ नहीं। लेकिन उन्हें मालूम हो जाए कि किसी ने कांग्रेस के किसी कार्यकर्त्ता के पीछे एक रकम फूँक दी है, तो फिर उनसे जो चाहे करवा ले।''

लाला मुँह फैलाए सुनते रहे। पूछा, ''आपसे मिलती हैं?''

मैंने कहा, ''नहीं, किसी से नहीं। लेकिन काम की बात होती है, तो इंकार भी नहीं करतीं।'' मैंने फिर नमस्कार किया, ''साक्षात् देवी।''

लाला ने कहा, ''तो वे सात रुपये हैं, ले जाइए।''

''हाँ'', मैंने कहा, ''दीजिए, बड़ी देर हो गई।''

लालाजी से रुपये लेकर मैंने रायबरेली जाने की तैयारी की। कुल्ली के एक मुसलमान मित्र भी स्टेशन पर मिले, वहीं जा रहे थे। रायबरेली पहुँचने पर सिविलसर्जन से मालूम हुआ, पहले से दशा सुधार पर है, क्योंकि पहले चिल्लाते थे, अब चुप रहते हैं। कुल्ली को देखने पर उल्टा फल मालूम दिया—शक्ति बिलकुल क्षीण हो गई है। ऑपरेशन के बाद से चित्त ऊबता जा रहा है। कुल्ली ने यहाँ भी कहा, ''डॉक्टरों को कुछ नहीं आता। मैं कहता हूँ, ढाढस न दीजिए, मैं चंद घंटों का मेहमान हूँ, लेकिन कहते हैं, नहीं यह दिल की घबराहट है, तुम अच्छे हो जाओगे।''

मैं देखता था, कुल्ली की वाणी में, मुख पर, दृष्टि में कोई दोष नहीं, उसकी कोई उपमा भी नहीं दी जा सकती।

इसी समय सर्जन साहब भी देखने आए। कुल्ली ने कहा, ''बाबूजी, मैं बचूँगा नहीं, लोगों को अब मेरे ही पास रहने दीजिए, उन्हें फल और दवा के लिए दौड़ाएँ नहीं।''

डॉक्टर साहब ने कहा, ''अगर तुम्हें यह दिव्य ज्ञान था, तो यहाँ आना ही नहीं था; जब आए हो, तब जैसा हम कहते हैं, करो। पहले तुम्हारा गला सोने पर घरघराता था, अब बंद हो गया है।''

कुल्ली ने कहा, ''बाबूजी, मेरा गला नहीं घरघराता था, नाक बोलती थी, अब

कमजोर हो गया हूँ, नहीं बोलती।''

''चुप रहो'', डॉक्टर साहब ने कहा, ''नाक बजना और गला घरघराना एक बात नहीं। हम खुद देख-सुन चुके हैं। बोलो मत।''

डॉक्टर साहब दूसरे रोगी की तरफ चले गए। कुल्ली सीधी-सरल दृष्टि से उन्हें देखते रहे।

दलमऊ में मैंने सुना था, जब से कुल्ली की हालत और संगीन हुई, तब से उनकी स्त्री के यहाँ एक क्षण पैर नहीं जमते। रायबरेली-भर में भागी फिरती हैं।

मैंने बात साफ कर लेने के लिए पूछा, ''क्या दुःख से?''

उत्तर बहुत शोभित नहीं मिला।

लेकिन, जब मैं गया, दुर्भाग्यवश वह वहाँ नहीं थी। रुपये लिए खड़ा रहा। वह सुनी बात रह-रहकर याद आती रही। अंत में जब धैर्य जाता रहा, तब मैंने कहा, ''आपकी श्रीमतीजी नहीं हैं, कुछ रुपये लाया हूँ।''

कुल्ली ने साथ गए मुसलमान सज्जन की ओर इशारा करके कहा, ''इन्हें दे दीजिए। वह बेचारी तो इस-उस काम से दिन-भर मारी-मारी फिरती है।''

मैंने रुपये दे दिए। रहने के लिए कुल्ली ने पूछा, ''यहाँ कहाँ रहिएगा?''

मैंने कहा, ''कुछ मदद रायबरेली से भी पहुँचाने का इंतजाम करूँगा। मेरे एक मित्र यहाँ ट्रेजरी-अफसर हैं। उनके बंगले में ठहरूँगा। वहीं बातचीत करूँगा।''

नमस्कार कर मैं बिदा हुआ। कुल्ली ने कहा, ''अब मुलाकात न होगी।'' आँखों से आँसू टपक पड़े। मैं वहाँ से बाहर निकल आया।

सोलह

ट्रेजरी अफसर से कुल्ली की मदद के लिए कहकर मैं दलमऊ चला आया। दो ही तीन रोज में मालूम हुआ, कुल्ली का देहांत हो गया है; उनकी लाश दलमऊ लाई जा रही है, दलमऊ के स्वयंसेवक अछूत और कांग्रेस-कार्यकर्त्ता जुलूस निकालेंगे। फिर नाव पर शव लेकर गंगाजी के उस पार अंतर्वेद में जलाएँगे। दाह के लिए कुल्ली-वंश के कोई दीपक बुलाए गए हैं, उनकी स्त्री चूँकि विवाहिता नहीं, इसलिए उसके हाथ अंतिम संस्कार न कराया जाएगा। मैं स्तब्ध हो गया। कुल्ली का यह परिणाम देखकर, लेकिन साथ ही कस्बे-भर के मनुष्यों की उमड़ती हुई सहानुभूति से आश्चर्य भी हुआ। एक साधारण आदमी देखते-देखते इतना असाधारण हो गया। दुःख था, अब कुल्ली से मुलाकात न होगी। कुल्ली मुझे क्या समझने लगे थे, यह लिखकर कलम को कलंकित न करूँगा। उनके जीवन पर किसकी गहरी छाप थी, यह मुझसे अधिक कोई नहीं जानता। कुल्ली साधारण आदमी थे, हिंदी के सुप्रसिद्ध व्यक्ति प्रेमचंदजी और 'प्रसादजी'

अंतिम समय में अपना एक-एक सत्य मुझे दे गए थे; वह मेरे ही पास रहेगा, इसलिए कि उसकी बाहर शोभा न होगी, कदर्थ होगा; उनकी महान् आत्माएँ कुंठित होंगी। ऐसा ही एक सत्य कुल्ली के पास भी था। मनुष्य अपने समझे हुए जीवन की समझ ऐसे ही परिवर्तन के समय पाता है, और देता है। कुल्ली कुछ पहले दे चुके थे, इन लोगों ने बाद को दी, इसलिए कि इनमें स्पर्द्धा थी, इनसे स्पर्द्धा करनेवाला हिंदी में न था।

दूसरे की मैं नहीं जानता, मुझ पर एक प्रकार का प्रभाव पड़ता है, जो दुःख नहीं, नशे की तरह का है, जब किसी प्रियजन का वियोग होता है, या वैसा भय मुझमें आता है। कुल्ली का देहांत हो गया है, मैंने बैठके में सुना था। कुल्ली की लाश दलमऊ पहुँची, उस समय मैं बैठके में था, स्वयंसेवक दो बार बुलाकर तीसरी बार बुलाने आया। जब जुलूस निकल रहा था, मैं वहीं था, न जा सकने की बात कही। कुल्ली को फूँककर लोग वापस आए, मैं वहीं बैठा था। घर के लोग देख-देखकर लौट गए। शाम को प्रकृतिस्थ होकर भोजन किया। कुल्ली की स्त्री चिल्ला-चिल्लाकर आसमान फाड़ रही है, सुना करता था; जा नहीं सका। दस दिन हो गए। कुल्ली का दसवाँ समाप्त हो गया। अवश्य मुझे यह मालूम न था कि कुल्ली का दसवाँ हो गया, एकादशाह है।

एकादशाह के दिन दस बजे के करीब कुल्ली की स्त्री को देखने गया। उस समय वहाँ एक घटना हो गई थी। इसलिए कुल्ली की स्त्री में कुल्ली की अपेक्षा मुसलमानिनवाला भाव प्रबल था।

मुझसे स्वर को खींचकर कहा, "नंबरदार तो चले गए, उनका सब काम हो गया, लेकिन दस दिन तक जो लोग आए, रहे, वे आज एकादशाह को क्यों नहीं आएँगे? मैं आपसे पूछती हूँ, यह हिंदुओं का खरापन है या दोगलापन?"

बात कुछ मेरी समझ में नहीं आई। मैंने कहा, "भाव ज़रा और साफ करके बताइए। मैं इतने से नहीं समझा।"

श्रीमती कुल्ली दोनों हाथ के पंजे उठाकर उपदेश की मुद्रा से बोलीं, "देखिए, आप तो आए नहीं; नंबरदार को दाग दिया—उनके हैं कोई, मैं नहीं जानती; अच्छा भाई, दाग दिया तो दिया; दस रोज माना, ठीक है; दसवें दिन पंडित और टोला-पड़ोस, गाँवघर के सब आदमी थे। दाग देनेवाले ने मुझसे कहा, 'इतना तो हम कर सकते हैं। लेकिन साल-भर हम न मान सकेंगे, हमें काम है, फिर हमारे चाचा भी बीमार हैं—अरे हाँ, कुछ हो जाए, तो उनके भी कोई नहीं, इसलिए सपिंडी तुम ले लो।' पंडित ने भी कहा, 'ठीक है, ले लो।' गाँव के दस भलेमानसों ने भी कहा। मैंने कहा, 'अच्छी बात है, पंडित जब कहते हैं, तब ले लें।' सपिंडी ले ली। अब आज होम है। पंडित को बुलाया, तो कहते हैं, हम न जाएँगे।"

मैंने पूछा, "क्यों?"

जो बुलाने गया था, वह एक अछूत लड़का था। उसने कहा, "मन्नी पंडित ने कहा है, एक तो यों ही हमारी बहन की शादी नहीं होती, क्योंकि हम गंगापुत्रों के यहाँ पंडिताई करते हैं, कुल्ली की स्त्री के घर होम कराने जाएँगे, तो कोई पानी भी न पिएगा।"

"सुन लिया आपने?" कुल्ली की स्त्री ने कहा, "यही मन्नी पंडित कल कहते थे–सपिंडी ले लो। अगर तुम्हें काम नहीं करना था, तो तुमने कहा क्यों? और जब कहा, तब आओगे कैसे नहीं? दस आदमी गवाह हैं–रामगुलाम पंडित, राजाराम गंगापुत्र, धोखे महाबाह्मन..."

मैंने कहा, "यह अदालत तो है नहीं। जो नहीं आना चाहता, उसे दूसरे मजबूर नहीं कर सकते।" मन्नी पंडित की दशा मुझे मालूम थी। वह कुलीन कान्यकुब्ज हैं। लेकिन उनकी बहन प्रायः बीस साल की हो गई थी, कोई ब्याह नहीं करता था, कारण, वह गंगापुत्रों के यहाँ यजन करते थे, उनका धान्य लेते थे। मन्नी के लिए दूसरा उपाय जीविका का न था।

मैंने कहा, "आप घबराइए नहीं। आपका काम हो जाएगा।"

कुल्ली की स्त्री ने आश्वास की साँस ली। कहा, "अब आप ही लोग हैं!" कहकर, कृत्रिम करुणा से जैसे कंठावरोध हो गया–आँखों में आँसू आ गए हों–आँचल एक दफा आँखों पर फेर लिया। फिर जोश में आकर बोली, "बिना आपके गए वह न आएँगे। आप ऐसे ही कहिएगा कि..."

"मैं समझ गया," मैंने कहा, "मेरी वहाँ जरूरत नहीं। नहाकर मैं यहीं आता हूँ। तब तक आप एक दफा पंडित को और बुला भेजें। मैं अभी आता हूँ। वह न आएँगे, तो मैं हवन करा दूँगा।"

कुल्ली की स्त्री को जान पड़ा, साक्षात् वशिष्ठजी उनके घर जा रहे हैं।

मैं ससुराल की तरफ लौटा। रास्ते में ज्योतिषीजी का मकान है। यह वही ज्योतिषी हैं, जिन्होंने मेरा विवाह विचारा था; मैं मंगली था, ससुरजी इनकार कर रहे थे, लेकिन इनके पिता वहाँ के बृहस्पति थे–राना साहब, राजा साहब, लालसाहब, सब उन्हें मानते थे, अब भी उनके लड़कों को मानते हैं–उन्होंने कहा, विवाह बहुत अच्छा है, अगर लड़की को कुछ हो जाएगा, तो बुरा नहीं, फिर जहाँ लड़का मंगली है, वहाँ लड़की राक्षस है, पटरी अच्छी बैठती है। तब से इस खानदान पर मेरी एक-सी श्रद्धा चली आती है। ज्योतिषीजी मुझसे बड़े हैं। प्रणाम कर मैंने तिथि और संवत् वगैरा पूछा। ज्योतिषीजी चौंके। मैं किस काट और कोटि का आदमी हूँ, जानते हैं। पूछा, "क्या करोगे? तुम और तिथि?"

मैंने कहा, "मन्नी पंडित बहन के ब्याह के डर से कुल्ली के घर नहीं जाना चाहते। हवन कराऊँगा। 'मासानां मासोत्तमे' तो हर महीने आप लोग कहते हैं। संकल्प में तिथि जान लेना जरूरी है।"

पंडितजी ने पूछा, ''हवन कैसे कराओगे? क्या तुम यह सब जानते हो?''

''जानता तो दरअसल कुछ नहीं'', मैंने कहा, ''लेकिन यह जानता हूँ कि हवन में ब्रह्म से लेकर देव-दानव, यक्ष-रक्ष, नर-किन्नर, सबमें चतुर्थी लगती है, बाद 'स्वाहा' और इतनी संस्कृत मुझे आती है कि कुल बातें अपनी रची संस्कृत में करूँ, यहाँ के पंडितों से क्रिया शुद्ध होगी, क्या कहते हैं?''

पंडितजी ने कहा, ''हाँ, यह तो है।''

''अच्छा, पंचांग दीजिए।'' मैंने कहा, ''जल्दी है।''

पंचांग लेकर ससुराल गया। मेरे हाथ में देशी जूता देखकर सासुजी को उतना आश्चर्य न होता, जितना पंचांग देखकर हुआ। पूछा, ''यह क्या है भैया?''

''पंचांग।'' मैंने कहा, ''चौकी और घड़ा-भर पानी रखा दीजिए, जल्दी है, नहा लूँ।''

''क्या है?'' सासुजी ने आश्चर्य से पूछा।

''मन्नी पंडित कुल्ली के एकादशाह को नहीं गए, सपिंडी कुल्ली की स्त्री ने ले ली है, इसलिए; कहते हैं, एक तो यों ही गंगापुत्रों की पुरोहिती के कारण लोग पानी पीते डरते हैं, फिर तो बहन बैठी ही रह जाएगी।'' पंचांग रखकर मैं कपड़े उतारने लगा।

शंकित होकर सासुजी ने कहा, ''तो तुम यह सब क्या जानो?''

''मैं जानता हूँ।'' मैंने कहा।

''तो तुम वहाँ पुरोहिती करने जाओगे?''

''हाँ, और एक जोड़ा जनेऊ निकाल लीजिए, पहन लूँ नहाकर।''

सासुजी घबराईं। कहा, ''बच्चा, तुम हमें मेटोगे!''

''कैसे?'' चौकी की ओर चलते हुए पूछा।

''ऐसे कि लोग हमारे यहाँ का खान-पान छोड़ेंगे।''

मैंने कहा, ''मैं आपका ससुर हूँ या अजियाससुर? मेरे पापों का फल आपको क्यों भुगतना पड़ेगा, मेरा दिया हुआ पिंड-पानी जबकि आपको नहीं मिल सकता? आप मुझे चौके में न खिलाइए, बस।''

सासुजी रोने लगीं। मैं नहाने गया। नहाकर जनेऊ पहना। कहा, ''मैं जनेऊ नहीं पहनता, यहाँवाले जानते थे। तभी यहाँ का खान-पान छोड़ दिया होता। मैं ढोंगियों को जानता हूँ।''

नहाकर कपड़े पहने। चलने को हुआ, तो सासुजी को जैसे होश हुआ। बोलीं, ''खाए जाओ।''

मैंने कहा, ''लौटकर खाऊँगा।''

''नहीं'', सासुजी ने कहा, ''तुम वहाँ खा लोगे!'' अपनी बहू से कहा, ''गुट्टो, परस तो जल्दी।''

जल्दी-जल्दी भोजन कर मैं निकला। देखता हूँ, चारों ओर से लोगों का ताँता बँधा है—सब कुल्ली के घर जा रहे हैं। 1937 ई. में काफी प्रसिद्ध हो चुका था, कुछ प्रांचीन भी, 40 पार कर चुका था। एकादशाह कराने जा रहा हूँ, वहाँ के जीवन में सबसे बड़ा आश्चर्य था।

कुल्ली के घर में आदमी नहीं अँट रहे थे। सबमें कौतूहल की दृष्टि। कुल्ली की स्त्री में भी वैसी ही श्रद्धा। वह समझती थी, मैं कृतार्थ हो गई। लोग मुझे देखकर शर्मा-शर्माकर काना-फूसी करने लगते थे। बहुतों को यह शंका थी, यह कैसे करायेंगे। मैं निश्चिंत था। मुख देखकर लोगों को विश्वास हो जाता था।

यथासमय मैं आँगन में जाकर बैठा। सामने हाथ जोड़कर कुल्ली की स्त्री बैठी। लोग कोई खड़े, कोई बैठे। कोई भीतर, कोई बाहर। मैं चौक पूरने लगा। सुरबग्घी लड़कपन में बहुत खेल चुका था। वैसा ही एक चौकोर घेरा बनाया। लेकिन जानता था कि नौ कोठे नवग्रहों के बनते हैं, बनाए। बालू की वेदी पर हवन की लकड़ी रक्खी। घट में स्वस्तिका बनाई। सामने गौर रक्खी। घट का दिया जलाया।

मन्त्र पढ़ते वक्त बार-बार अटकता था, क्योंकि पंडिताऊ स्वर नहीं निकल रहा था। कुछ देर सोचता रहा, ब्रजभाषा-काल में हूँ, सूरदास का सूरसागर और तुलसीदास की रामायण पढ़ रहा हूँ। अपने-आप वैसा ही मनोमंडल बन गया। फिर क्या; अपनी संस्कृत शुरू की। संकल्प, गणेश-पूजन, गौरी-पूजन, घट की प्राण-प्रतिष्ठा करने लगा। लोग प्रभावित हो गए। खड़े जो जैसे रहे, रह गए, जैसे कवि-सम्मेलन में कविता पढ़ते वक्त होता है। पूजन कराकर, हवन कराने लगा, उँगली के पोरों में संख्या रख रहा हूँ। दिखाता हुआ। घी मेरे पास था, साकल्य कुल्ली की स्त्री के पास। कुछ जाने-पहचाने नाम तो लिए, फिर जो जीभ के सामने आया, उसी के पीछे चतुर्थी छोड़कर 'स्वाहा' कहने लगा। कह दिया था, मेरे कहने के बाद कुल्ली की स्त्री स्वाहा कहती थी। हवन में जितनी देर लगती है, लगी। देखनेवाले अब तक पूर्ण रूप से आश्वस्त और विश्वस्त हो गए थे। पीछे की गर्द झाड़कर उठ-उठ चलने लगे थे। कुछ सहनशील बैठे हुए थे।

हवन पूरा हो जाने पर साल-भर ब्रह्मचर्य के साथ पति की क्रिया करते रहने की प्रतिज्ञा कराई, यहाँ भी अपनी ही संस्कृत थी—'मैं पं. पथवारीदीन की धर्मपत्नी' की संस्कृत उपस्थित लोगों में प्रायः सभी समझे। सुनकर मुस्कराए। एक छोर से दूसरे छोर तक दौड़ी इस मुस्कान के भीतर मैंने कुल्ली की एकादशाह-क्रिया समाप्त की। यजमान को आशीर्वाद देकर सीधा भेज देने के लिए कहा, और बाहर निकला।

बाहर निकल रहा था कि आलोचना सुन पड़ी, "सब ठीक हुआ। बन गई कुल्ली की।"

खाँसकर गंभीर मुद्रा से मैं ससुराल की तरफ बढ़ा।

शाम को कुल्ली के यहाँ से सीधा आया। मैंने सासुजी से कहा, "रखा लीजिए।

आप लोग इसमें से कुछ न लीजिए। कल पूड़ी बना दीजिएगा।''

देखकर सासुजी ने कहा, ''एक दफे में तुम्हारे खाए न खाया जाएगा, इतना घी है।'' मैं गंभीर होकर रह गया।

दूसरे दिन सबेरे, जैसी आदत थी, चिकवे के यहाँ से गोश्त ले आया।

देखकर सासुजी ने कहा, ''भैया, तुम तो आज पूड़ी खाने के लिए कहते थे।''

मैंने कहा, ''कुल्ली की स्त्री पहले मुसलमानिन थीं; इसलिए प्रकृति ने उनके संस्कारों के अनुसार मुझे गोश्त खाने के लिए प्रेरित किया है। इसमें दोष नहीं।''

बिल्लेसुर बकरिहा

प्रथम संस्करण की भूमिका

प्राक्कथन

'बिल्लेसुर बकरिहा' हास्य लिए एक स्केच है। मुझे विश्वास है, पाठकों का मनोरंजन होगा।

लखनऊ 25 दिसंबर 1941 —'निराला'

द्वितीय संस्करण की भूमिका

निवेदन

'बिल्लेसुर बकरिहा' प्रगतिशील साहित्य का नमूना है। मित्रों ने इसका बड़ा समादर किया है। बड़ी स्तुति की है। पत्रों में काफी निबंध, आलोचनाएँ इस पर आ चुके हैं। इसका एक संस्करण बहुत जल्द बिक गया। बहिरंग-चित्रण पर ही अंग-चित्रण सूचित है जो प्रगतिशील साहित्य का प्रथम चरण है। कला ऐसी है जैसे तीन छोटी-बड़ी कहानियाँ एक जोड़ के साथ रख दी गई हैं। अंत समाप्त होकर भी लटका हुआ है जिससे पाठक को एक धक्का-सा लगता है, पर दिल को ताकत पहुँचती है। पढ़कर ही विवेचन करें।

–सूर्यकांत त्रिपाठी 'निराला'

दारागंज
15.4.45

एक

'बिल्लेसुर'—नाम का शुद्ध रूप बड़े पते से मालूम हुआ—'बिल्वेश्वर' है। पुरवा डिवीजन में, जहाँ का नाम है, लोकमत बिल्लेसुर शब्द की ओर है। कारण, पुरवा में उक्त नाम के प्रतिष्ठित शिव हैं। अन्यत्र यह नाम न मिलेगा, इसलिए भाषा-तत्त्व की दृष्टि से गौरवपूर्ण है। 'बकरिहा' जहाँ का शब्द है, वहाँ, 'बोकरिहा' कहते हैं। वहाँ 'बकरी' को 'बोकरी' कहते हैं। मैंने इसका हिंदुस्तानी रूप निकाला है। 'हा' का प्रयोग हनन के अर्थ में नहीं, पालन के अर्थ में है।

बिल्लेसुर जाति के ब्राह्मण, 'तरी' के सुकुल हैं, खेमेवाले के पुत्र खैयाम की तरह किसी बकरीवाले के पुत्र बकरिहा नहीं। लेकिन तरी के सुकुल को संसार पार करने की तरी नहीं मिली तब बकरी पालने का कारोबार किया। गाँववाले उक्त पदवी से अभिहित करने लगे।

हिंदी-भाषा-साहित्य में रस का अकाल है, पर हिंदी बोलनेवालों में नहीं; उनके जीवन में रस की गंगा-जमुना बहती हैं; बीसवीं सदी-साहित्य की धारा उनके पुराने जीवन में मिलती है। उदाहरण के लिए अकेला बिल्लेसुर का घराना काफी है। बिल्लेसुर चार भाई आधुनिक साहित्य के चारों चरण पूरे कर देते हैं।

बिल्लेसुर के पिता का नाम मुक्ताप्रसाद था; क्यों इतना शुद्ध नाम था, मालूम नहीं; उनके पिता पण्डित नहीं थे। मुक्ताप्रसाद के चार लड़के हुए—मन्नी, ललई, बिल्लेसुर, दुलारे। नाम उन्होंने स्वयं रखे, पर ये शुद्ध नाम हैं। उनके पुकारने के नाम गुणानुसार और-और हैं। मन्नी पैदा होकर साल-भर के हुए, पिता ने बच्चे को गर्दन उठाए बैठा झपकता देखा तो 'गपुआ' कहकर पुकारना शुरू किया, आदर में 'गप्पू'। दूसरे लड़के ललई की गोराई रोयों में निखर आई थी, आँखें भी कंजलोचन, स्वभाव में बदले-बदले, पिता ने नाम रखा 'भर्रा', आदर में 'भूरू'। बिल्लेसुर के नाम में ही गुण था; पिता 'बिलुआ', आदर में 'बिल्लू' कहने लगे। दुलारे अपना ईश्वर के यहाँ से खतना कराकर आये थे, पिता को नामकरण में आसानी हुई, 'कटुआ' कहकर पुकारने लगे, आदर में 'कट्टू।'

अभाग्यवश पुत्रों का विकास देखने से पहले मुक्ताप्रसाद संसार-बंधन से मुक्त हो गए। उनकी पत्नी देख-रेख करती रहीं। पर वे भी, पीसकर, चौका-टहल कर, कण्डे पाथकर, ढोर छोड़कर, रोटी पकाकर, छोटे-से बाग के आम-महुए बीनकर, लड़कों को किसानी के काम में लगाकर ईश्वर के यहाँ चली गईं। उनके न रहने पर चारों भाइयों की एक राय नहीं रही। विवाद काम में विघ्न पैदा करता है। फलतः चार भाइयों की दो टोलियाँ हुईं। मन्नी और बिल्लेसुर एक तरफ हुए, ललई और दुलारे एक तरफ, जैसे सनातनधर्मी और आर्यसमाजी। कुछ दिन इसी तरह चला। फिर इनमें भी शाखें फूटीं जैसे वैष्णव और शाक्त, वैदिक और वितण्डावादी। फिर सबकी अपनी डफली और अपना राग रहा।

सनातन धर्मानुसार मन्नी दुखी हुए कि तरी के सुकुल होने के कारण कोई लड़की नहीं ब्याह रहा। पर विवाह आवश्यक है, इस लोक के लिए भी और परलोक के लिए भी। माता-पिता गुजर गए हैं, पानी तो उन्हें मिल जाता है, पर माताजी को बड़ियाँ नहीं मिलतीं। बिना गृहिणी के घर में भूत डेरा डालते हैं। विचार के अनुसार मन्नी बातचीत करते और जहाँ कहीं अनाथ की लड़की देखते थे, डोरे डालते थे। एक जगह लासा लग गया। कहना न होगा, ऐसे विवाह की बातचीत में अत्युक्ति ही प्रधान होती है, अर्थात् झूठ ही अधिक यानी एक पैसे की हैसियत एक लाख की बताई जाती है। मन्नी के विवाह में ऐसा ही हुआ। लड़की ने माँ का दूध छोड़ा ही था, माँ बेवा थी, कहा गया, रुपए दो-तीन सौ लेकर क्या करोगी जब कि लड़की को अभी दस साल पालना-पोसना है,—वहीं चलकर रहो, घी-दूध खाओ और रानी की तरह रहकर लड़की की परवरिश करो। बात माँ के दिल में बैठ गई। मन्नी तब तीस साल के थे; पर चूँकि नाटे कद के थे, इसलिए अट्ठारह-उन्नीस की उम्र बतलाई गई मूँछों की वैसी बला न थी। बात खप गई।

मन्नी के खेतों के पास एक झाड़ी है; कहते हैं, वहाँ देवता झाड़खण्डेश्वर रहते हैं। एक दिन शाम को मनी धूप-दीप, अक्षत-चंदन, फूल-फल-जल लेकर गए और उकड़ूँ बैठकर उनकी पूजा करते न-जाने क्या-क्या कहते रहे। फिर लौटकर प्रसाद पाकर लेटे और पहर रात रहते पुरवा की तरफ चल दिए। एक हफ्ते बाद, बैंगनी साफा बाँधे, एक बेवा और उसकी लड़की को लेकर लौटे। रास्ते में जमींदार का खलिहान लगा था, दिखाकर कहा—सब अपनी ही रब्बी है। सासुजी ने मुश्किल से आनंदातिरेक को रोका। कुछ बढ़े। गाँव के बागात देख पड़े। मन्नी ने हाथ उठाकर बताया—वहाँ से वहाँ तक सब अपनी ही बागें हैं। सासुजी को संदेह न रहा कि मन्नी मालदार आदमी है। घर टूटा था। भाइयों से जुदा होकर एक खंडहर में रहे थे लेकिन वाग्देवी प्रचंड थीं, खंडहर को भी खिला दिया। पहुँचने से पहले रास्ते में जमींदार की हवेली दिखाकर बोले—हमारा असली मकान यह है, लेकिन यहाँ भाई लोग हैं, आपको एकांत में ले चलते हैं। वहाँ आराम रहेगा, यहाँ आपकी इज्जत न होगी,

फिर उसी को हवेली बना लेंगे। सासु ने श्रद्धापूर्वक कहा—हाँ भय्या, ठीक है, बाहरी आदमियों में रहना अच्छा नहीं। मन्नी खंडहर में ले गए। इस दिन पसेरी-भर दूध ले आए। सासुजी लज्जित होकर बोलीं—ऐ, इतना दूध कौन पियेगा ? मन्नी ने गंभीरता से उत्तर दिया—औटने पर थोड़ा रह जाएगा, तीन आदमी हैं, ज्यादा नहीं; फिर अभी कुछ दूध-चीनी शरबत के तौर पर पियेंगे। सासु ने आराम की साँस ली। मन्नी भंग छानते थे। ठाकुरद्वारे में एक गोला पीसकर तैयार किया और चुपचाप ले आए। दूध में शकर मिलाकर गोला घोल दिया। भंग में बादाम की मात्रा काफी थी, सासुजी को अमृत का स्वाद आया, एक साँस में पी गईं। मन्नी ने थोड़ी-सी अपनी भावी पत्नी को पिलाई, फिर खुद पी। सासुजी हाथ-पैर धोकर बैठीं, मन्नी पूड़ी निकालने लगे। जब तक नशा चढ़े-चढ़े तब तक काम कर लिया। पूड़ी-तरकारी, दूध-शक्कर, मिठाई-खटाई बड़ी तत्परता से सासुजी को परोसा। सासुजी को मालूम दिया, मन्नी बड़ी तपस्या के फल मिले। खूब खाया। मन्नी ने पलँग बिछा दिया था, माँ-बेटी लेटीं। मन्नी भोजन करके ईश्वर स्मरण करने लगे। आधी रात को जोर से गला झाड़ा, पर सासुजी बेखबर रहीं। फिर दरवाजे पर हाथ दे-दे मारा, पर उन्होंने करवट भी न ली। मन्नी समझ गए कि सुबह से पहले आँखें न खोलेंगी। बस, अपनी भावी पत्नी को गले लगाया और भगवान बुद्ध की तरह घर त्यागकर चल दिए। पत्नी गले लगी सोती रही। सुबह होते-होते मन्नी ने सात कोस का फासला तै किया। जहाँ पहुँचे, वहाँ रिश्तादारी थी। लोग सध गए। सासुजी ने सबेरे हल्ला मचाया। बात खुली। पर चिड़िया उड़ चुकी थी। वे रो-पीटकर शाप देती हुई कि तू मर जा—तेरी चारपाई गंगाजी जाय, घर चली गईं। मन्नी शुभ दिन देखकर चुपचाप विवाह कर पत्नी को साथ लेकर परदेश चले गए। पत्नी की दस-बारह साल सेवा की। अब धर्म की रक्षा करते हुए, उसे बीस साल की अकेली, उसकी माँ की गोद में जैसे एक कन्या छोड़कर स्वर्ग सिधार गए हैं। मन्नी कट्टर सनातन धर्मी थे।

ललई का दूसरा हाल है। पहले ये भी कलकत्ता-बंबई की खाक छानते फिरे, अंत में रतलाम में आकर डेरा जमाया। यहाँ एक आदमी से दोस्ती हो गई। कहते हैं, ये गुजराती ब्राह्मण थे। ईश्वर की इच्छा, कुछ दिनों में दोस्त ने सदा के लिए आँखें मूँदीं। लाचार, दोस्त के घर का कुल भार ललई ने उठाया। दोस्त का एक परिवार था। पत्नी, दो बेटे, बड़े बेटे की स्त्री। इन सबसे ललई का वही रिश्ता हुआ जो इनके दोस्त का था। इस परिवार में कुछ माल भी था, इसलिए ललई ने परदेश रहने से देश रहना आवश्यक समझा। चूँकि अपने धर्म-कर्म में दृढ़ थे इसलिए लोक-निंदा और यशःकथा को एक-सा समझते थे। अस्तु इन सबको गाँव ले आए। एकसाथ पत्नी, दो-दो पुत्र और पुत्रवधू को देखकर लोग एकटक रह गए। इतना बड़ा चमत्कार उन्होंने कभी नहीं देखा था। कहीं सुना भी नहीं था। गाँववालों की दृष्टि ललई पहले ही समझ चुके थे, जानते थे, जिस पर पड़ती है, उसका जल्द निस्तार नहीं होता,

इसलिए निस्तार की आशा छोड़कर ही आए थे। गाँववालों ने ललई का पान-पानी बंद किया। ललई ने सोचा, एक खर्च बचा। गाँववाले भी समझे, इसने बेवकूफ बनाया, माल ले आया है जिसका कुछ भी खर्च न कराया गया। ललई निर्विकार चित्त से अपने रास्ते आते-जाते रहे। मौके की ताक में थे। इसी समय आंदोलन चला। ललई देश के उद्धार में लगे। बड़ा लड़का गुजरात में कहीं नौकर था, खर्चा भेजता रहा। गाँववाले प्रभाव में आ गए। ललई की लाली के आगे उनका असहयोग न टिका। अब मिलने की बातें कर रहे हैं। ललई राजनीतिक सुधारक सामाजिक आदमी हैं।

बिल्लेसुर का हाल आगे लिखा जाएगा। इनमें बिल और ईश्वर दोनों के भाव साथ-साथ रहे।

दुलारे आर्यसमाजी थे। बस्तीदीन सुकुल पचास साल की उम्र में एक बेवा ले आए थे। लाने के साल ही भर में उनकी मृत्यु हो गई। दुलारे ने उस बेवा को समझाया, पति के रहते भी तीन साल या तीन महीने खबर न लेने पर पत्नी को दूसरा पति चुनने का अधिकार है। फिर जब बस्तीदीन नहीं रहे तब तीसरे पति के निर्वाचन की उन्हें पूरी स्वतंत्रता है, और दुलारे उनकी सब तरह सेवा करने को तैयार हैं। स्त्री को एक अवलम्ब चाहिए। वह राजी हो गई। लेकिन दुलारे भी साल-भर के अंदर संसार छोड़कर परलोक सिधार गए। पत्नी को हमल रह गया था, बच्चा हुआ। अब वह नारद की तरह ललई के दरवाजे बैठा खेला करता है। माँ नहीं रही।

दो

मन्नी मार्ग दिखा गए थे, बिल्लेसुर पीछे-पीछे चले। गाँव में सुना था, बंगाल का पैसा टिकता है, बंबई का नहीं, इसलिए बंगाल की तरफ देखा। पास के गाँवों के कुछ लोग बर्दवान के महाराज के यहाँ थे सिपाही, अर्दली, जमादार। बिल्लेसुर ने साँस रोककर निश्चय किया, बर्दवान चलेंगे। लेकिन खर्च न था। पर प्रगतिशील को कौन रोकता है ? यद्यपि उस समय बोल्शेविज्म का कुछ ही लोगों ने नाम सुना था, बिल्लेसुर को आज भी नहीं मालूम, फिर भी आइडिया अपने आप बिल्लेसुर के मस्तिष्क में आ गई। वे उसी फटेहाल कानपुर गए। बिना टिकट कटाये कलकत्तेवाली गाड़ी पर बैठ गए। इलाहाबाद पहुँचते-पहुँचते चेकर ने कान पकड़कर गाड़ी से उतार दिया। बिल्लेसुर हिंदुस्तान की जलवायु के अनुसार सविनय कानून-भंग कर रहे थे, कुछ बोले नहीं, चुपचाप उतर आए; लेकिन सिद्धांत नहीं छोड़ा। प्लेटफार्म पर चलते-फिरते समझते-बूझते रहे। जब पूरब जानेवाली दूसरी गाड़ी आई, बैठ गए। मोगलसराय तक फिर उतारे गए; लेकिन, दो-तीन दिन में चढ़ते-उतरते, बर्दवान पहुँच गए।

पं. सत्तीदीन सुकुल, महाराज बर्दवान के यहाँ जमादार थे। यद्यपि बंगालियों

को 'सत्तीदीन' शब्द के उच्चारण में अड़चन थी, वे 'सत्यदीन' या सतीदीन कहते थे, फिर भी 'सत्तीदीन' की उन्नति में वे कोई बाधा नहीं पहुँचा सके। अपनी अपार मूर्खता के कारण सत्तीदीन महाराज के खजांची हो गए, आधे; आधे इसलिए कि ताली सत्तीदीन के पास रहती थी, खाता एक दूसरे बाबू लिखते थे। सत्तीदीन इसे अपने एकांत विश्वासी होने का कारण समझते थे। दूसरे हिंदोस्तानियों पर भी इस मर्यादा का प्रभाव पड़ा। बिल्लेसुर समझ-बूझकर इनकी शरण में गए। सत्तीदीन सस्त्रीक रहते थे। दो-तीन गायें पाल रखी थीं। स्त्री 'शिखरिदशना' थीं, यानी सामने के दो दाँत आवश्यकता से अधिक बड़े थे। होंठों से कोशिश करने पर भी न बंद होते थे। पैकू के सुकुल। कनवजियापन में बिल्लेसुर से बहुत बड़े। फलतः बिल्लेसुर को यहाँ सब तरह अपनी रक्षा देख पड़ी।

बिल्लेसुर सत्तीदीन के यहाँ रहने लगे। ऐसी हालत में गरीब की तहजीब जैसी, दबे पाँव, पेट खलाए, रीढ़ झुकाए, आँखें नीची किए आते-जाते रहे। उठते जोबन में सत्तीदीन की स्त्री को एक सुहलानेवाला मिला। दो-तीन दिन तक भोजन न खला। एक दिन औरतवाले कोठे जी गया। नक्की सुरों में बोली, "मैं कहती हूँ, बिंल्लेसुर, तुम तो आ ही गए हो और अभी हो ही, इस चरवाहे को बिदा क्यों न कर दूँ ? हराम का पैसा खाता है। कोई काम है ? घास खड़ी है, दो बोझ काट लानी है; नहीं, पैर की बँधी मूँठें हैं—यहाँ-वहाँ का जैसा धान का पैरा नहीं—बड़ा-बड़ा कतर देना है और थोड़ी-सी सानी कर देनी है, देश में जैसे डण्डा लिए यहाँ ढोरों के पीछे नहीं पड़ा रहना पड़ता। लंबी-लंबी रस्सियाँ, तीन गायें हैं, घास खड़ी है, बस ले गए और खूँटा गाड़कर बाँध दिया, गायें चरती रहीं, शाम को बाबू की तरह टहलते हुए गए और ले आए, दूध दुह लिया, रात को मच्छड़ लगते हैं, गीले पैरे का धुआँ दे दिया; कहने में तो देर भी लगी।" कहकर सत्तीदीन की स्त्री ने कनपटी घुमाई और दोनों होंठ सटाने शुरू किए।

बिल्लेसुर चौकन्ने। ढोर चराने के लिए समंदर पार नहीं किया। यह काम गाँव में भी था। लेकिन परदेश है। अपना कोई नहीं। दूसरे के सहारे पार लगना है। सोचा, तब तक कर लें; नौकरी न लगी तो घर का रास्ता नापेंगे।

बिल्लेसुर को जवाब देते देर हुई। सत्तीदीन की स्त्री ने कनपटी घुमाई कि बिल्लेसुर बोले, "कौन बड़ा काम है। काम के लिए ही तो आया हूँ सात सौ कोस—देस सात सौ कोस तो होगा ?"

बिल्लेसुर के निश्चय पर जमकर सत्तीदीन की स्त्री ने कहा, "ज्यादा होगा।" कानपुर से बर्दवान की दूरी। सोचकर बोली, "जमादार आएँगे तो पूछूँगी, उनकी किताब में सब लिखा है।"

बिल्लेसुर खामोश रहे। मन में किस्मत को भला-बुरा कहते रहे।

शाम को जमादार आए। भोजन तैयार था। स्त्री ने पैर धुला दिए। जमादार

पाटे पर बैठे। स्त्री दिन को मक्खियाँ उड़ाती हैं, रात को सामने बैठी रहती हैं। जमादार भोजन करने लगे। स्त्री ने कहा, "जमादार, बिल्लेसुर कहते हैं, अपना देस यहाँ से सात सौ कोस है, मैं कहती हूँ, और होगा। तुम्हारी किताब में तो सबकुछ लिखा है ?"

सत्तीदीन को एक डायरी मिली थी। डायरी भी वही बाबू लिखता था। लिखने के विषय के अलावा और क्या-क्या उसमें लिखा है, सत्तीदीन उस बाबू से कभी-कभी पढ़ाकर समझते थे। सत्तीदीन ने सोचा, महाराज ने ऊँचा पद तो दिया ही है, संसार को भी उनकी मुट्ठी में बेर की तरह डाल दिया है। कई रोज वह किताब घर ले आए थे, और वहाँ जो कुछ सुना था, जितना याद था, जबानी स्त्री को सुनाया था।

बायें हाथ से मूँछों पर ताव देते हुए मुँह का नेवाला निगलकर सत्तीदीन ने कहा, "सात सौ कोस इलाहाबाद तक पूरा हो जाता है।" उनकी स्त्री चमकती आँखों से बिल्लेसुर को देखने लगीं। बिल्लेसुर हार मानकर बोले, "जब किताब में लिखा है तो यही ठीक होगा।"

पति को प्रसन्न देखकर पत्नी ने अर्जी पेश की जिस तरह पहले बड़े आदमियों का मिजाज परखा जाता था, फिर बात कही जाती थी। बिल्लेसुर गर्जमंद की बावली निगाह से देखते रहे। सत्तीदीन ने उसमें एक सुधार की जगह निकाली, कहा, "बिल्लेसुर अपने आदमी हैं इसमें शक नहीं, लेकिन इसमें भी शक नहीं कि उस छोकड़े से ज्यादा खाएँगे। हम तनख़्वाह न देंगे। दोनों वक्त खा लें तनख्वाह की जगह हम तहसील के जमादार से कह देंगे, वे इन्हें गुमाश्तों के नाम तहसील की चिट्ठियाँ देते रहें, ये चार-पाँच घण्टे में लगा आएँगे, इन्हें चार-पाँच रुपए महीने मिल जाया करेंगे, हमारा काम भी करते रहेंगे।"

सत्तीदीन की स्त्री ने किए उपकार की निगाह से बिल्लेसुर को देखा। बिल्लेसुर खुराक और चार-पाँच का महीना सोचकर अपने घनत्व को दबा रहे थे, इतने से आगे बहुत कुछ करेंगे। सोचते हुए उन्होंने सत्तीदीन की स्त्री से हामी की आँख मिलाई।

जमादार गंभीर भाव से उठकर हाथ-मुँह धोने लगे।

तीन

बिल्लेसुर जीवन-संग्राम में उतरे। पहले गायों के काम की बहुत-सी बातें न कही गई थीं, वे सामने आईं। गोबर उठाना, जगह साफ करना, मूत पर राख छोड़ना, कंडे पाथना, कभी-कभी गायों को नहलाना आदि भीतरी बहुत-सी बातें थीं। दरअसल फुर्सत न मिलती थी। पर बिना चिट्ठी लगाए पूरा न पड़ता था। पास-पास की चिट्ठियाँ मिलती थीं, जैसा सत्तीदीन कह गए थे। एक चिट्ठी के तीन आने मिलते थे। कुछ दिनों में

बिल्लेसुर को मालूम हुआ, दूर की चिट्ठी में दूना मिलता है। उन्होंने हाथ बढ़ाया। तहसील के जमादार ने कहा, न तुम नौक हो, न किसी की एवज पर हो, फिर सत्तीदीन ने मना किया है, दूर की चिट्ठी हम न देंगे। बिल्लेसुर पैरों पड़े, कहा, नौकर तो आप ही करेंगे; तब तक दूरवाली चिट्ठी भी दें, मैं बारह कोस छ घण्टे में जाऊँगा-आऊँगा। जमादार चिट्ठी देने लगे।

चिट्ठी लगाना सत्तीदीन की स.ी को अखरता था। बिल्लेसुर लौटकर सदा चढ़ी त्योरियाँ देखते थे। गोकि काम में कसर न रहती थी। दस बजे तक कुल काम कर जाते थे। लौटकर गायों को खोल लाते थे और रात नौ बजे तक उनके पीछे लगे रहते थे। फिर भी सत्तीदीन की स्त्री की शिकन न मिटती थी। दूसरा नौकर भी न रखा, क्योंकि बिल्लेसुर सस्ते थे। बातें कभी-कभी सुनाती थीं जो कानों को प्यारी न थीं, और उनसे पेट की आँतें निकालने की होती थीं। बिल्लेसुर बरदाश्त करते थे। गर्मी के दिनों में दस-बारह बजे तक घर का कुछ काम करते थे, फिर चिट्ठी लगाते हुए, देर हुई सोचकर धूप में, नंगे सिर, बिना छाता, दौड़ते हुए रास्ता पार करते थे। लौटते थे, हाँफते हुए, मुँह का थूक सूखा हुआ, होंठ सिमटे हुए, पसीने-पसीने, दिल धड़कता हुआ, यहाँ का बाकी काम करने के लिए। पहुँचकर जमीन पर जरा बैठते थे कि सत्तीदीन की स्त्री पूछती थीं, कितना कमा लाए बिल्लेसुर ? जबान छुरी-सी पैनी, मतलब हलाल करता हुआ। बिल्लेसुर उस गरमी में बनावटी नरमी लात्ते हुए खीस निपोड़कर जवाब देते हुए, जरा सुस्ताकर गायों के पीछे तरह-तरह के काम में दौड़ते हुए।

उन दिनों कइयों से बिल्लेसुर कह चुके, मर्द से औरत होना अच्छा। कोई नहीं समझा। बिल्लेसुर सूखे होंठों की हार खाई हँसी-हँसकर रह गए।

गाँव में भी बिल्लेसुर की बरदाश्त करने की आदत पड़ी थी। कभी कुछ बोले नहीं अपनी जिंदगी की किताब पढ़ते गए। किसी भी वैज्ञानिक से बढ़कर नास्तिक।

बिल्लेसुर दूसरे का अविश्वास करते-करते एक खास शक्ल के बन गए थे। पर अपना बल न छोड़ा था, जैसे अकेले तैराक हों। सत्तीदीन की स्त्री को न मालूम होने दिया कि दूर की कौड़ी लाते हैं। बारह कोस की दौड़ छः कोस की रही। दुनिया को खुश करने की नस टोए पा चुके थे; दम साधे, दबाते हुए कई महीने खे गए। एक दिन जमादार को खुश देखकर बोले, "बाबा, अब नौकरी लगा देते !"

उन्होंने कहा, "अच्छा, कल नाप देना।"

बिल्लेसुर मन्नी के भाई थे, पाँच फीट से कुछ ही ऊपर ! जानते थे, ऊँचाई घटेगी। तरकीब निकाली। चमरौधा जूता था डेढ़ इंच से कुछ ज्यादा ऊँचे तले का। उसमें रुई की गद्दी लगाई।

पहनकर खड़े हुए तो जैसे ईंटों पर खड़े हों। लेकिन झेंपे नहीं, न डरे, जैसे फर्ज अदा कर रहे हों, गए। कचहरी में लट्ठ लाकर लगाया गया। बिल्लेसुर ने आँख

उठाई कि देखें, पूरे हो गए। नापनेवाले ने कहा,—डेढ़ इंच घटा।

बिल्लेसुर ने जमादार को उड़ी निगाह से देखा। साथ आरजू-मिन्नत। जमादार मुस्कराए। कहा, "बिल्लेसुर, तुम नौकर नहीं हो सकते, लेकिन कोई-न-कोई सिपाही छुट्टी पर रहता है, जगह तुम्हें मिलती रहेगी, बिना तनख़्वाह की छुट्टीवाले की तनख्वाह भी।"

बिल्लेसुर तरक्की की सोचकर मुस्कराए।

एक साल बीत गया।

चार

सत्तीदीन की स्त्री को आए कई साल हो गए, उन्होंने जगन्नाथजी के दर्शन नहीं किए। पैसा पास था। एक दिन जमादार से बोलीं, "जमादार, पैसा तो पास है, लेकिन लड़का-बच्चा कोई नहीं। हमारे-तुम्हारे बाद पैसा अकारथ जाएगा। इतने दिन आए हुए, अभी जगन्नाथजी के दर्शन नहीं हुए। अबके सोचती हूँ, बाबा के दर्शन करूँ और कहूँ, बाबा मेरी गोद भर दो तो तुम्हारे चरणों पर लोटकर तुम्हारी एक सौ एक रुपए की शिरनी चढ़ाऊँ। मेरा जी कहता है, बाबा मेरी मनोकामना पूरी करेंगे। देश-देश के लोग जाते हैं, मुँहमाँगा वरदान उन्हें मिलता है, भगवान् ही हैं—अरे हाँ—जो कर, थोड़ा। फिर न जाने क्या सोचकर सत्तीदीन की स्त्री फूट-फूटकर रोने लगीं, फिर अपने हाथ आँसू पोंछकर हिचकियाँ लेती हुई बोलीं, "मुझे सब सुख है। जैसा वर मिला, वैसा अच्छा घर; धन है, मान है, गहने हैं, कपड़े हैं, दूध से भरी हूँ, लेकिन ऊँ हूँ हूँ"—फिर रोदन, यानी पूत नहीं।

सत्तीदीन ने छाती से लगाकर कहा, "अभी तुम्हारी कोई उमर हो गई है ? पहली होतीं तो एक बात होती। वे तो बेचारी चक्की पीसती हुई चली गईं। पाँच साल हुए, तुम्हें ब्याह कर लाया हूँ। अब तुम्हारी उम्र बीस साल की होगी ?"

सिसकियाँ लेते हुए स्त्री ने कहा, "उन्नीसवाँ चल रहा है।" हालाँकि उनकी उम्र पच्चीस साल से ऊपर थी।

"फिर ?" सत्तीदीन ने कहा, "इतनी उतावली क्यों होती हो ? मैं अभी बुड्ढा नहीं। लड़के-बच्चे जब आते हैं, अपने आप आते हैं।"

"ऐसा न कहो", स्त्री ने कहा, "कहो जगन्नाथजी की कृपा से आते हैं।"

सत्तीदीन गंभीर हो गए। बोले, "जगन्नाथजी की कृपा सब तरफ है। ऊँचा ओहदा मिला है, यह भी जगन्नाथजी की कृपा है; और उनके दर्शन हम रोज करते हैं मन में, रही बात उनकी पुरी में जाने की, सो चले चलेंगे, दस दिन की छुट्टी ले लेंगे। यह कौन बड़ी बात है ?"

स्त्री का ढाढस बँधा। इसी समय बिल्लेसुर आए। जमादार ने पूछा, "बिल्लेसुर जगन्नाथजी चलोगे ?"

बिल्लेसुर खरचा नहीं लगाना चाहते थे। सत्तीदीन समझ गए। लेकिन बिल्लेसुर के पास होगा भी कितना, सोचकर कहा, "अच्छा, अपनी छुट्टी मंजूर करा लेना दस दिन की, अगले इतवार को चलेंगे।" सत्तीदीन को साथ एक नौकर चाहिए था।

बिल्लेसुर जब दूसरे की एवज में काम करने लगे, तब कचहरी की लगातार हाजिरी जरूरी हो गई। सत्तीदीन को गायों के काम के लिए दूसरा नौकर रखना पड़ा। बाहर का बहुत-सा काम बिल्लेसुर कर देते थे, यों वे अब अलग रहते थे, अलग पकाते खाते थे।

फोकट में जगन्नाथजी के दर्शन होंगे, बिल्लेसुर के आनंद का आरपार न रहा। उन्होंने छुट्टी मंजूर करा ली। अगले इतवार के दिन सत्तीदीन के सामान के रक्षक के रूप से जगन्नाथजी के दर्शनों के लिए सत्तीदीन और उनकी स्त्री के साथ रवाना हुए।

जिस तरह सत्तीदीन की स्त्री का विश्वास था कि जगन्नाथजी की कृपा की दृष्टि पड़ते ही वे गर्भिणी हो जाएँगी, उसी तरह बिल्लेसुर का विश्वास था कि सत्तीदीन की इच्छामात्र से उनकी नौकरी स्थायी हो जाएगी, चाहे डेढ़ इंच की जगह बालिश्त-भर छोटे पड़ें।

अपने विश्वास को फलीभूत करने का उपाय बिल्लेसुर रास्ते में सोचते गए।

पुरी पहुँचकर बहुत खुश हुए। ऐसा दृश्य कानपुर से बर्दवान तक न देखा था। समंदर का किनारा—बालू के ढूह—देखकर बहुत खुश हुए, समुद्र देखकर जामे से बाहर हो गए। जगन्नाथजी की स्मृति में बहुत से घोंघे समुद्र के किनारे से चुनकर रख लिए, कुछ छोटे-छोटे शंख से।

मार्कण्डेय, वटकृष्ण, चंदनतालाब आदि प्रसिद्ध जगहें देखते फिरे। मंदिर के अहाते में और छोटे-छोटे मंदिर हैं। एक-एक देखते फिरे। एकादशी को एक जगह उल्टा टँगी देखकर हँसे। सत्तीदीन ने कहा, "बाबा के प्रताप से यहाँ एकादशी उल्टा टाँग दी गई हैं; यहाँ कोई एकादशी का व्रत नहीं कर सकता।" बिल्लेसुर ने उन्हें भी हाथ जोड़कर प्रणाम किया। फिर सब लोग कलियुग की मूर्त्ति देखने गए। कलियुग अपनी बीवी की कंधे पर बैठाए बाप को पैदल चला रहा है। सत्तीदीन की स्त्री गौर से देखती रही। कई रोज बड़े आनंद से कटे। भुवनेश्वर चलने की तैयारी हुई।

जगन्नाथजी में जूठा नहीं होता, या दूसरे की जूठन खाना प्रचलित है। इधर के लोग, जिन्हें चौके की कैद माननी पड़ती है, वहाँ खुलकर एक दूसरे की जूठन खाते हैं। कोई बुरा नहीं मानता। बिल्लेसुर ने जमादार और जमादारिन की पत्तलों में अपने जूठे हाथ से भात उठाकर डाल दिया। वे कुछ न बोले, बल्कि खाते हुए हँसते रहे।

दो दिन बीत जाने पर की बात है, जमादार नहा चुके थे, बिल्लेसुर भी नहाकर आए। आकर सीधे जमादार के पास गए और उनके पैर पकड़कर पेट के बल लेट गए। "क्या है बिल्लेसुर ?—क्या है बिल्लेसुर ?" जमादार शंका की दृष्टि से देखते हुए पूछने लगे। बिल्लेसुर ने करुण स्वर से कहा, "कुछ नहीं, बाबा, मेरा भवसागर से उद्धार करो।"

"भवसागर से उद्धार हम कैसे करें, बिल्लेसुर ? क्या हो गया है ?" सत्तीदीन विचलित हो गए।

पैर पकड़े हुए ही बिल्लेसुर ने कहा, "बाबा, मुझे गुरुमंत्र दो !"

"अरे गुरु यहाँ एक-से-एक बड़े हैं, छोड़ो पाँव, उनमें जिससे चाहो, मंत्र ले लो।" सत्तीदीन ने पैर छुड़ाने को किया।

"मेरी निगाह में तुमसे बड़ा कोई नहीं। तुम मझ पर दया करो।" पैर पकड़े हुए बिल्लेसुर ने पैर पर माथा रख दिया।

"मुझे तो कोई गुरुमंत्र आता ही नहीं। सिर्फ गायत्री आती है।" विकल होकर सत्तीदीन ने कहा।

"बाबा, गायत्री से बड़ा गुरुमंत्र और कोई नहीं है। मैं यही मंत्र लूँगा।"

"अरे, गायत्री तो जनेऊ होते वक्त तुम सुन चुके हो।"

"मैं भूल गया हूँ। तुम्हारे पैर छूकर कहता हूँ। कल मैंने सपना देखा है कि बाबा जगन्नाथजी कहते हैं...लेकिन कहूँगा तो सपना फलियायगा नहीं।"

स्वप्न की बात से सत्तीदीन की स्त्री रोमांचित हुईं। बिल्लेसुर बाजी मार ले गया, सोचा। पुकारकर कहा, "बिल्लेसुर पैर छोड़ दो। तुम्हें बाबा का सपना हुआ है, तो मैं कहती हूँ। जमादार गुरुमंत्र देंगे। यहाँ आओ, अकेले में मुझसे बताओ कि क्या सपना देखा।"

बात पाकर बिल्लेसुर ने पैर छोड़ दिए। सत्तीदीन की स्त्री कोठरी की तरफ बढ़ी। बिल्लेसुर साथ-साथ गए। वहाँ जाकर कहा, "मैं सोता था, सोता था, देखा भस्म से एक आग जल उठी, उसमें तीन मुँहवाला एक आदमी बैठा था, उसने कहा, बिल्लेसुर, तू गरीब ब्राह्मण है, सताया हुआ है, लेकिन घबड़ा मत, तू जिसके साथ आया है, उनकी सेवा कर, उनसे यहीं गुरुमंत्र ले ले, तू दूधों-पूतों फलेगा। फिर देखता हूँ तो कहीं कुछ नहीं।"

सत्तीदीन की स्त्री ने निश्चय किया, फल उल्टा हुआ। वह सपना दरअसल उन्हें होना था। कोई खता न हो गई हो। हर सोमवार बाबा के नाम घी की बत्ती देने का संकल्प किया। फिर सत्तीदीन से मंत्र दे देने के लिए कहा। सत्तीदीन ने कंठी, माला, मिठाई, अँगोछा आदि बाजार से खरीद लाने के लिए बिल्लेसुर से कहा। बिल्लेसुर गए, क्षण-भर में खरीद लाए। सत्तीदीन ने गायत्री मंत्र से पुनर्वार बिल्लेसुर को दीक्षित किया।

बिल्लेसुर की श्रद्धालु आँखों का प्रभाव सत्तीदीन की स्त्री पर पड़ा। जगन्नाथ-दर्शन बिल्लेसुर के मुकाबले उनका फीका रहा सोचकर जमादार से बोलीं, "जमादार, मैं कहती हूँ, मंत्र मैं भी क्यों न ले लूँ।" जमादार ने कहा, "अच्छा, पण्डानी आवें, तो पूछ लें।" ईश्वर की इच्छा से पण्डानी कुछ ही देर में आ गए। सत्तीदीन ने पूछा। पण्डाजी ने सत्तीदीन की स्त्री को देखा और कहा, "अभी तुम रख नहीं सकेगा। अभी तो तुमको मासिक धर्म होता है।"

सत्तीदीन की स्त्री कटी निगाह देखती रही। पण्डाजी ने सत्तीदीन को सलाह दी कि चौथेपन में गुरुमंत्र लेना लाभदायक होता है। जब तक स्त्री को मासिक धर्म होता है तब तक वह मंत्र की रक्षा नहीं कर सकती, अशुद्ध रहती है और तरह-तरह से पैर फिसलने की संभावना है। सत्तीदीन मान गए।

वहाँ से भुवनेश्वर गए, फिर बर्दवान वापस आए।

पाँच

सत्तीदीन की स्त्री एक साल तक जगन्नाथजी की शक्ति की परीक्षा करती रहीं। हर सोमवार को घी का दिया देती थीं; और हर महीने के अंत तक प्रतीक्षा करती थीं। लेकिन कोई फल न हुआ।

बिल्लेसुर की क्रिया-काष्ठा बहुत बढ़ गई। तिलक, माला, और गायत्री के धारण से उनकी प्रखरता दिन-पर-दिन निखरती गई।

जब एक साल तक पुत्र-विषय में बाबा जगन्नाथजी ने कृपा न की तब सत्तीदीन की स्त्री का देवता पर कोप चढ़ा और वे दिव्य शक्ति को छोड़कर मनुष्यशक्ति की पक्षपातिनी बन गईं; यथार्थवादी लेखक की तरह।

बिल्लेसुर को बड़ी ग्लानि हुई। उनके गुरुमंत्र का लोग मजाक उड़ाते थे। उनकी हालत में भी कोई सुधार नहीं हुआ। उन्होंने निश्चय किया, देश चलकर रहेंगे, जमींदार की गुलामी से गुरु की गुलामी सख्त है, यहाँ से वहाँ की आबोहवा अच्छी, अपने आदमी बोलने-बतलाने के लिए हैं, अब यहाँ नहीं रहेंगे।

गुरुआइन का यथार्थवाद भी बिल्लेसुर को खला। एक दिन वे अपनी कंठी और माला लेकर गए और गुरुआइन के सामने रखकर कहा, "मैंने देश जाने की छुट्टी ली है। लौटूँ या न लौटूँ। कहने को क्यों रहे, यह माला है और यह कंठी, लो, अब मैं चेला नहीं रहूँगा, जैसे गुरु वैसे तुम, यह तुम्हारा मंत्र है !"

कहकर गायत्री-मंत्र की आवृत्ति कर गए और सुनाकर चल दिए, फिर पैर भी नहीं छुए।

छह

बिल्लेसुर गाँव आए। अण्टी में रुपए थे, होंठों में मुसकान। गाँव के जमींदार, महाजन, पड़ोसी सबकी निगाह पर चढ़ गए–सबके अंदाज लड़ने लगे–"कितना रुपया ले आया है।" लोगों के मन की मंदाकिनी में अव्यक्त ध्वनि थी–बिल्लेसुर रुपयों से हाथ धोयें ! रात को लाठी के सहारे कच्चे मकान की छत पर चढ़कर, आँगन में उतरकर, रखा सामान और कपड़े-लत्ते उठा ले जानेवाले चोर ताक में रहने लगे कि मौका मिले तो हाथ मारें। एक दिन मन्सूबा गाँठकर त्रिलोचन मिले और अपनी ज्ञानवाली आँख खोलकर बड़े अपनाव से बिल्लेसुर से बातचीत करने लगे, "क्यों बिल्लेसुर, अब गाँव में रहने का इरादा है या फिर चले जाओगे ?"

बिल्लेसुर त्रिलोचन के पिता तक का इतिहास कण्ठाग्र किए थे, सिर्फ हिंदी के ब्लैंक वर्स के श्रेष्ठ कवि की तरह किसी सम्मेलन या घर की बैठक में आवृत्ति करके सुनाते न थे। मुस्कराते हुए नरमी से बोले, "भैया, अब तो गाँव में रहने का इरादा है–बंगाल का पानी बड़ा लागन है।"

त्रिलोचन के तीसरे नेत्र में और चमक आ गई। एक कदम बढ़कर और निकट होते हुए, समीप्यवाले भक्त के सहानुभूतिसूचक स्वर से बोले, "बड़ा अच्छा है, बड़ा अच्छा है। काम कौन-सा करोगे ?"

"अभी तक कुछ विचार नहीं किया।" बिल्लेसुर वैसे ही मुस्कराते हुए बोले।

"बिना सोते के कुआँ सूख जाता है। बैठे-बैठे कितने दिन खाओगे ?"

"सही-सही कहता हूँ। अभी तो ऐसे ही दिन कटते हैं।"

"ऐसा न कहना। गाँव के लोग बड़े पाजी हैं। पुलिस में रिपोर्ट कर देंगे तो बदमाशी में नाम लिख जाएगा। कहा करो, जब चुक जाएगा तब फिर कमा लाएँगे।"

बिल्लेसुर सिटपिटाए। कहा, "हाँ भैया, आजकल होम करते हाथ जलता है। लोग समझेंगे, जब कुछ है ही नहीं तब खाता क्या है ?–चोरी करता होगा।"

त्रिलोचन ने सोचा परले दरजे का चालाक है, कहीं कुछ खोलता ही नहीं। खुलकर बोले, "हाँ, दीनानाथ इसी तरह बहुत खीस निपोड़कर बातचीत किया करते थे, अब लिख गए बदमाशी में, रात को निगरानी हुआ करती है।"

बिल्लेसुर फिर भी पकड़ में न आए। कहा, "पुलिसवाले आँखें देखकर पहचान लेते हैं–कौन भला आदमी है, कौन बुरा। अपने खेत मैं रामदीन को बँटाई में देकर गया था। वही खेत लेकर किसानी करूँगा।"

त्रिलोचन को थोड़ी-सी पकड़ मिली। कहा, "हाँ, यह तो अच्छा विचार है। लेकिन तुम्हारे बैल तो हैं ही नहीं, किसानी कैसे करोगे ?"

बिल्लेसुर पेंच में पड़े। कहा, "इसलिए तो कहा था कि अभी तक कुछ तै नहीं कर पाया।"

त्रिलोचन का पारा चढ़ना ही चाहता था, लेकिन पारा चढ़ने से खरी-खोटी सुनकर अलग हो जाने के अलावा और कोई स्वार्थ न सधेगा, सोचकर मुश्किल से उन्होंने अपने को यथार्थ कहने से रोका, और बड़े धैर्य से कहा, "हमारे बैल ले लो।"

"फिर तुम क्या करोगे ?"

"हम और बड़ी गोई लेना चाहते हैं। लेकिन सौ रुपए लेंगे।"

बिल्लेसुर ने निश्चय किया, सौ रुपये ज्यादा नहीं हैं। कहा, "अच्छा, कल बतलायेंगे।" देनेवाले बिल्लेसुर के पास पाँच-सात सौ रुपये जरूर होंगे। त्रिलोचन दूसरी जगह सलाह करने गए कि किस उपाय से वे रुपये निकाले जाएँ।

बिल्लेसुर त्रिलोचन के जाने के साथ घर के भीतर गए और कुछ देर में तैयार होकर बाहर के लिए निकले। लोगों ने पूछा—कहाँ जाते हो, बिल्लेसुर ? बिल्लेसुर ने कहा—पटवारी के यहाँ।

शाम होते-होते लोगों ने देखा, तीन बड़ी-बड़ी गाभिन बकरियाँ लिए बिल्लेसुर एक आदमी के साथ आ रहे हैं। गाँव-भर में हल्ला हो गया। बिल्लेसुर तीन बकरियाँ ले आए हैं। सबने एक-एक लंबी साँस छोड़ी।

बकरियों का समाचार पाकर त्रिलोचन फिर आए। कहा, "बकरी ले आए, अच्छा किया, अब ढोर काफी हो जाएँगे।" बिल्लेसुर ने कहा, "हाँ, बैलोंवाला विचार अब छोड़ दिया है, कौन हमारे सानी-पानी करेगा ? बकरियों को पत्ते काटकर डाल दूँगा। बैलों को बाँधकर बैल ही बना रहना पड़ता है।"

"और किसानी ?"

"बँटाई में है, साझे में कर लेंगे।"

सात

बिल्लेसुर ने लंबे पतले बाँस के लग्गे में हँसिया बाँधा—बढ़ाकर गूलर-पीपल, पाकड़ आदि पेड़ों की टहनियाँ छाँटकर बकरियों को चराने के लिए। तैयारी करते दिन चढ़ आया। बिल्लेसुर गाँव के रास्ते बकरियों को लेकर निकले। रामदीन मिले। कहा, "ब्राह्मण होकर बकरी पालोगे ? लेकिन हैं बड़ी अच्छी बकरियाँ, खूब दूध देंगी, अब दो साल में बकरी-बकरों से घर भर जाएगा, आमदनी काफी होगी।" कहकर लोभी निगाह से बकरियों को देखते रहे। रास्ते पर जवाब देना बिल्लेसुर को वैसा आवश्यक नहीं मालूम दिया। साँस रोके चले गए। मन में कहा—'जब जरूरत पर ब्राह्मणों को हल की मूठ पकड़नी पड़ी है, जूते की दूकान खोलनी पड़ी है, तब बकरी पालना कौन बुरा काम है ?' ललई कुम्हार अपना चाक चला रहे थे, बकरियों को देखकर एक कामरेड के स्वर से बिल्लेसुर का उत्साह बढ़ाया। बिल्लेसुर प्रसन्न होकर आगे

बढ़े। आगे मंदिर था। भीतर महादेवजी, बाहर पीछे की तरफ महावीर जी प्रतिष्ठित थे। जबकि बिल्लेसुर गुरुमंत्र छोड़ चुके थे, फिर भी बकरियों की भेड़िये से कल्याण-कामना किए बिना नहीं रहा गया—मंदिर में गए। उन्हें महादेवजी से महावीरजी अधिक शक्तिवाले मालूम दिए। यह भी हो सकता है कि बाहर महावीरजी के पास जाने से वे गलियारे से जाती हुई बकरियों को भी देख सकते थे। अस्तु, महावीरजी के पैर छूकर, मन-ही-मन उन्होंने कुछ कहा और फिर अपनी बकरियों का पीछा पकड़ा। खेत की हरियाली की तरफ लपकती बकरी को हटककर सामने लक्ष्य स्थिर करके बढ़े। मन्नू का पक्का कुआँ आया। गलियारे में ही खड़े-खड़े लग्गा बढ़ाकर गलियारे पर आती पीपल की निचली डाल से टहनियाँ छाँटने लगे। टहनियों के गिरते ही बकरियाँ पत्तियों से जुट गईं। जरूरत-भर लच्छियाँ छाँटकर लग्गा डाल के सहारे खड़ा कर बिल्लेसुर कुएँ की जगत पर चढ़कर बैठे, बकरियों को देखते हुए। सामने पड़ती जमीन थी। बगल से एक बरसाती नाला निकला था। चरवाहे लड़के वहीं ढोर लिए इधर-उधर खड़े थे। बिल्लेसुर को देखा। उनकी बकरियों को देखा। भगाने की सूझी। सयाने सड़कों ने सलाह की। बात तै हो गई कि खेदकर नाले में कर दिया जाए। बिल्लेसुर परेशान होंगे, खोजेंगे। मिलेंगी, मिलेंगी; न मिलेंगी, बला से। एक ने कहा—पासियों को खबर कर दी जाए तो नाले में मारकर निकालेंगे, कुछ मांस हमें भी मिलेगा। दूसरे ने कहा—गाभिन है, किस काम का मांस। फिर भी बकरियों को भगाने का लोभ लड़कों से न रोका गया। सलाह करके कुछ बाहर तक रहे, कुछ बिल्लेसुर के पास गए। एक ने कहा, "काका, आओ, कुछ खेला जाए।" बिल्लेसुर मुस्कराए। कहा, "अपने बाप को बुला लाओ, तुम क्या हमारे साथ खेलोगे ?" फिर सतर्क दृष्टि से बकरियों को देखते रहे। दूसरे ने कहा, "अच्छा काका, न खेलो; परदेश गए थे वहाँ के कुछ हाल सुनाओ।" बिल्लेसुर ने कहा, "बिना अपने मरे कोई सरग नहीं देखता। बड़े होकर परदेश जाओगे तब मालूम कर लोगे कि कैसा है।" एक तीसरे ने कहा, "यहाँ हम लोग हैं भेड़िये का डर नहीं; वह ऊँचे हार में लगता है।" बिल्लेसुर ने कहा, "इधर भी आता है, लेकिन आदमी का भेस बदलकर।"

यह कहकर बिल्लेसुर उठे। बकरियाँ एक-एक पत्ती टूँग चुकी थीं। झपाटे से बढ़कर लग्गा उठाया और हाँककर दूसरी तरफ ले चले। पड़ती जमीन से ऊँचे बाग की तरफ चलते हुए कुछ रियाँ की लच्छियाँ छाँटीं। दीनानाथ गाँव जाते हुए मिले। लोभी निगाह से बकरियों को देखते हुए पूछा, "कितने की खरीदीं ?" बिल्लेसुर ने निगाह ताड़ते हुए कहा, "अधियाँ की मिली हैं।" बिल्लेसुर के जगे भाग से दीना की चोटी खड़ी हो गयी—ऐसा तअज्जुब हुआ। पूछा, "तीनों ?" बिल्लेसुर ने अपनी खास मुसकराहट के साथ जवाब दिया, "नहीं तो क्या—एक ?" दीना ने अरथाकर पूछा, "यानी बकरी तुम्हारी, दूध तुम्हारा, मर जाए, उसकी; बच्चे, आधे-आधे ?" बिल्लेसुर ने कहा, "हाँ।" बिल्लेसुर के असंभावित लाभ के बोझ से जैसे दीना की

कमर टेढ़ी हो गई। दबा हुआ बोला, "हाँ, गुसैयाँ जिसको दे।" मन में ईर्ष्या हुई। बिल्लेसुर अकेले मजा लेंगे ? दीना नहीं, अगर बकरियों को पेट में न डाला। बिल्लेसुर ने देखा, दीना के माथे पर बल पड़े हुए थे, आँखों में इरादा जाहिर था। बिल्लेसुर को जिंदगी के रास्ते रोज ऐसी ठोकर लगी है, कभी बचे हैं, कभी चूके हैं। अब बहुत सँभले रहते हैं, हमेशा निगाह सामने रहती है। वहाँ से बढ़ते हुए गूलर के पेड़ के तले गए। कुछ पत्ते काटे और उनका बोझ बनाकर बाँध लिया घर में बकरियों को खिलाने के इरादे। जब बकरियों का पेट भर गया तब बोझ सर पर रखकर दूसरे रास्ते से बकरियों को लिये हुए घर लौटे।

आठ

बिल्लेसुर के अपने मकान के इतने हिस्से हुए थे कि बकरियों को लेकर वहाँ रहना असंभव था। भाइयों को राजयक्ष्मा न होने के कारण बकरियों की गंध से ऐतराज होता। दूसरे, पुराना होकर घर कई जगह गिर गया था। रात को भेड़िए के रूप से चोर आ सकते थे और बकरियों को उठा ले जा सकते थे। ऐसे अनेक कारणों से बिल्लेसुर ने गाँव में एक खाली पड़ा हुआ पुराना मकान रहने के लिए लिया। खरीदा नहीं; यह शर्त रही कि छाएँगे, छोपेंगे, गिरने से मकान को बचाए रहेंगे। नोटिस मिलने पर छः महीने में मकान खाली कर देंगे, मालिक-मकान परदेश में रहते थे, एक तरह वहीं बस गए थे। जिनके सुपुर्द मकान था, वे सोलह आने नजर लेकर बिल्लेसुर पर दयालु हो गए थे।

यह मकान परदेशी का होने के कारण वज़ादार हो, यह बात नहीं। परदेशी जब इस मकान में रहते थे, बिल्लेसुर की ही तरह देशी थे। देश की दीनता के कारण ही परदेश गए थे। मकान के सामने एक अंधा कुआँ है और एक इमली का पेड़। बारिश के पानी से धुलकर दीवारें ऊबड़-खाबड़ हो गई हैं, जैसे दीवारों से ही पनाले फूटे हों। भीतर के पनाले का मुँह भर जाने से बरसात का पानी दहलीज की डेहरी के नीचे गड्ढा बनाकर बहा है। गड्ढा बढ़ता-बढ़ता ऐसा हो गया है कि बड़े जानवर, कुत्ते जैसे आसानी से उसके भीतर से निकल सकते हैं। दहलीज की फर्श कहीं भी बराबर नहीं; उसके ऊपर लेटने की बात क्या, चारपाई भी उस पर नहीं डाली जा सकती। दूसरी तरफ एक खमसार है और उसी से लगी एक कोठरी। इसी में बिल्लेसुर आकर रहे। दरवाजे का गढ़ा तोप दिया। बाकी घर की धीरे-धीरे मरम्मत करते रहे।

एक वक्त रोटी पकाते थे, दोनों वक्त खाते थे। इस तरह साल-भर से ज्यादा झेल ले गए। उनका लक्ष्य और काम बढ़ते गए। लेकिन अड़चन से पीछा नहीं छूटा। गाँव में जितने आदमी थे, अपना कोई नहीं, जैसे दुश्मनों के गढ़ में रहना हो। भाई

भी अपने नहीं। बिल्लेसुर सोचते थे, क्यों एक-दूसरे के लिए नहीं खड़ा होता। जवाब कभी कुछ नहीं मिला। मुमकिन, दुनिया का असली मतलब उन्होंने लगाया हो। फिर भी, जान रहते काम करना पड़ता है, दूसरे की मदद करना पड़ती है, सहारा लेना पड़ता है, यह सच है। इधर कोई ध्यान नहीं देता, यह कमजोरी दूर नहीं हो रही; कोई सूरत भी नहीं नजर आ रही। हमारे सुकरात के जबान न थी, पर इसकी फिलासफी लचर न थी; सिर्फ कोई इसकी सुनता न था; इसे भी भूल-भुलैया से बाहर निकलने का रास्ता नहीं दिखा, इसलिए यह भटकता रहा।

कुछ वक्त और बीता। बकरियों के साथ ही रहते थे, सारे घर में लेंड़ियाँ। दमदार पहले से थे, बकरियों के साथ रहकर और हो गए थे। अब तक खरीदी बकरियों के नाती-नातिनें पैदा हो चुकी थीं। कुछ पट्ठे बेच भी चुके थे। अच्छी आमदनी हो चली थी। गाँववालों की नजर में और खटकने लगे थे। एक दफा कुछ लोग बिल्लेसुर के खिलाफ ज़मींदार के यहाँ फ़रियाद लेकर गए थे कि गाँव के कुल पेड़ बिल्लेसुर ने डूँड़े कर दिए—उनकी बकरियाँ बिकवा दी जानी चाहिए। जमींदार ने, अच्छा, कहकर उनका उत्साह बढ़ाकर टाल दिया, क्योंकि बिल्लेसुर की बकरियों पर उनकी निगाह पहले पड़ चुकी थी और वे सरकारी पेड़ों की छँटाई की एक रकम बिल्लेसुर से तै करके लेने लगे थे। गाँववाले दिल क़ा गुबार बिल्लेसुर को बकरिहा कहकर निकालने लगे। जवाब में बिल्लेसुर बकरी के बच्चों के वही नाम रखने लगे जो गाँववालों के नाम थे।

नौ

नहाकर, रोटी पका-खाकर, शाम के लिए रखकर, बिल्लेसुर बकरियों को लेकर निकले। कन्धे में वही लग्गा पड़ा हुआ। जामुन पक रही थी। एक डाल में लग्गा लगाकर हिलाया। लग्गे के एक तरफ हँसिया, दूसरी तरफ लगुसी बँधी थी। फरेंदे गिरे। बिनकर अँगोछे में ले लिए और खाते हुए गलियारे से चले। आगे महावीरजी वाला मंदिर मिला। चढ़ गए और चबूतरे के ऊपर से मुँह की गुठली नीचे फेंककर महावीरजी के पैर छुए और रोज की तरह कहा, मेरी बकरियों की रखवाली किए रहना। तुलसीदासजी या सीताजी की जैसी अंतर्दृष्टि न थी; होती, तो देखते; मूर्त्ति मुस्कराई। जल्दी-जल्दी पैर छूकर और कहकर मंदिर के चबूतरे से नीचे उतरे। बकरियों को लेकर गलियारे से होते हुए बाग की ओर चले। दुपहर हो रही थी। पानी का गहरा दौंगरा गिर चुका था। जमीन गीली हो गई थी। ताल-तलैयाँ, गड़ही-गढ़े बहुत-कुछ भर चुके थे। कपास, धान, अगमन, ज्वार-बाजरे, अरहर, सनई, सन, लोबिया, ककड़ी-खीरे, मक्की, उर्द आदि बोने के लोभी किसान तेजी से हल चला रहे थे। किसानी के तंत्र

के जानकार बिल्लेसुर पहली वर्षा की मटैली सुगंध से मस्त होते हुए मौलिक किसानी करने की सोचते अपनी इसी धुन में बकरियों को लिये जा रहे थे। उन बँटाई उठाए खेतों में एक खेत खुद-काश्त के लिए ले लिया था। बरसातवाली किसानी में मिहनत ज्यादा नहीं पड़ती। एक बाह दो बाह करके बीज डाल दिया जाता है। वर्षा के पानी से खेती फूलती-फलती है। बैल नहीं हैं, अगमन जोतने-बोने के लिए कोई माँगे न देगा। बिल्लेसुर ने निश्चय किया कि छह-सात दिन में अपने काम भर की जमीन वे फावड़े से गोड़ डालेंगे। गाँव के लोग और सब खेती करते हैं, शकरकंद नहीं लगाते। इसमें काफी फायदा होगा। फिर अगहन में उसी खेत में मटर बो देंगे। जब शकरकंद बैठेगी, रात को ताकना होगा, तब किसी को कुछ देकर रात को तका लेंगे। एक अच्छी रकम हाथ लग जाएगी।

निश्चय के बाद जब बिल्लेसुर इस दुनिया में आए तब देखा, वे बहुत दूर बढ़ आए हैं। आग्रह और उतावली से जाँच की निगाह बकरियों पर डाली—गंगा, यमुना, सरजू, पारवती हैं; सेखाइन, जमील, गुलबिया, सितबिया हैं; रमुआ, स्यमुआ, भगवतिया, परभुआ हैं; टुरुई है, और दिनवा ? बिल्लेसुर चौकन्ने होकर देखने लगे, पीछे दूर तक निगाह दौड़ाई। दीनानाथ न दिखे। कलेजा धक्-से हुआ। दीनानाथ सबसे तगड़े थे, वही पिछड़ गए, या कहाँ गए। बुलाने लगे, "उऱ्ऱ्ऱ्, उऱ्ऱ्ऱ् ! दिनवा अ ले-अ ले उऱ्ऱ्ऱ् ! आव-आव, दिनवा ! उऱ्ऱ्ऱ्, उऱ्ऱ्ऱ् बेटा दीनानाथ, उऱ्ऱ्ऱ् !" टुरुई मिमियाने लगी। दीनानाथ की कोई आहट न मिली। 'टुरुई, कहाँ है दिनवा ?' टुरुई मिमियाती हुई बिल्लेसुर के पास आ गई। बिल्लेसुर बकरियों को लेकर उसी रास्ते लौटे। उसी नाले के पास लड़के ढोर लिये खड़े थे। बिल्लेसुर को देखकर मुस्कराए। बिल्लेसुर का हृदय रो रहा था। मुस्कराहट से दिमाग में गर्मी चढ़ गई। लेकिन जब्त किया। भलमनसाहत से पूछा, "बच्चा, हमारा बकरा इधर रह गया है ?"

"कौन बकरा ?"

"पट्ठा एक, हम दिनवा कहते थे।"

"दिनवा कहते थे तो दिनवा से पूछो। हम नहीं जानते, कहाँ है।"

बिल्लेसुर ने फिर पूछताछ नहीं की। संदेह हुआ। जी में आया, चलकर नाले के किनारे खोजें, लेकिन बकरियों को किसके भरोसे छोड़ जाएँ, फिर एक बच्चा गायब कर दिया जाए तो क्या करेंगे ? जल्दी-जल्दी मकान की तरफ बढ़े। बच्चों और बकरियों को भगाते ले चले। रास्ते में दो-एक आदमी मिले, पूछा, "क्या है बिल्लेसुर, इतनी जल्दी और भगाये लिये जा रहे हो ?" बिल्लेसुर ने कहा, "भंय्या, एक पट्ठा किसी ने पकड़ लिया है, वहाँ नाले के पास लड़के ढोर लिये खड़े हैं, बताते नहीं।" सुननेवालों ने कहा, "जानते हो गाँव में ऐसे चोर हैं कि कठैली भी आँगन में रह जाए तो अटारी से उतरकर उठा ले जाएँ। बोलो तो हार-बाहर बेइज्जत करें। कहाँ कोई गाँव छोड़कर भग जाए ?" बिल्लेसुर बढ़े। दरवाजा खोला। कोठरी में बच्चों को और दहलीज में

बकरियों को ताले के अंदर बंद करके डंडा लेकर दीना का पता लगाने चले।

पहले दीना के घर गए। पता लगा कि वह घर में नहीं है। वहाँ से सीधी खुश्की से नाले की ओर बढ़े। ऊँचे टीले पर एक लड़का बैठा इधर-उधर देख रहा था। बिल्लेसुर समझ गए। नाले के किनारे-किनारे बढ़े। लड़के ने एक खास तरह की आवाज की। बिल्लेसुर समझ गए कि पास ही कहीं है। बढ़ते गए, बढ़ते गए। दूर एक झाड़ी दिखी, निश्चय हुआ कि यहीं कहीं मारा पड़ा होगा। झाड़ी के पास पहुँचे, वहाँ कोई नहीं था। झाड़ी के भीतर गए। अच्छी तरह देखने लगे, खून से तर जमीन दिखी। तअज्जुब से देखते रहे। बकरा या आदमी न दिखा। चेहरा उतर गया। दिल रो रहा था, लेकिन आँखों में आँसू न थे। कहीं इंसाफ नहीं, सिर्फ लोग नसीहत देते हैं। चलकर कुएँ के पास आए। बहुत गरमा गए थे। जगत पर बैठे। बकरा मार डाला गया। लड़के जानते हैं, लेकिन बतलाते नहीं। आठ रुपए का था। जी रो उठा। कोई मददगार नहीं। ढलते सूरज की धूप सिर पर पड़ रही थी, लेकिन बिल्लेसुर ख्याल में ऐसे डूबे थे कि गरमी पहुँचकर भी न पहुँचती थी।

अब बकरियाँ भूखी हैं। शाम हो आई है, चराने का वक्त नहीं। लग्गा नहीं; पत्तियाँ नहीं काटीं; रात को भी भूखी रहेंगी। इस तरह कैसे निबाह होगा ? बिना खाए सबेरे दूध न होगा। बच्चे भूखे रहेंगे। दुबले पड़ जाएँगे। बीमारी भी जकड़ सकती है। चोकर रखा है, लेकिन उतनी बकरियों और बच्चों को क्या होगा ? रात का पेड़ छाँटना पड़ेगा।

सूरज डूब गया। बिल्लेसुर की आँखों में शाम की उदासी छा गई। दिशाएँ हवा के साथ साँय-साँय करने लगीं। नाला बहा जा रहा था जैसे मौत का पैगाम हो। लोग खेत जोतकर धीरे-धीरे लौट रहे थे, जैसे घर की दाढ़ के नीचे दबकर, पिसकर मरने के लिए। चिड़ियाँ चहक रही थीं अपने-अपने घोंसले की डाल पर बैठी हुई, रो-रोकर साफ कह रही थीं, रात को घोंसले में जंगली बिल्ले से हमें कौन बचाएगा ? हवा चलती हुई इशारे से कह रही थी, सबकुछ इसी तरह बह जाता है।

बिल्लेसुर डंडा लिये धीरे-धीरे गाँव की ओर चले। ढाढस अपने आप बँध रहा था। दूसरे काम के लिए दिल में ताकत पैदा हो रही थी। भरोसा बढ़ रहा था। गाँव के किनारे आए। महावीरजी का वह मंदिर दिखा। अँधेरा हो गया था। सामने से मंदिर के चबूतरे पर चढ़े। चबूतरे-चबूतरे मंदिर की उल्टी प्रदक्षिणा करके, पीछे महावीरजी के पास गए। लापरवाही से सामने खड़े हो गए और आवेग में भरकर कहने लगे, ''देख, मैं गरीब हूँ। तुझे सब लोग गरीबों का सहायक कहते हैं, मैं इसीलिए तेरे पास आता था, और कहता था, मेरी बकरियों को और बच्चों को देखे रहना। क्या तूने रखवाली की, बता, लिए थूथन-सा मुँह खड़ा है ?'' कोई उत्तर नहीं मिला। बिल्लेसुर ने आँखों से आँखें मिलाए हुए महावीरजी के मुँह पर वह डंडा दिया कि मिट्टी का मुँह गिली की तरह टूटकर बीघे भर के फासले पर जा गिरा।

दस

बिल्लेसुर, जैसा लिख चुके हैं, दुख का मुँह देखते-देखते उसकी डरावनी सूरत को बार-बार चुनौती दे चुके थे। कभी हार नहीं खाई। आजकल शहरों में महात्मा गाँधी के बकरी का दूध पीने के कारण, दूध बकरीदी की बड़ी खपत है, इसलिए गाय के दूध से उसका भाव भी तेज है; मुमकिन, देहात में भी यह प्रचलन बढ़ा हो; पर बिल्लेसुर के समय सारा संसार बकरी के दूध से घृणा करता था; जो बहुत बीमार पड़ते थे जिनके लिए गाय का दूध भी मना था, उन्हें बकरी के दूध की व्यवस्था दी जाती थी। बिल्लेसुर के गाँव में ऐसा एक भी मरीज नहीं आया। जब दूध बेचा नहीं बिका, किसी को कृपा-पात्र बनवाये रहने के लिए व्यवहार में देने पर मुँह बनाने लगा, तब बिल्लेसुर ने खोया बनाना शुरू किया। बकरी के दूध का खोया बनाने में पहले प्रकृति बाधक हुई; बकरी के दूध में पानी का हिस्सा बहुत रहता है; बड़ी लकड़ी लगानी पड़ी; बड़ी देर तक चूल्हे के किनारे बैठा रहना पड़ा, बड़ी मिहनत; पहाड़ खोदने के बाद जब चुहिया निकली—खोए का छोटा-सा गोला बना, तब मन भी छोटा पड़ गया। भैंस के दूध के सेर-भर में पाव-भर का आधा भी नहीं होता था। धीरज बाँधकर बेचने गए; भजना हलवाई जोतपुरवाले के यहाँ, वह गट्टे काट रहा था, जल्दी में उसने देखा नहीं, तोलकर दाम दे दिए; दूसरे दिन गए तो तोलकर रख लिया। बिल्लेसुर ने पूछा, "दाम ?" उसने कहा, "दाम कल दे चुका हूँ, मैं समझा था भैंस का खोया है, यह बकरी का खोया है, बकरी के खोए के आधे दाम भी बहुत हैं, मैं बकरी का खोया नहीं लेता; अब न ले आना, सारी मिठाई बरबाद हो जाती है, गाहक गाली देते हैं, न घी है, न स्वाद; जो कुछ थोड़ा-सा घी निकलता है, वह दूसरे घी में मिलाया नहीं जा सकता—कुल घी बदबू छोड़ने लगता है।" बिल्लेसुर सिर झुकाकर चुपचाप चले आए। माल है, पर बिकता नहीं। तब तरकीब निकाली। इसमें खोया बनाने से कम मिहनत पड़ती है। कण्डे की आग परचाकर हण्डी में दूध रख देने लगे, अपना काम भी करते थे, दूध गम हो जाने पर ठण्डा करके जमा देते थे, दूसरे दिन मथकर मक्खन निकाल लेते थे। मट्ठा खुद भी पीते थे, बच्चों को भी पिलाते थे। मक्खन का घी बनाकर उसमें चौथाई हिस्सा भैंस का घी खरीदकर मिला देते थे, और छटाक आध पाव सस्ते भाव में बाजार जाकर बेच आते थे। देहात में गाय, भैंस और बकरी का मिला घी भी बिकता है। जिनके यहाँ जानवरों की दोनों या तीनों किस्में हैं, वे दूध अलग-अलग नहीं जमाते। बिल्लेसुर का काम चल निकला। बकरे के मारे जाने को उन्होंने हानि-लाभ, जीवन-मरण की फिलासफी में शुमार कर अपने भविष्य की ओर देखा। उन्होंने निश्चय किया, बकरियों को हार में चराने न ले जाएँगे, घर में ही खिलाएँगे जब तक खेत तैयार न हो जाए और शकरकंद की बौंड़ी न लग जाए। सबेरा होते ही बिल्लेसुर फावड़ा लेकर खेत में जुटे।

रात को इतनी पत्ती काट लाए थे कि आज दिन-भर के लिए बकरियों को काफी चारा था। बकरियाँ और बच्चे उसी तरह कोठरी और दहलीज में बंद थे। फावड़े से खेत गोड़ते देखकर गाँव के लोग मजाक करने लगे, लेकिन बिल्लेसुर बोले नहीं, काम में जुटे रहे। दुपहर होते-होते काफी जगह गोड़ डाली। देखकर छाती ठंडी हो गई। दिल को भरोसा हुआ कि छह-सात दिन में अपनी मिहनत से बकरे का घाटा पूरा कर लेंगे। दुपहर होने पर घर आए, नहाकर लप्सी बनाई और खाकर कुछ देर आराम किया। दुपहर अच्छी तरह ढल गई, तीसरा पहर पूरा नहीं हुआ था, उठकर फिर खेत गोड़ने चले। शाम तक खेत गोड़कर बकरियों के लिए पत्ते काटकर पहर-भर रात होते घर आए। सात दिन की जगह पाँच ही दिन में बिल्लेसुर ने खेत का वह हिस्सा गोड़ डाला। खेत से एक पाटी निकाल ली। लोग पूछते थे, क्या बोने का इरादा है बिल्लेसुर ? बिल्लेसुर कहते थे, भंग। देहात में कोई किसी को मन नहीं देता, यों कहीं भी नहीं देता। बिल्लेसुर पता लगाकर शकरकंद की बौंड़ी ले आए। एक दिन लोगों ने देखा, बिल्लेसुर शकरकंद लगा रहे हैं। पानी बरसने और शकरकंद की बौंड़ी के फैलने के साथ बिल्लेसुर आलू की जैसी मेड़ों पर मिट्टी चढ़ाने लगे।

ग्यारह

जब से त्रिलोचन के बैल न लेकर बिल्लेसुर ने बकरियाँ खरीदीं तभी से इस बेचारे को जटने के लिए त्रिलोचन पेच भर रहे थे। बकरियों के बच्चों के बढ़ने के साथ गाँव में धनिकता के लिए बिल्लेसुर का नाम भी बढ़ा। लोग तरह-तरह की राय जाहिर करने लगे। क्वार का महीना; बिल्लेसुर की शकरकंद की बेलें लहलही दिख रही थीं, लोग अंदाजा लड़ा रहे थे कि इतने मन शकरकंद निकलेगी; बिल्लेसुर छप्पर के नीचे बकरी के दूध में सानकर सत्तू-गुड़ खा रहे थे, त्रिलोचन आए। बकरी के बच्चे ढकने का एक झौआ औंधाया था, उस पर चढ़कर बैठने के लिए घूमे, लेकिन बिल्लेसुर को हाथ हिलाते देखकर वहीं जमीन पर बैठ गए। 'एक बड़ी बढ़िया खबर है, बिल्लेसुर।' बिल्लेसुर से मुस्कराते हुए कहा। उपदेशक की मुद्रा से हथेली उठाकर बिना कुछ बोले आश्वासन देते हुए, बिल्लेसुर ने समझाया, कुछ देर धीरज रखो। त्रिलोचन ने पूछा, भोजन करते बोलते नहीं क्या ? गंभीर भाव से आँखें मूँदकर सिर हिलाते हुए बिल्लेसुर ने जवाब दिया। त्रिलोचन अपनी बातचीत का सिलसिला मन-ही-मन जोड़ते रहे।

जल्दी-जल्दी सत्तू खाकर बिल्लेसुर उठे। पनाले के पास बैठकर हाथ धोये, कुल्ले किए, अभ्यास के अनुसार जनेऊ में बँधी ताँबे की दंतखोदनी उठाकर दाँत खरिका किए, फिर कुल्ले किए, और एक डकार छोड़कर सिर झुकाए हुए कोठरी के भीतर

गए। त्रिलोचन देखते रहे। बिल्लेसुर एक खटोला निकालकर बाहर ले आए। डालकर कहा, "आओ, जरा सँभलकर बैठना, हचकना नहीं।" त्रिलोचन उठकर खटोले पर बैठे। एक तरफ बिल्लेसुर बैठे।

त्रिलोचन ने बिल्लेसुर को देखा, फिर आश्चर्य से आँखें निकालकर कहा, "करना चाहो तो एक बड़ा अच्छा ब्याह है।"

विवाह के नाममात्र से बिल्लेसुर की नसों में बिजली दौड़ गई; लेकिन हिंदू-धर्म के अनुसार उसे उपयोगितावाद में लाते हुए कहा, "अब देखते ही हो, सत्तू खाना पड़ा है। औरत कोई होती तो मरती हुई भी रोटी सेंककर रखती।"

"यथार्थ है", त्रिलोचन गंभीर होकर बोले।

बिल्लेसुर को बढ़ावा मिला, कहा, "गाँव के चार भाइयों का मोह है, पड़ा हूँ, नहीं तो मरने के लिए दुनिया-भर में मुझे ठौर है।"

"अब यह भी तुम समझाओगे तब समझेंगे ?"

बिल्लेसुर का पौरुष जग गया। उन्होंने कहा, "बंगाल गया था, चाहता तो एक बैठा लेता; लेकिन बाप-दादे का नाम भी तो है ? सोचा, कौन नाक कटाए ? तुम्हीं लोग कहते, बिल्लेसुर ने बाप के नाम की लुटिया डुबा दी।" बिल्लेसुर अपनी भूमिका से एकाएक विषय पर नहीं आ सकते थे। आने के लिए बढ़कर फिर हट जाते थे। त्रिलोचन ने कहा, "सारा गाँव तुम्हारी तारीफ करता है; गाँव ही नहीं, ग्वेंड भी कि बिल्लेसुर मर्द आदमी है।"

बिल्लेसुर ने कहा, "नाम के लिए दुनिया मरती है। इतनी मिहनत हम क्यों करते हैं ? नाम ही नहीं तो कुछ नहीं। हमारे बाप मरकर भी नहीं मरे, क्यों ? और अगर उनके पोता न रहा तो ?"

त्रिलोचन ने कहा, "तुम्हारे जैसा समझदार लड़का जिनके है, उनके पोता कैसे न रहेगा ?" कहकर त्रिलोचन गंभीर हो गए।

बिल्लेसुर ने कहा, "माँ-बाप ही दुनिया के देवता हैं। धर्म तो रहा ही न होता अगर माँ-बाप न रहे होते।"

त्रिलोचन ने कहा, "बेशक ! धर्म की रक्षा हरएक को करनी चाहिए। तभी तो धर्म के पीछे जान दे देने के लिए कहा है।"

"अब देखो, खेत में काम करने गए, घर आए, औरत नहीं; बिना औरत के भोजन विधि-समेत नहीं पकता; न जल्दी में नहाते बनता है, न रोटी बनाते, न खाते; धर्म कहाँ रहा ?" बिल्लेसुर उत्तेजित होकर बोले।

"हम तो बहुत पहले समझ चुके थे, अब तुम्हीं समझो।" कहकर त्रिलोचन ने तीसरी आँख पर मन को चढ़ाया।

बिल्लेसुर ने एक दफा त्रिलोचन को देखा, फिर सोचने लगे, 'देखो, दलाल बनकर आया है। सोचता है, दुनिया में हम ही चालाक हैं। अभी रुपए का सवाल पेश करेगा।

पता नहीं, किसकी लड़की है, कौन है। जरूर कुछ दाग होगा। अड़चन यह है कि निबाह नहीं होता। भूख लगती है, इसलिए खाना पड़ता है, पानी बरसता है, धूप होती है, लू चलती है, इसलिए मकान में रहना पड़ता है। मकान की रखवाली के लिए ब्याह करना पड़ता है। मकान का काम स्त्री ही आकर सँभालती है। लोग तरह-तरह की चीज-वस्तुओं से घर भर देते हैं; स्त्री को जेवर-गहने बनवाते हैं। यों सब झोल है—ढोल में सब पोल-ही-पोल तो है ?' बिल्लेसुर को गुरुआइन की याद आई, गाँव के घर-घर का सुना इतिहास आँख के सामने घूम गया। अब तक वे झूठ कहते रहे। यही कारण है कि बुलबुल काँपे में फँसता है। त्रिलोचन के ज्ञान में रहने की प्रतिक्रिया बिल्लेसुर में हुई। फिर यह सोचकर कि अपना क्या बिगड़ता है,—इसका मतलब मालूम कर लेना चाहिए, करुण स्वर से बोले, "हाँ भैया, समझदार तुमको गाँव के सभी मानते हैं।"

खुश होकर त्रिलोचन ने कहा, "ऐसी औरत गाँव में आई नहीं—सोलह साल की, आग-भभूका।"

बिल्लेसुर को देवियों की याद आ गई थी, इसलिए विचलित होकर सँभल गए। कहा, "तुम्हारी आँख कभी धोखा खा सकती है ? कहाँ की है ?"

"यह तो न बताएँगे, जब ब्याहने चलोगे, तभी मालूम करोगे।"

"पहले तो फलदान चढ़ेंगे, या इसकी भी जरूरत नहीं ?"

"फलदान चढ़ेंगे, लेकिन कोई पूछताछ न होगी, तिवारियों के यहाँ की लड़की है। सब काम हमारी मारफत होगा।"

"किस गाँव की है ?"

"इतना बता दिया तो क्या रह जाएगा ? यह ब्याह से पहले मालूम हो ही जाएगा। मगर एक बात है। उनके यहाँ ब्याह का खर्च नहीं। भलेमानस हैं। लड़की नहीं बेचेंगे, पर खर्च तुम्हें देना होगा।"

"कितना ?"

त्रिलोचन हिसाब लगाने लगे, खुलकर कहते हुए, "तुम्हारे यहाँ फलदान चढ़ाने आएँगे तो ठहरेंगे हमारे यहाँ। थाल में सात रुपए रखेंगे और नारियल के साथ एक थान। इसमें बीस रुपए का खर्च है। यह तुम्हें फलदान के दिन से सात रोज पहले दे देना होगा। फिर फलदान चढ़ जाने पर डेढ़ सौ रुपए विवाह, खर्च के लिए उस दिन देना पड़ेगा, सब हमारी मारफत। भले आदमी हैं, नहीं निबाह सकते। तुमसे हाथ फैलाकर लें, तो कैसे ? द्वार के चार से, ब्याह, भात और बड़हार, बरतौनी तक डेढ़ सौ, दाल में नमक के बराबर भी नहीं। लेकिन तुम्हें भी तो नहीं उजाड़ सकते ? कुल में तुमसे बड़े।"

बिल्लेसुर ने कहा, "कुल में बड़े हैं तो ब्याह फलेगा नहीं। मन्नू वाजपेयी ने, रुपए न होने से उतरकर ब्याह किया, लड़की बेवा हो गई। भैया, मुझे तो यही बड़ा

डर है कि कहीं...''

त्रिलोचन का चेहरा उतर गया। बोले, ''घबड़ाते हो नाहक। जितने बड़े हैं, सब बने हुए हैं। अस्ल में बड़े हैं नहीं। मन्नू वाजपेयी की लड़की ने अपने पति को मार डाला। कहते हैं, उसकी उम्र ज्यादा हो गई थी, मायके में ही बिगड़ गई थी, इसलिए मन्नू ने उसका ब्याह उतरकर दिया था। अपने यार के कहने पर उसने पति को जहर खिला दिया। वह कुछ दिन से बीमार था, दवा हो रही थी।''

''कहीं यह भी ऐसा ही मुझ पर करे !'' बिल्लेसुर शंका की दृष्टि से देखने लगे।

''कहता तो हूँ, किसी तरह का खौफ न खाओ। बिचवासी मैं हूँ। लड़की में न दाग, न कलंक, न चाल-चलन बिगड़ा, न काली-कानी-लँगड़ी-लूली।''

''जब तुम कह रहे हो तो एतबार सोलह आने है; लेकिन पता बिना जाने दस रोज पहले आये नातेदारों से क्या कहूँगा ? उनसे यह भी नहीं कहते बनता कि त्रिलोचन भैया जानते हैं; इसीलिए पता पूछता हूँ। दूसरी बात, कुण्डली बिचरवा लेनी है। लड़की की कुण्डली ले आओ। मैं अपने सामने बिचरवाऊँगा। लड़की मंगली निकली तो बेमौत मरना होगा ? ब्याह करना है तो आँखें खोलकर करना चाहिए।''

त्रिलोचन मन से बहुत नाराज हुए। बोले, ''ऐसी बातें करते हो जैसे बाला के हो। तुम्हारे यहाँ वे नहीं आए और कभी कोई भलामानस न आएगा। हम कहते थे कि भद्रा के जैसे मारे इधर-उधर घूमते हो, तुम्हारा घर बस जाए, लेकिन तुम आ गए अपनी अस्लियत पर। मान लो, तुम्हीं मंगली निकले तो ? कौन बाप अपनी लड़की तुम्हें सौंप देगा ? रही बात नातेदारीवाली, सो हम तो इसे सोलहो आने बेवकूफी समझते हैं। बैठे-बैठाए पच्चीस रुपए का खर्च सिर पर। हम तो कहते हैं, चुपचाप चले चलो, विवाह कर लाओ। लड़की के बाप का नाम मालूम करना चाहते हो तो चले चलो, उनका घर भी देख आओ। लेकिन तुम्हारा जाना शोभित नहीं है, गाँव-भर तुम दोनों को हँसेंगे।''

बिल्लेसुर को कुछ विश्वास हुआ। लेकिन रुपए की सोचकर कटे। लड़की के रूप का मोह भी घेरे था, सैकड़ों कलियाँ चटक रही थीं, खुशबू उड़ रही थी, पर त्रिलोचन पर पूरा-पूरा विश्वास न हो रहा था। पूछा, ''यहाँ से कितनी दूर है ?''

''तीन-चार कोस होगा।''

बिल्लेसुर ने सोचा, एक दिन में चलेंगे और लौट भी आएँगे। बकरियों को बड़ी तकलीफ न होगी। पत्ते काटकर डाल जाएँगे। बोले, ''तो चले चलो भैया, देख लेना चाहिए, जिस दिन कहो तैयारी कर दी जाए।''

त्रिलोचन ने मतलब गाँठकर कहा, ''अच्छा आज के चौथे दिन चलेंगे।''

बारह

बिल्लेसुर को उस रात नींद न आई। वही रूप देखते रहे। बहुत गोरी है, सोचते रामरतन की स्त्री की याद आई। सोलह साल की है, सोचा तो रामचरन सुकुल की बिटिया की सूरत सामने आ गई। बड़ी-बड़ी आँखें होंगी जैसी पुखराजबाई की लड़की हसीना की हैं। इस घर में आएगी तो घर में उजाला छाया रहेगा। जिस कोठरी में बच्चे रखे जाते हैं, उसमें उसका सामान रहेगा। बच्चे दहलीज में रहेंगे। एक छप्पर डाल लेंगे, सब ऋतुओं के लिए आराम रहेगा।

एक दफा भी बिल्लेसुर ने नहीं सोचा कि बकरी की लेंड़ियों की बदबू से ऐसी औरत एक दिन भी उस मकान में रह सकेगी।

सवेरे उठकर पड़ोस के गाँव में बजाज के यहाँ गए और कुर्ते का कपड़ा लिया, साफ खरीदा गुलाबी रंग का, धोती एक ली। दरजी को कुर्ते की नाप दी। उसी दिन बना देने के लिए कहा। गाँव के चमार से जूते का जोड़ा खरीदा।

इधर यह सब कर रहे थे, उधर ताड़े रहे कि त्रिलोचन कहाँ हैं। तीसरे दिन त्रिलोचन घर से निकले। पहनावा और हाथ का डंडा देखकर बिल्लेसुर समझ गए कि जा रहा है, बातचीत करके कल इन्हें ले जाएगा। चलने की दिशा देखकर अपने साधारण पहनावे से दूर-दूर रहकर, पीछा किया। त्रिलोचन बाबू पुरवा के सीधे कच्ची सड़क छोड़कर मुड़े। बिल्लेसुर दूर पुरवा के किनारे खड़े होकर देखने लगे कि त्रिल[illegible] दूसरे गाँव के लिए पुरवा से बाहर निकलते न दिखे, तब बिल्लेसुर को विश्वास हो गया कि यहीं है। वे भी गाँव के भीतर गए। निकास पर एक आदमी मिला। बिल्लेसुर ने पूछा, ''यहाँ श्यामपुर के त्रिलोचन आए हैं ?'' आदमी ने कहा, ''हाँ, वहाँ रामनारायण के यहाँ बैठा है ठग कहीं का। दोनों एक से। किसी का गला नाप रहे होंगे।''

बिल्लेसुर का कलेजा धक्-से हुआ पूछा, ''रामनारायण के लड़की-लड़के कुछ है ?''

आदमी चौंककर बिल्लेसुर को देखने लगा, ''तुम कहाँ रहते हो ? तुम रामनारायण को नहीं जानते ? उस साले के लड़की-लड़के ! पूछो, ब्याह भी हुआ है ?''

आदमी इतना कहकर आगे बढ़ा। बिल्लेसुर को बड़ी कायली हुई। वे उसी तरफ मन्नी की ससुराल को चले। मन्नी की सास से मिले। भली-बुरी, सुख-दुख की बातें हुईं। बिल्लेसुर ने ढाढ़स बँधाया। कहा, खर्चा न हो तो आकर ले जाया करो। कहकर एक रुपया हाथ पर रख दिया। मन्नी अच्छी तरह हैं, कहा। उनकी लड़की की अच्छी सेवा होती है, मन्नी उसकी बड़ी देख-रेख रखते हैं। अब वह बहुत बड़ी हो गई है।

मन्नी की सास बहुत प्रसन्न हुईं। रुपया उठा लिया और पूछा, घर बसा या नहीं। बिल्लेसुर ने जवाब दिया कि घर माँ-बाप के बसाए बसता है। मन्नी की सास

ने कहा कि वे दस-पंद्रह दिन में आएँगी तब ब्याह की पक्की बातचीत करेंगी। बिल्लेसुर पैर छूकर बिदा हुए।

तेरह

त्रिलोचन दूसरे दिन आए, और कहा, "बिल्लेसुर, तैयार हो जाओ।"

बिल्लेसुर ने कहा, "मैं तो पहले से तैयार हो चुका हूँ।"

त्रिलोचन खुश होकर बोले, "तो अच्छी बात है चलो।"

बिल्लेसुर ने कहा, "भैया, मन्नी की मौसिया सास की भतीजी की ससुराल में एक लड़की है, कल आए थे, बातचीत पक्की कर गए हैं, अब तो मुझ माफी दीजिए।"

त्रिलोचन नाराज होकर बोले, "तो वह ब्याह जरूर गैतल होगा। वैसी ही लड़की होगी। हम शर्त बदकर कह सकते हैं।" मुस्कराकर बिल्लेसुर ने जवाब दिया, "और तुम्हारा दूध का धोया है ? मन्नी की मौसिया सास की भतीजी की ससुराल की लड़की में दाग है, और तुम्हारी में, जिसके न बाप का पता, न माँ का, न गाँव का, न संबंध का, मखमल का झब्बा लगा है ?"

"देखो, फिर पीछे पछताओगे।" त्रिलोचन बढ़कर बोले।

"पछताने का काम ही नहीं करते; बहुत समझकर चलते हैं, त्रिलोचन भैया। बिल्लेसुर ने कड़ाई से जवाब दिया।

"अच्छा, चलकर जरा लड़की तो देख लो—तुम्हें लड़की भी दिखा देंगे।"

"अब लड़की नहीं, लड़की की आजी तक को दिखाओ तो भी मैं नहीं जाऊँगा। जब घर में, अपने नातेदारों में लड़की है तब दूसरी जगह नहीं जाना चाहिए। यह तो धर्म छोड़ना है। गृहस्थ की लड़की का रूप नहीं देखा जाता, गुण देखा जाता है। कहते हैं, रूपवती लड़की बदचलन होती है।"

"तो यह तेरे लिए सावित्री आ रही है। देख ले, अगर गाँव के धिंगरों से पीछा छूटे।"

"यह सब हमें मालूम है। लेकिन घर का सामान लेकर भाग न जाएगी, देख लेना। जो मुसीबत पड़ेगी, झेलेगी। किसी का धर्म बिगाड़ने से नहीं बिगड़ता। गाँव में सबका हाल हमें मालूम है।"

"तू सबको दोष लगा रहा है।"

"मैं किसी को दोष नहीं लगा रहा, सच-सच कह रहा हूँ।"

"अच्छा बता, हमें क्या दोष लगा है, नहीं तो..."

"तुम चले जाओ यहाँ से, नहीं तो मैं चौकीदार के पास जाता हूँ।"

चौकीदार के नाम से त्रिलोचन चले। करुणा भरे क्रोध से घूम-घूमकर देखते जाते थे बिल्लेसुर अपना काम करने निकले।

चौदह

कातिक लगते मन्नी की सास आईं। कुछ भटकना पड़ा। पूछते-पूछते मकान मालूम कर लिया। बिल्लेसुर ने देखा, लपककर पैर छुए। मकान के भीतर ले गए। खटोला डाल ि या। उस पर एक टाट बिछाकर कहा, "अम्मा, बैठो।" खटोले पर बैठते हुए मन्नी की सास ने कहा, "और तुम खड़े रहोगे।" बिल्लेसुर ने कहा, "लड़कों को खड़ा ही रहना चाहिए। आपकी बेटी हैं तो क्या ? जैसे बेटी, वैसे बेटा। मुझसे वे बड़ी ही हैं। आप तो फिर धर्म की माँ हैं। पैदा करनेवाली तो पाप की माँ कहलाती है, तुम बैठो, मैं अभी छन-भर में आया।"

बिल्लेसुर गाँव के बनिये के यहाँ गए। पाव-भर शकर ली। लौटकर बकरी के दूध में शकर मिलाकर लोटा भरकर खटोले के सिरहाने रखा। गिलास में पानी लेकर कहा, "लो अम्मा, कुल्ला कर डालो। हाथ-पैर धोने हों तो डोल में पानी रखा है, बैठे-बैठे गिलास से लेकर धो डालो।" कहकर दूधवाला लोटा उठा लिया। मन्नी की सास ने हाथ-पैर धोये। बिल्लेसुर लोटे से दूध डालने लगे, मन्नी की सास पीने लगीं। पीकर कहा, "बच्चा, मैं बकरी का दूध ही पीती हूँ। इससे बड़ा फायदा है, कुल रोगों की जड़ मर जाती है।"

शाम हो रही थी। आसमान साफ था। इमली के पेड़ पर चिड़ियाँ चहक रही थीं। बिल्लेसुर ने आसमान की ओर देखा, और कहा, "अभी समय है। अम्मा तुम बैठो। मैं अभी आता हूँ। बकरियों को देखे रहना, नहीं, भीतर से दरवाजा बंद कर लो। आकर खोलवा लूँगा। यहाँ अम्मा, बकरियों के चोर बड़े लागन हैं।" बिल्लेसुर बाहर निकले। मन्नी की सास ने दरवाजा बंद कर लिया।

सीधे खेत-खेत होकर रामगुलाम काछी की बाड़ी में पहुँचे। तब तक रामगुलाम बाड़ी में थे। बिल्लेसुर ने पूछा, "क्या है ?" रामगुलाम ने कहा, "भाँटे हैं, करेले हैं, क्या चाहिए ?" बिल्लेसुर ने कहा, "सेर-भर भाँटे दे दो। मुलायम-मुलायम देना।" रामगुलाम भाँटे उतारने लगा। बिल्लेसुर खड़े बैंगन के पेड़ों की हरियाली देखते रहे। एक-एक पेड़ ऐंठा खड़ा कह रहा था, 'दुनिया में हम अपना सानी नहीं रखते।' रामगुलाम ने भाँटे उतारकर, तोलकर, मालवाला पलड़ा काफी झुका दिखाते हुए, बिल्लेसुर के अँगोछे में डाल दिए। बिल्लेसुर ने पहले अँगोछे में गाँठ मारी, फिर टेंट से एक पैसा निकालकर हाथ बढ़ाए खड़े हुए रामगुलाम को दिया। रामगुलाम ने कहा, "एक और लाओ।" बिल्लेसुर मुस्कराकर बोले, "क्या गाँववालों से भी बाजार का भाव लोगे ?"

रामगुलाम ने कहा, "कौन रोज अँगोछा बढ़ाए रहते हो ? आज मन चला होगा या कोई नातेदार आया होगा।" बिल्लेसुर ने कहा, "अच्छी बात है, कल ले लेना। इस वक्त नहीं है।" बिल्लेसुर की तरकारी खाने की इच्छा होती थी तो चने भिगो देते थे, फिर तेल-मसाले में तलकर रसेदार बना लेते थे। लौटते मुरली कहार से कहा, "कल पहर-भर दिन चढ़ते हमें दो सेर सिंघाड़े दे जाना।" फिर घर आकर दरवाजा खोलवाया। दीया जलाकर बकरियों को दुहा। सबेरे की काटी पत्तियाँ डालीं और रसोई में रोटी बनाने गए। रोटी, दाल, भात, बैंगन की भाजी, आम का अचार, बकरी का गरम दूध और शकर परोसकर पाटा डालकर पानी रखकर सासजी से कहा, "अम्मा, चलो, भोजन कर लो।" मन्नी की सास शरमायी हुई उठीं, हाथ-पैर धोकर चौके में जाकर प्रेम से भोजन करने लगीं। खाते-खाते पूछा, "भैंस तो तुम्हारे है नहीं, लेकिन घी भैंस का जान पड़ता है।" बिल्लेसुर ने कहा, "गृहस्थी में भैंस का घी रखना ही पड़ता है, कोई आया-गया, अपने काम में बकरी का घी ही लाता हूँ।" मन्नी की सास ने छककर भोजन किया, हाथ-मुँह धोकर खटोले पर बैठीं। बिल्लेसुर ने इलायची, मसाले से निकालकर दी। फिर स्वयं भोजन करने गए। बहुत दिनों बाद तृप्ति से भोजन करके पड़ोस से एक चारपाई माँग लाए; डालकर, खटोले का टाट उठाकर अपनी चारपाई पर डाला और मन्नी की सास के लिए बंगाल से लाई रंगीन दरी बिछा दी, वहीं का गुरुआइन का पुरानी धोतियों को लपेटकर सीया तकिया लगा दिया। सासजी लेटीं। आँखें मूँदकर बिल्लेसुर की बकरियों की बात सोचने लगीं। जब बिल्लेसुर काछी के यहाँ गए थे, उन्होंने एक-एक बकरी को अच्छी तरह देखा था। गिनकर आश्चर्य प्रकट किया था। इतनी बकरियाँ और बच्चों से तीन भैंस पालने के इतना मुनाफा हो सकता है, कुछ ज्यादा ही होगा।

बिल्लेसुर धैर्य के प्रतीक थे। मन में उठने पर भी उन्होंने विवाह की बातचीत के लिए कोई इशारा भी नहीं किया। सोचा, "आज थकी हैं, आराम कर लें कल अपने आप बातचीत छेड़ेंगी, नहीं तो यहाँ सिर्फ मुँह दिखाने थोड़े ही आई हैं ?"

बिल्लेसुर पड़े थे। एकाएक सुना, खटोले से सिसकियाँ आ रही हैं। साँस रोककर पड़े सुनते रहे। सिसकियाँ धीरे-धीरे गूँजने लगीं, फिर रोने की साफ आवाज उठने लगी। बिल्लेसुर के देवता कूच कर गए कि खा-पीकर यह कारन करके रोना कैसा ? जी धक् से हुआ कि विवाह नहीं लगा, इसकी यह अग्र-सूचना है। घबराकर पूछा, "क्यों अम्मा, रोती क्यों हो ?" मन्नी की सास ने रोते हुए कहा, "न जाने किस देश में मेरी बिटिया को ले गए ! जब से गए एक चिट्ठी भी न दी।"

बिल्लेसुर ने समझाया, "अम्मा, रोओ नहीं। भाभी बड़े मजे में हैं। मन्नी भैया उनकी बड़ी सेवा करते हैं। मैं जहाँ गया था, मन्नी वहाँ से दूर हैं। हाल मिलते थे। लोग कहते थे, अच्छी नौकरी लग गई है। उनका सारा मन भाभी पर लगा है। अब भाभी उतनी ही बड़ी नहीं हैं। लोग कहते थे, बिल्लेसुर, अब दो-तीन साल में तुम्हारे

भतीजा होगा।''

''राम करे, सुख से रहें। हमको तो धोखा दे गए बच्चे ! हमारे और कौन था ? जिस तरह दिन कटते हैं, हमारी आत्मा जानती है।'' कहकर मन्नी की सास ने अघाकर साँस छोड़ी।

बिल्लेसुर ने कहा, ''जैसे मन्नी, वैसे मैं। तुम यहाँ रहो। खाने की यहाँ कोई तकलीफ नहीं। मुझे भी बनी-बनाई दो रोटियाँ मिल जाएँगी।''

मन्नी की सास बहुत प्रसन्न हुईं। कहा, ''बच्चा, फूलो-फलो, तुम्हारा तो आसरा ही है। अबके आई हूँ तो कुछ दिन रहकर जाऊँगी। तुम्हारा काम-काज यहाँ का देख लूँ। ब्याह एक लगा है, हो गया तो उसे तुम्हारी गृहस्थी समझा दूँ।''

''इससे अच्छी बात और क्या होगी।'' बिल्लेसुर पौरुष में जगकर बोले।

मन्नी की सास ने कहा, ''बच्चा, अब तक नहीं कहा था, सोचा था, जब काम से छुट्टी पा जाओगे, तब कहूँगी। ब्याह एक ठीक है। लड़की तुम्हारे लायक, सयानी है। लेकिन हमारी बिटिया की तरह गोरी नहीं। भलेमानुस हैं। घर का काम-काज सँभाल लेगी। बताओ, राजी हो ?''

बिल्लेसुर भक्तिभाव से बोले, ''आप जानें। आप राजी हैं तो मैं भी हूँ।''

मन्नी की सास प्रसन्न हुईं। कहा, ''ठीक है। कर लो। उसको भी तुम्हारे साथ तकलीफ न होगी। थोड़ी-सी मदद उसकी माँ की तुम्हें करती रहनी पड़ेगी। ब्याह से पहले, बहुत नहीं, तीस रुपए दे दो ! गरीब है, कर्जदार है। फिर कुछ-कुछ देते रहना। उसके भी और कोई नहीं। मैं लड़की को तुम्हारे यहाँ ले आऊँगी। यहीं विवाह कर लो। बारात उसके यहाँ ले जाओगे तो कुल खर्चा देना पड़ेगा, इसमें ज्यादा खर्चा बैठेगा। घर में अपने चार नातेदार बुलाकर ब्याह कर लोगे, भले-भले पार लग जाओगे।''

बिल्लेसुर को मालूम दिया, इस जबान में छल नहीं। कहा, ''हाँ, बड़ी नेक सलाह है।''

मन्नी की सास कई रोज रहीं। बिल्लेसुर को बना-बनाया खाने को मिला। तीन-चार दिन में रंग बदल गया। उन्होंने आग्रह किया कि ब्याह तक वे यहीं रहें। मन्नी की सास ने भी स्वीकार कर लिया।

गाँव में बिल्लेसुर की चर्चा ने जोर मारा। एक दिन त्रिलोचन ने मन्नी की सास को घेरा और पूछा, ''बताओ, ब्याह कहाँ रचा रही हो ?''

''अपनी नातेदारी में।'' मन्नी की सास ने कहा।

''वह कहाँ हैं ?'' त्रिलोचन ने पूछा।

''क्यों, क्या बिल्लेसुर तुम्हीं हो ?'' मन्नी की सास ने आँखें नचाकर पूछा, फिर कहा, ''बच्चे, मेरी निगाह साफ है, मुझे तींगुर नहीं लगता। अब तुम बताओ कि तुम बिल्लेसुर के कौन हो ?''

बल्ली नहीं लगी। त्रिलोचन बहुत कटे। कहा, ''अच्छी बात है, कौन हैं, यह

ब्याह होने पर बताएँगे जब उनका पानी बंद होगा।''

''नातेदार-रिश्तेदार जिसके साथ हैं, उसका पानी परमात्मा नहीं बंद कर सकते। अच्छा हमारे घर से बाहर निकलो और गाँव में पानी बंद करो चलकर।'' त्रिलोचन खिसियाये हुए घर से बाहर निकल गए।

बड़े आनंद से दिन कट रहे थे। बिल्लेसुर की शकरकंद खूब बैठी थी। कई रोज उन्होंने मन्नी की सास को शकरकंद भूनकर बकरी के दूध में खिलाया। मन्नी की सास मन्नी से जितना अप्रसन्न थीं, बिल्लेसुर से उतना ही प्रसन्न हुईं। उन्होंने बिल्लेसुर के उजड़े बाग का एक-एक पेड़, शकरकंद के खेत की एक-एक लता देखी। उनके आ जाने से ताकने के लिए बिल्लेसुर रात को शकरकंद के खेत में रहने लगे। दो-एक दिन जंगली सुअर लगे; दो-तीन दिन कुछ-कुछ चोर खोद ले गए। अभी बौंड़ी पीली नहीं पड़ी थी। नुकसान होता देखकर मन्नी की सास ने कुल शकरकंद खोद लाने की सलाह दी। बिल्लेसुर ने वैसा ही किया। उन्होंने घर में ढेर लगाकर देखा, इतनी शकरकंद हुई है कि सारा घर भर गया है। एक-एक शकरकंद जैसे लोढ़ा; मन्नी की सास ने मुस्कराते हुए कहा, ''इससे तुम्हारा ब्याह भी हो जाएगा और काफी शकरकंद भी खाने को बच रहेगी।'' शकरकंदों को विश्वास की दृष्टि से देखते हुए बिल्लेसुर ने कहा, ''अम्मा सब तुम्हारा आसिरवाद, नहीं तो मैं किस लायक हूँ ?'' सास ने साँस छोड़कर कहा, ''मेरा बच्चा जीता होता तो अब तक तुम्हारे इतना हुआ होता। खेती-किसानी करता; मैं मारे-मारे न फिरती।'' बिल्लेसुर ने उन्हें धीरज दिया, कहा, ''हमीं तुम्हारे लड़के हैं। तुम कैसी भी चिंता न करो, मेरी जब तक साँस चलती है, मैं तुम्हारी सेवा करूँगा। जी न छोटा करो।'' सास ने आँचल से आँसू पोंछे। बिल्लेसुर दूसरे गाँव की तरफ शकरकंदों का खरीदार लगा चले। सोचा, बकरियों के लिए, लौटकर पत्ते काटूँगा। दूसरे दिन खरीदार आया और 20 रु. में बिल्लेसुर ने शकरकंद बेची। सारे गाँव में तहलका मच गया। लोग सिहाने लगे। अगले साल सबने शकरकंद लगाने की ठानी।

पंद्रह

कातिक की चाँदनी छिटक रही थी। गुलाबी जाड़ा पड़ रहा था। सवन-जाति की चिड़ियाँ कहीं से उड़कर जाड़े-भर इमली की फुनगी पर बसेरा लेने लगी थीं; उनका कलरव उठ रहा था। बिल्लेसुर रात को चबूतरे की बुर्जी पर बैठे देखते थे, पहले शाम को आसमान में हिरनी-हिरन जहाँ दिखाई देते थे, अब वहाँ नहीं हैं। बिल्लेसुर कहते थे, जब जहाँ चरने को चारा होता है, ये चले जाते हैं। शाम से ओस पड़ने लगी थी, इसलिए देर तक बाहर का बैठना बंद होता जा रहा था। लोग जल्द-जल्द खा-पीकर लेट रहे थे। बिल्लेसुर घर आए। मन्नी की सास ने रोज की तरह रोटी तैयार कर

रखी थी। इधर बिल्लेसुर कुछ दिनों से मन्नी की सास की परुई रोटी खाते हुए चिकने हो चले थे। पैर धोकर चौके के भीतर गए। मन्नी की सास ने परोसकर थाली बढ़ा दी। सास को दिखाने के लिए बिल्लेसुर रोज अगरासन निकालते थे। भोजन करके उठते वक्त हाथ में से लेते थे और रखकर हाथ-मुँह धोकर कुल्ले करके बकरी के बच्चे को खिला देते थे। अगरासन निकालने से पहले लोटे से पानी लेकर तीन दफे थाली के बाहर से चुवाते हुए घुमाते थे। अगरासन निकालकर टुनकियाँ देते हुए लोटा बजाते थे और आँखें बंद कर लेते थे। वह कृत्य आज भी किया।

जब भोजन करने लगे तब सासजी बड़ी दीनता से खीसें काढ़कर बोलीं, ‘‘बच्चा, अब अगहन लगनेवाला है; कहो तो अब चलूँ।’’ फिर खाँसकर बोलीं, ‘‘वह काम भी तो अपना ही है।’’

कौर निगलकर गंभीर होते हुए, मोटे गले से बिल्लेसुर ने कहा, ‘‘हाँ, वह काम तो देखना ही है।’’

‘‘वही कह रही थी,’’ कुछ आगे खिसककर सासजी ने कहा, ‘‘कुछ रुपए अभी दे दो, कुछ बाद को, ब्याह के दो-तीन रोज पहले दे देना।’’

रुपए के नाम से बिल्लेसुर कुनमुनाये। लेकिन बिना रुपए ब्याह न होगा, यह समझते हुए एक पख लगाकर ब्याह पक्का करने लगे। कहा, ‘‘अभी तो अम्मा, किसी पंडित से बिचरवाया भी नहीं गया, न बने तो ?

‘‘बच्चे की बात,’’ पूरे विश्वास से सिर उठाकर मन्नी की सास ने कहा, ‘‘उसमें जब कोई दोख नहीं है तब ब्याह बनेगा कैसे नहीं ? बच्चे, वह पूरी गऊ है। और उसका ब्याह ? वह अब तक होने को रहता ? रामखेलावन आए, परदेश से, उल्टे पाँव लौट जाना चाहते थे, हाथ जोड़ने लगे—चाची, ब्याह करा दो, जितना रुपया कहो, देंगे। अच्छा भाई, लड़की की अम्मा को मनाकर कुण्डली लेकर बिचरवाने गए, फट से बन गया। लड़की की अम्मा को तीन सौ नगद दे रहे थे। पर सिस्टा की बात; लड़की की अम्मा ने कहा, मेरी बिटिया को परदेश ले जाएँगे, फिर कभी इधर झाँकेंगे नहीं; बिमारी-अरामी बूँद-भर पानी को तरसूँगी; रुपए लेकर मैं क्या करूँगी ? बना-बनाया ब्याह उखड़ गया। फिर चुकंदरपुर के जमींदार रामनेवाज आए। उनसे भी ब्याह बन गया। जब फलदान चढ़ने का दिन आया तब लड़की की अम्मा को उनके गाँव के किसी पट्टीदार ने भड़काया कि रामनेवाज अपने बाप का है ही नहीं; बस ब्याह रुक गया। कितने ब्याह आए सब बन गए लेकिन कोई न हो पाया।’’

बिल्लेसुर को निश्चय हो गया कि लड़की के खून में कोई खराबी नहीं। उन्होंने संतोष की साँस छोड़ी। मन्नी की सास का भावावेश तब तक मंद न पड़ा था, बंगालिन की तरह चटककर बोलीं, ‘‘अब तुमसे कहती हूँ, हमारे अपने हो, सैकड़ों सच्ची-झूठी बातें न गढ़ती तो वह राँड़ तुम्हारे लिए राजी न होती।’’

बिगड़कर बिल्लेसुर बोले, ‘‘तुम तो कहती थीं बड़ी भलेमानुस है ?’’

"कहने के लिए, बच्चा ए, भलेमानुस सबको कहते हैं; लेकिन, कैसा भी भलामानुस हो, अपनी चित कौड़ी को पट होते देखता है ? फिर वह दस बिस्वेवाली तुम्हारे यहाँ कैसे लड़की ब्याह देती ? उसको समझाया कि दुरगादास के सुकुल हैं, परदेश कमा के आए हैं, कहो कि एक साथ गिन दें तो ऐसा न होगा, धीरे-धीरे देंगे। आखिर कहाँ जाती, मान गई। तुमसे इसीलिए कहा, 30) ब्याह से पहले-दो, फिर धीरे-धीरे मदद करते रहो।" सासजी टकटकी बाँधे बिल्लेसुर को देखती रहीं। इतने कम पर राजी न होना मूर्खता है, समझकर बिल्लेसुर ने कहा, "अच्छा, कल कुंडली और एक रुपया लेकर चलो, तीन-चार दिन में मैं पंडित से आकर पूछूँगा कि कैसा बनता है।"

"एक दफे नहीं, बच्चा, दस दफे। लेकिन जब आना तब पंद्रह रुपए लेते आना कम-से-कम।"

गंभीर होकर बिल्लेसुर उठे और हाथ-मुँह धोने लगे। मन को समझाती हुई सासजी भोजन करने बैठीं। भोजन के बाद दोनों लेटे और अपनी-अपनी गुत्थी सुलझाते रहे। किसी ने किसी से बातचीत न की। फिर वे सो गए। पौ फटने से पहले जब आकाश में तारे थे, मन्नी की सास जगीं और बिल्लेसुर को जगाने के इरादे से ऊँचे स्वर से राम-राम जपने लगीं।

बिल्लेसुर उठकर बैठे और आँखें मलकर, स्नेह सूचित करते हुए पूछा, "अम्मा, क्या सबेरे-सबेरे निकल जाने का इरादा है ?"

मन्नी की सास ने आँखों में आँसू भरे। कहा, "बच्चा, अब देर करना ठीक नहीं। पिछले पहर चलूँगी तो रात होगी, काम न होगा।"

बिल्लेसुर ने अँधेरे में टटोलकर संदूक में रखी कुंडली निकाली और सासजी को देते हुए कहा, "देखिएगा, कहीं खो न जाए।"

"नहीं, बच्चा, खो क्या जाएगी ?" कहकर सासजी ने आग्रह से कुंडली ली। बिल्लेसुर ने झट से एक रुपया निकाला; सासजी के हाथ में रखकर पैर छुए; कहा, "यह तुम्हें कुछ दे नहीं रहा हूँ।"

"क्या मैं कुछ कहती हूँ, बच्चा ?" असंतोष को दबाकर मन्नी की सास घर के बाहर निकलीं। रास्ते पर आकर एक साँस छोड़ी और अपने गाँव का रास्ता पकड़ा। अब तक सबेरा हो चुका था।

सोलह

बिल्लेसुर ने इधर बड़ा काम किया। शकरकंदवाले खेत में मटर बो दिए। उधरवाले में चने बो चुके थे, जो अब तक बढ़ आए थे।

काम करते हुए रह-रहकर बिल्लेसुर को सास की याद आती रही; विवाह की बेल जैसे कलियाँ लेने लगी; काम करते-करते दुचित्ते होने लगे; साँस रुक-रुक जाने लगी, रोएँ खड़े होने लगे।

आखिर चलने का दिन आया। बिल्लेसुर दूध दुहकर, एक हण्डी में मुस्का बाँधकर, दूध लेकर चलने के लिए तैयार हुए। रात के काटे पत्ते रखे थे, बकरियों के आगे डाल दिए।

फिर पानी भरकर घर में स्नान किया। थोड़ी देर पूजा की। रोज पूजा करते रहे हों, यह बात नहीं। पूजा करते समय दरपन कई बार देखा, आँखें और भौंहें चढ़ाकर-उतारकर, गाल फुलाकर-पिचकाकर, होंठ फैलाकर-चढ़ाकर। चंदन लगाकर एक दफा फिर मुँह देखा। आँखें निकालकर देर तक देखते रहे कि चेचक के दाग कितने साफ दिखते हैं। फिर कुछ देर तक अशुद्ध गायत्री का जप करते रहे मन में यह निश्चय लिए हुए कि काम पूरा हो जाएगा। फिर पुजापा समेटकर भीतर के एक ताक पर रखकर बासी रोटियाँ निकालीं। भोजन करके हाथ-मुँह धोया, कपड़े पहनने लगे। मोजे के नीचे तक उतारकर धोती पहनी, फिर कुर्त्ता पहनकर चारपाई पर बैठे, साफा बाँधने लगे। बाँधकर एक दफे फिर उसी तरह दरपन देखा और तरह-तरह की मुद्राएँ बनाते रहे। फिर जेब में छोटा-सा दरपन और गले में मैला अँगोछा और धुस्सा डालकर लाठी उठाई। जूते पहले के तेलवाए रखे थे, पहन लिए। दरवाजे से निकलकर मकान में ताला लगाया, और दोनों नथनों में कौन चल रहा है, दबाकर देखकर, उसी जगह दायाँ पैर तीन दफे दे दे मारा, और दूधवाली हण्डी उठाकर निगाह नीची किए गंभीरता से चले।

थोड़ी दूर पर भरा घड़ा मिला। बिल्लेसुर खुश हो गए। घड़ेवाली सगुन को सोचकर मुस्कराई, कहा, “मेरी मिठाई कब ले आते हो ?” काम निकलने के बादवाले आशय से सिर हिलाकर आश्वासन देते हुए बिल्लेसुर आगे बढ़े।

नाला मिला। किनारे रियें और बबूल के पेड़। खुश्की पकड़े चले जा रहे थे। बनियों के ताल के किनारे से गुजरे। देखकर कुछ बगुले इस किनारे से उस किनारे उड़ गए। बिल्लेसुर बढ़ते गए। शमशेर-गंज का बैरहना मिला। एक जगह कुछ खजूर और ताड़ के पेड़ दिखे। सामने खेत, हरियाली लहराती हुई। ओस और सूरज की किरनें पड़ रही थीं। आँखों पर तरह-तरह का रंग चढ़-उतर रहा था। दिल में गुदगुदी पैदा हो रही थी। पैर तेज उठ रहे थे। मालूम भी न हुआ कि हाथ में दूध से भरी भारी हण्डी है।

आम और महुए की कतारें कच्ची सड़क के किनारे पड़ीं। जाड़े की सुहावनी सुनहली धूप छनकर आ रही थी। सारी दुनिया सोने की मालूम दी। गरीबीवाला रंग उड़ गया। छोटे-बड़े हर पेड़ पर पड़ा मौसिम का असर उनमें भी आ गया। अनुकूल हवा से तने पाल की तरह अपने लक्ष्य पर चलते गए। इस व्यवसाय में उन्हें

फायदा-ही-फायदा है, निश्चय बँधा रहा है। चारों ओर हरियाली। जितनी दूर निगाह जाती थी, हवा से लहराती हरी तरंगें ही दिखती थीं; उनके साथ दिल मिल जाता और उन्हीं की तरह लहराने लगता था।

आशा की सफलता-जैसे, खेत और बगीचे के भीतर से गाँव की दीवारें दिखने लगीं। बिल्लेसुर उतावली से बढ़ते गए। गलियारे-गलियारे गाँव के भीतर पहुँचे। कुएँ की जगत के किनारे नहाने के लिए बनी पक्की चौकी पर बैठे एक वृद्ध सूर्य की ओर मुँह किए काँपते हुए माला जप रहे थे। कुछ आगे बढ़ने पर बढ़इयों का मकान मिला। गाड़ी के पहिए बनने की ठक-ठक दूर तक गूँज रही थी। कुछ आगे दर्जी की दूकान मिली। वहाँ बहुत से लोग इकट्ठे दिखे। तरह-तरह के रंगीन कपड़े सिलने को आए फैले हुए। दर्जी सिर गड़ाए तत्परता से मशीन चलाता हुआ। एक लड़का चौपाल की दूसरी तरफ बैठा भरी रजाई में टाँके लगाता हुआ। दो आदमी नए कपड़े काटते और मशीन पर चढ़ाने के लिए टाँकते हुए। लोग गौर से रंगों की बहार देखते लाठी के सहारे खड़े गप लड़ाते तंबाकू थूकते हुए। बिल्लेसुर गद्‌गतेन मनसा सासजी के मकान की ओर बढ़े चले गए। एक कोलिया के भीतर सासजी का अधगिरा मकान था। दरवाजे खुले थे। आवाज देते हुए भीतर चले गए। सासजी इंतजार कर रही थीं। देखकर मुस्कराती हुई उठीं। नजर हण्डी पर थी। बिल्लेसुर ने गर्व से हण्डी रख दी और सासजी के पैर छुए। सासजी ने कुशल पूछी जैसे एक मुद्दत के बाद मुलाकात हुई हो, फिर बिछी चारपाई पर ले चलकर बैठाला और गौर से बिल्लेसुर की ब्याहवाली उतावली की आँख देखती रहीं।

कुछ देर तक बिल्लेसुर बैठे गंभीर होते रहे; फिर आवाज में भारीपन लाकर भी गृहस्थ की तरह पूछा, ''ब्याह बिचरवा तो लिया गया होगा ?''

सासजी के समंदर पर जैसे तूफान आ गया। उद्वेल होकर तारीफ करने लगीं—किस तरह पण्डित के यहाँ गईं—पंडित ने बिचारा—आँखें चढ़ाकर कहा, 'साक्षात् लक्ष्मी है, घर पर पैर रखते ही घर भर देगी'—विवाह बहुत बनता है, लड़की वैश्य वर्ण है और देव गण, बिल्लेसुर से कोई बैर नहीं पड़ता। साथ ही यह भी कहा कि कुल में ऊँचे हैं, इसलिए बिल्लेसुर यहाँ अपने को छंगे के नहीं तो दुर्गादासवाले जरूर कहें, नहीं तो उनको तौहीन होगी।

बिल्लेसुर की बाछें खिल गईं। विनम्र पाव से कहा, ''माँ-बाप का कहना सभी मानते हैं, जैसी आज्ञा होगी करने में मुझे एतराज न होगा।''

सासजी ने तृप्ति की साँस छोड़ी। फिर बिल्लेसुर के पास एक पंडित बुला लाईं। पंडित ने शीघ्र बोध के अनुसार कहते हुए ब्याह की प्रशंसा की। बिल्लेसुर श्रद्धापूर्वक मान गए। अगली लगन में ब्याह होना नश्चित हो गया, और सासजी की आज्ञा के अनुसार उन्हीं के यहाँ से ब्याह होने की बात तै रही। शाम को एक लड़की ले आई गई और दीये के उजाले में बिल्लेसुर ने उसे देखा। उन्हें विश्वास हो गया कि

कहीं कोई कलंक नहीं। हाथ-पैर के अलावा उन्होंने उसका मुँह नहीं देखा। उसकी अम्मा से देर तक बातचीत करते रहे। उन्हें ढाढस देकर गाँव की राह ली। रुपए मन्नी की सास को दे आए।

सत्रह

बिल्लेसुर गाँव आए जैसे कोई किला तोड़ लिया हो। गरदन उठाए घूमने लगे। पहले लोगों ने सोचा, शकरकंदवाली मोटाई है; बाद को राज खुला। त्रिलोचन दाँत काटी रोटी वाले मित्र से मिले; वहाँ मालूम हुआ कि वह वही लड़की है जिससे वह गाँठ जोड़ना चाहते थे। गाँव के रँडुओं और बिल्लेसुर से ज्यादा उम्रवाले क्वाँरों पर ब्याह का जैसे पाला पड़ा। त्रिलोचन ने बिल्लेसुर के खिलाफ जलीकटी सुनाते हुए गरमी पहुँचाई; कहा, "ब्राह्मण है !—बाप का पता नहीं। किसी भलेमानुस को पानी पिलाने लायक न रहेगा।" लोगों को दिलजमई हुई।

गाँव के बाजदार डोम और परजा बिल्लेसुर को आ-आकर घेरने लगे, खुशामद की चार बातें सुनाते हुए कि घर की सूरत बदली, चिराग रोशन हुआ, साल-भर में बाप-दादे का नाम भी जग जाएगा, पहले सूने दरवाजे से साँस लेकर निकल जाते थे, अब अड़े रहेंगे, कुछ लेकर टलेंगे। बिल्लेसुर को ऐसी गुदगुदी होती थी कि झुर्रियों में मुस्करा देते थे। सोचते थे, परजे नाक के बाल बन गए। पतले हाल की परवा न कर चढ़कर ब्याह करने की ठानी; लोग-हँसाई से डरे। परजे ऐसा मौका छोड़कर कहाँ जाएँगे, सोचा, इन्हें कुछ लिया-दिया न गया तो रास्ता चलना दूभर कर देंगे, बाप-दादों से बँधी मेड़ कट जाएगी। भरोसा हुआ कि ब्याह का खर्च निबाह लेंगे।

नाई रोज तेल लगाने और बाल बनाने की पूछने लगा। कहार एक रोज अपने आप आकर दो घड़े पानी भर गया। बेहना बत्ती बनाने के लिए रुई की चार पिंडियाँ दे गया। चमार आकर पूछ गया, ब्याह के जोड़े नरी के बनाए या मामूली। चौकीदार पासी रोज आधी रात को हाँक लगाता हुआ समझा जाने लगा कि पूरी रखवाली कर रहा है। गंगावासी एक दिन दो जोड़े जनेऊ दे गया। एक दिन भट्टजी आए और सीता स्वयंवर के कुछ कवित्त और भूषण की अमृत ध्वनि सुना गए। गर्ज यह कि इस समय कोई नहीं चूका।

बिल्लेसुर का पासा पड़ा। जमींदार ने उनकी देहली पर पैर रखा। सारा गाँव टूट पड़ा। जमींदार गए थे, ब्याह हो रहा है, कम-से-कम दो रुपए बिल्लेसुर नजर देंगे, फिर मदद के लिए पूछेंगे, कुछ इस तरह वसूल हो जाएगा। जैसे कानपुर से आटा-शकर मँगवायेंगे तो बैल-गाड़ी के किराए के अलावा कुछ काट-कपट करा ही ली जा सकेगी। त्रिलोचन भी जमींदार के साथ थे, सोचा था, उनके पीछे पूरी ताकत

खर्च कर देंगे; कुछ हाथ लग ही जाएगा। त्रिलोचन को देखकर बिल्लेसुर ने निगाह बदली। जब भी त्रिलोचन तथा दूसरों ने जमींदार के समंदर पर बरसने के लिए बिल्लेसुर को बहुत समझाया—'रिक्तपाणिर्न पश्येत राजानं देवतां गुरुम्' फिर भी बिल्लेसुर अपनी जगह से हिले नहीं, जमींदार के सम्मान में, बैठे, दाँतों में तिनके-सा लिए रहे। कुछ देर बाद जमींदार मन मारकर उठ गए, त्रिलोचन पीछे लगे रहे। आगे बढ़कर अच्छी तरह कान भर दिए कि हुक्म-भर की देर है। गाँव में दूसरे दिन से बिल्लेसुर की इज्जत चौगुनी हो गई। जमींदार के घर जाने का मतलब लोगों ने लगाया, बिल्लेसुर के हाथ कारूँ का खजाना लगा है। तरह-तरह की मन-गढ़न्तें फैलीं। किसी ने कहा, "सोने की ईंटें उठा लाया है, किसी से बतलाता नहीं, छिपा जोगी है, दो साल में देखो, गाँव खरीदेगा।" किसी ने कहा, "महाराज के यहाँ से जवाहरात चुरा लाया है; लेकिन घर में नहीं रखे, बाहर कहीं घूरे में या पेड़-तले गाड़ दिए हैं ताकि चोरों के हाथ न लगें।" ऐसी बातचीत जितनी बढ़ी बिल्लेसुर के सामने लोगों की आँख उतनी ही झुकती गई। दूसरे गाँव के लोग भी दरवाजे से निकलते हुए बिल्लेसुर को पूछने लगे।

एक दिन नाई को बुलाकर बिल्लेसुर ने कहा, "मन्नी की ससुराल गोवर्द्धनपुर जाओ और कह आओ, ब्याह बरात ले जाकर करेंगे। लड़की को मन्नी की सास बुला लें। उन्हीं के घर में खम गड़ेगा। बाकी यहाँ आकर समझ जाएँ।"

नाई कह आया। फिर नातेदारों के यहाँ न्योता पहुँचाने चला—एक गाँठ हल्दी, एक सुपाड़ी और तेल-मायन-ब्याह के दिन जबानी। जितने मान्य थे, दोनों जगहों की बिदाई की सोचकर मडलाने लगे।

बिल्लेसुर के बड़प्पन की बात के पर बढ़ चुके थे। वे अवसर नहीं चूके। दूसरे गाँव में गाड़ी माँगी। व्यवहार रखे रहने के लिए मालिक ने गाड़ी दे दी। बिल्लेसुर चक्की से गेहूँ पिसा लाए। गाँव की निठल्ली बेवाओं से दाल दरा ली। मलखान तेली को कानपुर से शकर ले आने के लिए कहा। बाकी कपड़ा और सामान गाँव के जुलाहे, काछी, तेली, तम्बोली, डोम और चमारों से तैयार करा लिया। घर के लिए चिंता थी कि बकरियों में नातेदारों की गुजर न होगी, वह भी दूर हो गई; सामने रहनेवाली चौधरी की बेवा ने एक कोठरी अपने लिए रखकर बाकी घर छोड़ देने का पूरी उत्सुकता से वचन दिया—बिल्लेसुर की खुली किस्मत से उन्होंने भी शिरकत की।

नातेदार आने लगे, कुल-के-कुल बिल्लेसुर के पिता के मान्य यानी रुपए लेनेवाले। चौधरी के मकान में डेरा डलवाया गया तो चौकन्ने हुए। बकरियों का हाल मालूम कर खिंचे, फिर अलग रहने के कारण से खुश होकर बाहर-ही-बाहर बरतौनी और काट जाने की सोचकर बाजी-सी मार बैठे।

अपने लिए ब्याह के कुल गहने-कण्ठा, मोहनमाला, बजुल्ला; पहुँची, अँगूठी

बिल्लेसुर मँगनी माँग लाए। मुरली महाजन को देने में कोई एतराज नहीं हुआ। वह भी बिल्लेसुर का माहात्म्य सुन चुका था। चढ़ाव का कुल जेवर बिल्लेसुर ने चोरों से खरीदा रुपए में नकद दो आने कीमत चुकाकर। फिर साफ कराकर पटवे से गुहा लिए; कड़े-छड़े पायजेबें रहने दीं।

तेल के दिन डोमों के निकट वाद्य से गाँव गूँज उठा। बिल्लेसुर के अदृश्य वैभव का सब पर प्रभाव पड़ा। पड़ोस के जमींदार ठाकुर तहसील से लौटते हुए दरवाजे से निकले। बिल्लेसुर को देखकर प्रमाण किया। कारूँ के खजाने की सोचकर कहा, "लोगों की आँख देखकर हम कुल भेद मालूम कर लेते हैं। ब्याह करने जा रहे हो, हमारा घोड़ा चाहो तो ले जाओ।" बिल्लेसुर ने राज दबाकर कहा, "हम गरीब ब्राह्मण, ब्राह्मण की तरह जाएँगे। आप हमारे राजा हैं, सबकुछ दे सकते हैं।" ठाकुर साहब यह सोचकर मुस्कराए कि खुलना नहीं चाहता, फिर प्रणाम कर बिदा हुए।

मातृ-पूजन के दूसरे दिन बरात चली। कुआँ पूजा गया। दूध बिल्लेसुर की एक चाची ने पिलाया। पैर लटकाए देर तक कुएँ की जगत पर अड़ी बैठी रहीं। पूछने पर कहा, "हम सोने की ईंट लेंगे।" बिल्लेसुर समझकर मुस्कराए। गाँववालों ने कहा, "बुरा नहीं कहा, आखिर और किस दिन के लिए जोड़कर रखी गई है ?" बिल्लेसुर ने कहा, "चाची, यहाँ तो निहात्था हूँ। पैर निकालो, लौटकर तुम्हें ईंट ही दूँगा।" चाची खुश हो गईं। गाँववालों के मुँह पर हवाइयाँ उड़ने लगीं। उन्हें पूरा विश्वास हो गया कि बिल्लेसुर के पास सोने की पचासों ईंटें हैं।

बरात निकली। अगवानी, द्वारचार, ब्याह, भात, छोटा-बड़ा आहार, बरतौनी, चतुर्थी, कुल अनुष्ठान पूरे किए गए। वहाँ इन्हीं का इंतजाम था। मान्य कुल मिलाकर पाँच। बाकी कहार, बाजदार, भैयाचार। चार दिन के बाद दूल्हन लेकर बिल्लेसुर घर लौटे। फिर अपने धनी होने का राज जीते-जी न खुलने दिया।

देवी

बारह साल तक मकड़े की तरह शब्दों का जाल बुनता हुआ मैं मक्खियाँ मारता रहा। मुझे यह ख्याल था कि मैं साहित्य की रक्षा के लिए चक्रव्यूह तैयार कर रहा हूँ। इससे उसका निवेश भी सुंदर होगा और उसकी शक्ति का संचालन भी ठीक-ठाक। पर लोगों को अपने फँस जाने का डर होता था, इसलिए इसका फल उल्टा हुआ। जब मैं उन्हें साहित्य के स्वर्ग ले चलने की बातें कहता था, तब वे अपने मरने की बातें सोचते थे; यह भ्रम था। इसलिए मेरी कद्र नहीं हुई। मुझे बराबर पेट के लाले रहे। पर फाकेमस्ती में भी मैं परियों के ख्वाब देखता रहा—इस तरह अपनी तरफ से मैं जितना लोगों को ऊँचा उठाने की कोशिश करता गया, लोग उतना मुझे उतारने

पर तुले रहे और चूँकि मैं साहित्य को नरक से स्वर्ग बना रहा था, इसीलिए मेरी दुनिया भी मुझसे दूर होती गई, अब मौत से जैसे दूसरी दुनिया में जाकर मैं उसे लाश की तरह देखता होऊँ। ''दूबर होत नहीं कबहूँ पकवान के विप्र, मसान के कुकर'' की सार्थकता मैंने दूसरे मित्रों में देखी, जिनकी निगाह दूसरों की दुनिया की लाश पर थी। वे पहले फटीचर थे, पर अब अमीर बन गए हैं, दोमंजिला मकान खड़ा कर लिया है, मोटर पर सैर करते हैं। मुझे देखते हैं, जैसे मेरा-उनका नौकर-मालिक का रिश्ता हो। नक्की स्वरों में कहते हैं–'हाँ, अच्छा आदमी है; ज़रा सनकी है।' फिर बड़े गहरे पैठकर मित्र के साथ हँसते हैं। वे उतनी दूर बढ़ गए हैं, मैं जिस रास्ते पर था, उसी पर खड़ा हूँ। जिसके लिए मेरी इतनी बदनामी हुई, दुनिया से मेरा नाम उठ जाने को हुआ, जो कुछ था, चला गया, उस कविता को जीते-जी मुझे भी छोड़ देना चाहिए। जिसे लोग खुराफात समझते हैं, उसे न लिखना हो तो लोगों की समझ की सच्ची समझ होगी? रतिशास्त्र, वनिता-विनोद, काम-कल्याण में मश्क करते कौन देर लगती है? चार किताबों की रूह छानकर एक किताब लिख दूँगा। 'सीता', 'सावित्री', 'दमयन्ती' आदि की पावन कथाएँ आँख मूँद कर लिख सकता हूँ। तब बीवी के हाथ 'सीता' और 'सावित्री' आदि देकर बगल में, 'चौरासी आसन' दबानेवाले दिल से नाराज न होंगे। उनकी इस भारतीय संस्कृति को बिगाड़ने की कोशिश करके ही बिगड़ा हूँ। अब जरूर सँभलूँगा। राम, श्याम जो-जो थे पूजने-पुजानेवाले, सब बड़े आदमी थे। बगैर बड़प्पन के तारीफ कैसी? बिना राजा हुए राजर्षि होने की गुंजाइश नहीं, न ब्राह्मण हुए बगैर ब्रह्मर्षि होने की है। वैश्यर्षि या शूद्रर्षि कोई था, इतिहास नहीं, शास्त्रों में भी प्रमाण नहीं, अर्थात् नहीं हो सकता। बात यह कि बड़प्पन चाहिए। बड़ा राज्य, ऐश्वर्य, बड़े पोथे, तोप, तलवार, गोले-बारूद, बंदूक-किर्च, रेल-तार, जंगी जहाज, टारपेडो, माइन, सबमेरीन गैस, पल्टन-पुलीस, अट्टालिका-उपवन आदि-आदि सब बड़े-बड़े—इतने कि वहाँ तक आँख नहीं फैलती, इसलिए कि छोटे समझें कि वे कितने छोटे हैं। चंद्र, सूर्य, वरुण, कुबेर, यम, जयन्त, इन्द्र, ब्रह्म, महेश तक बाकायदा बाहिसाब ईश्वर के यहाँ भी छोटे से बड़े तक मेल मिला हुआ है।

होटल के बरामदे में एक आराम-कुर्सी पर पैर फैलाकर लेटा हुआ इस तरह के विचारों से मैं अपनी किस्मत ठोंक रहा था। चूँकि यह तैयारी के बाद का भाषण न था, इसलिए इसके भाव में बेभाव की बहुत पड़ी होंगी, आप लोग सँभाल लीजिएगा। बड़े होने के ख्याल से ही मेरी नसें तन गईं, और नाममात्र के अद्भुत प्रभाव से मैं उठकर रीढ़ सीधी कर बैठ गया। सड़क की तरफ बड़े गर्व से देखा, जैसे कुछ कसर रहने पर भी बहुत कुछ बड़ा आदमी बन गया होऊँ। मेरी नजर एक स्त्री पर पड़ी।

वह रास्ते के किनारे बैठी थी, एक फटी धोती पहने हुए। बाल कटे हुए। तअज्जुब की निगाह से आने-जानेवालों को देख रही थी। तमाम चेहरे पर स्याही

फिरी हुई। भीतर से एक बड़ी तेज भावना निकल रही थी, जिसमें साफ लिखा था—"यह क्या है?" उम्र पच्चीस साल से कम। दोनों स्तन खुले हुए। प्रकृति की मारों से लड़ती हुई, मुरझाकर, मुमकिन है किसी को पच्चीस साल से कुछ ज्यादा जँचे, पास एक लड़का डेढ़ साल का खेलता हुआ, संसार की स्त्रियों की एक भी भावना नहीं, उसे देखते ही मेरे बड़प्पनवाले भाव उसी में समा गए, और फिर वही छुटपन सवार हो गया। मैं उसी की चिंता करने लगा—'यह कौन है, हिंदू या मुसलमान? इसके एक बच्चा भी है। पर इन दोनों का भविष्य क्या होगा? बच्चे की शिक्षा, परवरिश क्या इसी तरह रास्ते पर होगी। यह क्या सोचती होगी, ईश्वर, संसार, धर्म और मनुष्यता के संबंध में?'

इसी समय होटल के नौकर को मैंने बुलाया। उसका नाम है संगमलाल। मैं उसे संग-मलाल कहकर पुकारता था। आने पर मैंने उससे उस स्त्री की बाबत पूछा। संगमलाल मुझे देखकर मुस्कुराया। बोला, "वह तो पागल है, और गूँगी भी है, बाबू। आप लोगों की थालियों से बची रोटियाँ दे दी जाती हैं।" कहकर हँसता हुआ बात को अनावश्यक जानकर अपने काम पर चला गया।

मेरी बड़प्पनवाली भावना को इस स्त्री के भाव ने पूरा-पूरा परास्त कर दिया। मैं बड़ा हो भी जाऊँ, मगर इस स्त्री के लिए कोई उम्मीद नहीं। इसकी किस्मत पलट नहीं सकती। ज्योतिष का सुख-दुःख-चक्र इसके जीवन में अचल हो गया है। सहते-सहते अब दुःख का अस्तित्व इसके पास न होगा। पेड़ की छाँह या किसी खाली बरामदे में दोपहर की लू में, ऐसे ही एकटक कभी-कभी आकाश को बैठी हुई देख लेती होगी। मुमकिन है, इसके बच्चे की हँसी उस समय उसे ठंडक पहुँचाती हो। आज तक कितने वर्षा-ग्रीष्म इसने झेले हैं, पता नहीं। लोग नेपोलियन की वीरता की प्रशंसा करते हैं। पर यह कितनी बड़ी शक्ति है, कोई नहीं सोचता। सब इसे पगली कहते हैं, पर इसके इस परिवर्तन के क्या वही लोग कारण नहीं? किसे क्या देकर, किससे क्या लेकर लोग बनते-बिगड़ते हैं, यह सूक्ष्म बातें कौन समझा सकता है? यह पगली भी क्या अपने बच्चे की तरह रास्ते पर पली है? संभव है, पहले सिर्फ गूँगी रही हो, विवाह के बाद निकाल दी गई हो, या खुद तकलीफ पाने पर निकल आई हो, और यह बच्चा रास्ते के किसी ख्वाहिशमंद का सुबूत हो।

मैं देख रहा था, ऊपर के धुएँ के नीचे दीपक की शिखा की तरह पगली के भीतर की परी इस संसार को छोड़कर कहीं उड़ जाने की उड़ान भर रही थी। वह साँवली थी, दुनिया की आँखों को लुभानेवाला उसमें कुछ न था, दूसरे लोग उसकी रुखाई की ओर रुख न कर सकते थे, पर मेरी आँखों को उसमें वह रूप देख पड़ा, जिसे मैं कल्पना में लाकर साहित्य में लिखता हूँ; केवल वह रूप नहीं, भाव भी। इस मौन-महिमा आक़ार-इंगितों की बड़े-बड़े कवियों ने कल्पना न की होगी। भाव-भाषण मैंने पढ़ा था, दर्शनशास्त्रों में मानसिक सूक्ष्मता के विश्लेषण देखे थे, रंगमंच पर

रवीन्द्रनाथ का किया अभिनय भी देखा था, खुद भी गद्य-पद्य में थोड़ा-बहुत लिखा था, चिड़ियों तथा जानवरों की बोली बोलकर उन्हें बुलानेवालों की भी करामात देखी थी; पर वह सब कृत्रिम था, यहाँ सब प्राकृत। यहाँ माँ-बेटे के मनोभाव कितनी सूक्ष्म व्यंजना से संचारित होते थे, क्या लिखूँ। डेढ़-दो साल के कमजोर बच्चे को माँ मूक भाषा सिखा रही थी—आप जानते हैं, वह गूँगी थी। बच्चा माँ को कुछ कहकर न पुकारता था, केवल एक नजर देखता था, जिसके भाव में वह माँ को क्या कहता आप समझिए; उसकी माँ समझती थी; तो क्या वह पागल और गूँगी थी।

पगली का ध्यान ही मेरा ज्ञान हो गया। उसे देखकर मुझे बार-बार महाशक्ति की याद आने लगी। महाशक्ति का प्रत्यक्ष रूप संसार को इससे बढ़कर ज्ञान देनेवाला और कौन-सा होगा? राम, श्याम और संसार के बड़े-बड़े लोगों का स्वप्न सब इस प्रभात की किरणों में दूर हो गया। बड़ी-बड़ी सभ्यता, बड़े-बड़े शिक्षालय चूर्ण हो गए। मस्तिष्क को घेरकर केवल यही महाशक्ति अपनी महत्ता में स्थित हो गई। उसके बच्चे में भारत का सच्चा रूप देखा, और उसमें—क्या कहूँ, क्या देखा।

देश में शुल्क लेकर शिक्षा देनेवाले बड़े-बड़े विश्वविद्यालय हैं। पर इस बच्चे का क्या होगा? इसके भी माँ है। वह देश की सहानुभूति का कितना अंश पाती है—हमारी थाली की बची रोटियाँ, जो कल तक कुत्तों को दी जाती थीं। यही, यही हमारी सच्ची दशा का चित्र है। वह माँ अपने बच्चे को लेकर राह पर बैठी हुई धर्म, विज्ञान, राजनीति, समाज जिस विषय को भी मनुष्य होकर मनुष्यों ने आज तक अपनाया है, उसी की भिन्न रुचिवाले पथिक को शिक्षा दे रही है—पर कुछ कहकर नहीं। कितने आदमी समझते हैं? यही न समझना संसार है—बार-बार वह यही कहती है। उसकी आत्मा से यही ध्वनि निकलती है—संसार ने उसे जगह नहीं दी—उसे नहीं समझा, पर संसारियों की तरह वह भी है—उसके भी बच्चा है।

एक रोज मैंने देखा, नेता का जुलूस उसी रास्ते से जा रहा था। हजारों आदमी इकट्ठे थे। जय-जयकार से आकाश गूँज रहा था। मैं उसी बरामदे पर खड़ा स्वागत देख रहा था। पगली भी उठकर खड़ी हो गई थी। बड़े आश्चर्य से लोगों को देख रही थी। रास्ते पर इतनी बड़ी भीड़ उसने नहीं देखी। मुँह फैलाकर, भौंहें सिकोड़कर आँखों की पूरी ताकत से देख रही थी—समझना चाहती थी, वह क्या था। क्या समझी, आप समझते हैं? भीड़ में उसका बच्चा कुचल गया और रो उठा। पगली बच्चे की गर्द झाड़कर चुमकारने लगी और फिर कैसी ज्वालामयी दृष्टि से जनता को देखा। मैं यही समझता हूँ। नेता दस हजार की थैली लेकर गरीबों के उपकार के लिए चले गए—जरूरी-जरूरी कामों में खर्च करेंगे।

एक दिन पगली के पास एक रामायणी समाज में कथा हो रही थी। मैंने देखा, बहुत से भक्त एकत्र थे। एतवार का दिन। दो बजे से साहित्य-सम्राट् गो. तुलसीदासजी

की रामायण का पाठ शुरू हुआ, पाँच बजे समाप्त। उसमें हिंदुओं के मँजे स्वभाव को साहित्य-सम्राट् गो. तुलसीदासजी ने और माँज दिया है, आप लोग जानते हैं! पाठ सुनकर, मँजकर भक्त-मंडली चली। दुबली-पतली ऐश्वर्य-श्री से रहित पगली बच्चे के साथ बैठी हुई मिली। एक ने कहा, इसी संसार में स्वर्ग और नरक देख लो। दूसरे ने कहा, कर्म के दंड हैं। तीसरा बोला, सकल पदारथ है जग माहीं, कर्म-हीन नर पावत नाहीं। सब लोग पगली को देखते, शास्त्रार्थ करते चले गए।

संगमलाल ने मुझसे कहा, "बाबू, यह मुसलमान है।" मैंने उससे पूछा, "तुम्हें कैसे मालूम हुआ।" उसने बतलाया, "लोग ऐसा ही कहते हैं कि पहले यह हिंदू थी, फिर मुसलमान हो गई, इसका बच्चा मुसलमान से पैदा हुआ है; पहले यह पागल नहीं थी, न गूँगी; बाद को हो गई।" मैंने सुन लिया। संगम ने किस ख्याल से कहा, मैं सोच रहा था। उन दिनों कई आदमियों से बातें करते हुए मैंने पगली का जिक्र किया; साहित्य, राजनीति आदि कई विषयों के आदर्श पर बहस थी; कुछ हँसकर चले गए, कुछ गंभीर होकर और कुछ-कुछ पैसे उसे देने के लिए देकर।

मैंने हिंदू, मुसलमान, बड़े-बड़े पदाधिकारी, राजा, रईस, सबको उस रास्ते में जाते समय पगली को देखते हुए देखा। पर किसी ने दिल से भी उसकी तरफ देखा, ऐसा नहीं देखा। जिन्हें अपने को देखने-दिखाने की आदत पड़ गई है, उनकी दृष्टि में दूसरे की सिर्फ तस्वीर आती है, भाव नहीं, यह दर्शन मुझे मालूम था। जिंदा को मुर्दा और मुर्दा को जिंदा समझना भ्रम भी है और ज्ञान भी, बाड़ियों में आदमी का पुतला देखकर हिरन और स्यार जिंदा आदमी समझते हैं, उसी तरह ज्ञान होने पर गिलहरियाँ बदन पर चढ़ती हैं—आदमी उन्हें पत्थर जान पड़ता है। ऊपरवाले आदमी पगली को देखते हुए किस कोटि में जाते थे, भगवान् जानें।

एक दिन शहर में पल्टन का प्रदर्शन हो रहा था। पगली फुटपाथ पर बैठी थी। मैं उसी बरामदे पर नंगे बदन खड़ा सिपाहियों को देख रहा था। मेरी तरफ देख-देखकर कितने सिपाही मुस्कुराए। मेरे बालों के बाद मुँह की तरफ देखकर लोग मिस-फैशन कहते हैं। थिएटर, सिनेमा में यह संबोधन दशाधिक बार एक ही रोज सुनने को मिला है। रास्ते पर भी छेड़खानी होती है, मैं कुछ बोलता नहीं। क्योंकि सबसे अच्छा जवाब है बालों को कटा देना। पर ऐसा करूँ, तो मुझे दूसरों की समझ की खुराक न मिले। मैं सोचता हूँ, आवाज कसनेवालों पर एक हाथ रक्खूँ, तो छठी का दूध याद आ जाए, यह वे नहीं देखते। मैं समझ गया, सिपाही भी मिस-फैशन से खुश होकर हँस रहे हैं। लत तो है। मेरे ग्रीक कट, पाँच फुट साढ़े ग्यारह इंच लंबे, जरूरत से ज्यादा चौड़े और चढ़े मोढ़ों के कसरती बदन को देखकर किसी को आतंक नहीं हुआ। इसका निश्चय कर मैं पगली की तरफ देखने लगा। पगली बैठी थी। सिपाही मिलिटरी ढंग से लेफ्ट-राइट, लेफ्ट-राइट दुरुस्त, दर्प से, जितना ही पृथ्वी को दहलाते हुए चल रहे थे, पगली उतना ही उन्हें देख-देखकर हँस रही थी। गोरे

गंभीर हो जाते थे। मैंने सोचा, मेरा बदला इसने चुका लिया। पगली ने खुशी में बच्चे को भी शरीक करने की कोशिश की—माँ अच्छी चीज, अच्छी तालीम बच्चे को देती ही है। पगली पास बैठे बच्चे की ओर देखकर चुटकी बजाकर सिपाहियों की तरह छँगुली से हवा को कोंच-कोंचकर दिखा रही थी, और हँसती हुई जैसे कह रही थी—'खुश तो हो? कैसा अच्छा दृश्य है।'

कई महीने हो चुके। आदान-प्रदान से पगली की मेरी गहरी जान-पहचान हो गई। पगली मुझे अपना शरीर-रक्षक समझने लगी। उसे लड़के बहुत तंग करते थे। मैं वहाँ होता था, तो विचित्र ढंग से मुँह बनाकर मुझसे सहानुभूति की कामना करती हुई, अपार करुणा से देखती हुई लड़कों की तरफ इशारा करती थी। मुझे देखकर लड़के भग जाते थे। इस तरह मेरी उसकी घनिष्ठता बढ़ गई। वह मुझे अपना परम हितकारी मानने लगी। मैं खुद भी पैसे देता था और मित्रों से भी दिला देता था, पगली यह सब समझती थी। एक दिन मुझे मालूम हुआ, उसके पैसे बदमाश रात को छीन ले जाते हैं। यह मनुष्यों का विश्वव्यापी धर्म सोचकर मैं चुप हो गया। चुरा जाने पर पगली भूल जाती थी, छिन जाने पर, कम प्रकाश में किसी को न पहचानकर रो लेती थी।

एक दिन मेरे एक मित्र ने पगली से मजाक किया। किसी ने उन्हें बतलाया था कि इसके पास बड़ा माल है, मिट्टी में गाड़-गाड़कर इसने बड़े पैसे इकट्ठे किए हैं। मेरे मित्र पगली के पास गए, और मुस्कराते हुए ब्याजवाली बात समझाकर दो रुपये उधार माँगे। उनकी बात सुनकर पगली जी खोलकर हँसी, फिर कमर से तीन पैसे निकालकर निःसंकोच देने लगी।

गरमी की तेज लू और बरसात की तीव्र धार पगली और उसके बच्चे के ऊपर से पार हो गई। लोग—जो समर्थ कहलाते हैं—केवल देखते रहे। पास एक खाली मकान के बरामदे में, पानी बरसने पर, वह आश्रय लेती थी। जब तक वह उठकर बिस्तरा उठाकर जाए-जाए, तब तक उसका बिस्तरा भीग जाता था, वह भी नहा जाती थी। फिर उसी गीले में पड़ी रहती। उसका स्वास्थ्य धीरे-धीरे टूटने लगा। उसे तपस्या करने की आदत थी, काम करने की नहीं। उसके हाथ-पैर बैठे-बैठे जकड़ गए थे। पानी पीने के लिए रास्ते के उस पार जाना पड़ता था। पानी की कल उसी तरफ थी। इस पार से उस पार तक इतना रास्ता पार करते उसे आधे घंटे से ज्यादा लग जाता था। एक फर्लांग पर कोई एक्का या ताँगा आता होता, तो पगली खड़ी हुई उसके निकल जाने की प्रतीक्षा करती रहती। उसकी मुद्राएँ देखकर कोई मनुष्य समझ जाता कि उस एक्के या ताँगे से दब जाने का उसे डर हो रहा है। साधारण आदमी तब तक चार बार रास्ता पार करता। एक एक्का निकल जाता, फिर दूसरा आता हुआ देख पड़ता। पगली अपनी जगह जमी हुई चलने के लिए दो-एक दफे झूमकर

रह जाती। उसकी मुख-मुद्रा ऐसी विरक्ति सूचित करती थी—वह इतनी खुली भाषा थी कि कोई भी उसे समझ लेता कि वह कहती है, 'यह सड़क क्या मोटर-ताँगे-इक्केवालों के लिए ही है? इन्हें देखकर मैं खड़ी होऊँ, मुझे देखकर ये क्यों न खड़े हों?' बड़ी देर बाद पगली को रास्ता पार करने का मौका मिलता। तब तक उसकी प्यास कितनी बढ़ती थी, सोचिए।

एक दिन हम लोग ब्लैक कुइन खेल रहे थे। शाम को पानी बरस चुका था। पगली उसी खाली मकान के बरामदे पर थी। हम लोगों ने खाना खाकर खेल शुरू किया था। होटल के गेट की बिजली जल रही थी। फुटपाथ पर मेज और कुर्सियाँ डाल दी गई थीं। दस बज चुके थे। बच्चे को सुलाकर पगली किसी जरूरत से बाहर गई थी। उसका बच्चा सोता हुआ करवट बदलकर दो हाथ ऊँचे बरामदे से नीचे फुटपाथ पर आ गिरा, जोर से चीख उठा। मेरे साथ के खिलाड़ी आलोचना करने लगे, "जान पड़ता है, पगली कहीं गई है, है नहीं।" होटल के एक अमीरदिल बोर्डर ने संगम से कहा, "देख रे पगली कहीं हो, तो बुला तो दे।"

इनकी बातचीत में वह भाव था, जिसके चाबुक ने मुझे उठने को विवश कर दिया। मैंने उस बच्चे को दौड़कर उठा लिया। मेरे एक मित्र ने कहा, "अरे, यह गंदा रहता है।" मैं गोद में लेकर उसे हिलाने लगा। उतनी चोट खाया हुआ बच्चा चुप हो गया, क्योंकि इतना आराम उसे कभी नहीं मिला। उसकी माँ इस तरह बच्चे को सुख के झूले में झुलाना नहीं जानती। जानती भी हो तो उसमें शक्ति नहीं। बच्चे को आँखों के प्यार से गोद का सुख ज्यादा प्यारा है। इसे इस तरह की मारें बहुत मिली होंगी, पर इस तरह का सुख एक बार भी न मिला होगा। इसलिए वह चोट की पीड़ा भूल गया, और सुख की गोद में पलकें मूँदकर बात-की-बात में सो गया। मैंने उसे फिर उसकी जगह पर सावधानी से सुला दिया।

अब धीरे-धीरे जाड़ा पड़ने लगा था। मेरे मित्र श्रीयुत नैथाणी ने कहा, "एक रोज पगली का बच्चा गिर गया था, आपने गोद में उठा लिया था। दीवान साहब तब जग रहे थे, मुझे भी देखने को जगा दिया" मैं चुप रहा। मन में कहा, 'यह कोई बड़ी बात तो थी नहीं, बुद्ध एक बकरे के लिए जान दे रहे थे। जब हममें बड़ी-बड़ी बातें पैदा होंगी, तब हम इन बातों की छुटाई समझेंगे। आज तो तरीका उल्टा है। जिसकी पूजा होनी चाहिए, वह नहीं पुजता; जो कुछ पूजता है, वही अधिक पुजने लगता है!'

जाड़ा जोरों का पड़ने लगा। एक रोज रात बारह बजे के करीब रास्ते में पिल्ले की-सी कूँ-कूँ सुन पड़ी। मैं एक कहानी समाप्त करके सोने का उपक्रम कर रहा था। होटल में और सब लोग सो चुके थे। मैं नीचे रास्ते के सामनेवाले कमरे में रहता था। होटल का दरवाजा बंद हो चुका था। पर मैं अपना दरवाजा खोलकर बाहर गया। देखता हूँ, एक पाया हुआ मामूली काला कंबल ओढ़े बच्चे को लिए पगली

फुटपाथ पर पड़ी है। जब उसे दुनिया का, अपने अस्तित्व का ज्ञान होता है, तब हाड़ तक छिद जानेवाले जाड़े से काँपकर वह ऐसे करुण स्वर से रोती है। जमीन पर एक फटी-पुरानी ओस से भीगी कथरी बिछी, ऊपर पतला कंबल। ईश्वर ने मुझे केवल देखने के लिए पैदा किया है। मेरे पास जो ओढ़ना है, वह मेरे लिए भी ऐसा नहीं कि खुली जगह सो सकूँ। पुराने कपड़े होटल के नौकर माँग लेते हैं—मथुरा मेरा कुर्ता, जो उसके अचकन की तरह होता है, बाँहें काटकर रात को पहनकर सोता है, संगम मेरी धोती से अपनी धोती साँटकर ओढ़ता है, महाराज ने राखी बाँधकर कंबल माँगा था, अभी तक मैं नहीं दे सका। मैं सोचने लगा, यह कंबल पगली को किसने दिया होगा? याद आया, सामने के धनी बंगाली-घराने की महिलाएँ बड़ी दयालु हैं, कभी-कभी पगली को धोती और उसके लड़के को अंगरेजी फ्राक पहना देती थीं—उन्हीं ने दिया होगा। ऐसे ही विचार में मेरी आँख लग गई।

होटल के मालिक से नाराज होकर, गुट्ट बाँधकर एक रोज बारह-तेरह बोर्डर निकल गए। सब विद्यार्थी थे। मुझे जानते थे। कुछ कैनिंग कालेज के थे, कुछ क्रिश्चियन कालेज के। मुझसे उनके प्रमुख दो लॉ-क्लास के विद्यार्थियों ने आकर कहा, "जनाब, ऐसा तो हो नहीं सकता कि हम उस महीने का खर्च यहाँ देकर, वहाँ पेशगी फिर एक महीने का खर्च दें—धीरे-धीरे प्रोप्राइटर को रुपये देंगे, हमारे पास घर से खर्च तो एक महीने का आता है, अब वहाँ जाकर लिखेंगे, खर्च आएगा, तब देंगे। होटल तोड़ने के लिए कई बार हम लोगों से मैनेजर कह चुके हैं। बीच में तोड़ दिया, तो हम कहीं के न हुए। इम्तहान सिर पर है। हमने पहले से अपना इंतजाम कर लिया।" मुझे ख्याल आया अब पगली की रोटियाँ भी गईं। वह अब चल भी नहीं सकती कि दूसरी जगह से माँग लाए। विद्यार्थी मन में सोचते हुए गए (अब मालूम हो रहा है) कि जैसा सड़ा खाना खिलाया है, दामों के लिए वैसे ही सड़क पर चक्कर खिलवाएँगे।

उनके जाने से होटल सूना हो गया। निश्चय हुआ कि इस महीने के बाद बंद कर दिया जाएगा। संगम मेरे पास उस जाड़े में दी हुई एक बनियानी पहने हुए मुट्ठियाँ दोनों बगलों में दबाए संसार का एक्स (X) बना हुआ सुबह-सुबह आकर बोला, "बाबूजी, मेरी दो महीने की तनख्वाह बाकी है, आप दस रुपया काटकर मैनेजर साहब को बिल चुकाइएगा।" मैंने उसे धैर्य दिया। दस रुपये की कल्पना से खुलकर हँसता हुआ बड़े मित्र-भाव से संगम मुझे देखने लगा। मैंने देखा, हँसते वक्त उसका मुँह नवयुवतियों की आँखों को मात कर कानों तक फैल गया है।

दो-तीन दिन बाद एक मकान किराए पर लेकर मैनेजर को अपनी बेयरर चेक दस्तखत करके देने से पहले मैंने कहा, "आपको चेक दिलवाने के लिए गंगा-पुस्तकालय जाता हूँ, चेक में दस रुपये कम होंगे, संगम की दो महीने की तनख्वाह बाकी है? उसने कहा है—मेरे रुपये रोककर होटल को रुपये दीजिएगा।" मैनेजर यानी प्रोप्राइटर साहब ने संगम को बुलाया। कहा, "क्यों रे, तू हमें बेईमान समझता है?" संगम

सिटपिटा गया, मारे डर के उसकी जबान बंद हो गई। मैनेजर साहब उसे घूरकर मेरी ओर देखकर बोले, "आप मुझे ही दीजिएगा, नौकरों की इस तरह आदत बिगड़ जाएगी।" मैं सतहत्तर रुपये का चेक मैनेजर साहब को देकर किराए के दूसरे मकान में चला आया। मेरे साथ मेरे मित्र कुँवर साहब भी आए।

एक रोज पगली का हाल सुनकर उनके मामा साहब एक नफीस बारीक कंबल पगली को देने के लिए दे गए। मैंने कुँवर साहब से कहा, "रजाई ठीक थी, इससे कीमत में भी ज्यादा नहीं होगी, और पगली का जाड़ा भी छूट जाएगा।" कुँवर साहब अपनी रजाई देने के लिए देकर बड़े दिन की छुट्टियों में घर गए। मैं रजाई लेकर पगली को उढ़ा आया। दो-तीन दिन बाद मेरे मित्र श्रीयुत नैथाणी मिले। कहा, "पगली अस्पताल भेज दी गई। डॉक्टर का कहना है, उसे डबल निमोनिया हो गया है। बचेगी नहीं। उसका बच्चा श्रीदयानंद अनाथालय भेज दिया गया है। पगली बच्चे को छोड़ती न थी। पगली को ले जानेवाले एक्के की बगल से निकलती हुई मोटर के धक्के से एक स्वयंसवेक के पैर में सख्त चोट आ गई है, इसी ने सबसे पहले गंदगी से न डरकर पगली को उठाया था।"

एक रोज सुबह उसी तरह बगल में मुट्ठी दबाए हुए संगम ने आकर कहा, "बाबू आपका चेक भुनाकर मैनेजर साहब भाग गए हैं।"

"नहीं, संगम," मैंने समझाया, "मैनेजर साहब बड़े अच्छे आदमी हैं। घर रुपये लेने गए हैं। उन्हें कई सौ रुपये देने हैं–लकड़ी, घी, आटा, दूध और किराए के। लौटकर रुपये दे देंगे।" संगम वैसा ही फिर हँसा।

('सुधा', अर्धमासिक, लखनऊ, 1 फरवरी, 1934। पहले **सखी** में, फिर **चतुरी चमार** में संकलित)

चतुरी चमार

चतुरी चमार डाकखाना चमियानी, मौजा गढ़ाकोला, जिला उन्नाव का एक कदीमी बाशिंदा है। मेरे ही नहीं, मेरे पिताजी के, बल्कि उनके भी पूर्वजों के मकान के पिछवाड़े, कुछ फासले पर, जहाँ से होकर कई और मकानों के नीचे और ऊपरवाले पनालों का, बरसात और दिन-रात का शुद्धाशुद्ध जल बहता रहता है, ढाल से कुछ ऊँचे एक बगल चतुरी चमार का पुश्तैनी मकान है। मेरी इच्छा होती है, चतुरी के लिए 'गौरवे बहुवचनम्' लिखूँ, क्योंकि साधारण लोगों के जीवन-चरित या ऐसे ही कुछ लिखने के लिए सुप्रसिद्ध संपादक पं. बनारसीदास चतुर्वेदी द्वारा दिया हुआ आचार्य द्विवेदीजी का प्रोत्साहन पढ़कर मेरी श्रद्धा बहुत बढ़ गई है, पर एक अड़चन है, गाँव के रिश्ते में चतुरी मेरा भतीजा लगता है। दूसरों के लिए वह श्रद्धेय अवश्य है, क्योंकि

वह अपने उपानह-साहित्य में आजकल के अधिकांश साहित्यिकों की तरह अपरिवर्तनवादी है। वैसे ही देहात में दूर-दूर तक उसके मजबूत जूतों की तारीफ है। पासी हफ्ते में तीन दिन हिरन, चौगड़े और बनैले सुअर खदेड़कर फाँसते हैं, किसान अरहर की ठूँठियों पर ढोर भगाते हुए दौड़ते हैं—कँटीली झाड़ियों को दबाकर चले जाते हैं, छोकड़े बेल, बबूल, करील और बेर के काँटों के भरे रुँधवाए बागों से सरपट भागते हैं, लोग जेंगरे पर मड़नी करते हैं, द्वारिका नाई न्यौता बाँटता हुआ दो साल में दो हजार कोस से ज्यादा चलता है, चतुरी के जूते अपरिवर्तनवाद के चुस्त रूपक जैसे टस से मस नहीं होते; यह जरूर है कि चतुरी के जूते जिला बाँदा के जूतों से वजन में हल्के बैठते हैं, संभव है, चित्रकूट के इर्द-गिर्द होने के कारण वहाँ के चर्मकार भाइयों पर रामजी की तपस्या का प्रभाव पड़ा हो, इसलिए उनका साहित्य ज्यादा ठोस हुआ, चतुरी वगैरह लखनऊ के नजदीक होने के कारण नवाबों के साये में आए हों। उन दिनों मैं गाँव में रहता था। घर बगल में होने के कारण, घर बैठे ही मालूम कर लिया कि चतुरी चतुर्वेदी आदिकों से संत-साहित्य का कहीं अधिक मर्मज्ञ है, केवल चिट्ठी लिखने का ज्ञान न होने के कारण एक क्रिया होकर भी भिन्नफल है, वे पत्र-पुस्तकों के संपादक हैं, यह जूतों का। एक रोज मैंने चतुरी आदि के लिए चरस मँगवाकर अपने ही दरवाजे पर बैठक लगवाई। चतुरी उम्र में मेरे चाचाजी से कुछ ही छोटा होगा, कई घरों के लड़के-बच्चे समेत 'चरस-रसिक रघुपति-पद-नेहु' लोध आदि के सहयोग से मजीरेदार डफलियाँ लेकर वह रात आठ बजे आकर डट गया। कबीरदास, सूरदास, तुलसीदास, पलटूदास आदि ज्ञात-अज्ञात अनेकानेक संतों के भजन होने लगे। पहले मैं निर्गुण शब्द का केवल अर्थ लिया करता था, लोगों को 'निर्गुण पद है' कहकर संगीत की प्रशंसा करते हुए सुनकर हँसता था, अब गंभीर हो जाया करता हूँ—जैसे उम्र की बाढ़ के साथ अक्ल बढ़ती है। मैं मचिया पर बैठकर भजन सुनने लगा। चतुरी आचार्य-कंठ से लोगों को भूले पदों की याद दिला दिया करता। मुझे मालूम हुआ, चतुरी कबीर-पदावली का विशेषज्ञ है। मुझसे उसने कहा, "काका, ये निर्गुण-पद बड़े-बड़े विद्वान नहीं समझते।" फिर शायद मुझे भी उन्हीं विद्वानों की कोटि में शुमारकर बोला, "इस पद का मतलब—" मैंने उतरे गले से बात काटकर उभड़ते हुए कहा, "चतुरी, आज गा लो, कल सुबह आकर मतलब समझाना। मतलब से गाने की तलब चली जाएगी।" चतुरी खँखारकर गंभीर हो गया। फिर उसी तरह डिक्टेट करता रहा। बीच-बीच में ओजस्विता लाने के लिए चरस की पुट चलती रही। गाने में मुझे बड़ा आनंद आया। ताल पर तालियाँ देकर मैंने भी सहयोग दिया। वे लोग ऊँचे दर्जे के उन गीतों का मतलब समझते थे, उनकी नीचता पर यह एक आश्चर्य मेरे साथ रहा। बहुत-से गाने आलंकारिक थे। वे उनका भी मतलब समझते थे। एक बजे रात तक मैं बैठा रहा। मुझे मालूम न था कि 'भगत' कराने के अर्थ रात-भर गँवाने के हैं। तब तक आधी चरस भी खत्म न हुई थी।

नींद ने जोर मारा। मैंने चतुरी से चलने की आज्ञा माँगी। चरस की ओर देखते हुए उसने कहा, "काका, फिर कैसे काम बनेगा?" मैंने कहा, "चतुरी, तुम्हारी काकी तो भगवान् के यहाँ चली गईं, जानते ही हो—भोजन अपने हाथ पकाना पड़ता है, कोई दूसरा मदद के लिए है नहीं, ज़रा आराम न करेंगे, तो कल उठ न पाएँगे।" चतुरी नाराज होकर बोला, "तुम ब्याह करते ही नहीं, नहीं तो तेरह काकी आ जाएँ, हाँ वैसी तो...।" मैंने कहा, "चतुरी, भगवान् की इच्छा।" दुखी हृदय से सहानुभूति दिखलाते हुए चतुरी ने कहा, "काकी बहुत पढ़ी-लिखी थीं। मैंने कई चिट्ठियाँ उनसे लिखवाई हैं।" फिर जलती हुई चिलम में दम लगाकर धुवाँ पीकर, सिर नीचे की ओर जोर से दबाकर, नाक से धुवाँ निकालकर बैठे गले से बोला, "काकी रोटी भी करती थीं, बर्तन भी मलती थीं और रोज रामायण भी पढ़ती थीं, बड़ा अच्छा गाती थीं काका, तुम वैसा नहीं गाते, बुढ़ऊ बाबा (मेरे चाचा) दरवाजे बैठते थे। भीतर काकी रामायण पढ़ती थीं। गजलें और न जाने क्या-क्या—टिल्लाना गाती थीं—क्यों काका?" मैंने कहा, "हूँ; तुम लोग चतुरी गाओ, मैं दरवाजा बंद करके सुनता हूँ।" जगने तक भगत होती रही। फिर कब बंद हुई, मालूम नहीं। जब आँख खुली, तब काफी दिन चढ़ आया था। मुँह धोकर दरवाजा खोला, चतुरी बैठा एकटक दरवाजे की ओर देख रहा था। कबीर-पदावली का अर्थ उससे किसी ने नहीं सुना। मैंने सुबह सुनने के लिए कहा था, वह आया हुआ है। मैंने कहा, "क्यों चतुरी, रात सोए नहीं?" चतुरी सहज-गंभीर मुद्रा से बोला, "सोकर जगे तो बड़ी देर हुई, बुलाने की वजह से आया हुआ हूँ।" जिनमें शक्ति होती है अवैतनिक शिक्षक वही हो सकते हैं। मैंने कहा, "मैं तैयार हूँ, पहले तुम कबीर साहब की कोई उल्टवाँसी सीधी करो।" "कौन सुनाऊँ।" चतुरी ने कहा, "एक से एक बढ़कर हैं। मैं कबीरपंथी हूँ न काका, जहाँ गिरह लगती है, साहब आप खोल देते हैं।" मैंने कहा, "तुम पहुँचे हुए हो, यह मुझे कल ही मालूम हो गया था।" चतुरी आँख मूँदकर शायद साहब का ध्यान करने लगा, फिर सस्वर एक पद गुनगुनाकर गाने लगा, फिर एक-एक कड़ी गाकर अर्थ समझाने लगा। उसके अर्थ में अनर्थ पैदा करना आनंद खोना था, जब वह भाष्य पूरा कर चुका, जिस तरह के भाष्य से हिंदीवालों पर 'कल्याण' के निरमिष लेखों का प्रभाव पड़ सकता है, मैंने कहा, "चतुरी, तुम पढ़े-लिखे होते, तो पाँच सौ की जगह पाते।" खुश होकर चतुरी बोला, "काका, कहो तो अर्जुनवा (चतुरी का सत्रह साल का लड़का) को पढ़ने के लिए भेज दिया करूँ, तुम्हारे पास पढ़ जाएगा, तुम्हारी विद्या ले लेगा, मैं भी अपनी दे दूँगा, तो कहो भगवान् की इच्छा हो जाए तो कुछ हो जाए।" मैंने कहा, "भेज दिया करो। दिया घर से लेकर आया करे। हमारे पास एक ही लालटेन है, बहुत नजदीक घिसेगा, तो गाँववाले चौंकेंगे। आगे देखा जाएगा। लेकिन गुरुदक्षिणा हम रोज लेंगे। घबराओ मत। सिर्फ बाजार से हमारे लिए गोश्त ले आना होगा, और महीने में दो दिन चक्की से आटा पिसवा लाना होगा। इसकी

मेहनत हम देंगे। बाजार तुम जाते ही हो।" चतुरी को इस सहयोग से बड़ी खुशी हुई। एक प्रसंग पर आने के विचार से मैंने कहा, "चतुरी, तुम्हारे जूते की बड़ी तारीफ है।" खुश होकर चतुरी बोला, "हाँ, काका, दो साल चलता है।" उसमें एक दर्द भी दबा था। दुखी होकर कहा, "काका, जमींदार के सिपाही को एक जोड़ा हर साल देना पड़ता है। एक जोड़ा भगतवा देता है, एक जोड़ा पंचमा। जब मेरा ही जोड़ा मजे में दो साल चलता है, तब ज्यादा लेकर कोई चमड़े की बरबादी क्यों करे?" कहकर डबडबायी आँखों देखता हुआ जुड़े हाथों सेवईं-सी बटने लगा।

मुझे सहानुभूति के साथ हँसी आ गई। मगर हँसी को होंठों से बाहर न आने दिया। सँभलकर स्नेह से कहा, "चतुरी, इसका वाजिब-उल-अर्ज में पता लगाना होगा। अगर तुम्हारा जूता देना दर्ज होगा, तो इसी तरह पुश्त-दर-पुश्त तुम्हें जूते देते रहने पड़ेंगे।"

चतुरी सोचकर मुस्कराया। बोला, "अब्दुल-अर्ज में दर्ज होगा, क्यों काका?" मैंने कहा, "हुँ, देख लो, सिर्फ एक रुपया हक लगेगा।"

वक्त बहुत हो गया था। मुझे काम था। चतुरी को मैंने बिदा किया। वह गंभीर होकर सिर हिलाता हुआ चला। मैं उसके मनोविकार पढ़ने लगा—'वह एक ऐसे जाल में फँसा है, जिसे वह काटना चाहता है, भीतर से उसका, पूरा जोर उभड़ रहा है, पर एक कमजोरी है, जिसमें बार-बार उलझकर रह जाता है।'

अर्जुन का आना जारी हो गया। उन दिनों बाहर मुझे कोई काम न था, देहात में रहना पड़ा। गोश्त आने लगा। समय-समय पर लोध, पासी, धोबी और चमारों का ब्रह्मभोज भी चलता रहा। घृतपक्व मसालेदार मांस की खुशबू से जिसकी भी लार टपकी, आप निमंत्रित होने को पूछा। इस तरह मेरा मकान साधारण जनों का अड्डा, बल्कि House of Commons हो गया। अर्जुन की पढ़ाई उत्तरोत्तर बढ़ चली। पहले-पहल जब 'दादा, मामा, काका, दादी, नानी' उसने सीखा, तो हर्ष में उसके माँ-बाप सम्राट्-पद पाए हुए को छापकर छलके। सब लोग आपस में कहने लगे, अब अर्जुनवा 'दादा-दीदी' पढ़ गया। अर्जुन अपने बाप चतुरी को दादा और माँ को दीदी कहता था। दूसरे दिन उसके बड़े भाई ने मुझसे शिकायत की। कहा, "बाबा अर्जुनवा और तो सब लिख-पढ़ लेता है, पर भैया नहीं लिखता।" मैंने समझाया कि किताब में 'दादा-दादी' से भैया की इज्जत बहुत ज्यादा है, 'भैया' तक पहुँचने में उसे दो महीने की देर होगी।

धीरे-धीरे आम पकने के दिन आए। अर्जुन अब दूसरी किताब समाप्त कर अपने खानदान में विशेष प्रतिष्ठित हो चला। कुछ नाजुक-मिजाज भी हो गया। मोटा काम न होता था। आम खिलाने के विचार से मैं अपने चिरंजीव को लिवा लाने के लिए ससुराल गया। तब उसकी उम्र 9-10 साल की होगी। सोम या चहर्रुम में

पढ़ता था। मेरे यहाँ उसके मनोरंजन की चीज न थी। कोई स्त्री भी न थी, जिसके प्यार से वह बहला रहता। पर दो-चार दिन के बाद मैंने देखा, वह ऊबा नहीं, अर्जुन से उसकी गहरी दोस्ती हो गई है। वह अर्जुन का काका लगता था, जैसे मैं अर्जुन के बाप का। यद्यपि अर्जुन उम्र में उससे पौने दो पट था, फिर भी पद और पढ़ाई में मेरे चिरंजीव बड़े थे, फिर यह ब्राह्मण के लड़के भी थे। अर्जुन को नई और इतनी बड़ी उम्र में उतने छोटे से काका को श्रद्धा देते हुए प्रकृति के विरुद्ध दबना पड़ता था। इसका असर अर्जुन के स्वास्थ्य पर तीन ही चार दिन में प्रत्यक्ष हो चला। तब मुझे कुछ मालूम न था, अर्जुन शिकायत करता न था। मैं देखता था, जब मैं डाकखाना या बाहर गाँव से लौटता हूँ मेरे चिरंजीव अर्जुन के यहाँ होते हैं, या घर ही पर उसे घेरकर पढ़ाते रहते हैं। चमारों के टोले में गोस्वामीजी के इस कथन को 'मनहु मत्त गजपन निरखि सिंह किसोरहिं चोप' वह कई बार सार्थक करते देख पड़े। मैं ब्राह्मण-संस्कारों की सब बातों को समझ गया। पर उसे उपदेश क्या देता? चमार दबेंगे, ब्राह्मण दबाएँगे। दवा है, दोनों की जड़ें मार दी जाएँ, पर यह सहज-साध्य नहीं। सोचकर चुप हो गया।

मैं अर्जुन को पढ़ाता था तो स्नेह देकर, उसे अपनी ही तरह का एक आदमी समझकर, उसके उच्चारण की त्रुटियों को पार करता हुआ। उसकी कमजोरियों की दरारें भविष्य में भर जाएँगी, ऐसा विचार रखता था। इसलिए कहाँ-कहाँ उसमें प्रमाद है, यह मुझे याद भी न था। पर मेरे चिरंजीव ने चार ही दिन में अर्जुन की सारी कमजोरियों का पता लगा लिया, और समय-असमय उसे घर बुलाकर मेरी गैरहाजिरी में उन्हीं कमजोरियों के रास्ते उसकी जीभ को दौड़ाते हुए अपना मनोरंजन करने लगे। मुझे बाद को मालूम हुआ।

सोमवार मियाँगंज के बाजार का दिन था। गोश्त के पैसे मैंने चतुरी को दे दिए थे। डाकखाना तब मगरायर था। वहाँ से बाजार नजदीक है। मैं डाकखाने से प्रबंध भेजने के लिए टिकट लेकर टहलता हुआ बाजार गया। चतुरी जूते की दुकान लिए बैठा था। मैंने कहा, "कालिका (धोबी) भैया आए हैं, चतुरी, हमारा गोश्त उनके हाथ भेज देना। तुम बाजार उठने पर जाओगे, देर होगी।" चतुरी ने कहा, "काका एक बात है, अर्जुनवा तुमसे कहते डरता है, मैं घर आकर कहूँगा, बुरा न मानना लड़कों की बातों का।" 'अच्छा' कहकर मैंने बहुत-कुछ सोच लिया। बकर-कसाई के सलाम का उत्तर देकर बादाम और ठंडाई लेने के लिए बनियों की तरफ गया। बाजार में मुझे पहचाननेवाले न पहचाननेवालों को मेरी विशेषता से परिचित करा रहे थे। चारों ओर से आँखें उठी हुई थीं। तअज्जुब यह था कि अगर ऐसा आदमी है, तो मांस खाना-जैसा घृणित पाप क्यों करता है। मुझे क्षण-मात्र में यह सब समझ लेने का काफी अभ्यास हो गया था। गुरुमुख ब्राह्मण आदि मेरे घड़े का पानी छोड़ चुके थे। गाँव तथा पड़ोस के लड़के अपने-अपने पिता-पितामहों को समझा चुके थे

कि 'बाबा (मैं) कहते हैं, मैं पानी-पाँडे थोड़े ही हूँ, जो ऐरे-गैरे नत्थू-खैरे सबको पानी पिलाता फिरूँ।' इससे लोग और नाराज हो गए थे। साहित्य की तरह समाज में भी दूर-दूर तक मेरी तारीफ फैल चुकी थी—विशेष रूप से जब एक दिन विलायत की टोरी-पार्टी की तारीफ करनेवाले, एक देहाती स्वामीजी को मैंने कबाब खाकर काबुल में प्रचार करनेवाले, रामचंद्रजी के वक्त के, एक ऋषि की कथा सुनाई, और मुझसे सुनकर वहीं गाँव के ब्राह्मणों के सामने बीड़ी पीने के लिए प्रचार करके भी वह मुझे नीचा नहीं दिखा सके—उन दिनों भाग्यवश मिले हुए अपने आवारागर्द नौकर से बीड़ी लेकर, सबके सामने दियासलाई लगाकर मैंने समझा दिया कि तुम्हारे इस जूठे धुएँ से बढ़कर मेरे पास दूसरा महत्त्व नहीं।

मैं इन आश्चर्य की आँखों के भीतर बादाम और ठंडाई लेकर ज़रा रीढ़ सीधी करने को हुआ कि एक बुड्ढे पंडितजी एक देहाती भाई के साथ मेरी ओर बढ़ते नजर आए। मैंने सोचा, शायद कुछ उपदेश होगा। पंडितजी सारी शिकायत पीकर, मधु-मुख हो अपने प्रदर्शक से बोले, "आप ही हैं?" उसने कहा, "हाँ, यह हैं।" पंडितजी देखकर गद्गद हो गए। ठोड़ी उठाकर बोले, "ओहोहो! आप धन्य हैं।" मैंने मन में कहा—'नहीं, मैं वन्य हूँ। मजाक करता है खूसट।' पर गौर से उनका पग और खौर देखकर कहा, "प्रणाम करता हूँ पंडितजी।" पंडितजी मारे प्रेम के संज्ञा खो बैठे। मेरा प्रणाम मामूली प्रणाम नहीं—बड़े भाग्य से मिलता है। मैं खड़ा पंडितजी को देखता रहा। पंडितजी ने अपने देहाती साथी से पूछा, "आप बे-मे सब पास हैं?" उनका साथी अत्यंत गंभीर होकर बोला, "हाँ। जिला में दूसरा नहीं है।" होंठ काटकर मैंने कहा, "पंडितजी, रास्ते में दो नाले और एक नदी पड़ती है। भेड़िए लागन हैं। डंडा नहीं लाया। आज्ञा हो, तो चलूँ—शाम हो रही है।" पंडितजी स्नेह से देखने लगे। जो शिकायत उन्होंने सुनी थी, आँखों में उस पर संदेह था, दृष्टि कह रही थी—'यह वैसा नहीं—जरूर गोश्त न खाता होगा, बीड़ी न पी होगी, लोग पाजी हैं।' प्रणाम करके, आशीर्वाद लेकर मैंने घर का रास्ता पकड़ा।

दरवाजे पर आकर रुक गया। भीतर बातचीत चल रही थी। प्रकाश कुछ-कुछ था। सूर्य डूब रहा था। मेरे पुत्र की आवाज आई—"बोल रे, बोल।" इस वीर-रस का अर्थ मैं समझ गया। अर्जुन बोलता हुआ हार चुका था, पर चिरंजीव को रस मिलने के कारण बुलाते हुए हार न हुई थी। चूँकि बार-बार बोलना पड़ता था, इसलिए अर्जुन बोलने से ऊबकर चुप था। डाँटकर पूछा गया, तो सिर्फ कहा, "क्या?"

"वही—गुण, बोल।"

अर्जुने ने कहा, "गुण।"

बच्चे के अट्टहास से घर गूँज उठा। भरपेट हँसकर, स्थिर होकर फिर उसने आज्ञा की—"बोल—गणेश।"

रोनी आवाज में अर्जुन ने कहा, "गड़ेस।" खिलखिलाकर, हँसकर, चिरंजीव

ने डाँटकर कहा, "गड़ेस-गड़ास करता है—साफ नहीं कह पाता क्यों रे, रोज दातौन करता है?"

अर्जुन अप्रतिभ होकर, दबी आवाज में एक छोटी-सी 'हूँ' करके, सिर झुकाकर रह गया। मैं दरवाजा धीरे-से ढकेलकर भीतर खंभे की आड़ से देख रहा था। मेरे चिरंजीव उसे उसी तरह देख रहे थे, जैसे गोरे कालों को देखते हैं। ज़रा देर चुप रहकर फिर आज्ञा की—"बोल, वर्ण।"

अर्जुन की जान की आ पड़ी। मुझे हँसी भी आई, गुस्सा भी लगा। निश्चय हुआ, अब अर्जुन से विद्या का धनुष नहीं उठने का। अर्जुन वर्ण के उच्चारण में विवर्ण हो रहा था। तरह-तरह से मुँह बना रहा था। पर खुलकर कुछ कहता न था। उसके मुँह बनाने का आनंद लेकर चिरंजीव ने फिर डाँटा—"बोलता है, या लगाऊँ झापड़। नहा लूँगा, गरमी तो है।"

मैंने सोचा, अब प्रकट होना चाहिए। मुझे देखकर अर्जुन खड़ा हो गया, आँखें मल-मलकर रोने लगा। मैंने पुत्र-रत्न से कहा, "कान पकड़कर उठो-बैठो दस दफे।" उसने नजर बदलकर कहा, "मेरा कुसूर कुछ नहीं और मैं यों ही कान पकड़कर उठूँ-बैठूँ!" मैंने कहा, "तुम इससे गुस्ताखी कर रहे थे।" उसने कहा, "तो आपने भी की होगी। इससे 'गुण' कहला दीजिए, आपने पढ़ाया तो है, इसकी किताब में लिखा है।" मैंने कहा, "तुम हँसते क्यों थे?" उसने कहा, "क्या मैं जानबूझकर हँसता था?" मैंने कहा, "अब आज से तो तुम इससे बोल न सकोगे।" लड़के ने जवाब दिया, "मुझे मामा के यहाँ छोड़ आइए, यहाँ डाल के आम खट्टे होते हैं—चोपी होती है। मुँह फदक जाता है, वहाँ पाल के आम आते हैं।"

चिरंजीव को नाई के साथ भेजकर मैंने अर्जुन और चतुरी को सांत्वना दी।

कुछ महीने और गाँव में रहना पड़ा। अर्जुन कुछ पढ़ गया। शहरों की हवा मैंने बहुत दिनों से न खाई थी—कलकत्ता, बनारस, प्रयाग आदि का सफर करते हुए लखनऊ में डेरा डाला—स्वीकृत किताबें छपवाने के विचार से। कुछ काम लखनऊ में और मिल गया। अमीनाबाद होटल में एक कमरा लेकर निश्चिंत चित्त से साहित्य-साधना करने लगा।

इन्हीं दिनों देश में आंदोलन जोरों का चला—यही, जो चतुरी आदिक के कारण फिस्स हो गया है। होटल में रहकर, देहात से आनेवाले शहरी युवक मित्रों से सुना करता था, गढ़ाकोला में भी आंदोलन जोरों पर है—छः-सात सौ तक की जोत किसान लोग इस्तीफा कर छोड़ चुके हैं—वह जमीन अभी तक नहीं उठी—किसान रोज इकट्ठे होकर झंडा-गीत गाया करते हैं। साल-भर बाद, जब आंदोलन में प्रतिक्रिया हुई, जमींदारों ने दावा करना और रियाया को बिना किसी रियायत के दबाना शुरू किया, तब गाँव के नेता मेरे पास मदद के लिए आए, बोले—"गाँव में चलकर लिखो। तुम रहोगे,

तो मार न पड़ेगी, लोगों को हिम्मत रहेगी, अब सख्ती हो रही है।'' मैंने कहा, ''मैं कुछ पुलिस तो हूँ नहीं, जो तुम्हारी रक्षा करूँगा, फिर मार खाकर चुपचाप रहने वाला धैर्य मुझमें बहुत थोड़ा है, कहीं ऐसा न हो कि शक्ति का दुरुपयोग हो।'' गाँव के नेता ने कहा, ''तुम्हें कुछ करना तो है नहीं, बस बैठे रहना है।'' मैं गया।

मेरे गाँव की कांग्रेस ऐसी थी कि जिले के साथ उसका कोई तअल्लुक न था–किसी खाते में वहाँ के लोगों के नाम दर्ज न थे। पर काम में पुरवा-डिवीजन में उससे आगे दूसरा गाँव न था। मेरे जाने के बाद पता नहीं, कितनी दरख्वास्तें साहब ने इधर-उधर लिखीं।

कच्चे रंगों से रंगा तिरंगा झंडा महावीर स्वामी के सामने एक बड़े बाँस में गड़ा, बारिश से धुलकर धवल हो रहा था। इन दिनों मुकद्दमेबाजी और तहकीकात जोरों से चल रही थी। कुछ किसानों पर एक साल के हरी-भूसे को तीन साल की बाकी बनाकर, जमींदार ने आनरेरी दावे दायर किए थे, जो अपनी क्षुद्रता के कारण जमींदार साहब से मजिस्ट्रेट के पास आकर किसानों की दृष्टि में और भयानक हो रहे थे। एक दिन दरख्वास्तों के फलस्वरूप शायद, दारोगाजी तहकीकात करने आए। मैं मगरायर डाक देखने जा रहा था। बाहर निकला तो लोगों ने कहा–''दारोगाजी आए हैं, अभी रहो।'' आगे दारोगाजी भी मिल गए। जमींदार साहब ने मेरी तरफ दिखाकर अंगरेजी में धीरे से कुछ कहा। तब मैं कुछ दूर था, सुना नहीं। गाँववाले समझे नहीं, दारोगाजी झंडे की तरफ जा रहे थे। जमींदार शायद उखड़वा देने के इरादे से लिए जा रहे थे। महावीरजी के अहाते में झंडा देखकर दारोगा कुछ सोचने लगे, बोले, ''यह तो मंदिर का झंडा है।'' अच्छी तरह देखा, उसमें कोई रंग न देख पड़ा। जमींदार साहब को गौर से देखते हुए लौटकर डेरे की तरफ चले। जमींदार साहब ने बहुत समझाया कि 'वह बारिश से धुलकर सफेद हो गया है, लेकिन है यह कांग्रेस का झंडा।' पर दारोगाजी बुद्धिमान थे।

महावीरजी के अहाते में सफेद झंडे को उखड़वाकर वीरता प्रदर्शित करने की आज्ञा न दी। गाँव में कांग्रेस है, इसका पता न सब-डिवीजन में लगा, न जिले में, थानेदार साहब करें क्या?

उन दिनों मुझे उन्निद्र-रोग था। इसलिए सिर के बाल साफ थे। मैंने सोचा–'वेश का अभाव है, तो भाषा को प्रभावशाली करना चाहिए, नहीं तो थानेदार साहब पर अच्छी छाप न पड़ेगी। वहाँ तो महावीर स्वामी की कृपा रही, यहाँ अपनी ही सरस्वती का सहारा है।' मैं ठेठ देहाती हो रहा था; थानेदार साहब ने मुझसे पूछा, ''आप कांग्रेस में हैं?'' मैंने सोचा, इस समय राष्ट्रभाषा से राजभाषा का महत्त्व बढ़कर होगा। कहा, ''मैं तो विश्व-सभा का सदस्य हूँ। इस सभा का नाम भी थानेदार साहब ने न सुना था।'' पूछा, ''यह कौन-सी सभा है!'' उनके जिज्ञासा-भाव पर गंभीर होकर नोबुल पुरस्कार पाए हुए कुछ लोगों के नाम गिनाकर मैंने कहा, ''ये सब उसी सभा के

सदस्य हैं।" थानेदार साहब क्या समझे, वह जानें। मुझसे पूछा, "इस गाँव में कांग्रेस है।" मैंने सोचा–'युधिष्ठिर की तरह सत्य की रक्षा करूँ तो असत्य भाषण का पाप न लगेगा।' कहा, "इस गाँव के लोग तो कांग्रेस का मतलब भी नहीं जानते।" इतना कहकर मैंने सोचा–'अब ज्यादा बातचीत ठीक न होगी।' उठकर खड़ा हो गया, और थानेदार साहब से कहा, "अच्छा, मैं चलता हूँ। ज़रा डाकखाने में काम है। चिट्ठीरसा हफ्ते में दो दिन गश्त पर आता है। मेरी जरूरी चिट्ठियाँ होती हैं और रजिस्ट्री, अखबार, मासिक पत्र-पत्रिकाएँ आती हैं, फिर उस गाँव में हम लोगों की लाइब्रेरी भी है, जान पड़ता है।" थानेदार साहब ने पूछा, "कांग्रेस की चिट्ठियाँ आती हैं?" मैंने कहा, "नहीं, मेरी अपनी।" मैं चला आया। थानेदार साहब जमींदार साहब से शायद नाराज होकर गए।

इससे तो बचाव हुआ, पर मुकद्दमा चलता रहा। आनरेरी मैजिस्ट्रेट ने, जिनके एक रिश्तेदार जमींदार की तरफ से वकील थे, किसानों पर जमींदार की डिगरी दे दी। बाद को चतुरी वगैरह की बारी आई। दावे दायर हो गए, अब तक जो सम्मिलित धन मुकद्दमों में लग रहा था, सब खर्च हो गया। पहले की डिगरी में कुछ लोगों के बैल वगैरह नीलाम कर लिए गए। लोग घबरा गए। चतुरी को मदद की आशा न रही। गाँववालों ने चतुरी आदि के लिए दोबारा चंदा न लगाया।

चतुरी सूखकर मेरे सामने आकर खड़ा हुआ। मैंने कहा, "चतुरी, मैं शक्तिभर तुम्हारी मदद करूँगा।"

"तुम कहाँ तक मदद करोगे, काका?" चतुरी जैसे कुएँ में डूबता हुआ उभड़ा।

"तो तुम्हारा क्या इरादा है?" उसे देखते हुए मैंने पूछा।

"मुकद्दमा लड़ूँगा। पर गाँववाले डर गए हैं, गवाही न देंगे।" दिल से बैठा हुआ चतुरी बोला।

उस परिस्थिति पर मुझे भी निराशा हुई। उसी स्वर से मैंने पूछा, "फिर चतुरी?"

चतुरी बोला, "फिर छेदनी-पिरकिया आदि मालिक ही ले लें।"

मैंने गाँव में कुछ पक्के गवाह ठीक कर दिए। सत्तू बाँधकर, रेल छोड़कर, पैदल दस कोस उन्नाव चलकर, दूसरी पेशी के बाद पैदल ही लौटकर हँसता हुआ चतुरी बोला, "काका, जूता और पुरवाली बात अब्दुल-अर्ज में दर्ज नहीं है।"

('सुधा', अर्धमासिक, लखनऊ, 16 मई, 1934। पहले **सखी** में, फिर **चतुरी चमार** में संकलित)

कला की रूप-रेखा
(सत्य घटना)

प्रयाग में था, लूकरगंज में, पं. वाचस्पति पाठक के यहाँ। 'लीडर प्रेस' में 'निरुपमा' बेचने गया था। जाड़े के दिन। 1936 का प्रारंभ। चाय पीने की लत है। चाय के साथ हिंदू मिठाई, फल, टोस्ट वगैरह खाते हैं, मैं अंडे खाता हूँ—बायल्ड, हाफ-बायल्ड या पोच, समय रहा तो आमलेट; अंडे बत्तख के नहीं, मुर्गी के। पाठक की माँ मुर्गी का पैर देख लें तो मकान छोड़ दें, लिहाजा सुबह उठकर स्टेशन जाता था, एक मुसलमान की दूकान में, पाठक देखते थे, मैं खाता-पीता था।

जाते-आते रास्ते में बातचीत होती थी, तरह-तरह की। पाठक मुझसे ग्यारह-बारह साल छोटे हैं। इस समय, अट्ठाईस और चालीस की पटरी बैठ सकती है, उस समय जब पाठक पाँच के और मैं सत्रह का था, अवश्य कोई साम्य न रहा होगा। आज इंगलैंड की निगाह में भारत जितना समझदार और शक्तिशाली है, मेरी निगाह में पाठक उतने भी न रहे होंगे; मैं 'जुही की कली' का कवि था और पाठक पहली किताब के पाठक। लेकिन पहले-पहल जब मेरी पाठक से मुलाकात हुई, काशी में—मैं तीस का और पाठक अट्ठारह के, वह मेरे घनिष्ठ, कवि-प्रिय मित्र होकर मिले। मेरी विशेषता मेरे काशी जाने से पहले पहुँच चुकी थी, इसलिए अपने एक मित्र के यहाँ, जिन्होंने एक वेश्या को पत्नी-रूप से रखकर सामाजिक श्रेय प्राप्त किया है—बड़े भगवद् भक्त हैं, मुझे मछली पकवाकर खिलाई।

एक रोज जब लूकरगंज से हम लोग स्टेशन की तरफ चले, उन्होंने मुझसे पूछा, "कला क्या है?"

मैंने कहा, "कुछ नहीं।"

पाठक उड़ी निगाह से मुझे देखने लगे। मालूम नहीं, क्या सोचा। मुमकिन, जैसा सब सोचते हैं, उन्होंने भी सोचा हो।

मैंने फिर कहा, "जो अनंत है, वह गिना नहीं जा सकता। इसलिए 'कुछ नहीं' कहा। इसका बड़ा अच्छा उदाहरण है। कला उसी तरह की सृष्टि है, जैसे आप सामने देखते हैं, बल्कि यही सृष्टि लिखने की कला की जमीन है। अनादिकाल से अब तक सृष्टि को गिनने की कोशिश जारी है, पर अभी तक यह गिनी नहीं जा सकी, अधिकांश में बाकी है। यह एक-एक सृष्टि एक-एक कला है। फलतः कला क्या है, यह बतलाना कठिन है। अद्वैतवाद में, सृष्टि के गिनने की असमर्थता के कारण, सृष्टि का अस्तित्व ही उड़ा दिया गया है। इसलिए कहा, कला कुछ नहीं है। कला के दो-चार, दो-चार सौ, दो-चार हजार, दो-चार लाख, दो-चार करोड़ रूप ही बतलाए जा सकते हैं। पर इससे कला पूरी-पूरी न बतलाई गई। पर एक बोध है, उसका स्पष्टीकरण किया जा सकता है, जैसे ब्रह्म के अलग-अलग रूपों की बात नहीं कही गई, केवल 'सच्चिदानंद'

कह दिया गया है। इसी को साहित्यिकों ने 'सत्य, शिव और सुंदर' कहकर अपनाया है। बोध वह है, जैसी कला हो, उसके विकास-क्रम का वैसा ज्ञान। इसके लिए प्राचीन और नवीन परंपरा भी सहायक है और स्वजातीय और विजातीय ज्ञान के साथ मौलिक अनुभूति और प्रतिभा भी।"

फिर हिंदी के भिन्न-भिन्न अंगों की बातचीत होती रही। हिंदी-भाषियों का मस्तिष्क दुर्बल है, रूढ़िग्रस्त होने के कारण वहाँ नवीन विचारधारा जल्द नहीं प्रवेश पाती, यद्यपि भारतीय समस्त साहित्य का इतिहास समस्त प्रकार की मौलिकता लिए हुए है। हिंदी का समाज-संस्कार अनुरूप न होने के कारण उपन्यास उच्चता तक नहीं पहुँच रहे—बहुत जगह भविष्य समाज की कल्पना कर लिखा जाता है। काव्य, कहानी, प्रबंध, नाटक इन सबका लेखक जो मनुष्य है, वह अनेक रूपों में अभी विकसित नहीं हुआ, बड़ी कमजोरियाँ हैं, फलतः साहित्य अभी साहित्य नहीं हो सका। मैं कहता गया, ये सब नाई हैं अपनी बारात में ठाकुर बने हुए। कुछ नाम भी गिनाए, कलकत्ते से लाहौर तक। तब तक स्टेशन आ गया। मेरा मुसलमान दूकानदार आदर की दृष्टि से मुझे देखकर अंडे फोड़ने चला। अंडे उबाले हुए रक्खे थे; मैं बैठ गया, पाठक वहीं दो-चार कदम इधर-उधर टहलते रहे। कुछ और भी चाय पीनेवाले मुसलमान सज्जन थे।

एक दुबले-पतले प्रायः पचास साल के मुसलमान सज्जन गौर से मुझे देखते रहे। उनकी आँखों के आश्चर्य का मैं चुपचाप आनंद लेता रहा। अंत तक उनसे न रहा गया पूछा—

"जनाब पंजाबी हैं?"

मैंने सोचा, जितनी कम मिहनत हो, अच्छा है; कहा, "जी।"

उन्होंने पूछा, "कारोबार करते हैं?"

मैंने कहा, "जी।"

उन्होंने पूछा, "यहीं?"

मैंने कहा, "नहीं लखनऊ में।" मैं अंडेवाला प्लेट उठाकर काँटे से खाने लगा। प्रश्नकर्ता को अभी पूरी-पूरी दिलजमई न हुई थी।

पूछा, "काहे का कारोबार करते हैं?"

मैंने बिना विचार किए कह दिया, "रेशम का।"

ज्यों मुसलमान सज्जन का आश्चर्य बढ़ा त्यों ही मैंने भी सोचा, 'यार पंजाब में रेशम की पैदावार कहाँ होती है, कारखाने कहाँ हैं, यह तो नहीं मालूम; उधर से पश्मीने आते हैं, जानता हूँ, पेशावर, काश्मीर वगैरह के पश्मीने मशहूर हैं।' बदलकर बोला, "लेकिन मैं स्वीजरलैंड से रेशम मँगाता हूँ।" कहकर मैं गंभीर भाव से अंडे खाने लगा। सोचा—

'स्वीजरलैंड एक सुंदर देश है, वहाँ रेशम जरूर बनता होगा, और न भी बनता

हो तो क्या? —मियाँ खतव खाल से मालूम देते हैं, उन्होंने स्वीजरलैंड का नाम पहले-पहल सुना है।'

"जनाब का इस्मशरीफ?"

एक बार इस 'इस्मशरीफ' शब्द से बड़ा धोखा खाया था; सोचा था, वह 'दौलतखाने' का पर्यायवाची है, लेकिन जैसा धोखा मैंने खाया, जवाब सुनकर वैसा ही पूछनेवाले ने। मेरे विशुद्ध संस्कृत में दिए स्थान-परिचय को उन्होंने नाम-परिचय समझा। तब मैं मेदिनीपुर में रहता था। जानता था, 'पुर' कहूँगा तो मेरी तरह ये संशय में न रहेंगे। कहा, 'मेदिनीदल।' उन्होंने 'जुझारमल' की तरह का एक नाम यह भी होगा, सोच लिया।

इस बार जल्दी-जल्दी मुसलमानी नाम याद करने लगा। तो एक भी नाम न आया। पेट में 'महम्मद-महम्मद' हो रहा था, लेकिन कहने की हिम्मत नहीं पड़ती थी, बंकिमचंद्र की याद आई, उन्होंने अपने एक हिंदू पात्र से 'महम्मद' के नाम एक प्रेम-पत्रिका शाही कैंप में भिजवाई है, इस निश्चय से कि इस नाम का कोई सैनिक अवश्य होगा। वहाँ कई महम्मद निकले, एक-दूसरे से लड़ने लगे। नाम बताने में ज़रा भी देर शंका पैदा करती है। मुझे नाम तो न याद आया, पर समझ ने साथ न छोड़ा।—मुँह का अंडा निगला जा चुका था, पर मैं मुसलमान सज्जन की ओर मुँह किए विराट रूप से मुँह चलाए जा रहा था, सिर हिलाता हुआ उन्हें आश्वासन दे रहा था कि ज़रा देर ठहर जाइए। फिर भी नाम न आया। अंत में बड़ी मुश्किल से एक शब्द याद आया। पर वैसा नाम मैंने स्वयम् कभी नहीं सुना। उधर मियाँ का धैर्य छूट रहा था—मेरी पागुर बंद नहीं हो रही थी।

मैंने कहा, "जनाब, मुझे वकूफ हुसैन कहते हैं।" मियाँ उसे और मुलायम करके बोले, "उकूफ हुसैन?"

मैंने कहा, "जी।"

मियाँ बढ़े। मैंने चाय पीना शुरू किया। पाठक पीछे थे। शायद सामने से ज्यादा हँसी आती थी।

जब चाय पीकर दाम देकर चला, तब रास्ते में, पाठक ने मुझसे कहा, "आपने 'वकूफ' शब्द का एक अक्षर छोड़ क्यों दिया?"

मैंने बैसवाड़ी में कहा, "तुम थे, इसलिए।"

अभी हम लोगों ने स्टेशन का अहाता पार नहीं किया था। अहाते में मदरासियों का एक दल बैठा हुआ देख पड़ा। मैंने सोचा, शायद ये लोग कुंभ नहाने आए थे। इतने ही में कि उनमें से एक आदमी, उम्र पैंतालीस के लगभग, भौंरे का रंग, खासा मोटा-तगड़ा, एक लँगोटी से किसी तरह लाज बचाए हुए, उतने जाड़े में नंगा बदन, दौड़ा हुआ मेरे पास आया और एक साँस में इतना कह गया कि मैं कुछ भी न समझा। मैंने फिर पूछा। टूटी-फूटी हिंदी में पूरे उच्छ्वास से वह फिर कहने लगा।

इस बार मतलब मेरी समझ में आया। वह यात्री है, मदरास का रहनेवाला, कुंभ नहाने आया था, यहाँ चोर उसके कपड़े-लत्ते, माल-असबाब उठा ले गए, गठरियों में ही रुपये-पैसे थे, अब वह (अपने आदमियों के साथ) हर तरह लाचार है, दिन तो किसी तरह धूप खाकर, भीख माँगकर पार कर देता है, पर रात काटी नहीं कटती। जाड़ा लगता है। वह एक दृष्टि से मेरा मोटा खद्दर का चादरा देख रहा था। मैं विचार न कर सका, उतारकर दे दिया। वह मारे आनंद के दौड़ा हुआ अपने साथियों के पास गया और इस महादान की तारीफ करने लगा, मेरी तरफ उँगली उठाकर बतलाता हुआ।

पाठक संसार के चक्रांत की बातें सोच रहे थे—देश दुर्दशा-ग्रस्त है, इसलिए कितने चक्कर रोज देशवासियों को खाने पड़ते हैं—कितने लोग उन्हें छलते रहते हैं—कितने प्रकार प्रचलित हैं। मुझसे बोले, "आखिर आपने अपना बतलाया नाम यहाँ सार्थक कर दिया न? —यह अभी दोपहर को, गुदड़ीबाजार में, चार आने में, यह चादरा बेचेगा।"

मैंने कहा, "धोखा भी हो सकता है और इसकी बात भी सच हो सकती है? यह मदरास से यह सोचकर चला नहीं होगा कि गुदड़ीबाजार में कपड़ा बेचेगा।"

पाठक अप्रसन्न होकर बोले, "मैं आपके देने का विरोध नहीं करता, लेकिन—"

मेरे पास कपड़े कम रहते हैं, कम थे, 'लेकिन' के बाद वह इसी भाव की पूर्ति करना चाहते थे, पर रुक गए।

हम लोग लूकरगंज आए। धीरे-धीरे दो महीने बीते। लखनऊ कांग्रेस के समय सत्ताईस मार्च को वह मेरे साथ लखनऊ आए और मेरे मकान में ठहरे। धीरे-धीरे कांग्रेस का समय आया। उनके दो मित्र, जो मेरे भी मित्र हैं, आकर ठहरे। जहाँ तक बिना टिकट के देखा जा सकता था, मैंने घूम-फिरकर कई रोज देखा। दो-तीन रुपये प्रदर्शनी देखने और महात्माजी के व्याख्यान सुनने में खर्च किए। प्रदर्शनी के कवि-सम्मेलन में नहीं जाता, यहाँ भी नहीं गया। जो कुछ हुआ, संवाद मालूम कर लिया। सब्जेक्ट-कमेटी की बैठकें देखने की इच्छा थी, पर वह दृश्य अप्सराओं के नृत्य देखने से भी महँगा था। पाठक बोले, "मेरा पास लेकर देख आइए।" मैंने कहा, "वहाँ बहुत-से लोग होंगे, जो मुझे पहचानते होंगे। फिर प्रेस-रिपोर्टरों की जगह मुझे कोई अपने पास से भी कुछ देकर बैठने के लिए कहे तो मैं न बैठूँ।"

पाठक लड़ने लगे। बोले, "वह सबसे बढ़िया जगह होती है!" कहा, "होगी। मैं न जाऊँगा।"

कांग्रेस शुरू हुई। पहले दिन मैं न गया। आगे भी जाने का विचार न था। कारण, प्रेस-रिपोर्टर की हैसियत से जाना मुझे पसंद न था, और तीन दिन तक दाम खर्च कर जाने में अड़चन थी। प्रयाग से ढाई सौ रुपये ले आया था। प्रायः सब खर्च हो चुका था, कई महीने के बाकी मकान किराए और भोजन के खर्च में।

दूसरे दिन जब कांग्रेस की बैठक शुरू होने को हुई, मेरे मकान से लोग चलने को हुए तो मैं सोने का सुबीता करने लगा।

जो मारवाड़ी सज्जन आए हुए थे, उन्होंने कहा, "निरालाजी, मैं कई दिनों से देख रहा हूँ आप सोते बहुत हैं।"

मैंने कहा, "हाँ, यह तो है, पर जब जागता हूँ, तब पंद्रह-पंद्रह रात लगातार नहीं सोता।"

मारवाड़ी सज्जन हँसे। बोले, "चलिए।"

मैं बड़े संकट में पड़ा, कैसे कहूँ मेरे पास खर्च की कमी है। कहा, "कांग्रेस में बड़ी गरमी है।"

"हाँ, पर हवा अच्छी चलती है।" मारवाड़ी सज्जन बड़े मजेदार आदमी मालूम दिए। मैं उनके उत्तर पर मुस्करा रहा था, तब तक एक पच्चीस रुपये का टिकट निकालकर उन्होंने कहा, "यह टिकट आपके लिए है।"

मैं चला। मैं और मारवाड़ी सज्जन एक ही जगह पर थे। वह जगह कुछ ऊँची थी। कुछ दूर पर बड़े-बड़े नेता और नेत्रियाँ। देखा, एक-एक छोटी मेज के पीछे प्रेस-रिपोर्टर बैठे थे। पं. दुलारेलाल भार्गव, ठाकुर श्री नाथसिंह आदि-आदि परिचित-अपरिचित। श्रीमती कमला चट्टोपाध्याय को मैं गौर से देख रहा था। उन्हें पहले ही पहल देखा था। कभी-कभी श्रीमती सरोजिनी नायडू से बातें करती थीं, उठकर उनके पास जाकर। रह-रहकर उस समर्पण की याद आ रही थी, जो मिस्टर चट्टोपाध्याय ने अपने एक अंग्रेजी पद्य-संग्रह का किया है, इस तरह का—To K, the first sunshine of my life (मेरे जीवन की प्रथम सूर्य-किरण 'क' को)। फिर इस राजनीतिक जीवन के घोर परिवर्तन पर सोच रहा था, जहाँ दोनों एक-दूसरे के काव्य के विषय नहीं—जीवन के अंतरंग नहीं, स्पर्द्धा के विषय हो गए हैं।

शाम को बाहर निकला। एकाएक एक ऊँची आवाज आई। देखा, एक स्वयंसेवक दौड़ा आ रहा है, स्वयंसेवक की वर्दी पहने हुए। मुझे देखकर दोनों हाथ उठाकर फिर उसने हर्षध्वनि की। मुझे ऐसा मालूम देने लगा जैसे उसे स्वप्न में कभी देखा हो। मुझे पहचानता हुआ न जानकर उसने आनंदपूर्ण लड़खड़ाती हिंदी में कहा, "मैं वही हूँ, जिसे आपने चादरा दिया था।"

मुझे कला का जीवित रूप जैसे मिला। प्रसन्न आँखों से देखता हुआ मैं तत्काल कुछ कह न सका। संयत होकर बोला, "आप कांग्रेस में आ गए, अच्छा हुआ।" उसने कहा, "फिर मैं वहाँ स्वयंसेवकों में भरती हो गया।"

प्रसन्न-चित्त बाहर निकलकर मन में मैंने कहा, 'पाठक मिलें तो बताऊँ कैसे गुदड़ीबाजार में इसने चादरा बेचा।'

कई दिन हो गए। कांग्रेस खत्म हो गई। पाठक वगैरह चले गए। मैं शाम को कैसर बाग में टहल रहा था कि वह मनुष्य मेरी ओर तेज कदम आता देख पड़ा,

मैं खड़ा हो गया। मेरे पास आकर उसने कहा, ''अब गरमी बहुत पड़ने लगी है। देश जाना चाहता हूँ। रेल का किराया कहाँ मिलेगा? पैदल जाना चाहता हूँ।''

मैंने बीच में बात काटकर कहा, ''क्या कांग्रेस के लोग आपकी इतनी-सी मदद नहीं कर दे सकते!''

उसने कहा, ''नहीं कांग्रेस का यह नियम नहीं है। मैं मिला था। मुझे यह उत्तर मिला है। खैर, मैं भीख माँगता-खाता पैदल चला जाऊँगा। पर'' –(अपने) पैरों की ओर देखकर कहा, ''गरमी बहुत पड़ती है, पैर जल जाते हैं, अगर एक जोड़ी चप्पल आप ले दें।''

मुझ पर जैसे वज्रपात हुआ। मैं लज्जा से वहीं गड़ गया। मेरे पास तब केवल छः पैसे थे। इससे चप्पल नहीं लिए जा सकते। अपने चप्पल देखे, जीर्ण हो गए थे। लज्जित होकर कहा, ''आप मुझे क्षमा करें, इस समय मेरे पास पैसे नहीं हैं।''

उसने वीर की तरह मुझे देखा। फिर बड़े भाई की तरह आशीर्वाद दिया और मुस्कराकर अमीनाबाद की ओर चला। मैं खड़ा-खड़ा उसे देखता रहा, जब तक वह दृष्टि से ओझल नहीं हो गया।

('माधुरी', मासिक, लखनऊ, नवम्बर, 1936। **सुकुल की बीवी** में संकलित)

लेखक का परिवेश :
निराला का पत्रकार-रूप

चरखा
(विश्वकवि रवीन्द्रनाथ और महात्मा गांधी)

'चरखा', शीर्षक कविवर रवीन्द्रनाथ का इक्कीस पृष्ठों का प्रबंध पहले-पहल बंगला के मासिक 'सबुज पत्र' में पढ़ने को मिला था, उसके भादों के अंक में। बंद हो जाने के बाद इसी अंक से पत्र को पुनर्जन्म प्राप्त करने का सौभाग्य मिला है। इस लेख के लिखने का कारण और कुछ नहीं, आचार्य प्रफुल्लचंद्र राय ने कहीं छापे की स्याही द्वारा कविवर पर चरखे के प्रचार से उदासीन रहने के कारण अपवाद और लांछम लगाने की चेष्टा की थी, यह लेख आचार्य राय की उसी क्रिया की प्रतिक्रिया है—ठेठ भाषा में यह चपत का जवाब घूँसा है। भादों के लिखे इस लेख का उत्तर महात्मा गांधी के गत नवजीवन के अंक में निकला है। हिंदी पाठकों ने पढ़ा होगा। अगर कुछ उसमें है तो सत्य की एक बहुत ही धीमी ज्योति—उनके महात्मापन पर कुछ प्रकाश डालती हुई। परंतु उस ज्योति से कविवर रवीन्द्रनाथ की युक्तियों का अंधकार, यदि महात्माजी उसे अंधकार समझें, नहीं दूर होता, कम-से-कम बुद्धि के राज्य में बसनेवाले किसी साहित्यिक मस्तिष्क से तो अवश्य ही नहीं। यों तो मंडन करनेवाले महात्माजी की एक ही पंक्ति से चाहे रवीन्द्रनाथ की कुल युक्तियों का खंडन कर डालें। अस्तु, इस लेख में रवि बाबू की युक्तियों के साथ महात्माजी का कथन और अपना वक्तव्य भी हम पेश करने का साहस करते हैं यदि रवि बाबू की उक्ति के अनुसार हमें अपने वक्तव्य की पूर्ण स्वाधीनता-प्राप्ति का अधिकार है।

महात्माजी 'कवि ठाकुर और चरखा' शीर्षक अपने उत्तर में रवि बाबू की युक्तियों पर लिखते हैं—"सच बात तो यह है कि कविश्री की टीका में कविश्री ने कवि-सुलभ स्वच्छंदता का उपभोग किया है और इसलिए जो कोई उसके सीधे अर्थ को ग्रहण करेगा वह अपने को बड़ी ही बेढब स्थिति में पावेगा।" अपनी टीका में कविश्री ने कवि-सुलभ जितनी स्वच्छंदता का उपभोग किया है, कवि-सुलभ शब्दों में, परोक्षरीति से, उतनी ही स्वच्छंदता वे दूसरों को भी देने के लिए तैयार हैं, अतएव हमें विश्वास

है, यदि उसी स्वच्छंदता से हम इस लेख को समाप्त करने की चेष्टा करेंगे तो महात्माजी के अमोल उपदेश और कविश्री की व्यक्ति-स्वतंत्रता दोनों से हमें लाभ होगा। अस्तु, अब हमारे लिए कोई भय की बात नहीं रही।

चरखे के विरोध में रवि बाबू की मजबूत पहली युक्ति यह है; वे कहते हैं—''सब आदमी एक साथ मिलकर मक्खियों की तरह एक ही नमूने का छत्ता बनाएँ, विधाता की यह इच्छा नहीं है। परंतु समाज-विधाता कभी-कभी ऐसी ही इच्छा प्रकट करते हैं। कार्य को सीधा कर लेने के लोभ से मनुष्यों को मिट्टी में मिलाते हुए उन्हें संकोच नहीं होता। वे पौधे छाँटनेवाली कल के भीतर मनुष्य-वनस्पति को घुसेड़कर बराबर नाप की हजारों पतली-पतली सलाइयाँ निकाल लेते हैं। वन्य वस्तु को इस तरह पण्य-वस्तु (बाजारू चीज) बना लेने पर वन के देवता तो चुप रहते हैं, परंतु मनुष्य-बुद्धि को काम निकालने के लिए मक्खियों की बुद्धि बना डालने पर, नारायण के दरबार में, हिसाब-निकास के दिन जुर्माने के मारे दिवाला निकल जाने का भय है।''

इसी तरह की पेचीदा (आलंकारिक बातें सर्वसाधारण के लिए पेचीदा हुआ करती हैं, क्योंकि सब लोग तो साहित्यिक हैं नहीं) बातों के लिए महात्माजी की पूर्व चेतावनी है कि अगर कोई कविश्री के शब्दों का सीधा अर्थ ग्रहण करेगा तो उसकी बड़ी ही बेढब स्थिति हो जाएगी। चरखे पर कविवर का सीधा अर्थ तो सामने है, परंतु अब देखना यह है कि इसका वह अर्थ जो सीधा नहीं है, क्या है और कैसा है। पहले ही कविवर विधाता की इच्छा पेश करते हैं, अपनी पुष्टि के लिए। कहते हैं, विधाता की यह इच्छा नहीं कि सब लोग मक्खियों की तरह एक ही नमूने का छत्ता बनाएँ। रवि बाबू यहीं से कलम चलाते हैं और यहीं से संदेह, भ्रम, तर्क, शास्त्रीय निरंकुशता आदि का श्रीगणेश होता है। अच्छा, रवि बाबू से कोई पूछे कि विधाता की यह इच्छा आपको मालूम कैसे हुई तो परमात्मा जाने, वे इसका क्या उत्तर देंगे। हिंदू-समाज के चार मुँहवाले विधाता उनके सामने आकर अपनी राय सुना गए थे या संसार के कल्याण के लिए ब्राह्म समाज के बिना हाथ, पैर, नाक, कानवाले परमपिता ने किसी ख़ास तरीके से यह ध्वनि अदा की थी, कुछ समझ में नहीं आता। यदि यह कवि की कल्पना की उड़ान नहीं, यदि इसमें उन्हें सत्य के रहने का गर्व है तो इसके सिद्ध करने के लिए बाध्य होकर उन्हें शास्त्रों की शरण लेनी पड़ेगी और वहीं से अपने सत्य-कथन का प्रमाण ढूँढ़ निकालना होगा; अन्यथा, उन्हें कहना पड़ेगा कि विधाता से उनकी प्रत्यक्ष बातें हुई हैं। यदि वे इसे अपना अनुभव कहें, तो अनुभव अज्ञानजन्य भी हुआ करता है।

विधाता नाम के एक अदेख कुछ पर अपनी विजय का सारा बोझ लादकर आप निश्चिंत भाव से समाज-विधाताओं को पराजय का फतवा दे डालते हैं। यहाँ हम आपकी उक्ति का पुनरुद्धरण न देंगे, अधिक जगह घिर जाने के भय से। समाज-विधाताओं पर यहाँ आप आक्षेप करते हैं; क्योंकि वे कार्य को सीधा कर लेने

के लोभ से अधिकसंख्यक मनुष्यों को अपनी कल्पना की कतरनी से बराबर काटकर उनकी वृद्धि को रोक देते हैं, इसलिए कि काम निकल जाए—वे कमजोर, दुबले-पतले अकर्मण्य हो जाएँ तो बला से—काम तो हासिल हो गया। यह एक दूसरी कल्पना है। यह आक्षेप उन लोगों पर है जो संघ-कर्म के पक्ष में हैं—संघ को ही जो लोग शक्ति मानते हैं—संघ-कार्य द्वारा ही संसार के बड़े-से-बड़े कार्य होते हैं, यह जिनका कहना है, उन्हें व्यक्तिगत स्वतंत्रता का पक्ष लेकर रवि बाबू नीचा दिखा रहे हैं—यह बेवक्त की रागिनी है। समाज-विधाताओं ने जहाँ कोई बात—कोई कानून समाज की उन्नति के लिए बनाया है और समष्टि को उसी के अनुसार चलने के लिए बाध्य किया है, वहाँ उन्होंने व्यक्तिगत शक्ति का नाश नहीं किया; समष्टिगत फायदे से हरएक व्यक्ति को फ़ायदा पहुँचाया है। यहाँ चरखे की ही बात लीजिए। महात्माजी जैसे एक समाज-विधाता हैं। वे भारतीय समाज को चरखा चलाकर अपना कपड़ा आप बना लेने का उपदेश देते हैं। इससे करोड़ों रुपयों की बचत और फायदा देश के निवासियों को है। इससे वे परावलंबी न रहेंगे। स्वावलंबी हो जाना ही शक्ति का सूचक है। इस तरह शक्ति-वृद्धि के साथ-साथ देशवासी स्वराज्य की प्राप्ति नहीं कर सकेंगे, यह कौन कह सकता है? अगर इससे समष्टि और व्यष्टि दोनों को फ़ायदा पहुँचता है तो निस्संदेह कहना पड़ता है कि रवि बाबू का सुबह के वक्त दीपक अलापना नहीं शोभा देता। जहाँ समष्टि की बात हो—जहाँ समवाद चर्चा हो वहाँ व्यष्टि का प्रसंग नहीं उठता।

इसी प्रसंग पर एक बात हम और कहेंगे। पहले हम कह आए हैं कि रवि बाबू की सारी विजय विधाता की इच्छा पर रखी हुई है और विधाता की इच्छा क्या है, क्या नहीं; इसे प्रमाणित करने के लिए आपको शास्त्रों की शरण लेनी पड़ती है, नहीं तो विधाता की इच्छा आपको कैसे मालूम हुई, इसका आप संतोषप्रद कोई प्रमाण न दे सकेंगे, उल्टा आप पर असत्य-भाषण का दोष लग जाएगा। अस्तु वेदों, उपनिषदों, शास्त्रों, या स्मृतियों में जहाँ कहीं आप विधाता की व्यक्ति स्वतंत्रता की इच्छा के प्रमाण निकालेंगे, वहीं अथवा उसी जोड़ के किसी दूसरे शास्त्र में आपको समष्टि-क्रम संघ-योजना के भी प्रमाण मिलेंगे। तब आप एक को मानकर दूसरे को कैसे नहीं मानिएगा? क्या उस दूसरी उक्ति को—दूसरे प्रमाण को समाज-विधाताओं का बनाया हुआ बतलाकर अपने प्रमाण को ही खास विधाता की उपज सिद्ध करने की चेष्टा कीजिएगा?

उद्धरण के अंतिम अंश में आपने समाज-विधाताओं से एक और मजाक किया है। जंगल की चीज को बाजारू बना लेने पर वनदेवता तो कुछ नहीं बोलते, पर मनुष्यों की बुद्धि को मक्खियों की बुद्धि बना डालने पर नारायण के दरबार में हिसाब-निकास के दिन जुर्माने के मारे दिवाला निकल जाने का भय है; कविवर के इस मजाक पर ध्यान दीजिए। आदमियों की बुद्धि को मक्खियों की बुद्धि (यानी

सब लोग एक ही तरह का छत्ता बनाएँ,—सब लोग एक ही लक्ष्य से काम करें) बनाने की उक्ति से आप फिर संघ-शक्ति और संघ-कर्म का विरोध कर रहे हैं, और विरोध कोई ऐसा-वैसा भी नहीं, आप इस तरह के संघकर्म को पापाचरण भी सिद्ध करते हैं, तभी आप नारायण के दरबार में पेश होते ही समाज-विधाताओं को (यहाँ महात्माजी जैसे पातकी को) जुर्माने का भय दिखा रहे हैं। और जुर्माना भी कोई मामूली नहीं—दिवाला, तौल में वह अपराध की गुरुता के बराबर ही होगा—क्योंकि रवि बाबू की तुला परमात्मा का दरबार देखते-दिखाते कमी-बेशी रहित हो चुकी है, अतएव अपराध को तौलकर निर्णय किया गया कि जुर्माना दीवाले से एक कौड़ी भी कम न होगा, यानी परमात्मा के दरबार से जब मुद्दालेह जुर्माने में अपना सर्वस्व खोकर लौटेगा, तब चार पैसे सत्तू खाने के लिए भी उसकी कमर में न रह जाएँगे। देखा आपने—संघ-कर्म की कितनी जबरदस्त सजा परमात्मा के यहाँ से मिलती है।

ध्यान दीजिए, पहले रवि बाबू ने विधाता की इच्छा जाहिर की थी, फिर उनकी इच्छा के दायरे से बाहर निकलकर कार्य करनेवालों को परमात्मा के दरबार में सज़ा भी दिलाई, सर्वस्व खोने की सज़ा। अब सोचिए कि सब आदमियों का, देश की दुर्दशा दूर करने के लिए किसी एक कार्य में सम्मिलित होना कितना भयानक पाप है। खैर, हमें पाप का भय नहीं, हम पुण्य उसे ही मानते हैं जिसमें अधिकसंख्यक मनुष्यों को लाभ हो—जिससे वे सुखी हों। यदि हम इकतीस करोड़ देशवासियों को भोजन-वस्त्र देकर महात्माजी को परमात्मा के दरबार में अपना सर्वस्व खो देना पड़ेगा, तो इसके लिए महात्माजी को तो कोई दुःख न होगा। उनके पास रखा ही क्या है जो परमात्मा उनसे छीन लेंगे, बल्कि जुर्माना करके परमात्मा उनसे एक अट्टहास के सिवा और कुछ न वसूल कर सकने के कारण अपने नष्ट अंतर्यामित्व पर खुद लज्जित होंगे—और महात्माजी को 'रवि बाबू के परमात्मा' के जेलखाने में कुछ दिन रहने की भी आवश्यकता है, क्योंकि कुछ सुधार वहाँ भी होना ज़रूरी है।

भोजन, वस्त्र और सादगी का उपाय बतलाकर महात्माजी ने हमारा जितना उपकार किया है, हमें कोमल कल्पना के अनेकों छंद-बंदों से चलकर भाव और भाषा की अगणित तरंगों पर चढ़ाते-गिराते हुए कवि-सम्राट रवीन्द्रनाथ ने भी उतना ही उपकार किया है। हमारे लिए दोनों ही आवश्यक हैं—दोनों ही हमारे अपने हैं। महात्माजी इस जीर्णजाति के प्राण हैं और कवि-सम्राट इसके गौरवमुकुट—इसकी जीर्ण दशा में भी अपनी ज्योति से संसार को चकित करनेवाले। दोनों की महत्ता के हम कायल हैं, किंतु फिर भी, विचार का प्रसंग छेड़कर हम युक्ति का साथ किसी तरह नहीं छोड़ सकते, और उसी के अनुसार हमें कहना पड़ता है कि 'विधाता' और 'परमात्मा का दरबार' ये दोनों शब्द रवि बाबू के 'चरखा' में युक्ति की पहुँच के बाहर हो गए हैं, अतएव मान्य नहीं। यदि इन्हें शास्त्रीय कहकर शास्त्रों को इनका प्रमाण बतलावें तो हम यह मानते हुए भी कि 'विधाता' और 'परमात्मा का दरबार' शास्त्र बहिर्भूत

नहीं, इतना अवश्य कहेंगे कि चरखा जैसे समष्टिगत विवेचन का महत्त्व, व्यक्तिगत अवनति का कारण मानकर घटाया नहीं जा सकता, अधिकन्तु, इस तरह की चेष्टा अनधिकार चेष्टा कहलाती है, क्योंकि यह समष्टिगत कार्य समष्टि के फायदे के लिए होता है और उस समष्टि का स्वरूप व्यष्टि को लेकर ही संगठित होता है, इस तरह उससे व्यष्टि को भी फायदा पहुँचता है।

जिस तरह एक जगह बंगाल का बड़प्पन गाते हुए रवि बाबू ने बंगाली दिमाग को सातवें आसमान पर चढ़ाने की चेष्टा की है, और बंगाली विवेचन पर कुछ आत्मप्रसाद के भी लक्षण प्रकट किए हैं, उसी तरह इस जगह हमें लिखना पड़ता है कि रवि बाबू जैसे अपने समय के सर्वश्रेष्ठ बंगाली लेखक 'विधाता' और 'ईश्वर' पर इतना अधूरा विचार रखते हैं कि बात-बात पर उनका उल्लेख ठीक उसी तरह करते हैं जैसे धूल खेलते हुए बच्चे हर बात पर 'राम दुहाई' और 'खुदा कसम' आदि कहकर अपने अज्ञान को ईश्वर के अस्तित्व का साक्षी साबित करने लगते हैं, और इस तरह 'राम' और 'खुदा' शब्द के अनर्गल प्रलाप में एक बहुत बड़े सत्य को चिरकाल के लिए बहा देते हैं। बतलाइए प्रसंग तो है चरखे का, इसमें रवि बाबू अगर अपनी राय न लिखकर विधाता की असम्मति जाहिर करने लगें—चरखा चलाने वालों को खुद दंड न देकर परमात्मा के दरबार में उन्हें दंड दिलावें तो इस तरह की बेबुनियाद बातों पर किसी का कब तक धैर्य रह सकता है? क्या विधाता और ईश्वर से चरखे के संबंध में कविवर की कोई बातचीत हो चुकी है? —अथवा ईश्वर ने चरखे के प्रस्ताव पर अपनी नामंजूरी के दस्तखत करके, प्रचार के लिए सीधा उसे कविवर के पास रवाना कर दिया है जो इसके संबंध में विधाता की राय और ईश्वर के दरबार का उल्लेख करते हुए आपको ज़रा भी संकोच नहीं हुआ?

संभव है 'विधाता' और 'परमात्मा का दरबार' इन दोनों शब्दों का उल्लेख कविवर ने उसी खयाल से किया हो, जिसमें आकर वे अक्सर कविताएँ लिखा करते हैं, यानी जिस तरह उनकी कविताएँ विश्व-भावना के साथ मिली हुई व्यापक होती हैं—किसी देश, काल या समाज की बाधा में रहकर संकीर्णता के परिणाम पर आँसू नहीं बहातीं—सारांश यह कि जिस तरह संपूर्ण विश्व कवि की कल्पना का लीला-क्षेत्र बन जाता है उसी तरह उनके 'चरखा' लेख का 'विधाता' और 'परमात्मा का दरबार', ये दोनों शब्द भी विश्व-व्यापकता को अपने साथ लिए हुए अपने शब्दगत अर्थों से विश्वजनीन किन्हीं खास भावों के उत्पादक या जनक हों—यद्यपि विधाता का प्राचीन और शब्दगत अर्थ कवि के काल्पनिक इस विषय की सच्ची सत्ता से कदाचित् अधिक बड़ा और अधिक व्यापक है। यदि दर्शन की भाषा में इस विश्व के विधानकर्त्ता को ही हम कविवर का विधाता मान लें तो साथ ही हमें उसी परिभाषा में यह भी मानना पड़ता है कि इस विश्व के किसी एक देश के मनुष्यों के मंगल के लिए सोचा हुआ उपाय विधाता का ही विधान होगा। इस तरह एक ही उपाय

क्यों, व्यष्टि और समष्टि के मन में विधानों के जितने आवर्तन, परिवर्तन और अनुष्ठान होते हैं और तर्क-वितर्क करते हुए अंत में विलीन जितने भी विधान आते-जाते हैं, सब इस विश्व के विधाता की ही कल्पना की सृष्टि और प्रलय होंगे। फिर विधाता की विधि और समाज-विधाता की विधि में कोई अंतर नहीं रह जाता, समाज-विधाता की विधि भी विधाता की ही विधि सिद्ध होती है, जबकि न तो समाज-विधाता का ही मन विश्व-मन से अलग कोई वस्तु है और न समाज ही विश्व से अलग कोई चीज़ है। इस दृष्टि से कविवर का विधाता की एक अलग इच्छा मानना और समाज-विधाता की एक इच्छा अलग, अवैज्ञानिक जान पड़ता है। जब विधाता की परिधि में तमाम संसार आ जाता है, तब तमाम संसार के मन की विभिन्न सृष्टि को विधाता की ही सृष्टि कहना होगा और अपनी दरिद्रता दूर करने के लिए अपने कपड़े आप बना लेने का विधान जबकि देश के अधिक मनुष्यों को जँच गया है, तो इसे विधाता का ही विधान मानना चाहिए और उसी दृष्टि से, जिससे न तो भारत विश्व से अलग कोई वस्तु है और न यह विधान ही विश्व-मन की कल्पना से कोई अनोखी सूझ। दर्शन की जिस उदारता से महाराज दुर्योधन जैसा पतित भी 'अहं यंत्रं भवान् यन्त्री' कहकर दोषों से मुक्त हो जाता है और इस तरह अपने किए हुए कुल कुकृत्यों को परमात्मा के सिर लाद देता है, फिर क्या कारण है कि इकतीस करोड़ भारतवासियों के बचने का उपाय बतलाकर, पुण्य अर्जन करने पर भी महात्मा गांधी के नाम कविवर रवीन्द्रनाथ का सम्मन परमात्मा के दरबार में ले चलने के लिए जारी हो जाता है? भय यह दिखलाया गया है कि तुमने सब आदमियों से एक ही तरह का काम क्यों करवाया—उनकी बाढ़ मार दी। दर्शन कहता है, बाढ़ इन्होंने नहीं रोकी, यदि चरखा चलाने के लिए कोमलांग भारतवासियों का पनपना कुछ दिनों के लिए कम हो गया है, तो इसके लिए उत्तरदायी महात्मा गांधी नहीं हैं, किंतु हैं वे, जिन्होंने इसका ग्रहण किया—चरखा चलाया और सूत काता, क्योंकि, कर्म के रूप में जो चीज़ महात्मा गांधी के पास है, वही इस भारत के दूसरे मनुष्यों के पास भी है, ऐसी दशा में एक के अपराध से दूसरा क्यों जेल जाए? अपराध तो किया लोगों ने चरखा चलाया (कविवर के काल्पनिक मत से) और परमात्मा के दरबार में जाएँ महात्मा गांधी! अजीब विचारधारा है! यदि थोड़ी देर के लिए मान भी लिया जाए कि चरखा चलाना पाप है, तो भी यह सिद्ध नहीं होता कि उसकी योजना (चूँकि यह पाप है इसलिए) महात्मा गांधी या एक समाजविधाता द्वारा हुई है,—और खासकर उस दशा में पाप, जबकि विश्व का समष्टिगत प्रश्न 'विधाता' के सामने हो। कविवर के विधाता की सृष्टि में पाप नहीं रहता। यदि रहता तो पाप करने के कारण समाज-विधाता या महात्मा गांधी ईश्वर के दरबार तक घसीटे न जाते। कविवर का विचार यहाँ भी अशास्त्रीय है, क्योंकि सृष्टि पाप और पुण्य, जड़ और चेतन दोनों के योग से होती है, केवल पुण्य या केवल चेतन से कभी सृष्टि का कारखाना चल

नहीं सकता। और यदि पुण्य नाम की किसी अच्छी चीज़ की सृष्टि के लिए कविवर विधाता के इतने कृतज्ञ हैं, तो पाप की सृष्टि करने के लिए चाहिए कि वे उतने ही उनके अकृतज्ञ भी हों और यहाँ जो यह सोच रखा है कि बुरे की सृष्टि करते हैं लोग और भले की सृष्टि खास विधाता, यह बिलकुल कमजोर खयाल है—बच्चों का चरखा चलाना यदि बुरा कर्म है—संघ-कर्म यदि व्यक्ति की बाढ़ रोकनेवाला है, तो इसके लिए भी—विधाता को ही दोषी समझें जिसकी व्यापकता के अंदर ही एक विशेष समिष्टमत में यह खयाल दौड़ रहा है। जब हम पढ़ते हैं—

बन्दौं विधि-पद-रेणु, भव-सागर जिन कीन यह।
सन्त, सुधा, शशि, धेनु, प्रगटे खल, विष वारुनी ॥

तब विधाता का सच्चा अर्थ और उनके कार्य हमारी समझ में चुस्त बैठ जाते हैं और चरखा जैसे कार्य के लिए परमात्मा के दरबार का भय जाता रहता है।

व्यक्तिगत इच्छा को महत्त्व देते हुए कविवर अपने बाल्य-जीवन की एक घटना का उल्लेख करते हैं। लिखते हैं—"बचपन में जगन्नाथ घाट (कलकत्ता) में जल-विहार के लिए हम जाते थे, तब अलग-अलग कितनी ही डोंगियों के मल्लाह हाथ पकड़कर अपनी-अपनी ओर खींचते थे। परंतु किसी एक के लिए जब अपनी रुचि जाहिर की जाती थी, तब इसके लिए किसी से शासन का भय न रहता था। क्योंकि डोंगियाँ बहुत-सी थीं और उनके गम्य स्थान भी जुदा-जुदा बहुत-से थे। परंतु यदि देश पर तारकेश्वर का-सा कोई स्वप्न रहता कि तारण के लिए बस एक ही डोंगी पवित्र है, उनके प्रबल पंडों की जबरदस्ती फिर कौन रोक सकता था? इधर मानव-चरित् घाट पर खड़ा हुआ रोता और कहता—ओ पहलवान! किनारा एक भले ही हो, परंतु घाट जो बहुत से हैं—कोई उत्तर की ओर है, कोई दक्षिण की ओर।"

इसका अभिप्राय प्रथम और सीधा व्यक्तिगत स्वतंत्रता है। हम पहले कह चुके हैं कि समष्टिगत फायदे के प्रसंग पर व्यक्तिगत अड़ंगा लग नहीं सकता। यदि कोई उस संघ-कर्म का विरोध करना चाहे तो उसे समष्टि के विचार से ही विरोध करना होगा, अन्यथा एक-दूसरे केंद्र से विचार करना विचार की सीमा से बाहर हो जाता है। उसे लोग दुष्ट तर्क कहते हैं। यदि दो पहलवान अपनी शक्ति का फैसला करना चाहें तो उन्हें एक ही अखाड़े में लड़ना होगा। दोनों अगर अलग-अलग अखाड़े से ताल ठोंकते रहें तो उससे कभी उनकी बल-परीक्षा हो नहीं सकती। जल-विहार के अभिलाषी बालक रवीन्द्रनाथ अनेक नावों में से एक को चुनकर इच्छानुसार उस पर सैर कर सकते हैं, इससे रवीन्द्रनाथ की व्यक्ति-स्वतंत्रता किसी को बाधा नहीं पहुँचाती, न उनके घरवालों को और न बाहरवालों को, और नाववालों को भी इस स्वतंत्रता से कोई नुकसान नहीं पहुँचता, वे जानते हैं, एक रवीन्द्रनाथ कभी पचास नावों पर एक साथ नहीं चढ़ सकते और न उस स्थल पर वे उतनी नावें किसी एक जगह जा सकती हैं। वहाँ जितने यात्री आते हैं, उनकी व्यक्ति-स्वतंत्रता इसी तरह की संकीर्ण

है, वे अलग-अलग लक्ष्य पर पहुँचना चाहते हैं और उनका मनोभिलाष पूर्ण होता है। मल्लाह जो आग्रह करते हैं, वह दूकानदारी है। मल्लाहों के इस आग्रह के साथ रवि बाबू उस आग्रह की तुलना करते हैं जो चरखा चलाने में उत्साह-प्रकाश करने के लिए सर प्रफुल्लचंद्र राय जैसे प्रतिष्ठित बंगाली विद्वान् उनसे किया करते हैं। देखिए कैसी तुलना है! एक ओर मल्लाहों के आग्रह में दूकानदारी और दूसरी ओर चरखा चलाने के आग्रह में देश-भक्ति, प्रपीड़ित करोड़ों नरनारियों के भोजन-वस्त्र का उपाय, दोनों में कैसी समता है! और रवि बाबू की तुलना भी कैसी जँची-तुली हुई है। मल्लाहोंवाली घटना के साथ एक बात आप और कह जाते हैं, वह यह कि, अनेक मल्लाहों का आग्रह होते हुए भी, पूरा एक ही का आग्रह होता था, परंतु उस समय एक की आग्रहपूर्ति करने के कारण दूसरों से हमें किसी प्रकार के शासन का भय न था अर्थात् इस समय चरखे के प्रचार पर सहानुभूति न रखने के कारण जिस तरह के आक्षेप कविवर पर किए जा रहे हैं, उस तरह के आक्षेप या शासन का भय मल्लाहों से न था। मल्लाहों के आक्षेप करने-कराने का कोई कारण न था, क्योंकि अनेक मल्लाह अपनी-अपनी नावों पर चढ़ाने के लिए एक साथ आग्रह करने पर भी, यह जानते थे कि वे अगर जाएँगे, तो एक ही नाव पर जाएँगे, एक आदमी सब नावें किराए पर नहीं ले सकता है; परंतु देशवासी अगर चरखा न चलाने या उसके लिए लोगों को उत्साहित न करने-कराने के कारण आप पर आक्षेप कर रहे हैं तो यह आक्षेप न्याय की परिधि के भीतर ही होता है, क्योंकि इसके साथ समष्टि के फायदे का प्रसंग आता है, और इसके न करने पर समष्टि के फायदे को बाधा पहुँचती है, इसीलिए अधिकांश लोग आप पर आक्षेप करते हैं। मल्लाहों के साथ देशवासियों की तुलना हो ही नहीं सकती। वहाँ है आपकी व्यक्ति-स्वतंत्रता और यहाँ समष्टि की स्वतंत्रता पर विचार होता है। बड़े दुःख की बात है, आप विश्व-विश्रुत, अपने समय के श्रेष्ठ कवि होकर भी, विचार करते समय अपनी तुलना इतनी कमजोर बना डालते हैं।

रवि बाबू के उद्धरण के अंतिम अंश में व्यक्ति-स्वतंत्रता पर एक और उक्ति है, उक्ति क्यों, एक और मजाक। आप कहते हैं, अगर तारकेश्वर के अनेक स्वप्नों की तरह एक यह भी स्वप्न होता कि पार करने का काम बस एक ही डोंगी कर सकती है यानी चरखा जैसे एक ही कार्य से देशोद्धार होगा यह बात लोग जिस तरह कहते हैं, उसी तरह अगर किसी एक डोंगी के लिए तारकेश्वर स्वप्न में आकर कहते कि बस एक ही डोंगी पार उतारने में समर्थ है, तो इससे पंडों या मल्लाहों की जबरदस्ती हरगिज़ न रोके रुकती, अर्थात् मनुष्यों की व्यक्तिगत स्वतंत्रता पर पंडे या मल्लाह जबरन अधिकार करने का प्रयत्न करते, कि बस इसी डोंगी पर चढ़कर पार उतरो। अनेक आदमियों के गम्य-स्थान भी अपने ही होते हैं, परंतु अगर मल्लाहों को यह अधिकार मिल जाता तो वे कदापि इस पर विचार न करते, फल यह होता

कि मानव-चरित वहीं घाट पर नदी के किनारे खड़ा हुआ आँसू बहाया करता। यहाँ आप चरखे का कितना बड़ा विरोध करते हैं, ध्यान दीजिए आपकी इस उक्ति में, चरखे की जगह बहुत स्पष्ट रूप से डोंगी है, पार उतारने की बात से है देशोद्धार की ओर इशारा, डोंगी के पंडे या मल्लाह हैं चरखे के प्रचारक महात्माजी और उनके अनुयायी। जबरदस्ती है स्वेच्छाचार—पाप, अनेक आदमियों के अनेक गम्य स्थानों से आपका मतलब है व्यक्तिगत स्वतंत्रता, और इस तरह के लचर प्रमाण का उद्देश है चरखा-जैसे संघ-कर्म का विरोध और आप मानव-चरित्र को घाट पर खड़ा करके, (देव-स्वप्न-प्राप्त) मल्लाहों की जबरदस्ती के लिए, रुलाते हैं। यहाँ जिस तरह आप अनेक आदमियों के अनेक लक्ष्य बतलाते हैं, उसी तरह क्या आप यह नहीं सोच सकते कि अनेक आदमियों का एक लक्ष्य भी हुआ करता है। जिस तरह अनेक डोंगियों पर चढ़कर अनेक आदमी अनेक स्थानों की यात्रा करते हैं उसी तरह गंगासागर के मेले में या इसी तरह के किसी एक लक्ष्य पर पहुँचने के लिए अनेक आदमी अनेक डोंगियों पर चढ़कर भी एक ही जगह की यात्रा करते हैं। यहाँ जिस विषय के विरोध के लिए आपने यह कल्पना लड़ाई है, ज़रा उस पर भी ध्यान दीजिए। वह भोजन-वस्त्र का सवाल किसी एक के लिए नहीं है, अनेकों को उसके हल करने की आवश्यकता है—सिर्फ आप जैसे जमींदारों को छोड़कर। अतएव अनेक मनुष्य एक ही लक्ष्य के यात्री हैं, अनेक मनुष्य अपने भोजन-वस्त्र का सवाल हल करना चाहते हैं, इस अनेक की आवश्यकता का खंडन एक से नहीं हो सकता। सच तो यह है कि इससे विरोध स्वतंत्रता के विरोध के लिए जगह भी नहीं है, क्योंकि हरएक व्यक्ति को इसकी आवश्यकता है, और हरएक व्यक्ति की आवश्यकता मिलकर ही समष्टि की या देश की एक व्यापक आवश्यकता हुई है; अतः यहाँ आपका व्यक्तिगत स्वतंत्रता का विरोध कहाँ ठहरता है? दरअसल जिसे आप व्यक्तिगत स्वतंत्रता कहकर चरखे का विरोध करना चाहते हैं, वह स्वतंत्रता के नकाब में ढकी हुई घोर परतंत्रता और हठधर्मी है जबकि उससे व्यक्तिगत फायदे के बदले नुकसान होता है—असंगठित रहने के कारण। शक्ति का ह्रास होने के कारण, खिचड़ी अलग पकाने के हठ के कारण। हर जगह, हर पंक्ति में, अक्षर-अक्षर में आपने एकमात्र इसी व्यक्तिगत स्वतंत्रता की आड़ लेकर चरखा जैसे देश के एक महत्त्वपूर्ण व्यापक उद्धार-कार्य का विरोध किया है। एक जगह यह भी लिखा है कि चरखे से स्वराज मिलेगा, ऐसी बात बहुतेरे कहते हैं, परंतु जिन्होंने साफ-साफ समझा है, ऐसे पुरुष से आज भी मेरी मुलाकात नहीं हुई। महात्मा गांधी कितने ही बार मिल चुके हैं, परंतु कविवर को फिर भी चरखे का महत्त्व कोई समझा नहीं सका। महात्मा गांधी के व्यक्तित्व के साथ कविवर रवीन्द्रनाथ का व्यक्तित्व किस तरह लड़ रहा है, देखिए।

शरीर अस्वस्थ हो जाने के कारण रवि बाबू के 'चरका' की समालोचना इधर कई मंजिल पिछड़ गई, अब तक वह ऐन मुकाम पर पहुँच गई होती। खैर। मैं अपने

साहित्य-संगीत-कला प्रवीण मित्रों को सहर्ष धन्यवाद देता हूँ, जिन्हें मेरी व्याधि-शय्या के पास बैठे हुए भी, मेरी अवस्था पर उतनी सहानुभूति नहीं हुई, जितना दुःख समालोचना की त्रिशंकु-गति पर हुआ।

बहुत छोटी-सी एक बात और, फिर अभी मैं समालोचना के प्रसंग पर आता हूँ। गांधी-रवीन्द्र-विवाद पर 'भारती' की सुयोग्य संपादिका श्रीमती सरला देवी चौधरानी की कुछ टिप्पणियाँ मैंने उसी (अस्वस्थ) अवस्था में पढ़ी थीं। एक का शीर्षक है 'कवि ओ कर्मीर लड़ाई' और एक दूसरी है 'गुरु-गंजना'। 'भारती' के इसी अंक में (वैशाख, ज्येष्ठ और आषाढ़ की शायद यह संयुक्त संख्या है और निकली है शायद अगहन में) रवीन्द्रनाथ का 'चरका' लेख भी 'सबुज पत्र' से उद्धृत होकर 'रविरश्मि' शीर्षक की शोभा बढ़ा रहा है। एक लेख तब तक 'सबुज पत्र' में उनका और निकल चुका था—'स्वराज्य-साधन', यह भी उसी शीर्षक के नीचे शोभायमान है।

मैं 'श्रीकृष्ण संदेश' के धर्मधुरंधर धीर पाठकों से क्षमा प्रार्थना करके इस अंक में रवि बाबू के उस लेख की समालोचना न करूँगा, किंतु 'भारती' संपादिका की गांधी-रवीन्द्र-युद्ध में क्या सम्मति है, सूचित करने की चेष्टा करता हूँ और रवि बाबू के 'स्वराज्य-साधन' में कौन-कौन से सोपान आए हैं, उनकी गणना, हो सकी तो फिर कभी या अन्यत्र कहीं करने का प्रयत्न करूँगा।

देवीजी मेरी मातृजातिवाली और भारत की जेठाईवाली श्रद्धा की दृष्टि से मेरी माता के पद पर समासीन हैं। मुझे बड़ा ही दुःख है कि इच्छा के न रहते हुए भी कई कारणों से विवश होकर मुझे उनकी समालोचना के विरोध में कुछ लिखना पड़ रहा है। मैं यह विरोध हरगिज न करता अगर यू.पी. में रहकर अपने दूसरे शिक्षित भाइयों की तरह मैं भी प्रांतीयता-बू-विवर्जित हो गया होता; परंतु नहीं, भाग्य में तो बंगाल का रहना बदा था, यू.पी. का सौभाग्य कहाँ से प्राप्त होता? बंगाल में रहने के कारण एक उन्नति मेरी जरूर हुई। बंगालियों के संसर्ग से प्रांतीयता का जहर मेरी नसों में खूब फैल गया और नशे में बेहोश कर देने की जगह बेतरह मुझे सजग कर देने लगा—हर वक्त—बंगालियों की एक-एक चाल में। बंगालियों से फायदा मुझे यही हुआ। आपकी हर एक पेचीदा बात आसानी से सुलझा लेने लगा।

मैं अब तक यह समझता था कि पंजाब में रहकर श्रीमती सरला देवी के खयालात बहुत कुछ बदल गए होंगे। मैं उदारता के संबंध में उनसे बहुत बड़ी आशा रखता था और यदि भूलता नहीं तो शायद यही हैं, जिन्होंने किसी बंगाली महाशय को, उनके बंगाल मात्र के यशोगान के लिए (वह स्वभाव बंगालियों के लिए उसी तरह सहज है, जैसे जीवों की धड़कन; 'सप्तकोटिकंठ' 'द्विसप्तकोटिभुजैः'—याद कीजिए, ये हैं बंगाल के साहित्य-सम्राट् बंकिमचंद्र) धिक्कारा था। आपके प्रति मेरे जो विचार थे, चूर-चूर हो गए, जब बंगाल और गुजरात के संघर्ष में, रवीन्द्र-गांधी-समर में, आपकी आवाज रवीन्द्रनाथ की ओर से उठी।

मैं यह नहीं कहता कि गांधीजी निर्दोष हैं और रवीन्द्रनाथ सदोष। मेरी दृष्टि में, ज़हर दोनों में है और अमृत भी दोनों में है। मुझे समय नहीं मिला कि समालोचना में गांधीजी का ज़हर भी निकालकर जनता के सामने रखता। बीमारी ने मुझे लाचार कर दिया था। आज जब लिखने बैठा, तब सबसे पहले आप के ही संबंध में लिखने की इच्छा हुई। मैं गांधी और रवीन्द्रनाथ से आपको बढ़कर मानता हूँ, कारण पहले कह चुका। इस विवाद का फैसला अगर आप अपने स्वाभाविक हृदय-धर्म की ओर से करतीं तो मुझे—मुझे ही क्यों, मेरे जैसे करोड़ों को—कितना आनंद मिलता कि क्या कहूँ? आपने जहाँ कुछ बातें सच लिखी हैं, वहाँ विकार भी बहुत कुछ निकल पड़ा है—कविवर रवीन्द्रनाथ का पक्ष लेने पर। आपका यह कहना बहुत ठीक है कि गांधीजी रवीन्द्रनाथ का प्रबंध पढ़कर खुद उत्तेजित हो गए थे और इसीलिए उत्तेजनाशांति के बाद उन्होंने उत्तर लिखना उचित समझा। गांधीजी का यह कहना कि लोगों में उत्तेजना फैल जाने के कारण, मैं जो कुछ लिखता, धैर्य-पूर्वक लोग न पढ़ सकते, आपके कथनानुसार मुझे भी ग़लत जान पड़ता है। उनकी और भी गलतियाँ हैं, मैं जो कुछ भी समझता हूँ, फिर अर्ज़ करूँगा। लेकिन आपसे प्रश्न है कि क्या रवीन्द्रनाथ की कोई गलती आपको नहीं मिली जो आपने लिखा—"विश्वकवि की सर्वतोमुखी किरणच्छटा उनके विचारों में फूट फैल रही है।" इस किरणच्छटा को हम यथार्थ गुण समझें या आपके द्वारा किया गया एक व्यर्थ विज्ञापन? और भी आपने लिखा है कि यह कवि और कर्मी की पहली लड़ाई नहीं है। ...गुजराती साहित्य-रथियों द्वारा आमंत्रित होकर बंग के (अब विश्व के नहीं) रवीन्द्रनाथ ने अहमदाबाद में (1920 में) भाषण दिया था, गुजरात के (बंग और गुजरात इन दोनों के उल्लेख से शायद आप भेदात्मक टिप्पणी कर रही हैं) गांधी उनसे सहमत नहीं हो सके। ...सभा मंच में ही मत-विरोध प्रकट हुआ। ...एकाध दफा नहीं, जहाँ तक स्मरण है, दो-तीन बार ...कर्मी को सविनय शिष्ट लेखों द्वारा अपना सुधार कर लेना पड़ा था। (क्या यह रवीन्द्रनाथ की प्रशंसा में नहीं लिखा गया?)

गांधीजी शायद रवीन्द्रनाथ को गुरु या गुरु के समान मानते हैं। इसीलिए देवीजी की टिप्पणी का शीर्षक है, 'गुरु-गंजना'; यानी गुरु की ग्लानि। आप लिखती हैं—"महात्मा पदवीवाले गांधी को अपने तूणीर में गंजना शब्द मौजूद रखना पड़ता है। यह क्या है—समालोचना है या एकतरफा डिगरी? गुरु का सुधार उनकी गंजना या (ग्लानि करके किया जा सकता है, यह बात सर्वसम्मत न होने पर भी यह निश्चय है कि गुरु की गंजना गांधीजी द्वारा की गई) कवि की समालोचना से बढ़कर निरंकुश होने का दावा रखती है, यह महात्मा गांधी ने अच्छी तरह साबित कर दिया है—बहरामपुर कालेज में बंगाली छात्रों के मर्मस्थल को आघात पहुँचाकर।"

यह रामपुर कालेज में महात्मा गांधी द्वारा की गई निरंकुशता बड़े विचित्र ढंग की है। पहले तो समझ में नहीं आया कि यह सत्योक्ति निरंकुशता कैसे हो गई;

लेकिन ब्रह्म-सूत्रों के उलझनदार अर्थ की तरह, यह भी समझ में आ गई जब बड़ी देर तक इसके कारण की तलाश की। बड़ी हँसी आई। देवीजी ने गांधीजी को निरंकुश सिद्ध करने का कारण भी खूब ढूँढ़ा। उन्हें किसी तरह गांधीजी को निरंकुश सिद्ध करना ही था; क्योंकि, कविजनोचित निरंकुशता के साथ, विश्वकवि रवीन्द्रनाथ पर भी निरंकुशता-नील का टीका लग चुका था, और किसी तरह देवीजी को इसे धोना था, सो सप्रमाण खूब कोशिश की। धुल जाए तो रवीन्द्रनाथ का भाग्य, न धुले तो अपने घर में मन समझाने के लिए काफी समय है—बैठे-बैठे कहा करेंगी—लोगों में प्रतिवाद समझने की योग्यता है ही नहीं। चलो, बेड़ा पार है—मझधार से तो आखिर निकल चुका?

गांधीजी की निरंकुशता का आधार यह है :—बंगाल में जिन दिनों आप दौरा कर रहे थे, उन्हीं दिनों बहरामपुर कालेज भी गए थे। छात्रों ने बड़ी आवभगत की। संसार के सर्वश्रेष्ठ पुरुष के घर बैठे दर्शन प्राप्त कर, बिना कुछ उपदेश लिए भला वे उन्हें कैसे छोड़ते? उपदेश देने की अर्जी-मर्जी अवश्य ही सिद्धि तक पहुँची। लेकिन महात्मा गांधी से एक बहुत बड़ी चूक हो गई। वे बंगाली विद्यार्थियों के मस्तिष्क की तारीफ करना भूल गए। शायद आवेश में थे, शिकायत करने लगे। आपके कथन का अभिप्राय यह है—

मैं बंगाल में दौरा कर रहा हूँ। मैंने सुना है...कालेज-विद्यार्थियों के दूषित जीवन के मेरे पास आक्षेप आ चुके हैं। यह शिकायत खासकर बंगाल के विद्यार्थियों पर है। बात यह कि कुछ दिन पहले, एक हिंदू विधवा से मेरी मुलाकात हुई। वह कोई साधारण स्त्री नहीं है। पढ़ी-लिखी है और कांग्रेस के कामों में मदद करती है। इससे उसकी शिक्षा का अनुमान कर लो। उसके कई लड़कियाँ हैं, उनका विवाह अभी नहीं हुआ, अभी होना भी नहीं चाहिए। उन लड़कियों का बाहर निकलना मुश्किल हो रहा है। लड़कियों की माता ने कहा, कलकत्ते के विद्यार्थियों की लोलुप दृष्टि से बचाने के लिए मैं अपनी लड़कियों को कहीं छिपा रखना चाहती हूँ, मुझे कोई ऐसी जगह बताइए।

श्रीमती सरला देवी को, गांधीजी की निरंकुशता, इस भाषण में, कहाँ मिली, आप यह भी देख लीजिए, गांधीजी को उस माता की बात पर विश्वास हो गया। यही गांधीजी की निरंकुशता है।

कविवर श्री रवीन्द्रनाथ को एक डर बड़ा जबरदस्त लगा रहता है। अपने 'चरका' में आपने भारत की जातीय प्रथा को जिस तरह चरखा किया है, हमें देखकर उसकी दुर्दशा पर आँसू आ गए। आप स्वयं ब्राह्म-समाज के एक नामी सुधारक हैं। जान पड़ता है, आप ब्राह्म-समाज का चश्मा लगाकर, उसी लांग-साइट और शार्ट-साइट से देखते हुए, भारत की जातीय प्रथाओं की जाँच-पड़ताल कर रहे हैं, जो बात ब्राह्म-समाज में नहीं, वह संसार के लिए घोर अकल्याणकर, और जो है, वह संसार

के लिए महामंगलप्रद है, यही है आपके इस विरोध या युक्ति के अंदर की छिपी हुई सच्ची राय।

आप कहते हैं, भारत मृत्यु की ओर बढ़ रहा है। उसमें समीकरण लक्षण जोर पकड़े हुए हैं। समीकरण-धर्म से आपका मतलब है, बहुत से आदमियों के सिपुर्द कोई खास काम कर देना, और इस तरह उन बहुत से आदमियों का उसी काम के अंदर उन्नति-अवनति, जागृति-सुषुप्ति, जीवन-मृत्यु के स्वप्न देखते रहना, यानी उससे किसी तरह मुक्ति न पाना; यह हुआ समीकरण-धर्म और इसको माननेवाली प्रायः सभी जातियाँ हुईं समीकरण-धर्म की अनुयायिनी अथवा मृत्यु के अंधकार-द्वार की ओर बढ़नेवाली। आप यह धर्म नहीं पसंद करते। अगर यह धर्म न रहा तो पाठक, समझिए कि क्या रहता है? इसका उल्लेख कविवर ने नहीं किया, यह अंदाजन समझना होगा। यानी रहा ब्राह्म-धर्म!!! महाकवि ने कैसी पहेली कही!

कविवर का यह अंश पढ़िए तो जान पड़ेगा कि उनकी बुद्धि का घोड़ा डबल मार्च या क्विक मार्च दौड़ रहा है, परंतु पश्चिमी सिद्धांतों पर ही चक्कर काटता हुआ चला जाता है, कहीं ठहरता नहीं। अंत में समझ लेना पड़ता है कि पश्चिमी प्रथा के अनुसार बने हुए ब्राह्म-समाज के अस्तबल में यह घोड़ा जाकर ठहरा, और वहीं भारत के जातीय कल्याण को भी घोड़े का अनुसरण कराते हुए, अलक्ष्य रीति से कविवर ले गए; खूब!!!

पाठक पूछ सकते हैं कि इस जातीय प्रसंग, समीकरण धर्म आदि के साथ चरखे का क्या संबंध है; यह तो यहाँ अप्रासंगिक सा जान पड़ता है। हम पाठकों से कुछ देर धैर्य धारण करने के लिए अनुरोध करते हैं। प्रसंग आगे खुल जाएगा।

कविवर जातीय प्रथा के विरोधी हैं। यह उनका अपना धर्म भी है। उनके समाज में जातीय प्रथा नहीं। परंतु ब्राह्म-समाज की शाखाओं पर हम विचार करेंगे तो ऐसी ही एक बात पैदा होगी। क्यों वे शाखाएँ अलग हुईं। यदि जातीय-महत्त्व नहीं, तो प्रभाव-महत्त्व अवश्य आ जाएगा, फिर विशिष्टता-महत्त्व। यह यूरोप की प्रथा है। वहाँ भी जाति-पाँति नहीं है। परंतु धन और मर्यादा का काफी खयाल रहता है, किसी लार्ड घराने की लड़की किसी चमार से विवाह नहीं करती, न कोई बड़ा आदमी अपने से मरजाद के छोटे किसी दूसरे को एक टेबिल पर लेकर खाना खाता है।

हमारी जाति-प्रथा मनुष्यों का सर्वश्रेष्ठ श्रेणी-विभाग है। क्योंकि हरएक जाति में शास्त्र, नारायण का अंश बतलाता है। जाति की निन्दा भी कहीं नहीं की गई। जाति निंदनीय नहीं, इस समय उसके साथ दूसरी जातियों का बर्ताव निंदनीय है। और चूँकि यह अज्ञानजन्य है, इसलिए हमें दृढ़ आशा है कि भारतीय शिक्षा के साथ, दृढ़ मस्तिष्कवाले इस बुरे बर्ताव को दूर कर देंगे। विलायती भाव को ही लीजिए तो कार्पेण्ट्री, बाटेनी आदि के कारीगर विद्वानों को देशी भाषा में बढ़ई, लोहार, दर्जी, माली आदि ही कहेंगे। आप इंजीनियर कहें तो कहें, हम उसे बढ़ई कहते हैं, लोहार

कहते हैं तो हमारा अपराध? हाँ, बढ़ई, लोहार शब्द से हमें घृणा नहीं, न उस मनुष्य से है। किंतु हम उसे उसी तरह परमात्मा का अंश समझते हैं, जिस तरह एक मुक्त महात्मा को और श्रुति-पाठ-रत निर्लोभ ब्राह्मण को। अगर कोई पूछे कि ब्राह्मण को परमात्मा का सिर और बढ़ई को पैर क्यों समझते हो—फर्क तो समझ में यहीं आ गया, इसका उत्तर यह है कि दर्शनशास्त्र में सिर और पैर का भेद ही नहीं माना गया। बात यह भी नहीं कि पैरवाले को सिर की पूजा न मिली हो। इतिहास देखो, रैदास, कबीर, सदन ये सब कौन थे? क्या इन्हें परमात्मा के सिर कहलाने वाले ब्राह्मणों की, कदाचित् उनसे बढ़कर योग्यता दी गई? और तारीफ यह कि जाति-पाँति की प्रथा के ये बहुत बड़े प्रमाण थे। क्या रैदास ने अपना काम छोड़ा या कबीर ने छोड़ा?

ये चाहते तो रवीन्द्रनाथ से कहीं बढ़ा-चढ़ा विरोध पैदा कर सकते थे। परंतु जातीय जीवन को इन महापुरुषों ने समझा था। भारत की मिट्टी भी पहचान गए थे। यहाँ विरोधभाव किसी तरह नहीं फल-फूल सकता। बुद्ध इसके सबसे बड़े उदाहरण हैं। क्या कविवर रवीन्द्रनाथ ने बुद्धधर्म के विनाश पर कभी विचार न किया होगा? और-और धर्म तो रहे, बौद्धधर्म ही क्यों जड़ से उखड़ गया? पाठक याद रखें, यह भी विरोध-मूलक था।

एक जगह रवीन्द्रनाथ इसी उमंग पर लिखते हैं—"युगों से लगातार चतुर उन्हें (शूद्रों को) धोखा दे रहे हैं, गुरु उन्हें बहकाते आ रहे हैं, सबल उनके कान ऐंठ रहे हैं। वे इसकी सीमा के बाहर की कोई कल्पना नहीं कर सकते।" इसका उत्तर देने की भी जरूरत थी; परंतु एक ही बात कहकर हम इसे समाप्त कर देना चाहते हैं। शूद्रों की बात तो लिखी ही जा चुकी है। रही गुरुओं की बात; इसके लिए हम भगवान पतंजलि को कविवर के सामने पेश करते हैं। वे अपने योगसूत्र में एक जगह लिखते हैं—"स पूर्वेषामपि गुरुः कालेनानवच्छेदात्"—यहाँ गुरु कोई मनुष्य नहीं है किंतु परमात्मा हैं, वही गुरुओं के गुरु हैं। काल उनका अवच्छेद नहीं कर सकता—ये अमर हैं—सच्चिदानंद हैं। लोगों को शंका होगी कि हम तो मनुष्य को ही गुरु होते हुए देखते हैं, फिर परमात्मा कैसे गुरु हो गए? उत्तर में, पहले हम गोस्वामी तुलसीदासजी की एक चौपाई कहेंगे—

"सो जानै जिहि देहु जनाई
जानत तुमहिं तुमहिं ह्वै जाई"

इससे हम समझ जाते हैं, जो मनुष्य परमात्मा का ज्ञान प्राप्त कर लेता है, वह परमात्मा का ही स्वरूप बन जाता है। और इस तरह सिद्ध है कि गुरु के आसन पर मनुष्य नहीं, किंतु परमात्मा स्वयं आसीन रहते हैं, जबकि गुरु रूपी वह मनुष्य मनुष्य-बुद्धिरहित, देहात्म-ज्ञान-वर्जित किंतु परमात्मलीन सच्चिदानंदस्वरूप है। ऐसे ही महापुरुष भारत के गुरु हैं। शंकर, रामानुज, नानक, कबीर, श्री चैतन्य, रामकृष्ण की मनुष्य उपाधि दूर हो गई थी। अब हम रवीन्द्रनाथ से पूछते हैं, क्या ये, इस

श्रेणी के मनुष्य, लोगों को बहकाते हैं या सच्चा मार्ग दिखलाते हैं? रवीन्द्रनाथ शायद कहें, हम इन्हें नहीं, किंतु उन्हें कहते हैं जो वास्तव में दुष्ट हैं। यह भी अच्छी रही। हिंदूधर्म के दोषों की तो आप उद्भावना करें और जिस विशाल स्तंभ पर वह टिका हुआ हो, उसका नाम भी न लें!!! रही सबलों के कान ऐंठने की बात, सो इसके लिए हम कविवर से भारत की प्राचीन राजनीति देखने का अनुरोध करते हैं। यह राजनीति कथा-कहानियों के रूप में, पुराणों में बहुत मिलेगी। वहाँ देखें कि भारत के सबल राजे किस तरह प्रजा के कान ऐंठते थे।

रवि बाबू भी गुरु हैं। बहुतेरे मनुष्य उन्हें गुरु मानते हैं। गुरुओं की निंदा करनेवाले के कलम से आज तक हमने ऐसा एक भी लेख निकलते हुए नहीं पाया जिसमें उन्होंने किसी गुरु कहनेवाले को फटकारा हो। शायद रवि बाबू अपने को शंकर आदि के जोड़ का, कदाचित् उनसे बढ़कर गुरु मानते हों, तभी सार्वभौमिक गुरु संबोधन को मौनगंभीरता के साथ हजम कर जाने के लिए दूसरों के गुरुत्व को छीनने की यह बढ़ी-चढ़ी तैयारी की गई है? और सबल दुर्बलों को किस तरह सताते हैं, इसके तो आपको प्रत्यक्ष प्रमाण रोज ढेरों मिलते होंगे, क्योंकि आप हैं सबल जमींदार और आपकी रियासत में दुर्बल किसान भी सैकड़ों और हजारों रहते हैं।

लिखते-ही-लिखते दूसरे के एक प्रत्यक्ष सत्य की याद आ गई। एक बार किसी किसान को कहीं मुद्दालेह होकर वर्तमान सरकार की अदालत जाना पड़ा। समय की बात, उसके गवाह बिगड़ गए। मुकद्दमा फौजदारी सिपुर्द था। उसने बहुत कुछ सत्य की दुहाई दी, परंतु वहाँ प्रमाण के सामने सत्य को कौन गिनता है? खैर, उसे कुछ महीने की सज़ा हो गई। सज़ा का हुक्म सुनाया जाने लगा तो उस निरपराध की अंतरात्मा बहुत खलबलायी। आखिर इजलास में हाकिम के सामने ही उसके मुँह से एक क़विता उबल पड़ी—उसने कह डाला—

"कलियुग अन्धाधुन्ध दरबार!"

उसकी यह मधुर कविता हाकिम ने सुन ली। पुरस्कारस्वरूप, उसकी सज़ा की मियाद दूनी कर दी गई। रवि बाबू की युक्तियों को पढ़कर न जाने हमें उस किसान की कविता का कितने बार स्मरण हो!

('श्रीकृष्ण संदेश' साप्ताहिक, कलकत्ता, के 22 नवम्बर, 29 नवम्बर और 6 दिसम्बर, 1925 तथा 21 मार्च, 1926 के अंकों में चार किस्तों में प्रकाशित। **प्रबंध-प्रतिमा** में संकलित)

वर्णाश्रम-धर्म की वर्तमान स्थिति

"न निवसेत् म्लेच्छराज्ये"—इस अनुशासन-वाक्य से साफ़ जाहिर हो रहा है कि

दुराचरणों-से मतित म्लेच्छों का विस्तार उसके अनुशासन-काल में भी काफ़ी हो चुका था, चाहे वह भारतवर्ष की आधुनिक सीमा से बाहर ही हुआ हो। सृष्टि के दार्शनिक सिद्धांत के माननेवाले निस्संदेह कहेंगे—दैव और असुर भावों की सृष्टि एक साथ ही हुई थी। सृष्टि कभी बिलकुल पवित्र नहीं होती। सृष्टि के चित्रकाव्य के दिखलानेवाले यहाँ के लोगों ने दिति और अदिति को एक ही कश्यप की पत्नी बनाकर अपनी सूक्ष्मदर्शिता में कमाल कर दिखाया है; इस तरह प्रत्येक सृष्टि के अंदर आसुर भाव का कुछ-न-कुछ अंश रहना सिद्ध होता है। इधर रामायण के रचयिता ने भी इसी सत्य की रक्षा के लिए सीता-जैसी "हरिहरब्रह्मादिभिर्वन्दिता" नारीकुलशिरोमणि के चरित्र-चित्रण में ज़रा-सा दाग़ दिखलाया है, लक्ष्मण के प्रति उनसे कटु प्रयोग कराकर। ऐसा न कराते, तो सूक्ष्मदर्शी महापुरुषों के विवेचन में सीता का चरित्र अधूरा समझा जाता। बात यह कि कोई सृष्टि निष्कलुष नहीं हो सकती।

परंतु मुक्ति के विवेचन में जरा-सा भी कलुष पहाड़ के समान बाधक है—"अवधू, अमल करै सो पावै।" असत् या कलुष ही पुनर्जन्म का कारण है—संस्कार और शरीर-धारण असत् के ही आश्रय से संभव हैं। शुद्ध सत्ता निर्बीज है। सृष्टि, स्थिति और प्रलय के नियम उसमें नहीं।

समाज जब तक गतिशील है, सृष्टि के नियमों में बँधा हुआ है, तब तक वह निष्कलुष नहीं; कारण वही, सृष्टि सदोष है। परंतु चूँकि समाज निर्मलत्व की ओर गतिशील है, इसीलिए उसके अंगों से हर तरह के कलुष के निकलने की चेष्टाएँ की गई हैं। इसीलिए समाज-शासकों ने अनेकानेक विधानों द्वारा उसे बचाने का प्रयत्न किया है।

दोषों में संस्पर्श-दोष भी एक माना गया है। इसका प्रभाव प्रत्यक्ष है। विषय के संस्पर्श से ही मनुष्य में विषय की वृत्ति पैदा होती है। इसी तरह म्लेच्छों के राज्य में रहने से उनके संस्पर्श से द्विजातीयत्व भी नष्ट होता है, दुर चरण फैलते हैं, समाज की अधोगति होती है, वर्णाश्रम-धर्म नहीं रह जाता। इसी विचार से द्विजातियों को म्लेच्छों के राज्य में रहने से निषेध किया गया।

यहाँ तक तो यह म्लेच्छों के राज्य में न रहने के अनुशासन की एक ज़रा-सी व्याख्या हुई। प्रश्न असल यह है कि हजार वर्षों से म्लेच्छों के राज्य में बसकर जीवित रहनेवाली, अनेक कुसंस्कारों की खान यह अपने लिए परमपावन द्विजजाति अब तक द्विजाति ही बनी हुई है या नहीं।

जो लोग सृष्टि के 'जन्म और मृत्यु', इन दोनों रहस्यों को भली-भाँति जानते हैं, वे यह भी जानते हैं कि दिन और रात के जोड़े की तरह उत्थान और पतन का भी विवर्तन एक चिरन्तन सत्य है। इस सत्य के बंधन से मुक्त होकर उन्नतिशील द्विज-जाति कभी पतन की अवस्था को प्राप्त होगी ही नहीं, कभी शूद्रत्व की भूमि में अवतीर्ण होगी ही नहीं, यह कहना या किसी अन्य युक्ति से चिरन्तन द्विजत्व

की पुष्टि करना एक प्रकार की कठहुज्जती करना ही है।

इधर 'माधुरी' में वर्णव्यवस्था पर जितने लेख निकले हैं, उनमें से कोई भी लेख ऐसा नहीं, जो विवर्तित समय की मौलिकता या नवीन युग का यथार्थ तत्त्व समझाता हुआ वर्णव्यवस्था की एक विचार-पुष्ट व्याख्या कर रहा हो। सब-के-सब अपनी ही धुन में लीन, अपने ही अधिकार के प्रतिपादन में नियोजित हो रहे हैं। शूद्रों के प्रति केवल सहानुभूति-प्रदर्शन कर देने से ब्राह्मण-धर्म की कर्त्तव्यपरता समाप्त नहीं हो जाती, न "जाति-पाँति-तोड़क मंडल" के मंत्री संतरामजी के करार देने से इधर दो हज़ार वर्ष के अंदर का संसार का सर्वश्रेष्ठ विद्वान् महामेधावी त्यागीश्वर शंकर शूद्रों के यथार्थ शत्रु सिद्ध हो सकते हैं। शूद्रों के प्रति उनके अनुशासन, कठोर-से-कठोर होने पर भी, अपने समय की मर्यादा से दृढ़ संबद्ध है। खैर, वर्णव्यवस्था की रक्षा के लिए जिस "जायते वर्णसंकरः" की तरह के अनेकानेक प्रणाम उद्धृत किए गए हैं, उनकी सार्थकता इस समय मुझे तो कुछ भी नहीं देख पड़ती, न "जाति-पाँति-तोड़क मंडल" की ही विशेष कोई आवश्यकता प्रतीत होती है। "जाति-पाँति-तोड़क मंडल" को मैं किसी हद तक सार्थक समझता, यदि वह "जाति-पाँति-तोड़क मंडल" होता। 'तोड़' ही हिंदुस्तान को तोड़ रहा है। देश या जाति में आवश्यकता उस समय उठती है, जब किसी भाव, संगठन या कृति का अभाव होता है। जाति-पाँति तोड़ने का अभाव एक समय इस देश में हुआ था जरूर, पर वह ब्राह्म-समाज द्वारा बड़ी अच्छी तरह पूरा किया जा चुका है। ब्राह्म-समाज के रहते हुए संतरामजी आदिकों ने 'मंडल' की स्थापना क्यों की, ब्राह्म-समाज की ही एक शाखा वहाँ कायम क्यों नहीं कर ली, इस प्रश्न का उत्तर क्या होगा, यह अनुमान से बहुत कुछ समझ में आ रहा है। यहाँ खड़ा होता है। व्यक्तित्व और कुछ भेद। भाईजी के व्यक्तित्व को देश में ऐसा मनुष्य कौन होगा, जो आदरपूर्वक न देखता हो, और उनके व्यक्तित्व से जिस कार्य का संगठन होगा, उसे पृष्ठभूमि न मानता हो। परंतु यह बात और है। इस लेख का उद्देश्य है वर्णाश्रमधर्म की वर्तमान सार्थकता, जिसमें एक ओर जाति-पाँति-तोड़क मंडल के व्यक्तित्व तक आया गया है, दूसरी ओर है प्राचीन हिंदू-समाज, जिसकी संकीर्णता तथा अनुदारता की तरफ इशारा करके ही अनेकानेक समाज उसके अंग से छँटकर अलग हो गए हैं।

जब विचार की पहुँच किसी तरह सत्य तक हो जाती है, उस समय मस्तिष्क की तमाम विशृंखलाएँ दूर हो जाती हैं। जरा देर के लिए एक प्रकार की शांति मिलती है। भारतवर्ष को मुक्ति की ओर ले जानेवाले आज तक जितने भी विचार देखने में आए हैं, वे राजनीतिक, धार्मिक, साहित्यिक, सामाजिक किसी भी दिशा में झुकाए गए हों, वैदांतिक विचार की समता नहीं कर सकते। कोई भी 'मंडल' ऐसा नहीं, जिसमें कोई-न-कोई दोष न हो। कोई वाद ऐसा नहीं, जो जाति, देश या समाज को पूर्ण स्वतंत्रता तक पहुँचा सके—जहाँ किसी प्रकार का विरोध न हो। भारतवर्ष की

समाज-शृंखला उसी वैदान्तिक धातु से मजबूत की गई है। कोई वर्णाश्रम-धर्म को माने या न माने, पर अपनी प्रगति की व्याख्या में यदि वह वेदान्त को भी नहीं मानता, जैसाकि आजकल अधिकांश शिक्षितों की शिरश्चरण-विहीन युक्तियों में देखा जाता है, तो वह भारतीय कहलाने का दावा नहीं कर सकता। पहले भाईजी के संबंध में व्यक्तित्व का जिक्र आ चुका है। यहाँ यह कहना पड़ता है कि वैदांतिक सत्यदर्शन की ओर जो जितना ही बढ़ा हुआ है, उसका व्यक्तित्व उतना ही महत्त्वपूर्ण और अक्षय है। दूसरे, वैदांतिक विचार भारतीय होने के अलावा एक-दूसरे से संयोग करनेवाले होते हैं, तोड़क नहीं। केवल भारत के लिए ही नहीं, तमाम संसार के मनुष्य के लिए एक-दूसरे से संयोग ही आवश्यक है, वियोग नहीं। यदि हर मनुष्य से वियोग या 'तोड़न' जारी रहा, तो यह जाति देश या समाज के लिए कल्याणकर कब हो सकता है? योरप से भारतवर्ष की महत्ता में इतना ही फर्क है। योरप में प्रजा-विप्लव से लेकर आज तक जितने भी परिवर्तन हुए हैं, सब-के-सब तोड़क ही रहे हैं, यानी "इसे नष्ट करो, तो यह दुरुस्त होगा"—इस विचार के आधार पर हुए हैं। इस तोड़क भाव का प्राधान्य वहाँ इसलिए है कि वहाँ के लोग भोगवादी हैं। उनके भोग में जहाँ कहीं कोई ठेस लगी कि उनका धैर्य जाता रहा—विद्रोह खड़ा हो गया, और उसी के बल पर जो सुधार होना था, हुआ। वहाँ की बाह्य प्रकृति के साथ संबद्ध मनुष्यों के मन की विचार-धारा भी यहाँवालों की विचार-धारा के अननुकूल है। यह देश त्यागवादी है। पिता-पुत्र, पति-पत्नी से लेकर गुरु-शिष्य और संन्यासियों में त्याग का ही आदर्श फैला हुआ है। यहाँ जीवन है अमृतत्व, जो त्याग ही से प्राप्त होता है। इस अमृत का जो जितना ही बड़ा अधिकारी है, उसका व्यक्तित्व भी उतना ही महान् होगा और यह व्यक्तित्व घातक या तोड़क नहीं होता, किंतु संयोजक हुआ करता है। इसे ही वैदांतिक साम्यदर्शन कहते हैं।

जिस तरह किसी मनुष्य-विशेष का व्यक्तित्व होता है, उसी तरह समाज का भी एक व्यापक व्यक्तित्व हुआ करता है। सगाज के इस व्यापक व्यक्तित्व को, युक्ति के अनुसार अनार्य भावों द्वारा धक्का पहुँचता है, जिस तरह एक विशिष्ट व्यक्तित्व को भीतरी इतर वृत्तियों द्वारा। यहाँ के समाज-शासकों ने जो कठोर-से-कठोर नियम शूद्रों के लिए बनाए हैं, उसका कारण यह नहीं कि वे निर्दय थे और अपने अधिकारों को बढ़ाते रहना ही उनका ध्येय था। यदि हिंदू-नामधारी किसी मनुष्य के मुख से उन पर इस तरह के अपराध का लांछन लगाया जाता है, तो चाहे वे महात्माजी हों या भाईजी या संतरामजी या कोई भी प्रतिष्ठित पुरुष, मैं निस्संदेह कहूँगा, आपने हिंदू-धर्म की केवल कुछ पुस्तकें ही देखी हैं, किंतु उसकी व्याख्या करने की शक्ति आप में नहीं है, आप उसके रहस्यों को नहीं समझते। एक बालक को राह पर लाने के लिए कभी तिरस्कार की भी जरूरत होती है, पर समझदार के लिए सिर्फ इशारा काफी कहा गया है। बालक फिर भूल जाता है, फिर प्रवृत्ति के वशीभूत होकर असत्यपथ

की ओर जाता है, पर समझदार से बार-बार गलती नहीं होती। तत्कालीन एक ब्राह्मण का उत्कर्ष और एक शूद्र का बराबर नहीं हो सकता। अतएव दोनों के दण्ड भी बराबर नहीं हो सकते। लघु दण्ड से शूद्रों की बुद्धि भी ठिकाने न आती। दूसरे, शूद्रों से जरा-से उपकार पर सहस्र-सहस्र अपकार होते थे। उनके दूषित बीजाणु तत्कालीन समाज के मंगलमय शरीर को अस्वस्थ करते थे—उनकी इतर वृत्तियों के प्रतिघात प्रतिदिन और प्रतिमुहूर्त समाज को सहना पड़ता था। निष्कलुष होकर मुक्तिपथ की ओर अग्रसर होनेवाले शुद्ध-परमाणुकाय समाज को शूद्रों से कितना बड़ा नुकसान पहुँचता था, यह 'मंडल' के सदस्य समझते, यदि वे भोगवादी—अधिकारवादी—मानवादी—इस तरह जड़वादी न होकर त्यागवादी या अध्यात्मवादी होते। इन इतने पीड़नों को सहते हुए अपने जरा-सा बचाव के लिए—आदर्श की रक्षा के लिए—समाज को पतन से बचाने के लिए अगर द्विज-समाज ने शूद्रों के प्रति कुछ कठोर अनुशासन कर भी दिए, तो हिसाब में शूद्रों द्वारा किए गए अत्याचार द्विज-समाज को अधिक सहन करने पड़े थे, या द्विज-समाज द्वारा किए गए शूद्रों को? उस समय भारतवर्ष का ध्यान अधिकार की ओर नहीं था। यह कहा जा चुका है कि समाज की प्रत्येक आज्ञा सत्य से संबंध रखकर दी जाती थी। यहाँ के समाज-पतियों के चरित्र की छानबीन करके उन पर लांछन लगाना उचित होता। शंकर को क्या पड़ी थी, जो शूद्रों को हीन और ब्राह्मणों को श्रेष्ठ बतलाते? उन्हें न तो ब्राह्मणों से कुछ लाभ ही था, न शूद्रों से कोई नुकसान। एक विरक्त और इतने बड़े त्यागी पर लांछन लगाना क्या शूद्रत्व के समर्थकों की मानसिक दुर्बलता का ही परिचय नहीं?—अपितु, इस तरह, यह सिद्ध करना है कि शंकर को ईश्वर की प्राप्ति नहीं हुई थी।—ब्रह्म के दर्शन नहीं हुए थे; ब्रह्म के दर्शन करनेवाला महापुरुष भी किसी का शत्रु और किसी का मित्र होता है—द्वैतभाव रखता है, यह संतरामजी ही कह सकते हैं। और, जो पीपल-ताजिया आदि के पूजकों का मखौल उड़ाया गया है, यह भी सिद्ध करता है कि लेखक को अध्यात्मवाद का कुछ भी ज्ञान नहीं। यदि प्रह्लाद को खंभे में भी श्रीभगवान् की मूर्ति दिखलायी पड़ती है, तो पीपल-पूजकों ने ही कौन-सा बड़ा कुसूर कर डाला?—भक्ति में पात्र और सुपात्र का निर्णय क्या?—ईश्वर किस केंद्र में नहीं है?—ताजिया-पूजना भी हिंदुओं की उदार पूजा की भावना का ही परिचय देता है, जहाँ हिंदू-मुसलमान का भेद नहीं—ईश्वर की अभेदता जाहिर है। शंकर ने जो अनुशासन दिए हैं, वे अधिकारियों के विचार से ही दिए गए हैं। न शूद्रों ने अपने इतर कर्मों को छोड़ा, न वे उठ सके। जो उदाहरण शूद्रों को मिलाने के मिलते हैं, उनमें यही जाहिर है कि उनके हृदय में श्रद्धा आई थी, वे अनार्य से आर्य हुए थे, और आर्यों ने उन्हें अपनाया था। फिर कहना न होगा, जब सत्कार्यों का भार उनसे उठाया न उठा, तब रामदास और वशिष्ठ के नाम पर खड़े किए गए उस समाज ने अपनी पूर्व-मूषिकत्व की संज्ञा फिर से प्राप्त कर ली। उनके लिए ऐसा कहना उचित नहीं

कि वे गिरा दिए गए, बल्कि यों कहिए कि वे आप गिर गए। इस गिरने में हिंदू-समाज के द्विजत्व का क्या कुसूर? यहाँ के समाज का तो मूलमंत्र ही रहा है—

"उत्तिष्ठत जाग्रत प्राप्य व रान्निबोधत।"

पारसी-जैसी दूसरी जाति को जिस जाति ने शरण दी, उस जाति के गौरव ब्राह्मणों ने अन्त्यजों को गिरा दिया, यह संतरामजी ही कह सकते हैं, पर मेरे पास मौन के सिवा उनके प्रति इसके उत्तर में और कोई शब्द नहीं। क्या तमाम राजनीतिक अधिकार, मुसलमानों की तरह, हिंदुस्तान की छाती पर रहकर भोग करना पारसियों के भी डण्डे का ही फल है? जहाँ शूद्रों के प्रति स्मृतिकारों ने कठोर दण्ड की योजना की है, वहाँ उन्होंने यह भी लिखा है—"श्रद्धापूर्वक शुभ विद्या, श्रेष्ठ धर्म और सुलक्षणा स्त्री अन्त्यजों के निकट से भी ग्रहण करो।" इसका पुरस्कार उन्हें क्या दिया जा रहा है? क्या इन पंक्तियों में अन्त्यजों के बहिष्कार या विरोध की कोई ध्वनि निकलती है?

सृष्टि की साम्यावस्था कभी नहीं रहती, तब अन्त्यजों या शूद्रों की ही क्यों रहने लगी? ज्यों-ज्यों परिवर्तन का चक्र घूमता गया, त्यों-त्यों असीरियन सभ्यता के साथ एक नवीन शक्ति एक नवीन वैदांतिक साम्य-स्फूर्ति लेकर पैदा हुई, जिसके आश्रय में देखते-देखते आधा संसार आ गया। भारतवर्ष पर गत हजार वर्षों से उसी सभ्यता का प्रवाह बह रहा है। यहाँ की दिव्य शक्ति के भार से झुके हुए निम्न-श्रेणियों के लोगों को उसकी सहायता से सिर उठाने का मौका मिला—वे लोग मुसलमान हो गए। यहाँ की दिव्य सभ्यता आसुर सभ्यता से लड़ते-लड़ते क्रमशः दुर्बल हो गई थी, अंत तक उसने विकारग्रस्त रोगी की तरह विकलांग, विकृत-मस्तिष्क होकर अपने ही घरवालों से तर्क-वितर्क और लड़ाई-झगड़ों पर कमर कस ली। क्रोध अपनी ही दुर्बलता का परिचायक है, और अंत तक आत्मनाश का कारण बन बैठता है, उधर दुर्बल का जीवन भी क्रोध करना ही है, उसकी और कोई व्याख्या भी नहीं। फलतः ब्राह्मण, क्षत्रिय और वैश्य-शक्ति पराभूत होकर मृत्यु की प्रतीक्षा करने लगी। जब ग्रीक सभ्यता का दानवी प्रवाह गत दो शताब्दियों से आने लगा, दानवी माया अपने पूर्ण यौवन पर आ गई, हिंदुस्तान पर अंग्रेजों का शासन सुदृढ़ हो गया, विज्ञान ने भौतिक करामात दिखाने आरंभ कर दिए, उस समय ब्राह्मण-शक्ति तो पराभूत हो ही चुकी थी, किंतु क्षत्रिय और वैश्यशक्ति भी पूर्णतः विजित हो गई। शिक्षा जो थी अंग्रेजों के हाथ में गई, अस्त्र-विद्या अंग्रेजों के अधिकार में रही (अस्त्र ही छीन लिए गए, तब वह विद्या कहाँ रह गई? और वह क्षत्रियत्व भी विलीन हो गया), व्यवसाय-कौशल भी अंग्रेजों के हाथ में भारतवासियों के भाग्य में पड़ा शूद्रत्व। यहाँ की ब्राह्मण-वृत्ति में शूद्रत्व, क्षत्रिय-कर्म में शूद्रत्व, और व्यवसायी जो विदेशों का माल बेचनेवाले हैं कुछ और बढ़कर शूद्रत्व, अख्तियार कर रहे हैं। अदालत में ब्राह्मण और चाण्डाल की एक ही हैसियत, एक ही स्थान, एक ही निर्णय। ब्राह्मण, क्षत्रिय और

वैश्य अपने घर में ऐंठने के लिए ब्राह्मण, क्षत्रिय और वैश्य रह गए। बाहरी प्रतिघातों ने भारतवर्ष के उस समाज-शरीर को, उसके उस व्यक्तित्व को, समूल नष्ट कर दिया; बाह्य दृष्टि से उसका अस्तित्व ही न रह गया। अंग्रेज-सरकार ने मुसलमान और नान-मुसलमान के दो हिस्से करके हिंदू-समाज की कद्र में एक कदम और बढ़कर अपनी गुणग्राहिता प्रकट की। यहाँ साफ जाहिर हो रहा है कि—

"न निवसेत् म्लेच्छराज्ये"

का फल क्या होता है, संस्पर्श-दोष का परिणाम कितना भयंकर हुआ करता है।

भारतवर्ष की तमाम सामाजिक शक्तियों का यह एकीकरण-काल शूद्रों और अन्त्यजों के उठने का प्रभातकाल है। प्रकृति की यह कैसी विचित्र क्रिया है, जिसने युगों तक शूद्रों से अपर तीन वर्णों की सेवा करायी और इस तरह उनमें एक अदम्य शक्ति का प्रवाह भरा, और अब अनेकानेक विवर्तनों के भीतर से गुरजती हुई, उठने के लिए उन्हें एक विचित्र ढंग से मौका दिया है, भारतवर्ष का यह युग शूद्रशक्ति के उत्थान का युग है। और देश का पुनरुद्धार उन्हीं के जागरण की प्रतीक्षा कर रहा है।

अगर शूद्र गालियों के बल पर, ब्राह्मणों से ईर्ष्या करके उठना चाहते हों, तो यह उनकी समझ की कमजोरी है। इस तरह भारत की किसी भी जाति का संगठन सुदृढ़ नहीं रह सकता। कारण, कमजोर हुए ब्राह्मणों को गालियाँ देने से उठती हुई जाति तमाम ब्राह्मण-समाज पर विजय प्राप्त नहीं कर सकती। कायस्थों के समाज ने ब्राह्मणों के बहिष्कार के प्रस्ताव पास किए। पर इससे फल क्या हुआ? "महाराज" जैसी उपाधि का भोक्ता इस समय भी पाचक ब्राह्मण ही हुआ करता है। पर लालाजी को समाज में कोई भी पंडितजी नहीं कहता। दूसरे, ब्राह्मणों को गालियाँ तो सभी देते हैं, पर ब्राह्मण बनने का इरादा कोई भी नवीन संगठित जाति नहीं छोड़ती। इस तरह ब्राह्मणों की प्रतिष्ठा बढ़ती ही जाती है। लोगों में जैसे ब्राह्मणत्व का लालच बढ़ गया हो।

कुछ समय बीता, जब डलमऊ (रायबरेली) में अखिल भारतवर्षीय अहीरों की सभा थी। सौभाग्य से मैं भी वहाँ मौजूद था। भारत के सभी प्रांतों से अहीर भाई आए थे। कुछ अहीर कस्बे में दूध बेचने गए। मैंने एक से पूछा, क्यों जी, अब तो तुम चाहे अहीर से कुछ और हो जाओ। उसने कहा, "हाँ कहते हैं कि तुम छत्री हौ। यह चाहै जौन कहैं, मुलो दूध बेचै का मना करिहैं तो हम तो भाई साफ कहि देब कि हम तो दूध बेचब बंद न करब चहै अपन जनेऊ उतरवाय लेव—को हमरे घास कै रारि म्वाल लेई!" बात यह कि उसे वह क्षत्रिय होना मंजूर नहीं, जिससे उसका दूध बेचना बंद हो जाए और परंपरा से वह सुनता आया है—उसका विश्वास भी दृढ़ है कि दूध बेचनेवाला कभी क्षत्रिय नहीं होता—वह अहीर ही है, चाहे जनेऊ के तीन ताग नहीं और बारह ताग उसके गले में डाल दिए जाएँ। अब संतरामजी

सोचें, जहाँ अहीर, बढ़ई, कलवार और प्रायः सभी जातियाँ (जिनके सिर पर समाज ने निम्नजातीय भावना का भूत सवार कर रखा है) यदि ब्राह्मण और क्षत्रिय बन सकती हैं, तो पानी भरने वाला या रोटी पकाने वाला ब्राह्मण फिर क्यों नहीं ब्राह्मण रह सकेगा—इस तरह तो उसे एक और बल मिल रहा है। जिसे वह कल बढ़ई कहता था, उसे ही अगर आज वह ब्राह्मण बनता हुआ देखे, तो क्या वह इतना कमजोर हो जाएगा कि दूसरों के मिस्त्री और बवर्ची कहने से वह अपने को मिस्त्री या बवर्ची ही समझे?

और ज़रा एक और मज़ेदार बात सुनिए। ब्राह्मण देवताओं का अपमान भी कम नहीं हो रहा। पहले के लिखे हुए अनुसार, पूरे चालीस वर्ष के बाद जनेऊ धारण कर अहीर-महासभा के यज्ञकुण्ड से निकले हुए हाल-क़ौम-क्षत्रिय प्राचीन अहीर महाशय मेरी ससुराल से मेरे लड़के को ले जाने के लिए आए। मैंने सोचा, पुरानी प्रथा के अनुसार यह मेरे यहाँ की पकाई रोटियाँ अवश्य ही खाएँगे। अस्तु, उनके लिए मैंने वैसा ही इंतिज़ाम करवाया।

उस समय मेरा लड़का घर में न था। वह आया, तो कहने लगा, रोटियों का इंतिज़ाम आपने व्यर्थ ही करवाया, नानी के यहाँ तो इसने पूड़ियाँ भी नहीं खायीं। मैंने पूछा, क्यों? उसने कहा, यह कहता है, अब मेरा जनेऊ हो गया है, अब मैं थोड़े ही कुछ खा सकता हूँ? मैंने उस क्षत्रिय भाई से पूछा, तो बात सच निकली। मैंने उसके लिए मिठाई मँगवा दी।

''आहारशुद्धौ सत्त्वशुद्धिः सत्त्वशुद्धौ ध्रुवा स्मृतिः।''

इस बला को जब तक सन्तरामजी हिंदू जाति की जड़ से निकाल नहीं सकेंगे, तब तक जाति-पाँति के तोड़ने में उन्हें सफलता शायद ही हो। महात्माजी का जो उदाहरण दिया कि उनकी राय से एक ब्राह्मण-बालिका का विवाह एक शूद्र कर सकता है, मेरे विचार से एक ब्राह्मण-बालिका के मानी यहाँ एक शूद्र-बालिका ही है। अगर ब्राह्मण-बालिका का अर्थ महात्माजी ब्राह्मण-बालिका ही करते हों, तो मैं सविनय कहूँगा, इतनी तपस्या करके भी महात्माजी 'ब्राह्मण' का अर्थ नहीं समझ सके। मैं 'ब्राह्मण' का तपस्या-जन्य अर्थ ही लेता हूँ, जो उसका उचित निर्णय है। मुझे इसका भय नहीं कि दूसरों की तरह मुझ पर संतरामजी ब्राह्मणत्व के पक्षपात का दोष लगाएंगे। इस दोष के प्रक्षालन के लिए इस पत्रिका के संपादक कृष्ण बिहारी जी और प्रेमचंद जी जब तक मौजूद हैं, और यों तो, मैं ब्राह्मणेतर करीब-करीब सभी जातियों से अपना समर्थक चुन दूँगा।

मैं यहाँ तक दिखला चुका हूँ कि समाज का वह व्यक्तित्व अब नहीं रहा। जड़वाद के इंद्रजाल से भारत का अध्यात्मवाद समाच्छन्न-सा हो रहा है। प्रत्येक गृह से विकार-ग्रस्त रोगियों की अर्थहीन प्रलाप-वाणी सुनायी पड़ रही है। कोई भी चेला नहीं बनना चाहता, गुरु बनकर शिक्षा देने के लिए सब तैयार हैं। भावों के सहस्र-सहस्र

प्रतिघात प्रतिदिन टक्करें ले रहे हैं। एक-दूसरे से लड़ते और मुरझाकर फिर शून्य में विलीन हो जाते हैं।

ऐसी हालत में सहस्र आवर्जनाओं के भीतर दबी हुई भारत की यथार्थ जातीय शक्ति को उभाड़कर प्रतिमा की प्राण-प्रतिष्ठा की तरह उसे जीवन देना एक अत्यंत कष्टसाध्य उपाय हो रहा है। परंतु साथ ही यह विश्वास भी है, जब कि यह भारत है कि जीवन स्वयं ही अपना आलोक-पथ खोज लेगा। पौदों की बाढ़ कभी अंधकार या छाया की ओर नहीं हो सकती। समाज के व्यक्तित्व को कायम रखने के लिए पहले जो स्मृतियाँ—जो क़ानून प्रचलित थे, आज के लिए वे अनुकूल नहीं रहे। मुसलमान-शासन-काल में तो भारत में संकीर्णता की हद हो गई थी। इस समय भी देहातों में इसी संकीर्णता का शासन है। परंतु है यह अज्ञान-जन्य, और समाज में यह अज्ञान का राज्य शिक्षा के अभाव से ही फैला हुआ है। जब से वेद-वेदांत योरप में छपने लगे, तब से भारत के ज्ञान-वर्द्धन के लिए यह आवश्यक हो गया कि उसके जातीय जीवन को रूढ़ियों और प्राचीन आचारों से मुक्त कर दिया जाए, उसमें प्रसार के लिए ज्ञान के बृहत्-से-बृहत् संस्कार छोड़े जाएँ, अन्यथा अपर जातियों के पदार्थ-विज्ञान की उच्चता से लड़कर वह स्थायी न हो सकेगा। पृथ्वी और सूर्य के आकर्षण की तरह बृहत् और उदार ज्ञान का आकर्षण जिस तरफ़ होगा, अधिक शक्ति वहीं पर निहित रहेगी; दूसरे ज्ञान जो तुलना में उससे छोटे होंगे, उसी के चारों ओर चक्कर काटते रहेंगे। भारत की जातीयता को योरप के इस विज्ञान-युग की जातीयता से लड़ना है। परंतु इस समय उसके पास आचार-विचारात्मक ज्ञान के जो महास्त्र हैं, वे योरप के वर्द्धनशील विज्ञान के सामने पराजित और अवनत हो रहे हैं। और, चूँकि पहले के कथन के अनुसार इस समय भारत में ब्राह्मण, क्षत्रिय और वैश्य नहीं रहे—न इस अवस्था में रह सकते हैं, अतएव दास्यवृत्तिवाले भारत के लिए भौतिक विज्ञान से मुग्ध हो जाना—उसे आत्मसमर्पण कर देना निहायत स्वाभाविक है। योरप में यथार्थ वैश्य और यथार्थ क्षत्रिय तक हो गए हैं, और अवश्य कुछ ब्राह्मण भी हैं। यही कारण है कि इस शक्ति का सिक्का भारतवासियों पर जमा हुआ है।

वहाँ के ज्ञानास्त्र को काटकर अपनी निर्मल जातीयता के पुनरुत्थान के लिए आवश्यक है वेदांत-ज्ञान। वेदांत-ज्ञान के प्रभाव से मनुष्य की मनुष्य से यह इतनी बड़ी घृणा न रह जाएगी, और संगठन भी ज्ञानमूलक होगा। योरप का संगठन स्वार्थ-मूलक है। जिस मज़दूर-पार्टी का अभी कल ही पूँजीपतियों के दल से संघर्ष हो रहा था, आज दूसरे देशों को पराजित करने के लिए उस पार्टी का निजी स्वार्थ व्यापक रूप से जहाँ समझाया गया कि सब-के-सब मजदूर बदल गए—पूँजीपति-पार्टी के साथ मिल गए। यह है वहाँ की जातीयता। यहाँ इस तरह के भाव कामयाब नहीं हो सकते। हिंदू-मुसलमानों का झगड़ा भी इस तरह तय नहीं हो सकता। और, तरह-तरह के विचार जो लड़ाए जाते हैं, वे संसार के विवर्तन से उधार लिए हुए

विचार ही होते हैं। इससे अधिक पुष्ट विचार मेल के लिए और क्या होगा कि हरएक को अपनी आत्मा समझे, अपने सुख और अपने दुःख का अनुभव दूसरे में करे। संतरामजी जो वैवाहिक व्यवस्था पेश करते हैं वह भी इस तरह मन के मेल से संभव हो सकेगी, जैसा कि पहले था। अन्यथा यदि महात्माजी की तरह विवाह का एक सूत्र निकाल दिया जाएगा कि एक अछूत एक ब्राह्मण-कन्या से विवाह कर सकता है, तो उत्तर में यह कहनेवाले बहुत हैं कि एक ब्राह्मण-कन्या का किसी मुसलमान के साथ योरप जाना महात्माजी ने ही रोका था, और उसका विवाह एक दूसरे (शायद) ब्राह्मण से ही करवाया था। यदि हिंदुओं की व्यापक जातीयता के लिए इस तरह के क़ानून निकाल देना न्यायानुकूल है, तो इसी भारतवर्ष की छाती के पीपल मुसलमानों से सप्रेम रोटी-बेटी का संबंध जोड़ लेने से कौन राष्ट्रीयता की नाक कटी जा रही है? इस तरह तो स्वराज्य के हासिल करने में और शीघ्रता होगी। फिर मुसलमानों के प्रिय बनने की चेष्टा करते हुए भी महात्माजी ने क्या एक मुसलमान के निर्दोष सप्रेम विचरण में बाधा नहीं दी? क्या उसका हक़ महात्माजी ने नहीं छीन लिया? इसी तरह शूद्रों और अछूतों के प्रति भी महात्माजी की सहानुभूति मौखिक ही न होगी, इसका क्या प्रमाण, जब उनके यहाँ के विवाह अन्त्यजों से न होकर, जहाँ तक मुझे ज्ञान है, आज तक उन्हीं की श्रेणी में हुए हैं? महात्माजी का विकास जिस तरफ से हुआ है, उसी तरफ के लिए उनके शब्द महान् और सप्रमाण हैं। परंतु वह एक धर्माचार्य भी हैं, स्मृतिकार भी हैं और अप्रतिद्वन्द्वी शास्त्र-व्याख्याता भी हैं—यह उनके अनुयायी ही सिद्ध कर सकते हैं, मुझे कुछ संकोच हो रहा है। राम के बाण तो सह्य भी हैं, पर बंदरों की विकृत मुख-मुद्रा असह्य हो जाती है। विवाह के प्रसंग पर मैंने जो कुछ लिखा है, मैं जानता हूँ, महात्माजी की महत्ता से मुझे क्षमा मिल जाएगी। मुझे केवल उनके भक्तों से ही भय है। कारण, भक्तों का परिचय मुझे कई बार प्रत्यक्ष हो चुका है।

अछूतों के साथ रोटी-बेटी का संबंध स्थापित कर उन्हें समाज में मिला लिया जाए या इसके न होने के कारण ही एक विशाल संख्या हिंदू-राष्ट्रीयता से अलग है, यह एक कल्पना के सिवा और कुछ नहीं। दो मनों की जो साम्य-स्थिति विवाह की बुनियाद है और प्रेम का कारण, इस तरह के विवाह में उसका सर्वथा अभाव ही रहेगा। और, जिस योरप की वैवाहिक प्रथा की अनुकूलता संतरामजी ने की है, वहाँ भी यहीं की तरह वैषम्य का साम्राज्य है। किसी लार्ड-घराने की लड़की के साथ किसी निर्धन और निर्गुण मजदूर का विवाह नहीं हुआ। मुसलमानों में भी विवाह का कुछ ऐसा प्रतिबंध नहीं, पर मोगल-बादशाहजादियाँ क्वाँरी ही रहती थीं। कहीं यह साम्य अर्थ से लिया गया है, कहीं जाति से। यदि इस विवाह से ही हिंदुओं का उद्धार होना निश्चित है, तो यहाँ के मुसलमानों के उद्धार के लिए तो कोई शंका ही न करनी थी; पर दुःख है कि इस वैवाहिक एकता को अंशतः कायम रखने का

भी यहाँ उनके भाग्य किसी तरह भी हिंदुओं के भाग्य से चमकीले नहीं नज़र आते।

और, जो बुलबुलशाह की ऐतिहासिक दुर्घटना का संतरामजी ने उल्लेख किया है, इससे हमारे महाराज जयचंद ही क्या कम थे? एक बार एक बंगाली विद्वान् ने एक दूसरे बंगाली से मेरी तारीफ करते हुए कहा—यह महाशय उस देश में रहते हैं, जहाँ के महाराजा जयचंद थे, जिनकी कृपा से देश हजार वर्ष से गुलाम है। आप समझ सकते हैं, ऐसे चुभते हुए परिचय से उस समय मेरी क्या दशा हो गई होगी। पर मुझे भी इसका करारा उत्तर सूझ गया, और वही संतरामजी के लिए भी है। मैंने कहा, लाखों वर्ष तक देश को स्वाधीन तथा संपन्न रखने का श्रेय आपने हमें नहीं दिया, पर हजार वर्ष के लिए गिरा देने का उलाहना दे डाला! जिन्होंने इसे स्वाधीन रक्खा था, उन्हीं ने गिराया भी। गिराने के लिए दूसरे थोड़े ही आते। उसी तरह, एक ब्राह्मण की गलती से बुलबुलशाह के भी लाखों भाई मुसलमान हो गए। पर बुलबुलशाह के भाई जब हिंदुस्तान में "सितच्छत्रितकीर्तिमण्डलाः" हो रहे थे, उस समय "स्वधर्मे निधनं श्रेयः परधर्मो भयावहः" की उस उलटी व्याख्या ने ही हिंदू-धर्म को मुसलमान-धर्म में विलीन होने से बचाया था। यदि उस समय मुसलमानों की धार्मिक उदारता के साथ ब्राह्मणों की वैदान्तिक उदारता ने अभेदत्व का प्रचार किया होता, तो निस्संदेह इस समय हिंदू-धर्म के सुधार के लिए आवाज उठाने के कष्ट से संतरामजी बाल-बाल बच गए होते, और शायद हम लोग इस समय अपनी-अपनी दाढ़ियों में खुदा का नूर देखकर प्रसन्न हो रहे होते।

ब्राह्मणों में भी भंगी, चरसी, शराबी और कबाबी हैं, पर इसलिए अंत्यजों से उसकी तुलना नहीं हो सकती। एक तो संख्या में कम ऐसे ब्राह्मण हैं और अन्त्यज अधिक। दूसरे, तुलना यह इस तरह की है जैसे करोड़पति के ऐयाश-दिल लड़के से किसी मजदूर के ऐयाश-दिल लड़के की। लेख बढ़ रहा है, मुझे इन सब बातों के उत्तर देने का स्थान नहीं।

इस व्यापक शूद्रत्व के भीतर भी इस जाति के प्रदीप में जो कुछ ज्योति है, वह आचार, शील और ईश्वर-परायण लोगों में ही है। दूसरे-दूसरे देशों से धार्मिक कट्टरता भले ही राष्ट्र की जागृति से दूर कर दी गई हो, पर वहाँ धर्म से कट्टरता ही प्रधान थी, जिसके कारण यह फल हुआ। यहाँ धर्म ही जीवन है और उसकी व्याख्या भी बड़ी विशद है। यहाँ उसके व्यक्तित्व के बढ़ाने का उपाय है—शिक्षा का सार्वभौमिक प्रसार। अंग्रेज़ी स्कूलों और कॉलेजों में जो शिक्षा मिलती है, उससे दैन्य ही बढ़ता है और अपना अस्तित्व भी खो जाता है। बी.ए. पास करके झींगुर लोध अगर ब्राह्मणों को शिक्षा देने के लिए अग्रसर होंगे, तो संतरामजी की ही तरह उन्हें हास्यास्पद होना पड़ेगा। पर महात्माजी की तरह त्याग के मार्ग पर अग्रसर होनेवाले के सामने आप ही ब्राह्मणों के मस्तक श्रद्धा से झुक जाया करेंगे। भारतीय शिक्षा के प्रसार के साथ ही शूद्रों तथा अन्त्यजों में शुभाचरण के कुछ संस्कार जाग्रत किए

जाएँ। दूसरी-दूसरी जातियाँ जिस तरह ब्राह्मण और क्षत्रिय बन रही हैं, उसी तरह उन्हें भी एक कोठे में डाल दिया जाए। यह तो हुआ एक प्रकार का संगठन। रही बात पूर्ण वैदान्तिक व्यक्तित्व की, सो वह विशाल व्यक्तित्व एक दिन में नहीं प्राप्त हो सकता। वह तो भारत के सत्ययुग के लिए ही संभव है। परंतु उन्नति का लक्ष्य वही होना चाहिए। ब्राह्मण और क्षत्रिय-जातियाँ देश की रक्षा के लिए बहुत लड़ चुकी हैं। अब कुछ शुभ संस्कारों के सिवा उनके पास और कुछ नहीं रह गया। उठनेवाली जातियों को विरासत में उन्हीं गुणों, उन्हीं महास्त्रों का ग्रहण करना होगा। वृद्ध भारत की वृद्ध जातियों की जगह धीरे-धीरे नवीन भारत की नवीन जातियों का शुभागमन हो, इसके लिए प्रकृति ने वायुमंडल तैयार कर दिया है। यदि प्राचीन ब्राह्मण और क्षत्रिय-जातियाँ उनके उठने में सहायक न होंगी, तो जातीय समर में अवश्य ही उन्हें नीचा देखना होगा। क्रमशः यही अन्त्यज और शूद्र, यज्ञकुण्ड से निकले हुए अदम्य क्षत्रियों की तरह, अपनी चिरकाल की प्रसुप्त प्रतिभा की नवीन स्फूर्ति से देश में एक अलौकिक जीवन का संचार करेंगे। इन्हीं की अजेय शक्ति भविष्य में भारत को स्वतंत्र करेगी। अभी देश में वैश्य-शक्ति का ही उत्थान नहीं हुआ, महात्माजी जिसके अग्रदूत हैं; फिर क्षत्रिय और ब्राह्मण-शक्ति की बात ही क्या? पर देश की स्वतंत्रता के लिए इन चारों शक्तियों की नवीन स्फूर्ति, इनका नवीन सम्मेलन अनिवार्य है, और तब कहीं उस संगठित नवीन राष्ट्र में वैदांतिक साम्य की यथार्थ प्रतिष्ठा हो सकेगी, जिसका विकास व्याध में भी ब्रह्म देखता है—अपने ही प्रतिबिंब का निरीक्षण करता है।*

('माधुरी', मासिक, लखनऊ, दिसंबर, 1929। **चाबुक** में संकलित)

वर्तमान हिंदू-समाज

आजकल हिंदू-जाति के जीवन में जिस तरह की गंदगी भर गई है उसको देखते सुधारकों का यह कहना अनेक स्थलों में सत्य है कि समाज की प्राचीन नालियों से होकर वह गंदगी बह नहीं सकती; उन नालियों के मुँह भर गए हैं; सदियों का कूड़ा उनमें जम गया है, और उस समय की वे नालियाँ अब किसी तरह भी काम की नहीं रह गईं, वर्तमान सभ्य संसार का सामाजिक प्रवाह जैसा है, हमें भी उसी तरह की नयी-नयी नालियाँ काटकर तैयार करनी चाहिए, नहीं तो अपर देशों का मुकाबला नहीं कर

* लेख बढ़ गया है, परंतु मेरे मनोभाव नहीं बढ़ पाए। अतः फिर कभी वैदान्तिक साम्य संगठन पर विचार करूँगा।

सकेंगे। जो प्राचीन विचारों के विद्वान् हैं, और सुधारक भी, वे कहते हैं, नहीं, उन्हीं पुरानी नालियों को साफ़ कर लेने से हमारा सामाजिक जीवन पूर्ववत् स्वच्छ तथा सुखमय हो जाएगा, और हम अपनी ही मौलिकता के सहारे सभ्य संसार के सामने अपनी विशेषता रख सकेंगे, जो हमारी अपनी चीज़ है, और सभ्य संसार को भी जिसके विकसित रूप से कुछ शिक्षा मिल सकेगी। कुछ लोग वर्णाश्रम-धर्म-विभाग आदि की इस समय कुछ भी आवश्यकता नहीं मानते; कुछ लोग उसी को पूर्ववत् कायम रखना हिंदू समाज के लिए हितकर समझते हैं। इस तरह के विचारों के घात-प्रतिघातों का ही यह फल है कि नयी सभ्यता के अनुकूल बंगाल में राजा राममोहन राय जैसे समाजसुधारक को सामाजिक स्वतंत्रता तथा उदारता के विचार से ब्राह्म-समाज की स्थापना करनी पड़ी। इधर पश्चिमोत्तर प्रांतों में स्वामी दयानंदजी ने आर्य समाज की स्थापना की। इन सामाजिक सुधारों को देखते हुए और-और जातियों के लोग भी अपने-अपने फ़िरके में सुधार तथा उन्नयन करने लगे। बढ़ई लोगों ने अपने को कोकाश-पांचाल-ब्राह्मण सिद्ध किया, कायस्थों ने ब्राह्मण और क्षत्रिय दोनों, किंबहुना अहीर, लोध, कलवार आदि ने भी अपनी संगति के अनुकूल क्षत्रिय आदि की उपाधि धारण की। राज्य अंग्रेजों का है, किसी के प्रति इस पदवी-ग्रहण के कारण उच्च जातियों के लिए विरोध करने का अधिकार नहीं रह गया।

ये पदवियाँ भी सरकार की नहीं, अतः उसके भी हस्तक्षेप का कोई कारण नहीं। पुनश्च इन पदवियों को ग्रहण करनेवाले एक-एक बुनियाद पर ही ऐसा करते हैं, जिसके कारण उनमें भी कुछ आत्मबल है। समाज के पुराने ब्राह्मण-क्षत्रिय इन नए ब्राह्मण-क्षत्रियों की दिल्लगी तो खूब उड़ाते हैं, कहीं-कहीं मूर्खता-वश इनके प्रतिकूल आचरण भी कर बैठते हैं, पर कुछ बना-बिगाड़ नहीं पाते। अभिप्राय यह कि एक ओर ब्राह्म-समाज-जैसी सब मनुष्यों को समान माननेवाली संस्था भी यहाँ हैं, और नवीन ब्राह्मण-क्षत्रिय भी प्रतिदिन किसी-न-किसी साँचे से ढलते जा रहे हैं, आर्य-समाज-जैसी वेद-वाद की संस्था भी है, और जाति-पाँति-तोड़क-मंडल भी यहाँ संगठित हो रहा है। सनातन-धर्म का तो कहना ही क्या? गृहस्थों की अनेक छूत-अछूत जातियों की तरह तपश्चारियों की भी अगणित कोटियाँ हैं। इस सामाजिक परिस्थिति के भीतर जो तूफ़ान उठ रहा है, उसमें दिग्यंत्र से दिशाओं का निर्णय भले ही हो, पर विक्षुब्ध तरंगों से सुधार का पोत आगे नहीं बढ़ने पाता। यों तो व्यक्तिगत स्वतंत्रता है ही, जिसके जी में जो बात उठती और बैठ जाती है, वह वही कर डालता है, किंतु इसके अलावा भी यहाँ एक बात प्रत्यक्ष देख पड़ती है। हर जाति दूसरी जातियों से पृथक् है, अपने सुधार के लिए वह अपने ही को उत्तरदायी समझती और अपने ही समाज के सुधारक का कहना मान सकती है। कहीं-कहीं समाज ही के लोगों ने किसी विशेष परिस्थिति में पड़कर अपनी सामाजिक व्यवस्था का उल्लंघन किया है। जैसे ब्राह्मण-कन्या का वैश्य वर के साथ विवाह होना। अवश्य वहाँ कन्या योग्य थी, उसके योग्य वर

ही मिला। कहीं-कहीं, और प्रायः ब्राह्मणों की साधारण श्रेणियों में, विवाह न होने के कारण एक-से-एक सामाजिक उल्लंघन देखने को मिलते हैं। वे इतर-से-इतर जाति की कन्याओं से विवाह कर लेते हैं। अवश्य इसके पश्चात् ब्राह्मणों में उनका खान-पान नहीं रह जाता। पर ऐसे उल्लंघन अपढ़ अशिक्षितों में भी होने लगे हैं। रखेलियाँ रखना तो आजकल की बहुत साधारण बात हो गई है। सारांश यह कि सनातन-धर्म या कोई धर्म नाम-मात्र के लिए रह गया है। उसका पालन कहीं भी नहीं होता। सनातन-धर्म का अर्थ यही है कि आचार-संबंधी थोड़ी-सी कवायद रह गई है। वह भी विदेश के लिए उतनी दृढ़ नहीं।

देश के नवीन समाजों ने, जैसे ब्राह्म-समाज तथा आर्य-समाज, बहुत बड़ी उदारता दिखलायी है। इन दोनों समाजों के भीतर बहुत बड़े-बड़े नर-रत्न पैदा हुए। आज भी अज्ञान के अंधकार में डूबा हुआ हिंदू-समाज विदेश-यात्रा का विरोध करता है। उन दिनों, जब अंग्रेजी-शिक्षा का पहला दौरदौरा था, विलायत से लौटते हुए लोगों के लिए हिंदू-समाज में कहीं भी जगह न थी, शिक्षित लोग इस हृदय-हीनता के कारण ईसाई हो जाते थे, अंत तक, विलासिता के बढ़ने के साथ-ही-साथ, बंगाल में अंग्रेजी-शिक्षित कालेजों के लड़के धड़ाधड़ ईसाई होने लगे, ब्राह्म-समाज ने ही इनकी रक्षा की। इधर सनातन-धर्म के खोखलेपन का आर्यसमाज ने दिग्दर्शन कराना शुरू किया। अवश्य आर्यसमाज की बहुत-सी बातों में कट्टरता ही प्रबल थी; पर वह जैसे यहाँ के लोगों की प्रकृति के अनुकूल हो। उससे भी लोगों के उत्थान में काफ़ी मदद मिली। यहाँ के संगठन के लिए तो आर्यसमाज को ही एकमात्र श्रेय प्राप्त है। उसी ने यहाँ के लोगों को हिलाया-झुलाया, और अब एक प्रकार से उठाकर खड़ा कर दिया है। हिंदुओं के सबसे अधिक महत्त्व के ग्रंथ वेदों को आधार माना, और इस तरह अनेकानेक वाद-विवादों से हटाकर उन्हें एक ही मार्ग पर लाकर खड़ा कर दिया। वेदों की चर्चा होने लगी, और दो-चार अच्छे वैदिक विद्वान् भी पीछे तैयार कर दिए।

रामकृष्ण-मिशन इसी समय की, कुछ पीछे से प्रतिष्ठित, एक ऐसी ही संस्था है, जिसके नायक स्वामी विवेकानंदजी हैं। श्रीरामकृष्ण देव एक अद्भुत महापुरुष अवतार कोटि के, स्वामी दयानंदजी के समकालीन हो गए हैं। उनके शिष्यों में प्रमुख स्वामी विवेकानंदजी ने अमेरिका से लौटकर इस मिशन की स्थापना की। स्वामी विवेकानंदजी की विचार-शृंखला यहाँ सब धर्मों, सब सम्प्रदायों के अनुकूल है। वह अद्वैतवादी थे। पर उनकी द्वैत, विशिष्टाद्वैत, द्वैताद्वैत, शुद्धाद्वैत, सब विभागों में गति थी। वह तत्त्वदर्शी महापुरुष थे। यद्यपि ऊँची-ऊँची बातों को छोड़कर, ज्ञान-भूमि को त्यागकर, साधारण सुधार की भूमि में वह बहुत कम आए हैं, फिर भी वर्तमान समाज के प्रति उनकी क्या धारणा थी, यह बहुत कुछ उनकी थोड़ी-सी उक्तियों से ज़ाहिर हो जाता है। मदरास की परिया आदि जातियों के प्रति उनकी अपार समवेदना प्रकट होती है। वह वेदांत के ज्ञान-धर्म में सब जातियों को समान अधिकार देते हैं। उनके

अनेक पाश्चात्य शिष्य भी हैं। रामकृष्ण-मिशन में, श्रीरामकृष्ण की जन्म-तिथि के उत्सव के समय, सब जातियों को एक ही पंक्ति में बैठकर प्रसाद पाने के लिए आमंत्रित करते हैं, और बंगाल में यहीं पहले-पहल सब वर्णों के लोगों ने (कट्टर सनातनी होते हुए भी) एक ही पंक्ति में बैठकर प्रसाद पाया। वहाँ अब तक यह प्रथा जारी है। पर किसी पर दबाव कुछ नहीं। लोग, न-जाने क्यों, यह सब जाति-पाँति का झमेला वहाँ नहीं रखते। पहले यह प्रथा केवल जगन्नाथजी की पुरी में थी, जो अब तक चली आ रही है। स्वामीजी तमाम हिंदू-जाति के लिए कहते हैं—We are Vendantists. यहाँ बहुत बड़ा भाव छिपा हुआ है—बहुत बड़ा सुधार इस उक्ति में है। यहाँ जाति-पाँति का कोई भेद नहीं। सब लोग परस्पर ज्ञान-संबद्ध हो जाते हैं, और सुधार की जो मुख्य बात है, वह भी आ गई है। यहाँ वर्णभेद नहीं। कारण, सभी **'अमृतस्य पुत्राः'** हैं। जो दूसरे सांसारिक मनुष्य हैं, वे अपने समविचार, सम-आचार, सम-शिक्षा, सम-धर्मवालों से तो संबंध करेंगे ही। पर ज्ञान-मार्ग के यात्री विरक्त साधु का दिया हुआ उपदेश इससे अच्छा और क्या होगा? वह एक ही श्रुति-वाक्य के द्वारा सब भारतवासियों की रूह का पता दे रहा है, और इस तरह परस्पर दृढ़ संबंध होने की सूचना। महापुरुष केवल इंगित करते हैं, उसके अनुसार कार्य करना, साधारण जनों का फर्ज़ है। आज "जाति-पाँति-तोड़क-मंडल" को स्थूल रूप से भी जाति-पाँति की आवश्यकता नहीं देख पड़ती। सन्तरामजी की पुरअसर बातें निष्पक्ष पाठकों के हृदय में पूरी सहानुभूति पैदा कर रही हैं। अन्त्यजों की शिक्षा-दीक्षा तथा अधिकारों की वृद्धि भी क्रमशः होती जा रही है। महात्माजी ने भी अन्त्यजों के लिए बहुत कुछ कहा है। स्वामी विवेकानंदजी ने बड़े ज़ोरदार शब्दों में कहा है—"ऐ भारत के उच्च वर्णवालो, तुम्हें देखता हूँ तो जान पड़ता है, चित्रशाला में तसवीरें देख रहा हूँ। तुम लोग छायामूर्तियों की तरह विलीन हो जाओ, अपने उत्तराधिकारियों को (शूद्रों को) अपनी तमाम विभूतियाँ दे दो, नया भारत जग पड़े।"

भारतवर्ष में अधिकारियों—उच्च वर्णवालों का उन्माद द्वापर से ही बढ़ रहा है। भगवान श्रीकृष्ण के धर्मराज्यसंस्थापन में यहाँ देख पड़ता है कि उन्होंने दृप्त क्षत्रियों की शक्ति का नाश करा दिया। अपार परिश्रम के पश्चात् धर्मराज्य या शान्ति की स्थापना की। गीता में सब धर्मों का समन्वय किया। वाद-विवाद की जड़ काट दी, जिससे उत्तेजना के कारण आसुर भावों के बढ़ने तथा फैलने की शंका न रह गई। पर कुछ काल बाद फिर ब्राह्मणों के मस्तिष्क में स्पर्धा ने प्रचंड रूप धारण किया। भगवान् बुद्ध आए। अब की ब्राह्मणों के शास्त्र-शस्त्र भी उड़ा दिए गए। वैदिक सभ्यता ही न रह गई। उन्होंने अपनी तपस्या से प्राप्त ज्ञान की ज्योति फैलायी। शिक्षा का माध्यम रहा उसी समय की प्रचलित भाषा। साधारण जनों को यह बात बहुत पसंद आई। कुछ काल के लिए फिर भारत में सुख-शांति का साम्राज्य हुआ। पर इसके बाद ही आचारवान् ब्राह्मणों ने फिर सिर उठाया। भगवान् शंकर ने बौद्धों

को परास्त कर वेदों का उद्धार किया। बौद्धों के शून्यवाद का 'सच्चिदानंद' के 'अस्ति, भाति, प्रिय' द्वारा खंडन किया। बुद्ध के विशाल हृदय के कारण जो अधिकारियों का भेद न रह गया था, वह शंकर के समय घोर अधिकार-भेद को लेकर खड़ा हुआ। अधिकारियों का भेद न रखने से बौद्ध-धर्म शीघ्र ही नष्ट हो गया, सब वर्णों तथा उभय लिंगों के एकत्र वास के कारण आचरण शुद्ध नहीं रह सके। इधर ब्राह्मणों में आचार-निष्ठा थी। वे आस्तिक थे पर हृदयहीन थे, जैसा कि मस्तिष्क और हृदय से कुछ वैषम्य रहता है। ब्राह्मणों के आचारवान् होने के कारण भगवान् शंकर ने उन्हें ही सर्वोत्तम अधिकारी चुना। यही कारण है कि आज नए सुधारक, जिन्हें शूद्रों का पक्ष लेना होता है, शंकर पर शूद्र-विरोध का लांछन लगाते हैं। पर शंकर किसी के विरोधी और किसी के मददगार नहीं थे। उन्होंने मार्जन को देखकर अधिकारियों का निर्वाचन किया है। शंकर की दृष्टि केवल चमक पर थी, और वह धर्म की रक्षा अधिकारियों में ही समझते थे। इसलिए उनके नियम बड़े कठोर हुए। वैदिक ज्ञान की मर्यादा तथा महत्त्व को स्थिर रखने के लिए शूद्रों के प्रति उनके अनुशासन बड़े कठोर हैं। यही कारण है कि शूद्र उन्हें अपना शत्रु समझते हैं। कुछ हो, शंकर का महान् मस्तिष्क-धर्म भी अधिक काल तक यहाँ स्थायी नहीं रह सका। उनका आदर्श इतना ऊँचा था कि उस समय की क्रमशः क्षीण होती हुई प्रतिभा उस उज्ज्वलता को धारण नहीं कर सकी। शंकर का आगमन जैसे वैदान्तिक प्रतिष्ठा के लिए ही हुआ हो, जैसे ज्ञानकाण्ड की स्थापना तथा बौद्धों के उच्छेद के लिए ही वह आए हों। शंकर के बाद भारत को शीघ्र ही एक ऐसे धर्म की आवश्यकता पड़ी, जिसमें हृदय-जन्य सुख तथा अनुभूतियों का आधिक्य हो। फिर रामानुज आए। इनके बाद अब तक हृदय-धर्म का ही प्राबल्य रहा। वैष्णव-धर्म के अंतर्गत भी जाति-पाँति का भेद नहीं रहा। अनेक उपाख्यान तथा कथा-कहानियाँ इस जातिवैषम्य को धर्म से मिटाने के लिए रची तथा प्रचारित की गईं। **"आचाण्डालाप्रतिहतरयो यस्य प्रेम-प्रवाहः"** उन भगवान् मर्यादापुरुषोत्तम श्रीरामचंद्र का तमाम साधना-जीवन अन्त्यजों, भीलों, वन्य मनुष्यों, अशिक्षितों, निशाचरों के बीच में व्यतीत होता है।

"जिहिं लखि लखनहु ते अधिक, भेंट महामुनिराव।
सो सीतापति-भजन को, प्रगट प्रताप प्रभाव।"

—तुलसीदास

इस तरह की सहस्र-सहस्र उक्तियाँ प्रचारित हुईं, जिनसे अन्त्यजों के प्रति प्रगाढ़ स्नेह का परिचय मिलता है—**"प्रभु तरुतर कपि डार पर, तिहि किय आपु समान"** अन्त्यजों को साम्यभाव देने के भी उल्लेख मिलते हैं। 'वैष्णव-धर्म' इसका स्वच्छसलिला मन्दाकिनी बन गई। यही कारण है कि भारतवर्ष के अधिकांश लोग इस तरफ आकर्षित हुए। समाज में यह घृणाजन्य बर्ताव तो रहा; पर गुरु के यहाँ ब्राह्मण-चाण्डाल एक ही थे। महाप्रभु श्रीचैतन्यदेव का वैष्णव-धर्म उदारता का प्रशान्त महासागर है। कबीर

के पास जातिभेद न था। रैदास की शिष्या रानी भी थी। सदन कसाई का नाम आज भी प्रातःकाल उठकर बड़े-बड़े ब्राह्मण बड़े चाव से जपते हैं। अधिक क्या, प्रत्येक समाज से उतने ही बड़े महापुरुष निकले हैं, जितने बड़े ब्राह्मण-समाज में हो सकते हैं। जो आत्मिक उत्कर्ष मण्डन मिश्र ने वेदाध्ययन से प्राप्त किया था, वही उत्कर्ष व्याध मांस बेचकर प्राप्त करता है। पर योरप में किसी जूते गाँठनेवाले अपढ़ की मर्यादा ऐसी नहीं कि वह लॉर्ड-खानदान के साथ बराबरी का व्यवहार करे। यहाँ की सामाजिक प्रणाली दूसरी ही थी।

वैष्णव-धर्म की उदारता के साथ ही भारतवर्ष में दुर्बलता खूब फैली। हृदयधर्म के कारण यहाँ के लोग सुखों की कल्पना में भूल गए। चारित्रिक पतन हुआ। अनेक देव-देवियों की उपासनाएँ फैल गईं। साधारण कोटि के लोगों में विचारों की उच्चता न रही। वे उपन्यासों के पाठकों की तरह पुराणों के उपाख्यानों में आ पड़े। ज्ञान का विस्तार सीमा में बँध गया। अपढ़ रैदास भी जब ईश्वर प्राप्त करने लगा, और नाम की महत्ता का प्रचार हुआ, तब बस फिर क्या, माला जपना मुख्य और अध्ययन गौण हो गया। संसार की असारता तो भारतवर्ष में आज भी प्रबल है। फल यह हुआ कि द्विजाति भी विद्या से रहित, दुर्गुणों से भरे-पूरे होने लगे। इधर विश्वास भी रहा कि एक ही डुबकी गंगा में लगावेंगे, जन्म-जन्मान्तर के पातक-पुंज को डुबा देंगे, और फिर ब्रह्म की ही तरह चमकते हुए निकलेंगे। **''तव कृपया चेत् स्रोतः स्नातः पुनरपि जठरे सोऽपि न जातः''** का पाठ बढ़ चला, या **''एरे दगादार, मेरे पातक अपार, तोहिं गंगा की कछार में पछारि छार करिहौं।''** पुराणों के उपाख्यानों का भीतरी रहस्य लोग भूल गए, उन्हें इतिहास के रूप से पढ़ने लगे। उन्हीं पर उनका विश्वास हो गया, जैसा कि अशिक्षितों का अंधविश्वास होता है। चारित्रिक पतन के कारण समाज में शिथिलता आयी, और हेकड़ी, हठ, अभिमान, अहंकार आदि ने सिर उठाया, स्वामिजनों का सेवकों तथा शूद्रों पर अनुचित दबाव पड़ने लगा। यह भारतवर्ष की अशिक्षा का काल है, और एक प्रकार महाराज विक्रमादित्य के समय से ही शुरू होता है, जिस समय संस्कृत फूली-फली कही जाती है। अगर यह बात न होती, तो ग्रीक तथा रोमन सभ्यता के साथ-साथ भारतवर्ष की आधिभौतिक सभ्यता का विकास ही देख पड़ता। इधर के ये इतने धार्मिक विप्लव भारतवर्ष की अशिक्षा के कारण ही हुए जान पड़ते हैं। मुमकिन है, चूँकि ग्रीस पहले सौंदर्य का उपासक था, उसकी सौंदर्य की देवी वेनस ही उपासना की अधिष्ठात्री थीं, इसलिए भारत को इसमें आसुरी भाव मिले हों, और उसने इस तरह की शिक्षा से नफरत की हो। पर, जान पड़ता है, ग्रीस के सौंदर्य के उपवन की उन अप्सराओं से भारत को संग्रहण के योग्य चंद्रगुप्त की हेलेन के अतिरिक्त और कुछ नहीं मिला। यहाँ कुछ उसने भले ही सीखा हो, या चंद्रगुप्त की तरह किसी-किसी ने सेना-निवेश या व्यूह-रचना आदि सामरिक नियम कायदे सीखे हों; भारत ने रोम की राजनीति, दृढ़ व्यवस्था, मार्गों की सरलता—बड़ी-बड़ी

प्रशस्त सड़कें बनवाना भी नहीं सीखा। यह शायद इसलिए कि इसे रामराज्य की प्रजा होने का गर्व था। अभिप्राय यह कि पश्चिम के उत्कर्ष के दिनों में उससे साम्य तथा मैत्री की स्थापना भारतवर्ष ने नहीं की। किसी प्रकार का भौतिक संबंध, जिससे एक जाति अपर जाति से आदान-प्रदान करती है, राज्य की व्यवस्था बदलती तथा अनेक प्रकार के उत्कर्ष करती है, नहीं स्थापित किया। यह सब अज्ञान, पारस्परिक विरोध तथा व्यर्थ का स्वाभिमान ही जान पड़ता है। दूसरे मनुष्य को मनुष्य न समझना, यह वृत्ति बहुत पीछे मुसलमानों के शासनकाल में भी भारतवर्ष के लोगों की थी, और अब तक फ़ीसदी 98 लोगों की यही धारणा बनी हुई है चंद्रगुप्त उच्च वर्णों का नहीं समझा जाता था, अतएव हेलेन का विवाह बहुत बड़ा जातीय महत्त्व नहीं रखता, तथा बापा रावल का ग़ज़नी की शाहज़ादी से विवाह करना प्रेम के पतन का ही परिचायक हुआ है। कारण शाहज़ादी के लड़के का उन्होंने कोई हिंदू नाम नहीं रक्खा। उसका नाम शायद ख़ुमान रक्खा गया था। भीम से हिडिम्बा का विवाह भी यही परिणाम सूचित करता है। वह कोई सिंह नहीं हुआ, हिड़िम्बा का पुत्र होने के कारण वह घटोत्कच ही रहा। विवाह तो वह है, जिसे पुत्र पिता के गुण-धर्म का अधिकार प्राप्त करता है। ये सब भारत के सामाजिक पतन के ही चिह्न हैं, जिनके परिणाम की चिंता नहीं की गई। आज भी कितने ही तअल्लुकदारों की यवनी नर्तकियों के पुत्र हिंदू-पिता के कलंक-स्वरूप जी रहे हैं। दूसरी जातियों के प्रति यह नफ़रत ही भारत के पतन की धात्री है। हम देखते हैं, मुहम्मद ग़ोरी पंजाब पार कर आया; पर कई बार के विजयी महाराज पृथ्वीराज संयुक्ता के साथ विलास-वाटिका में विहार कर रहे हैं। उन्हें ज़रा भी चिंता नहीं, कुछ भी खबर नहीं कि शत्रु-सैन्य की कितनी संख्या है। दूसरे देशों में गुप्तचर नहीं घूमते, वहाँ की राज-व्यवस्था की कोई ख़बर नहीं आती। म्लेच्छों से आर्यगण भला क्या सीखते? उनके पास सीखने लायक था ही क्या? भारत के सामाजिक पतन का इससे बड़ा उदाहरण और क्या होगा? जब शत्रु घर में घेर लेता था, तब यहाँ के वीर तलवार उठाते थे। रहते संसार में थे; पर उससे लापरवाह रहकर ही जीना चाहते थे। ये कुल बातें अशिक्षा तथा अव्यवस्था की सूचक हैं। इस औद्धत्य के जमाने में यहाँ की शूद्र-शक्ति किस तरह प्रपीड़ित थी, यह सहज ही अनुमान किया जा सकता है।

मुसलमानी शासन-काल से ही यहाँ की शूद्र-शक्ति का अभ्युत्थान होता है। प्रकृति ने स्वयं ही शूद्रों के लिए क्षेत्र तैयार कर दिया। मुसलमानों के समय में हिंदू होने के कारण शूद्रों के साथ भी कोई रियायत नहीं होती थी। पर भिन्न शासन के कारण उच्च जातियों का वह रोब उन पर नहीं रह गया। बल्कि मुसलमानों से मोर्चा लेने के लिए एक बार फिर सब लोग छोटे-छोटे फ़िरकों में संगठित हो गए। यह एक प्रकार की धार्मिक लड़ाई होती रही। नीच जातियों के प्रति उच्च जातियों का कुछ स्नेह-बंधन रहा; परंतु फिर भी जो लोग हिंदू-अंग से छूटकर मुसलमान हो

गए, उनमें अधिकांश पीड़ित होने के कारण ही हुए। हिंदुओं की सामाजिक व्यवस्था पूर्ववत् दृश्य मात्र रहने पर भी, ज्ञान से संबंध छूट जाने के कारण, वैसी सुदृढ़ नहीं रह सकी। यौवन के बाद के वार्धक्य की तरह उसकी तमाम हृष्ट-पुष्ट मांसपेशियाँ झूल पड़ीं, तनी हुई नसें ढीली पड़ गईं, जीवन मृत्यु की बाट जोहने लगा। इसके पश्चात् अंग्रेज़ी राज्य की स्थापना होने पर अखिल जातियों की उन्नति का द्वार ही खुल गया। राजा की दृष्टि में, कानून की निगाह में ब्राह्मण और चाण्डाल का भेद नहीं रहा। सबके लिए समान अधिकारों की राह खुल गई। इसमें अंग्रेज़ों का जो कुछ भी अभिप्राय हो, भारत की हिंदू-मुसलमानों की अनेक जातियों पर शासन जमाए रखने के लिए इससे बेहतर तथा सर्वमान्य और कोई उपाय अंग्रेज़ों के पास नहीं था। इससे उच्च जातियों की हानि हुई, और शूद्र-जातियों को लाभ पहुँचा। वे अपनी बिगड़ी हालत के सुधार में लगे। उच्च जातियाँ क्रमशः गिरती ही गईं। उनके वे अधिकार नहीं रह गए, जो क्षत्रिय-शासन-काल में थे। अदालत में एक शूद्र और ब्राह्मण की समान हैसियत रह गई। राजदृष्टि के अलावा बहिर्देशों में भी ब्राह्मण की कोई महत्ता नहीं रह गई। सब जगह गुणों का आदर होने लगा। इधर अशिक्षा के कारण ब्राह्मणों की स्थिति बिलकुल खराब हो गई। वे कलकत्ते में जमादारी और बंबई में भैयागीरी करने लगे। फेरी करना, कपड़े से लेकर जूते तक की दूकान करना, मिठाई-पूड़ियाँ बेचना अधिक क्या, हल जोतना भी आरंभ कर दिया; पर पराधीनता के कारण जनेऊ पर उनका पूर्ववत् ही अधिकार रहा। इधर दूसरी-दूसरी जातियाँ उन्नति करने लगीं। अभिप्राय यह कि प्रकृति ने ही साम्य की स्थापना कर दी, सब जातियों के एक ही कार्य तथा एक ही अधिकार कर दिए। भारत के लिए अंग्रेज़ी राज्य का यही महत्त्व है कि तमाम शक्तियों का साम्य हो गया। इस समय जितने दुराचरण हो रहे हैं, वे अब वैषम्य में साम्य की स्थापना के लिए हो रहे हैं, जैसे प्रकाश के लिए अंधकार हुआ हो। कुछ काल पश्चात् यह उपद्रव भी न रह जाएगा। शूद्रशक्तियों से यथार्थ भारतीयता की किरणें फूटेंगी। वे ही भविष्य के ब्राह्मण, क्षत्रिय और वैश्य हैं, और ब्राह्मण-क्षत्रिय आदि दृप्त जातियाँ शूद्र। ख़ुदाई सज़ा ऐसी ही होती है। चिरकाल तक लड़कर ब्राह्मण-क्षत्रिय पस्त हो गए हैं। वे अब प्रकृति की गोद में विश्राम करना चाहते हैं। वे अब मुग्ध हैं, सोना चाहते हैं। उनका कार्य अब वे जातियाँ करेंगी, जो अब तक सेवा करती आई हैं। स्वामी विवेकानंद के कथनानुसार उनमें सेवा करते-करते अपार धैर्य और अविचल श्रद्धा के भाव भर गए हैं। भारत तभी तक पराधीन है, जब तक वे नहीं जागतीं। उनका कर्म के क्षेत्र पर उतरना भारत का स्वाधीन होना है।

"न निवसेत् शूद्रराज्ये"* मनु का यह कहना बहुत बड़ा अर्थ-गौरव रखता है।

---

* मालूम नहीं, शूद्र-राज्य या म्लेच्छ-राज्य।

शूद्रों के राज्य में रहने से ब्राह्मण-मेधा नष्ट हो जाती है। पर अब यवन और गौरांगों के 800 वर्षों के शासन के बाद भी हिंदोस्तान में ब्राह्मण और क्षत्रिय हैं, जो लोग ऐसा कहते हैं, वे झूठ तो बोलते ही हैं, ब्राह्मण और क्षत्रिय का अर्थ भी नहीं समझते। इस समय भारत में न ब्राह्मण हैं, न क्षत्रिय, न वैश्य; न अपने ढंग की शिक्षा है, न अपने हाथ में राज्य-प्रबंध, न अपना स्वाधीन व्यवसाय। प्रोफ़ेसर अंग्रेज़, मान्य शिक्षा पश्चिमी; शासन अंग्रेज़ी, शासक अंग्रेज़; व्यवसायी अपर देशवाले वैश्य, व्यवसाय की बागडोर, माँग, दर का घटाव-बढ़ाव उनके हाथों। ऐसी परिस्थिति में चाहे काशी के पूर्वकाल के वैश्य 'स' महाशय संस्कृत पढ़ लेने के कारण ब्राह्मण की परिभाषा संस्कृतज्ञ करें, और हर भाषा के पंडित को हर जाति का ब्राह्मण मानें या कलकत्ते के करोड़पति विदेशी मालों के दल्लाल 'डागा' जी वैश्य-शिरोमणि अपने को समझ लें, या सूबेदार मेज़र जट्टासिंह अपने को आदर्श-क्षत्रिय साबित करें, हैं सब शूद्र ही। म्लेच्छ-प्रभाव में रहकर कभी कोई पूर्वोक्त त्रिवर्ण में से किसी का अधिकार प्राप्त नहीं कर सकता। एक और बात यह भी है कि कोई राष्ट्र तब तक स्वाधीन नहीं हो सकता, जब तक उसके ये तीनों वर्ण—ब्राह्मण, क्षत्रिय, वैश्य जग न गए हों—उसकी मेधा पुष्ट, शासन स्वाधीन सुदृढ़ और वाणिज्य स्वायत्त तथा प्रबल न हो। गुलाम के मानी गुलाम, बाहरी और भीतरी परिस्थितियों का दास।

गुलाम जाति का उत्थान भी गुलामी से होता है। जहाँ ब्राह्मण होंगे, क्षत्रिय, वैश्य होंगे, उसके उत्थान की ज़रूरत क्या है? वह तो उठा हुआ है ही। उठने की जहाँ कहीं आवश्यकता हुई है, वहीं मोह या दास्य का अंधकार रहा है। वहीं स्वतंत्रता के आलोक की आवश्यकता हुई है—उठाने के लिए। और, उस प्रभात में उठीं भी वे ही जातियाँ, जो रात के पहले से सोई हुई थीं, जिनकी नींद एक चोट ख़ूब लग चुकी है। अतः अब जिस जागरण की आशा से पूर्वाकाश अरुण हो रहा है, उसमें सबसे पहले तो वे ही जातियाँ जागेंगी, जो पहले की सोयी हुई—शूद्र, अन्त्यज जातियाँ हैं। इस समय जो उनके जागने के लक्षण हैं, वही आशाप्रद हैं, और जो ब्राह्मण-क्षत्रियों में देख पड़ते हैं, वे जागने के लक्षण नहीं, वह पीनक है—स्वप्न के प्रलाप हैं। विरासत में पहले के गुण अब शूद्र और अन्त्यज ही अपनावेंगे। यहाँ की सभ्यता के ग्रहण करने का क्षेत्र वहीं तैयार है। ब्राह्मण और क्षत्रियों में उस पूर्व-सभ्यता का ध्वंसावशेष ही रह गया है। उनकी आँखों का वह पूर्व-स्वप्न अब शूद्रों तथा अन्त्यजों के शरीरों में भारतीयता की मूर्तियों की तरह प्रत्यक्ष होगा।

वर्तमान सामाजिक परिस्थिति पूर्ण मात्रा में उदार न होने पर भी विवाह आदि में जो उल्लंघन कहीं-कहीं देखने को मिलते हैं, वे भविष्य के ही शुभ चिह्न प्रकट कर रहे हैं। संसार की प्रगति से भारत की घनिष्ठता जितनी ही बढ़ेगी, स्वतंत्रता का ब्राह्म रूप जितना ही विकसित होगा, असवर्ण विवाह का प्रचलन भी उतना ही होता जाएगा। देश के कल्याणकामी यदि इन अनेक गौण बातों पर ध्यान न दें, एक

शिक्षा के विस्तार के लिए प्रबंध करें, इतर जातियों में शिक्षा का प्रसार हो, तो असवर्ण विवाह की प्रथा भी ज़ोरों से चल पड़े। अभी तो अशिक्षित लोग भी पूर्वकाल के ब्राह्मण-कुमारों से अपनी लड़की का विवाह नहीं कर सकते। अपने-अपने फ़िरके का सबको खयाल है। वर्ण-समीकरण की इस स्थिति का ज्ञान विद्या के द्वारा ही यहाँ के लोगों को हो सकता है। इसके साथ-ही-साथ नवीन भारत का रूप संगठित होता जाएगा, और यही समाज की सबसे मज़बूत शृंखला होगी। यही साम्य पश्चात् वर्ण-वैषम्य से—ब्राह्मण, क्षत्रिय, वैश्य के रूपों में पुनः संगठित होगा।

('सुधा', मासिक, लखनऊ, जनवरी, 1930 ('समाज-सुधार' शीर्षक स्तम्भ में)। **प्रबंध-प्रतिमा** में संकलित)

हिंदी के गर्व और गौरव श्री प्रेमचंदजी

हिंदी के युगान्तर-साहित्य के सर्वश्रेष्ठ रत्न अंतर्प्रान्तीय ख्याति के हिंदी के प्रथम साहित्यिक, प्रतिकूल परिस्थितियों से निर्भीक वीर की तरह लड़नेवाले, उपन्यास-संसार के एकछत्र-सम्राट्, रचना-प्रतियोगिता में विश्व के अधिक-से-अधिक लिखनेवाले मनीषियों के समकक्ष आदरणीय श्रीमान् प्रेमचंदजी आज महाव्याधि से ग्रस्त होकर शय्याशायी हो रहे हैं। कितने दुख की बात है हिंदी के जिन पत्रों में हम राजनीतिक नेताओं के मामूली बुखार का तापमान प्रतिदिन पढ़ते रहते हैं, उनमें श्री प्रेमचंदजी की—हिंदी का महान् उपकार करनेवाले प्रेमचंदजी की अवस्था की साप्ताहिक खबर भी हमें पढ़ने को नहीं मिलती। दुख नहीं, यह लज्जा की बात है, हिंदी-भाषियों के लिए मर जाने की बात है। उन्होंने अपने साहित्यिकों की ऐसी दशा नहीं होने दी कि वे हँसते हुए जीते और आशीर्वाद देते हुए मरते। इसी अभिशाप के कारण हिंदी महारानी होकर अपनी प्रांतीय सखियों की भी दासी है। हिंदी तभी महारानी है जब साहित्यिक के हृदय-आसन पर पूजी जाती है, पर ऐसा नहीं होता। उसके सेवक, वे प्रतिभाशाली युवक, प्रौढ़ और वृद्ध ठोकरें खाते हुए बढ़ते और पश्चात्ताप करते हुए मरते हैं। क्या लिखूँ लज्जा की बात स्पष्ट न करना ही अच्छा है।

मैं जब राजेंद्रप्रसाद और पंडित जवाहरलाल नेहरू-जैसे राष्ट्र के समादृत नेताओं को देखता हूँ और साथ-साथ मुझे श्री प्रेमचंदजी की याद आती है, तब मेरा हृदय आनंद और भक्ति से पूर्ण हो जाता है। मैं देखता हूँ, राजनीति के सामने साहित्य का सिर नहीं झुका, बल्कि और ऊँचा है, केवल देखनेवाले नहीं हैं। हिंदी-भाषी मुझे अच्छी तरह जानते हैं। वे यह भी जानते होंगे, मेरे कानों में डंके की आवाज कम जाती है। जिस साधना से आदमी आदमी है, जिसके कारण नेता सम्मान पाते हैं, मैं उसी की जाँच करता हूँ। वहाँ प्रेमचंदजी, दरिद्र प्रेमचंद जी, अपने अध्यवसाय से

शिक्षा प्राप्त करने वाले प्रेमचंद जी साहित्य की साधना में यहाँ-वहाँ भटकते फिरनेवाले प्रेमचंदजी, फिर भी एकनिष्ठ होकर दिन-पर-दिन, महीने-पर-महीने, वर्ष-पर-वर्ष साधना करते रहनेवाले प्रेमचंदजी, बड़े, बड़े, बहुत बड़े हैं। इतना बड़ा कोई नेता भी इस तरह संकट में पड़ा, जिसके नाबालिग बच्चे उड़ी निगाह से पिता के पास बैठे हुए शून्य में सोचते रहें और महाव्याधि में भी पिता को विश्राम न मिला—उनके अन्न की चिंता रही? इतने बड़े पिता को अन्न की चिंता—धन्य रे देश!

इस बार प्रायः साढ़े तीन महीने मैं बनारस रहा। प्रेमचंदजी के सरस्वती प्रेस में मेरी 'गीतिका' छप रही थी। प्रकाशक था भारती भंडार। एक दिन पंडित वाचस्पति पाठक, जिनका मैं अतिथि था, बोले, 'प्रेमचंदजी से मिल लीजिए।'

उस समय प्रायः आधा जून, दुपहर की लू चलती थी। प्रेमचंदजी के नाम से मैंने चलना स्वीकार कर लिया। प्रेस पहुँचकर दो मंजिल पर चलकर देखा, प्रेमचंदजी बैठे हैं। मैं उनके परिवार-भर से परिचित था। श्रीमती शिवरानी भी आईं। मैंने प्रणाम किया। फिर एक गिलास पानी माँगा। बहुत दिनों बाद प्रेमचंदजी को देखा था। मालूम होता था, वह और दुबले हो गए हैं। उनसे कहा, उन्होंने कहा जैसा कहा करते हैं—'नहीं, यह तो मेरी काठी है।' कुछ देर तक साहित्यिक बातचीत हुई, फिर मैं विदा हुआ। उस दुर्बल देह में शक्ति और ओज पूर्ण मात्रा में थे।

कुछ दिन बीत गए। प्रेमचंदजी के 'गोदान' की काफी चर्चा हो रही थी। एक दिन सुना, प्रसादजी प्रेमचंदजी से मिलने गए थे, वह सख्त बीमार हैं। फिर सुना, प्रेमचंदजी एक्स-रे कराने के लिए लखनऊ गए हैं। फिर मालूम हुआ, वह लखनऊ से वापस आ गए हैं। एक दिन पंडित नंददुलारे वाजपेयी के साथ उन्हें देखने गया। वह उसी कमरे में बैठे हुए थे, पर इस बार फर्श पर न थे, बिछे पलँग पर बैठे हुए थे। श्रीमती शिवरानी उनके लिए दवा तैयार कर रही थीं। उनकी लड़की अपने लड़कों को लेकर आ गई थी, एक ओर खड़ी थी। मुझे देखकर नमस्ते की। मैं प्रेमचंदजी की बीमारी की चिंता में था, कुछ कहा नहीं, सिर्फ हाथ उठाकर नमस्कार किया। वह हँस रही थी। मेरी दृष्टि की सियाही उसके मुँह पर पड़ी—उसके मुख पर मुझे झाईं-सी दीखी। अगर नीचे उसके अत्यंत सुंदर बड़े लड़के को खेलते हुए मैंने न देखा होता, उसका परिचय मालूम कर उसे डरवा न चुका होता, तो पहचान न पाता कि यह लड़की है। फिर भी मैंने प्रेमचंदजी से पूछा। लड़की ने लड़की की खुली आवाज में कहा, 'क्या आपने मुझे पहचाना नहीं? मैंने तो आपको पहचान लिया।'

मैंने कहा, 'मुझमें तो कोई परिवर्तन हुआ नहीं, पर तुम पहले लड़की थीं, अब माँ हो गई हो।'

लड़की झेंप गई। प्रेमचंदजी खुलकर हँसे। देवी शिवरानी दवा तैयार करती हुई मुस्करायीं। 'हंस' निकल चुका था। उससे जमानत तलब की जा चुकी थी। जमानत देकर पत्र निकालना असंभव है, विशेषतः साहित्य के लिए, फिर भारतीय साहित्य

परिषद् 'हंस' को लेने की बातचीत कर रहा है। प्रेमचंदजी कहते रहे, ऐसी हालत में हमारे लिए नया पत्र निकालना ठीक होगा। प्रेमचंदजी दुर्बल थे, जलोदर का पूरा प्रकोप था, फिर भी एक वीर की तरह बैठे हुए वार्त्तालाप करते रहे। बड़ी जिन्दादिली, सुननेवालों पर उसका असर पड़ता हुआ, जैसे सुननेवालों को ही वह स्वास्थ्य पहुँचा रहे हों। मैं उस विजयिनी ध्वनि को सुन रहा था, जिसका सिर नीचा नहीं हुआ, जो हिंदी की महाशक्ति है, और रह-रहकर दुर्बल अस्थिशेष प्रेमचंदजी को देख रहा था। दूसरे प्रसंग पर पूछा, 'आप लखनऊ गए थे, वहाँ क्या कहा डॉक्टरों ने?'

'कुछ नहीं, संतोषजनक उत्तर नहीं मिला। कहा कुछ नहीं है, ठहरने के लिए कहा, पर कुछ डिसेन्ट्री की शिकायत मालूम दी, परदेश, देखभालवाला कोई नहीं, लड़के को ले गया था। कौन तीमारदारी करे, लौट आया।'

वाजपेयीजी से लेख आदि के लिए प्रेमचंदजी ने कहा। कुछ देर बातचीत करके फिर हम लोगों ने उनसे विदा ली।

कुछ दिन और बीते। 'गीतिका' छप चुकी थी। अंतिम दो-एक फार्म थे। मैं प्रेस गया हुआ था। प्रेमचंदजी के बड़े लड़के मिले। प्रेस की आवश्यक बातें कहकर मैंने उनसे प्रेमचंदजी से मिलने की इच्छा प्रकट की। उन्होंने कहा, 'अब तो वे यहाँ नहीं रहते।' मुझे उनका मुकाम बतलाया। मेरे रास्ते में ही मकान पड़ता था। मैं चला। बादल घिरे थे। चलते-चलते पानी गिरने लगा। छाता नहीं था। भीगते हुए आनंद आने लगा। मकान के पास आकर अनिश्चय में पड़ गया कि कौन-सा मकान होगा। फाटक बतलाया था, यहाँ फाटक न दीखा, एक दरवाजा सिर्फ देख पड़ा। डरते हुए खोला, भीतर लंबा मैदान देखा। किनारे से रास्ता गया था। मैदान के उस तरफ मकान था। कोई था नहीं, जिससे पूछता। हिम्मत बाँधकर बढ़ा। किनारे चमेली के झाड़, कहीं-कहीं अपराजिता लिपटी हुई। दोनों खिले। चमेली के रात के खिले कोमल फूल बूँदों के थपेड़ों से व्याकुल थे। देखता हुआ एक फूल छुआ। फूल वृक्ष पर रखे-से थे। उठा लिया। लिए हुए उनकी दशा पर विचार करता हुआ मकान के सामने आया। दूर से दो-एक अपरिचित देवियाँ दीख पड़ीं। एक जोड़ी छोटे जूते पड़े थे। सोचा, ये उसी लड़की के लड़के के जूते होंगे। एक बगल चिक पड़ी हुई दीख पड़ी। उधर चला, तब तक शिवरानीजी दीख पड़ीं। उनसे पूछा। क्षीण स्वर से उन्होंने कहा, 'सोये हैं, जाइए।'

मैं गया। देखा, प्रेमचंदजी अत्यंत दुर्बल हो गए हैं। पेट फूला हुआ है। प्रेमचंदजी ने आँखें खोलीं, मुझे देखा बड़ी करुण दृष्टि से। मैंने प्रणाम किया। पूछा, 'आप कैसे हैं?'

दोनों बाँहों की ओर दृष्टि फेरकर उन्होंने, 'देखिए।' करुण स्वर। अत्यंत दुर्बल बाँहें। मुझे शंका हो चली। सिंह को गोली भरपूर लग गई है। अब वह आवाज नहीं रही। मैं चुपचाप कुर्सी पर बैठ गया। 'कैसे सँभलेगा?' प्रेमचंदजी बोले। उन्हें अपने

बच्चों की चिंता हो रहीं थी। मैं भरसक अपने को सँभाल रहा था। मेरे हाथ का फूल वहीं छूटकर गिर गया। प्रेमचंदजी अत्यंत मंद स्वर से बोले, ' 'हंस' को फिर से निकालने का विचार है, नहीं तो कैसे चलेगा?'

मेरी आँखें छलछला आईं। सँभलकर कहा, 'आप चिंता न कीजिए। आपकी किताबें हैं और ईश्वर।'

प्रेमचंदजी ने 'हंस' के लिए लेख, कविता इत्यादि देने के लिए कहा। कुछ देर तक उन्हें प्रबोध देता हुआ, उनके आराम का समय जानकर मैं विदा हुआ। प्रेमचंदजी के बड़े लड़के की अभी पढ़ाई पूर्ण नहीं हुई। अभी दो-तीन साल एम.ए. करने में लगेंगे। शायद बी.ए. फाइनल है। उसकी दृष्टि में अभी संसार काव्य है, जहाँ जीविका का प्रश्न नहीं। बिलकुल नया जीवन, जब तरुण सदा धोखा खाता है, छला जाता है। छोटा लड़का तो निरा बच्चा है। मैंने सोचा—अगर जैनेन्द्रजी आ जाएँगे तो अच्छा होगा, 'हंस' को सहायता देंगे। मन-ही-मन शिवरानीजी की सेवा याद करता हुआ 'प्रसाद' जी के यहाँ आया। मैं प्रेमचंदजी को देखने जब-जब गया, शिवरानीजी को उनके लिए कुछ-न-कुछ करते देखा, सदा संयत, सदा दत्तचित्त।

डॉक्टर मुखर्जी काशी के प्रसिद्ध होमियोपैथ प्रेमचंदजी के चिकित्सक हैं। रोग जलोदर है। पानी की जगह दूध दिया जाता है। डॉक्टर को अभी उनके अच्छा हो जाने का विश्वास है। केवल बढ़ती हुई कमजोरी से घबराते हैं। कुछ भय उम्र से भी है। प्रेमचंदजी 60 के होंगे। दुर्बल पहले से थे। इतनी उम्र में प्राकृतिक शक्ति के घट जाने के कारण, दुस्साध्य रोगों के लिए चिंतावाली बात रहती है। मरीज अपनी ही प्रकृति से जल्द अच्छा नहीं हो पाता।

कुछ दिन और बीते। नन्ददुलारे वाजपेयीजी के हाथ एक गीत मैंने 'हंस' कार्यालय भेज दिया। बड़ी कविता लिख रहा था, वह तैयार न हुई थी, फिर भेजने के लिए कहला भेजा। नन्ददुलारेजी अपना लेख लेकर जानेवाले थे, प्रेमचंदजी को देखने के उद्देश्य से। इसके कुछ दिन बाद वाचस्पतिजी पाठक और पद्मनारायण आचार्य के साथ, काशी छोड़ने के पहले प्रेमचंदजी के दर्शनों के लिए चला। पद्मनारायणजी 'गीता धर्म' के संपादक हैं, अभी तक प्रेमचंदजी से व्यक्तिगत रूप से परिचित नहीं हो सके। 'मैथिलीमान' के लिए उनकी कुछ आज्ञा है। हम लोग इक्के से चले। रास्ते-भर गुप्तजी के अभिनंदन की बातें होती रहीं। मुझे बार-बार प्रेमचंदजी की याद आती रही। गुप्तजी को आदर की दृष्टि से देखता हूँ, इसके अनेक प्रमाण दे चुका हूँ। सोच रहा था, प्रेमचंदजी को न तो मंगलाप्रसाद पारितोषिक मिला न कोई अभिनंदन। वह हिंदी साहित्य-सम्मेलन के सभापति भी नहीं चुने गए। मन ने कहा—'तुम्हारे लिए भी यही फैसला है, जिसने जैसा दिया वैसा पाया।' मैंने कहा—'मैं इसी तरह गुजारूँगा। अगर कुछ काम कर सका तो नाम-यश मुझे नहीं चाहिए।'

अब तक प्रेमचंदजी का मकान आ गया। हम लोग इक्के से उतरकर भीतर

चले। मकान के सामने जब पहुँचे तब दो नवागन्तुक बैठे हुए दीख पड़े। पर ऐसे बैठे थे, जैसे घर के आदमी हों। मैंने सोचा, ये भय्याचार होंगे या रिश्तेदार। साथियों के साथ भीतर गया। सन्नाटा था। बड़ी धीमी आवाज में एक आगन्तुक ने कहा, 'बैठिए।' मैं चप्पल उतारकर चारपाई पर बैठ गया। इधर-उधर देखा, पहचान का कोई न दीख पड़ा। तब उन्हीं महाशय से कहा, 'हम लोग प्रेमचंदजी को देखने के लिए आए हैं।'

नवागन्तुक ने मेरा नाम पूछा। मैंने अपना नाम बतलाया। इस समय देवी शिवरानीजी बाहर आईं। प्रेमचंदजी वहीं चारपाई पर थे। रस्सी बाँधकर पर्दा कर रखा गया था। पर्दा हटाने लगीं। मैं जब प्रेमचंदजी के सामनेवाली चारपाई की ओर बढ़ा, तब आगन्तुक महोदय ने कहा, 'ज्यादा बातचीत मना है।'

मैं अपने लक्ष्य पर चलकर बैठ गया। देखते ही मेरे होश उड़ गए। प्रेमचंदजी ने हाथ जोड़कर कहा, 'अब तो अंतिम विदा है।'

हे ईश्वर! केवल दस वर्ष।

('आज', दैनिक, काशी, 1 अक्तूबर, 1936। असंकलित)

गाँधीजी से बातचीत
(इण्टरव्यू द्वारा प्राप्त)

गुलामी को शिकस्त देने की आवाज़ देश में सबसे बुलंद गाँधीजी की है। गाँधीजी को, उनके जीवन-काल में, बुद्ध और क्राइस्ट की समता उनके भक्तों ने दी है। गत दोनों आंदोलन जिन्होंने देखे हैं—दरकिनार रहे हुए भी—उनकी ताकत, उनके जादू का प्रभाव उन लोगों पर पड़ा है। गाँधीजी का जीवन केवल बाहरी स्वतंत्रता की लड़ाई का जीवन है। उनका जागरण उनका अकेले का नहीं, साथ बहुतों का है। लेकिन एक स्वतंत्र साहित्यिक, एक पहुँचा दार्शनिक, वस्तु-विषय के बाल की खाल निकाले बगैर नहीं रह सकता। यह उसकी खुसूसियत है। वैसा ही जीवन, जैसा गाँधीजी का, महत्त्व की दृष्टि से बढ़कर नहीं तो घटकर भी नहीं—जहाँ हर वस्तु और विषय अपनी खूबसूरती और बारीकी में हद को पहुँचते हैं, जिससे आगे और नहीं या जिससे ज्यादा और बन नहीं पड़ता।

हिंदी में मुख़ालिफ़त होने के साथ-साथ मैंने वस्तु-रूप से आदमी और विषय-रूप से उसके मन की जाँच-पड़ताल कम नहीं की। मैं दूसरे को संतोष न दे सकूँगा तो दूसरा ज़रूर किसी मानी में गुलाम होगा, शरीर से या मन से। साहित्य की स्वतंत्रता कभी भी बाहरी उपकरण को बहुत ज्यादा साथ नहीं ले सकती। बाहरी वस्तु सापेक्षवाद

की तरह रहे, लेकिन किसी की अपेक्षा में वही रहता है जो सत्तावाला है या सत्ता स्वयं अपेक्षा में रहती है जब बहिर्मुख होती है—जब उसे देह की कैद में रहना होता है। हमारे यहाँ ज्ञान सापेक्ष नहीं, निरपेक्ष है और 'ऋते ज्ञानान्न मुक्तिः' यह सदा सत्य है।

इस मन से जाँच करने पर महात्माजी की कुल क्रियाएँ एक सापेक्षता लिए हुए हैं। वे जैसे स्वतंत्रता के लिए लागू होती हैं, वैसे ही महात्मा गाँधी के व्यक्तित्व निर्माण के लिए। उदाहरण में हिंदी को लें। हिंदी राष्ट्रभाषा है, यह आवाज़ गाँधीजी की बुलंद की हुई है। इस समय तक इस राष्ट्रभाषा के प्रश्न का कितना प्रशस्त उत्तर आया और कितनी अड़चनें, संवाद-पत्र के पाठक यह भी जानते हैं। हमारा विषय यह नहीं। संवाद-पत्र के पाठक यह भी जानते हैं कि हिंदी को राष्ट्रभाषा बतानेवाले गाँधी—तिलक के मुकाबले सिर उठाते हुए देश के सामने आनेवाले गाँधी, हिंदी के प्रश्न पर स्वयं बदल गए हैं। उनके इस एक आवाज़ उठाने के साथ तमाम हिंदीभाषी उनके साथ हो गए—नेता को यही चाहिए। तिलक हिंदी नहीं जानते थे, लोगों को मालूम होगा। गाँधीजी हिंदी साहित्य-सम्मेलन के सभापति एक इसी आवाज़ के बल पर हुए थे—इंदौर में, पहले। नेता को कुछ काम भी करना पड़ता है, सहानुभूति पाने के लिए या लोकप्रियता के लिए। मद्रास में महात्माजी ने हिंदी का प्रचार शुरू किया। उस समय अगर उर्दू या हिंदुस्तानी का ध्यान महात्माजी को होता तो इस ज़ोर से मद्रास में हिंदी का प्रचार न कराते—जहाँ, बगल में ही, हैदराबाद में उर्दू की प्रतिष्ठित सत्ता है। यह एक तरह हिंदी-उर्दू का टग-ऑफ-वार, रस्साकशी, हुआ। उर्दू के और भविष्य की हिंदुस्तानी के पक्षपाती, या कुछ नहीं केवल अपने नेतृत्व के पक्षपाती, गाँधी द्वारा हुआ। जो यह कहते हैं पंजाब में फार्सी-अर्बी-बहुल हिंदुस्तानी बोलिए, युक्तप्रांत में खिचड़ी शैली, बिहार में कुछ अधिक संस्कृत, बंगाल वगैरह में प्रतिशत संस्कृत शब्द, मैं पूछता हूँ, उनकी निगाह के सामने नेतृत्व करने के सिवा ज़बान की सूरत सँवारने का भी कोई ध्यान है? ऐसी बहुत-सी बातें हैं। तब हिंदी-साहित्य पढ़नेवाले मद्रासी 'बी.अम्मा' की धारणा भी नहीं कर सकते थे। ख़ैर, हमारा मतलब महान् गाँधीजी की भाषा-संबंधी राजनीति से है, जिन्होंने हिंदी के द्वारा हिंदी भाषी पंद्रह करोड़ जनता की भावनाजन्य स्वतंत्रता बात-की-बात में मार दी। लोग लट्ठ की तरह बजने लगे—हिंदी राष्ट्रभाषा है; संपादक हों, लेखक। वस्तु और विषय की यही पराधीनता है। गाँधीजी की यही स्वाधीनता।

मैंने भी वस्तु और विषय की स्वतंत्रता की तरफ ध्यान रखा है, एक साहित्यिक की तरह, एक कवि की तरह, एक दार्शनिक की तरह। मेरा उद्देश्य था और है, स्वतंत्रता बहुमुखी है और साहित्य का मतलब है—वह सबको साथ लिए रहे। इसी दृष्टि से दूसरे जाग्रत राष्ट्रों और उन्नतिशील साहित्यों के नमूने देखते हुए, अपने गत और वर्तमान राजनीति और साहित्य को समझते हुए, देश के विभिन्न धर्मों, सम्प्रदायों,

प्रान्तीय भाषाओं, लोगों के आचार-विचारों के भीतरी रूप जानते हुए, बाहरी संसार से उनके सहयोग का रूप देखते हुए जो साहित्य का निर्माण करते हैं, वे साथ-साथ जाति और राष्ट्र का भी निर्माण करते हैं। मैंने जो निरपेक्ष ज्ञान की बात कही है, निरपेक्ष ज्ञान के साथ वस्तुओं और विषयों की यही सापेक्षता सिद्ध होती है–उस निरपेक्षता में सामयिक वस्तु और विषय जहाँ तक पहुँचते हैं, वहाँ हिंदू और मुसलमान का सवाल नहीं, वहाँ भाषा भी बाह्य रूप छोड़ देती हैं, अर्थात् 'क' को चाहे 'क' लिखिए या 'के' कुछ नहीं आता जाता। यही निरपेक्षता है। 'के' के पीछे लट्ठ लेकर पड़नेवाले पहली ही गति से साबित कर देते हैं कि वे पराधीन हैं, वे लड़ेंगे, समझौता नहीं करेंगे। मैं हिंदी साहित्यिक की हैसियत से विनय के साथ कहता हूँ, देश के वर्तमान हिंदू और वर्तमान मुसलमान, वर्तमान सिख और वर्तमान पारसी, सापेक्षता में ही, पुरानी रूढ़ियों के पाबंद रहने के कारण या अंग्रेज़ी पढ़कर यूरोप के नक्काल होने के कारण, निरपेक्षता से दूर हैं–वे अपने मन की चाहते हैं। स्वाधीनता और पराधीनता का यह बहुत सीधा रहस्य है। हिंदी में इधर जो काम हुआ है, उसमें सिर्फ़ आदमी बड़ा है। इस आदमी के द्वारा एक नई भाषा-लिपि की रचना भी हो सकती है, समझौते के लिए, और सुलझा आदमी मंजूर भी कर सकता है जबकि भाषा और लिपि आज तक बदलती गई है। नए-नए शब्द का आविष्कार रुक नहीं सकता, एक देश कुल विश्व के साथ राजनीतिक, व्यावसायिक और साहित्यिक दृष्टियों से जुड़ा हुआ है। ऐसे उदार विस्तृत साहित्य के निर्माण में जो लगेंगे, ये कभी भी दलबंदी में आकर एक खास वस्तु-विषय को सत्य नहीं कहेंगे। गाँधीजी, लेकिन, ऐसा नहीं कर सकते, क्योंकि उन्हें नेतृत्व करना है, उनके पास नेता सर्व नहीं एक मनुष्य है; लिहाज़ा उन्हें दूसरों की राय चाहिए अनुकूल। यहीं निरपेक्ष सत्य टूटता है।

गाँधीजी 1935-36 में हिंदी-साहित्य-सम्मेलन के फिर सभापति होते हैं। अब तक गाँधीजी के दोनों आंदोलन हो चुकते हैं और वे देश और विश्व के सामने अपनी पूरी महत्ता से प्रकट हो जाते हैं। इंदौर में, इस बार, रुपए के मामले में गाँधीजी से जो भाव-ताव हुआ था और जो परिणाम, उसका उल्लेख अनावश्यक है। यहाँ उन्होंने हिंदी के साथ हिंदुस्तानी एक लफ़्ज और जोड़ा था, यह ध्यान देने की बात है। जब भी महात्मा गाँधी ख़िलाफ़त आंदोलन में मुसलमानों को साथ दे चुके थे और हिंदी की सीधी खिचड़ी शैली के ही पक्षपाती थे–यह काम आचार्य महावीर प्रसाद द्विवेदी उनसे बहुत पहले कर चुके थे–फिर भी इंदौरवाली हिंदुस्तानी में साधारण मज़ाक नहीं रहा। मैं समझता हूँ, नेता हिंदुओं का नेता तो बन ही चुका था, मुसलमानों का भी बनना था। भूषण का आंदोलन भी कुछ अर्थ रखता है। यहीं, इंदौर में, महात्माजी ने एक आवाज़ मारी, 'कौन है हिंदी में रवींद्रनाथ ठाकुर, जगदीशचंद्र बसु, प्रफुल्लचंद्र राय?'

इस आवाज़ पर हिंदी के पत्रों ने आवाज़कशी की। इत्तिफ़ाक लखनऊ-कांग्रेस

शुरू हुई। महात्माजी आए। हिंदी साहित्य-सम्मेलन के संग्रहालय का उद्घाटन था, महात्माजी दरवाज़ा खोलने के लिए बुलाए गए। उस वक्त उन्होंने फिर वैसी ही एक आवाज़ लगाई। हर आवाज़ का अच्छा मतलब भी हासिल होता है, हम निकाल लेते हैं। लेकिन व्यवहार में भी अगर आवाज़कशी हुई तो सँभले-से सँभला आदमी भी नहीं सँभल सकता। चूँकि महात्माजी लखनऊ में टिके हुए थे, इसलिए पता लगाना लाज़िमी हो गया कि उन्होंने यह आवाज़ लगाई या आवाज़कशी की।

तबियत में आया, महात्माजी से बातचीत की जाय कि 'हिंदी में कौन है रवींद्रनाथ' कहकर महात्माजी क्यों रह-रहकर चौंक उठते हैं; लेकिन मेरे लिए उस वक्त महात्माजी रहस्यवाद के विषय हो गए, कहीं खोजे ही नहीं मिले। उनके कुछ भक्तों ने कहा, पता बताना मना है, लोग महात्माजी को परेशान करते हैं। कांग्रेस-आफ़िस में पूछने पर मालूम हुआ—उधर कहीं गोमतीपार रहते हैं। इतना विशद पता प्राप्त कर गोमती के पुल के किनारे आकर खड़ा बाट जोह रहा था कि बापू की बकरी ताँगे पर बैठाए एक आदमी लिए जा रहा था और कुछ लखनौए लड़के ठहाका मार रहे थे। उनकी बातचीत से मुझे मालूम हुआ कि यह बापू की बकरी जा रही है। मैं समझ गया, इसी रास्ते में आगे कहीं ठहरे हैं। घर लौटा और कपड़े बदले फिर बापू के दर्शन के लिए एक्का करके चला। युनिवर्सिटी के आगे जाते हुए रास्ते के दाईं ओर एक बँगले में महात्माजी ठहरे थे। दिन आठ का समय। जब गया, तब एक क़मरे में गाँधीजी, जवाहरलालजी और राजेंद्र प्रसादजी आदि से बातें कर रहे थे, मालूम हुआ। दरवाज़े पर एक स्वयंसेवक पहरा दे रहा था। मैं बापू से 'मिलना चाहता हूँ, सुनकर पहले उसी ने फैसला दिया, मुलाकात नहीं होगी। यद्यपि सिपाही से मज़ाक करना नियम नहीं, फिर भी मज़ाक का बदला चुकाने में कोई दोष भी नहीं—सोचकर मैंने पूछा, 'क्या आप महात्माजी के सिकत्तर हैं या पर्सनल असिस्टेंट?' स्वयंसेवक झेंपा और अपनी झेंप मिटाने के लिए एक मर्तबा भीतर चला गया। मैंने एक चिट्ठी दी थी, वह उसने पहले ही वापस कर दी थी। दोबारा आने पर मैंने वह चिट्ठी फिर दिखाई और कहा, 'इतना तो आप पढ़े ही होंगे कि यह चिट्ठी जिनके नाम है, उनके पास पहुँचा दें।' चिट्ठी में मिलने की इच्छा ज़ाहिर करते हुए वक्त पूछा गया था। स्वयंसेवक चिट्ठी भीतर रखकर क्षण-भर में लौटा और कहा, 'शाम को आइए।' महात्माजी के सेक्रेटरी महादेवजी देसाई की आज्ञा है।

मेरे घर में कई कांग्रेस-दर्शक टिके थे। मैं महात्माजी के दर्शनों के लिए, उनसे बातचीत करने के लिए शाम को जा रहा हूँ, सुनकर उनमें दो साथ होने को हुए—पं. वाचस्पतिजी पाठक और कुँवर चंद्रप्रकाश सिंह। शाम को इन लोगों के साथ मैं चला। जब पहुँचा तब स्त्रियों और पुरुषों का एक बड़ा दल इकट्ठा था; कुछ भीतर टहल रहे थे, कुछ रास्ते के दोनों बगल की कम ऊँची दीवारों पर बैठे थे। मालूम हुआ, यह शाम की प्रार्थना में शरीक होने के लिए आए हैं। किसी से परिचय न था। बिना

परिचय के प्रवेश में सब जगह अड़चन पड़ती है। इसी समय सीतला सहाय, हिंदी के सुप्रसिद्ध निबंध-लेखक, बँगले से बाहर निकले। इन्होंने मुझसे आने का कारण पूछा। मैंने बतलाया। इन्होंने कहा, महात्माजी आजकल किसी से मिलते नहीं। मैंने कहा कि सुबह मैंने बहुतों से बातचीत करते देखा है। इन्होंने कहा, वे बड़े-बड़े नेता हैं, उनसे सलाह लेने के लिए आते हैं। मैंने कहा, ये जितने बड़े नेता हैं, मैं उनसे बड़ा साहित्यिक हूँ और हिंदी-साहित्य-सम्मेलन के सभापति को मुझसे मिलने में किसी तरह का संकोच न होना चाहिए। बाबू सीतला सहाय बहुत खुश हुए। बोले अभी ज़रा देर बाद महात्माजी बाहर प्रार्थना के लिए निकलेंगे, उस वक्त आप आइएगा, मैं भी हूँ, देसाईजी से आपको मिला दूँगा। अगर आज मुलाकात नहीं होगी तो समय निर्धारित हो जाएगा। मैं बाहर आई.टी.कालेज की तरफ पं. वाचस्पति पाठक और कुँवर चंद्रप्रकाश सिंह के साथ टहलते हुआ निकल गया। रास्ते में सम्मिलित प्रार्थनार्थी कई जोड़े तपाक से बढ़ते हुए दिखे, मुझे खद्दर के वेश में देखकर उद्वेग से पूछा, क्या प्रार्थना समाप्त हो गई? मैंने कहा, नहीं। वह और तेज़ कदम बढ़े।

धीमे तिताले टहलता हुआ दोनों साहित्यिक मित्रों के साथ मैं आया कि प्रार्थनार्थियों की पल्टन ध्यानावस्थित तद्‌गतेन मनसा बैठी हुई देख पड़ी। कुछ दरियाँ और टाट बिछे थे। एक जगह एक तम्बूरा लिए एक गायक बैठे थे। एक बगल टाट के एक कोने में बैठना ही चाहता था कि एक महाशय ने जल्दबाज़ी करते हुए मुझे एक धक्का-सा देकर वह जगह छीन ली। वह कोई कांग्रेसी थे, मेरी इच्छा हुई कि कलाई पकड़कर घसीटूँ, लेकिन महात्माजी आ गए थे, मैंने शांतिभंग करना उचित नहीं समझा। हम लोगों की तरफ से पं. वाचस्पति पाठक एक अच्छी जगह डटकर बैठे थे। मैं जमीन पर बैठा। तम्बूरेवाले गायनाचार्य ने मीरा का एक गीत शुरू किया। उनकी आवाज़ में जैसी मुर्दनी, गीत के भाव में वैसी ही दीनता; मैं महात्माजी, गायनाचार्य, गीत और भाव की ओर खयाल दौड़ा रहा था। अधिक-से-अधिक पाँच मिनट वक्त लगा होगा, प्रार्थना समाप्त हो गई। महात्माजी उठे और भीतर चले गए। वाचस्पति मेरे पास आए और पूरी ओजस्विता से बोले, आप देसाईजी से बातें कीजिए, वो बैठे हैं। एक तो दुर्भाग्य से उस समय तक मैंने देसाईजी को देखा नहीं था, दूसरे मुँहअँधेरे में मुझे मालूम दे रहा था, यह आर.एस.पंडित हैं, जब भी शंका होती थी कि यह उनसे ज्यादा तगड़े हैं। इसी समय बाबू सीतला सहाय आए। मैंने गर्जमंद की आवाज़ में उनसे कहा, मैं देसाईजी को पहचानता नहीं, आप मिला दीजिए। सीतला सहायजी मुझे देसाईजी के पास ले चले और कुछ शब्दों में उनसे मेरी तारीफ की—जैसा कि कहते हैं, ये बड़े होनहार हैं। इसी समय श्रीमती कस्तूरी बाई उधर से गुजरीं। मैं खड़ा था। उनका सिर मेरी कमर के कुछ ही ऊपर था, लेकिन भक्तिभाव से हाथ जोड़कर मैंने उन्हें प्रणाम किया। देसाईजी से बातें होने लगीं। देसाईजी को यह मालूम होने पर कि मैं सुबह आया था, एक चिट्ठी दी थी और स्वयंसेवक के कथनानुसार

देसाईजी ने शाम को मुझे आने की आज्ञा दी है, देसाईजी को बड़ा आश्चर्य हुआ। उन्होंने कहा, न मुझे आपकी कोई चिट्ठी मिली है और न मैंने आपको आने को कहा है। इसके बाद उन्होंने पूछा, आप महात्माजी से क्यों मिलना चाहते हैं? मैंने कहा कि मैं राजनीतिक महात्माजी से नहीं मिलना चाहता, मैं तो हिंदी-साहित्य के सभापति गाँधीजी से मिलना चाहता हूँ। इससे बातचीत का विषय स्पष्ट हो गया। देसाईजी एक शिष्ट सभ्य शिक्षित मनुष्य की तरह मुझे बँगले के भीतर प्रतीक्षा करने के लिए कहकर महात्माजी के कमरे की तरफ़ गए।

मैं बँगले के बीचवाले कमरे में एक कोच पर बैठा प्रतीक्षा कर रहा था। तब मेरे बाल बड़े-बड़े थे, कवि की वेश-भूषा। नौजवान और नवयुवतियाँ मुझे सहर्ष देख-देख जाने लगीं। वायुमंडल, मनोमंडल, बदनमंडल और भावमंडल मुझे बड़ा अच्छा लगा। महात्माजी की लोगों पर, युवक-युवतियों पर जो छाप थी, उसकी आह्लादिनी शक्ति ज्ञात हो गई।

महादेवजी देसाई आए और कहा, महात्माजी आपसे मिलेंगे, बीस मिनट आपको वक्त दिया है, जाइए।

मैं भीतर चला, मेरे साथ पं. वाचस्पति पाठक और कुं. चंद्रप्रकाश। उत्तर तरफ के कमरे में महात्माजी थे, पास बाबू शिवप्रसादजी गुप्त, उनके सेक्रेटरी हास्यरस के प्रसिद्ध लेखक अन्नपूर्णानंदजी, मंगलाप्रसाद-पारितोषिकप्रदाता स्व.बाबू मंगलाप्रसादजी के लड़के बैठे थे। उस समय तक व्यक्तिगत रूप से केवल बाबू शिवप्रसादजी को जानता था। महात्माजी सूक्ष्म मन के तार से इन लोगों से मिले, आगन्तुक के लिए कुछ अपने में खिंचे, तैयार होते हुए-से दिखे। कमरे के भीतर जाने के साथ मेरी निगाह महात्माजी की आँखों पर पड़ी। देखा, पुतलियों में बड़ी चालाकी है। हर्डल रेस, कुश्ती और फुटबाल से मेरे दोनों पैरों में गहरी चोटें आ चुकी हैं, इसलिए एकाएक घुटने तोड़कर भूमिष्ठ प्रणाम नहीं कर सकता, फिर उन दिनों से अब तक बाएँ पैर में बात या सायटिका है। मैंने खड़े-ही-खड़े महात्माजी को हाथ जोड़कर प्रणाम किया। प्रणाम संबंध में मेरे साथियों ने मेरा अनुसरण किया। प्रणाम कर मैं महात्माजी के सामने बैठ गया। मेरे साथी भी बैठे। महात्मा जी ने, मेरे बैठ जाने पर, उसी तरह हाथ जोड़कर मुझे प्रति नमस्कार किया। आँखों में दिव्यता, जो बड़े आदमी में ही दिखती है—बड़े धार्मिक आदमी में, लेकिन दृष्टि आधी बाहर—दुनिया को दी हुई जैसे, आधी भीतर—अपनी समझ की नाप के लिए। मेरा पहनावा विशुद्ध बंगाली, पंजाबी कुर्ता, धोती कोंछीदार, ऊपर से चद्दर खद्दर की।

महात्माजी ने पूछा, "आप किस प्रांत के रहनेवाले हैं?"

इस प्रश्न का गूढ़ संबंध बहुत दूर तक आदमी को ले जाता है। यहाँ नेता, राजनीति और प्रांतीयता की मनोवैज्ञानिक बातें रहने देता हूँ, केवल इतना ही बहुत है, हिंदी का कवि हिंदी-विरोधी बंगाली की वेश-भूषा में क्यों?

मैंने जवाब दिया, "जी, मैं यहीं उन्नाव जिले का रहनेवाला हूँ।"

महात्माजी पर ताज्जुब की रेखाएँ देखकर मैंने कहा, "मैं बंगाल में पैदा हुआ हूँ और बहुत दिन रह चुका हूँ।"

महात्माजी की शंका को पूरा समाधान मिला। वह स्थितप्रज्ञ हुए, लेकिन चुप रहे; क्योंकि बातचीत मुझे करनी थी, प्रश्न मेरी तरफ़ से उठना था।

मैंने कहा, "आप जानते हैं, हिंदीवाले अधिकांश में रूढ़िग्रस्त हैं। वे जड़ रूप ही समझते हैं, तत्त्व नहीं। जो कथाएँ पुराणों में आई हैं, उनके स्थूल रूप में सूक्ष्मतम तत्त्व भी हैं। वास्तव में वेदों का सत्य पुराणों में कथाओं-द्वारा विवृत हुआ है। यहाँ के लोग कथा को ही ऐतिहासिक सत्य की तरह मानते हैं। हिंदी में इन तत्त्वों के परिष्करण की भी चेष्टा की गई है। साथ-साथ नए-नए रूप, नए-नए छंद और नए-नए भाव भी दिए गए हैं। साधारण जन तो इनसे दूर हैं ही, संपादक और साहित्यिक भी, अधिक संख्या में, इनसे अज्ञ हैं। वे समझने की कोशिश भी नहीं करते, उल्टे मुख़ालिफ़त करते हैं। हम लोगों के भाव इसीलिए प्रचलित नहीं हो पाए। देश की स्वतंत्रता के लिए पहले समझ की स्वतंत्रता ज़रूरी है। मैं आपसे निवेदन करने आया हूँ कि आप हिंदी की इन चीज़ों का कुछ हिस्सा सुनें।"

महात्माजी, "मैं गुजराती बोलता हूँ, लेकिन गुजराती का साहित्य भी बहुत कुछ मेरी समझ में नहीं आता।"

"मैंने गीता पर लिखी आपकी टीका देखी है। आप गहरे जाते हैं और दूर की पकड़ आपको मालूम है। आपने उसमें समझाने की कोशिश की है।"

महात्माजी, "मैं तो बहुत उथला आदमी हूँ।"

मैं, "हम लोग उथले में रहे हुए को गहरे में रहा हुआ साबित करने की ताकत रखते हैं।"

महात्माजी चुप रहे।

मैंने कहा, "आपके सभापति के अभिभाषण में हिंदी के साहित्य और साहित्यिकों के संबंध में, जहाँ तक मुझे स्मरण है, आपने एकाधिक बार पं. बनारसीदास चतुर्वेदी का नाम सिर्फ लिया है। इसका हिंदी के साहित्यिकों पर कैसा प्रभाव पड़ेगा, क्या आपने सोचा था?"

महात्माजी, "मैं तो हिंदी कुछ भी नहीं जानता।"

मैं, "तो आपको क्या अधिकार है कि आप कहें कि हिंदी में रवींद्रनाथ ठाकुर कौन हैं!"

महात्माजी, "मेरे कहने का मतलब कुछ और था।"

मैं, "यानी आप रवींद्रनाथ का जैसा साहित्यिक हिंदी में नहीं देखना चाहते, प्रिंस द्वारकानाथ ठाकुर का नाती या नोबल-पुरस्कार प्राप्त मनुष्य देखना चाहते हैं, यह?"

कुल सभा सन्न हो गई। लोग ताज्जुब से मेरी तरफ़ देखने लगे। कुँ. चंद्रप्रकाश

से पहले मैं कह चुका था कि महात्माजी की बातें लिख लें, लेकिन वह इस समय तक तन्मय होकर केवल सुन रहे थे। मैंने उनकी तरफ़ देखा तो वह समझकर लिखने लगे। साथ ही महादेव देसाई के हाथ में जैसे बिजली की बैटरी लगा दी गई, वह भी झपाटे से लिखने लगे। बाबू शिवप्रसाद गुप्त, का दल जैसे दलदल में फँस गया हो। शिवप्रसादजी हैरान होकर मुझे देख लेते थे। उनके सेक्रेटरी बाबू अन्नपूर्णानंद मुझे देख-देखकर जैसे बहुत परेशान हो रहे हों।

मैंने स्वस्थ-चित्त हो महात्माजी से कहा, ''बंगला मेरी वैसी ही मातृभाषा है, जैसी हिंदी। रवींद्रनाथ का पूरा साहित्य मैंने पढ़ा है। मैं आपसे आधा घंटा समय चाहता हूँ। कुछ चीज़ें चुनी हुई रवींद्रनाथ की सुनाऊँगा, उनकी कला का विवेचन करूँगा, साथ कुछ हिंदी की चीज़ें सुनाऊँगा।''

महात्माजी, ''मेरे पास समय नहीं है।''

मैं हैरान होकर हिंदी साहित्य-सम्मेलन के सभापति को देखता रहा, जो राजनीतिक रूप से देश के नेताओं को रास्ता बतलाता है, बेमतलब पहरों तकली चलाता है। प्रार्थना में मुर्दे गाने सुनता है, हिंदी-साहित्य-सम्मेलन का सभापति है, लेकिन हिंदी के कवि को आधा घण्टा वक्त नहीं देता—अपरिणामदर्शी की तरह जो जी में आता है, खुली सभा में कह जाता है, सामने बग़लें झाँकता है!

मैंने अपना उल्लिखित मनोभाव दबा लिया। नम्र होकर कहा ''महात्माजी, मेरी चीज़ों की आम जनता में कद्र नहीं हुई। इसकी वजह है। आप अगर कुछ सुन लेते तो मुमकिन, अच्छा होता।''

महात्माजी, ''आप अपनी किताबें मेरे पास भेज दीजिएगा।''

जैसे किसी ने चाँटा मारा। अब किसी की आलोचना से, किसी की तारीफ से आगे आने की अपेक्षा मुझे नहीं रही। मैं ख़ुद तमाम मुश्किलों को झेलता हुआ, अड़चनों को पार करता हुआ, सामने आ चुका हूँ।

मैंने मज़ाक में कहा, ''आप अपने यहाँ के हिंदी के जानकारों के नाम बतलाइए जो मेरी किताबों पर राय देंगे। आपको हिंदी अच्छी नहीं आती, आप कह ही चुके हैं।''

कहकर मैं हँसा। महात्माजी भी खूब खुलकर हँसे।

मैंने कहा, ''एक हैं पं. बनारसीदास चतुर्वेदी, विशाल भारत के संपादक, पत्र के साथ जिनका नाम शायद आपने दो बार लिया है। यह कुछ दिन रहे हैं आपके पास और कुछ दिन रवींद्रनाथ के यहाँ। विशाल भारत के संपादक के लिए यही इनकी सबसे बड़ी योग्यता ठहरी!''

महात्मा गाँधी, ''हाँ।''

मैं, ''अगर मैं भूलता नहीं तो कवि श्री मैथिलीशरणजी गुप्त के साकेत की भाषा को आपने मुश्किल कहा है।''

महात्माजी, ''हाँ।''

मैं, "फिर मेरे तुलसीदास की भाषा का क्या हाल होगा?"

महात्माजी कुछ दुचित्ते से हुए, तुलसीदास के नाम पर मुमकिन, भ्रम हुआ हो, मैं तुलसीदास की भाषा का ज़िक्र कर रहा हूँ।

अब तक बीस मिनट पूरे हो चुके थे। महात्माजी मौन हो गए। मैंने कहा, "महात्माजी, अगर वक्त हो गया हो तो मैं प्रणाम कर बिदा होऊँ।"

महात्माजी ने कहा, "हाँ, मैं तो पहले ही कह चुका हूँ।"

उठकर मैंने हाथ जोड़कर प्रणाम किया और शिवप्रसादजी से फिर दर्शन करने के लिए कहकर बाहर निकला।

घर आने पर महात्माजी की रायवाली बात पर मुझे एक लोकोक्ति याद आई। सोचा, इस लोकोक्ति से महात्माजी को पत्र लिखूँ। लोकोक्ति यह है—

किसी महाजन के एक घोड़ा था। वह उसकी बड़ी देख-भाल रखते थे। एक दिन उनके किसी पड़ोसी को कहीं जाना था। वे महाजन के यहाँ गए और कहा, सवारी के लिए मुझे आप अपना घोड़ा दे दीजिए। महाजन ने कहा, घोड़ा नहीं है। पड़ोसी को विश्वास न हुआ, वे वहीं खड़े रहे। कुछ देर बाद घोड़ा हिनहिनाया। पड़ोसी ने कहा, आप कहते थे, घोड़ा नहीं है, घोड़ा तो है। महाजन ने कहा, तुम हमारी आवाज़ नहीं समझे घोड़े की आवाज़ समझे!

पत्र में मैं इतना और लिखता—महात्माजी, मैं आप ही की आवाज़ पहचान गया। किताब भेजकर आपके घोड़े की आवाज़ नहीं पहचानना चाहता।

कवि सियारामशरणजी को अपने पत्र का मज़मून सुनाया तो उन्होंने कहा महात्माजी का स्वास्थ्य आजकल अच्छा नहीं है, आप ऐसा न लिखें।

(रचनाकाल : 1939 ई.। **प्रबंध-प्रतिमा** में संकलित)

नेहरूजी से दो बातें
(इण्टरव्यू द्वारा प्राप्त)

कलकत्ता-विद्यासागर-कालेज से न्योता मिला था, चीफ़ गेस्ट की हैसियत से बुला रहे हैं। आज के ज़माने में किसी भी शब्द के सामने लंबा विशेषण मज़ाक है, और बढ़ा-चढ़ा मज़ाक यह कि 'मतवाला' निकलते वक्त इसी विद्यासागर-कालेज के चारों तरफ़ आवारागर्द की तरह, सैकड़ों चक्कर लगा चुका हूँ—विद्यासागर-कालेज का गेट शङ्कयरघोष-लेन में ही है, जहाँ से मतवाला निकलता था। लेकिन कलकत्ता मुझे प्रिय है, जो भी वजह हो; विद्यासागर-कालेज और भी प्रिय। इसके विद्यार्थी जो उन दिनों मेरे बाज़ू बचाने वाले थे, अब बड़े-बूढ़े हो चले होंगे, तरह-तरह की झंझटों में

फँसे हुए या एक के बाद दूसरा सब्ज़बाग़ खिलाते हुए, मेरे पास काफ़ी आ चुके हैं। आज जिन विद्यार्थियों ने मुझे बुलाया है, उनमें मैंने पुराने विद्यार्थियों के मुँह देखे और मुझ पर भी एक पानी, बीती जवानी का जैसे चढ़ आया। जवानी से प्यारी दूसरी चीज़ मैं नहीं समझ पाया। प्रौढ़ता में भी उसी का दौरा रह-रहकर रंग चढ़ा जाता है।

देहरा-एक्सप्रेस से रवाना हुआ, लखनऊ-स्टेशन से। इण्टर का टिकट। जाड़े के दिन। पंजाबी कुर्त्ते पर पूरी बाँहवाली रूई की बंडी पहने हुए। जगह की तलाश में डब्बे देख रहा था कि एक साथ लखनऊ के परिचित बहुत से एम.एल.ए. देख पड़े। मैंने सोचा, कोई आ-जा रहे होंगे। ज्यादह ध्यान नहीं दिया। एक कमरा खाली देखकर उसमें बैठा। गाड़ी चल दी। बाराबंकी पार कर फैज़ाबाद की हद में गाड़ी पहुँची तो किसी स्टेशन पर तिरंगा झंडा लिए झुंड-के-झुंड गँवैये लोग "महात्मा गाँधी की जय, जवाहरलाल नेहरू की जय" बोलते हुए, एक खास डब्बे की तरफ़ फूल फेंकते, माला पहनाते हुए नज़र आए। मैं समझा, कोई बड़े नेता इस गाड़ी से जा रहे हैं। फैज़ाबाद स्टेशन पर भी ऐसी ही भीड़ थी। उतरकर मैंने देखा, एक ड्योढ़े दर्जे के दरवाजे पर पंडित जवाहरलाल नेहरू खड़े हुए हैं और स्टेशन और गाड़ी की छत पर आते-जाते हुए बंदरों को देख रहे हैं। गाड़ी की छत पर बैठे बंदरों के बारे में उन्होंने पूछा, "क्या ये इसी तरह यहाँ से अयोध्या तक जाते हैं?"

बंदरोंवाली बात का व्यंग्य मुझे बड़ा अच्छा लगा। देखा, जवाहरलालजी ड्योढ़े दर्जे में ही थे। मैंने जवाहरलालजी से कभी बातचीत नहीं की। उनके ऐसे प्रसंग हिंदी-साहित्य के बारे में बहुत से उठे हैं जिनके लिए अख़बारों में लिखा—पढ़ी या मिलकर उनसे बातचीत की जाए। लेकिन चुप रहकर जो कुछ लिखते बने, लिखना ज्यादह अच्छा लगा। पर इस वक्त लोभ न सँभाला गया। मैं डब्बे के भीतर चला। पंडितजी ज़रा बग़ल हो गए। फिर उसी तरह दरवाज़े पर खड़े हो गए। गाड़ी छूटने तक स्वागत के लिए सम्मान में खड़े रहने के इरादे से, उन्हें बिदा करने के लिए।

भीतर डब्बे में आर.एस.पंडित महाशय थे, चढ़े फूलों से खेलते हुए। एक और सज्जन गंभीर भाव से बैठे थे। मुमकिन, पंडितजी के सिकत्तर रहे हों। मैं एक बर्थ पर एक बग़ल बैठ गया। वह पूरी खाली थी। गाड़ी छूटने पर नमस्कार करते हुए लोगों को नमस्कार करते हुए बिदा कर पंडित जवाहरलालजी उसी बर्थ पर आकर बैठे। एक मिनट तक वह मुझे देखते रहे। मैं चुपचाप बैठा रहा। मेरे सिर पर एक टोप था, जिसे मंकी-कैप कहते हैं। बचपन में ऐसे पहनावे से मुझे भी हँसी आती थी। मुझे मोहम्मद साहब की बात याद आई, "पहाड़ मेरे पास नहीं आता तो मैं पहाड़ के पास जाऊँगा।"

पंडितजी की तरफ मुँह करके मैंने कहा, "आपसे कुछ बातें करने की गरज से अपनी जगह से यहाँ आया हुआ हूँ।"

पंडितजी ने सिर्फ मेरी तरफ देखा। मुझे मालूम दिया, निगाह में प्रश्न है—"तुम कौन हो?" मालूम कर, अख़बारों में और हिंदी के इतिहासों में आई तारीफ का उल्लेख नाम के साथ करते हुए मैंने कहा, "यह सिर्फ थोड़ी-सी जानकारी के लिए कह रहा हूँ। प्रसिद्धि के विचार से आप खुद समझेंगे कि मैं जानता हूँ कि मैं किनसे बातें कर रहा हूँ।"

पंडितजी मेरी बात से जैसे बहुत खुश हुए। मैंने कहा, "इधर हिंदुस्तानी के संबंध में आपके विचार देखकर आपसे बातें करने की इच्छा हुई। आप उच्चशिक्षित हैं। हर तरह की शिक्षा की परिणति उच्चता है, न कि साधारणता। आपका देशव्यापी और विश्वव्यापी बड़प्पन भी उच्चता ही है। ज़बान जब अपने भावों के व्यक्तीकरण में समर्थ-से-समर्थ होती चलती है, तब वह साधारण-से-साधारण हो या न हो, उच्च-से-उच्च जरूर होती है। भाषा-जन्य बहुत-सी कठिनाइयाँ सामने आती हैं जो हिंदुस्तानी ज़बान को मद्देनज़र रखते हुए दूर नहीं की जा सकतीं। आदमी के जीवन में साधारण-सी बातें भी हैं, उनके साथ सूक्ष्मतम, साधारण जनों के मस्तिष्क से दूर असाधारण तत्त्व भी हैं। भाषा जब साहित्य का रूप पाती है, तब वह दोनों को लिए हुए चलती है। आप अधिकांश जनों को खुश करने के लिए हिंदुस्तानी ज़ुबान का प्रचार करें, यह और बात है, लेकिन भाषागत और भावगत चारुता के उदाहरण उपस्थित करते हुए, उनका हिंदुस्तानी-रूप कैसा होगा, अगर आपसे पूछा जाए, तो क्या आप बता सकेंगे?"

पंडितजी देखते रहे।

मैंने अपना भाव और सीधे शब्दों में स्पष्ट किया—"मैं हिंदी के कुछ वाक्य आपको दूँगा जिनका अनुवाद आप हिंदुस्तानी जबान में कर देंगे, मैं आपसे प्रार्थना करता हूँ। इस वक्त आपको समय नहीं"—पंडितजी युक्त प्रान्तीय राजनीतिक सम्मेलन का सभापतित्व करने जा रहे थे, अगला स्टेशन अयोध्या-स्टेशन था—"अगर इलाहाबाद में आप मुझे आज्ञा करें तो किसी वक्त मिलकर मैं आपसे उन पंक्तियों के अनुवाद के लिए निवेदन करूँ।"

पंडितजी बहुत उलझे हैं, उन्हें फुरसत नहीं, कुछ ऐसा भाव संकोच के साथ जाहिर करने लगे। मुझे हँसी आ गई। मुस्कराते हुए मैंने कहा, "पंडितजी, हम लोगों ने भी कुछ विचार लड़ाए हैं, हिंदुस्तानी की कामयाबी के बारे में और इस सिद्धांत पर पहुँचे हैं कि जीवन के साधारण महकमे तक ही उसकी पहुँच है। मैं राजनीति की बातें नहीं करता, साहित्य की बातें करता हूँ। राजनीति में भी, बिना अंग्रेजी के सहारे के, संस्कृत, अरबी या फ़ारसी के, वह लँगड़ी होगी।"

जवाहरलालजी गंभीर सारल्य से मेरी ओर देखने लगे। उनका बोलने का इरादा नहीं समझकर मैंने सोचा, दूसरा प्रसंग छेड़ूँ। कहा, "हमारा समाज भी तैयार नहीं।" कहने के साथ समाजवादी पं. जवाहरलाल ने ज़रा गरदन ऊँची की। मैं कहता गया,

"जिस समाज में हमारा जनसमूह है, वह पुराना समाज है, पुरानी रूढ़ियों का गुलाम। नए विचार, नए परिवर्तन, नया उत्कर्ष जब तक नहीं होगा, अच्छे नाटक और उपन्यास लिखे नहीं जा सकेंगे।"

"क्यों-क्यों?" अपनी स्वाभाविक तेजी से पंडितजी ने कहा, "रूस—रूस में कैसे हुआ?"

मैं सोचने लगा, पंडितजी के मुताल्लिक मेरी पहली धारणा सही है। मुझे विचार करता देख पंडितजी ने सोचा, मैं शक्की हूँ, उनके निश्चय पर। बोले, "आज का रूस नहीं, पहले का।"

मैंने कहा, "जी हाँ, मैं समझा, आपका मतलब पुश्किन से टाल्सटाय तक है—प्रोग्रेसिव रूस से।"

पंडितजी ने कहा, "हाँ।"

मैंने पंडितजी को देखते हुए कहा, "लेकिन क्या हिंदुस्तान की दशा वैसी ही समझते हैं? संस्कृति, हिंदू-मुसलिम मनोवृत्तियाँ—क्या वैसे ही वर्ग-युद्ध से दुरुस्त होंगी?"

आर.एस.पंडित मेरी बात से बढ़े। मैंने कहा, "यहाँ के ऐतिहासिक विवर्तन देखने पर मालूम देता है, यहाँ के मन की दूसरी परिस्थिति है। यहाँ सुधार ज्ञान से हुआ है। एक हिंदू-मुसलिम समस्या को ही लीजिए। मैं समझता हूँ, इसका हल हिंदी के नए साहित्य में जितना सही पाया जाएगा, राजनीतिक साहित्य में नहीं। इसका कारण है, राजनीति प्रभावित है पश्चिम से; साहित्य मौलिकता से पनपा है। ब्रह्म..."

पंडितजी, "ब्रह्म क्या?"

"ब्रह्म शब्द से नफरत की कोई बात नहीं हो सकती। ब्रह्म का मतलब सिर्फ बड़ा है, जिससे बड़ा और नहीं। किसी को ब्रह्म देखने के अर्थ हैं, उसके भौतिक रूप में ही नहीं—सूक्ष्मतम आध्यात्मिक, दार्शनिक, बृहत्तर रूप में भी देखनेवाले की दृष्टि प्रसरित है। पंडितजी, मैं अगर आपको ब्रह्म देखूँ तो आप मेरी दृष्टि में बड़े होंगे या बहत्तर दफा नेशनल कांग्रेस प्रिज़ाइड करने पर?"

पंडितजी चुप। आर.एस.पंडित गौर से मुझे देखते हुए।

मैं कहता गया, "यही दृष्टि जरूरी है। यही दृष्टि पतित का सार्वभौम सुधार कर सकती है। गुलाम की बेड़ियाँ काट सकती है। हिंदू-मुसलिम को मिला सकती है—यह निगाह आज तक की तमाम रूढ़ियों से जुदा है। इस निगाह में भिन्न मतों का लगा जंग नहीं—जो जंग इधर लगा है, जो मत इधर चले हैं; यह निगाह पूरब और पच्छिम को अच्छी तरह पहचानती है; यह निगाह ब्राह्मण और शूद्र नहीं मानती।"

पंडितजी केवल देखते रहे। मुझे एकाएक उनकी आत्मकथा की याद आई। साथ ही उसका वह अंश जिसको लेकर कुछ साल पहले हिंदी में लिखा-पढ़ी हो चुकी थी; यानी प्रसादजी, प्रेमचंदजी, रामचंद्रजी शुक्ल वगैरह काशी के सुप्रसिद्ध साहित्यिकों ने काशी में पंडितजी को बुलाकर सम्मानित किया था। उस अवसर पर पंडितजी

ने कहा था, "हिंदी में दरबारी ढंग की कविता प्रचलित है।" मैंने कहा, "पंडितजी, यह मामूली अफ़सोस की बात नहीं कि आप-जैसे सुप्रसिद्ध व्यक्ति इस प्रांत में होते हुए भी इस प्रांत की मुख्य भाषा हिंदी से प्रायः अनभिज्ञ हैं। किसी दूसरे प्रांत का राजनीतिक व्यक्ति ऐसा नहीं। सन् 1930 के लगभग श्री सुभाष बोस ने लाहौर के विद्यार्थियों के बीच भाषण करते हुए कहा था कि बंगाल के कवि पंजाब के वीरों के चरित्र गाते हैं। उन्हें अपनी भाषा का ज्ञान और गर्व है। महात्मा गाँधी के लिए कहा जाता है कि गुजराती को उन्होंने नया जीवन दिया है। रवींद्रनाथ ठाकुर बंगला का अनुवाद अंग्रेजी में देते हैं। हमारे यहाँ आपकी तरह के व्यक्ति होते हुए भी साहित्य में नहीं हैं। हिंदी, मैं दावे के साथ कह सकता हूँ कि अब पद्य-साहित्य में बड़ी-से-बड़ी जबानों का मुकाबिला करती है—अपने व्रज-भाषा-साहित्य में तो वह लासानी है। बनारस के जिन साहित्यिकों की मंडली में आपने दरबारी कवियों का उल्लेख किया था, उनमें से तीन को मैं जानता हूँ। तीनों अपने-अपने विषय के हिंदी के प्रवर्तक हैं। प्रसादजी काव्य और नाटक साहित्य के, प्रेमचंदजी कथा-साहित्य के और रामचंद्रजी शुक्ल आलोचना-साहित्य के। आप ही समझिए कि इनके बीच आपका दरबारी कवियों का उल्लेख कितना हास्यास्पद हो सकता है। इन्होंने आपके सम्मान के लिए आपको बुलाया था, इसलिए आपके विरोध में कुछ नहीं कहा। आप जिस दरबारीपने का उल्लेख कर चुके हैं, वह हिंदी-साहित्य से बीसियों साल से दूर है। खड़ीबोली की प्रतिष्ठा के बाद जो काव्य मैदान में पैर रखता और आगे बढ़ता है, उसके साथ दरबारीपन का कोई संबंध नहीं, आज बंगला को छोड़कर शायद ही दूसरी भाषा खड़ी बोली के उस काव्य से हाथ मिला सके। उसके प्रसार, कल्पना, उदारता आदि के कारण उसमें अंग्रेज़ी के छंद तो हैं ही, अंग्रेज़ी का 'वर्स-लिब्रे' (मुक्तछंद) तक मौजूद है। उर्दू ये चीज़ें अभी दे नहीं सकती, जब भी उसे इकबाल पैदा करने का गर्व है। अगर हिंदी की सच्ची जानकारी, उसकी कमजोरी और शहजोरी—दोनों की आपको होती, अगर आप भी हिंदी के साहित्यिकों में एक शुमार किए जाते तो उस भाषा को कितना बड़ा बल प्राप्त होता। एक तो हिंदी के साहित्यिक साधारण श्रेणी के लोग हैं एक हाथ से वार झेलते, दूसरे से लिखते हुए; दूसरे आप जैसे बड़े-बड़े व्यक्तियों को मैदान में वे मुख़ालिफ़त करते देखते हैं। अगर आप या आपकी तरह के व्यक्ति एक भिन्न दृष्टिकोण लेकर दूसरे तौर-तरीके अख्तियार करते हुए आवाज़ उठाएँ तो स्वभावतः बीसियों साल की मारें सहकर एक चीज तय्यार करनेवाले आदमी जनता को साथ लेने की जगह उसके हाथ से छूट जाते हैं। जनता समझती है कि जनता की तरफ़दारी करनेवाले आप उसके सच्चे साहित्यिक हैं और बीस साल से साहित्य के मैदान में आया हुआ साहित्यिक उसका ग़ैर। हमने जब काम शुरू किया था, हमारी मुख़ालिफ़त हुई थी; अब जब हम कुछ प्रतिष्ठित हुए, अपने विरोधियों से लड़ते, साहित्य की सृष्टि करते हुए, तब किन्हीं मानी में हम आपको मुखालिफत करते देखते हैं। यह

कम दुर्भाग्य की बात नहीं, साहित्य और साहित्यिक के लिए। हमने जो नया पौधा लगाया, उसे हवा-पानी, जाड़े और ओले से बचाया, वह अब, कलियाँ लेते वक्त, ऊँटों और हाथियों के झुंड से घिर रहा है। जनता की ज़बान जो आज जनता की ज़बान कहलाती है, वह हज़ार साल पहले जनता की ज़बान न थी। फिर हज़ार साल बाद भी शायद न रहेगी। जो ब्रजभाषा एक वक्त तमाम देश की ज़बान थी, तमाम देश के लोग उस भाषा में बातें नहीं करते थे, आज भी प्रांत-प्रांत, यहाँ तक कि जिले-जिले के हिंदी-भाषा-भाषी की ज़बान भी जुदा-जुदा है। अगर कोई नई ज़बान तय्यार की जाएगी और उसी के डंके पर चोट पड़ती रहेंगी तो खुद-ब-खुद इस तय्यार ज़बान को धक्का पहुँचेगा। अभी तक ब्रजभाषा की ही पढ़ाई अधिक थी। खड़ी बोली में भी पुरानी परिपाटी के लोग ही ज्यादहतर पढ़ाए जाते थे। हम वार झेलते हुए सामने आए ही थे कि आपका वार हुआ। हम जानते हैं, हिंदी लिखने के लिए कलम हाथ में लेने पर, बिना हमारे कहे फ़ैसला हो जाएगा कि बड़े-से-बड़ा प्रसिद्ध राजनीतिक एक जानकार साहित्यिक के मुकाबिले कितने पानी में ठहरता है! लेकिन यह तो बताइए, जहाँ सुभाष बाबू, अगर मैं भूलता नहीं, अपने सभापति के अभिभाषण में शरत्चंद्र के निधन का जिक्र करते हैं, वहाँ क्या वजह है, जो आपकी जुबान पर प्रसाद का नाम नहीं आता—मैं समझता हूँ, आपसे छोटे नेता भी सुभाष बाबू के जोड़ के शब्दों में, कांग्रेस में प्रसादजी पर शोक-प्रस्ताव पास नहीं कराते। क्या आप जानते हैं कि हिंदी के महत्त्व की दृष्टि से प्रसाद कितने महान् हैं?"

जवाहरलाल एकटक मुझे देखते हुए।

मुझे प्रेमचंदजी की याद आई। मैंने कहा, "प्रेमचंदजी पर भी वैसा प्रस्ताव पास नहीं हुआ जैसा शरत्चंद्र पर।"

पंडित जवाहरलालजी ने आग्रहपूर्वक कहा, "नहीं, जहाँ तक मुझे स्मरण है, प्रेमचंदजी पर तो एक शोक-प्रस्ताव पास किया गया था।"

मैंने कहा, "जी हाँ, यह मैं जानता हूँ, लेकिन उसकी वैसी महत्ता नहीं जैसी शरत्चंद्रवाले की है।"

इसी समय अयोध्या-स्टेशन आ गया। मैंने कहा, "पंडितजी, अगर मौका मिला तो आपसे मिलकर फिर साहित्यिक प्रश्न निवेदित करूँगा।"

मैं उठा, पंडित जवाहरलाल कुछ ताअज्जुब से जैसे मेरा आकार-प्रकार देखने लगे, फिर जैसे कुछ सोचने लगे। मैंने कहा, "पंडितजी!" आवाज गंभीर, भ्रम समझनेवाले के लिए कुछ हेकड़ी-सी लिए हुए। जवाहरलाल ने दृप्त होकर देखा। मेरी निगाह आर.एस. पंडित की तरफ़ थी। उन्होंने निगाह उठाई मैं नमस्कार कर, दरवाज़ा खोल, बाहर निकल आया।

(रचनाकाल : 1939 ई.। **प्रबंध-प्रतिमा** में संकलित)

राष्ट्र-भाषा का प्रश्न

राष्ट्रीयता की भावना के उदय होते ही राष्ट्र-भाषा का प्रश्न आप-से-आप उठ खड़ा होता है। इस देश में ही नहीं, अन्य अनेक देशों में राष्ट्र-भाषा का प्रश्न उठ चुका है, और परिस्थितियों के अनुसार अनेक रूपों में वह प्रश्न हल भी किया गया है। योरपीय इतिहास में रोमन साम्राज्य का एक विशेष महत्त्वपूर्ण युग गुजर चुका है। यूनान के पतन के उपरांत जब रोम की उन्नति हुई, और जब सारी योरपीय सभ्यता का केंद्र एथेंस से हटकर रोम में आया, तब वहाँ की लेटिन-भाषा की जैसी उन्नति हुई, इतिहास में उसका पूरा-पूरा उल्लेख है। सारे सभ्य योरप का झुकाव उसकी ओर हुआ, और पीछे से बड़े-बड़े विश्वविद्यालयों में उसका प्रवेश भी हुआ। प्रवेश हुआ, यह नहीं कहना चाहिए; कहना चाहिए कि बड़े-बड़े विश्वविद्यालय उसे प्रवेश देकर गौरव-संपन्न हुए। गौरव-संपन्न हुए, यह यदि न कहें, तो इतना तो अवश्य कहेंगे कि उन्होंने उसे प्रवेश देकर अपने को गौरव-संपन्न समझा। जो देश सभ्यता की दौड़ में जितना आगे रहता है, जिस देश का आध्यात्मिक, आर्थिक आदि जितना अधिक उत्थान होता है, उस देश की भाषा का भी उतना ही अधिक विस्तार, सम्मान आदि होता है। यूनान की भाषा की तुलना में रोम की लेटिन-भाषा का विकास अधिक विस्तृत हुआ था, क्योंकि अन्य बातों के अतिरिक्त रोमन लोगों में साम्राज्य-विजय की भावना प्रबल थी। रोमन जहाँ-जहाँ गए, अपनी सभ्यता, अपने क़ानून-कायदे (Law and Order) के साथ अपनी भाषा भी ले गए। रोमन साम्राज्य के विकास-युग में लेटिन-भाषा योरप के सारे सभ्यजन-समाज की बोल-चाल की भाषा कहलाने लगी। भावों और विचारों के सुगम विनिमय के लिए लेटिन की आवश्यकता थी, यह ठीक है; पर सभ्य कहलाने के लिए उसकी जितनी आवश्यकता थी, उतनी और किसीलिए नहीं। लेटिन के विकास के मूल में यही है—सभ्य रोम की सभ्य भाषा का सार्वदेशिक ग्रहण।

परंतु सभ्यता की नाप-जोख बदलती रहती है। रोमन साम्राज्य के पतन के उपरांत यद्यपि रोम की सभ्यता की धाक योरप में वैसी ही बनी रही, और लेटिनभाषा के अभ्यासी सभ्य लोगों की संख्या में कमी नहीं आई; परंतु जब योरप के जन-समाज में प्रजातंत्र के भाव उदय हुए और जब योरपीय देशों में राष्ट्रीय भावना का विकास हुआ (संयोगवश उन्नीसवीं शताब्दी में ये दोनों ही बातें साथ-साथ हुईं), तब लेटिन की रौनक़ कम हुई, और अनेक राष्ट्र-भाषाओं का उदय हुआ। स्वयं इटली ने लेटिन को छोड़कर इटालियन-भाषा की श्री-वृद्धि की। राष्ट्र-संघटन के लिए एक भाषा का होना परम आवश्यक और उपयोगी समझा गया, इसी कारण अंग्रेज़ी, फ्रेंच, जर्मन आदि अनेक भाषाएँ लेटिन की स्पर्द्धा में उठ खड़ी हुईं। यह नहीं कहा जाता कि योरप के सामान्य जन-समाज की बोल-चाल की भाषा किसी समय लेटिन हुई थी।

हाँ, एक समय था, जब लेटिन की ओर सभ्यता-प्रिय पढ़े-लिखे लोगों का झुकाव अत्यधिक था, और शिक्षा के बड़े-बड़े केंद्रों का ध्येय अधिक-से-अधिक संख्या में लेटिन के विद्यार्थी तैयार करना था। ऑक्सफ़ोर्ड और केम्ब्रिज की अंगरेज़ी-युनिवर्सिटियाँ इस ओर विशेष दत्तचित्त थीं। लंदन-युनिवर्सिटी की स्थापना के उपरांत इंग्लैंड के विश्वविद्यालयों में अंग्रेज़ी की भी ख़ातिर होने लगी।

एक उदाहरण और अंग्रेज़ों की साम्राज्य-वृद्धि के युग का लीजिए। उनका प्राथमिक उद्देश्य व्यापार था। अंग्रेज़ व्यापार करने की ग़रज़ से संसार के कोने-कोने में फैले, और धीरे-धीरे विशाल अंग्रेज़ी सल्तनत का जन्म हुआ। व्यापार के लिए एक देश के लोग दूसरे देश की भाषा भी सीख लें, यह न तो आवश्यक ही है, और न ऐसा कहीं हुआ ही है। प्राचीन भारत संसार के अनेक प्रदेशों से घनिष्ठ व्यापारिक संसर्ग रखता था, पर उसने कभी भी सामूहिक रूप में कहीं की भाषा नहीं ग्रहण की। कुछ थोड़े शब्दों के परिचय-मात्र से व्यापार का काम चल सकता है, चला है। पर अंग्रेज़ों ने जहाँ-जहाँ अपना व्यापार फैलाया, वहाँ-वहाँ अपना राज्य, अपना धर्म और अपनी भाषा भी फैलाई। योरप इंग्लैंड के चकमे में नहीं आया। यद्यपि धर्मतः दोनों क्रिश्चियन थे, और व्यापारिक संपर्क भी दोनों में घनिष्ठ था; पर इंग्लैंड की भाषा योरप को कम स्वीकार हुई। उतनी ही स्वीकार हुई, जितनी व्यापार के लिए आवश्यकता थी। पर अंग्रेज़ी कूट-नीति का चक्र एशिया और आफ्रिका आदि में खूब चला। स्वयं भारतवर्ष में अंग्रेज़ों की कुटिल नीति फैली, और ऐसी फैली कि अब सुनकर आश्चर्य होता है! भारतवर्ष अंग्रेज़ों की साम्राज्यलालसा का सर्व-प्रधान ध्येय रहा है। यहाँ की सभ्यता, और संस्कृति अंग्रेजों की सभ्यता और संस्कृति से बहुत कम मेल खाती थी, पर सात समुद्र पार से आकर इतने विस्तृत और इतने सभ्य देश में राज्य करना जिन अंग्रेज़ों को अभीष्ट था, वे बिना अपनी कूट-नीति का प्रयोग किए कैसे रह सकते थे? अंग्रेज़ों की नीति हुई—भारत के इतिहास को विकृत कर दो, और हो सके, तो उसकी भाषा को मिटा दो। चेष्टाएँ की जाने लगीं। भारतीय सभ्यता और संस्कृति तुलना में नीची दिखाई जाने लगी। हमारी भाषाएँ गँवारू, असाहित्यिक और अविकसित बताई जाने लगीं। हमारा प्राचीन इतिहास अंधकार में डाल दिया गया। बाकायदा अंग्रेज़ी की पढ़ाई होने लगी। इस देश का शताब्दियों से अंधकार में पड़ा हुआ जन-समाज समझने लगा कि जो कुछ है, अंग्रेज़ी सभ्यता है, अंग्रेज़ी साहित्य है, और अंग्रेज़ हैं।

कुछ समय के बाद हममें प्रकाश फैला। हम सँभले। बंगाल के राजा राममोहन राय, ईश्वरचंद्र विद्यासागर आदि कुछ ऐसे अंतर्दृष्टि-संपन्न विद्वान् हुए, जिन्होंने वस्तुस्थिति का अन्वेषण किया, और उसे समझा। स्वामी दयानंद का कार्य इस क्षेत्र में उत्तर-भारत के लिए सबसे अधिक महत्त्वपूर्ण समझा जाएगा। अंग्रेज़ कहते थे कि चूँकि भारतवर्ष कोई एक देश नहीं है, अनेक देशों का समुदाय है, जहाँ न एक भाषा

है और न एक प्रकार का समाज, अनेक छोटी-बड़ी भाषाओं के रहते भारतवर्ष उन्नति नहीं कर सकता, इसलिए सबको अंग्रेज़ी पढ़नी चाहिए। अंग्रेज़ी के हिमायती अब तक कुछ ऐसी ही दलील पेश करते रहते हैं। आश्चर्य तो यह है कि इनमें कुछ तो इसी देश के निवासी भारतीय हैं। हमें उनकी बात पर हँसी भी आती है, और कष्ट भी होता है। भारतवर्ष एक देश नहीं है, अनेक देशों का समुदाय है, यह वे ही कह सकते हैं, जिन्हें यहाँ के इतिहास का कुछ पता नहीं, और जिन्हें यहाँ की सभ्यता और संस्कृति की नींव का ज्ञान नहीं। परंतु जो यह जानते हैं कि प्राचीन भारत ने एक सूत्र में गुँथकर अपना सर्वतोमुखी विकास किया है, जिन्हें यह मालूम है कि इस देश ने सुख और दुःख की परिस्थितियों में एक साथ रहकर काम किया है; विजय की है तो एक साथ, हारे हैं तो एक साथ; जिनको इसका पता है, राम, कृष्ण, बुद्ध, रामानुज, कबीर, तुलसी आदि सैकड़ों महापुरुष और वैष्णव, शैव, शाक्त आदि अनेक संप्रदाय प्रादेशिक सीमा से ऊपर समस्त देश में, वायु की भाँति, एकरस फैले हैं, वे ऐसे भ्रम में कदापि नहीं पड़ सकते। योरप के जर्मनी, फ्रांस, इटली आदि देशों में यदि एकता है, तो भारत में उससे एक इंच भी कम नहीं। यदि विभिन्न जातियों (Races) के होते हुए भी वे देश एक राष्ट्र की दृढ़ता पा सकते हैं तो हिंदुओं, मुसलमानों (दोनों ही आर्य और अनार्य भी हैं) के इस देश में भी वही राष्ट्रीयता स्थापित हो सकती है, इसमें कुछ भी संदेह नहीं। यदि इस देश को अपना पूर्व गौरव पहचानकर अपना अस्तित्व बनाए रखना है, यदि इसे अन्य सभ्यताओं के मुकाबले खड़े होकर अपना मस्तक नत नहीं करना है, और यदि राजनीतिक, आर्थिक आदि विषयों में इसे विदेशियों का गुलाम नहीं होना है। सारांश यह कि यदि इसे संसार के इतिहास में कुछ अपना व्यक्तित्व बनाए रखना है, तो भारतवर्ष को राष्ट्रीयता के एक पाश में अवश्य बँधना पड़ेगा। बिना एक राष्ट्र-भाषा के राष्ट्रीयता का विकास नहीं हो सकता। यह बात राममोहन राय, दयानंद आदि ने समझी थी, और इस युग की सब महान् आत्माएँ इसका समर्थन करती हैं।

('सुधा', मासिक, लखनऊ, जून, 1930 (सम्पादकीय)। असंकलित)

हिंदू-धर्म के प्राथमिक सिद्धांत

हिंदू-धर्म इतना व्यापक तथा उदार है कि संसार की प्रायः सभी आस्तिक अथवा नास्तिक धर्मों का उसमें समावेश हो जाता है। संसार की प्रायः सभी जातियाँ तत्प्रस्तुत जीवन-सिद्धांतों की परिचर्या करके उसकी सर्वसहा गोद में प्रश्रय पा सकती हैं। अनंत वैयक्तिक स्वातन्त्र्य के साथ-ही-साथ उसका सामाजिक नियंत्रण भी ऐसा व्यापक है

कि उसमें प्रायः सभी प्रकार के सामाजिक नियमों का वैकल्पिक विधान कर दिया गया है। इन सब कारणों से हिंदू-शब्द किसी एक मत-विशेष का नहीं, अपितु एक संस्कृति-विशेष का ही परिचायक हो उठा है। चार्वाक और वाममार्ग जैसे इंद्रिय-प्रधान धर्म उसमें वैसे ही पनप सकते हैं, जैसे कर्मकाण्डमय मीमांसा-धर्म अथवा उपासनामय भक्तियोग। एक ही संस्कृति के विभिन्न रूप होने के कारण उनके विकास में जरा भी रुकावट नहीं होती। हिंदू-धर्म की व्यापक शक्ति उनके मार्ग में जरा भी बाधक नहीं होती। वह धीरे-धीरे अपने मूल-सिद्धांतों की ओर उन्हें खींच लेती और फिर शीघ्र ही उनका रूप बदल डालती है। जिन धर्मों ने हिंदू-धर्म की इस व्यापिका शक्ति की आकर्षण-परिधि से बाहर रहकर अपनी विचित्र तथा स्वतंत्र संस्कृति का विकास करना चाहा, उनका उसने ढाँचा ही बदल दिया, और धीरे-धीरे उन्हें अपने विशाल अंक में आश्रय देकर अनुगृहीत किया। सिंध में आकर बसनेवाली बहुत-सी विदेशी जातियों का लुप्तप्राय अतीत हिंदू-धर्म की इस विशाल वादन्यता का परिचय देता है। शक, पल्हव, कुशन, सीथियन, यवन तथा अन्य विभिन्न संस्कृतियों को लेकर आनेवाले विदेशियों का आज हिंदुत्व से पृथक् कोई अस्तित्व ही नहीं। वे आज हिंदू-संस्कृति के अविच्छेद्य अंग बन गए हैं। दक्षिणी-भारत में प्रचलित ईसाइयत के विश्लेषण से भी पता चलता है कि प्राचीन ईसाई उपदेशक सेंट टॉमस के मद्रासी अनुयायी वर्तमान हिंदूधर्म के जितने निकट हैं—उसके सिद्धांतों को जितना मानते हैं, उतना वे ईसाइयत के नहीं। उनमें मूर्ति-पूजा, वर्ण-विभेद, बाल-विवाह आदि प्रायः सभी हिंदू-रीति-रिवाज प्रचलित हैं। दो सौ वर्ष के पश्चात् संभव है, वे अपनी ईसाइयत को परित्याग करके, अथवा ईसाइयत के एक और ही विकृत रूप को लेकर हिंदू-संस्कृति के एक अंग ही बन जाएँ। गाँव में रहनेवाले मुसलमानों के रहन-सहन और रीति-रिवाज देखकर भी यही अनुमान होता है कि हिंदू-संस्कृति के मूल-सिद्धांतों की ओर ये लोग बड़ी तेजी से बढ़ रहे हैं। वह दिन दूर नहीं, जब बौद्ध और चार्वाक-सम्प्रदायों के समान ही ये ईसाई और मुहम्मदी सम्प्रदाय भी व्यापक हिंदूधर्म की गोद में आश्रय पाकर अपना अस्तित्व ही भूल जाएँ।

हिंदू-धर्म की इस महान् व्यापकता का मूल-कारण है उसका ईश्वर की अनंत-रूपता में विश्वास। यह ईश्वर की किसी आकृति-विशेष अथवा मूर्ति-विशेष को ही हृदय से चिपटाकर नहीं बैठता। उसका खुदा सातवें आसमान पर झुर्रियोंदार खाल तथा लंबी दाढ़ी लिए नहीं बैठा, न वह ईसाइयों के खुदा के समान सातवें दिन आराम करनेवाला एकदेशी, अज्ञानी तथा चिड़चिड़ा बुड्ढा है। उसका खुदा संसार के प्रत्येक पदार्थ में व्याप्त, अनन्तमूर्ति, निराकार खुदा है। उसके अनंत रूप, अनंत नाम तथा पूजा के अनंत प्रकार हैं। अतएव इस अनंतमूर्ति ईश्वर की किसी भी प्रकार से उपासना करनेवाला पुरुष हिंदू कहला सकता है। उपासना की ऐसी स्वाधीनता अन्य किसी भी धर्म में नहीं। संसार के सभी धर्म जहाँ सामूहिक प्रार्थना तथा सामूहिक उपासना

का आदेश करते हैं, वहाँ हिंदू-धर्म केवल वैयक्तिक उपासना की ही आज्ञा देता है। इसी वैयक्तिक स्वतंत्रता के कारण उसकी व्यापकता का और भी विकास हो सका है। इसी के कारण संसार के सभी वर्तमान तथा भविष्य-धर्म भी उसकी परिधि में प्रविष्ट किए जा सकते हैं।

हिंदू-जीवन का आदर्श ही हिंदू-धर्म का जीवन है। केवल उसी के कारण वह संसार के अन्य धर्मों तथा संस्कृतियों से भिन्न कहा जा सकता है। हिंदू-जीवन का आदर्श ही हिंदू-संस्कृति का भी प्राण है। उसके बिना न तो हिंदू-धर्म का अस्तित्व रह सकता है, न हिंदू-संस्कृति का। हिंदू-धर्म के अनुसार यह सारा दृश्य जगत् तथा मानव-जीवन का लीला-रहस्य अनित्य और नश्वर है। केवल ब्रह्म की—ईश्वर की ही नित्यता में उसका विश्वास है। प्रकृति और जीव दोनों ही उस ब्रह्म की अवस्था-विशेष समझी जाती हैं। अतएव इस नश्वर संसार की अनित्य वस्तुओं पर सच्चे हिंदू की आस्था नहीं होती। किसी सांसारिक लाभ की इच्छा से अथवा इहलौकिक फलप्राप्ति की कामना से नहीं, अपितु कर्त्तव्य-पालन तथा ईश्वर-सम्प्राप्ति की निष्काम भावनाओं से प्रेरित होकर ही वह संसार के इस कर्ममय जीवन में प्रवृत्त होता है। जीवन का सर्वोत्तम आदर्श कर्म नहीं, अपितु कर्म-मोक्ष ही समझा जाता है। संसार के वैषयिक तथा इन्द्रियगम्य आनंदों से परे, शरीर और मन के अनुभव से भी दूर, जो एक अनंत चेतना-शक्ति बुद्धिगम्य तथा ज्ञान-गम्य समझी जाती है, वही हिंदू-जीवन का सर्वोच्च लक्ष्य कही गई है। यह विदेहावस्था ही प्रत्येक हिंदू के लिए जीवन की सर्वोत्तम अवस्था है।

इस विदेहावस्था की प्राप्ति के लिए शारीरिक, मानसिक तथा आत्मिक परिशुद्धि अत्यंत आवश्यक मानी गई है, और उसकी सिद्धि के लिए अनेक यम-नियमों का विधान किया गया है। अहिंसा, सत्य, अस्तेय, ब्रह्मचर्य, धृति, क्षमा तथा तप आदि उस शुद्धि के आवश्यक अंग हैं। इस प्रकार शुद्ध जीवन के आधार पर स्थित ज्ञान-प्रधान, ब्रह्म-विश्वास और ब्रह्म-संप्राप्ति के उच्चतम आदर्श और लक्ष्य को मानव-जीवन का लक्ष्य बतलानेवाला हिंदूधर्म संसार के प्रत्येक धर्म में अपने इन सिद्धांतों का प्रकाश पाकर उन्हें स्नेह की दृष्टि से देखता और अपनाने का प्रयत्न करता है। यही उसकी इस व्यापक शक्ति का आदिम स्रोत तथा उसके इस विचित्र आकर्षक प्रभाव का उद्भव हेतु है।

अपनी इस निर्बंधन, निर्बाध तथा रूढ़ि-विहीन विचारधारा के प्रबल प्रवाह के कारण ही उसने अपने मार्ग में आनेवाले बड़े-बड़े साम्प्रदायिक शिला-खंडों तथा विविध शाखा-संपन्न विविध धर्म-तरु-खंडों की आज तक परवा नहीं की। अपने इस विशुद्ध तथा सीधे-सादे प्रवाह में पड़ी हुई विविध अशुद्धियों को उसने अपने अतल अंतस्तल में विलीन करके उनके सारमात्र को अपना लिया। दूध में पड़े हुए पानी के समान ये मत-मतान्तर उसके अविच्छेद्य अंग बन गए।

किंतु जब से उसने संकीर्ण रूढ़ियों, वर्णाश्रम-संबंधिनी कुरीतियों तथा वैवाहिक अत्याचार-वाद को प्रश्रय दिया, जब से उसने अपना अस्तित्व सात्त्विक जीवन पर स्थापित न रखकर उसे केवल पोंगा-पंडितों के पोथी-पत्रों तथा उनके स्वार्थमय कर्मकांड के सुपुर्द कर दिया, तब से उसके ह्रास का प्रारंभ हुआ। उसका यह एक-देशी रूप, जिसे लोग सनातन धर्म कहते हैं, छायावाद के उस 'अनंत की ओर' चला जा रहा है, जिसका आज तक किसी ने अनुमान तक नहीं किया था। हाँ, प्राचीन, विशुद्ध हिंदू-धर्म आज भी उसी व्यापक रूप से स्नेह की गोद फैलाए संसार-भर का स्वागत कर रहा है।

('सुधा', मासिक, लखनऊ, जनवरी, 1931 (सम्पादकीय)। असंकलित)

राजनीति और समाज

राजनीति के साथ समाज का घनिष्ठ संबंध है। यदि समाज की तैयारी को राजनीतिक तैयारी कहें, तो अत्युक्ति नहीं होती। हमने बहुत बार सूचित किया है, भारत की एक भी—दो, चार, छह सदी पीछेवाली परंपरा—जो भिन्न-भिन्न रूपों से हमारे सामने जाति तथा धर्म के नाम से खड़ी है, काम की नहीं; इस समय जितना ही उसका परिहार होगा, समाज राजनीतिक प्रगति में आगे बढ़ेगा। सबसे बड़ी इस देश में जो हिंदू-मुस्लिम-समस्या है, वह भी, हमारे इस रूप के बदलने पर, बदल जाएगी। जहाँ कट्टरता द्वारा कट्टरता का विरोध किया गया है, वहाँ कट्टरता बढ़ी ही है। प्रसार ही कट्टरता को प्रशमित कर सकता है।

हमारे मत से, भारत में ब्राह्मण, क्षत्रिय आदि जातियाँ, प्राचीन राजधानियों के भग्नावशेष की तरह, भारत में बहुत पहले नष्ट हो चुकी हैं; तभी, जब यह देश पराधीन हुआ, बल्कि पराधीन होने के लिए क्षीण हो चला था। पहाड़ को नदियों से काट-काटकर जो प्रकृति बालू की रजों में परिणत कर साम्य-स्थापना करती है, उसी ने सदियों के प्रहार से भारत के जातीय स्तूपों को चूर्ण कर बराबर मनुष्यता की भूमि में परिणत कर दिया है। पहलेवाले बड़प्पन का विचार अब केवल ढोंग है। यदि हम अपनी जाति में सबको बराबर समझें, और उसी प्रकार

"ददाति प्रतिगृह्णाति गुह्यमाख्याति पृच्छति;
भुक्ते भोजयते चैव षड्विधं प्रीतिलक्षणम्।"

को कार्य में परिणत करें, तो हमारा समाज प्रगतिशील हो जाए। तब हम मुसलमान भाइयों को भी अपना सकते हैं, क्योंकि गतिशील समाज ही दूसरे को अपने साथ ले सकता है। हम निश्चल, निश्चेष्ट वर्तमान सामाजिक रूप में दूसरे को साथ ले

ही नहीं सकते। तब भारत का यथार्थ नवीन रूप आँखों के आगे आएगा। तभी हम राजनीति की भूमि में ठीक-ठीक पैर रखेंगे। यह दस हाथ चलकर, यथेष्ट क्षति स्वीकार कर बीस हाथ लौट आना तब न होगा।

रही बात धर्म की। सो धर्म इस तरह किसी का दूर नहीं होता—विशेषतः हिंदुओं का धर्म तो दूर हो ही नहीं सकता, जिसमें व्यक्ति के नाम से कुछ है ही नहीं, एक ही प्रकार के आचरण धर्म की प्राथमिक आख्या प्राप्त कर जिसमें नहीं देख पड़ते जो यह भी है और वह भी। पुनः जहाँ प्रकृति ने, अदृश्य विश्व-धर्म ने सबको बराबर कर दिया हो, सृष्टि में भी जहाँ कुल मनुष्य एक कश्यप के पुत्र हैं, वहाँ मनुष्यों के व्यवहार में इतना फर्क क्यों? फिर हिंदू-मात्र, जिनमें अछूत भी मिले हुए हैं, किसी-न-किसी रूप से भगवत्सत्ता को स्वीकार करते ही हैं। अतः व्यावहारिक भेद तो केवल अज्ञान ही कहा जाएगा।

खानपान, विवाहादि संबंध के लिए भी घबरानेवाली कोई बात नहीं। विवाह तो वास्तव में शरीर से पहले मन से संबंध रखता है, पुरुष और प्रकृति का मेल दो मनों के भीतर से होना चाहिए। आजकल ब्राह्मणेतर समाजों में ऐसे मनुष्यों की कमी नहीं, जो विद्या और बुद्धि में ब्राह्मणों के बराबर हैं। फिर ब्राह्मणों की कन्याओं का उनके साथ और उनकी कुमारियों का ब्राह्मणों के साथ मानसिक मेल तथा विवाह असंगत या अस्वाभाविक कदापि नहीं। और, ब्राह्मण तथा क्षत्रियों में ऐसी स्थितिवालों की भी कमी नहीं, जिनसे चमार, धोबी, नाई और लोध आदि बुद्धि तथा कर्म-कौशल में बढ़े हुए हैं। फिर विवाह की व्यापकता में बाधा कौन-सी हो सकती है?

इसके साथ है शिक्षा-व्यवस्था। आज जो बात हम कह रहे हैं, उससे पढ़े-लिखे भी अधिकांश लोग सहमत न होंगे। कारण, ऐसा उन्होंने कभी सुना नहीं, करने के आदी नहीं। नवीन भारत को आज के-से पढ़े-लिखों से कुछ फायदा नहीं; उन्होंने केवल अपने फायदे के लिए स्वल्पाधिक पढ़-लिख लिया है। आधुनिक शिक्षा में उपर्युक्त सामाजिक सुधारों की ओर ध्यान देकर अच्छी-से-अच्छी पुस्तकों का प्रकाशन-प्रचलन, देहात की शिक्षा में देश के त्यागी नेताओं का शिक्षण-निरीक्षण-प्रबंध और आजकल के देहात के मदरसों के पाठ्यक्रम का उचित परिवर्तन होना चाहिए। इस तरह सौहार्द तथा सहानुभूति का प्रसार होगा, बालकों के मस्तिष्क दुरुस्त होंगे, दलितों को आश्वासन प्राप्त होगा, उच्च-वर्णवाले सामयिक प्रसंग को समझेंगे।

इस प्रकार समाज की सब तरफ से तरक्की कर लेने पर हमारे सामने मुसलमान भाइयों से मिलनेवाला सवाल हल होने को पेश होगा। तब हम इस प्रश्न का भी विशद उत्तर दे सकेंगे, इसी प्रकार अपनी सीमा को भारतवासियों-भर में विस्तृत कर।

हम देखेंगे, इसके साथ-साथ राजनीति के क्षेत्र में भी तब हम बहुत आगे बढ़ गए हैं। राजनीति की उखाड़-पछाड़ के लिए वास्तव में हमारी यही तैयारी है। यदि हम अपने इसी रूप में पत्थर बने रहे, तो हम स्वयं अपनी दुर्बलता के परिचायक

बने रहेंगे। पर यदि बदलते हुए हीरे बन सकें, तो उसकी चमक आप अपनी शक्ति से लोगों को लुभाकर अपनी तरफ खींचेगी। यदि हम मनुष्य हैं, तो तब भी हमारा एक धर्म रहेगा। पुनः जहाँ विशद विचार हमारे विवर्तन के कारण हों, वहाँ धर्मच्युत होने का कौन-सा प्रश्न? धर्म तो यों भी भारत में अनेक रूप धारण कर चुका है, करता जा रहा है।

यहाँ से राजनीतिक प्रगति का श्रीगणेश होता है। इससे पहले, समूह रूप से, हम राजनीति के नामोच्चार के भी अधिकारी नहीं। पुनः-पुनः राजनीतिक प्रगति के रुकने का यही कारण है कि समष्टि की शक्ति पीछे खींच रही है। नेता समष्टि को साथ लेकर दौड़ाने से पहले यदि सोच लें कि उसमें साथ दौड़ने की कितनी शक्ति है, तो ठोकर खाकर बैठने की नौबत न आए।

('सुधा', अर्धमासिक, लखनऊ, 1 अगस्त, 1933 (सम्पादकीय)। असंकलित)

साहित्य में दलबंदी

दलबंदी का भाव प्रतिभा के प्रतिकूल है। आज तक संसार में जितने प्रतिभाशाली व्यक्ति हुए हैं, उनमें दलबंदी का भाव न था। उनके समय या उनके बाद जो एक दल उनके साथ अनुयायी अथवा प्रशंसक के रूप से बँधा हुआ देख पड़ता है, इसके लिए उन्हें दलबंदी करनेवालों के अंतर्भुक्त कहना ठीक नहीं। यह दल उस समय के हित के विचार से उनके साथ हुआ था। बुद्ध, शंकर, क्रैस्त आदि धर्माचार्यों के लिए हम ऐसा लिख रहे हैं। पर साहित्य में कालिदास, श्रीहर्ष, सूर, तुलसी, उमर ख़ैयाम, शेली, रवींद्रनाथ आदि अपने-अपने साहित्य के महोज्ज्वल रत्नचय तो दलबंदी के भाव में कभी आए ही नहीं।

एक सच्चा-साहित्यिक या कवि अपनी प्रकृति के अनुसार ही दलबंदी से पृथक् रहता है। आदमियों में मिलकर या एक दल अपने साथ लेकर कभी कोई सूक्ष्म चिंतन नहीं कर सकता। अध्ययन में भी दलबंदी बाधक होती है। पुनः दलबंदी का भाव किसी स्वार्थ का ही द्योतक है। स्वार्थ सीमा से बाहर नहीं जा सकता, इसलिए इसके रहते उच्च साहित्य का निर्माण असंभव है। जहाँ हिंदू और मुसलमान अपने-अपने लिए लड़ते हों, अपने-अपने स्वार्थ की पुष्टि में लगे हों, वहाँ उनकी बातचीत और लिखा-पढ़ी में ऊँचा साहित्य नहीं मिल सकता। पुनः जो दल इन दोनों को मिलाए हुए दोनों के व्यापक स्वार्थ की बातचीत करता है, उसका साहित्य इनसे ठोस तथा महत्त्वपूर्ण माना जाता है, फिर भी, एक हद में रहने के कारण, वह भी सर्वोच्च साहित्य का आसन नहीं ग्रहण कर पाता। वेदों की इतनी बड़ी महिमा केवल इसलिए है कि

वे देश और काल के बंधनों से बाहर हैं। यदि बर्नार्ड-शॉ-जैसे सब तरफ के साधारण मनुष्य केवल एक हद का साहित्य लिखते रहते, धर्म, समाज, राजनीति और दर्शन की प्रचलित प्रथाओं को न पार कर जाते, तो इतने बड़े साहित्यिक शायद ही होते। अंग्रेजी भाषा को उनके लिए गर्व करने का अवसर शायद ही मिलता।

प्रतिभा बंधन नहीं मानती। तभी साहित्य का कल्याण होता है। प्रतिभाशाली लेखक या कवि के समय दलबद्ध लोग शृंखला के टूटने का विचार कर प्रायः उससे असहमत रहे हैं। पर बाद को सबने उसका आदर किया है। जिस बौद्धधर्म का इस देश के वैदिक लोगों ने एक समय घोर विरोध किया था, उन्हीं लोगों ने उसके प्रवर्तक बुद्ध को राम और कृष्ण की तरह अवतार भी माना है। जिस माइकेल मधुसूदन को बंगालवालों ने साहित्य-हन्ता कहते हुए भी एक समय संकोच नहीं किया था, महाकवि रवींद्रनाथ तक ने जिसकी कटु आलोचना की थी, उसी की प्रशंसा करते हुए आज बंगाली और वही रवींद्रनाथ नहीं थकते। उमर ख़ैयाम, शेली, गालिब आदि का कितना मजाक समाज ने किया! पर आज उनके साहित्य को देखकर लोग नतमस्तक हैं।

पर जैसा एक बार हुआ है, वैसा ही बार-बार होता है, इस कथन के अनुसार समाज में जैसे लोग पहले थे, वैसे ही आज भी हैं। इतने उदाहरण उन्हें मिल रहे हैं; पर उनकी वृत्ति वैसी ही बनी हुई है—उसी प्रकार प्रतिभा और नवीनता का आज भी विरोध हो रहा है। यथार्थ साहित्य निर्माता आज भी उसी प्रकार अपमान का भार रक्खे झुके हुए जाति, भाषा तथा साहित्य की ओर देखते-देखते चुपचाप सरस्वती के इंगित पर चले जा रहे हैं, कोई साथ नहीं; अक्षम, अज्ञान, रीतिवादग्रस्त असाहित्यिकों के विष-बुझे व्यंग्यबाण सहते जा रहे हैं।

दूसरी ओर दल के अयोग्य व्यक्ति-विशेष की पुनःपुनः होती हुई प्रशंसा लोक-मत-संग्रह कर रही है। आकाश असाहित्यिक, अयौक्तिक, अमौलिक और सारशून्य विवाद-नादों से प्रतिध्वनित, अशांत, क्षुब्ध हो रहा है। जनता सदा ही परमुखापेक्षिणी रही है, सत्य रहस्य से अज्ञात। इसलिए भारत में संन्यासियों का गुरुत्व कायम हुआ था कि जनता को सत्य की ही प्राप्ति हो। आज तक आडम्बर-मुक्त संन्यासियों का जो समाज पर प्रभाव है, इसका यही कारण है। 'सत्' के साथ न्यास करनेवाले झूठ न बोलेंगे, अधूरा तत्त्व न देंगे, यही भावना इस कार्य के मूल में थी। पर अब तो इस जड़-सभ्यता के युग में वह बात ही नहीं रही। न वैसे संन्यासी रहे न वह पन्था। संवादपत्रों के सहारे पूँजीपति ही ज्ञान देनेवाले, 'सत्' से न्यास करनेवाले, सत्यसंवाद प्रकाशित करनेवाले बन गए। फलतः जो दल उनके साथ आया, उनके अधीन रहा, वह उन्हीं का प्रचार सत्य के तौर पर उद्देश्य-सिद्धि के लिए करने लगा। इस तरह घात-प्रतिघातों से स्वार्थ का प्राधान्य लेकर दुनिया ही बदल गई। भारत दुनिया से बाहर नहीं, बल्कि विशेषता खोकर योरप के और भी अधीन है। अतएव अयोग्य के पीछे उतने ही जोर से डंका बजनेवाला क्रम भी जारी हुआ।

हिंदी-साहित्य भी इस परिणाम से न बच सका। यहाँ अधिकांश, अस्सी फीसदी साहित्यिक, केवल साहित्यिकता का प्रणाम पेश करने या किए रहने के लिए अपने से किसी बड़े साहित्यिक का डंका बाँधते हैं। प्रतिष्ठित साहित्यिक महाराज—यद्यपि वह प्रतिष्ठा कुछ मूर्खों की दी हुई है, उनके साहित्य की हद से बाहर के आदमी उन्हें साहित्यिक स्वीकार करते हुए लज्जित होंगे—अपने भक्त को प्रश्रय देते हैं, और गर्व के साथ सिर उठाकर साहित्य के यथार्थ ज्ञान के मस्तक पर अज्ञान का एक बोझ और रख देते हैं। अंधों को राह बताने से काने न बाज आएँ, तो इसके लिए हमें कुछ नहीं कहना, क्योंकि एक तरफ तो वे देखते ही हैं, कहना तब पड़ता है, जब वे दो आँखवालों का मजाक करते हैं।

इस स्वल्पदर्शिता के प्रमाण ही हमारे साहित्यिकों की आज प्रामाणिकता हो रहे हैं, जिससे मौलिक उत्तर साहित्य दृष्टिदोष के लांछन से पीड़ित है। जहाँ-जहाँ साहित्य की शिक्षा दी जाती है, वहाँ अभी उसका कांक्ष्य प्रवेश नहीं हो सका। यह व्याधि इस साहित्य के निर्माणकाल से ही है, पर अभी इसका प्राबल्य कम नहीं पड़ा। पत्र, संस्थाएँ, व्यक्तित्व प्रायः सभी इस वातविकार-व्याधि से ग्रस्त हैं।

हम इसके विरोध से नवीन प्रतिभा को जाग्रत करने के लिए समर्थ युवक-शक्ति का सादर आवाहन करते हैं। अध्ययन, विद्या, बुद्धि और मार्जन के सुललित कौशल से इस रुक्ष, रूढ़, दलबद्ध, असमर्थ साहित्यिकता को वे साहित्यक्षेत्र से दूर करें।

('सुधा', अर्धमासिक, लखनऊ, 1 नवंबर, 1933 (सम्पादकीय)। असंकलित)

अधिकार-समस्या

मनुष्यों के समाज में अधिकार-समस्या शायद सृष्टि के प्रारंभ से है। बाहरी संसार को देखने के साथ-साथ शायद स्वभावतः यह अधिकारवाद मनुष्यों में पैदा हुआ था। यदि इसी अधिकार को व्यापक दृष्टि से देखेंगे, तो मालूम होगा, मनुष्यजाति की सभ्यता का मूल भी यही है। जड़ और चेतन अधिकारों में ही मनुष्यों का इतिहास, दर्शन, समाज, साहित्य, राजनीति और विज्ञान आदि हैं। धर्मशास्त्र से लेकर वर्तमान शासन तक अधिकार और अधिकारभेद अपनी महत्ता या नीचता के प्रमाणस्वरूप मौजूद हैं। जिस प्रकार बाहरी प्रकृति को वशीभूत कर, देश और प्रदेशों को जीतकर अधिकार की नींव दृढ़ की गई है, मनुष्यों के मानसिक विकास कला-कौशल के अनेकानेक कार्यों द्वारा, इधर वैज्ञानिक उद्भावनाओं से भी, व्यक्तिगत और जातिगत अधिकारों की रक्षा कर रहे हैं, उसी प्रकार संसार से मुक्ति पाने के उद्देश्य पर भी अनेकानेक अधिकारों की सृष्टि हुई है, और ये सब उच्च-से-उच्च मनुष्यों द्वारा मान्य भी हुए

हैं। मनुष्यों की भिन्न जातीय सभ्यता को अधिकारवाद के भीतर से हम और अच्छी तरह देख सकते हैं। हर जाति की विशेषता के रूपों में उसके अधिकार उसके पृथक् व्यक्तित्व का साक्ष्य दे रहे हैं। इन्हीं के द्वारा एक जाति दूसरी जातियों से भिन्न और मौलिक है।

परंतु जिस वायु में जीवनी शक्ति है, उसी में संहारिणी शक्ति भी है। जो खाद्य शरीर की पुष्टि करता है, वही रोग का भी कारण है। जिस अधिकारवाद की प्रेरणा ने स्वतंत्रता की भावना दी, मनुष्यों को बढ़ाया, उसी ने गुलामी भी पैदा की, मनुष्यों को पशुतुल्य कर दिया। जिन अस्त्रों से रक्षा हुई, उन्हीं से लोग मारे भी गए। राजा-प्रजा, अमीर-गरीब, छोटे-बड़े का भेदभाव इसी अधिकारवाद के कारण है। पुनः जीवन में, शक्ति के राज्य में इस अधिकारवाद के बिना मनुष्य या किसी भी सृष्टि का अस्तित्व रह नहीं सकता। रहना ही—छोटा हो, बड़ा—अधिकार है। वहाँ शक्ति का वैषम्य रहेगा ही।

परंतु इतने वैषम्य के भीतर भी एक साम्यावस्था है। आज तक संसार के बड़े-बड़े मनुष्यों ने उसी की खोज की है। जीवन की अमरता और बचने का रास्ता वहीं से निकलता है। वह उतनी जगह--यों वही एकमात्र सत्ता है, शक्ति की पृथ्वी मिथ्या अधिकारवाद से पृथक् है। अधिकार पाने की मनुष्यों की प्रार्थनाएँ वहीं से उपायों के द्वारा पूर्ण हुई हैं। उसी ने छोटे-बड़े अधिकारों में बँधे हुए जीवों को बाँध रखा है, वही मुक्त भी करता है। जिस देश के लिए जैसा उपाय होना चाहिए, किसी एक के भीतर से अनेकों के मस्तिष्क में उसकी धारणा बँधकर प्रचार पाती है। भिन्न-भिन्न देशों के विवर्तन इतिहास में प्रत्यक्ष हैं। एक अधिकार से पीड़ित मनुष्य-समाज उसकी सत्ता मिटाकर दूसरे अधिकार से जीवित हो गया है। संसार में इतना ही बचाव का रास्ता है।

संसार के भिन्न-भिन्न देशों के नवीन संस्कारों को देखकर हमारे अधिकांश नेता भारत के लिए भी उन्हीं उपायों का प्रयोग करना चाहते हैं। पर हमारे विचार से, सत्य अनुकरण में कभी प्राप्त नहीं हुआ; बल्कि कहेंगे, अनुकरण किसी आदर्श की कभी पुष्टि नहीं कर सका। उसके लिए मौलिक उद्भावना ही दरकार होगी।

यदि हम अच्छी तरह भारत के अधिकारजन्य अन्तरायों की ओर देखें, तो हमें मालूम होगा, जो प्रकृति एक मौलिक शक्ति देना चाहती है, जब अनेकानेक विवर्तनों से वह जीर्णता को धूलिसात करती रहती है, तब वह चिरकाल से उस जाति को सविशेष उपकरणों के भीतर से तैयार करती रहती है। अधिकारवाद भारत में महाभारत के समय से ही प्रबल होने लगा था, और भारत के वर्णाश्रमधर्म के भीतरी अधिकार भी तभी से और अधिक दृढ़ होकर वर्णाधिकारों के शासन में जड़ जमा रहे थे। बौद्धयुग इन्हीं भावनाओं का विरोधकाल है। पर तब तक चूँकि देश का शासन देश ही में था, इसलिए कर्मकांड के अधिकारी शासक तत्कालीन वर्ण-व्यवस्था की रक्षा

के लिए तत्पर रहे थे, हम पहले लिख चुके हैं, संस्कृत-साहित्य में पुराणयुग का प्राबल्य इसका फल है—व्यास, कालिदास और श्रीहर्ष तक इसी वर्णाश्रमधारा की पुष्टि मिलती है। पर अब वह समय नहीं रहा। अब प्रकृति ने वर्णाश्रमधर्म के सुविशाल स्तंभों को तोड़ते-तोड़ते पूर्ण रूप से चूर्ण कर दिया है। हजार वर्ष के दूसरी जातियों और दूसरे धर्मवालों के शासन से इतने संस्कार-दोष, संस्पर्श-कल्मष इस वर्णाश्रमधर्म के भीतर प्रविष्ट हो गए हैं कि अब कोई मूर्ख ही इसका अस्तित्व स्वीकार करेगा। जहाँ शिक्षा, शासन, व्यवसाय व्यवस्था, कहीं भी ब्राह्मण, क्षत्रिय और वैश्य शक्तियों का परिचय न हो, केवल परसंस्कृतिग्रस्त अधीन राज्यों या अपने घरों में सोते हुओं के स्वप्नों के सदृश वर्णाश्रमधर्म पहले की जागृति के संस्कार-रूप, छायादेह मात्र रह गया हो, वहाँ दूसरी जागृति में वह भ्रम ही साबित होगा, वहाँ इस समय उसका अस्तित्व अस्तित्व नहीं। इस पर भी यदि कोई इसे स्वीकार न करे, तो यह बुद्धिदोष के सिवा और क्या है?

जिस तरह एक ओर प्रकृति वर्णाश्रमधर्म को तोड़ रही थी, उसी तरह दूसरी ओर वह शूद्र-शक्ति के अभ्युत्थान की तैयारी कर रही थी। अधिकार-भोग पर मनुष्य-मात्र का बराबर दावा है। जो यह समझता है, हम बड़े हैं, हम छोटे न होंगे, उसे मनुष्य कहलाने में बड़ी देर है। जो यह समझता है, बड़ा छोटा और छोटा बड़ा हो सकता है, उसे यह मानने में भी कोई आपत्ति न होगी कि शूद्र भी कर्मानुसार ब्राह्मण, क्षत्रिय, वैश्य बन सकते हैं। शूद्रों के इसी अधिकार पर भारत का भविष्य जातीय संगठन अवलम्बित है। अधिकार के बिना जीवन की भी कोई व्याख्या नहीं हो सकती। पर अधिकार के दान तथा सदुपयोग के लिए सत्याधिकारी का जीवन अपेक्षित है। सब मार्गों से इसी अधिकार का दान उन्नतिप्रार्थी अधिकारियों के लिए होना चाहिए। यही साम्य स्थिति की वर्तमान उद्भावना कहती है।

वर्णाश्रमधर्म एक ऐसी सामाजिक स्थिति है, जो चिरन्तन है। स्वाधीन-समाज की इससे अच्छी वर्णना हो नहीं सकती। कोई समाज इस धर्म को मानता भले ही न हो, पर वह संगठित इसी रूप से होगा। पर यह निश्चय है कि यह अधिकार सार्वभौमिक है, ऐकदेशिक, जातिगत या व्यक्तिगत नहीं।

यह स्थान, जहाँ मौलिकता का मूल—साम्यस्थिति है, यथार्थ स्वतंत्रता है। इसी की बाहरी प्रेरणा बाहर मनुष्यों को अधिकारवाद में स्वतंत्र करती है। यहीं अधिकाधिक संख्या में ठहरकर मनुष्य देश, समाज तथा संसार के लिए बड़े-से-बड़े कार्य कर सके हैं। यही स्थान हमारे समाज के अंतःकरण में आज नहीं पाया जाता। इसीलिए उसके मनुष्य मौलिक विचारों से रहित जड़ अधिकारों की रक्षा के लिए व्यस्त हो रहे हैं।

हमारे देश के अधिकांश नेता त्याग तथा मनुष्यता में बहुत आगे बढ़े हुए भी केन्द्रच्युत हैं, इसलिए ऐसी आवाज नहीं उठाते, जिससे अधिकारवाद का मौलिक परिवर्तन हो। वे डरते हैं कि हम इतनी आजादी से काम लेंगे, तो देश हमारा साथ

न देगा। जहाँ यह डर है, वहाँ वह केंद्र नहीं। जहाँ वह केंद्र है, वहाँ यह डर नहीं। कुछ नेता योरप का स्वप्न देखते हैं। पर वहीं के अधिकारवादों को वे देखें, तो देखेंगे, एक दूसरे से भिन्न है, दूसरे से मौलिक। यह मौलिक अधिकार भारतवर्ष का कैसा है, 'राष्ट्रीयता'-शब्द के पुनः-पुनः उच्चारण से इसका स्पष्टीकरण नहीं होता, सविशेष मनन से होता है। और, जितना बड़ा त्याग इसके लिए जरूरी है, वह किए अब तक के त्याग से और बड़ा है। अभी तो बहुत जगह मस्तिष्क की अकृत रेखाओं के सार्थक कार्यरूप बड़ी-बड़ी दुर्बलताएँ हैं। अभी तो दरिद्र भारत के नेता भी धनी हैं। जहाँ नेता लोग पूर्ण त्याग नहीं कर सके, वहाँ अनुयायी अथवा धन के बड़े-बड़े उत्तराधिकारी कैसे वह अधिकार छोड़ देंगे। अभी तो महलों में रहकर, कुटियों की सैर करके, देहात-दर्शन और देहातियों को उपदेश होते हैं—पुनः मोटर पर भ्रमण करते हुए। यह शिक्षा देना नहीं, शिक्षा का एक शिक्षाप्रद हास्य है। जिस देश में ऐसे-ऐसे राजे-महाराजे, सेठ आदि मौजूद हैं, जो अपने-अपने अर्थ के दान से शीघ्र देश को समर्थ कर सकते हैं, वह देश यदि दरिद्र है, तो यह ठीक ईश्वर का दिए हुए अधिकार के दुरुपयोग का चुस्त बैठता उत्तर है। न वैश्य अपनी अर्थ शक्ति का त्याग कर सकते हैं (हम धनी-मात्र को वैश्य-शक्ति में लेते हैं), न क्षत्रिय अथवा ब्राह्मण ही अपनी सामाजिक मर्यादा छोड़ सकते हैं। अधिकारवाद की इसी पतित दशा में इस समय भारत है।

अवश्य वह युग आएगा। हमें यथाशक्ति सत्य का उपहास न कर कार्य करते रहना चाहिए। इस भावना से भरा हुआ कोई भी कार्य—साम्यस्थिति के लिए कोई भी विचार अपूर्ण न रहेगा। उसी के भीतर से हमारी यह अधिकार-समस्या तब के उस अधिकार-उत्तर से हल हो जाएगी—

"स्वल्पमप्यस्य धर्मस्य त्रायते महतो भयात्।"

('सुधा', अर्धमासिक, लखनऊ, 1 दिसंबर, 1933 (सम्पादकीय)। **प्रबंध-प्रतिमा** में संकलित)

कवींद्र रवींद्र और राष्ट्रभाषा

कुछ दिन हुए, कविवर रवींद्रनाथ ठाकुर मदरास गए थे। वहाँ उन्होंने विद्यार्थियों के सम्मुख एक व्याख्यान में कहा कि राष्ट्रभाषा का प्रश्न कुछ भी महत्त्व नहीं रखता, मुख्य आवश्यकता इस बात की है कि सारी प्रांतीय भाषाएँ खूब उन्नति करें। प्रांतीय भाषाओं के समुन्नत होने के विषय में दो सम्मतियाँ नहीं हो सकतीं—सभी ऐसा चाहते हैं। जो लोग भारतवर्ष के लिए एक राष्ट्रभाषा बनाने का प्रयत्न कर रहे हैं, उन्होंने तो सदा स्पष्ट शब्दों में यही कहा है कि प्रांतीय भाषाओं की उन्नति में बाधा न देकर, किसी प्रकार का रोड़ा न अटकाकर, एक राष्ट्रभाषा को विकसित करना चाहिए,

क्योंकि हमारे-जैसे विशाल देश में यदि कोई ऐसी देशी भाषा हो सके, जिसमें एक प्रांत के निवासी दूसरे प्रांत के निवासियों से विचार-विनिमय कर सकें, तो राष्ट्रीय उन्नति में बड़ी सहायता मिले। इसी उद्देश्य को लेकर प्रायः तीस वर्ष से कुछ विचारवान् नेता आंदोलन करते आए हैं। जब से महात्मा गाँधी ने इस प्रश्न को अपने हाथ में लिया है, तब से इस ओर बहुत-कुछ कार्य भी हुआ है। इससे पहले भी महाराष्ट्र तथा गुजरात-प्रांतवालों ने हिंदी को राष्ट्रभाषा मानने व बनाने की आवाज उठाई थी, और अब तो प्रायः सभी प्रांतों के लोगों ने मुक्तकण्ठ से स्वीकार कर लिया है कि राष्ट्रभाषा का स्थान ग्रहण करने योग्य यदि कोई स्वदेशी भाषा है, तो वह हिंदी ही है। आरंभ ही से इस ओर हमारे बंगाली भाइयों की उदासीनता प्रकट होती रही है, यद्यपि उनमें भी कुछ ऐसे नेता अवश्य हुए हैं, और हैं, जो 'हिंदी' की राष्ट्रभाषा बनने की योग्यता स्वीकार कर चुके हैं, और इस ओर प्रयत्नशील भी रहे हैं। बंगालियों को बंगाल तथा बंगला-भाषा से विशेष प्रेम है, और अपने प्रांत तथा अपनी मातृभाषा से प्रेम होना सर्वथा स्तुत्य भी है परंतु यह प्रेम इतना संकुचित न होना चाहिए, जो दूसरे प्रांत तथा दूसरी भाषा का उत्कर्ष देखकर बुद्धि को भ्रष्ट कर दे। जहाँ-जहाँ और जब-जब मौका मिला है, बंगालियों ने हिंदी को नीचे ढकेलने की कोशिश की है। यह हिंदी का गौरव है कि इतना होने पर भी उसकी प्रधानता और लोकप्रियता में व्याघात नहीं पहुँचा। हम समझते हैं; यदि बंगला को राष्ट्रभाषा का पद सुशोभित करने का सौभाग्य मिला होता, तो कविवर कवींद्रनाथ कदापि राष्ट्रभाषा के महत्त्व से इनक़ार न करते। क्या वह समझते हैं कि ऐसी भाषा की आवश्यकता ही नहीं, जिसमें एक मदरासी भाई एक पंजाबी से बात कर सके? यदि ऐसी भाषा न होती, तो वह किस प्रकार मदरासी विद्यार्थियों पर अपने विचार प्रकट करते। क्या अंग्रेजी में विचार प्रकट करते समय हमारे रवींद्रजी इस बात को भूल गए थे कि वह न तो अपनी प्रांतीय भाषा बंगला में बोल रहे हैं, और न श्रोताओं की प्रांतीय भाषा तामिल इत्यादि में। फिर क्यों उन्होंने इस अनावश्यक और लचर विचार को अपने मुख से निकाला कि राष्ट्रभाषा का प्रश्न महत्त्वपूर्ण नहीं है। हमारे चित्त में उनके लिए बड़ा आदर है। उन्होंने संसार-भर में भारत का मुख उज्ज्वल किया है, इसमें संदेह नहीं परंतु इसी कारण से, इतने बड़े आदमी के मुँह से ऐसी थोथी बात सुनकर बड़ा आश्चर्य और दुःख होता है। हम समझते हैं, न केवल राष्ट्रभाषा के महत्त्व का प्रश्न, बल्कि हिंदी को राष्ट्रभाषा मानने और बनाने का प्रश्न देश-भर के लोगों में इतना हृदयंगत हो गया है कि उसको हिलाने-डुलाने की सामर्थ्य अब किसी में नहीं है। कवींद्र-जैसे प्रभावशाली और सम्मानित नेताओं से आशा की जाती है कि वह उसे सहारा देकर और भी समुन्नत करेंगे, और किसी प्रसंग से भी ऐसे शब्द न निकालेंगे, जिनका असर बनते हुए काम को बिगाड़नेवाला हो।

('सुधा', मासिक, लखनऊ, नवंबर, 1934 (सम्पादकीय)। असंकलित)

साहित्य का प्रचार

जहाँ हिंदी-विश्वविद्यालय-जैसे महत्त्वपूर्ण कार्य की हमारे यहाँ कल्पना होती है, वहीं साहित्य के अनध्ययन को देखकर दंग रह जाना पड़ता है। एक हिंदी-विश्वविद्यालय जितना महत्त्व रखता है, एक उच्चकोटि का साहित्यिक उससे कहीं अधिक महत्त्व। प्रतिभा की पुष्टि पुस्तकों के प्रचार से होती है। यह निर्विवाद है कि प्रतिभाशाली साहित्यिकों के आने पर अनुकूल वातावरण आप तैयार हो जाता है, और आज हिंदी की हितकामना से जो कार्य हो रहे हैं, इनके मूल में हमारे प्रतिभाशाली साहित्यिकों की प्रेरणा निहित है। पर हमें जो स्थूल रूप इस समय देख पड़ता है, वह अत्यंत असंतोषजनक है। हिंदी में जो अच्छे-अच्छे कवि, नाटककार, औपन्यासिक और निबंध-लेखक हैं, उन्होंने हिंदी के पीछे तो अपना सर्वस्व अर्पण कर दिया है, पर हिंदी-भाषियों ने उनकी तरफ वैसा ध्यान नहीं दिया—शतांश भी नहीं। वे साहित्यिक इस समय जिस कठिनता का सामना कर रहे हैं, उसे देखकर किसी भी सहृदय की आँखों में आँसू आ जाएँगे। चुपचाप वे आर्थिक कष्ट को सहन करते हुए साहित्य का निर्माण करते जा रहे हैं। बदले में उन्हें अनधिकारी साहित्यिकों से लांछन और असंस्कृत जनता से अनादर प्राप्त हो रहा है; उनकी कृतियों की जैसी बिक्री होनी चाहिए थी, नहीं होती, इसलिए उन्हें पारिश्रमिक जिस हिसाब से मिलना चाहिए था, नहीं मिलता, फल यह होता है कि उनके आर्थिक कष्ट दिन-पर-दिन बढ़ते जा रहे हैं। प्रकाशक उन्हें आर्थिक सहायता तभी दे सकता है, जब उनकी किताबों की बाजार में खपत हो। हमारे देश में धनी-मानी सज्जनों की कमी नहीं, पर भाषा-प्रेम उनमें बहुत थोड़ा है। जो कुछ है, वह अंग्रेजी से है। सुघर मार्जित भाषा में लिखी, अच्छे भावों की हिंदी-किताब उन्हें नहीं भाती, और वे ऐसे अपठित भी नहीं कि समझ न सकें, पर नहीं, वे अंग्रेजी की पुस्तक खरीदेंगे, चाहे वह रद्दी-से-रद्दी क्यों न हो।

एक तो यह अड़चन है। उस पर तुर्रा यह कि 'नाम बड़े दर्शन थोड़े' वाले महाशय भी हैं, जो आचार्य द्विवेदीजीवाला अधिकार लेना चाहते हैं, पर अक्ल देखिए, तो तरस आए, बराबर सत्साहित्यिकों के विरुद्ध प्रचार करते जा रहे हैं। एक तो ऐसे ही जनता अंधी, दूसरे जो कुछ आँख रखनेवाले हैं भी, उनकी आँखों में धूल झोंकने का काम आपने अख्तियार कर लिया है। अन्य भाषाओं के साहित्यिकों के तलवे चाटेंगे, दूसरों का प्रभाव हिंदी-भाषियों पर, कतरे में दरिया बहाते हुए, छोड़ेंगे; पर अपने यहाँ के सच्चे, त्यागी, अध्यवसायी, दूरदर्शी, विद्वान् साहित्यिकों की राह रोकेंगे। इसका कारण यह कि प्रतिभाशाली साहित्यिक इन भावी द्विवेदीजी महाराज को रोकते नहीं—इनका सच्चा रूप पहचानते हैं।

जनता अज्ञ होती है। उसे सुझाना पड़ता है। पुनः शिक्षितों में साहित्यिक प्रेम पैदा किया जाता है। महात्मा गाँधी को यह पता तो हो गया कि हिंदी में अश्लील

साहित्य का प्रचार बढ़ रहा है, यह अवश्य उनके हिन्दी-भाषी भक्तों–विशेषकर ऐसे ही भावी द्विवेदीजी महाराजों-से की कृपा का फल है। पर यह किसी ने न सुझाया कि हिंदी के सत्साहित्य की इस प्रकार इन-इनसे, इतनी अभिवृद्धि हुई। यहाँ मनोभाव साफ पकड़ में आ जाता है। ऐसे आदमियों के अतिरिक्त कुछ शिक्षितों का दल और है, जो करता तो कुछ नहीं, पर बातें लंबी-चौड़ी हाँकता है–"हिंदी में क्या है! हिंदीवाले जानते ही क्या हैं? साहित्य-साहित्य करते हैं, पर क्या जानते हैं, साहित्य किस चिड़िया का नाम है!" ये सब ऐसी इतर वृत्ति के ज्ञापक हैं, जिसका वर्णन नहीं। इसके सुधार के लिए हमें खंडन-पक्ष को छोड़कर, दलबंदी के भावों से अलग होकर मंडन-पक्ष को ग्रहण करना होगा। दूषित वातावरण दोष-प्रदर्शन से नहीं नष्ट होता; सद्विवेचन ही उसे दूर कर सकता है। हम जानते हैं, यह समयसापेक्ष है, अभी इसके लिए कुछ देर है, अभी कितने ही सत्साहित्यिकों की बलि चढ़ेगी, तब कहीं लोग कुछ होश में आएँगे। पर फिर भी, उद्यम तो हमें अभी से करना चाहिए।

जो साहित्य उन्नत दशा में हो और बहुत तीव्र गति से और भी समुन्नत हो रहा हो, उसकी पठित जनता को ऐसा न होना चाहिए, उसे अपने साहित्य और साहित्यिकों का गर्व होना चाहिए। उसे दूसरे साहित्यिकों से बातचीत में कदापि नतमस्तक न होना चाहिए। पहले जब रूसी साहित्य अधम दशा में था, फरांसीसी रूसवालों को नीच दृष्टि से देखते थे, जैसे जीता हुआ हारे हुए को देखता है। पर यह हालत जब बदली, धीरे-धीरे रूसी साहित्य ने टॉल्सटॉय को जन्म दिया, तब उसकी और ही प्रतिष्ठा हो गई। अब अपनी विशेषता के कारण यह संसारमान्य है। अंगरेजी भी फ्रेंच से प्रभावित थी। पर युग-प्रवर्तन में जब अंग्रेजी साहित्यिकों ने निगाह बदली, तब उसका भी सम्मान बढ़वाया। यही हाल अमेरिका का रहा। इरविन के समय तक अमेरिका इग्लैंड के साहित्य से प्रभावित रहा। पर जब उसी अंग्रेजी में उसने भी विशेषता पैदा की, तब उसकी दूसरी दशा हो गई। किसी बंगाली से बात्तचीत कीजिए, वह अपने साहित्य, अपने साहित्यिकों और अपनी विशेषता के सामने दूसरों को तुच्छ समझेगा। अभी उस दिन की बात है; शायद एच.जी.वेल्स का लिखा 'बिना शरीर का मनुष्य' (टाकी) हो रहा था। हमारे सामने एक बंगाली महिला बैठी थी। जब बिना शरीरवाला मनुष्य भोजन करने लगा, तब उसने हँसते हुए अपने घरवालों से पूछा–"इसके शरीर नहीं है, तो यह खाता कैसे है?" कैसी चुभती आलोचना थी? इसका मतलब यह था कि यह आदमी जब कि गायब हो जाता है, तो इसके पेट में जो यह खाना गया, यह कैसे गायब हो जाएगा? वहीं हिंदीवाले मुँह फैलाए तअज्जुब की निगाह से देख रहे थे। इस प्रकार के मस्तिष्क के सृजन का श्रेय साहित्य को है, और तब, जब उचित रीति से उसका निर्माण और प्रचार किया जाए। बंगाल की महिलाएँ बंकिमचंद्र, माइकेल मधुसूदन, गिरीशचंद्र, रवींद्रनाथ, डी.एल.राय और शरच्चंद्र-जैसे साहित्यिकों को पढ़कर वही वस्तु पाती हैं, जो संसार के सभ्यतम मनुष्य

और महिलाएँ अपने-अपने साहित्य में। पर हिंदी में आधुनिक उत्तम साहित्य की क्या दशा है? कोई कहता है, समझ में नहीं आता; कोई कहता है, कुछ है ही नहीं; कोई कहता है, अश्लील है। कोई विरोध करने पर ही तुला हुआ है। पर सत्य यह है कि हमारे प्राचीन और नवीन श्रेष्ठ साहित्यिक सब तरह स्तुत्य हैं। उनको अधिकाधिक पढ़ना ही हिंदी के मार्ग को प्रशस्त करना और राष्ट्रभाषा में मुखर होना है।

बड़े दुःख के साथ कहना पड़ता है कि हमारे वहाँ भी वकील, बैरिस्टर, डॉक्टर और उच्चकोटि के विद्वान्, धनी-मानी, राजे-महाराजे हैं, पर हिंदी की हित-चिंतना की ओर उनका ध्यान नहीं। वे शिक्षा के द्वारा हुई संस्कृति को नहीं समझते। तीर-कमान लेकर ही राक्षसों के पीछे पड़े हैं, या भीम की गदा की राह देखते हैं। कितना ढोंग, कितना अज्ञान हिंदी में पुज रहा है, कितना बड़ा अनादर आँख खोलनेवाले साहित्यिक पा रहे हैं!

अपनी भाषा और अपनी श्रेष्ठता का ज्ञान ही यथार्थ मनुष्यत्व है। हमारे ऊपर अनेक प्रकार के भूत सवार हैं। इन सबको दूर करने के लिए हमें गाँव-गाँव हिंदी के वाचनालय खुलवाने और साथ ही प्रतिवर्ष यथाशक्ति हिंदी की नवीन रचनाएँ खरीदकर अपनी और अपनी गृहदेवियों की संस्कृति को समयानुकूल करना चाहिए। इससे अपना, देश और समाज का कितना बड़ा कल्याण है, इसके समझाने की अपेक्षा अब नहीं रही, अपेक्षा सहयोग और कर्म की है। तभी हमारा कल्याण होगा।

('सुधा', मासिक, लखनऊ, जून, 1935 (सम्पादकीय)। असंकलित)

इंदौर का हिंदी-विश्वविद्यालय

अपनी भाषा का विश्वविद्यालय हर एक जाति के लिए गौरव की बात है। यह सर्वमान्य बात है कि जाति को समुन्नत होने का सौभाग्य अपनी ही शिक्षा से प्राप्त होता है। कारण यह कि इससे जीवन के पुष्टिकारक खाद्य अपने ही भीतर से मिलते रहते हैं—बालकों का जातीय शरीर उन्हीं के अनुरूप तैयार होता है, फिर उसी के भीतर उन्हें विश्वात्मा के दर्शन होते हैं। दूसरी भाषा, दूसरी शिक्षा द्वारा—सूक्ष्म रूप से विचार करने पर मालूम होगा—बालकों, युवकों तथा पूर्ण जाति के आध्यात्मिक और आधिभौतिक, दोनों शरीरों को क्षति पहुँचती है, उनका आशानुकूल विकास नहीं हो पाता।

अभी हममें से अधिकांश पूर्ण शिक्षित भी इस तत्त्व को ठीक तौर से नहीं समझते। जिस तरह हम बाहरी स्वतंत्रता अनेकानेक कारणों से खो बैठे हैं, जो हमारी जाति के पतन के इतिहास में गण्य हैं, उसी तरह शिक्षा द्वारा हमारा आत्मिक भाव भी नष्ट हो गया है। हम हर विषय का विचार अपनी बुद्धि से कम, उस शिक्षा

के संस्कारों से अधिक करते हैं। आज जो परिवर्तन हमारे यहाँ लक्षित हो रहे हैं, वे उसी शिक्षा के संस्कार हैं, हमारे प्राणों के मौलिक रूप नहीं। हम दूसरे की नकल करते हैं, वह हमारी अपनी चीज नहीं। मुमकिन है, आज हम अपने समुन्नत होने के जो विचार प्रकट करते हैं, हमारी अपनी शिक्षा के शरीर और मस्तिष्क द्वारा कल वे विचार भिन्न रूप प्राप्त करें। जिस तरह छाँह में रहनेवाले पेड़ की बाढ़ रुक जाती है, वह मुरझाता हुआ एक दिन हमेशा के लिए सूख जाता है, उसी तरह दूसरी शिक्षा द्वारा प्रभावित जाति का जीवन।

पर इसके ये मानी नहीं कि दूसरी शिक्षा हमारे लिए जरूरी नहीं। बिना उसके हम अपनी शिक्षा-प्रगति का यथार्थ ज्ञान नहीं प्राप्त कर सकते। संसार में, पड़ोसी की दशा के ज्ञान की तरह, दूसरी शिक्षा से समुन्नत राष्ट्र का ज्ञान आवश्यक है। इससे अपनी दशा का सुधार भी होता है। दूसरे राष्ट्र की गतिविधि के अनुकूल अपने को रखने के लिए यह जरूरी है कि दूसरी भाषा की शिक्षा प्राप्त की जाए। जिस तरह दूसरी जगहों से खाद्य की प्राप्ति की जाती है, उसी तरह वास्तव में दूसरे की चाल देखकर अपनी चाल बढ़ाई जा सकती है। फिर हमारा आधुनिक साहित्य तो भौतिक समुन्नतिवाले साहित्य से बिलकुल खाली है। इसकी पूर्ति के लिए दूसरी शिक्षा निहायत जरूरी है।

व्यवसाय की तरह शिक्षा में भी आदान-प्रदान होता है। हमारे देश में यह भावना जाग्रत हो गई है, और काम भी बहुत कुछ हो रहा है। भारत आध्यात्मिकता के लिए प्रसिद्ध है। आध्यात्मिक तत्त्व का प्रसार योरप और अमेरिका में यहाँ के शिक्षित संन्यासी तथा विद्वान् कर रहे हैं, जिस तरह यहाँ के छात्र पश्चिम में जाकर वहाँ की शिक्षा ग्रहण कर रहे हैं। पर अभी यह कार्य पूर्णतः प्रशंसनीय नहीं। कारण, यहाँ के जो संन्यासी आध्यात्मिकता का प्रचार कर रहे हैं, वे आर्थिक कठिनाइयों से निश्चिंत नहीं हो सके। देश की दरिद्रता के कारण, और, जो शिक्षार्थी वहाँ की शिक्षा प्राप्त करते हैं, वे देश तथा अपनी भाषा का सविशेष उपकार नहीं कर पाते, या नहीं कर सकते, केवल अच्छी नौकरियाँ प्राप्त करना या अपने लिए अच्छे अर्थागम का उपाय कर लेना ही अंत तक उनका उद्देश्य ठहरता है। इससे प्रगति रुकी हुई है। यही कार्य देश की समुन्नति की व्यापक भावना से और अच्छी तरह हो सकता था।

हर्ष की बात है कि यह व्यापक भावना हममें उत्तरोत्तर बढ़ती जा रही है। इंदौर के हिंदी-विश्वविद्यालय की कल्पना इसका एक उत्तम प्रमाण है। इसका श्रेय इंदौर के मान्य नागरिक श्रद्धेय डॉ. सरजूप्रसादजी को है। इस विश्वविद्यालय के लिए आवश्यक मकान और धनादि के संग्रह की स्कीमें सोची जा चुकी हैं, और आशा की जाती है कि बहुत जल्द इस कल्पना को व्यावहारिक रूप प्राप्त होगा। इंदौर-नरेश की इस विश्वविद्यालय के साथ पूरी सहानुभूति है। महाराजा साहब इस विशद उद्देश्य की पूर्ति का श्रेय प्राप्त करेंगे, इसमें शंका अणु-मात्र नहीं। भारत के व्यवसायियों

के अग्रगण्य सेठ सर हुकुमचंद इस मौके पर दान द्वारा अपना यश अक्षय करेंगे, और धन की सार्थकता की दूसरे धनिकों को शिक्षा देंगे, यह भी निस्संदेह कहा जाता है। अपर धनी तथा मध्यवित्त जनता सहयोग के लिए उद्ग्रीव है, यह हम प्रत्यक्ष कर चुके हैं। इंदौर के शिक्षितों में साहित्य-प्रेम पूर्ण मात्रा में है, यह उनकी क्रियाशीलता से साबित हो चुका है। ऐसी दशा में आशा है, इस महान् संकल्प का शीघ्र ही कार्यरूप देखने को मिलेगा।

इस विश्वविद्यालय के लिए सोची हुई सबसे महत्त्वपूर्ण बात यह है कि यहाँ केवल साहित्य की ही नहीं, किंतु व्यावसायिक, यांत्रिक तथा कलात्मिका शिक्षा भी हिंदी द्वारा दी जाएगी। हिंदी के माध्यम से इंजीनियरिंग तथा डॉक्टरी की शिक्षा की व्यवस्था करने पर यह विश्वविद्यालय भारत में अद्वितीय होगा, इसमें संदेह नहीं।

इस तरह राष्ट्रभाषा को बहुत बड़ा महत्त्व प्राप्त होगा, अपितु भाषा प्राणों के साथ मिलकर सृजन के नए क्षेत्रों में जिस वेग से प्रवाहित होगी, इसका अभी हम अनुमान नहीं कर सकते। जो हिंदी अपने प्राचीन गौरव में प्रांतीय भाषाओं की बड़ी बहन है, और आधुनिक प्रगति में दूसरी भाषाओं की गति से अधिक वेगवती, वह अपर प्रांतों के अहम्मन्य विद्वानों को इस प्रकार पूरा उतरता हुआ उत्तर देगी। राष्ट्र की जो गुत्थियाँ अभी तक नहीं सुलझीं, जो प्रश्न उठ-उठकर रह गए हैं, इस विश्वविद्यालय के कार्य से वे अड़चनें दूर हो जाएँगी, उनका उचित उत्तर प्राप्त होगा। आज भिन्न-भिन्न विषयों के सच्चे साहित्यिक तथा विद्वानों की जो अवहेलना अल्पज्ञों की अनधिकार चेष्टा से हो रही है, वह न होगी। मातृभाषा की शिक्षा से मातृभाषा-शक्ति का ठीक-ठीक विकास होगा, जिससे उत्तम और अधम के निर्णय में देर न होगी। इसके अतिरिक्त, आवश्यकता के बढ़ने पर, ऊँचे साहित्य का निर्माण भी होगा। प्रान्तीय लोगों में हिंदी के प्रति इज्जत पैदा होगी। हिंदी-भाषी जिस विशाल भूभाग के लोग एक दिन भारत के प्रति विषय के सूत्रधर रह चुके हैं, विरोधी शक्ति से लड़ते-लड़ते क्षीण होते हुए आज भिन्न-भाषा-भाषी विद्वानों की दृष्टि में मनुष्य भी न रह जाएँ, यह सहन करने की बात नहीं, इसका बहुत शीघ्र हिंदी-भाषियों को उचित उत्तर देना होगा। अस्तु, यह प्रस्तावित विश्वविद्यालय हिंदी के भविष्य के बहुत बड़े गौरव का शुभचिह्न है। हम डॉ. सरजूप्रसादजी तथा इंदौर के गण्यमान्य और साधारण जनों को पुनः-पुनः धन्यवाद देते हैं।

हम लोग जानते हैं, जापान की इस आशु उन्नति का कारण जापानियों की शिक्षा का माध्यम जापानी का होना है। उन्होंने बाहरी समस्त शिक्षा ग्रहण की, पर उसका प्रचलन अपनी भाषा द्वारा किया। इसका फल यह हुआ कि जापान का अपना मौलिक शरीर और मन निर्मित हुआ। वह पश्चिमी दम्भियों की ईंट का जवाब बराबर पत्थर से देने लगा, और इस प्रकार अपने अस्तित्व और शक्ति से उन्हें परिचित कर दिया। आज भी साम्य भाव की प्राप्ति, जापान को, दूसरे देशों के समाज में नहीं

हुई। दूसरे देशवाले जापान को अपने से हीन समझते हैं। पर यह केवल एक जातिगत या धर्मगत ईर्ष्या है, भीतर से सब जापान का लोहा मानते हैं। जापान की शिक्षा का जो सुफल आज प्रत्यक्ष है, वही एक दिन हिंदी-विश्वविद्यालय की शिक्षा से होगा, हमारा दृढ़ विश्वास है। इसकी सफलता देश के भिन्न-भिन्न भागों को प्रोत्साहन देगी। वहाँ के लोग भी इसके अनुकरण की चेष्टा करेंगे। इस तरह इस शिक्षा का उत्तरदायित्व और बढ़ेगा। लोगों में जातीयत्व के सच्चे बीज अंकुरित होंगे, शिक्षार्थी युवकों की नसों में दूसरा ही रक्त प्रवाहित होगा। एक दूसरी ही शोभा हिंदी-भाषी भूभाग में दृष्ट होगी।

एक विषय चिंतनीय है। इस विश्वविद्यालय के स्नातकों की सरकार की दृष्टि में क्या इज्जत होगी, यह समझना है। यह प्रश्न साधारण नहीं, यदि इसे व्यापक रूप दिया जाए। हम देखते हैं, हमारे जो छात्र विदेशों से उपाधि धारण करके आते हैं, उनकी यहाँ वालों के मुकाबले अधिक इज्जत की जाती है। उन्हें पहले जगह मिलती है। हमारे देश में भी जो छोटे-मोटे जातीय विश्वविद्यालय या शिक्षणालय हैं, उनकी तथा वहाँ के स्नातकों की वह इज्जत नहीं, जो सरकारी कहे जानेवाले विश्वविद्यालयों और उनके स्नातकों की है। यदि जातीय शिक्षा द्वारा हिंदी-विश्वविद्यालय भौतिक फायदे की तरफ से पीछे रहा, तो बहुत संभव है कि वहाँ विद्यार्थियों की अधिक संख्या न हो। सरकार तथा अपर विश्वविद्यालयों और प्रचलित शिक्षण-नीति से सहयोग करना होगा, इसी के भीतर से अपनी शिक्षा की प्रगति क्षिप्रतर की जा सकेगी। भारत की दशा वैसी नहीं, जैसी जापान की थी। इसलिए भारत जापान का अंधानुकरण नहीं कर सकता, उसे अपने ही अनुरूप शिक्षा का प्रसार करना होगा। इस विश्वविद्यालय का मुसलमान भाइयों पर भी प्रभाव पड़ेगा, और वे भी अपने चलने का अपना रास्ता निकालेंगे। हिंदू-विश्वविद्यालय और अलीगढ़-युनिवर्सिटी इसका प्रमाण हैं। यह बात भी लाभप्रद न होगी।

पर सामने पहाड़ रहने पर भी रास्ता पार किया जाता है। यह प्रस्तावित हिंदी-विश्वविद्यालय हमारी प्रगति का एक उत्तम सहायक है, इसकी सिद्धि के लिए हमें कटिबद्ध होना ही होगा। जहाँ भिन्न-भिन्न भावनाएँ बाधक होती हैं, वहाँ एक सहायक भावना भी होती है। जीवन का अस्तित्व विरोध से लड़ता हुआ कायम है। इस विश्वविद्यालय में, अनिवार्य विषय के तौर पर, प्रति विषय की विश्वव्यापकता के सिद्धांतों की शिक्षा रहनी चाहिए। यह प्रश्न मुश्किल है। पर इसके बिना आर्य-सभ्यता का ठीक-ठीक पाठ नहीं पढ़ाया जा सकता। इसी शिक्षा से वर्तमान हिंदुत्व में भरी हुई संकीर्णता दूर होगी। हर एक विषय विश्वव्याप्त है। कला और विज्ञान की सार्थकता तब तक सिद्ध नहीं हो सकती, जब तक शिक्षार्थी उस विषय के महत्त्व की तरह स्वयं भी आचार और व्यवहार में समस्त मानव-प्रकृति से न मिल जाए। जिस तरह कला और विज्ञान की शिक्षा और उपयोगिता समस्त संसार के लिए आवश्यक है,

उसी तरह कलाविद भी समस्त देश और जातियों को प्रबुद्ध करनेवाला मनुष्य है। आर्य-संस्कृति के यही अर्थ हैं। मनुष्य भावना के भीतर ही छोटा और बड़ा बनता है। यदि प्रति विषय की व्यापकता की तरह मनुष्य के धर्म की व्यापकता भी शिक्षा द्वारा व्यावहारिक कर दी जाए, तो वह मनुष्य किसी जाति, भाषा या भाव के प्रति ईर्ष्या नहीं करता, न किसी में समा सकता है। दूसरे जो उस मनुष्य से भेदभाव रखेंगे, वे स्वयं छोटे रहेंगे। यह विशालता ही आर्य-संस्कृति है। अभी हममें बहुत कम ऐसे हैं, जो व्यवहार-रूप से इस संस्कृति को लिए हुए हैं। हिंदी में तो बहुत ही कम, प्रायः नहीं के बराबर। जो हैं, वे आर्य-संस्कृति के बहुत ही अधूरे अर्थ रखते हैं। मनुष्य के मन की इस व्यापकता को साधारण आचरणों से लेकर बड़े-बड़े व्यवहारों तक दर्शाकर शिक्षार्थियों के जीवन का निर्माण करना बहुत आसान काम नहीं। इसी तरह इसका फल भी, यदि यह साधना की गई, ऐसा नहीं, जो किसी जाति या संकीर्णता के पेट में पच जाए। इसी भावना के साथ शिक्षा का प्रसार हमारे देश को नई शक्ति और नया जीवन देगा। विराट भावना से ओत-प्रोत मनुष्य आप अपनी महत्ता में स्थित होगा। यों स्वार्थ के संघर्ष से एक दूसरा उत्पात खड़ा होगा, और हम दूसरी उलझन में फँसेंगे।

('सुधा', मासिक, लखनऊ, जून, 1935 (सम्पादकीय)। असंकलित)

काव्य-चिंतन : भूमिकाएँ

'परिमल' की भूमिका

हिंदी की वाटिका में खड़ी बोली की कविता की क्यारियाँ जो कुछ समय पहले दूरदर्शी बागवानों के परिश्रम से लग चुकी थीं, आज धीरे-धीरे कलियाँ लेने लगी हैं। कहीं-कहीं, किसी-किसी पेड़ के दो-चार सुमन पंखुड़ियाँ भी खोलने लगे हैं। उनकी अमंद सौरभ लोगों को खूब पसंद आई है। परंतु यह हिंदी के उद्यान में अभी प्रभात-काल ही की स्वर्णच्छटा फैली है। उसमें सोने के तारों का बुना कल्पना का जाल ही अभी है, जिसमें किशोर कवियों ने अनंत-विस्तृत नील प्रकृति को प्रतिमा में बाँधने की चेष्टाएँ की हैं, उसे प्रभात के विविध वर्णों से चमकती हुई अनेक रूपों में सुंदर देखकर। वे हिंदी के इस काल के शुष्क साहित्य-हृदयों में उन मनोहर प्रतिमाओं को प्रतिष्ठित करने का विचार कर रहे हैं। इसीलिए, अभी जागरण के मनोहर चित्र, आह्लाद-परिचय आदि जीवन के प्राथमिक चिह्न ही देख पड़ते हैं, विहंगों का मुधर-कल-कूजन, स्वास्थ्यप्रद, स्पर्श-सुखकर शीतल वायु, दूर तक फैली हुई प्रकृति के हृदय की हरियाली, अनंतवाहिनी नदियों का प्रणय-चंचल वक्ष-स्थल, लहरों पर कामनाओं की उज्ज्वल किरणें, चारों ओर बाल-प्रकृति की सुकुमार चपल दृष्टि। इसके सिवा अभी कर्म की अविराम धारा बहती हुई नहीं देख पड़ती। इस युग के कुछ प्रतिभाशाली अल्प-वयस्क साहित्यिक प्राचीन 'गुरुडम' के एकच्छत्र साम्राज्य में बगावत के लिए शासन-दंड ही पा रहे हैं, अभी उन्हें साहित्य के राजपथों पर साधिकार स्वतंत्र रूप से चलने का सौभाग्य नहीं मिला; परंतु ऐसा जान पड़ता है कि इस नवीन जीवन के भीतर से शीघ्र ही एक ऐसा आवर्त बँधकर उठनेवाला है, जिसके साथ साहित्य के अगणित जल-कण उस एक ही चक्र की प्रदक्षिणा करते हुए उसके साथ एक ही प्रवाह में बह जाएँगे, और लक्ष्य-भ्रष्ट या निदाघ से शुष्क न हो एक ही जीवन के उदार महासागर में विलीन होंगे। यह नवीन साहित्य के क्रिया-काल में संभव होगा। अभी तो प्रत्येक नवयुवक लेखक और कवि अपनी ही प्रतिभा के प्रदर्शन में लगा हुआ है। अभी उसमें अधिकांश साहित्यिक अपने को समझ भी नहीं सके। जो कवि नहीं, वह भी अपने को कविता के क्षेत्र पर अप्रतिद्वंद्वी समझता है। सब लोग अपनी ही कुशलता और अपनी ही रुचि-विशेषता को लेकर साहित्य के बाजार में खड़े हुए देख पड़ते हैं। कहीं-कहीं तो बड़ा ही विचित्र नज्जारा है। प्रशंसा और आलोचना में भी आदान-प्रदान जारी

है। दलबंदियों के भाव जिसमें न हों, ऐसे साहित्यिक कदाचित् ही नजर आते हैं। और प्रतिभाशाली साहित्यिकों को निष्प्रभ तथा हेय सिद्ध करके ससम्मान आसन ग्रहण करनेवाले महालेखक और महाकविगण साहित्य में अपनी प्राचीन गुलामी-प्रथा की ही पुष्टि करते जा रहे हैं।

ऐसी परिस्थिति में 'परिमल' निकल रहा है। इसमें मेरी प्राथमिक अधिकांश चुनी हुई रचनाएँ हैं। इसके मैंने तीन खंड किए हैं। प्रथम खंड में सममात्रिक सान्त्यानुप्रास कविताएँ हैं, जिनके लिए हिंदी के लक्षण-ग्रंथों के द्वारपालों को 'प्रवेश-निषेध' या 'भीतर जाने की सख्त मुमानियत है' कहने की जरूरत शायद न होगी। दूसरे खंड में विषममात्रिक सान्त्यानुप्रास कविताएँ हैं। इस ढंग के साथ मेरे 'समवायः सखा मतः' या 'एकक्रियं भवेन्मित्रम्' सुकुमार कवि-मित्र पंतजी के ढंग का साम्य है; यह भी उसी तरह ह्रस्व-दीर्घ-मात्रिक संगीत पर चलता है। पंतजी के छंदों में स्वर की बराबर लड़ियाँ या सममात्राएँ अधिक मिलती हैं, इसमें बहुत कम—प्रायः नहीं। ह्रस्व-दीर्घ-मात्रिक संगीत का मुक्त रूप ऐसा ही होगा, जहाँ स्वर के उत्थान तथा पतन पर ही ध्यान रहता है, और भावना प्रसारित होती चली जाती है। तीसरे खंड में स्वच्छंद छंद हैं, जिसके संबंध में मुझे विशेष रूप से कहने की जरूरत है। कारण, इसे ही हिंदी में सर्वाधिक कलंक का भाग मिला है।

हिंदी के हृदय में खड़ी बोली की कविता का हार प्रभात की उज्ज्वल किरणों से खूब ही चमक उठा है, इसमें कोई संदेह नहीं, और यह भी निर्भ्रान्त है कि राष्ट्रप्राप्ति की कल्पना के काम्यवन में सविचार विचरण करनेवाले हमारे राष्ट्रपतियों के उर्वर मस्तिष्क में कानूनी कोणों के अतिरिक्त भाषा के संबंध की अब तक कोई भावना, महात्माजी, महामना मालवीयजी तथा लोकमान्य जैसे दो-चार प्रख्यात-कीर्ति महापुरुषों को छोड़कर, उत्पन्न नहीं हुई; जो कुछ थोड़ा-सा प्रचार तथा आंदोलन राष्ट्र-भाषा के विस्तार के लिए किया जा रहा है, उसका श्रेय हिंदी के शुभचिंतक साहित्यिकों को, हिंदी के पत्र-पत्रिकाओं को ही प्राप्त है। बंगाल अभी तक अपनी ही भाषा के उत्कर्ष की ओर तमाम भारतवर्ष को खींच लेने के लिए उत्कंठित-सा देख पड़ता है। इसका प्रमाण महामना मालवीयजी के सभापतित्व में, कलकत्ता-विद्यासागर कॉलेज होटल में दिए हुए अंग्रेजी के विद्वान् प्रोफेसर जे.एल. बनर्जी महाशय के भाषण से मिल चुका है। भरतपुर के हिंदी-साहित्य-सम्मेलन में महाकवि रवींद्रनाथ ने भी अपने भाषण में राष्ट्र-भाषा के प्रचार पर विशेष कुछ नहीं कहा, जैसे महात्मा गांधीजी द्वारा प्रचारित चर्खा-विषय की आवश्यकता की तरह यह राष्ट्र-भाषावाद भी कोई अनावश्यक विषय हो। उन्होंने केवल यही कहा कि अपनी भाषा में वह चमत्कार दिखलाने की कोशिश कीजिए, जिससे लोग स्वयं उसकी ओर आकृष्ट हों।

यहाँ तमाम विरोधी उक्तियों के खंडन-मंडन की जगह नहीं। मैं केवल यही कहूँगा कि प्रत्येक समाज के लिए कुछ हृदय-धर्म है, और कुछ मस्तिष्क-धर्म। अभी हिंदी को

राष्ट्र-भाषा बनाने में मस्तिष्क-धर्म से ही काम लिया जाता है, जिस तरह साम्पत्तिक विचार से चर्खा और खद्दर के लिए। हिंदी के प्राचीन साहित्य के साथ तुलना करने पर प्रांतीय कोई भाषा नहीं टिकती, और उसका नवीन साहित्य भी क्रमशः पुष्ट होता जा रहा है, जिसे देखकर यह आशा दृढ़ हो जाती है कि शीघ्र ही हिंदी के गर्भ से बड़े-बड़े मनस्वी साहित्यिकों का उद्भव होगा। इस समय भी साहित्य में हिंदी अद्भुत प्रगति दिखला रही है। उधर जो लोग, खासकर बंगाल के लोग, अपनी ही भाषा की सार्वभौमिकता के प्रचार की कल्पना में लीन हैं, जिन्होंने पुस्तकें लिखकर बोलचाल की हिंदी के तमाम विभाग करते हुए उसे आगरे के इर्द-गिर्द में बोली जानेवाली कुछ ही लोगों की भाषा ठहराया है, और इस तरह अन्यान्य भाषाओं के साथ अपनी बंगला का मुकाबिला करते हुए उसे ही अधिक संख्यक मनुष्यों की भाषा सिद्ध किया है, जिन्होंने अमेरिका में रहने का रोब दिखलाते हुए बंगला को ही राष्ट्र-भाषा का आसन दे डाला है, जो लोग छिपे तौर से बंगला के प्रचार के उपाय सोच रहे हैं, जिन लोगों को पश्चिमोत्तर भारतवर्ष के तमाम शहरों में बंगालियों की अच्छी स्थिति के कारण उन्हीं की भाषा के प्रसार की बात सूझती है, वे राष्ट्र-भाषा के अपर प्रश्नों की तरफ बिलकुल ही ध्यान नहीं देते, एक तृतीयांश मुसलमानों का विचार उनके मस्तिष्क में नहीं आता, वे नहीं जानते कि आर्य उच्चारण और बंगला के मंगोलियन उच्चारण में क्या भेद है—बंगला के उच्चारण-असादृश्य से पंजाब, सिंध, राजपूताना, उत्तर प्रदेश, मध्यप्रदेश, बिहार, गुजरात और महाराष्ट्र की संस्कृति को कितना धक्का पहुँचता है, वे नहीं जानते। उस तलवार के जमाने में सिर कटाकर भी साहित्य में अपनी संस्कृति की रक्षा करनेवाले वे गत शताब्दियों के महापुरुष अपनी भाषा और लिपि के भीतर से असीम बल अपनी संतानों को दे गए हैं, वे नहीं जानते कि आजकल के जमींदारों, भैयों, मारवाड़ियों (मेड़ों) और गुजरातियों के निरक्षर शरीर के भीतर कितना बड़ा स्वाभिमान इस दैन्य के काल में भी जाग्रत् है, वे 'बहु-जनहिताय, बहु-जन सुखाय' का बिल्कुल खयाल नहीं करते। इधर भारतेंदु बाबू हरिश्चंद्रजी से लेकर आचार्य पंडित महावीरप्रसाद द्विवेदी तक जिन लोगों को खड़ी बोली की प्राण-प्रतिष्ठा का श्रेय मिला है, भाषा के मार्जन में जिन लोगों ने अपने शरीर के तमाम रक्त-बिंदु सुखा दिए हैं, हिंदी में खिचड़ी-शैली के समावेश तथा प्रचार से शहरों के प्रचलित उर्दू-शब्दों तथा मुहाविरों को साहित्य में जगह देते हुए मुसलमान-शासन-काल के चिह्न भी रख दिए हैं, और इस तरह अपने मुसलमान भाइयों को भी राष्ट्र की सेवा के लिए आमंत्रित किया है, साहित्य के साथ-साथ राष्ट्र-साहित्य की भी कविता का उन्हीं लोगों ने प्रथम शृंगार किया है। वे जानते थे, कलकत्ता, बंबई, मद्रास और रंगून आदि अपर-भाषा-भाषी प्रांतों में हिंदी ही राज्य-कार्य तथा व्यवसाय आदि में लाई जा सकती है, शासक अंग्रेजों के मस्तिष्क में भी यही खयाल जड़ पकड़े हुए है, और वे भारत के लिए हिंदी को ही सार्वभौमिक भाषा मानते और कार्य-संचालनार्थ उसी की शुद्धाशुद्ध शिक्षा ग्रहण करते हैं। मैं यहाँ अवश्य बंगला का विरोध नहीं कर

रहा, उसके आधुनिक अमर साहित्य का मुझ पर काफी प्रभाव है, मैं यहाँ केवल औचित्य की रक्षा कर रहा हूँ। जिस भाषा के आकार का उच्चारण बिलकुल अनार्य, है, जिसमें ह्रस्वदीर्घ का निर्वाह होता ही नहीं, जिसमें युक्ताक्षरों का एक भिन्न उच्चारण होता है, जिसके 'स' कारों और 'न' कारों के भेद सूझते ही नहीं, वह भाषा चाहे जितनी मधुर हो, साहित्यिकों पर उसका जितना भी प्रभाव हो, यह कभी भारत की सर्वमान्य राष्ट्र-भाषा नहीं हो सकती। और, जब तक लोग इस वाद-विवाद में पड़े हैं, नेतागण अंग्रेजी के प्रवाह में आत्मविस्मृत हुए बह रहे हैं, तब तक खड़ी बोली अपने साहित्य के उत्कर्ष में श्रेष्ठ आसन ग्रहण कर लेगी, इसमें मुझे बिलकुल ही संदेह नहीं। मैं यह भी जानता हूँ कि जो राष्ट्र-भाषा होगी; उसे अपने साहित्यिक पौरुष से ही वह पद प्राप्त करना होगा, और उसके सेवक इस विचार से बिलकुल निश्चेष्ट और परमुखापेक्षी भी नहीं रह गए। कारण, आलोक और प्रतिभा सबके लिए समान रूप से मुक्त है।

मनुष्यों की मुक्ति की तरह कविता की भी मुक्ति होती है। मनुष्यों की मुक्ति कर्मों के बंधन से छुटकारा पाना है, और कविता की मुक्ति छंदों के शासन से अलग हो जाना। जिस तरह मुक्त मनुष्य कभी किसी तरह भी दूसरे के प्रतिकूल आचरण नहीं करता, उसके तमाम कार्य औरों को प्रसन्न करने के लिए होते हैं—फिर भी स्वतंत्र, इसी तरह कविता का भी हाल है। मुक्त काव्य कभी साहित्य के लिए अनर्थकारी नहीं होता, प्रत्युत उससे साहित्य में एक प्रकार की स्वाधीन चेतना फैलती है, जो साहित्य के कल्याण की ही मूल होती है। जैसे बाग की बँधी और वन की खुली हुई प्रकृति—दोनों ही सुंदर हैं, पर दोनों के आनंद तथा दृश्य दूसरे-दूसरे हैं। जैसे आलाप और ताल की रागिनी। इसमें कौन अधिक आनंदप्रद है, यह बतलाना कठिन है, पर इसमें संदेह नहीं कि आलाप वन्य प्रकृति तथा मुक्त काव्य स्वभाव के अधिक अनुकूल है। मेरे मुक्त काव्य के समर्थन में पंडित जयदेव विद्यालंकारजी ने देहरादून-कवि-सम्मेलन में जो प्रहसन खेला था, उसमें गायत्री-मंत्र का उदाहरण विरोधी जगन्नाथप्रसादजी चतुर्वेदी के सामने पेश किया था। लाखों ब्राह्मण गायत्री-मंत्र का जाप करते हैं। उसके जप के साथ-साथ भाषा की मुक्ति का प्रवाह प्रतिदिन उनके जिह्वाग्र से होकर बहता है, पर वे उसका अर्थ, उसकी सार्थकता, सब-कुछ भूल गए हैं। चूँकि उस छंद का एक नाम 'गायत्री' रख दिया गया है, इसलिए प्रायः अज्ञजन उसमें स्त्री-मूर्ति ही की कल्पना कर बैठे हैं। 'तत्सवितु-वरेण्यम्' में खुलासा ब्रह्म की स्तुति है कि वह सूर्य का भी वरेण्य है। 'तत्' न स्त्री है, न पुरुष। जिस तरह ब्रह्म मुक्त-स्वभाव है, वैसे ही यह छंद भी। पर आज इस तरफ कोई दृक्पात भी नहीं करना चाहता। इतनी बड़ी दासता—रूढ़ियों की पाबंदी इस मंत्र के जपनेवालों पर भी सवार है। वेदों में काव्य की मुक्ति के ऐसे हजारों उदाहरण हैं, बल्कि 95 फीसदी मंत्र इसी प्रकार मुक्त-हृदय के परिचायक हो रहे हैं। इन मंत्रों को ईश्वर-कृत समझकर अनुयायीगण विचार करने के लिए भी तैयार नहीं, न पराधीन काल की अपनी बेड़ियाँ

किसी तरह छोड़ेंगे, जैसे उन बेड़ियों के साथ उनके जीवन और मृत्यु का संबंध हो गया है। 'ईश्वरः सर्वभूतानां हृद्देशोऽर्जुन तिष्ठति'। यहाँ उस मुक्त-स्वभाव ईश्वर को सर्वभूतों के हृदय में ही ठहरा दिया गया है, और हृदय तक मन को उठा सकनेवाले जो कुछ भी करते हैं, मुक्त-स्वभाव से करते हैं, इसलिए वह कृति जैसे ईश्वर की कृति ही हो जाती है। बात यह है वेदों की अपौरुषेयता की। वे मनुष्यकृत ही हैं, पर वे मनुष्य उल्लिखित प्रकार के थे। आजकल की तरह के रूढ़ियों के गुलाम या अंग्रेजी पुस्तकों के नक्काल नहीं। ईश्वर के संबंध की ये बातें जो समझते हैं, उनमें एक अद्भुत शक्ति का प्रकाश होता है। वे स्वयं भी अपनी महत्ता को समझते और खुलकर कहते भी हैं। उनकी वाणी में महाकर्षण रहता है। संसार उस वाणी से मंत्र-मुग्ध हो जाता है। उस पर उस स्वर्गीय शक्ति की धाक जम जाती है। वह उस प्रभाव को मान लेता है। वैदिक काल के मुक्त-स्वभाव कवियों का एक और उदाहरण लीजिए—

> सपर्यगाच्छक्रमकायव्रत—
> मस्नाविरथं शुद्धमपापविद्धम्;
> कविर्मनीषी परिभूः स्वयम्भू-
> र्याथातथ्यतोऽर्थान् व्यदधाच्छाश्वतीभ्य समाभ्यः।

(यजु. अ. 40, मं. 8)

जरा चौथी पंक्ति को देखिए, कहाँ तक फैलती चली गई है। फिर भी किसी ने आज तक आपत्ति नहीं की। शायद इसके लिए सोच लिया है कि साक्षात् परमात्मा आकर लिख गए हैं। अजी, परमात्मा स्वयं अगर यह रबड़-छंद और केचुआ-छंद लिख सकते हैं, तो मैंने कौन-सा कसूर कर डाला? आखिर आपके परमात्मा का ही तो अनुसरण किया है। आप लोग कृपा करके मुझे क्यों नहीं क्षमा कर देते? एक बात ध्यान देने की और है। संस्कृत-काल के गणात्मक छंदों की भी परवाह वैदिक काल में नहीं की गई। इस छंद की जो तीन पहली लड़ियाँ बराबर मालूम पड़ती हैं, उनमें भी स्वच्छंदता पाई जाती है। देखिए, पहला वर्ण ह्रस्व है और दूसरा दीर्घ। अब गणों का साम्य नहीं रहा।

तीन-तीन और पाँच-पाँच सतरों की कविता इसी समय नहीं, पहले भी हुआ करती थीं—

ऋग्वेद—

आ	शुभ्रा	यातमश्विना	स्वश्वा
गिरो	दस्रा	जुजुषाणा	युवाकोः
हण्याति	च	प्रतिभृता	वीतं नः।

वैदिक साहित्य—काव्य में इस प्रकार की स्वच्छंद सृष्टि को देखकर हम तत्कालीन मनुष्य-स्वभाव की मुक्ति का अंदाजा लगा लेते हैं। परवर्ती काल में ज्यों-ज्यों चित्रप्रियता बढ़ती गई, साहित्य में स्वच्छंदता की जगह नियंत्रण तथा अनुशासन प्रबल होता गया, यह जाति त्यों-त्यों कमजोर होती गई है। सहस्रों प्रकार के साहित्यिक बंधनों से जाति स्वयं भी बँध गई, जैसे मकड़ी आप ही अपने जाल में बँध गई हो, जैसे फिर निकलने का एक ही उपाय रह गया हो कि उस जाल की उल्टी परिक्रमा कर वह उससे बाहर निकले। उस ऊर्णनाभ ने जितनी जटिलता दूसरे जीवों को फाँसने के लिए उस जाल में की थी, वह उतने ही दृढ़ रूप से बँधा हुआ है, अब उसे अपनी मुक्ति के लिए उन तमाम बंधनों को पार करना होगा। यही हाल वर्तमान समय में हमारे काव्य-साहित्य का है। इस समय के और पराधीन काल के काव्यानुशासनों को देखकर हम जाति की मानसिक स्थिति को भी देख ले सकते हैं! अनुशासन के समुदाय चारों तरफ से उसे जकड़े हुए हैं। साहित्य के साथ-साथ राज्य, समाज, धर्म, व्यवसाय, सभी कुछ पराधीन हो गए हैं। चित्र स्वयं ससीम हैं, इसलिए उन्हें प्यार करनेवाली वृत्ति भी एक सीमा के अंदर चक्कर लगाया करती है, और इस तरह उस वृत्ति को धारण करनेवाला मनुष्य भी चाहे पहले का स्वतंत्र हो, पर पीछे से सीमा में बँधकर पराधीन हो जाता है। नियम और अनुशासन भी सीमा के ही परिचायक होते हैं, और क्रमशः मनुष्य-जाति को क्षुद्र से क्षुद्रतर तथा गुलाम से गुलाम कर देनेवाले।

साहित्य की मुक्ति उसके काव्य में देख पड़ती है। इस तरह जाति के मुक्तिप्रयास का पता चलता है। धीरे-धीरे चित्रप्रियता छूटने लगती है। मन एक खुली हुई प्रशस्त भूमि में विहार करना चाहता है। चित्रों की सृष्टि तो होती है, पर वहाँ उन तमाम चित्रों को अनादि और अनंत सौंदर्य में मिलाने की चेष्टा रहती है। बर्फ में जैसे तमाम वर्णों की छटा, सौंदर्य आदि दिखाकर उसे फिर किसी ने वाष्प में विलीन कर दिया हो या असीम सागर से मिला दिया हो। साहित्य में इस समय यही प्रयत्न जोर पकड़ता जा रहा है, और यही मुक्ति-प्रयास के चिह्न भी हैं। अब लीलाम्बरी ज्योतिर्मूर्ति की सृष्टि कर चतुर साहित्यिक फिर उसे अनंत नीलमण्डल में लीन कर देते हैं। पल्लवों के हिलने में किसी अज्ञात चिरन्तन अनादि सर्वज्ञ को हाथ के इशारे अपने पास बुलाने का इंगित प्रत्यक्ष करते हैं। इस तरह चित्रों की सृष्टि असीम सौंदर्य में पर्यवसित की जाती है, और यही जाति के मस्तिष्क में विराट् दृश्यों के समावेश के साथ-ही-साथ स्वतंत्रता की प्रयास को भी प्रखरतर करते जा रहे हैं।

यही बात छंदों के संबंध में भी है। छंद भी जिस तरह कानून के अंदर सीमा के सुख में आत्मविस्मृत हो सुंदर नृत्य करते, उच्चारण की शृंखला रखते हुए श्रवण-माधुर्य के साथ-ही-साथ श्रोताओं को सीमा के आनंद में भुला रखते हैं, उसी तरह मुक्त छंद भी अपनी विषम गति में एक ही साम्य का अपार सौंदर्य देता है, जैसे एक ही अनंत महासमुद्र के हृदय की सब छोटी-बड़ी तरंगें हों, दूर प्रसारित दृष्टि

में एकाकार, एक ही गति में उठती और गिरती हुईं।

'कविता-कौमुदी' में पंडित रामनरेशजी त्रिपाठी ने जैसा लिखा है, भिन्न-तुकान्त (Blank verse) का श्रीगणेश पहले-पहल हिंदी में प्रसिद्ध कवि बाबू जयशंकर 'प्रसाद' जी ने किया है। उनका यह छंद इक्कीस मात्राओं का है। पंडित रूपनारायणजी पांडेय ने इस छंद का उपयोग (शायद अपने अनुवाद में) बहुत काफी किया है। पांडेयजी से इस छंद के संबंध में पूछने पर, उन्होंने जो उत्तर दिया, उससे इस विषय का फैसला न हुआ कि छंद के प्रथम लिखनेवाले 'प्रसादजी' हैं या वह। उदाहरण पांडेयजी द्वारा अनुवादित रवींद्रनाथ की 'राजारानी' से दे रहा हूँ—

'कहना होगा सत्य तुम्हारा! किंतु मैं
करता हूँ विश्वास तुम्हारी बात का
जब तक, तब तक तुम चिंता कुछ मत करो।
तुम पर से विश्वास उठेगा जिस घड़ी,
सत्यासत्य विचार करूँगा मैं तभी।'

यह भिन्नतुकांत छंद मात्रिक है। एक भिन्नतुकांत हिंदी में दूसरे प्रकार का बाबू मैथिलीशरणजी गुप्त द्वारा आया है—वह वर्णात्मक है—उसका भी उपयोग अनुवाद ही के रूप में गुप्तजी ने किया है। उदाहरण उनके 'वीरांगनाकाव्य' के अनुवाद से देता हूँ—

'सुनो अब दुःख-कथा मंदिर में मन के
रख वह श्याम मूर्ति त्यागिनी-तपस्विनी
पूजे इष्टदेव को ज्यों निर्जन गहन में—
पूजती थी नाथ को मैं; अब विधि-दोष से
चेदीश्वर राजा शिशुपाल जो कहाता है,
लोक-रव सुनती हूँ, हाय! वर-वेश से
आ रहा है शीघ्र यहाँ वरने अभागी को!'

एक तीसरे प्रकार का अतुकांत काव्य (Blank verse) हिंदी में और है। इसके रचयिता हैं हिंदी के प्रसिद्ध महाकवि अयोध्यासिंहजी उपाध्याय। बहुतों ने इनके लिखे हुए 'प्रिय-प्रवास' के अतुकांत छंदों को ही हिंदी की प्रथम अतुकांत सृष्टि माना है। उपाध्यायजी ने इसकी भूमिका में गण-वृत्तों को हिंदी में अतुकांत काव्य के योग्य माना है, और यह इसलिए कि संस्कृत की कविता अतुकांत है और वह गण-वृत्तों में है। यथा—

'अधिक और हुई नभ-लालिमा,
दश दिशा अनुरञ्जित हो गईं;
सकल पादप-पुञ्ज-हरीतिमा
अरुणिमा-विनिमज्जित-सी हुई।'

एक प्रकार का अतुकांत 19 मात्राओं का और लिखा गया है। जहाँ तक पता चलता है, अभी सुकवि बाबू सियारामशरण गुप्त इसके प्रथम आविष्कारक ठहरते हैं। हिंदी के कोमल कवि पंतजी ने भी इतनी ही मात्राओं के अतुकांत छंद में 'ग्रंथि' नाम की अपनी मनोहर कविता कई संख्याओं में 'सरस्वती' में छपवायी है। सियारामशरणजी ने 'प्रभा' में इस प्रकार की अतुकांत कविता पहले-पहल लिखी थी, यह मुझे उन्हीं के कथनानुसार मालूम हुआ है। अब तक मैं समझता था इस 19 मात्राओं के अतुकांत काव्य के पंतजी ही प्रथम आविष्कारक हैं। यह इस प्रकार है—

विरह अहह! कराहते इस शब्द को
निठुर विधि ने आँसुओं से है लिखा। —सुमित्रानंदन पंत

एक बार की अतुकांत कविता का रूप पंडित गिरिधरजी शर्मा 'नवरत्न' ने हिंदी में खड़ा किया है। इसकी गति कवित्त-छंद की-सी है। हरएक छंद आठ-आठ वर्णों का होता है। अन्त्यानुप्रास नहीं रहता। मैंने रवींद्रनाथ की एक कविता के अनुवाद में इनके अतुकांत काव्य का रूप देखा था। 'मेरे पंख मुरदार', इस तरह हर पंक्ति में आठ-आठ अक्षर रहते हैं। अमित्र कविता इस प्रकार हिंदी के गण, मात्रा और वर्ण, तीनों वृत्तों में हुई है। यहाँ किसकी कविता सफल है और किसकी निष्फल, इसका विचार नहीं किया गया। इसका फैसला भविष्य के लोग करेंगे। मुझे केवल यही कहना है कि हिंदी में अतुकांत कविता के कवियों में किसी ने भी दूसरे का अनुसरण नहीं किया। जहाँ कहीं मात्राओं में मेल हो गया है, वहाँ मुमकिन है, एक को अपने दूसरे कवि की रचना परखने का मौका न मिला हो, और दोनों की मौलिकता एक-दूसरे से लड़ गई हो। ऐसा न होता, तो वे कोई दूसरा छंद जरूर चुनते। जबकि अन्त्यानुप्रास उड़ा देने से ही अतुकांत काव्य बन जाता है। इस प्रकार की अतुकांत कविता में प्रथम श्रेय आल्हखंड के लिखनेवाले को हिंदी में प्राप्त है।

इस तरह की कविता अतुकांत काव्य का गौरव-पद भले ही अधिकृत करती हो, वह मुक्त-काव्य या स्वच्छंद कदापि नहीं। जहाँ मुक्ति रहती है, वहाँ बंधन नहीं रहते—न मनुष्यों में, न कविता में। मुक्ति का अर्थ ही है बंधनों से छुटकारा पाना। यदि किसी प्रकार का शृंखलाबद्ध नियम कविता में मिलता गया, तो वह कविता उस शृंखला से जकड़ी हुई ही होती है, अतएव उसे हम मुक्ति के लक्षणों में नहीं ला सकते, न उस काव्य को मुक्त-काव्य कह सकते हैं। ऊपर जितने प्रकार के अतुकांत काव्य के उदाहरण दिए गए हैं, सब एक-एक सीमा में बँधे हुए हैं, एक-एक प्रधान नियम सब में पाया जाता है। गण-वृत्तों में गणों की शृंखला, मात्रिक-वृत्तों में मात्राओं का साम्य, वर्ण-वृत्तों में अक्षरों की समानता मिलती है। कहीं भी इस नियम का उल्लंघन नहीं किया गया। इस प्रकार के दृढ़ नियमों से बँधी हुई कविता कदापि मुक्त छंद नहीं हो सकती। मुक्त छंद तो वह है, जो छंद की भूमि में रहकर भी मुक्त है। इस पुस्तक के तीसरे खंड में जितनी कविताएँ हैं, सब इसी प्रकार की हैं। उनमें नियम

कोई नहीं। केवल प्रवाह कवित्त-छंद का-सा जान पड़ता है। कहीं-कहीं अक्षर आप-ही-आप आ जाते हैं। मुक्त छंद का समर्थक उसका प्रवाह ही है। वही उसे छंद सिद्ध करता है, और उसका नियम-राहित्य उसकी मुक्ति।

"विजन-वन-वल्लरी पर
सोती थी सुहाग-भरी
स्नेह-स्वप्न-मग्न अमल-कोमल-तनु तरुणी
जुही की कली
दृग बंद किए—शिथिल-पत्रांक में।"

यहाँ 'सोती थी सुहाग-भरी' आठ अक्षरों का एक छंद आप-ही-आप बन गया है। तमाम लड़ियों की गति कवित्त-छंद की तरह है।

हिंदी में मुक्त-काव्य कवित्त छंद की बुनियाद पर सफल हो सकता है। कारण, यह छंद चिरकाल से इस जाति के कण्ठ का हार हो रहा है। दूसरे, इस छंद में एक विशेष गुण यह भी है कि इसे लोग चौताल आदि बड़ी तालों में तथा ठुमरी की तीन तालों में भी सफलतापूर्वक गा सकते हैं, और नाटक आदि के समय इसे काफी प्रवाह के साथ पढ़ भी सकते हैं। आज भी हम रामलीलाओं में, लक्ष्मण-परशुराम-संवाद के समय, वार्तालाप में इस छंद का चमत्कार प्रत्यक्ष कर लेते हैं। यदि हिंदी का कोई जातीय छंद चुना जाए, तो वह यही होगा। आजकल के मार्जित कानों को कवित्त-छंद का नाटक में प्रयोग जरा खटकता है, और वह इसीलिए कि बार-बार अन्त्यानुप्रा. का आना वार्तालाप की स्वाभाविकता को बिगाड़ देता है। बाबू मैथिलीशरणजी को इस विचार से विशेष सफलता मिली है। कारण, कवित्त-छंद की गति पर उनके अमित्र छंद में अन्त्यानुप्रास मिटा दिया गया है। नाटकों में सबसे अधिक रोचकता इसी कवित्त-छंद की बुनियाद पर लिखे गए स्वच्छंद छंद द्वारा आ सकती है। इस अपने छंद को मैं अनेक साहित्यिक गोष्ठियों में पढ़ चुका हूँ, और हिंदी के प्रसिद्ध अधिकांश सज्जन सुन चुके हैं। एक बार कलकत्ता-पब्लिक-स्टेज पर भी इस छंद में नाटक लिखकर खेल चुका हूँ। लोगों से मुझे अब तक उत्साह ही मिलता रहा है, पर दूसरों की पठन-अक्षमता के आक्षेप भी अक्सर सुनता रहा हूँ। मेरा विचार है कि अभ्यास के कारण उन्हें पढ़ने में असुविधा होती है। छंद की गति का कोई दोष नहीं। आजकल हिंदी के दो-चार और लेखकों तथा कवियों ने इस छंद में रचना-प्रयास किया है, और उन्हें सफलता भी मिली है। इससे मेरा विश्वास इस पर और भी दृढ़ हो गया है। इस छंद में art of reading का आनंद मिलता है, और इसीलिए इसकी उपयोगिता रंगमंच पर सिद्ध होती है। कहीं-कहीं मिल्टन और शेक्सपियर ने सर्वत्र अपने अतुकांत काव्य का उपयोग नाटकों में ही किया है। बंगला में माइकेल मधुसूदन दत्त द्वारा अतुकांत कविता की सृष्टि हो जाने पर नाट्याचार्य गिरीशचंद्र ने अपने स्वच्छंद छंद का नाटकों में ही प्रयोग किया है। स्वच्छंद छंद नाटक-पात्रों की भाषा के लिए ही

है, यों उसमें चाहे जो कुछ लिखा जाए। अब इसके समर्थन में अधिक कुछ नहीं लिखना। कारण, समर्थन की अपेक्षा अधिकाधिक रचना इसके प्रचार तथा प्रसार का योग्य उपाय है।

मेरी तमाम रचनाओं में दो-चार जगह दूसरों के भाव, मुमकिन है, आ गए हों; पर अधिकांश कल्पना–95 फीसदी–मेरी अपनी है। आवश्यक होने पर इस संबंध में अन्यत्र लिखूँगा। कविता की पुस्तक में कैफियत से भरी हुई बृहत् भूमिका मेरे विचार से हास्यास्पद है। मैं अपने स्नेहशील मित्रों को कृतज्ञ हृदय से धन्यवाद देता हूँ, जो मुझे हर तरह से आज तक प्रोत्साहन देते रहे हैं।

–**'निराला'**

'गीतिका' की भूमिका

गीत-सृष्टि शाश्वत है। समस्त शब्दों का मूल-कारण ध्वनिमय ओंकार है। इसी अशब्द संगीत से स्वर-सप्तकों की भी सृष्टि हुई। समस्त विश्व स्वर का ही पुंजीभूत रूप है, अलग-अलग व्यष्टि में स्वर-विशेष–व्यक्ति या मौन।

स्वर-संगीत स्वयं आनंद है। आनंद ही इसकी उत्पत्ति, स्थिति और परिसमाप्ति है। जहाँ आनंद को लोकोत्तर कहकर विज्ञों ने निर्विषयत्व की व्यंजना की है–संसार से बाहर, ऊँचे रहनेवाले किसी की ओर इंगित किया है–आनंद की अमिश्र सत्ता प्रतिपादित की है, वहाँ संगीत का यथार्थ रूप अच्छी तरह समझ में आ जाता है।

आर्यजाति का सामवेद संगीत के लिए प्रसिद्ध है, यों इस जाति ने वेदों में जो कुछ भी कहा, भावमय संगीत में कहा है। संगीत का ऐसा मुक्त रूप अन्यत्र उपलब्ध नहीं होता। गायत्री की महत्ता आज भी आर्यों में प्रतिष्ठित है। इसके नाम में ही संगीत की सूचना है। भाव और भाषा की ऐसी पवित्र झंकार और भी कहीं है, मुझे नहीं मालूम। स्वर के साथ शब्द, भाव और छंद तीनों मुक्त हैं।

जिस तरह वेदों के बाद मुक्त भाषा व्याकरण में बँधती गई और अनेकानेक रूपों से वेदों से भावजन्य सामंजस्य रखती गई है, उसी प्रकार संगीत संस्कृत में आकर, छंद-ताल-वाद्य आदि में बँध गया है और इस तरह संगीत के अर्थ से समवेत सभ्य-जनों के पवित्र आनंद का साधक हो गया है। पहले जो भावात्मक निस्संग, एक ही ऋषि-कण्ठ से निकला हुआ था, वह बाद को समुदाय के आनंद का प्रजनक हुआ। फिर भी उसका लक्ष्य विशुद्ध आनंद रक्खा गया, यही लोकोत्तर आनंद से उसका संपर्क है। उसमें अनेकानेक अन्वेषण होते रहे। समय के भाव और रूप को समझकर राग और रागिनियाँ निर्मित होने लगीं। इतना ही नहीं, राग और रागिनियों की ताल के अनुसार अनेकानेक गति और तानें बनती गईं। आज भारत में जिस प्राचीन संगीत की शिक्षा

प्रचलित है, उसकी बुनियाद यही संस्कृतकाल है। इसके बाद, मुसलमानों के शासन के अंत तक, आज तक, मुसलमान गायकों के अधिकार में जो भिन्न-भिन्न तानें, अदायगी आदि स्वरबद्ध हुई हैं, वे भी प्राचीन संगीत के अंतर्गत कर ली गई हैं। यह अलग-अलग घराने की अदायगी और तानें उसी घराने के नाम से प्रचलित हैं। मुसलमान काल में स्वर भी अनेक निर्मित हुए। भारत के विभिन्न प्रांत भी इस स्वर-संधान में अपना अस्तित्व रखते हैं—संगीत पर उनके नाम की छाप पड़ गई है। यह सब कला के विकास के लिए ही किया गया है; पर अधिक अस्त्र-शस्त्र बाँधने से शस्त्रसंचालन की असली शक्ति जिस तरह काम नहीं करती—सिपाही बोझ से दब जाता है—दूसरे पर विजय करने की जगह उसी के प्राण संकट में पड़ते हैं, वैसे ही तानों के भार से संगीत के क्षीण वृंत पर खिला पुष्प-शरीर झुकता गया। क्रमशः, ऋषिकंठ से गायक-गायिका-कंठ में आकर, विश्वदेवता को वंदित करने की जगह राजा को आनंदित करता हुआ, गिर गया; लोक से उसका सहयोग अधिक, लोकोत्तरता से कम पड़ता गया; इसलिए आनंद की श्रेष्ठता कहाँ तक रही, यह सहज अनुमेय है।

'गीतगोविंद' संस्कृत-काल के बहुत बाद की रचना है; यद्यपि इस समय भी समस्त देश का माध्यम संस्कृति थी, फिर भी प्रादेशिक भाषाएँ इस समय अपना पूरा विस्तार कर चुकी थीं,—उनका यथेष्ट साहित्य तैयार हो चुका था। आज संगीत में मुख्य जितनी तालें प्रचलित हैं, वे प्रायः सभी 'गीतगोविंद' में हैं। रचना संस्कृत में होने के कारण ताल-संबंधी एक मात्रा की घट-बढ़ उसमें नहीं—बिल्कुल सोने की तोल है। सूक्ष्म दृष्टि से देखने पर मालूम होता है, मैथिल और बंगला के विद्यापति, चंडीदास आदि कवियों की रचना में 'गीतगोविंद' का ही प्रभाव पड़ा है। उड़िया के भी उच्चकोटि के कुछ कवियों के गीतों में वह ढंग है। इन सबकी गीत-रचना उसी तरह भाव-प्रधान, वर्णना-चातुरी और यथार्थ साहित्यिकता से भरी हुई है जिस तरह वेद के मंत्र-संगीत के मुकाबले संस्कृत का छंदःसंगीत गठा हुआ होने पर भी, उच्चारण-ध्वनि के मुक्त, सान्द्र एवं गंभीर भाव-बोध के विचार से गिरा हुआ जान पड़ता है, उसी तरह रस-प्रधान कोमलकांत पदावली 'गीतगोविंद' के मुकाबले वैष्णव कवियों की रचनाएँ कमजोर मालूम पड़ती हैं; परंतु आजकल की रीति से अश्लीलता का विचार रखने पर चंडीदास और गोविंददास (बिहारी) अधिक शुद्ध हैं।

हिंदी में जो प्रचलित गीत हैं, उनमें कबीर के गीत शायद सबसे प्राचीन हैं; कई दृष्टियों से कबीर का बहुत ऊँचा स्थान है। कबीर की भाषा का ओज अन्यत्र कम प्राप्त होता है। फिर भी साहित्य और संगीत के विचार से, दोनों की संस्कृति की दृष्टि से, मुझे कबीर के गीत आदर्श गीत नहीं मालूम होते। सूर के गीत साहित्यिक महत्त्व रखते हैं, तुलसी के भी ऐसे ही हैं। मीरा संगीत की देवी हैं। जनता में कबीर से मीरा तक सभी के गीत प्राणों की संपत्ति हैं। आज तक इन्हीं गीतों के आधार

पर लोग अपनी प्राचीन सभ्यता और संस्कृति को पकड़े हुए हैं; परंतु यह सब होते हुए भी, आधुनिक दृष्टि से जो एक दोष पदों में है, वही एक दूसरे रूप से सूर, तुलसी और मीरा में भी है। कबीर निर्गुण ब्रह्म की उपासना में आधुनिक-से-आधुनिक के मनोनुकूल होते हुए भी भाषा-साहित्य-संस्कृत में जैसे अमार्जित हैं, वैसे ही तुलसी आदि भाषा-संस्कार रखते हुए भी कृष्ण और राम की सगुण उपासना के कारण आधुनिकों की रुचि के अनुकूल नहीं रहे। यह सत्य है कि राम और कृष्ण का ब्रह्मरूप अब अनेक आधुनिक समझते हैं और इन अवतार-पुरुषों और इन पर लिखी गई पदावली से उन्हें हार्दिक प्रेम है; पर फिर भी इनकी लीलाओं के पुनः-पुनः मनन, कीर्तन और उल्लेख से उन्हें तृप्ति नहीं होती, फिर खड़ी बोली केवल बोली में ही नहीं खड़ी हुई, कुछ भाव भी उसने ब्रजभाषा-संस्कृति से भिन्न, अपने कहकर खड़े किए हैं, यद्यपि वे बहिर्विश्व की भावना से संश्लिष्ट हैं। राम और कृष्ण का साहित्य खड़ी बोली ने भी यथेष्ट दिया है और देती जा रही है।

संत-पदावली से एक बहुत बड़ा उपकार जनता का हुआ। जहाँ संगीत की कला दरबार में तरह-तरह की उखाड़-पछाड़ों से पीड़ित हो रही थी, भावपूर्ण सीधा-साधा स्वर लुप्त हो रहा था, वहाँ भक्त साधकों और साधिकाओं के रचे गीत और स्वर यथार्थ संगीत की रक्षा कर रहे थे, और जनता पूरे आग्रह से यथासाध्य इनका अनुकरण करती थी—भजन की महत्ता का यही कारण है।

पर समय ने पलटा खाया। पश्चिम की एक दूसरी सभ्यता देश में प्रतिष्ठित हुई। इसका प्रभाव हर तरह बुरा रहा, ऐसा कोई समझदार नहीं कह सकता। इसके शासन का सुफल उन्नति के सभी मार्गों में प्रत्यक्ष है। जिस तरह मुसलमानों के शासन-काल में गजलों की एक नए ढंग की अदायगी देश में प्रचलित हुई और लोकप्रिय भी हुई—आज युक्तप्रांत, पंजाब, बिहार आदि प्रदेशों में गजलों का जनता पर अधिक प्रभाव है, उसी तरह यहाँ अंग्रेजी संगीत का प्रभाव पड़ा। अभी अंग्रेजी संगीत का प्रभाव बंगाल के अलावा अन्य प्रदेशों पर विशेष रूप से नहीं पड़ा—दूसरे लोगों ने अपने गीतों की स्वर-लिपि उस तरह से तैयार करके जनता के सामने नहीं रक्खी; पर यह प्रभाव बंगाल के अलावा अन्यत्र भी अब फैल रहा है। बँगला-साहित्य ने गजलों को भी अपनाया है; पर यह रंग मुसलमान काल में नहीं, अंग्रेजी शासन के बाद उस पर चढ़ा, और उर्दू की गजलें नहीं गईं, बँगला में ही तैयार की गईं। अंग्रेजी संगीत से प्रभावित होने के ये माने नहीं कि उसकी हू-ब-हू नकल की गई। अंग्रेजी संगीत की पूरी नकल करने पर उससे भारत के कानों की कभी तृप्ति होगी यह सन्दिग्ध है। क़ारण, भारतीय संगीत की स्वर-मैत्री में जो स्वर प्रतिकूल समझे जाते हैं, वे अंग्रेज़ी संगीत में लगते हैं। उनसे अंग्रेजी (मेरा 'अंग्रेजी' शब्द से मतलब पश्चिमी से है) हृदय में ही भाव पैदा होता है। अस्तु, अंग्रेजी संगीत के नाम से जो कुछ लिया गया है, उसे हम अंग्रेजी संगीत का ढंग कह सकते हैं। स्वर-मैत्री हिंदुस्तानी

ही रही। डी.एल.राय और रवींद्रनाथ इस ढंग के अपनाने के प्रधान साहित्यिक कहे जाएँगे। एक स्वर 'डी.एल.राय का स्वर' के नाम से बंगाल में प्रसिद्ध है। इसकी लोकप्रियता आज तक है। यह स्वर अंग्रेजी ढंग से निर्मित है; पर इसे भारतीयता का रूप दिया गया है। स्वर-मैत्री के विचार से रवींद्रनाथ के संगीत का ढंग और साफ अंग्रेज़ीपन लिए हुए है। फिर भी ये भिन्न-भिन्न रागिनियों में ही बाँधे हुए हैं सिर्फ अदायगी अंग्रेजी है। राग-रागिनियों में भी स्वतंत्रता ली गई है। भाव-प्रकाशन के अनुकूल उनमें स्वर-विशेष लगाए गए हैं–उनका शुद्ध रूप मिश्र हो गया है। यह भाव-प्रकाशनवाला बोध पश्चिम संगीत-बोध के अनुसार है।

इस प्रकार शब्द और स्वर की रचना पहले से भिन्न हो गई है और होती जा रही है। कला के सभी अंगों में यह कार्य मौलिकता के नाम से होता है और आधुनिक जनों को ऐसी मौलिकता अच्छी भी लगती है। यह वह समय है, जब संसार की सभी जातियों में आदान-प्रदान चल रहा है, मेल-मिलाप हो रहा है। साहित्य इसका माध्यम है। इसलिए साहित्यिक संसार की अच्छी चीजों का समावेश अपने साहित्य में करते हैं और उनके प्राणों के रंग से रंगीन होकर वे चीजें साधारणों को भी रंग देती हैं। इस प्रकार अन्य जाति के होने पर भी वस्तु-विषय मनुष्य-मात्र के होते ज़ा रहे हैं। आधुनिक साहित्य का संक्षेप में यही कार्य, यही उत्कर्ष और यही सफलता है। जो साहित्य इसमें जितना पिछड़ा हुआ है, वह उतना ही अधूरा समझा जाता है।

यद्यपि मुझे पश्चिम के किसी प्रसिद्ध देश में अधिक काल तक रहने का सुयोग नहीं मिला, फिर भी मैं कलकत्ता और बंगाल में उम्र के बत्तीस साल तक रह चुका हूँ और कलकत्ता में आधुनिक भावना के किसी आकार से अपरिचित रहने की किसी के लिए वजह न होगी अगर वह अपने काम से ही काम न रखकर परिचय भी करना चाहता है। चूँकि बचपन में औरों की तरह मैं भी निष्काम था, इसलिए सब प्रकार के सौंदर्यों को देखने और उनसे परिचित होने के सिवा मेरे अंदर दूसरी कोई प्रेरणा ही न उठती थी। क्रमशः ये संस्कार बन गए। जिस तरह घर के अहाते में घर के, अवधी, बैसवाड़ी या कनौजिया संस्कार तैयार हो रहे थे, उसी तरह बाहर, बाहरी संसार के। अंत में वे मेरे अपने संस्कार बन गए। वे मेरे साहित्य में प्रतिफलित हुए, जिनसे हिंदी-साहित्य और हिंदू-संस्कृति को मेरे साहित्य के समझदारों के कथनानुसार गहरा धक्का पहुँचा।

इन संस्कारों के फलस्वरूप हिंदी-संगीत की शब्दावली और गाने का ढंग, दोनों मुझे खटकते रहे। न तो प्राचीन 'ऐसो सिय रघुबीर भरोसो' शब्दावली अच्छी लगती थी, यद्यपि इसमें भक्तिभाव की कमी न थी, न उस समय की आधुनिक शब्दावली 'तोम-तीरें सब धरी रह जाएँगी मगरूर सुन' यद्यपि इसमें वैराग्य की मात्रा यथेष्ट थी। हिंदी-गवैयों का सम पर आना मुझे ऐसा लगता था, जैसे मजदूर लकड़ी का

बोझ मुकाम पर लाकर धम्म से फेंककर निश्चिंत हुआ। मुझे ऐसा मालूम होने लगा कि खड़ी बोली की संस्कृति जब तक संसार की अच्छी-अच्छी सौंदर्य-भावनाओं से युक्त न होगी, वह समर्थ न होगी। उसकी संपूर्ण प्राचीनता जीर्ण है। मैंने पद्य के अपर अंगों में जो थोड़ा-सा काम किया है, वह खड़ी बोली के अनुरूप-प्रतिरूप जैसा भी हो, उसके अलावा कुछ गीत भी मैंने लिखे हैं। वही इस पुस्तिका में संकलित हैं। प्राचीन गवैयों की शब्दावली, संगीत की रक्षा के लिए, किसी तरह जोड़ दी जाती थी; इसलिए उसमें काव्य का एकान्त अभाव रहता था। आज तक उनका यह दोष प्रदर्शित होता है। मैंने अपनी शब्दावली; को काव्य के स्वर से भी मुखर करने की कोशिश की है। ह्रस्व-दीर्घ को घट-बढ़ के कारण पूर्ववर्ती गवैये शब्दकारों पर जो लांछन लगता है, उससे भी बचने का प्रयत्न किया है। दो एक स्थलों को छोड़कर अन्यत्र सभी जगह संगीत के छंदःशास्त्र की अनुवर्तिता की है। भाव प्राचीन होने पर भी प्रकाशन का नवीन ढंग लिये हुए हैं। साथ-साथ उनके व्यक्तीकरण में एक-एक कला है, जिसका परिचय विज्ञ जन अपने अन्वेषण से आप प्राप्त कर सकेंगे। यहाँ मैं उन पर विशेष रूप से न लिख सकूँगा। वे उस रूप में हिंदी के न थे, इतना मैं लिखे देता हूँ। जो संगीत कोमल, मधुर और उच्च भाव तदनुकूल भाषा और प्रकाशन से व्यक्त होता है उसके साफल्य की मैंने कोशिश की है। ताल प्रायः सभी प्रचलित हैं। प्राचीन ढंग रहने पर भी वे नवीन कंठ से नया रंग पैदा करेंगी।

धम्मार

"प्राण-धन को स्मरण करते,
नयन झरते—नयन झरते!"

धम्मार की चौदह मात्राएँ दोनों पंक्तियों में हैं। गति भी वैसी ही। इसके अंतरे में विशेषता है—

"स्नेह ओतप्रोत;
सिन्धु दूर, शशिप्रभा-दृग
अश्रु ज्योत्स्ना-स्रोत।"—

यहाँ पहली और तीसरी पंक्ति में चौदह-चौदह मात्राएँ नहीं हैं, दूसरी में हैं। पहली और तीसरी पंक्ति में मात्रा भरनेवाले शब्द इसलिए कम हैं कि वहाँ स्वर का विस्तार अपेक्षित है, और दोनों जगह बराबर पंक्तियाँ रखी गई हैं। यह मतलब गायक आसानी से समझ लेता है। यह उस तरह की घट-बढ़ नहीं जैसे पुराने उस्ताद गवैयों के गीतों में मिलती है। पहली लाइन की चौदह मात्राएँ इस तरह पूरी होंगी :

1 2 2 2 2 2 2 1 = 14
। । । । । । ।
स्ने + ह + ओ + त + प्रो + ओ + ओ + त—

गाने में हर मात्रा अलग उच्चारित होगी। इसी प्रकार तीसरी पंक्ति की मात्राएँ बैठेंगी। यह संगीत-रचना की कला में गण्य है।

रूपक

यह सात मात्राओं की ताल है–

"जग का एक देखा तार।
कण्ठ अगणित, देह सप्तक,
मधुर स्वर-झंकार।"–

इसका एक विभाजन मैं कर रहा हूँ; पर गायक सुविधा या इच्छानुसार कहीं भी सम रख सकता है। मैं केवल सात-सात मात्राओं का विभाजन कर रहा हूँ–

'एक देखा। तार जग का।
कण्ठ अगणित। देह सप्तक।
मधुर स्वर-झङ्। कार जग का।'

झपताल

यह दस मात्राओं की ताल है। इसके भी कई गीत इसमें हैं–

'अनगिनित आ गए शरण में जन जननि,
सुरभि-सुमनावली खुली मधुऋतु अवनि।'

–इसे ह्रस्व-दीर्घ के अनुसार पढ़ने पर ताल का सत्य-रूप स्पष्ट हो जाएगा। खड़ीबोली के आधुनिक कवियों ने इस छंद की रचना नहीं की। अगर की है, तो मैंने देखी नहीं। इसका मात्रा विभाजन–

'अनगिनित आ गए।
शरण में जन, जननि।
सुरभि सुमनावली।
खुली मधुऋतु अवनि।'–

जिस तरह गानेवाले धम्मार को रूपक और रूपक को धम्मार में गा सकते हैं, उसी तरह झपताल के गवैये इसे शूल में भी बाँध सकते हैं। झपताल में आघात इस प्रकार आएँगे–

┼ । ।
"अ न गि नि त आ–ग ये–"

और शूल में इस प्रकार–

* । । । ।
"अ न गि नि त आ–ग ये–"

चौताल

इसमें बारह मात्राएँ होती हैं। इसकी भी कई रचनाएँ इसमें हैं—

"अमरण भर वरण-गान-
वन-वन उपवन-उपवन
जागी छवि, खुले प्राण।
वसन विमल तन-वल्कल
पृथु उर सुर-पल्लव-दल,
उज्ज्वल दृग कलि कल, पल
निश्चल, कर रही ध्यान!"

हर लड़ी में बारह मात्राएँ हैं। कहीं भी घट-बढ़ नहीं। गायक आसानी से ताल-विभाजन कर लेगा। वह इसे देखते ही इसका स्वरूप पहचान जाएगा।

तीन ताल

इसमें सोलह मात्राएँ होती हैं। लोगों में सोलह मात्रावाली चीज़ों का अधिक प्रचलन है; इसलिए इस ताल की रचनाएँ इसमें अधिक हैं—

"आओ मधुर-सरण मानसि, मन।
नूपुर-चरण-रणन जीवन नित
वंकिम चितवन चित-चारु मरण!"

या—

"मुझे स्नेह क्या मिल न सकेगा?
स्तब्ध दग्ध मेरे मरु का तरु
क्या करुणाकर, खिल न सकेगा?"

कहीं-कहीं सोलह मात्रावाली रचना में भिन्न प्रकार रक्खा गया है। गायक के लिए अड़चन न होगी। न पढ़नेवाले पाठकों के लिए होगी; पर जो पाठक ताल के जानकार नहीं, वे 'सम' ठीक रखकर गा न सकेंगे।

दादरा

इसमें छः मात्राओं की ताल है। इसके अनेक रूप पुस्तक में हैं; ठेठ हिंदी-दादरा के गवैये भ्रम में पड़ सकते हैं। यों तो खड़ीबोली के गाने ही वे नहीं गा सकते, अगर वह खड़ीबोली कुछ या काफी हद तक पड़ी हुई नहीं, फिर जहाँ खड़ीबोली स्वयम् अग्रगामिनी नहीं—भाव की पश्चाद्वर्त्तिनी है, वहाँ तो गवैयों की ज़बान को सख्त परेशानी होगी।

—"सखि, वसंत आया।
भरा हर्ष वन के मन

नवोत्कर्ष छाया।
किसलय-वसना नव-वय-लतिका
मिली मधुर प्रिय-उर तरु-पतिका,
मधुप-वृंद वंदी—
पिक-स्वर नभ सरसाया।''

इसका छः मात्राओं में विभाजनः—

सखि वसंत। आया—।
भरा हर्ष। वन के मन।
नवोत्कर्ष। छाया—।
किसलय-वस। ना नव-वय। लतिका—।
मिली मधुर। प्रिय-उर तरु—। पतिका—।
मधुप वृंद। वंदी, पिक।
स्वर-नभ सर। साया—।

छः का विभाजन है। अंत की चार मात्राओं को स्वर के बढ़ाने से छः मात्राकाल मिलेगा।

एक और—

''अपने सुख-स्वप्न से खिली
वृंत की कली।
उसके मृदु उर से
प्रिय अपने मधुपुर के
देख पड़े तारों के सुर-से;
विकच स्वप्न-नयनों से मिली फिर मिली,
वह वृंत की कली।''

विभाजन—

अपने सुख। स्वप्न से खि। ली—।
वृंत की क। ली—।
उसके मृदु। उर से प्रिय।
अपने मधु। पुर के—
देख पड़े। तारों के। सुर से—।
विकच स्वप्न। नयनों से। मिली फिर मि। ली—वह।
वृन्त की क। ली—

'ली' के बाद बाकी मात्राएँ स्वर-विस्तार से पूरी होती हैं। अंत में एक जगह 'ली' के साथ 'वह' आ गया है। वहाँ 'ली' की दो मात्राएँ स्वर से और दो मात्राएँ लेती हैं; बाकी दो 'वह' में आ जाती हैं; यों 'ली—'दो मात्राओं की होती हुई भी

ऊपर छः मात्राएँ पूरी करती है, यानी चार मात्राएँ स्वर के विस्तार से आती हैं। बाकी छः का विभाजन पूरा है, स्वर घटता-बढ़ता नहीं। जहाँ, बीच में, घट-बढ़ होना बुरा माना जाता है, वहाँ, बाद को, कला।

आड़ा-चौताल जैसी कुछ तालें नहीं आ पाईं। इनकी पूर्ति, समय मिला, तो मैं फिर करूँगा। गीतों पर राग-रागिनी का उल्लेख मैंने नहीं किया। कारण, गीत हर एक राग-रागिनी में गाया जा सकता है। जो लोग राग-रागिनी की सामयिकता का विचार रखते हैं, वे गीत के भाव को समझकर समयानुकूल राग-रागिनी में बाँध सकेंगे, रचना के समय इधर मैंने यथेष्ट ध्यान रखा था। कुछ गीत समय के दायरे से बाहर हैं। उनके लिए गायक का उचित निर्णय आवश्यक होगा। उनके भाव किस-किस राग-रागिनी में अच्छी अभिव्यक्ति पाएँगे, यह मैंने गायक की समझ पर छोड़ दिया है।

पर यह निश्चय है कि ब्रजभाषा के पद गानेवालों के लिए साफ उच्चारण के साथ इन गीतों का गाना असंभव है। वे इतने मार्जित नहीं हो सके। अपनी अमित्र कविता की तरह अपने गीतों के लिए भी मैं इधर-उधर सुन चुका था कि ये गीत गाए नहीं जा सकते; पर मैं उन न-गा-सकनेवाले गायकों की अक्षमता का कारण पहले से ही समझ चुका था। उनमें कुछ आधुनिक विद्यार्थी भी थे। मैं खड़ीबोली में जिस उच्चारण-संगीत के भीतर से जीवन की प्रतिष्ठा का स्वप्न देखता आया हूँ, वह ब्रजभाषा में नहीं। ब्रजभाषा के पदों के गानेवाले उस्ताद, प्राचीन उत्तरी संगीत-स्कूल के कलावंत, जिन्हें खड़ीबोली का बहुत साधारण ज्ञान है, मेरे गीत गा न सकेंगे, यह मैं जानता था और इस ज्ञान के आधार पर गीतों की स्वर-लिपि मैं स्वयम् करना चाहता था; पर कुछ ऐसी परिस्थिति मेरी रही कि सब तरफ से अभाव-ही-अभाव का सामना मुझे करना पड़ा। एक अच्छे हारमोनियम की गुंजाइश भी मेरे लिए नहीं हुई। मेरी सरस्वती संगीत में भी मुक्त रहना चाहती है, सोचकर मैं चुप हो गया। आदरणीय बाबू मैथिलीशरणजी गुप्त, वरेण्य बाबू जयशंकरजी 'प्रसाद', मान्य श्रीमान् रायकृष्णदासजी, सम्भ्रान्त मित्र दुलारेलालजी भार्गव और श्रेष्ठ साहित्यिक पं. नंददुलारेजी वाजपेयी-जैसे हिंदी के कलाकारों की आज्ञा से, कभी-कभी मुक्त-कंठ होकर और कभी हारमोनियम लेकर इनमें से कुछ-कुछ गीत मैंने गाकर सुनाए हैं। इनके स्वर उन्हीं तक परिमित हैं। चूँकि मैं बाजार का नहीं बन सका, शायद इसीलिए सरस्वती ने मेरे स्वरों को बाजारू नहीं बनने दिया।

गीतों में कहीं-कहीं मैंने परिवर्तन किया है। दो-एक जगह यह परिवर्तन एक प्रकार आमूल हो गया है। गीतिका का 37वाँ गीत पाक्षिक 'जागरण' में इस प्रकार छपा था—

"आओ उर के नव पुष्पों पर
हे जीवन के कर कोमल तर।
खुल गए नयन, प्रस्फुट यौवन,

भर गया वनों में भ्रम-गुंजन,
चंचल लहरों पर भर नर्तन
आओ समीर, आशा हर हर!
यह क्षणिक काल यों बह न जाय,
अभिलषित अधूरी रह न जाय,
प्रिय, विरह तुम्हारा, सह न जाय,
भर दो चुंबन नव-स्मृति-सुखकर!
मैं जगज्जलधि की वृंतहीन
खुल रही एक कलिका नवीन,
हे विमुख, सदा मैं मुखर, पीन,
आओ अपत्रिका के मर्मर!"

पं. वाचस्पतिजी पाठक-जैसे मेरे काव्य से समधिक प्रेम करनेवाले कुछ साहित्यिकों को गीत का यह रूप अधिक पसंद है। इस प्रकार मेरे कुछ परिवर्तन उन्हें रुचिकर नहीं हुए, कुछ से वे बहुत प्रीत हैं।

खड़ीबोली में नए गीतों के भी प्रथम सृष्टिकर्त्ता 'प्रसाद' जी हैं। उनके नाटकों में अनेक प्रकार के नए गीत हैं। मैंने 1927-28 ई. में 'प्रसाद' जी का पूरा साहित्य देखा था। उनके अत्यंत सुंदर पद—

'चढ़कर मेरे जीवन-रथ पर
प्रलय चल रहा अपने पथ पर,
मैंने निज दुर्बल पद-बल पर,
उससे हारी-होड़ लगाई!'

का मैं कई जगह उद्धरण दे चुका हूँ। गुप्तजी के भी अनेक गीत मैंने कंठस्थ किए थे।—

'सभी दशाओं में सदैव हे पर-हित-हेतु-शरीर, प्रणाम!' —मुझे अभी नहीं भूला।

मेरे विद्वान् मित्र पं. नंददुलारेजी इन गीतों से प्रीत होकर साधारण जनों के सुभीते के विचार से गीतों के क्लिष्ट शब्दों के अर्थ दे रहे हैं, एतदर्थ मैं उनका कृतज्ञ हूँ।

—'निराला'

'मेरे गीत और कला' से

मैं खड़ी बोली का वाल्मीकि नहीं, न 'वाल्मीकि की प्रिये दास यह कैसे तुझको भाया' मेरी पंक्ति है; पर 'भयो सिद्ध करि उलटा जापू' अगर किसी पर खप सकता है तो

हिंदी के इतिहास में एकमात्र मुझ पर। कबीर उल्टबाँसी के कारण विशेषता रखते हैं, पर वहाँ छंदों का साम्य है, उल्टबाँसी नहीं; यहाँ छंद और भाव, दोनों की उल्टी गंगा बहती है।

यह सब उलटापलट मैंने जान-बूझकर नहीं किया, और यह उलटापलट है भी नहीं, इससे सीधा और प्राणों के पास तक पहुँचता रास्ता छंदों के इतिहास में दूसरा नहीं। —वेद इसीलिए वेद हैं। यह उलटापलट उसके लिए कहा जा सकता था, जिसकी मातृभाषा हिंदी न हुई होती। मेरी बैसवाड़ी, माता-पिता की दी वाग्विभूति, जिससे सभी रसों के स्रोत मेरे जीवन में फूटकर निकले हैं, साहित्यिकों में प्रसिद्ध है। मैंने भाषण भी इस भाषा में किए हैं। भाषा के उत्थान-पतन पर विचार करते हुए मैंने देखा, वेदों से ब्रजभाषा तक भाषा के पतन का एक मनोहर इतिहास तैयार होता है। बदलती हुई भाषा क्रमशः सुखानुशयी होती गई है। **''तदानाशंसे विजयाय सञ्जय''** पूर्ण पराधीनता के पूर्व मुहूर्त की भाषा भी बोलती है। यहाँ एक-दूसरे विचार पर भी ध्यान देना उचित होगा। जिस तरह वैदिक और संस्कृत में 'कं, खं, गं' का रूप है और इसके अनुरूप जातीय जीवन, जो अपभ्रष्ट भाषाओं के आधार पर दुर्बल होता हुआ, एक प्रकार निस्तेज हो गया, उसी तरह फारसी में 'क़, ख़, ग़' का रूप है, जो वैदिक और 'संस्कृत' के पूर्ण प्रतिकूल है, जिसके अनुरूप मुसलमानों का जीवन है। पड़ोसी के कमजोर होने पर दूसरा पड़ोसी शहजोर होगा; यह प्राकृतिक नियम है। हम देखते हैं, क्रमशः पराजय होते-होते हिंदुओं पर एक दिन मुसलमानों का पूरा आधिपत्य हो जाता है। इसे कहना चाहिए कि यह अपभ्रष्ट वैदिक या संस्कृत पर फारसी की विजय है। इसके बाद, इन दोनों पर, हिंदोस्तान आए हुए पड़ोसी अंगरेज विजयी होते हैं। यहाँ भी महत्त्व में हम भाषा का विचार कर सकते हैं। अंगरेजी भाव और साहित्य में अधिक पुष्ट मालूम देगी, मैं संक्षेप में विचार रहा हूँ; जो लोग इसकी प्रतिकूलता करेंगे, यहाँ के दर्शन और साहित्य की उच्चता के प्रमाण देंगे, उन्हें मालूम होना चाहिए कि दर्शनों का संस्कृत-जीवन है, ऐसा ही साहित्य का भी, पर प्रकृति ने देश का अपभ्रष्ट जीवन तैयार कर दिया था, और तब भी, जब कालिदास की कला का देश ने चमत्कार देखा,—श्रीहर्ष का समय तो पूर्ण पतन का पूर्व मुहूर्त है, इसलिए यह संस्कृत और ये काव्य जातीय जीवन के नहीं कहे जा सकते, शंकर से लेकर बाद के समस्त भाष्यकार अपभ्रष्ट-भाषा-काल के हैं; संस्कृत के द्वारा उन्होंने दिग्विजय ही किया है, अपने मत की प्रतिष्ठामात्र की है, जाति की जीवनीशक्ति का वर्द्धन नहीं—उस समय की भाषा का उद्धार नहीं, और यह संभव भी न था, कारण अनेक प्रादेशिक भाषाएँ थीं; उनका लक्ष्य उन्नयन अवश्य था; पर अनेकानेक भेदोपभेद तथा प्राकृतिक विवर्तन के कारण अपभ्रष्ट भाषाएँ उलटा चलकर संस्कृत नहीं बन सकीं; फलतः हार होती गई, जीवन दुर्बलतर होता रहा। अंगरेजी फारसी की तरह प्राणों की भाषा थी। साहित्य उत्कर्ष पर था, जिसके बल पर मेकाले ने भारतीय साहित्य पर मजाक किया, पंडितों को मालूम होगा। अस्तु,

ब्रजभाषा के उच्चारण और भाव-रूप पर, मैंने देखा, उर्दू सवार है, उसी तरह जैसे हारे हुए पर जीता हुआ रहता है। जितने कवि-सम्मेलन देखे, जहाँ उर्दू और ब्रजभाषावाले एकत्र हुए थे, उर्दूवालों को ही बाजी मारते देखा। इसका कारण यह पाया कि जिस जगह ठहरकर वे बोलते हैं, वह जीतनेवालों का घर है—ब्रजभाषा के मुकाबले; ब्रजभाषा वाले बड़ा जोर मारकर कहीं वहाँ तक पहुँचते हैं, देखिए, भूषण के कवित्तों में गँवार की तरह चिल्ला रहे हैं या देव के छंदों में मारे शृंगार के दुहरे हुए जा रहे हैं। एक दफा डॉ. सुनीतिकुमार चटर्जी महाशय ने मुझसे पूछा, मेरे एक बंगाली मित्र हैं, वे उर्दू में कविता लिखते हैं, कहते हैं, हिंदी में भाव के प्रकाशन में दिक्कत होती है, यह क्या बात है ? मैंने कहा, बंगला की तरह उर्दू में दीर्घ को बहर की लपेट में ह्रस्व कर लेने की गुंजायश है, हिंदी में नहीं, हिंदी में जहाँ कहीं ऐसा है, वहाँ चाहे सब ह्रस्व हों या सब दीर्घ, कोई हानि नहीं; 'गड गड गड गड' हो या 'गड्ड गड्ड गड्ड गड्ड' अथवा 'गाडा गाडा गाडा गाडा' मजे में करते जाइए, बस अक्षर गिने रहिए। अस्तु, दो-चार बार उर्दूवालों के बीच मुझे भी पढ़ने का मौका मिला है। जहाँ धड़ाधड़ मुक्त छंद के गोले निकलने शुरू हुए कि भाइयों की समझ में आ गया कि हाँ कुछ पढ़ा जा रहा है—यह 'गड्ड गड्ड गड्ड गड्ड' नहीं है। बंदिशवालों के बंद मुक्त छंद की होड़ में नही टिक सकते। यह वह मशीनगन है, जो उर्दूवालों के पास भी नहीं, हालाँकि इकबाल तक वे लोग पहुँच चुके हैं। भावों की मुक्ति छंद की भी मुक्ति चाहती है। यहाँ भाषा, भाव और छंद तीनों स्वतंत्र हैं। इसका फल जीवन में क्या होता है, हिंदी में समझदार होते तो अब तक व्यापक रूप से मालूम कर चुके होते। ले-देकर दो-चार जानकार हैं। प्रमाण मैं इतने दे चुका हूँ, इतने बार पढ़ चुका हूँ कि और आवश्यकता उनकी साहित्यिकता पर ही शंका होगी। मैंने पढ़ने और गाने दोनों के मुक्त रूप निर्मित किए हैं। पहला वर्ण-वृत्त में है, दूसरा मात्रा-वृत्त में। इनसे हटकर मुक्त रूप में छंद जा नहीं सकता। गाना भी जो मैंने सिखाया है, वह हिंदी का पुराना राग नहीं कि कविजी कवि-सम्मेलन में शाम के वक्त भैरवी में कविता पढ़ने लगे। तबले के सामने बैठा दीजिए तो भैरवी भी भूल जाय। मेरा गाना भी कविता का ही गाना है। गीत तो मैंने अलग लिखे हैं।

प्रकृति की स्वाभाविक चाल से भाषा जिस तरफ भी जाए—शक्ति-सामर्थ्य और मुक्ति की तरफ या सुखानुशयता, मृदुलता और छंद-लालित्य की तरफ, यदि उसके साथ जातीय जीवन का भी संबंध है तो यह निश्चित रूप से कहा जाएगा कि प्राणशक्ति उस भाषा में है। ब्रजभाषा के संतों और त्यागी रहीम-जैसे वीरों का विचार पूर्वोक्त प्रकरण में नहीं किया गया; ब्रजभाषा को उस समय जो व्यापक राष्ट्रीय महत्त्व प्राप्त हुआ था—अपर प्रादेशिक भाषाओं पर उसका प्रभाव पड़ा था, इसका भी नहीं; कारण, वह विषय भिन्न था। यहाँ, जातीय साहित्य के प्राणों की चर्चा करते हुए, यह कहना पड़ता है कि ब्रजभाषा में भाषाजन्य जातीय जीवन था, जो बुद्ध के बाद के

संस्कृत-कवि और दार्शनिकों में नहीं। इसलिए, यह निर्विवाद है कि ब्रजभाषा के बाद की जो भाषा होगी, उसमें ब्रजभाषा के कुछ चिह्न जीवन की शक्ति या रूप के तौर पर अवश्य होंगे। खड़ी बोली का उत्थान ब्रजभाषा के पश्चात् होता है। इसलिए ब्रजभाषा के कुछ जीवन-चिह्न उसमें रहने जरूरी हैं। हम देखते हैं कि ब्रजभाषा में 'श स' दोनों 'स' बन गए हैं, 'ष' 'ख' हो गया है, 'ण, न' 'न' में ही आ गए हैं, बहुत जगह 'व' 'ब' बन गया है। खड़ी बोली में शुद्ध उच्चारण की ओर ध्यान रहने पर भी वर्णों को यह अशुद्धि ही जैसे अच्छी लगती है; इसकी विशेषता हम अच्छी तरह देख लेते हैं जब कोई उर्दू मिली चलती जबान लिखता है, बस 'वश' की जगह, बेबस 'विवश' की जगह, किरन 'किरण' की जगह आते हैं। चौदह-पंद्रह वर्ष पहले 'सरस्वती' में किसी सज्जन ने एक छोटा-सा नोट लिखा था। उसमें 'श, ष, स' की जगह 'स' और 'ण, न' की जगह 'न' से काम लेने का प्रस्ताव किया था। आज भी खड़ी बोली का शुद्ध रूप बहुतों को खटकता है और अब तो शायद साहित्य-सम्मेलन भी देवकीनंदन-युग में प्रवेश करने के लिए प्रयत्न पर है। कुछ हो, यह मालूम हो जाता है कि वर्णों में 'श, ण, व' खड़ी बोली के प्राणों को खटकते हैं। कला-विषय में इस तरह वर्णों के विचार से श्रीगणेश करता हूँ।

कला केवल वर्ण, शब्द, छंद, अनुप्रास, रस, अलंकार या ध्वनि की सुंदरता नहीं, किंतु इन सभी से संबद्ध सौंदर्य की पूर्ण सीमा है, पूरे अंगों की सत्रह साल की सुंदरी की आँखों की पहचान की तरह—देह की क्षीणता-पीनता में तरंग-सी उतरती-चढ़ती हुई, भिन्न वर्णों की बनी वाणी में खुलकर क्रमशः मंद मधुरतर होकर लीन होती हुई—जैसे, केवल बीज से पुष्प की पूरी कला विकसित नहीं होती, न अंकुर से, न डाल से, न पौधे से; जड़ से लेकर, तना, डाल, पल्लव और फूल के रंग-रेणु-गंध तक फूल की पूरी कला के लिए जरूरी हैं, वैसे ही काव्य की कला के लिए काव्य के सभी लक्षण; और जिस तरह फूलों की सुगंध पेड़ के दृश्य समस्त भाग को ढके हुए अपने सौंदर्यतत्त्व के भीतर रखती है—पेड़ की काष्ठ-निष्ठुरता दिखती हुई भी छिपी रहती है, उसी तरह काव्यकला आवश्यक अशोभन वर्ण-संप्रदाय को अपनी मनोज्ञता के भीतर डाले रहती है। तने, डाल, पत्ते और फूल के रंगों के भेद और उनके चढ़ाव-उतार की तरह काव्य की भी प्रकाशन-धारा है; इसकी त्रुटि कला के एक अंश की त्रुटि होगी। इस प्रकार कला का मर्म स्थूलरूप से समझ में आ जाता है। एक केंद्र से खींची हुई असंख्य रेखाओं की तरह काव्य-विषय की असंख्य कलाएँ हैं। सृष्टि स्वयं कला की असंख्यता का प्रमाण है। विवेचन के समय कला का प्रकार देखा जाता है; यहीं मालूम होता है, कला किस रूप की है, कैसी गति लिए हुए, कहाँ पहुँची हुई। यदि वह अधूरी रह गई तो मानवांग निर्णय में काना, लंगड़ा, नकटा आदि जैसे पहले के परिचय के अनुसार समझ लिए जाते हैं, वैसे ही कला भी विषय के विवेचन में आ जाएगी। पर जिसे मालूम नहीं कि भौंरे के इतने पैर होते हैं उसके सामने दस पैरवाला भौंरे के

आकार का एक कीड़ा बनाकर रख देने पर वह उसे भौंरा ही समझेगा, और धोखे में आकर या धोखा देने के लिए उस चित्र के नीचे अगर 'भौंरा' लिख भी दिया चित्रकार ने, तब तो वह दर्शक निःसंशय उसे 'भौंरा' मानेगा, एक दफा, दूसरे के इनकार करने पर, उससे लड़ भी जाएगा। हिंदी में कला के विवेचन में प्रायः यही हाल है। अधिकांश तो उत्प्रेक्षा और रूपक को ही कला समझते हैं। पिछले प्रकरण में मैं दिखा चुका हूँ कि 'श, ण, व' ब्रजभाषा के जीवन के अनुरूप नहीं, खड़ी बोली के जीवन में भी उनका स्थान विशेष महत्त्वपूर्ण नहीं पर, अब वर्ण-विचार द्वारा काव्यकला का रूप-निर्णय करता हुआ कहता हूँ कि खड़ी बोली के कोमल कवि और किन्हीं-किन्हीं के विचारों में सर्वश्रेष्ठ कवि श्री सुमित्रानंदनजी पंत के वर्ण सौंदर्य के मुख्य आधार यही श, ण, व और ल हैं।

उदाहरण—

"कहाँ आज वह पूर्ण पुरातन वह सुवर्ण का काल ?"
"नीले नभ के शतदल पर वह बैठी शारदहासिनि।"
"मृगेक्षिणि ! सार्थक नाम !"
"काँटों से कुटिल भरी हो यह जटिल जगत की डाली,"
"वर्ण-वर्ण है उर की कंपन,"

पहले में 'ण', दूसरे में 'श', तीसरे में 'क्ष' और 'ण', चौथे में 'ल', पाँचवें में 'व' और 'ण' अन्य वर्णों से ज्यादा बोलते हैं, जैसे इन्हीं वर्णों से उच्चारण-सौंदर्य स्पष्ट होता हो। 'र' आदि अन्य वर्णों का भी सहारा पंतजी ने लिया है, और इस प्रकार उन्होंने खड़ी बोली का सुंदर रूप से ठाट बाँधा है। उनके उच्चारण में संगीत बड़ा मधुर झंकृत होता है। पर यह कला कालिदास की है। वहाँ इसका रूप कैसा बन पड़ा है, संस्कृत के पाठक समझते हैं। मैं बहुत पहले लिख चुका हूँ, जिसे जैसा बनना है, उसके संस्कार उसी रूप से चलकर और दृढ़ होते हैं। पूर्ण मौलिकता नहीं हो सकती। केवल कमी और वेशी का तारतम्य रहता है।

"गर्भाधानक्षणपरिचयान्नूनमाबद्धमालाः"

कालिदास का एक 'ण' सब वर्णों से ज्यादा बोल रहा है।

"प्रांशुलभ्ये फले मोहादुद्बाहुरिव वामन"

सारा उच्चारण संगीत 'प्रांसु' के 'शु', 'वामन' के 'व' पर है।

"मन्दं-मन्दं नुदति पवनश्चानुकूलो यथा त्वां
वामश्चायं नदति मधुरं चातकस्ते सगन्धः।"

'श्चा' ही बोल रहा है दोनों जगह।

"सुगंधि-निःश्वास-विवृद्ध-तृष्णं बिंबाधरासन्नचरं द्विरेफम्।
प्रतिक्षणं संभ्रमलोल-दृष्टिर्लीलारविन्देन निवारयन्ती।"

इसमें, कहे हुए 'श, ण, व, ल' चारों का उच्चारण देखिए, क्या सफाई है।

वर्ण-विचार से पंतजी का स्कूल हिंदी का 'श-ण-व-ल' स्कूल कहा जा सकता है।

'श-ण-व-ल' के उच्चारण से शरीर की जैसी बनावट होती है, 'स-म-ब-ल' के उच्चारण से उसके बिल्कुल विपरीत। पर देखना यह है कि जो जीवन 'ब्रजभाषा' से आ रहा है वह 'श-ण-व-ल' के अनुकूल आता है या 'स-म-ब-ल' के। 'स-म-ब-ल' वाले एक कवि संस्कृत में हैं, जयदेव। मालूम हो कि जयदेव बंगाली थे; इसलिए 'व' के उच्चारण की व्यक्तिगत रूप से उन्हें कसम थी, यों दूसरे प्रांत में यथास्थान आया 'व' 'ब' न बनकर 'व' ही रहे तो इससे जयदेव का वर्ण-विज्ञान न बदलेगा।

''उन्मद-मदन-मनोरथ-पथिक-वधू-जन-जनित-विलापे,
आलकुल-संकुल-कुसुम-समूह-निराकुल-वकुल-कलापे।''

'स-म-ल' ही बोल रहे हैं। 'श-ण-व-ल' का पता नहीं। जयदेव आज इतने ऊँचे उठ गए हैं कि लोग तारीफ करने को विवश हैं। पर आज की तरह यदि 'श-ण-व-ल' का अभाव सौंदर्य की कमी का कारण माना जाता तो संगीत-विशारद जयदेव, 'कोमल-कांत-पदावली' वाग्बंध के जन्मदाता जयदेव, सौंदर्यबोध में किसी श्रेष्ठ कवि से घटकर न रहनेवाले जयदेव क्या सोचते, यह सोचा जा सकता है। श, ण और व के प्रयोग जयदेव में भी हैं, पर ये वर्ण इनकी रचना में दबे हुए हैं।

''धीरे-समीरे यमुना-तीरे वसति वने वनमाली''—

कैसी सुंदरता है; पर कालिदासवाले वर्ण नहीं। इसी तरह—

''वदसि यदि किंचिदपि दंतरुचि-कौमुदी
हरति दरतिमिरमतिघोरम्—अयिप्रिये''

यहाँ भी वर्ण-संगीत कालिदास का नहीं। पर झपताल में जो भाव-सौंदर्य व्यक्त है, वह जयदेव में ही प्राप्त होता है, अन्यत्र नहीं। अब मैं अपने काव्य के वर्णाधार लिखता हूँ। मैं हिंदी के जीवन के संबंध में वर्णों के भीतर से विचार कर चुका हूँ कि किन वर्णों का सामीप्य है। मुक्त छंद की रचना में मैंने भाव के सारे रूप-सौंदर्य पर ध्यान रक्खा है, बल्कि कहना चाहिए, ऐसा स्वभावतः हुआ, नहीं तो मुक्त छंद न लिखा जा सकता, वहाँ कृत्रिमता नहीं चल सकती। मैं यथोचित नम्रता के साथ सूचित करता हूँ कि पाठक और हिंदी के विज्ञ आलोचक, मैं जो कुछ लिख रहा हूँ, इसके अलावा अपनी तरफ से कुछ न सोचें। मेरा विचार केवल कला का विवेचन है। मैं पंतजी का उल्लेख न करता। पर करने पर विवेचन और साफ समझ में आवेगा, इसलिए करता हूँ। जो लोग उन्हें और अच्छी तरह समझ सके हों इसे पढ़कर उन्हें समझाने का मौका रहेगा। फिर मैं दून की नहीं हाँक रहा, कारण पर, प्रमाण पर चल रहा हूँ। वे भी सप्रमाण लिखेंगे। मैं आज तक कला-विषय में क्यों चुप था, यह लिख चुका हूँ। अस्तु, लोग उद्धृत कर चुके हैं—

''दिवसावसान का समय, मेघमय आसमान से उतर रही है
वह संध्या सुंदरी परी-सी धीरे धीरे धीरे।''—

देखिए, अगर 'श-ण-व-ल' कहीं हो। फिर खड़ी बोली का उच्चारण भी मिलाइए, अनुकूल है या प्रतिकूल। अभी यह केवल वर्ण-विचार है। कला बहुत आगे है। एक और उदाहरण जो उद्धृत किया गया है दूसरे आलोचकों से–

"वह आता
दो टूक कलेजे के करता पछताता पथ पर आता।
पेट-पीठ दोनों मिलकर हैं एक,
चल रहा लकुटिया टेक,
मुट्ठी-भर दाने को–भूख मिटाने को
मुँह फटी-पुरानी झोली का फैलाता–
दो टूक कलेजे के करता पछताता पथ पर आता !"

इसमें भी कालिदास के वर्ण खोजिए। खड़ी बोली का जीवन भी मिलाइए। मुहावरा, अनुप्रास और चित्र देखिए, पर यह भी कला नहीं, पर देखिए। मुझे आवेश नहीं। यह मेरा सीधा ढंग है। इस तरह शायद विषय ज्यादा साफ कर पाऊँगा। जयदेव के बाद अपना उद्धरण देने का यह मतलब नहीं कि मैं जयदेव से प्रभावित हुआ। केवल भिन्नवर्ण-सौंदर्य दिखलाने के लिए जयदेव को लिया, जिससे 'श-ण-व-ल' का प्रभाव मिटे और भाव, भाषा, चित्रण, सौंदर्य आदि से समन्वित कला का विचार रह जाए।

संस्कृत में कालिदास अकेले, 'श-ण-व-ल' स्कूल में हैं। शब्दों से रूप-चित्रण कालिदास का जितना अच्छा होता है, उतना चुस्त बैठता हुआ दूसरे का नहीं, इसीलिए **'उपमा कालिदासस्य'** कहा है। कोमलता और सौंदर्य-विषय की प्राथमिक कला कालिदास की तरह की–जो कुछ संस्कृत-साहित्य मैंने देखा है और थोड़ा-थोड़ा करीब-करीब सभी अच्छे कवियों को देखा है–उनमें नहीं। पर जहाँ भावजन्य सौंदर्य है, जो और मधुर-हृदय के और पास तक पहुँचा हुआ है। वहाँ कालिदास उठ नहीं पाते। प्रसाद और सौंदर्य में मेघदूत का एक श्रेष्ठ माना गया श्लोक प्रमाण में रखता हूँ–

"तन्वी श्यामा शिखरिदशना पक्वबिंबाधरोष्ठी
मध्ये क्षामा चकितहरिणीप्रेक्षणा निम्ननाभिः।
श्रोणीभारादलसगमना स्तोकनम्रा स्तनाभ्यां
या तत्र स्याद् युवतिविषये सृष्टिराद्येव धातुः ॥"

विरही यक्ष मेघ से अपनी पत्नी की तारीफ में कहता है, "वह नाजनी है, जवान भी; उसके पतले नोकदार दाँत हैं (ज़रा बड़े; यह भाग्य और पति के दीर्घायु होने का सूचक है–कहा गया है), पके बिंबाफल की ललाई उसके होठों में है, कमर पतली है, डरी हिरनी की निगाह से देखती है, नाभि गहरी है, नितंबों के भार से धीरे-धीरे चलती है, स्तनों से जरा झुकी रहती है, वहाँ वह युवति-विषय में विधाता की आदि-सृष्टि-सी

हो रही है।'' यह कालिदास का एक अच्छा माना गया चित्र है। भाव खोजिए, पता नहीं रूप रूप है। 'विधाता की आदिसृष्टि' में भी रूप ही सामने आता है। एक दूसरा रूप पेश करता हूँ। 'चौरपंचाशिका' का है–

''अद्यापि तां कनकचंपकदामगौरीं
फुल्लारविंदनयनां तनुरोमराजीम्।
सुप्तोत्थितां मदनविह्वलितालसाङ्गी
विद्यां प्रमादगलितामिव चिंतयामि ॥''

पहले वर्ण-संगीत देखिए, कालिदास की 'श्यामा शिखरिदशना' की दशा नहीं। क्या स्वस्थ रूप है संस्कृत का ! तीन-तीन बार दोनों को पढ़िए, उच्चारण में कौन साफ उतरता है, आप मालूम हो जाएगा। कवयित्री राजकुमारी नवयौवना विद्या का प्रेमी, उसी के महल में पकड़ा गया कवि सुंदर, फाँसी से पहले, प्रथानुसार वर लेता है कि विद्या के महल से उतरता हुआ, प्रति सोपान पर एक-एक श्लोक पढ़ेगा। यह पहला श्लोक है–''इस समय भी मैं स्वर्ण-चंपक-माला-सी गोरी, खिले-कमल-नेत्रवाली कोमल रोओं की, सोकर उठी हुई, मदन से विह्वल हुए अलस अंगोंवाली प्रमाद (शंका, भय, संशय, मद, नशा आदि) से गलित जैसे (रहित, झरती हुई, डूबी भी प्रमाद का अर्थ मद या नशा लेने पर), विद्या की याद करता हूँ।'' कालिदास ने यक्ष की पत्नी में निम्ननाभि और श्रोणी-भार आदि अश्लील वर्णन तो किए ही हैं, पर उस समय को देखकर यह सब छोड़ देने पर भी, उनकी धाता की आदि-सृष्टि-जैसी यक्ष-प्रिया भी प्रमादगलिता विद्या की बराबरी नहीं कर सकती। कारण, धाता की 'आदि-सृष्टि' में अंगयष्टि ही सामने आती है, यक्ष-प्रिया का कोई भाव-रूप नहीं; यहाँ प्रमाद-गलिता विद्या भाव-रूप में बदल गई है। 'प्रमाद-गलितां' में जितना अर्थ-चमत्कार है, जितनी तरह के अर्थ होते हैं, उतनी तरह 'सृष्टिराद्येव धातुः' में नहीं लाई जा सकतीं। लाने की कोशिश जबरदस्ती कहलाएगी। सहृदय विज्ञजन देखें। यह श्रेष्ठता केवल भाव के कारण है। यहाँ भी उत्कृष्ट कला नहीं। एक साधारण बात है। यों तो 'कला' का अर्थ है अंश, एक टुकड़ा; चाँद सोलह कलाओं से मिलकर पूरा पूनो का चाँद बनता है; कलाओं या टुकड़ों से मिला हुआ है, इसलिए 'सकल' है। पर मैं कला को पूर्ण अर्थ में लेता हूँ; किस तरह, यह लिख चुका हूँ।

यहाँ कुछ बिगड़े काव्य के उदाहरण देता हूँ–

(1) ''लाली मेरे लाल की, जित देखौं तित लाल।
लाली देखन मैं गई, मैं भी हो गई लाल।''

–कबीर

अर्थ साफ है। इसकी, इधर पाँच-छः महीने के अंदर, कई जगह तारीफ हुई है। छायावाद के एक आलोचक मित्र ने इसे पेश कर कहा है कि ऐसी श्रेष्ठ उक्ति छायावाद में नहीं। पहले यह कह देना ठीक होगा कि उक्ति की उच्चता का विचार

ही ठीक होता है, कोई ईश्वर पर लिखे या प्रिया पर। कबीर की प्रिया लाल की लाली से चारों तरफ लाल है, देखती है; लाली देखने जाती है तो वह भी लाल हो जाती है—पक जाती, गोट की तरह। पर, जाती कैसे है ?—'लाली देखन मैं गई' यह पूर्वोक्ति का विरोध है; जबकि 'जित देखो तित लाल' है, तब चलने की गुंजाइश कहाँ ?—वह तो वहाँ भी ठहरी हुई लाली देख सकती थी। दूसरा दोष यह कि लाल की लाली देखने क्यों गई, जबकि लाल को वह जानती है—लाल प्रिय है या लाली ? कोई मेरा प्रियजन मेरे यहाँ आवेगा तो मुझसे मिलेगा या मेरे लोटे से ?

(2) "अंगद तुही बालि कर बालक।
उपज्यो बंस-अनल कुलघालक ॥
गर्भ न खस्यो व्यर्थ तुम जाए।
निज मुख तापस दूत कहाए ॥
अब कहु कुशल बालि कहँ अहई।
बिहँसि बचन तब अंगद कहई ॥
दिन दस गए बालि पहँ जाई।
बूझेउ कुसल सखा उर लाई ॥"

—तुलसीदास

अर्थ स्पष्ट है। रावण को बालि का राम द्वारा निहत होना मालूम हो चुका है। दूसरी, तीसरी, चौथी पंक्ति स्पष्ट कर देती है। 'रहा बालि बानर मैं जाना' इस उद्धरण के पहले ही रावण कह चुका है। 'अंगद तुही बालि कर बालक ?' इसकी ध्वनि में दूसरी, तीसरी और चौथी पंक्ति का भाव निहित है। जब रावण कहता है, "अंगद, तू ही बालि का बालक है ?" तब एक साथ ध्वनि के अर्थ खुल पड़ते हैं, "जिसने तेरे बाप को मारा, उसी का दूत बनकर तू आया ? —तूने अपने कुल की मर्यादा नष्ट कर दी", आदि-आदि। अंगद जो पहले लंका में रह चुका है, मंदोदरी का मातृ-स्नेह प्राप्त कर चुका है। ('अंगद कहा जाहुँ मैं पारा जिय संशय कछु फिरती बारा' में आया संशय प्रकट करते यह सब आता है) यह मतलब भी 'तुही बालि कर बालक' की ध्वनि में छिपा है। ध्वन्यात्मक काव्य में ध्वनि का मर्म यदि कवि स्वयं जाहिर करे तो यह कमजोरी कही जाती है; विशेषतः कवित्व चौपट होता है। **"दिङ्नागानां पथि परिहरन् स्थूलहस्तावलेपान्"**—यहाँ कालिदास सीधे तो मेघ से कहते हैं कि रास्ते में दिग्गजों की मोटी सूँड़ के अवलेप छोड़ते जाना; पर दूसरे मतलब में वे दिङ्नाग नाम के कवि-पंडित की खबर लेते हैं—कहते हैं, 'रास्ते में, दिङ्नागों के हाथ के खींचे भद्दे चित्र, लीपा-पोती छोड़ते जाना'—यह अर्थ छिपा हुआ है, इसी से सौंदर्य बढ़ गया है। पाँचवीं पंक्ति में रावण कहता है **"अब कहु कुसल बालि कहँ अहई"**, यह पहली पंक्ति का विरोध है; अब जैसे रावण को बालि का हत होना भूल गया ! यह अंगद को चिढ़ाने का उद्देश नहीं, न कवित्वपूर्ण प्रसंगांतर है, यह अंगद के जवाब के लिए बाँधा ठाट है, जिसके

अनुसार अंगद कहता है, दस रोज बाद दोस्त के पास चलकर उसे गले लगाकर खैरियत पूछना। अस्तु, इस तरह, पहली ध्वनि-पूर्ण अच्छी चौपाई का भेद खोलकर गोसाईंजी ने यहाँ का सारा भाव-सौंदर्य नष्ट कर दिया है। पढ़कर भी देख लीजिए, पहली ही लाइन साफ बोलती है। फिर जिस तरह अत्याचार किया गया है, उसी तरह पढ़नेवाले के शरीर, मन, और जीवन पर अकवित्व का बुरा प्रभाव पड़ता है।

(3) "बजा दीर्घ साँसों की भेरी;
सजा सटे कुच कलशाकार,
पलक पाँवड़े बिछा, खड़े कर
रोओं में पुलकित प्रतिहार,
बाल-युवतियाँ तान कान तक
चल-चितवन के बंदनवार,
मदन, तुम्हारा स्वागत करतीं
खोल सतत-उत्सुक-दृग-द्वार।"

—सुमित्रानंदन पंत

और तो जो कुछ बना-बिगड़ा, उसका जिक्र नहीं, यह बताइए कि पलक-पावड़े बिछाने के बाद सतत-उत्सुक दृग-द्वार कैसे खोले जाएँगे ?

(4) "अंग-भंगि में व्योम-मरोर,
भौंहों में तारों के झौंर
नचा नाचती हो भरपूर
तुम किरणों की बना हिंडोर।"

—सुमित्रानंदन पंत

यह वीचि या लहर से कहते हैं पंतजी। पहले तो, कोई औरत भौंहों में तारों के झौंर नचावे तो क्या खूबसूरती निकलती है, मुलाहजा करें; फिर यह बतावें कि हिंडोर में भरपूर कैसे नाचा जाता है—यह भी कि लहर किरनों की हिंडोर बनाती भी है।

(5) "झर-झर बिछते मृदु सुमन-शयन
जिन पर छन कंपित पत्रों से
लिखती कुछ ज्योत्स्ना जहाँ-तहाँ।"

—सुमित्रानंदन पंत

हालाँकि सादगी में ठीक है; पर ज़रा अक्ल की निगाह से भी देखें, जब झर-झर कर फूलों की सेजें बिछ गईं, तब काँपते पत्रों से (पातों से) चाँदनी उन पर जहाँ-तहाँ कुछ लिखने लगी; भला सेज या बिस्तरे पर भी कुछ लिखा जाता है ? लिखती भी 'पत्रों से' है। यह जरूर है कि पत्ते ब्राड निब-जैसे होते हैं, पर बहुत से पत्रों से अगर अकेली ज्योत्स्ना एक साथ लिखेगी तो वह लिखेगी कैसे ? हाथ कितने हैं ?

सादगी के भीतर ही पंतजी की शब्द-लालित्यवाली कला खुलती है। जहाँ वज्र

की गरज के साथ काव्य में बिजली कौंधती है, वहाँ पंतजी नहीं, कला के व्यापक वृहत् रूप में भी नहीं। उनकी खूबसूरती यहाँ है—

"कनक-छाया में जब कि सकाल
खोलती कलिका उर के द्वार,
सुरभि-पीड़ित मधुपों के बाल
पिघल बन जाते हैं गुंजार;
न जाने ढुलक ओस में कौन
मुझे इंगित करता तब मौन !"

पहली बात यह कि इसमें 'शपाशप' नहीं। यह शब्दों के साथ चित्र और भाव के समन्वय से हुई उत्कृष्ट रचना है। 'पीड़ित' पकड़ने के अर्थ में आएगा, जैसे 'पाणि पीडन'।

इस तरह की एक मेरी खींची तस्वीर—

"आवृत-सरसी-उर-सरसिज उठे,
केसर के केश कली के छुटे,
स्वर्ण शस्य-अंचल पृथ्वी का लहराया—
सखि, वसंत आया !"

वसंत की प्रकृति खींची गई है—"सरसी के हृदय के ढके हुए कमल उठ आए; कली के केशर के केश छुट गए; पृथ्वी का स्वर्णशस्यांचल लहराने लगा; सखि, वसंत आ गया !" सरसी, कली और पृथ्वी Personified (स्त्री-रूप में निर्वाचित) हैं; पहले तीनों का अलग-अलग सौंदर्य देखिए। सरसी के हृदय के ढके हुए कमल उठ आए (अश्लीलता-वर्जित इंगित है,—स्पष्ट है—सरसी नवयौवना हो गई), कली के केशर के केश छुट गए (स्पष्ट है कि कली खुल गई, —यह यौवन का स्पष्टीकरण है, पुनः कली के रेणु-मिश्रित बाल देख पड़ते हैं, उसका मुँह मधु की ओर है, संसार की ओर वह पीठ किए हुए है, यह उसकी पवित्रता की छवि है), पृथ्वी का सोने-सा चमकता शस्यांचल लहराने लगा। इन तीनों मूर्तियों के सौंदर्योपकरण अलग-अलग हैं। अब, सरसी, कली और पृथ्वी को निकालकर इन्हीं उपकरणों से बनी एक वसंत-प्रकृति-स्त्री को देखिए, पूरा रूप बन जाएगा—एक जगह कमल-कुच हैं, दूसरी जगह केशर-केश और शस्य-अंचल लहराता हुआ। —पुनः दर्शनीय यह है कि कुचों का जिस तरह केशों से नीचे उत्पत्ति स्थान है, यहाँ भी वैसा ही प्रदर्शित यह है—कमल सरसी में हैं। कली के केशर-केश ऊपर, स्थल पर; और नीची से नीची होती हुई क्षेत्र-भूमि में शस्यांचल लहरा रहा है। —यह कला है। पर यह भी उच्चकोटि की नहीं। ऊपर उद्धृत किया हुआ पंतजी का पद्य भाव-सौंदर्य में 'मेघदूत' और 'चौर-पंचाशिका' के आलोचित श्लोकों के न्याय से मेरे इस पद्य से बड़ा हुआ है। कारण, ओस के ढुलककर इंगित करने में बहुत-सी बातें हैं, समाप्ति भी पद्य की यथास्थान हुई है—अज्ञात अदृश्य में। पंतजी की भाषा सरल

होकर कदाचित् अधिक सुंदर, प्राणों के अधिक पास है। कारीगरी और छंद में दूसरी के मुकाबले नहीं; यह छंद हिंदी के लिए बिलकुल नया है; जोरदार भी ज्यादा है। अस्तु, उत्कृष्ट कला और दूर है।

'पंतजी और पल्लव' से

पंतजी के 'पल्लव' में इतनी ही कमी है। उन्होंने अपनी शिक्षा पर पर्दा डाला है। किस तरह, कहाँ-कहाँ से, छाया-चित्रों को उनकी प्रकृति ने ग्रहण किया है, उन्होंने नहीं लिखा। यह शायद इसलिए कि इससे महत्ता घट जाएगी, लोग समादर कम करेंगे। दूसरों की आँखों में धूल झोंककर दूसरों को दबाकर बड़े होने की आदत पश्चिम की ही शिक्षा से मिलती है, यहाँ तो पहले ही बाबाआदम की बात सुझाकर शिष्य को सत्य ब्रह्म का यंत्र बना देते हैं, उसके अहंकार की क्षुद्र सीमा को तोड़कर उसमें पूर्णत्व भर देते हैं, उसे यंत्र बनाकर कर्ता और शिष्य बनाकर गुरु कर देते हैं, जड़त्व लेकर चेतना और ममत्व लेकर प्रेम देते हैं। वह अंध यूरोप की तरह नहीं होता, लक्ष्यभ्रष्ट ग्रह की तरह उसकी गति अनियंत्रित नहीं होती।

यद्यपि अपनी शिक्षा का हाल पंतजी ने नहीं लिखा, छिपा रखा है, तथापि एक जिज्ञासु दार्शनिक को वह धोखा नहीं दे सके—

1. "गंध-मुग्ध हो अंध-समीरण
   लगा थिरकने विविध प्रकार"

   (पंतजी)

   "तोमार मदिर गन्ध अन्ध वायु बहे चारि भिते"

   (रवीन्द्रनाथ)

2. "... ... ...अतल के
   बतलातीं जो भेद अपार"

   (पंतजी)

   "अतल रहस्य येन चाय बलिवारे"

   (रवीन्द्रनाथ)

3. "नीरव-घोष-भरे शंखों में"

   (पंतजी)

   "नीरव सुरेर शंख बाजे"

   (रवीन्द्रनाथ)

4. "मेरे आँसू गूँथ"

   (पंतजी)

''गेंथेछि अश्रुमालिका''

(रवीन्द्रनाथ)

5. ''शस्यशून्य वसुधा का अंचल''

(पंतजी)

''शस्यशीर्षे शिहरिया काँपि उठे धरार अंचल''
''शस्यशीर्षराशि धरार अंचलतल भरि''

(रवीन्द्रनाथ)

6. ''विपुल-वासना-विकच विश्व का मानस शतदल''

(पंतजी)

''... ... ...विकसित विश्व वासनार
अरविन्द... ... ...''

(रवीन्द्रनाथ)

7. ''आलोड़ित अम्बुधि फेनोन्नत कर शत-शत फन,
मुग्ध भुजंगम-सा इंगित पर करता नर्तन।''

(पंतजी)

''तरंगित महासिन्धु मन्त्रशान्त भुजंगेर मत
पड़ेछिल पदप्रान्ते उच्छ्वसित फणा लक्षशत
करि अवनत''

(रवीन्द्रनाथ)

8. ''गाओ, गाओ, विहग-बालिके,
तरुवर से मृदु मंगल-गान''

(पंतजी)

Then sing ye birds, sing, sing a joyous song.

(Wordsworth)

उदाहरण के लिए इससे अधिक की आवश्यकता न होगी। कहीं-कहीं जो थोड़ा-सा रूपांतर पंतजी ने किया है, वह केवल अपने छंद की सुविधा के लिए। पंतजी चौर्य-कला में निपुण हैं। वह कभी एक पंक्ति से अधिक का लोभ नहीं करते। एक पंक्ति किसी एक कविता से ली, दूसरी किसी दूसरी कविता से, तीसरी में कुछ अपना हिस्सा मिलाया, चौथी में तुक मिलाने के लिए वैसा ही कुछ गढ़कर बैठा दिया। इस तरह की सफाई के पकड़ने में समालोचकों को बड़ी दिक्कत होती है। उधर कवि को अपनी मौलिकता की विज्ञापनबाजी करने में कोई भय भी नहीं रहता। रवीन्द्रनाथ की 'उर्वशी' कविता के चार उदाहरण मैंने उद्धृत किए हैं, जो नंबर 1, 5, 6, और 7 में आए हैं। उनमें पहला और पाँचवाँ उदाहरण पंतजी की 'अनंग' कविता में है और छठा, सातवाँ उदाहरण उनकी 'परिवर्तन' कविता में !

दूसरे के भाव लेकर प्रायः सब कवियों ने कविताएँ लिखी हैं। परंतु वहाँ हर एक कवि ने दूसरे के भाव पर विजय प्राप्त करने की, उससे बढ़कर अपना कोई विशेष चमत्कार दिखलाने की, चेष्टा की है। पंतजी में यह बात बहुत कम है। कहीं-कहीं तो दूसरे के भावों को बदलकर, उसमें कुछ अपना हिस्सा मिलाकर, चमत्कार दिखलाने में इन्हें अच्छी सफलता हुई है, परंतु अधिकांश स्थलों में सुंदर-से-सुंदर भावों को इन्होंने बड़ी बुरी तरह नष्ट कर डाला है। यह केवल इसलिए कि यह भावों के सौंदर्य पर उतना ध्यान नहीं देते, जितना शब्दों के सौंदर्य पर।

एक उदाहरण लीजिए—

"आपन रूपेर राशे
आपनि लुकाए हासे"
(रवीन्द्रनाथ)

"रूप का राशि-राशि वह रास
दृगों की यमुना श्याम"
(पंतजी)

पंतजी की प्रथम पंक्ति रवीन्द्रनाथ की ही पंक्ति से ली गई जान पड़ती है, परंतु केवल शब्द-साम्य ही वह अपना सके हैं, भाव-सौंदर्य की छाया भी नहीं छू सके। रवीन्द्रनाथ की दोनों पंक्तियाँ परस्पर-संबद्ध हैं, पंतजी की दोनों पंक्तियाँ एक-दूसरे से अलग। यह दोष पंतजी की तमाम कविताओं में है, और यह केवल इसलिए कि वह पंक्ति-चोर हैं, भाव-भाण्डार के लूटनेवाले डाकू नहीं। छकने के लिए एक चुल्लू से ज्यादा नहीं चाहते, शायद हज्म न कर सकने का खौफ करते हैं, रवीन्द्रनाथ की पंक्तियों का भाव—"अपने रूप की राशि में आप छिपकर हँसती हैं"—इन पंक्तियों में सुंदरी नायिका का कितना सरस भाव है ! अर्थ से आदिरस का निष्कलुष परम सुंदर चित्र आँखों के सामने आता है। उधर पंतजी की "रूप का राशि-राशि वह रास" पंक्ति कुछ शब्दों के कलरव के सिवा और कोई अर्थ-पुष्ट मनोहर चित्र सामने नहीं रखती। यदि हम यह कल्पना करें कि अनेक रूपवती गोपिकाएँ कृष्ण के साथ रास में रूप की सुधा-पान कर रही हैं, तो ऐसी कल्पना हम क्यों करें ? उनकी पंक्ति में तो इतनी गुंजाइश ही नहीं है। और, थोड़ी देर के लिए यदि इस तरह की कोई कल्पना कर भी ली जाए, तो दूसरी का अर्थ इसका विरोधी खड़ा हो जाता है—"दृगों की यमुना श्याम", इसमें दुःख है, जो 'रूप के रास' से बैर करने लगता है। यदि दृगों को ही यमुना मान लें, तो भी अर्थ-सिद्धि नहीं होती, क्योंकि दृगों के भीतर से तो बाहर रूप-राशि देखी जा सकती है, पर यमुना के भीतर से कृष्ण-गोपियों की रूप-राशि न देखी गई थी। शब्दों के सार्थक संगठन से जो भाव तैयार होता है, उसे भी शब्द-चित्र की तरह दोषरहित होना चाहिए।

एक उदाहरण और—

"नवोढ़ा बाल लहर, अचानक उपकूलों के,
प्रसूनों के ढिंग रुककर, सरकती है सत्वर।"
(पंतजी)

'पल्लव' के 'प्रवेश' में हम लोगों के समझने के लिए पंतजी ने अपनी इन पंक्तियों की व्याख्या भी कर दी है। मेरी समझ में यह भाव पंतजी का नहीं, यह भी रवीन्द्रनाथ ही का है। पहले की तरह कुछ परिवर्तन करके इसकी भी पंतजी ने वैसे ही हत्या की है–

"श्यामल आमार दुइटि कूल,
माझे माझे ताहे फुटिबे फूल।
खेला छले काछे आसिया लहरी
चकिते चुमिया पलाए जावे।"
(रवीन्द्रनाथ)

कितने सुन्दर भाव की हत्या की गई है ! पंतजी ने लिया है इन्हीं इतनी पंक्तियों का भाव, परंतु रवीन्द्रनाथ की सौंदर्य की अप्सरा कुछ और नवीन नृत्य दिखलाती है, अभी पूर्वोक्त पद्य अधूरा है। वह अंतिम अंश इस प्रकार है–

"शरम-विकला कुसुम-रमणी
फिराबे आनन शिहरि अमनि,
आवेशेते शेषे अवश होइया
खसिया पड़िया जाबे;
भेसे गिए शेषे काँदिबे हाय,
किनारा कोथाए पावे !"
(रवीन्द्रनाथ)

पंतजी की पंक्तियों का अर्थ बिलकुल साफ है, यहाँ तक कि पद्य की लड़ियों को बराबर कर लीजिए, गद्य बन जाएगा, कहीं परिवर्तन करने की जरूरत न होगी। पंतजी की नवोढ़ा बाल लहर के अचानक उपकूलों के ढिंग रुककर सरकने में कोई विशेष भाव-सौंदर्य मुझे नहीं मिला, परंतु जहाँ से यह भाव लिया गया है, रवीन्द्रनाथ की उन पंक्तियों में अवश्य सौंदर्य की उभय-कूल-प्लाविनी सरिता बह रही है। रवीन्द्रनाथ की प्रथम चार पंक्तियों का अर्थ है–

"मेरे दोनों श्यामल कूलों में जगह-जगह पुष्प विकसित होंगे, और क्रीड़ा के छल से लहरियाँ पास आ अचानक चूमकर भग जाएँगी।"

एक तो पंतजी के छंद के छोटे-से घेरे में ये कुल भाव आ ही नहीं सके, दूसरे, मौलिक प्रतिभा के प्रदर्शन और छंद की रक्षा के लिए कुछ शब्दों को विवश होकर उन्होंने बदल दिया है, जैसे रवीन्द्रनाथ की लहर फूल को अचानक चूमकर भागती है, और पंतजी की लहर अचानक प्रसूनों के ढिंग रुककर सत्वर सरकती है। अवश्य ही

रवीन्द्रनाथ के 'पलाए जावे' का शब्द-चित्र पंतजी ने 'सत्वर सरकती' से प्रकट किया है, 'सत्वर' शब्द के बढ़ने पर भी पंतजी की लहर 'पलाए जावे' का लघु चंचल सौंदर्य नहीं पा सकी। 'सरकती' के 'सर' अंश से लहर के चलने का आभास मिलता है, परंतु अंतिम 'कती' अंश उसके कुछ बढ़ने के पश्चात् उसे पकड़कर रोक लेता है, जिससे additional (संयुक्त) 'सत्वर' भी उसे उसके स्थान से हिला नहीं सकता, बल्कि खुद ही कुछ बढ़ता चला जाता है। यहाँ के शब्द-चित्र में हास्य-रस की अवतारणा हुई है, जैसे 'सरकती' से लहर कुछ चलकर रुक गई हो, और 'सत्वर' उसे घसीटने की चेष्टा कर (हाथ-संबंध) छूट जाने के कारण, खुद ही कुछ दूर पर रपटता हुआ ढेर हो गया हो। दूसरे 'सरकने' का मुहावरा भी बहुत दूर तक चलने का नहीं; कुछ हटना, फिर स्थिति जोंक की चाल की तरह है। रवीन्द्रनाथ अपनी लहर के आने का कारण बतलाते हैं 'खेला-छले', और इससे सरल-सौंदर्य शिशु के हास्य की तरह प्रदीप्त हो उठता है। पंतजी ने अपनी लहर के आने का कोई कारण नहीं बतलाया, शायद छंद के छोटे-से कमरे में इतने शब्दों को जगह नहीं मिल सकी। रवीन्द्रनाथ के छंद में जो सुखद प्रवाह मिलता है, पढ़ने में जिस तरह के आराम की अनुभूति होती है, वे बातें पंतजी के छंद में नहीं। रवीन्द्रनाथ के शब्दों में कर्कशता नहीं, पंतजी के शब्द छंद की जीर्ण शाखा के सूखे हुए पत्ते हो रहे हैं।

दूसरे, संपूर्ण भाव को न अपनाने के कारण, सौंदर्य के सिंधु को ही पंतजी ने छोड़ दिया है। वास्तव में लोकोत्तरानंद रवीन्द्रनाथ की पूर्वोक्त पंक्तियों के बाद मिलता है। पीछे इन पंक्तियों का भी उद्धरण दिया जा चुका है।

प्रकृति की एक साधारण-सी बात पर कवि की कल्पना में कितनी सुकुमारता आ सकती है, रवीन्द्रनाथ की पंक्तियों से बहुत ही स्पष्ट परिचय मिल रहा है। "नदी की लहर तट की पुष्पित डाल के पुष्प को स्पर्श कर बहती चली जाती है।" इस पर कवि लहर की सजीवता, उसके आने का कारण क्रीड़ाच्छल, स्पर्श से पुष्प को चूमना और स्वभाव में लहर की प्रकृतिसिद्ध पलायन-चंचलता दिखलाकर प्राकृतिक सत्य को कल्पना से सजीव कर देता है। और, इसके पश्चात्, फूल की तरुणी कामिनी का हाल लिखकर आदिरस को वेदांत के लोकोत्तरानंद में ले जाकर परिसमाप्त करता है। बाद के अंश का प्राकृतिक सत्य यह है—"लहर के छू जाने पर डाली और फूल हिलते हैं, फिर कली खुलकर नदी में गिर जाती है।" पहले कहा जा चुका है कि फूल को चूमकर लहर भग गई। वहाँ वह पुष्प पुरुष-पुष्प था। पुरुष-पुष्प को चंचला नायिका के चूमकर भग जाने के पश्चात दूसरी कली को, जो चूमी न गई थी, कवि फूल की तरुणी कामिनी कल्पना कर उसकी लज्जा, कंपन, स्खलन और बहकर असीम में मिलने के अंकन-सौंदर्य से कविता में स्वर्गीय विभूति भर देता है—

"शरम-विकला कुसुम-रमणी"

"शर्म से कुसुम-कामिनी व्याकुल है", इसलिए कि अभिसारिका उसके प्रेमी को

चूमकर चली जा रही है—

"फिरावे आनन शिहरि अमनि"

'शिहरि'=काँपकर (यह कंपन प्राकृतिक सत्य से, लहर के छू जाने पर डाली के साथ फूल के काँप उठने से लिया गया है) तत्काल वह मुँह फेर लेगी। (प्रेमिका का मान, लज्जा, अपने नायक से उदासीनाता आदि मुख फेर लेने के साथ, प्रकट है। उधर डाल के हिलने, हवा के लगने से, कली का एक ओर से दूसरी ओर झुक जाना प्राकृतिक सत्य है, जिस पर यह सार्थक कल्पना-सा प्रवाह बह रहा है।)—

"आवेशेते शेषे अवश होइया,
खसिया पड़िया जाबे।"

"अंत में वह आवेश से शिथिल हो खुलकर गिर जाएगी।" (डाल के हिलने से कली का वृंत से च्युत होना प्राकृतिक सत्य है, इसे कल्पना का रूप देकर कवि कहता है, वह पुष्प की तरुणी भार्या आवेश से—भावातिरेक से शिथिल होकर नदी के ऊपर, वक्ष में, गिर जाएगी)—

"भेसे गिए शेषे काँदिबे हाय,
किनारा कोथाय पाबे !"

"हाय ! वह बहती हुई रोएगी, क्या कहीं उसे किनारा प्राप्त होगा ?"

'हाय' और 'कोथाय' के बीच, उत्थान और पतन के स्वर-हिलोर में बहती हुई उस कुसुम-कामिनी को जैसे वास्तव में कहीं किनारा न मिल रहा हो। कामिनी को अकूल में बहाकर कवि अकूलता के साथ-साथ सीमारहित आनंद में पाठकों को भी मग्न कर देता है।

यहाँ एक बात और। रवीन्द्रनाथ की इन अंतिम पंक्तियों के 'शिहरि' शब्द पर ध्यान रखकर पंतजी की भी उद्धृत उन चार पंक्तियों के बाद का अंश देखिए—

"अकेली-आकुलता-सी प्राण !
कहीं तब करती मृदु आघात,
सिहर उठता कृश-गात,
ठहर जाते हैं पग अज्ञात !"

रवीन्द्रनाथ की कविता में भाव की लड़ी टूटती नहीं, उनकी कुसुम-कामिनी के सिहरने का कारण आगे बतलाया जा चुका है, परंतु यहाँ पंतजी का ही कृश-गात सिहर उठता है ! रवीन्द्रनाथ की कुसुम-कामिनी असहाय, निस्सीम में बह जाती है, और पंतजी के पैर ठहर जाते हैं ! पता नहीं, नवोढ़ा बाल लहर के रुककर सरकने से पंतजी को इतना कष्ट क्यों होता है ! शायद यहाँ भी पाठकों को अपनी तरफ से कुछ नई कल्पना करनी पड़े, जैसे लहर का सरकना देखकर कवि को अपनी प्रेयसी की याद आई, मिलना असंभव जान पड़ा, विरह-कृश शरीर सिहर उठा, पैर रुक गए। सौंदर्य के नंदन वसंत में निर्गंध पुष्प ही पंतजी के हाथ लगे। इस विषय पर बहुत ज्यादा

लिखना प्रसंग स अकारण अलग हो जाना है। पंतजी का एक उदाहरण और—

"सघन मेघों का भीमाकाश
गरजता है जब तमसाकार"

(पंतजी)

"जखन सघन गगन गरजे"

(डी.एल. राय)

'तमसाकार' और 'भीम' ये ही दो शब्द पंतजी की पंक्तियों में अधिक हैं, कारण स्पष्ट है, छंद की पूर्ति। तारीफ तो यह कि यहाँ, इस भाव में गुरु और शिष्य दोनों ही प्राकृतिक सत्य से अलग हो रहे हैं, दोनों ही के 'आकाश' गरजते हैं, मेघ गौण हो गया है। परंतु सत्य-चित्र देखिए—मेघ ही गरजते हैं—

"घन घमंड गरजत नभ घोरा"

(तुलसीदास)

"गुरु-गुरु मेघ गुमरि-गुमरि गरजे गगने-गगने"

(रवीन्द्रनाथ)

पंतजी की—

"अपने ही अश्रु-जल से सिक्त धीरे-धीरे बहता है।"
"जैसे इसकी क्रीड़ाप्रियता अपने ही परदों में गत बजा रही हो।"
"स्वयं अपनी ही आँखों में बेतुके-से लगते हैं।"
"अपनी ही कंपन में लीन।"
"अपनी ही छवि से विस्मित हो जगती के अपलकलोचन।"
"चारु नभचरी-सी वय-हीन अपनी ही मृदु-छवि में लीन।" आदि।

इस तरह की 'अपनी ही' पर जोर देकर सौंदर्य की अभिव्यक्ति पर इतरानेवाली पंक्तियाँ भी मौलिकता की दीप-मालिका में उधार के तेल की रोशनी से प्रदीप्त हो रही हैं—'अपने ही' या 'अपनी ही' के प्रवर्तक भी रवीन्द्रनाथ ही हैं, जिन्होंने इसे अंगरेजी का प्रकाशन-ढंग देखकर ग्रहण किया जान पड़ता है। रवीन्द्रनाथ के उदाहरण—

"आपनाते आपनि विजन"
"आपन जगते आपनि आछिस एकटि रोगेर मत",
"आँधार लाइया हताश होइया आपने आपनि मिशे",
"मलिन आपन पाने",
"आपनार स्नेहे कातर वचन कहिस आपन काने", आदि-आदि।

पंतजी की कविता में पंखों की फड़क प्रायः सुनाई पड़ती है। जैसे—

"अपने छाया के पंखों में",
"फड़का अपार पारद के पर",
"पंख फड़काना नहीं थे जानते", आदि।

अंगरेजी-साहित्य से इस भाव की भी आमदनी हुई है। बंगाल के कवि इसे अनेक तरह से प्रकट कर चुके हैं–

"आयरे बसंत, ओ तोर किरण माखा पाखा तुले"

(डी.एल. राय)

"आँधार रजनी आसिबे एखनि मेलिया पाखा"
"अति धीरे-धीरे उठिबे आकाशे लघु पाखा मेलि"
"थर-थर करि काँपिवे पाखा"

(रवीन्द्रनाथ)

जगह ज्यादा घिर जाने के भय से अंगरेज कवियों के उद्धरण मैं न दे सका। और, यहाँ उद्धरण के लिए मेरे पास साधन भी कम हैं। देहात है, आवश्यक पुस्तकें यहाँ नहीं मिलतीं, स्मरण और कुछ ही पुस्तकों की सहायता से मित्रों के आग्रह की पूर्ति कर रहा हूँ। पंख का भाव लेकर पंखप्रधान वाक्य में कुछ परिवर्तन कर देने पर भी कवि कल्पना का मौलिक श्रेय प्राप्त नहीं कर सकता, और इस दृष्टि से प्रायः सब कवियों को उधार लेना पड़ा है, इसका विस्तृत विवेचन इस समालोचना के अंतिम अंश में करूँगा। उदाहरणार्थ शेली का "Sungirt city, Thou hast been Ocean's child." पेश करता हूँ। कविवर रवीन्द्रनाथ ने अपनी एक कविता में, जिसका उद्धरण मैं पुस्तक के अभाव से न दे सका, पृथ्वी को समुद्र की कन्या कल्पना कर बहुत-कुछ लिखा है। उनकी कविता में समुद्र-माता बाँह फैलाकर आती, अपनी कन्या पृथ्वी को चूमती तथा अनेक प्रकार से आदर करती है। 'माता-पुत्री' के एक मूल भाव की प्राप्ति के पश्चात् तदनुकूल अनेक भावों की कल्पना कर लेना आसान है। इस तरह की कल्पना को मैं मौलिक नहीं मानता। जिस कल्पना का मेरुदंड मौलिक नहीं, समालोचना की दृष्टि से वह 'घड़ा' देखकर हंडा गढ़ने की तरह मौलिक है।

निराला साहित्य सूची

काव्य

अनामिका (प्राचीन) 1923, बालकृष्ण प्रेस, कलकत्ता
परिमल, 1929, गंगा पुस्तक माला कार्यालय, लखनऊ
गीतिका, 1936, भारती भण्डार, लीडर प्रेस, इलाहाबाद
अनामिका (नवीन) 1939, भारती भण्डार, लीडर प्रेस, इलाहाबाद
तुलसीदास, 1939
कुकुरमुत्ता, 1943, युग मंदिर, उन्नाव
कुकुरमुत्ता (नवीन संस्करण) 1948, श्री राष्ट्रभाषा विद्यालय, काशी
अणिमा, 1943, युग मंदिर, उन्नाव
बेला, 1946, हिंदुस्तानी पब्लिकेशन्स, शाहगंज, इलाहाबाद
नये पत्ते, 1946, हिंदुस्तानी पब्लिकेशन्स, शाहगंज, इलाहाबाद
अर्चना, 1950, कला मंदिर, दारागंज, इलाहाबाद
आराधना, 1953, साहित्यकार संसद, प्रयाग
गीत-गुंज, 1954, हिंदी प्रचारक पुस्तकालय, ज्ञानवापी, बनारस
सांध्य काकली, 1969, वसुमती, जीरो रोड, इलाहाबाद

उपन्यास

अप्सरा, 1931, गंगा पुस्तक माला, लखनऊ
अलका, 1933, गंगा पुस्तक माला, लखनऊ
प्रभावती, 1936, सरस्वती पुस्तक भण्डार, लखनऊ
निरुपमा, 1936, भारती भण्डार, लीडर प्रेस, इलाहाबाद
कुल्ली भाट, 1939, गंगा पुस्तक माला कार्यालय, लखनऊ

बिल्लेसुर बकरिहा, 1942, युग मंदिर, उन्नाव
चोटी की पकड़, 1946, किताब महल, इलाहाबाद
काले कारनामे, 1950, कल्याण साहित्य मंदिर, प्रयाग
चमेली एवं इंदुलेखा, अपूर्ण, लिखे गए अंश रूपाभ एवं ज्योत्स्ना में प्रकाशित

कहानी-संग्रह

लिली, 1934, गंगा पुस्तक माला कार्यालय, लखनऊ
सखी, 1935, सरस्वती पुस्तक भण्डार, लखनऊ
सुकुल की बीवी, 1941, भारती भण्डार, लीडर प्रेस, इलाहाबाद
सखी का पुनःप्रकाशन 'चतुरी चमार' के नाम से 1945 में, किताब महल, इलाहाबाद

आलोचना

रवींद्र-कविता-कानन, 1929, निहालचंद एंड को कलकत्ता
प्रबंध-पद्म, 1934, गंगा पुस्तक माला कार्यालय, लखनऊ
प्रबंध-प्रतिमा, 1940, भारती भण्डार, लीडर प्रेस, इलाहाबाद
चाबुक, 1941, कला मंदिर, दारागंज, इलाहाबाद
चयन, 1957, कल्याणदास एण्ड ब्रदर्स, ज्ञानवापी, वाराणसी
संग्रह, 1963, निरुपमा प्रकाशन, प्रयाग

बाल-साहित्य

भक्त ध्रुव, 1926, रत्नाकर ग्रंथ माला, पोपुलर ट्रेडिंग कंपनी, कलकत्ता
भक्त प्रह्लाद, 1926 रत्नाकर ग्रंथ माला, पोपुलर ट्रेडिंग कंपनी, कलकत्ता
भीष्म, 1926 रत्नाकर ग्रंथ माला, पोपुलर ट्रेडिंग कंपनी, कलकत्ता
महाराणा प्रताप, 1927, रत्नाकर ग्रंथ माला, पोपुलर ट्रेडिंग कंपनी, कलकत्ता
सीख भरी कहानियाँ, 1969, अभिनव भारती, इलाहाबाद

पुराकथा

रामायण की अंतःकथाएँ, 1935 एवं 1937, गंगा पुस्तक माला कार्यालय, लखनऊ
महाभारत, 1939, गंगा पुस्तक माला कार्यालय, लखनऊ

□□□

बिल्लेसुर बकरिहा, 1942, युग मंदिर, उन्नाव
चोटी की पकड़, 1946, किताब महल, इलाहाबाद
काले कारनामे, 1950, कल्याण साहित्य मंदिर, प्रयाग
कमला एवं इंदुलेखा, अपूर्ण, जिनके कुछ अंश विभिन्न पत्र पत्रिकाओं में प्रकाशित

कहानी-संग्रह

लिली, 1934, गंगा पुस्तक माला कार्यालय, लखनऊ
सखी, 1935, सरस्वती पुस्तक भंडार, लखनऊ
सुकुल की बीवी, 1941, भारती भंडार, लीडर प्रेस, इलाहाबाद
सखी का पुनःप्रकाशन 'चतुरी चमार' के नाम से 1945 में, किताब महल, इलाहाबाद

आलोचना

रवीन्द्र-कविता-कानन, 1929, हिन्दी पुस्तक एजेन्सी, कलकत्ता
प्रबंध-पद्म, 1934, गंगा पुस्तक माला कार्यालय, लखनऊ
प्रबंध-प्रतिमा, 1940, भारती भंडार, लीडर प्रेस, इलाहाबाद
चाबुक, 1941, कला मंदिर, दारागंज, इलाहाबाद
चयन, 1957, कल्याणदास एण्ड ब्रदर्स, ज्ञानवापी, वाराणसी
संग्रह, 1963, हिन्दी प्रचारक, वाराणसी

बाल-साहित्य

भक्त ध्रुव, 1926, रत्नाकर ग्रंथ माला, [illegible] [illegible] कंपनी, कलकत्ता
भक्त प्रह्लाद, 1926 रत्नाकर ग्रंथ माला, [illegible] [illegible] कंपनी, कलकत्ता
भीष्म, 1926 रत्नाकर ग्रंथ माला, [illegible] [illegible] कंपनी, कलकत्ता
महाराणा प्रताप, 1927, रत्नाकर ग्रंथ माला, [illegible] [illegible] कंपनी, कलकत्ता
सीख भरी कहानियाँ, 1969, अभिनव भारती, इलाहाबाद

अनुवाद

रामायण की अंतःकथाएँ, 1935 एवं 1937, गंगा पुस्तक माला कार्यालय, लखनऊ
महाभारत, 1939, गंगा पुस्तक माला कार्यालय, लखनऊ

□□□